ŒUVRES COMPLÈTES

DE VOLTAIRE

TOME QUARANTIÈME

PARIS
LIBRAIRIE HACHETTE ET Cⁱᵉ
79, BOULEVARD SAINT-GERMAIN, 79

A LA MÊME LIBRAIRIE

ŒUVRES
DES PRINCIPAUX ÉCRIVAINS FRANÇAIS

VOLUMES IN-18 JÉSUS

On peut se procurer chaque volume de cette série relié en percaline gaufrée, sans être rogné, moyennant 50 cent.; en demi-reliure, dos en chagrin, tranches jaspées, moyennant 1 fr. 50 cent.; et avec tranches dorées, moyennant 2 fr. en sus du prix marqué.

1re Série à 1 franc 25 c. le volume.

Barthélemy : *Voyage du jeune Anacharsis en Grèce dans le milieu du IVe siècle avant l'ère chrétienne.* 3 volumes.
Atlas pour le Voyage du jeune Anacharsis, dressé par J.-D. Barbié du Bocage, revu par A.-D. Barbié du Bocage, In-8, 1 fr. 50 c.
Boileau : *Œuvres complètes.* 2 vol.
Bossuet : *Œuvres choisies.* 5 vol.
Corneille : *Œuvres complètes.* 7 vol.
Fénelon : *Œuvres choisies.* 4 vol.
La Fontaine : *Œuvres complètes.* 3 volumes.
Marivaux : *Œuvres choisies.* 2 vol.
Molière : *Œuvres complètes.* 3 vol.
Montaigne : *Essais*, précédés d'une lettre à M. Villemain sur l'éloge de Montaigne, par P. Christian. 2 vol.
Montesquieu : *Œuvres complètes.* 3 volumes.
Pascal : *Œuvres complètes.* 3 vol.
Racine : *Œuvres complètes.* 3 vol.
Rousseau (J.-J.) : *Œuvres complètes.* 13 volumes.
Saint-Simon (le duc de) : *Mémoires complets et authentiques sur le siècle de Louis XIV et la Régence*, collationnés sur le manuscrit original par M. Chéruel, et précédés d'une notice de M. Sainte-Beuve, de l'Académie française. 13 vol.
Sedaine : *Œuvres choisies.* 1 vol.
Voltaire : *Œuvres complètes.* 46 vol.

2e Série à 3 francs 50 cent. le volume.

Chateaubriand : *Le Génie du Christianisme.* 1 vol.
— *Les Martyrs ;* — *le Dernier des Abencerrages.* 1 vol.
— *Atala ;* — *René ;* — *les Natchez.* 1 vol.
Fléchier : *Mémoires sur les Grands-Jours d'Auvergne en 1665*, annotés par M. Chéruel et précédés d'une notice par M. Sainte-Beuve. 1 vol.
Malherbe : *Œuvres poétiques*, réimprimées pour le texte sur la nouvelle édition des *Œuvres complètes de Malherbe*, publiées par M. Lud. Lalanne dans la Collection des GRANDS ÉCRIVAINS DE LA FRANCE. 1 vol.
Sévigné (Mme de) : *Lettres de Mme de Sévigné, de sa famille et de ses amis*, réimprimées pour le texte sur la nouvelle édition publiée par M. Monmerqué dans la Collection des GRANDS ÉCRIVAINS DE LA FRANCE. 8 vol.

COULOMMIERS. — TYPOGRAPHIE PAUL BRODARD.

ŒUVRES COMPLÈTES

DE VOLTAIRE

COULOMMIERS
Imprimerie Paul Brodard.

ŒUVRES COMPLÈTES

DE VOLTAIRE

TOME QUARANTIÈME

PARIS
LIBRAIRIE HACHETTE ET Cⁱᵉ
79, BOULEVARD SAINT-GERMAIN, 79

1891

CORRESPONDANCE.

(SUITE).

MMMMCXV. — A MADAME LA DUCHESSE DE GRAMMONT.

1764.

Madame, vous m'avez permis de prendre la liberté de vous écrire quelquefois. M. l'abbé de Voisenon, qui ne laisse pas d'être sérieux quand il le faut, m'a assuré très-sérieusement que vous receviez mes lettres avec bonté; et il faut qu'il vous connaisse bien, car il vous regarde comme le modèle du goût, de la raison, et de la bienfaisance. Je me crois bien autorisé aujourd'hui à profiter de cette permission que vous me donnez. Voici, madame, un Suisse, un Hollandais auprès de qui je veux me faire valoir : je lui fais accroire que vous daignerez souffrir ma lettre. Je suis, comme vous savez, Suisse aussi, et ma vanité est de passer pour votre protégé. Je vous supplie, madame, de ne me pas désavouer auprès de M. Constant. Il est vrai qu'il est fils d'un général qui s'est battu quarante ans contre nous; il est vrai qu'il est colonel en Hollande. Mais, madame, il est si Français, il a tant de talents, il est si aimable, que je veux qu'il ait grande opinion de moi. C'est mon excessif orgueil qui vous attire mon importunité. Pardonnez à la faiblesse humaine, et recevez avec votre bonté ordinaire les sentiments de la reconnaissance et du profond respect avec lequel je serai toute ma vie, madame, votre très-humble, très-obéissant, et très-obligé serviteur,

VOLTAIRE.

MMMMCXVI. — A M. DAMILAVILLE.

Aux Délices, 23 mai.

Vos dernières lettres, mon cher frère, m'ont fait un plaisir bien sensible. Tout ce que vous me dites m'a touché. J'ai écrit sur-le-champ à Mlle Catherine Vadé; elle m'a envoyé le papier ci-joint[1], et elle m'a dit que c'est tout ce qu'elle peut faire pour les Welches. Les véritables Welches, mon cher frère, sont les Omer, les Chaumeix, les Fréron, les persécuteurs, et les calomniateurs; les philosophes, la bonne compagnie, les artistes, les gens aimables, sont les Français, et c'est à eux à se moquer des Welches.

On dit que, pour consoler ces Welches de tous leurs malheurs, on

1. *Supplément du Discours aux Welches* (ÉD.)

leur a donné une comédie fort bonne qui a un très-grand succès [1], mais j'aimerais encore mieux quelque bon livre de philosophie qui écrasât pour jamais le fanatisme, et qui rendît les lettres respectables. Je mets toutes mes espérances dans l'*Encyclopédie*.

Je me doutais bien que quelque libraire de Paris ferait bientôt une édition des *Commentaires sur Corneille*, séparément du texte; et c'était pour prévenir cet abus welche que j'avais imaginé de faire les propositions les plus honnêtes aux libraires qui ont le privilége; cela conciliait tout, et Pierre, neveu de Pierre, aurait eu le temps de se défaire de sa cargaison, par les mesures que je voulais prendre; mais tout se vend avec le temps, excepté la belle édition du galimatias de Crébillon, faite au Louvre.

Je ne suis pas fâché que Mlle Clairon n'ait pas repris *Olympie*; il faut la laisser désirer un peu au public. Cette pièce forme un spectacle si singulier qu'on la reverra toujours avec plaisir, à peu près comme on va voir *la rareté, la curiosité* [2]; elle ne doit pas être prodiguée.

Est-il vrai que frère Helvétius est en Angleterre? On dit que la France a fait l'échange d'Helvétius contre Hume. Je viens de passer une journée entière avec le comte de Creutz, ambassadeur de Suède à Madrid. Plût à Dieu qu'il le fût en France! c'est un des plus dignes frères que nous ayons. Il m'a dit que le nouveau *Catéchisme*, imprimé à Stockholm, commençait ainsi :

D. Pourquoi Dieu vous a-t-il créé et mis au monde?
R. Pour le servir et pour être libre.
D. Qu'est-ce que la liberté?
R. C'est de n'obéir qu'aux lois.

Ce n'est pas là le catéchisme des Welches.

Mon cher frère, si jamais M. Le Clerc de Montmerci fait des vers, dites-lui qu'il en fasse moins, par la raison même qu'il en fait quelquefois de fort beaux; mais *multiplicasti gentem, non multiplicasti lætitiam* [3]. Le moins de vers qu'on peut faire, c'est toujours le mieux.

Je viens de recevoir le mot de l'énigme de la belle paix entre l'illustre Fréron et moi. Panckoucke m'écrit une longue lettre, par laquelle il demande un armistice, et propose des conditions. Je vous enverrai la lettre et la réponse, dès que j'aurai des yeux ou la parole.

Bonsoir : j'ai trente lettres à dicter; mon imagination se refroidit, mais mon cœur est toujours bien chaud pour vous. *Écr. l'inf...*

MMMMCXVII. — A MADAME LA MARQUISE DU DEFFAND.

24 mai.

Vous me faites une peine extrême, madame; car vos tristes idées ne sont pas seulement du raisonner, c'est de la sensation. Je conviens avec vous que le néant est, généralement parlant, préférable à la vie. Le néant a du bon; consolons-nous, d'habiles gens prétendent que nous en tâterons. Il est bien clair, disent-ils d'après Sénèque et Lucrèce,

1. *La Jeune Indienne*, comédie de Chamfort. (ÉD.)
2. Refrain d'une chanson. (ÉD.) — 3. Isaïe, IX, 3. (ÉD.)

que nous serons, après notre mort, ce que nous étions avant de naître; mais, pour les deux ou trois minutes de notre existence, qu'en ferons-nous? Nous sommes, à ce qu'on prétend, de petites roues de la grande machine, de petits animaux à deux pieds et à deux mains comme les singes, moins agiles qu'eux, aussi comiques, et ayant une mesure d'idées plus grande. Nous sommes emportés dans le mouvement général imprimé par le Maître de la nature. Nous ne nous donnons rien, nous recevons tout; nous ne sommes pas plus les maîtres de nos idées que de la circulation du sang dans nos veines. Chaque être, chaque manière d'être tient nécessairement à la loi universelle. Il est ridicule, dit-on, et impossible que l'homme se puisse donner quelque chose, quand la foule des astres ne se donne rien. C'est bien à nous d'être maîtres absolus de nos actions et de nos volontés quand l'univers est esclave!

Voilà une bonne chienne de condition, direz-vous. Je souffre, je me débats contre mon existence, que je maudis et que j'aime; je hais la vie et la mort. Qui me consolera? qui me soutiendra? La nature entière est impuissante à me soulager.

Voici peut-être, madame, ce que j'imaginerais pour remède. Il n'a dépendu ni de vous ni de moi de perdre les yeux, d'être privés de nos amis, d'être dans la situation où nous sommes. Toutes vos privations, tous vos sentiments, toutes vos idées sont des choses absolument nécessaires. Vous ne pouviez vous empêcher de m'écrire la très-philosophique et très-triste lettre que j'ai reçue de vous; et moi je vous écris nécessairement que le courage, la résignation aux lois de la nature, le profond mépris pour toutes les superstitions, le plaisir noble de se sentir d'une autre nature que les sots, l'exercice de la faculté de penser, sont des consolations véritables. Cette idée, que j'étais destiné à vous représenter, rappelle nécessairement dans vous votre philosophie. Je deviens un instrument qui en affermit un autre, par lequel je serai affermi à mon tour. Heureuses les machines qui peuvent s'aider mutuellement!

Votre machine est une des meilleures de ce monde. N'est-il pas vrai que, s'il vous fallait choisir entre la lumière et la pensée, vous ne balanceriez pas, et que vous préféreriez les yeux de l'âme à ceux du corps? J'ai toujours désiré que vous dictassiez la manière dont vous voyez les choses, et que vous m'en fissiez part; car vous voyez très-bien et vous peignez de même.

J'écris rarement, parce que je suis agriculteur. Vous ne vous doutez pas de ce métier-là; c'est pourtant celui de nos premiers pères. J'ai toujours été accablé d'occupations assez frivoles qui engloutissaient tous mes moments; mais les plus agréables sont ceux où je reçois de vos nouvelles, et où je peux vous dire combien votre âme plaît à la mienne, et à quel point je vous regrette. Ma santé devient tous les jours plus mauvaise. Tout le monde n'est pas comme Fontenelle. Allons, madame, courage, traînons notre lien jusqu'au bout.

Soyez bien persuadée du véritable intérêt que mon cœur prend à vous, et de mon très-tendre respect.

P. S. Je suis très-aise que rien ne soit changé pour les personnes auxquelles vous vous intéressez. Voilà un conseiller du parlement surintendant des finances; il n'y en avait point d'exemple. Les finances vont être gouvernées en forme. L'État, qui a été aussi malade que vous et moi, reprendra sa santé.

MMMMCXVIII. — A M. PANCKOUCKE.

Aux Délices, 24 mai.

Vous me mandez, monsieur, que vous imprimez mes *romans*, et je vous réponds que si j'ai fait des *romans*, j'en demande pardon à Dieu; mais tout au moins je n'y ai jamais mis mon nom, pas plus qu'à mes autres sottises. On n'a jamais, Dieu merci, rien vu de moi contre-signé et parafé *Cortiat*, secrétaire, etc. Vous me dites que vous ornerez votre édition de *culs-de-lampe* : remerciez Dieu, monsieur, de ce qu'Antoine Vadé n'est plus au monde; il vous appellerait *Welche* sans difficulté, et vous prouverait qu'un ornement, un *fleuron*, un petit *cartouche*, une petite *vignette* ne ressemble ni à un *cul* ni à une *lampe*.

Vous me proposez la paix avec maître Aliboron, dit Fréron; et vous me dites que c'est vous qui voulez bien lui faire sa litière. Vous ajoutez qu'il m'a toujours estimé, et qu'il m'a toujours outragé. Vraiment voilà un bon petit caractère; c'est-à-dire que quand il dira du bien de quelqu'un, on peut compter qu'il le méprise. Vous voyez bien qu'il n'a pu faire de moi qu'un ingrat, et qu'il n'est guère possible que j'aie pour lui les sentiments dont vous dites qu'il m'honore. *Paix en terre aux hommes de bonne volonté;* mais vous m'apprenez que maître Aliboron a toujours été de volonté très-maligne. Je n'ai jamais lu son *Année littéraire*; je vous en crois seulement sur votre parole.

Pour vous, monsieur, je vois que vous êtes de la meilleure volonté du monde, et je suis très-persuadé que vous n'avez imprimé contre moi rien que de fort plaisant pour réjouir la cour; ainsi je suis pacifiquement, monsieur, votre, etc.

MMMMCXIX. — A M. DE CHAMFORT.

Aux Délices, 25 mai.

Je vous fais, monsieur, des remercîments bien sincères de votre lettre et de votre pièce. *La Jeune Indienne* doit plaire à tous les cœurs bien faits. Il y a d'ailleurs beaucoup de vers excellents. J'aime à m'attendrir à la comédie, pourvu qu'il y ait du plaisant. Vous avez, ce me semble, très-bien réussi dans ce mélange si difficile : je suis persuadé que vous irez très-loin. C'est une grande consolation pour moi qu'il y ait dans Paris des jeunes gens de votre mérite. Je donnerais ici plus d'étendue aux sentiments que vous m'inspirez, si mes yeux presque aveugles me le permettaient. Je n'écris qu'avec une difficulté extrême; mais cette peine est bien adoucie par le plaisir de vous assurer de toute l'estime avec laquelle j'ai l'honneur d'être, monsieur, votre, etc.

MMMMCXX. — A M. DE LA HARPE.

Aux Délices, 25 mai.

Avec une fluxion sur les yeux qui m'a privé de la vue pendant six mois, avec une extinction de voix qui m'empêche de dicter, il faut pourtant que je vous dise, mon cher confrère, combien vos lettres me font de plaisir. Vous avez l'esprit juste et vrai, votre goût est sûr, vous n'êtes dupe d'aucun préjugé; vous avez bien raison de dire que je n'ai pas remarqué toutes les fautes de Corneille, et cependant on crie sur la moitié que j'ai observée avec des regards très-respectueux; mais les clameurs ne sont pas des raisons. Voudrait-on que j'eusse fait aux beautés de Corneille l'outrage d'encenser les défauts, et qu'à côté de ses admirables scènes (je ne dis pas de ses admirables pièces) j'eusse placé *Théodore*, *Pertharite*, *Andromède*, *la Toison d'Or*, *Tite et Bérénice*, *Othon*, *Pulchérie*, *Agésilas*, *Suréna*? J'ai jugé les ouvrages, et non l'auteur. J'ai dit ce que tout homme de goût se dit à lui-même quand il lit Corneille, et ce que vous dites tout haut, parce que vous avez la noble sincérité qui appartient au génie. N'est-il pas vrai que le grand tragique ne se rencontre que dans la dernière scène de *Rodogune*? Mais ce sublime, sur quoi est-il fondé? sur quatre actes bien défectueux. Pourquoi Racine a-t-il été si parfait, sans pourtant faire aucun tableau qui approche de la dernière scène de *Rodogune*? c'est que le goût joint au génie ne produit jamais rien de mauvais. C'est à vous, mon cher confrère, à réunir ce que la nature partagea entre ces deux grands hommes.

Il faut bien du temps pour fixer le jugement du public. Vous savez avec quelle fureur on affectait de louer cette partie carrée de l'*Électre* de Crébillon, ce roman ténébreux, ces vers durs et hérissés, ces dialogues où personne ne répond à propos; cet Itys, cette Clytemnestre, cette Iphianasse. On commence à peine à ouvrir les yeux. Travaillez, mon cher confrère; faites oublier toutes ces extravagances boursouflées, tous ces vers welches. Il y a de très-belles choses dans *Rhadamiste*, mais j'espère que votre *Timoléon*[1] vaudra mieux; votre goût pour la simplicité est le vrai goût, et il n'appartient qu'au grand talent. Il est bien singulier que vous n'ayez pas un *Corneille* commenté; vous étiez le premier sur la liste. Je suis très-affligé de ce contre-temps; il sera réparé; il est trop juste que vous ayez votre modèle pour les belles scènes, et les remarques bonnes ou mauvaises de votre ami.

MMMMCXXI. — A M. LE MARQUIS DE CHAUVELIN.

Aux Délices, 28 mai.

Voilà Votre Excellence associée à la conjuration. Si quelque curieux ouvre ce gros paquet, il croira, à ce grand mot, qu'il s'agit d'une affaire bien terrible.

Et quand il apprendra que M. le duc de Praslin est un des principaux conjurés, il ne doutera pas que vous n'alliez mettre le feu en

---

[1] Tragédie de La Harpe. (ÉD.)

Italie. Mais, après tout, il n'y a que moi de méchant homme dans tout ceci, en y comprenant mes méchants vers.

Pour vous mettre bien au fait du plan des conjurés, il faut que je vous dise ce que vous savez peut-être déjà aussi bien que moi. M. de Praslin, qui veut s'amuser, et qui en a besoin, et M. et Mme d'Argental, ont fait serment qu'on ne saurait point le nom de l'auteur; vous ferez, s'il vous plaît, le même serment avec madame l'ambassadrice. Il est bon de l'accoutumer aux grandes affaires.

On a lu une esquisse de la pièce à nos seigneurs les comédiens; on leur a fait croire que l'auteur était un jeune pauvre diable d'ex-jésuite dont il fallait encourager le talent naissant. Les comédiens ont donné dans le panneau; et voilà la première fois de ma vie qu'on m'a pris pour un jésuite. Je me confie à vous; je suis bien sûr que le secret des conjurés est en bonnes mains. Je n'ai qu'un remords, et il est grand : c'est que la pièce ne soit pas tendre, et que les beaux yeux de Mme de Chauvelin demeureront à sec. Je lui en demande mille pardons. Mais, en qualité d'ambassadrice, elle trouvera du *raisonner* et de fort vilaines actions qui peuvent amuser des ministres. Enfin j'envoie ce que j'ai et ce que j'ai promis. Si je ne vous ai pas ennuyé plus tôt, c'est que la pièce n'était pas faite, et que j'ai été obligé de donner tout mon temps à mon maître Pierre [1], que j'ai si mal imité.

Je crois que, du temps de la Fronde, les marauds que j'ai l'honneur de vous présenter auraient fort réussi.

Je suis étonné d'écrire une lettre de ma main; mais c'est que ma fluxion, qui désolait mes yeux, s'est jetée ailleurs. Je n'ai rien perdu.

On dit que vous avez à Turin une belle épidémie qui fait mourir les Piémontais. Je me flatte que les ambassadeurs n'ont rien à craindre, et que l'épidémie respecte le droit des gens.

J'ai eu l'honneur de voir votre ami, que vous avez bien voulu charger d'une lettre pour moi. Il m'a paru digne de votre amitié.

Que Vos Excellences reçoivent avec amitié les respects du Vieux de la Montagne.

MMMMCXXII. — A M. COLINI.

Aux Délices, 28 mai.

Mon cher confrère en historiographie, je crois que vous avez été très-content de notre confrère M. Mallet, qui s'en va historiographer le landgraviat de Hesse. Je vous présente toujours quelque étranger : en voici un [2] qui a une autre sorte de mérite; mais vraiment il n'est point étranger à Manheim; c'est un Palatin : il est vrai qu'il est réformé, et qu'il demande une cure réformée. Vous ne vous mêlez pas de ces œuvres pies ou impies, ni moi non plus. Il m'est fortement recommandé, et je vous le recommande autant que je peux. Dites-lui du moins comment il faut s'y prendre pour obtenir l'honneur de brailler en allemand pour de l'argent; indiquez-lui la route qu'en vérité je ne

---

1. Pierre Corneille. (ÉD.)
2. Sur la recommandation de Voltaire, Hilspach fut fait ministre réformé à Beaumenthal. (*Note de Colini.*)

connais pas. Je vous écris de ma main; mais c'est avec une difficulté extrême : ma fluxion s'est jetée sur la gorge, et m'empêche de dicter. Je ne sais pas comment je suis en vie avec tous les maux qui m'assiègent : ils n'ont point encore pris sur l'âme, et ils laissent surtout des sentiments à un cœur qui est à vous.

MMMMCXXIII. — A M. DAMILAVILLE.

1er juin.

Vraiment, mon cher frère, vous avez bon nez de ne point divulguer la petite correction fraternelle que le neveu de M. Ératou fait aux réformateurs et aux réformables. Il ne faut pas que, dans la place où vous êtes, vous vous mêliez de pareilles affaires. Les chers frères ont la force des lions quand ils écrivent; mais il faut qu'ils aient la prudence des serpents quand ils agissent.

J'ai lu enfin le mandement de l'archevêque de Paris; je vous avoue qu'il m'a paru modéré et raisonnable. Otez le nom de jésuite, il n'y aurait rien à répliquer; mais il n'y a pas moyen d'avoir raison quand on soutient une société qui avait trouvé le secret, malgré sa politique, de déplaire à la nation depuis deux cents ans.

Est-il vrai qu'une jeune actrice a débuté avec succès dans les rôles ingénus? Je m'intéresse beaucoup plus à une nouvelle actrice qu'à un nouveau prédicateur. J'aime le *trépot*, et je veux que les Welches aient du plaisir.

Dès que j'ai un moment de relâche à mes maux, je songe à porter les derniers coups à l'*inf...*[1]; mais les frères sont dispersés, désunis, et j'ai peur d'être comme le vieux Priam :

.... *Telum imbelle sine ictu.*
Virg., *Æneid.*, lib. II, v. 544.

La lettre de M. Daumart est à peu près de même[2]; l'archevêque d'Auch en rit; il a cinquante mille écus de rente.

1. Dans la *Philosophie de l'histoire*, ouvrage qui fut publié en 1765. (ÉD.)
2. Voici la copie de cette lettre de M. Daumart à M. l'archevêque d'Auch :

« A Ferney, 29 mai.

« Permettez, monseigneur, qu'un gentilhomme s'adresse à vous pour une chose qui vous regarde, et qui me touche.

« Affligé depuis quatre ans d'une maladie incurable, j'ai été recueilli dans un château de M. de Voltaire, sur les confins de la Bourgogne; il me tient lieu de père, ainsi qu'à la nièce du grand Corneille. Je lui dois tout. Vous m'avouerez que j'ai dû être surpris et blessé quand on m'a dit que vous aviez traité, dans un mandement, mon bienfaiteur d'auteur mercenaire, et d'homme dont les sentiments erronés avaient disposé la nation à chasser les jésuites. Quant à l'épithète de mercenaire, daignez vous informer de votre neveu, M. de Billat, s'il lui a prêté de l'argent en mercenaire; et quant aux jésuites, informez-vous aussi s'il n'a pas reçu et s'il n'entretient pas chez lui le P. Adam, jésuite, qui a professé vingt ans la rhétorique à Dijon; informez-vous si, dans ses terres, il n'a pas mis tous les paysans à leur aise par ses bienfaits. Quand vous serez instruit, je m'assure que vous saurez un peu de mauvais gré à celui qui vous a donné de si faux mémoires, et qui a si indignement abusé de votre nom. La religion et la probité vous engageront sans doute à réparer sa faute; et vous sentirez quelque repentir d'avoir outragé ainsi, sans aucun pré-

Adieu, mon cher frère; je vous aime tous les jours davantage; vous êtes ma consolation, et vous m'engagez à être plus que jamais.... *Écr. l'inf....*

MMMMCXXIV. — A MADAME LA MARQUISE DU DEFFAND.

Aux Délices, 4 juin.

J'écris avec grand plaisir, madame, quand j'ai un sujet. Ecrire vaguement et sans avoir rien à dire, c'est mâcher à vide, c'est parler pour parler; et les deux correspondants s'ennuient mutuellement, et cessent bientôt de s'écrire.

Nous avons un grand sujet à traiter; il s'agit de bonheur, ou du moins d'être le moins malheureux qu'on peut dans ce monde. Je ne saurais souffrir que vous me disiez que plus on pense, plus on est malheureux. Cela est vrai pour les gens qui pensent mal; je ne dis pas pour ceux qui pensent mal de leur prochain, cela est quelquefois très-amusant; je dis pour ceux qui pensent tout de travers : ceux-là sont à plaindre sans doute, parce qu'ils ont une maladie de l'âme, et que toute maladie est un état triste.

Mais vous, dont l'âme se porte le mieux du monde, sentez, s'il vous plaît, ce que vous devez à la nature. N'est-ce donc rien d'être guéri des malheureux préjugés qui mettent à la chaîne la plupart des hommes, et surtout des femmes? de ne pas mettre son âme entre les mains d'un charlatan? de ne pas déshonorer son être par des terreurs et des superstitions indignes de tout être pensant? d'être dans une indépendance qui vous délivre de la nécessité d'être hypocrite? de n'avoir de cour à faire à personne, et d'ouvrir librement votre âme à vos amis?

Voilà pourtant votre état. Vous vous trompez vous-même quand vous dites que vous voudriez vous borner à végéter : c'est comme si vous disiez que vous voudriez vous ennuyer. L'ennui est le pire de tous les états. Vous n'avez certainement autre chose à faire, autre parti à prendre, qu'à continuer de rassembler autour de vous vos amis : vous en avez qui sont dignes de vous.

La douceur et la sûreté de la conversation est un plaisir aussi réel que celui d'un rendez-vous dans la jeunesse. Faites bonne chère, ayez soin de votre santé, amusez-vous quelquefois à dicter vos idées, pour comparer ce que vous pensiez la veille à ce que vous pensez aujourd'hui; vous aurez deux très-grands plaisirs, celui de vivre avec la meilleure compagnie de Paris, et celui de vivre avec vous-même. Je vous défie d'imaginer rien de mieux.

Il faut que je vous console encore, en vous disant que je crois votre situation fort supérieure à la mienne. Je me trouve dans un pays situé tout juste au milieu de l'Europe. Tous les passants viennent chez moi. Il faut que je tienne tête à des Allemands, à des Anglais, à des Italiens, et même à des Français, que je ne verrai plus; et vous ne vivez qu'avec des personnes que vous aimez.

texte, une famille qui sert le roi dans les armées et dans les parlements. J'attendrai l'honneur de votre réponse un mois entier.

« J'ai l'honneur d'être, dans cette espérance, monseigneur, etc. DAUMART. »(ÉD.)

Vous cherchez des consolations ; je suis persuadé que c'est vous qui en fournissez à Mme la maréchale de Luxembourg. Je lui ai connu une imagination bien brillante, et l'esprit du monde le plus aimable ; j'ai cru même entrevoir chez elle de beaux rayons de philosophie ; il faut qu'elle devienne absolument philosophe : il n'y a que ce parti-là pour les belles âmes. Voyez la misérable vie qu'a menée Mme la maréchale de Villars dans ses dernières années ; la pauvre femme allait au salut, et lisait, en bâillant, les *Méditations* du P. Croiset.

Vous qui relisez Corneille, madame, mandez-moi, je vous prie, tout ce que vous pensez de mes remarques, et je vous dirai ensuite mon secret. Daignez toujours aimer un peu votre directeur, qui se ferait un grand honneur d'être dirigé par vous.

MMMMCXXV. — A M. LE COMTE D'ARGENTAL.

6 juin.

Anges célestes, quoi ! je ne vous ai pas mandé que Cornélie-Chiffon, que Chimène-Marmotte nous avait donné une fille ! il faut donc qu'il y ait eu une lettre de perdue, avec un petit cahier pour la *Gazette littéraire*. J'envoie ce paquet-ci, pour plus de sûreté, par M. le duc de Praslin, à qui je l'adresse. Il n'est pas douteux que M. l'abbé Arnaud aura un *Corneille*, aussi bien que les héros et les héroïnes tragiques ; mais il fallait que le ballot arrivât, et il faut que les exemplaires soient reliés. Je n'ai pas la moitié, à beaucoup près, des exemplaires que j'avais retenus.

Oui, je mourrai dans l'opinion que c'est une barbarie welche d'étrangler, de tronquer, de mutiler les sentiments ; c'est l'Opéra-Comique qui a mis à la mode cette abominable coutume. On ne veut plus rien aujourd'hui que par extrait ; et voilà pourquoi on n'a pas fait un bon ouvrage, depuis trente ans, en prose ou en vers. O Welches ! vous êtes dans la décadence, et j'en suis bien fâché.

J'ai mis enfin M. de Chauvelin, l'ambassadeur, dans la confidence de la conspiration[1]. J'exige de lui et de madame sa femme le serment de ne rien révéler. Mais mon paquet sera assurément ouvert par M. le comte de Viri[2]. Voilà à quoi on est exposé dans les grandes affaires.

Je vous remercie bien, mes anges, des espérances que vous me donnez pour mes dîmes[3]. Si je triomphe de l'Église, ce sera de votre triomphe. L'Église et le parterre sont des gens difficiles.

J'écrirai à M. de Lorenzi et à M. Béliard, s'il ne me vient rien par la voie de Cramer. M. Algarotti, qui m'aurait tout fourni, vient de mourir.

J'ai eu l'honneur de voir aujourd'hui Mme de Puységur ; elle a voulu que je la reçusse en bonnet de nuit et en robe de chambre. Ma fluxion

---

1. Pour la tragédie du *Triumvirat*, qu'il s'agissait de donner comme l'ouvrage d'un jeune jésuite. (*Note de M. Beuchot.*)
2. Ministre de la cour de Turin. (*Note de M. Beuchot.*)
3. Il était pour cela en procès avec un curé, qui avait porté l'affaire au parlement de Dijon. Voltaire désirait qu'elle fût évoquée au conseil d'État. Il transigea avec son curé. (*Note de M. Beuchot.*)

a un peu quitté mes yeux pour se jetter sur tout le reste. Je suis l'homme de douleur; mais je souffre le tout assez gaiement : c'est le seul parti qu'il y ait à prendre dans ce monde.

Avez-vous vu les propositions de paix que m'a faites maître Aliboron, et ma petite réponse?

Portez-vous bien surtout, mes divins anges. Ayez la bonté de présenter mes très-sincères remerciments à M. Arnaud. Pardon.

MMMlCXXVI. — A MADAME LA PRINCESSE DE LIGNE.

Aux Délices, 6 juin.

Brionne, de ce buste adorable modèle,
Le fut de la vertu comme de la beauté;
L'amitié le consacre à la postérité,
  Et s'immortalise avec elle.

Vous vous adressez, madame, à une fontaine tarie, pour avoir un peu d'eau d'Hippocrène. Je ne suis qu'un vieillard malade au pied des Alpes, qui ne sont pas le mont Parnasse. Ne soyez pas surprise si j'exécute si mal vos ordres. Il est plus aisé de mettre Mme de Brionne en buste qu'en vers. Vous avez des Phidias, mais vous n'avez point d'Homère qui sache peindre Vénus et Minerve.

D'ailleurs, madame, vous écrivez avec tant d'esprit, que je suis tenté de vous dire : « Si vous voulez de bons vers, faites-les. » Je ne peux que vous représenter la difficulté d'une inscription en rimes. Quatre vers sont bien longs sous un marbre ; mais il en faudrait cent pour exprimer tout ce qu'on pense de vous et de Mme la comtesse de Brionne. Jetez mes quatre vers au feu, madame, et mettez en prose :

L'AMITIÉ CONSACRE CE MARBRE A LA BEAUTÉ ET A LA VERTU.

Cela est plus dans le style qu'on appelle *lapidaire*; ou bien jetez encore au feu cette inscription, et mettez en deux mots votre pensée; cela vaudra beaucoup mieux.

Pardonnez à mon extrême stérilité, et agréez le profond respect, etc.

MMMCXXVII. — DE FRÉDÉRIC, LANDGRAVE DE HESSE-CASSEL.

Wabern, le 7 juin.

Monsieur, j'ai reçu votre lettre avec tout le plaisir imaginable. Je suis bien fâché que votre santé ne vous permette pas de venir me voir ici. Je serais au comble de la joie si, quand elle serait rétablie, vous veniez me surprendre agréablement avec Mlle Gaussin, que j'aime toujours beaucoup, pour jouer la comédie. Je vous prie, monsieur, de mettre ce projet en exécution, et rien alors ne saurait passer mon contentement. Je vous écris d'un endroit où je me souviens toujours avec plaisir d'avoir passé des moments bien agréables par les charmes de votre conversation. Nous y avons grande compagnie, et j'y ai fait construire dans l'orangerie un petit théâtre où l'on joue trois fois la semaine la comédie. Tantôt c'est comédie française, tantôt c'est comédie italienne. J'ai un arlequin excellent, qui est fort naturel, qui n'a aucun lazzi forcé, et qui ne charge pas trop son rôle. Nous eûmes dernièrement l'*Avare* de Molière. J'eus la curiosité de lire le lendemain l'original, duquel le comique français l'a copié presque mot pour mot, et je trouvai que l'*Aululaire* de Plaute était le tableau original. Molière a substitué une cassette au lieu d'un pot ; dans Plaute, l'on entend les cris d'une femme en travail d'enfant derrière le théâtre ; ce qui n'aurait pas été fort bien reçu sur le théâtre français. Dans Molière, c'est un enlèvement qui se termine par un mariage ; l'on rend la cassette dans celui-ci, et dans Plaute, l'avare donne le trésor encore avec la fille. Les cris d'Harpagon et d'Euclion sont les mêmes après qu'ils s'aperçoivent que leur cassette a été volée. Enfin, le dénoûment de Molière est des plus forcés ; il fait venir un homme de bien loin pour faire tous ces mariages, et pour faire faire un habit neuf à Harpagon, au lieu que le dénoûment de Plaute s'amène beaucoup plus naturellement. L'avare y meurt, et garde sa passion jusqu'au tombeau.

J'ai vu M. le professeur Mallet de Genève ; j'en ai été fort content. Il me paraît être un homme d'esprit ; je l'ai engagé à écrire l'histoire de la Hesse ; il va commencer incessamment la première partie, qui ira jusqu'à Philippe le Magnanime ; et la seconde, qui sera la plus intéressante et la plus difficile, ira jusqu'à nos jours. Je lui ferai donner de mes archives toutes les pièces justificatives dont il pourrait avoir besoin. Il désire d'écrire seulement un abrégé de cette histoire, voulant écrire pour tout le monde, et non simplement pour les savants.

Je vous prie de me donner souvent de vos nouvelles, auxquelles je m'intéresse beaucoup.

Je suis avec bien de la considération, monsieur, votre très-humble, etc.
FRÉDÉRIC, *landgrave de Hesse*.

MMMMCXXVIII. — A MADAME LA COMTESSE DE LUTZELBOURG.

Aux Délices, 8 juin.

Nous ne comptions pas, madame, que Mme de Pompadour partirait avant nous. Elle a fait un rêve bien beau, mais bien court. Notre rêve n'est pas si brillant ; mais il est plus long et peut-être plus doux ; car, quoiqu'elle eût toutes les apparences du bonheur, elle avait pourtant bien des amertumes, et la gêne continuelle attachée à sa situation a pu abréger ses jours. Au reste, la vie est fort peu de chose dans quelque état qu'on se trouve, et il n'y a pas de grande différence entre la plus courte et la plus longue ; nous ne sommes que des papillons dont les uns vivent deux heures, et les autres deux jours. Je suis un papillon très-attaché à vous, madame ; il y a longtemps que je n'ai eu la consolation de vous écrire. Une fluxion sur les yeux, qui m'a presque ôté la vue, a dérangé notre commerce ; mais elle n'a point été jusqu'à mon cœur. J'ai resté depuis dix ans dans ma retraite, comme vous dans la vôtre. Nous sommes constants ; mais je ne suis pas si sage que vous : aussi vivrez-vous plus de cent ans, et je compte n'en vivre que quatre-vingts. Vous auriez bien dû faire un joli jardin au Jard ; cela est très-amusant, et il faut s'amuser ; les eaux, les fleurs et les bosquets consolent, et les hommes ne consolent pas toujours. Adieu, madame; mon cœur est à vous pour le reste de ma vie avec le plus tendre respect.

MMMMCXXIX. — A M. LE COMTE D'ARGENTAL.
Aux Délices, 11 juin.

Je me flatte que mes anges voudront bien faire payer à la mémoire de M. le comte Algarotti le petit tribut ci-joint.

Est-il vrai qu'on va jouer *Cromwell*, et que c'est le *Cromwell* de Crébillon [1], achevé par un M. du Clairon? Si on fait parler ce héros du fanatisme comme il parlait, ce sera un beau galimatias; mais c'est avec du galimatias qu'il parvint à gouverner l'Angleterre; et c'est ainsi qu'on a quelquefois subjugué le parterre.

Voilà donc l'arrêt des juges de Toulouse cassé; mais les os du pauvre Calas ne seront pas raccommodés. Qu'obtiendra-t-on en suivant ce procès? les juges de Toulouse seront-ils condamnés à payer les frais de leur injustice? Je baise le bout des ailes de mes anges en toute humilité

MMMMCXXX. — A M. DE LA SAUVAGÈRE.
Aux Délices, 11 juin.

Je vous remercie, monsieur, de la bonté que vous avez eue de me faire part de vos découvertes et de vos observations. Je m'applaudis de penser comme vous. J'ai toujours cru que la nature a de grandes ressources. Je suis dans un pays tout plein de ces productions terrestres que les savants s'obstinent à faire venir de la mer des Indes. Nous avons des cornes d'ammon, de cent livres et de deux grains. Je n'ai jamais imaginé que de petites pierres plates et dentelées fussent des langues de chiens marins, ni que tous ces chiens de mer soient venus déposer quatre ou cinq mille langues sur les Alpes. Il y a longtemps que je suis obligé de renoncer à toutes ces observations, qui demandent de bons yeux. Les miens sont dans un triste état, et ne me permettent pas même de vous assurer, de ma main, avec quels sentiments d'une estime respectueuse j'ai l'honneur d'être, monsieur, votre, etc.

MMMMCXXXI. — A M. DAMILAVILLE.
Aux Délices, 13 juin.

Je serais curieux, mon cher frère, d'avoir un exemplaire du *Supplément aux Welches*, et je l'attends de vos bontés.

Cromwell a-t-il subjugué les esprits à Paris comme en Angleterre? a-t-il été un sublime fanatique, un respectable hypocrite, un grand homme abominable? Campistron l'aurait fait tendrement amoureux de la femme du major général Lambert.

Vous sentez, mon cher frère, combien la cassation de l'arrêt toulousain me ranime. Voilà des juges fanatiques confondus, et l'innocence publiquement reconnue. Mais que peut-on faire davantage? pourra-t-on obtenir des dépens, dommages et intérêts? pourra-t-on prendre le

1. La tragédie de *Cromwell* n'était pas de Crébillon mais d'Antoine Maillet du Clairon. (ÉD.)

sieur David à partie? Je vois qu'il est beaucoup plus aisé de rouer un innocent que de lui faire réparation.

Dites-moi, je vous prie, si la *Gazette littéraire* prend un peu de faveur. Il me semble que cette entreprise pourrait un peu nuire au commerce de maître Aliboron, dit Fréron. Je suis enfoncé à présent dans des recherches pédantesques de l'antiquité. Tout ce que je découvre dépose furieusement contre l'*inf*.... Ah! si les frères étaient réunis!

Je ne sais, mon cher frère, si vous avez donné un *Corneille* commenté à maître Cicéron de Beaumont; il doit en avoir un de préférence. N'est-il pas un des élus? permettez que je mette ici une lettre pour lui.

Il y a un M. Blin de Sainmore qui a fait un joli recueil de vers; il lui faut un *Corneille*. Je voudrais bien que frère Thieriot me fît l'amitié de le voir, et de lui donner de ma part un exemplaire. Frère Thieriot pourrait l'engager à donner un supplément des fautes que je n'ai pas remarquées, et à faire en général quelques bonnes réflexions sur l'art dramatique : ce M. Blin de Sainmore en est très-capable.

Il y a encore un M. de Belloi qui a fait des tragédies, qui s'y connaît, qui aime Racine; il demeure dans l'impasse, dit-il, des Quatre-Vents. Vous m'avouerez qu'un homme qui donne son adresse dans une *impasse*, et non dans un *cul-de-sac*, n'est pas welche, et mérite un *Corneille*. Il me paraît essentiel d'en donner à ceux qui peuvent défendre le bon goût contre le préjugé.

Je vous supplie, mon cher frère, d'envoyer le petit billet ci-joint à M. Mariette[1]; vous pouvez lui dire ou lui faire dire que quatre personnes lui en enverront chacune autant, et que je paye ma quote-part le premier. Cela m'épargnera la peine d'écrire; je n'ai pas de temps à perdre; l'*inf*.... m'occupe assez.

Je vous embrasse, mon cher frère; je vous demande mille pardons de toutes les peines que je vous donne pour le *Corneille*. J'abuse excessivement de votre amitié.

MMMMCXXXII. — A M. LEKAIN.

17 juin.

J'ai vu, mon cher et grand acteur, ce jeune ex-jésuite auteur de ce drame barbare[2]. Il dit qu'un opéra-comique est beaucoup plus agréable; il prétend que ces trois coquins qu'on donne immédiatement après ce coquin de *Cromwell* révolteraient le public, et que voilà trop de barbaries; il dit qu'on mourra de chaud au mois de juillet, et que la pièce fera mourir de froid; il dit qu'il ne faut aux Welches que de la tendresse. Je ne peux, au pied des Alpes, savoir quel est le goût de Paris; je m'en rapporte à vous, et je vous plains de jouer la comédie pendant l'été. Heureusement votre salle est fraîche aux pièces nouvelles. Il est à croire que votre ex-jésuite en fera un belle glacière ; sans cette espérance, je vous aurais conseillé de vous habiller de gaze.

Je vous embrasse du meilleur de mon cœur.

1. M. Mariette ne voulut point recevoir le mandat; il fut renvoyé à M. de Voltaire. (ÉD.)
2. *Le Triumvirat.* (ÉD.)

MMMMCXXXIII. — A M. LE COMTE D'ARGENTAL.

17 juin.

Mes anges me permettent-ils de leur adresser ma réponse à Lekain? Ils verront quels sont les sentiments du jeune ex-jésuite.

J'oubliai, dans ma dernière lettre, de dire que j'avais écrit à M. le duc de Choiseul, pour l'école militaire; mais j'ai peur de n'avoir pas grand crédit. J'avais flatté le fondateur de la Guyane d'orner sa colonie d'une trentaine de galériens qui sont sur les chantiers de Marseille, pour avoir écouté la parole de Dieu en pleine campagne. Ils avaient promis de s'embarquer avec chacun mille écus. Croiriez-vous que ces drôles-là, quand il a fallu tenir leur parole, ont fait comme les compagnons d'Ulysse, qui aimèrent mieux rester cochons que de redevenir hommes? Mes gens ont préféré les galères à la Guyane.

Gabriel Cramer arrive à Paris; il jette quelquefois un coup d'œil curieux sur mon bureau; il avise des fatras de vers, et de là il se met dans la tête que je fais quelque maussade tragédie. J'ai beau nier et le gronder, il a cette idée. Avouez-lui que je travaille à *Pierre le Cruel*, sans lui demander le secret.

Une chose bien plus intéressante, c'est ce procès de Calas, renvoyé aux requêtes de l'hôtel, c'est-à-dire devant les mêmes juges qui ont cassé l'arrêt toulousain. Cette horrible aventure des Calas a fait ouvrir les yeux à beaucoup de monde. Les exemplaires de *la Tolérance* se sont répandus dans les provinces, où l'on était bien sot : les écailles tombent des yeux, le règne de la vérité est proche. Mes anges, bénissons Dieu.

MMMMCXXXIV. — A M. FORMEY.

Aux Délices, 17 juin.

Il est vrai, monsieur, que nous ne sommes pas, vous et moi, de la première jeunesse. On dit dans le monde que la vie est courte, et qu'elle se passe en malheurs ou en niaiseries. J'ai pris ce dernier parti; et il paraît que vous en faites autant : ce n'est pourtant pas une niaiserie que d'avoir de jolies filles qui jouent la comédie; et je vous fais mon compliment de tout mon cœur sur les agréments que vous goûtez dans votre famille. Réjouissez-vous dans vos œuvres, car c'est là votre portion; une de vos vocations, à ce que je vois, est de faire des journaux. Il y a longtemps que vous passez en revue les sottises des hommes, et quelquefois les miennes. Si vous y trouvez *utile dulci*, continuez.

C'est un Livonien très-aimable qui vous rendra ma réponse. Il m'a trouvé constant dans mes goûts; j'habite depuis six ans les Délices sans m'en lasser; il est vrai qu'on ne joue point la comédie dans le sacré territoire de Genève, et c'est ce qui fait que je ne dis plus :

Je ne décide point entre Genève et Rome.
Henriade, ch. II, v. 5.

Je décide pour Rome sans difficulté; mais j'ai fait bâtir en France, à une lieue de Genève, un fort joli théâtre : envoyez-moi toutes vos filles, je leur donnerai des rôles.

Voulez-vous me faire un plaisir, quoique nous ne soyons pas de la même religion? c'est de faire donner ce petit billet au libraire de Berlin qui a imprimé *Timée de Locres*, et *Ocellus Lucanus*. Je me doute que ce sont des radoteurs, et c'est pour cela même que je les veux lire; j'en ai lu tant d'autres!

Je suis affligé de la perte d'Algarotti; c'était le plus aimable *infarinato* d'Italie. Vous aurez le plaisir de le louer, en attendant celui de me juger. Je perds la vue comme Tirésie, sans avoir su, comme lui, les secrets du ciel : c'est ce qui fait que je ne mets pas ici de ma main la belle et solide formule de votre très-humble et très-obéissant serviteur.

MMMMCXXXV. — A M. DE FRESNEY.

Aux Délices, 18 juin.

J'ai reçu, monsieur, une lettre non datée, de Marmoutier, signée de Fresney. Je suppose qu'elle me vient d'un homme très-aimable que j'ai eu l'honneur de voir, il y a environ douze ans, à Strasbourg; et je ne suppose pas pourquoi il se trouve au milieu d'une troupe de bénédictins allemands. Je lui souhaite les cent mille livres de rente dont ces ivrognes jouissent. Je suis à peu près comme le vieux Tobie; je perds la vue, et je n'ai point de fils qui me la rende avec le secours de l'ange Raphaël [1]. Je dicte ma réponse, et je la dicte un peu au hasard, dans le doute où je suis si c'est le fils de Mme de Fresney de Strasbourg qui m'a fait l'honneur de se souvenir de moi. Je serai toujours très-attaché au fils et à la mère. Il me parle dans sa lettre d'un homme de lettres [2] qui a beaucoup d'esprit et de talents, qui est, je crois, actuellement à Nanci. Je le supplie, s'il est lié avec cette personne dont il me parle, de lui dire que je suis pénétré d'estime pour elle. Il est vrai que je suis fort embarrassé à son sujet. Vous savez, monsieur, que toutes les puissances de ce monde ont été en guerre; les gens de lettres, qui sont fort loin d'être des puissances, y sont aussi; il se trouve que l'homme de mérite en question fait la guerre à des hommes de mérite dont je suis l'ami; je voudrais pouvoir être leur conciliateur.

Je suis moi-même en guerre de mon côté avec des gens qui sont ses ennemis; tout cela est difficile à arranger, mais je conclus qu'il faut rire, et passer ses jours gaiement.

J'ai l'honneur d'être avec tous les sentiments que j'ai voués à M. et à Mme de Fresney, monsieur, votre, etc.

MMMMCXXXVI. — A M. DAMILAVILLE.

18 juin.

Vous me ferez plaisir, mon cher frère, de me faire avoir les bêtises de Fréron sur les *Commentaires de Corneille*. Figurez-vous que Panckoucke a communiqué à M. d'Aquin sa lettre et ma réponse; ainsi, puisqu'elles sont connues, le droit des gens permet qu'on les imprime. Je crois même que la chose est nécessaire pour l'édification publique, et vous

---

1. Tobie, chap. v. (ÉD.) — 2. Palissot. (ÉD.)

savez que l'édification des Français consiste à rire. Je crois ce temps-ci fort stérile en nouvelles; je suis d'ailleurs toujours comme ce personnage de l'*Écossaise* qui disait : « Moins de nouvelles, moins de sottises [1]. »

Vous m'avez fait observer que si le roi de Pologne prend tous ses exemplaires, il n'en restera plus pour faire des présents. Ma foi, je crois que le roi de Pologne doit faire comme le roi de France et comme moi, ne prendre que la moitié des exemplaires pour lesquels il a souscrit; encore n'en ai-je que le tiers, parce qu'il n'en restait plus : on n'en avait pas assez tiré. Il faudrait une cinquantaine d'yeux pour lire vingt-cinq *Corneille*; le roi de Pologne n'en a que deux, comme moi, et encore ne sont-ils pas meilleurs que les miens. J'ai l'honneur d'être affligé de la vue comme lui.

Tout ceci, mon cher frère, est peu philosophique : j'aime mieux examiner la façon dont certaines choses qui vous déplaisent se sont établies dans le monde.

Songez à M. Blin de Sainmore; il m'a écrit une belle lettre très-bien raisonnée sur les pièces admirables de Racine, et sur les scènes imposantes de Corneille. Il y a quelque soixante ans que l'abbé de Châteauneuf me disait : « Mon enfant, laissez crier le monde; Racine gagnera tous les jours, et Corneille perdra. »

Pardonnez-moi, encore une fois, mes importunités, et permettez que je mette ces trois lettres dans votre paquet. Vous voilà plus chargé des affaires du Parnasse que de celles du vingtième.

Je vous embrasse le plus tendrement du monde. *Écr. l'inf....*

MMMMCXXXVII. — A MADAME LA MARQUISE DU DEFFAND.

Aux Délices, 20 juin.

Il faut, madame, que je vous parle net [2]. Je ne crois pas qu'il y ait un homme au monde moins capable que moi de donner du plaisir à une femme de vingt-cinq ans, en quelque genre que ce puisse être. Je ne sors jamais : je commence ma journée par souffrir trois ou quatre heures, sans en rien dire à M. Tronchin.

Quand j'ai bien travaillé, je n'en peux plus. On vient dîner chez moi, et la plupart du temps je ne me mets point à table; Mme Denis est chargée de toutes les cérémonies, et de faire les honneurs de ma cabane à des personnes qu'elle ne reverra plus.

Elle est allée voir Mme de Jaucourt; et c'est pour elle un très-grand effort, car elle est malade et paresseuse. Pour moi, je n'ai pu en faire autant qu'elle, parce que j'ai été quinze jours au lit, avec un mal de gorge horrible.

Il faut vous dire encore, madame, que je ne vais jamais à Genève; ce n'est pas seulement parce que c'est une ville d'hérétiques, mais parce qu'on y ferme les portes de très-bonne heure, et que mon train de vie campagnard est l'antipode des villes. Je reste donc chez moi,

---

1. C'est Freeport qui dit cela dans l'*Écossaise*, acte II, scène v. (Éd.)
2. *Misanthrope*, acte II, scène i. (Éd.)

occupé de souffrances, de travaux, et de charrues, avec Mme Denis, la nièce à Pierre Corneille, son mari, et un ex-jésuite qui nous dit la messe, et qui joue aux échecs.

Quand je peux tenir quelque pédant comme moi, qui se moque de toutes les fables qu'on nous donne pour des histoires, et de toutes les bêtises qu'on nous donne pour des raisons, et de toutes les coutumes qu'on nous donne pour des lois admirables, je suis alors au comble de ma joie.

Jugez de tout cela, madame, si je suis un homme fait pour Mme de Jaucourt. Il m'est impossible de parler à une jeune femme plus d'un demi-quart d'heure. Si elle était philosophe, et qu'elle voulût mépriser également saint Augustin et Calvin, j'aurais alors de belles conférences avec elle.

Pour M. Hume, c'est tout autre chose : vous n'avez qu'à me l'envoyer, je lui parlerai, et surtout je l'écouterai. Nos malheureux Welches n'écriront jamais l'histoire comme lui; ils sont continuellement gênés et garrottés par trois sortes de chaînes : celles de la cour, celles de l'Église, et celles des tribunaux appelés parlements.

On écrit l'histoire en France comme on fait un compliment à l'Académie française; on cherche à arranger ses mots de façon qu'ils ne puissent choquer personne. Et puis je ne sais si notre histoire mérite d'être écrite.

J'aime bien autant encore la philosophie de M. Hume que ses ouvrages historiques. Le bon de l'affaire, c'est qu'Helvétius, qui, dans son livre *de l'Esprit*, n'a pas dit la vingtième partie des choses sages, utiles, et hardies dont on sait gré à M. Hume et à vingt autres Anglais, a été persécuté chez les Welches, et que son livre a été brûlé. Tout cela prouve que les Anglais sont des hommes, et les Français des enfants.

Je suis un vieil enfant plein d'un tendre et respectueux attachement pour vous, madame.

MMMMCXXXVIII. — A M. LE PRÉSIDENT HÉNAULT.

Aux Délices, 20 juin.

Vous m'avez envoyé, mon illustre et cher confrère, le portrait d'un des premiers hommes de France, et mon cœur répète ce que l'exergue[1] vous a dit. Riez d'une caricature qui me ressemble assez : c'est l'ouvrage d'un jeune homme de quinze ans, qui, en me voyant par la fenêtre, m'a croqué en deux minutes, et m'a gravé en quatre. Ce siècle est le siècle des graveurs; sans vous, il ne serait pas celui des grands hommes.

1. C'était le vers :
Qu'il vive autant que son ouvrage!
qui fait partie d'une lettre de Voltaire, en prose et en vers, du 1ᵉʳ septembre 1744. (ÉD.)

MMMMCXXXIX. — A M. LE MARQUIS ALBERGATI CAPACELLI.

Aux Délices, 20 juin.

Par ma foi, monsieur, je crois que j'irai bientôt retrouver Francesco Algarotti [1]. Sa conversation était fort agréable : je m'entretiendrai de vous avec lui; ce sera ma consolation; mais je ne me ferai point dresser de monument de marbre, quoiqu'il y ait en Suisse d'assez beau marbre et un assez bon sculpteur. Je trouve que les mausolées ne doivent être érigés que par les héritiers. Je suis affligé de sa perte : il avait du mérite, et c'était un des meilleurs *infarinati* que nous eussions. Notre Goldoni ne passera pas sitôt par notre petit ermitage; il me paraît qu'il restera longtemps à Paris.

Je vois, monsieur, par votre lettre, que vous donnez les plus belles fêtes d'Italie. On peut faire ailleurs des courses de chevaux; mais vous courez sur le cheval Pégase; vous donnez des plaisirs à l'esprit, tandis que d'autres en donnent aux yeux. Mes yeux ne sont plus guère capables d'avoir du plaisir : mon âme a un plaisir bien sensible à être aimée de la vôtre. Agréez, monsieur, les assurances de mon respectueux attachement.

MMMMCXL. — A M. D'AQUIN DE CHATEAU-LYON.

Aux Délices, 22 juin.

S'il vous était permis, monsieur, de rendre votre *Avant-Coureur* aussi agréable que vos lettres, il ferait une grande fortune. Je vous supplie de continuer. J'aurai le plaisir d'avoir de vous ce que vous faites de mieux. Vous me contez très-plaisamment des anecdotes fort plaisantes. Ne vous lassez pas, je vous prie : songez que je suis malade. Vous êtes médecin, autant qu'il m'en souvient. Vos lettres sont pour moi une excellente recette.

Je n'ai point lu cette lettre de Jean-Jacques dont vous me parlez. Moi, persécuteur! moi, violent persécuteur! C'est Jeannot lapin à qui on fait accroire qu'il est un foudre de guerre. Il y a deux ans que Jean-Jacques, auteur de quelques comédies, s'avisa d'écrire contre la comédie. Je ne sais pas trop bien quelle était sa raison; mais cela n'était guère raisonnable.

Jean-Jacques ajouta à cette saillie celle de m'écrire que je corrompais sa patrie en faisant jouer la comédie chez moi en France, à deux lieues de Genève. Je ne lui fis point de réponse. Il s'imagina que j'étais fort piqué contre lui, quoiqu'il dût savoir que les choses absurdes ne peuvent fâcher personne. Croyant donc m'avoir offensé, il s'est allé mettre en tête que je m'étais vengé, et que j'avais engagé les magistrats de Genève à condamner sa personne et son livre. Cette idée, comme vous le voyez, est encore plus absurde que sa lettre. Que voulez-vous? Il faut avoir pitié des infortunés à qui la tête tourne; il est trop à plaindre pour qu'on puisse se fâcher contre lui.

Permettez-moi de souscrire pour votre *Avant-Coureur*. Si jamais

---

1. Mort le 3 mars 1764. (ÉD.)

d'ailleurs j'obtiens quelque crédit dans le sanhédrin de la comédie, je vous ferai recevoir spectateur, et vous pourrez me siffler à votre aise. Sans cérémonie.

MMMMCXLI. — A M. LE COMTE D'ARGENTAL.

22 juin.

Je crois, mes divins anges, toutes réflexions faites, qu'il faut que le roi de Pologne se contente du paquet qui est chez M. de Laleu depuis plus d'un mois, et qu'il fasse comme le roi son gendre et moi chétif; car s'il prend les vingt-cinq exemplaires, il n'en restera plus pour ceux à qui j'en destinais. C'est une négociation que vous pouvez très-bien faire avec M. de Hullin, qui est sans doute un ministre conciliant.

Je vous conjure, mes divins anges, de recommander le plus profond secret¹ à MM. de la *Gazette littéraire*. Je ne fais pas grand cas des vers de Pétrarque; c'est le génie le plus fécond du monde dans l'art de dire toujours la même chose; mais ce n'est pas à moi à renverser de sa niche le saint de l'abbé de Sade.

S'il fait d'aussi grandes chaleurs à Paris que dans ma grande vallée entre les Alpes, la glace de nos roués sera de saison. Le temps n'est pas trop favorable pour une pièce nouvelle; mais vous savez que vous êtes les maîtres de tout. Je conseille toujours aux acteurs de s'habiller de gaze. L'ex-jésuite qui m'est venu voir, comme vous savez, m'a prié de vous engager à faire une correction importante; c'est de mettre *je me meurs*, au lieu de *je succombe*. Je lui ai dit que l'un était aussi plat que l'autre, et que tout cela était très-indifférent. C'est au second acte. C'est Julie qui parle à Fulvie :

A peine devant vous je puis me reconnaître.
Je me meurs.

Ce *je me meurs* est en effet plus supportable que *je succombe*, et sert mieux la déclamation. De plus, il y a un autre *succombe* dans la même scène, et il ne faut pas succomber deux fois. L'auteur pourra bien succomber lui-même, mais j'espère qu'on n'en saura rien.

Vraiment, mes anges, il faut confier à beaucoup de bavards que je fais *Pierre le Cruel*, et qu'il sera prêt pour le commencement de l'hiver; rien ne sera plus propre à dérouter les curieux qui parlent des roués, et qui les attribuent déjà à Helvétius, à Saurin. Il faut les empêcher de venir jusqu'à nous.

Dites-moi un mot, je vous prie, de ces roués, et recommandez bien au fidèle Lekain d'empêcher qu'on n'étrique l'étoffe, qu'on ne la coupe, qu'on ne la recouse avec des vers welches; il en résulte des choses abominables. Un Gui-Duchesne achète le manuscrit mutilé, écrit à la diable; et l'on est déshonoré dans la postérité, si postérité il y a; cela dessèche le sang, et abrége les jours d'un pauvre homme. Quoi qu'il en soit, je baise le bout de vos ailes avec respect et tendresse.

1. Pour l'article imprimé dans la *Gazette littéraire* du 6 juin. (ÉD.)

MMMMCXLII. — AU MÊME.

Aux Délices, 23 juin.

Je reçois, au départ de la poste, une lettre d'un ange, du 18 de juin, et je suis très-affligé que l'autre ange soit malade. Répondons vite.

Quant au vers,

Le danger suit le lâche, et le brave l'évite,

si ce vers n'était pas précédé de ceux qui l'expliquent, il serait ridicule; mais, pour prévenir tout scrupule, il n'y a qu'à mettre :

Le lâche fuit en vain, la mort vole à sa suite;
C'est en la défiant que le brave l'évite.

Quant à l'affaiblissement qu'on demande de la description du combat de Pompée, c'est vouloir être froid pour vouloir paraître plus vraisemblable. Il y a des occasions où c'est n'avoir pas le sens commun que de vouloir trop chercher le sens commun. Je demande très-instamment, très-vivement, qu'on ne change rien à cette scène. Je demande surtout qu'on suive les dernières corrections que j'ai envoyées; elles me paraissent favoriser beaucoup la déclamation, ce qui est un point très-important. Il ne s'agit pas seulement de faire des vers, il faut en faire qui animent les acteurs.

On se mourait hier de chaud, on se meurt aujourd'hui, on est mort. Les comédiens ont le diable au corps de jouer une pièce nouvelle dans un temps où personne ne peut venir à la Comédie.

Quoi! vous n'auriez pas reçu les lettres où je vous parlais des Calas ! J'apprends, mes divins anges, qu'il s'est tenu un conseil où vous avez admis la pauvre veuve. Vos bontés ne se refroidissent point; vous avez un grand avantage sur les autres hommes, c'est que vos vertus sont persévérantes. Vous ne me parlez point de la lettre de M. Panckoucke et de ma réponse; la chose est pourtant plaisante, et mériterait d'être connue.

Je n'ai encore rien d'Italie : les Italiens, par ce temps-ci, ne font que la méridienne.

Je vous ai envoyé l'éloge d'Algarotti, qui figurera bien dans la *Gazette littéraire*. Je vous ai écrit par M. le duc de Praslin et par M. de Courteilles; celle-ci sera sous l'enveloppe de M. l'abbé Arnaud. Remarquez, s'il vous plaît, que nous nous sommes rencontrés sous le masque de *Don Pèdre*. J'ai confié à M. de Thibouville que je travaillais fortement à ce *Don Pèdre* ; serait-il assez méchant pour m'avoir gardé le secret ?

Adieu, mes divins anges; rions, mais surtout que Mme d'Argental n'ait plus son rhumatisme ; il n'y a pas là de quoi rire.

MMMMCXLIII. — DE MADAME LA MARGRAVE DE BADE-DOURLACH.

A Carlsruhe, le 26 juin.

Monsieur, le peu de moments que je vis M. Mallet, joint au titre d'être de vos amis, me fit bien désirer de le voir repasser chez nous, et prendre ma réponse. Je m'en flattais même si bien, que je la remis à ce moment; mais le sachant maintenant de retour à Genève, je ne perds plus un instant à vous remercier de la lettre du monde la plus flatteuse et la plus obligeante qu'il vous a plu de m'écrire. Vous connaissez trop, monsieur, mon estime et mon admiration pour vous, pour ne point être persuadé que tous mes vœux ne tendent qu'à vous revoir, vous entendre, vous admirer, et vous prouver ma parfaite considération. Vous ne m'en dites plus rien, monsieur; voulez-vous que j'en perde toute espérance? j'en serais vivement touchée. Quelle satisfaction au moins pour moi de vous voir me conserver votre souvenir! c'est un dédommagement auquel j'ai quelque droit de prétendre par tout le cas que j'en fais. M. Mallet m'a remis, monsieur, vos deux derniers ouvrages; il ne pouvait me donner rien de plus agréable. Vos *Contes de Guillaume Vadé* font bien preuve du feu et de la vivacité intarissable de votre génie. Enfin il n'est qu'un Voltaire; j'en suis si persuadée, que rien n'égalera jamais les sentiments de l'estime la plus distinguée avec laquelle j'ai l'honneur d'être, monsieur, votre, etc.

CAROLINE, *margrave de Bade-Dourlach.*

MMMMCXLIV. — A M. LE CARDINAL DE BERNIS.

Aux Délices, 27 juin.

Monseigneur, il faut que vous permettiez encore cette petite importunité. Je sais respecter vos occupations, mais il y a une bagatelle très-importante pour moi, pour laquelle je vous implore : elle n'est ni sacerdotale, ni épiscopale, elle est académique. On va jouer une tragédie où Votre Éminence n'ira pas, et où je voudrais qu'elle pût aller. C'est ce *Triumvirat*, cet assemblage d'assassins et de coquins illustres, sur quoi je vous consultai l'année passée quand vous aviez du loisir. J'ai oublié de vous demander le secret, et je vous le demande aujourd'hui très-instamment. On va donner la pièce sous le nom d'un petit ex-jésuite. Prêtez-vous à cette niche, si on vous en parle. Je vous prends pour mon confesseur : vous ne me donnerez peut-être pas l'absolution; cependant je vous jure que j'ai suivi vos bons avis autant que j'ai pu. Si la pièce est sifflée, ce n'est pas votre faute, c'est la mienne.

Comme vous voilà établi mon confesseur, je vous avouerai, toute réflexion faite, que malgré mon extrême envie de vous voir uniquement à la tête des lettres, vivant en philosophe, cependant je vous pardonne d'être archevêque.

Je ne trouve qu'une bonne chose dans le *Testament* attribué au cardinal de Richelieu : c'est qu'il faut qu'un évêque soit homme d'État plutôt que théologien. Le métier est bien triste pour qui s'en tient aux fonctions épiscopales; mais un grand seigneur archevêque peut, dans les occasions, tenir lieu de gouverneur, d'intendant, de juge, et tant vaut l'homme, tant vaut son église. Si vous aviez siégé à Toulouse, l'horrible affaire de Calas ne serait pas arrivée. Je suis obligé de parler ici à Votre Éminence d'un archevêque de votre voisinage qui a fait un étrange mandement. Il m'y a fourré très-indécemment c'est M. d'Auch. Il prenait bien son temps! tandis que je faisais mille plaisirs à son neveu, qui est un gentilhomme de mon voisinage. On dit que c'est un Patouillet, jésuite, qui est l'auteur de ce mandement brûlé à Toulouse. Il faut que ce Patouillet soit un fanatique bien mal instruit. Il ne savait pas que j'avais recueilli deux jésuites, dont l'un est mon aumônier, et l'autre demeure dans un de mes petits domaines. Le temps où nous vivons, monseigneur, demande des hommes de votre caractère et de votre esprit à la tête des grands diocèses. Comme je ne suis qu'un profane, je n'en dirai pas davantage, et je vous demande votre bénédiction.

Je voudrais bien que vous pussiez lire *la Tolérance* : je crois que vous y trouveriez quelques-uns de vos principes. L'ouvrage est un peu rabbinique, mais il vous amuserait.

J'aurai l'honneur d'écrire à Votre Éminence quand elle sera tranquille au pays des Albigeois, et débarrassée de la grosse besogne.

Je la supplie de me conserver ses bontés, et d'agréer mon tendre respect.

MMMMCXLV. — A MADAME LA MARQUISE DU DEFFAND.

Ferney, 27 juin.

Notre commerce à tâtons devient vif, madame. Votre grand'tante faisait très-bien de prendre le temps comme il vient, et les hommes comme ils sont; mais quand le temps est mauvais, il faut un abri; et quand les hommes sont ou méchants ou prévenus, il faut ou les fuir ou les détromper : c'est le cas où je me trouve.

Vous ne vous attendiez pas à être chargée d'une négociation, madame. C'est ici où le quinze-vingts des Alpes a besoin des bontés de la très-judicieuse quinze-vingts de Saint-Joseph.

Rousseau, dont vous me parlez, m'écrivit, il y a trois ans, ces propres mots, de Montmorenci : « Je ne vous aime point. Vous donnez chez vous des spectacles; vous corrompez les mœurs de ma patrie, pour prix de l'asile qu'elle vous a donné. Je ne vous aime point, monsieur, et je ne rends pas moins justice à vos talents. »

Une telle lettre, de la part d'un homme avec qui je n'étais point en commerce, me parut merveilleusement folle, absurde, et offensante. Comment un homme qui avait fait des comédies pouvait-il me reprocher d'avoir des spectacles chez moi, en France? Pourquoi me faisait-il l'outrage de me dire que Genève m'avait donné un asile? Eh! j'en donne quelquefois; je vis dans ma terre, je ne vais point à Genève. En un mot, je ne comprends point sur quel prétexte Rousseau put m'écrire une pareille lettre. Il a sans doute bien senti qu'il m'avait offensé, et il a cru que je m'en devais venger; c'est en quoi il me connaît bien mal.

Quand on brûla son livre[1] à Genève, et qu'il y fut décrété de prise de corps, il s'imagina que c'était moi qui avais fait une brigue contre lui, moi qui ne vais jamais à Genève.

1. *Émile* fut brûlé à Genève le 19 juin 1762. (É D.)

Il écrit à Mme la duchesse de Luxembourg que je me suis déclaré son plus mortel ennemi; il imprime que je suis le plus violent et le plus adroit de ses persécuteurs. Moi, persécuteur! c'est Jeannot lapin qui est un foudre de guerre. Moi, j'aurais été un petit P. Le Tellier! quelle folie! Sérieusement parlant, je ne crois pas qu'on puisse faire à un homme une injure plus atroce que de l'appeler persécuteur.

Si jamais j'ai parlé de Rousseau autrement que pour donner un sens très-favorable à son *Vicaire savoyard*, pour lequel on l'a condamné, je veux être regardé comme le plus méchant des hommes. Je n'ai pas même voulu lire un seul des écrits qu'on a faits contre lui, dans cette circonstance cruelle où l'on devait respecter son malheur, et estimer son génie.

Je fais Mme la maréchale de Luxembourg juge du procédé de Rousseau envers moi, et du mien envers lui; je me confie à son équité, et je vous supplie de rapporter le procès devant elle. J'ambitionne trop son estime pour la laisser douter un moment que je sois capable de me déclarer contre un infortuné. Je suis si sensiblement touché, que je ne puis cette fois-ci vous parler d'autre chose.

Vous aurez sans doute chez vous M. d'Argenson, et vous vous consolerez tous deux du mal que la fortune a fait à l'un, et que la nature a fait à l'autre[1].

Adieu, madame. Pour moi, je serai consolé si vous me défendez de l'imputation calomnieuse que j'essuie. Comptez sur mon très-tendre et très-sincère attachement.

MMMMCXLVI. — A M. DAMILAVILLE.

29 juin.

C'est à vous, mon cher frère, que je dois adresser ma réponse à Mme de Beaumont. Me voilà partagé entre elle et son mari. Voilà un couple charmant : l'un protége généreusement l'innocence, l'autre rend la vertu aimable. Voilà des amis dignes de vous.

Quel M. Fargès, s'il vous plaît, a opiné si noblement[2]? car il y en a deux. J'en connais un qui est haut comme un chou, et dont les jambes ressemblent assez à celles de l'abbé de Chauvelin; il lui ressemble sans doute aussi par le cœur et par la tête, puisqu'il a parlé avec tant de grandeur et de force.

J'ai déjà écrit à M. le duc de La Vallière pour le prier, en qualité de grand veneur, de faire tirer sur le procureur général de la commission, s'il ne prend pas l'affaire des Calas aussi vivement que nous-mêmes.

Serez-vous étonné si je vous dis que j'ai reçu une lettre anonyme de Toulouse, dans laquelle on ose me faire entendre que tous les Calas étaient coupables, et que les juges ne le sont que d'avoir épargné la famille? Je présume que, si j'étais à Toulouse, on me ferait un assez mauvais parti.

Que dites-vous de ce fou de Jean-Jacques qui prétend que je suis son

---

1. L'exil de d'Argenson et la cécité de Mme du Deffand. (ÉD.)
2. Dans l'affaire des Calas. (ÉD.)

persécuteur ? Ce misérable, parce qu'il m'a offensé, ainsi que tous ses amis, s'imagine que je me suis vengé; il me connaît bien mal. Aimons la vertu, mon cher frère, et rions des fous. *Écr. l'inf*....

MMMMCXLVII. — A MADAME ÉLIE DE BEAUMONT[1].

A Ferney, 29 juin.

Je vous dois, madame, de nouveaux remercîments et de nouveaux éloges. Votre joli roman m'a fait vite quitter des fatras d'histoire qui m'occupaient.

L'histoire dit ce qu'on a fait;
Un bon roman, ce qu'il faut faire.
Vous nous avez peint trait pour trait
Les vertus avec l'art de plaire :
Et l'on peut dire en cette affaire
Que le peintre a fait son portrait.

Je ne suis pas moins touché du mémoire pour Potin ou plutôt pour deux millions d'hommes. M. de Beaumont et vous, madame, êtes sûrs de l'estime publique. Souffrez que ma lettre soit pour vous deux, que je vous félicite d'appartenir l'un à l'autre, et que je joigne ma sensible reconnaissance, madame, au respect que j'ai pour vous.

MMMMCXLVIII. — A M. LE COMTE D'ARGENTAL.

A Ferney, 29 juin.

Mes divins anges, vous devez avoir reçu, de la part de l'ex-jésuite, force vers pour les roués. Ce pauvre diable me dit toujours que la chaleur de la saison et la froideur de la pièce le font trembler. Il se souvient surtout qu'il a oublié de corriger ce vers,

A mon cœur désolé que votre pitié s'ouvre.

Il dit qu'il ne manquera pas de le corriger pour la première poste; il dit qu'il n'est pas aujourd'hui fort en train.

J'ai reçu une lettre anonyme de Toulouse, assez bien raisonnée en apparence; mais le fond de la lettre est que tous les Calas étaient complices, et que les juges n'ont à se reprocher que de ne les avoir pas tous condamnés. Cette lettre ne me donne aucune envie d'avoir un procès à Toulouse.

Je pense toujours que M. de Hullin doit se contenter du paquet qui l'attend chez M. de Laleu[2], et que les rois titulaires feront gloire d'imiter les rois régnants.

Au reste, je me flatte que mes anges auront aisément trouvé quelque bavard qui parlera de *Pierre le Cruel* à des bavards de sa connaissance. M. de Chauvelin l'ambassadeur est dans le secret, comme vous le savez; je ne crois pas qu'il en parle à la sérénissime république. Je n'ai plus rien à dire. Respect et tendresse.

1. Auteur des *Lettres du marquis de Roselle*. (ÉD.)
2. Pour le roi de Pologne. (ÉD.)

ANNÉE 1764.

MMMMCXLIX. — AU MÊME.
30 juin.

Anges, que je fatigue, et qui ne vous lassez pas de faire du bien, voici un petit billet pour le conjuré Lekain. Mais ces extrêmes chaleurs, ce terrible mois de juillet, font frémir l'ex-jésuite.

N'est-ce pas en Éthiopie qu'on va au conseil dans des cruches pleines d'eau? Je crois qu'il n'y a plus que ce moyen d'aller à la Comédie cet été.

Je crois que la *Gazette littéraire* m'a brouillé avec l'abbé de Sade. Ce n'est pas que je me reconnaisse à *la main d'un grand maître* [1] dont l'abbé Arnaud a désigné l'auteur des *Remarques sur Pétrarque*; mais enfin vous savez que j'avais demandé le plus profond secret. Je vous supplie de gronder l'abbé Arnaud de tout votre cœur. Encore une fois, je n'aime point Pétrarque, mais j'aime l'abbé de Sade. Je vois que j'ai été prévenu sur l'article d'Algarotti [2], et que la *Gazette littéraire* est servie beaucoup plus promptement que je ne pourrais l'être. Il me restera la partie du caprice. Dès que je trouverai un livre nouveau, je le prendrai pour prétexte pour débiter mes rêveries, comme j'ai fait sur l'article des songes; cela m'égayera quelquefois, et pourra égayer la *Gazette*. Mais à présent je n'ai pas trop envie de rire, mes yeux ne vont pas trop bien, ma santé fort mal. Que mes deux anges se portent bien, et je suis consolé.

MMMMCL. — A M. DE LA HARPE.
A Ferney, 30 juin.

Un vieux serviteur de Melpomène doit aimer son jeune favori; aussi, monsieur, pouvez-vous compter que je fais mon devoir envers vous [3]. Vous m'aviez flatté d'un petit voyage avec M. de Ximenès.

Je suis bien aise d'apprendre que l'abbé Asselin est encore en vie. Il y a environ soixante ans que je fis connaissance avec lui; et je crois qu'il était majeur. Je lui souhaite les années de Fontenelle.

Vous m'avez dit aussi un mot de J. J. Rousseau; c'est un étrange fou que cet étrange philosophe. J'avais encore de la voix et des yeux il y a trois ans, et je jouais les vieillards assez passablement sur le théâtre de mon petit château de Ferney; Mme Denis (par parenthèse) jouait les rôles de Mlle Clairon avec attendrissement; quelques citoyens genevois venaient quelquefois à nos comédies et à nos soupers : il plut à Jean-Jacques de m'écrire ces douces paroles : « Vous donnez vous des spectacles; vous corrompez les mœurs de ma république, chez prix de l'asile qu'elle vous a donné. »

J'eus assez de sagesse pour ne pas répondre à Jean-Jacques; et la

---

1. En insérant dans sa *Gazette littéraire* l'article sur les *Mémoires de Pétrarque*, l'abbé Arnaud avait mis en note : « .... La lettre que nous insérons ici respire le goût et décèle la main d'un grand maître. » (ÉD.)

2. La *Gazette littéraire* du 20 juin contenait un petit article de moins d'une page sur Algarotti. L'article de Voltaire n'en fut pas moins inséré dans la feuille du 27 juin. (ÉD.)

3. Voltaire lui envoyait un exemplaire du *Théâtre de P. Corneille avec des commentaires*. (ÉD.)

république de Jean-Jacques ayant jugé à propos, depuis, de brûler son livre, et de décréter de prise de corps sa personne, Jean-Jacques a imaginé que je m'étais vengé de lui parce qu'il m'avait offensé, et que c'était moi qui avais engagé le conseil de Genève à lui donner cette petite marque d'amitié. Le pauvre homme m'a bien mal connu. Il ne sait pas que je vis chez moi, et que je ne vais jamais à Genève; il devrait savoir que je ne me venge jamais des infortunés. Un de ses grands malheurs, c'est que la tête lui a tourné.

Adieu, monsieur, vous avez le mérite des véritables gens de lettres, et vous n'en avez pas les injustices. Comptez que je m'intéresse à vous aussi vivement que je plains Jean-Jacques.

MMMMCLI. — De M. Dalembert.

30 juin.

Cette lettre, mon cher et illustre confrère, vous sera remise par M. Desmarets, homme de mérite et bon philosophe, qui désire de vous rendre hommage en allant en Italie, où il se propose des observations d'histoire naturelle qui pourraient bien donner le démenti à Moïse. Il n'en dira mot au maître du sacré palais; mais si par hasard il s'aperçoit que le monde est plus ancien que ne le prétendent même les Septante, il ne vous en fera pas un secret. Je vous prie de le recevoir et de l'accueillir comme un savant plein de lumières, et qui est aussi digne qu'empressé de vous voir. Adieu, mon cher et illustre confrère; je vous embrasse de tout mon cœur, et je voudrais bien partager avec M. Desmarets le plaisir qu'il aura de se trouver avec vous.

MMMMCLII. — A M. Goldoni.

Ferney, 30 juin.

Mon cher favori de la nature, je suis toujours réduit à dicter. Je suis bien vieux; je perds la santé et la vue. Ne soyez point étonné d'avoir si rarement de mes nouvelles. Je vous ai présenté un *Corneille*, parce que celui qui fait honneur à l'Italie doit avoir les ouvrages de l'auteur qui fait honneur à la France. C'est précisément par cette raison-là que je ne vous ai pas envoyé mes ouvrages. Une autre raison encore, c'est qu'il n'y en a à Paris que de détestables éditions. Si jamais vous venez à Ferney ou aux Délices, j'espère vous en présenter une moins incorrecte. J'attends les ouvrages dont vous voulez bien me flatter, ils me consoleront des miens.

Vivez gaiement à Paris, mon cher ami; ayez autant de plaisir que vous en donnez, et aimez toujours un peu un vieux solitaire qui vous est tendrement attaché jusqu'au dernier moment de sa vie.

MMMMCLIII. — A madame la marquise du Deffand.

A Ferney, 1ᵉʳ juillet.

Je passe ma vie à me tromper, madame; mais aussi il y a des moments où vous n'avez pas raison en tout. Vous me dites que je ne veux pas voir Mme de Jaucourt. Je serai assurément charmé si je peux l'attirer chez moi; mais je suis à deux grandes lieues d'elle; je ne sors point, et je ne peux sortir. Ma nièce est allée la voir, et Mme de Jaucourt ne lui a pas rendu sa visite. Tout cela s'arrangera comme on pourra, ainsi que toutes les bagatelles de ce monde.

Un autre reproche que vous me faites, c'est que je me suis vanté d'être votre confrère, et que je ne le suis pas tout à fait. Voici mon état.

J'ai des fluxions sur les yeux qui m'ont ôté l'usage de la vue des mois entiers; elles se promènent quelquefois dans les oreilles, et alors je vois, mais je suis sourd; elles tombent sur la gorge, et je deviens muet. Voilà un plaisant état pour courir après une jeune femme, à deux lieues de ma retraite. Les Parisiennes vont chez Esculape-Tronchin comme on va aux eaux de Forges; mais l'air des Alpes fait plus de mal que Tronchin ne fait de bien. Il faut un corps d'Hercule pour vivre ici; mais j'y suis libre, et j'ai trouvé que la liberté valait encore mieux que la santé. M'y voilà établi, je m'y suis fait une famille, je ne me transporterai point; je mourrai, comme Abraham, dans le coin de terre que j'ai acheté, et ce sera ma seule ressemblance avec le père des croyants.

Vous avez vu, madame, par ma dernière lettre, que le caractère de Jean-Jacques est aussi inconséquent que ses ouvrages. J'espère que Mme la maréchale de Luxembourg me rendra la justice de croire que je ne hais point un homme qu'elle protége, et que je suis bien loin de persécuter un homme si à plaindre. Il n'a même été persécuté que pour des sentiments qui sont les miens, et je serais une âme bien noire et bien sotte de vouloir avilir une philosophie que j'aime et de faire punir un homme accusé précisément des choses qu'on m'impute.

J'aime mieux vous parler de Corneille que de Rousseau; j'avoue encore que j'aime mille fois mieux Racine. Faites-vous relire les pièces de ce dernier, si vous ne les savez pas par cœur; et vous verrez si, après avoir entendu dix vers, vous n'aurez pas une forte passion de continuer. Dites-moi si au contraire le dégoût ne vous saisit pas à tout moment quand on vous lit Corneille. Trouvez-vous chez lui des personnages qui soient dans la nature, excepté Rodrigue et Chimène, qui ne sont pas de lui?

Cette Cornélie, tant vantée autrefois, n'est-elle pas, en cent endroits, une diseuse de galimatias, et une faiseuse de rodomontades? Il y a des vers heureux dans Corneille, des vers pleins de force, tels que Rotrou en faisait avant lui, et même plus nerveux que ceux de Rotrou; il y a du raisonner; mais en vérité il y a bien rarement de la pitié et de la terreur, qui sont l'âme de la vraie tragédie. Enfin quelle foule de mauvais vers, d'expressions ridicules et basses, de pensées alambiquées et retournées, comme vous dites, en trois ou quatre façons également mauvaises! Corneille a des éclairs dans une nuit profonde; et ces éclairs furent un beau jour pour une nation composée alors de petits-maîtres grossiers, et de pédants plus grossiers encore, qui voulaient sortir de la barbarie.

Je n'ai commencé ce fatras que pour marier Mlle Corneille; c'est peut-être la seule occasion où les préjugés aient été bons à quelque chose.

Je ne me passionne point pour Racine. Que m'importe sa personne? Je n'ai vécu ni avec lui ni avec Corneille. Je ne vais point chercher de quelle mine sort un diamant que j'achète; je regarde à son poids, à sa grosseur, à son brillant, à ses taches. Enfin je ne puis ni sentir qu'avec mon goût, ni juger qu'avec mon jugement.

Racine m'enchante, et Corneille m'ennuie. Je vous avouerai même que je n'ai jamais lu ni ne lirai jamais une douzaine de ses pièces, que, grâce au ciel, je n'ai point commentées. Ah! madame, quand vous voudrez avoir du plaisir, faites-vous relire Racine par quelqu'un qui soit digne de le lire; mais, pour le bien goûter, rappelez-vous vos belles années; car Montaigne a dit : « Crois-tu qu'un malade rechigné goûte beaucoup les chansons d'Anacréon et de Sapho[1]? »

Je vous ai trop parlé de vers; une autre fois je vous parlerai philosophie. Mille tendres respects.

MMMMCLIV. — A MADAME LA BARONNE DE VERNA.

Au château de Ferney, 3 juillet.

La conformité de votre état au mien est une nouvelle raison qui devait m'engager à répondre plus tôt à la lettre dont vous m'avez honoré; et c'est précisément ce qui m'en a empêché. Une fluxion sur les yeux, qui se joint à tous mes maux, m'ôte la liberté d'écrire; mais votre lettre est bien capable de me faire penser. Je vois que vous adoucissez vos souffrances par la lecture. C'est en effet une grande ressource; mais ce n'en est une que pour les bons esprits, qui sont en très-petit nombre. Bien peu de dames cherchent à s'instruire; c'est un grand avantage que vous avez sur elles. Mes ouvrages ne sont pas dignes assurément de l'honneur que vous leur faites; mais vous y suppléez en pensant de vous-même les choses que je n'ai pas dites. Je ne fais que mettre sur la voie; je présente des esquisses, et vous achevez dans votre esprit ce que je n'ai fait qu'ébaucher.

Il y a des vérités qu'on ose à peine faire entrevoir au public, mais que des personnes comme vous saisissent tout d'un coup, et qu'elles développent. Je souhaite, madame, que ces vérités, qui ne sont faites que pour les philosophes, vous soient de quelque consolation. La philosophie est le plus grand des remèdes, c'est la santé de l'âme; et il paraît que si votre corps souffre, votre âme se porte très-bien. Vous ne trouverez point, madame, que ma philosophie soit rebutante, elle est même quelquefois un peu trop gaie. Dans ce dernier cas, j'ai besoin de votre indulgence.

Vous me faites bien regretter, madame, d'avoir si peu profité du temps que vous êtes venue passer à Genève. Vous aviez malheureusement alors plus besoin de M. Tronchin que de moi. Si jamais vous croyez en avoir besoin encore, daignez, madame, ne prendre d'autre maison que la mienne.

J'ai l'honneur d'être, avec bien du respect, etc.

1. Montaigne, livre II, chap. XII. (ÉD.)

MMMMCLV. — A M. LE COMTE D'ARGENTAL.

A Ferney, 6 juillet.

Mes divins anges, quoi! toujours un rhumatisme! Je conçois bien que nous autres agriculteurs des Alpes nous soyons souvent affligés de ce fléau; mais un ange, une dame de Paris, qui n'est jamais exposée aux malignes influences de l'air! non, ce n'est pas là une maladie de dame. Que dit à cela M. Fournier [1]? Mon cher ange, qui n'a point de rhumatisme, écrit très-proprement, quoi qu'il en dise; et moi aussi, qui ai recouvré la vue jusqu'à ce que je la reperde. Cette vie est pleine de tribulations. Conservez votre santé, mes anges; cela vaut mieux que des pièces de théâtre, et surtout que les pièces d'aujourd'hui. Je fais donc *Pierre le Cruel*, comme dit M. de Thibouville; je l'ai même confié à M. de Ximenès; ainsi je ne crois pas qu'on puisse en douter. Pour vous, mes braves conjurés, vous avez employé un jésuite pour faire les roués. Je ne sais quel nom on donne à la pièce; je sais seulement qu'elle ne ressemble pas à *Bérénice*. Le petit jésuite dit qu'il est très-loin de souhaiter qu'on l'imprime sitôt; il fera tout ce que vous ordonnez pour Lekain; il désire seulement qu'on donne un honoraire à un jeune homme [2] qui, depuis dix ans, a copié cinq ou six tragédies dix ou douze fois chacune, et à qui le petit jésuite doit quelque attention. Ledit défroqué ne veut jamais être connu, à moins qu'ayant été encouragé l'été par un petit succès, il n'en ait un grand pendant l'hiver, après avoir donné la dernière main à ses roués. Vous avez terminé noblement l'affaire du roi de Pologne, et je vous remercie. Cramer viendra sans doute chez vous, et vous lui recommanderez de presser son correspondant d'Italie de dépêcher les livres qu'il a promis, et alors je les aurai. Je suis toujours aux ordres de la *Gazette littéraire*, quoiqu'elle ait mis une certaine note trop flatteuse à l'extrait de Pétrarque; note à laquelle l'abbé de Sade s'obstine, dit-on, à me reconnaître.

Je suis à présent à sec, et accablé d'un ouvrage très-considérable [3] en faveur de la bonne cause. Mes chers anges, respect et tendresse.

MMMMCLVI. — A M. DAMILAVILLE.

6 juillet.

Mon cher frère, je ne perds pas le peu de temps qui me reste à vivre. Je me doute bien de ce que frère Cramer vous montrera; mais je ne crois pas que cet ouvrage doive jamais être vendu avec privilège. Je vous demande en grâce de confondre tout barbare et tout faux frère qui pourrait me soupçonner d'avoir mis la main à ce saint œuvre. Je veux le bien de l'Église, mais je renonce de tout mon cœur au martyre et à la gloire éternelle. Sachez que Dieu bénit notre Église naissante; trois cents *Meslier*, distribués dans une province, ont opéré beaucoup de conversions. Ah! si j'étais secondé! mais les frères sont tièdes, les frères ne sont point rassemblés : ce malheureux Rousseau n'est fidèle qu'à son caprice et à son amour-propre. C'était assurément l'homme le

1. Médecin. (ÉD.) — 2. Wagnière. (ÉD.) — 3. La *Philosophie de l'histoire*. (ÉD.)

plus capable de rendre de grands services ; mais Dieu l'a abandonné. Son *Vicaire savoyard* pouvait faire du bien ; mais cela est noyé dans un roman absurde qu'on ne peut lire. Enfin ce malheureux s'est rendu indigne de la bonne cause. J'ai été très-fâché de l'excès de folie qui l'a porté à imprimer que je le persécutais ; il est bien triste qu'un homme qui a passé quelque temps pour notre frère fasse accroire qu'un de nous le persécute. Mais que voulez-vous ? ce pauvre homme m'ayant offensé, s'est imaginé que je m'étais vengé. Il ne connaît pas les véritables frères. Une des faiblesses de ce pauvre fou est de mentir impudemment. Il se vante qu'on a voulu l'engager à écrire contre les jésuites : quelle pitié ! les parlements avaient bien besoin de Jean-Jacques ! Ils ont écrit eux-mêmes, et assurément mieux que lui.

Je vous embrasse pieusement, mon cher frère. *Écr. l'inf....*

MMMMCLVII. — DE M. DALEMBERT.

A Paris, ce 9 juillet.

Si vous aviez l'honneur, mon cher et illustre maître, d'être Simon Le Franc, je vous dirais comme défunt le Christ à Simon Pierre : *Simon, dormis*[1]*?* Il y a un siècle que je n'ai entendu parler de vous. Je sais que vous êtes très-occupé, et même à une besogne très-édifiante ; mais laissez là le *Talmud* un moment pour me dire que vous m'aimez toujours, et après cela je vous laisserai en liberté reprendre Moïse et Esdras au cul et aux chausses. Votre long silence m'a fait craindre un moment que vous ne fussiez mécontent de la liberté avec laquelle je vous ai dit mon avis sur le *Corneille*, comme vous me l'aviez demandé ; cependant, réflexions faites, cet avis ne peut vous blesser, puisqu'il se réduit à dire que vous n'avez pas fait assez de révérences en donnant des croquignoles, et que vous auriez dû multiplier les croquignoles et les révérences. A propos de croquignoles, vous venez d'en donner une assez bien conditionnée à maître Aliboron et à l'honnête homme[2] qui, comme vous le dites très-plaisamment, lui *fait sa litière*. Il est vrai que vous l'aviez belle, et qu'on ne peut pas présenter son nez de meilleure grâce. Cette croquignole était d'autant plus nécessaire, que maître Aliboron, à ce qu'on m'a assuré, répandait sourdement que vous lui aviez fait faire des propositions de paix. J'ai prétendu que si vous lui en aviez fait, c'était apparemment comme Sganarelle en fait à sa femme après l'avoir bien battue. En attendant, maître Aliboron est allé faire les délices de la cour des Deux-Ponts, et il a laissé des feuilles à fabriquer, pendant son absence, à quelques sous-marauds qui sont à sa solde ; on prétend même qu'il va quitter tout à fait pour être bailli ou maître d'école dans quelque village d'Allemagne. On assure aussi que le duc de Deux-Ponts, son digne ami et protecteur, qui a joué un rôle si brillant dans la dernière guerre à la tête des troupes de l'Empire, doit l'emmener à la cour de Manheim, qui se prépare à le fêter beaucoup, et qui apparemment a oublié l'honneur que vous avez fait, il y a quelques années, au maître de la maison.

1. **Marc, XIV, 37.** (ÉD.) — 2. Panckoucke. (ÉD.)

Ce sont, je crois, de plates gens que tous ces petits principaux d'Allemagne; et je me souviens que quand le roi de Prusse me demanda si en retournant en France, je m'arrêterais dans toutes ces petites cours borgnes, je lui répondis que non, parce que *quand on vient de voir Dieu, on ne se soucie guère de voir saint Crépin.*

Savez-vous que je viens de recevoir de l'impératrice de Russie une lettre qui devrait être imprimée et affichée dans la salle du conseil de tous les princes? Elle me dit ces propres paroles : « On devrait faire dans tout gouvernement éclairé une loi qui défende aux citoyens de s'entre-persécuter, de quelque façon que ce soit.... Les guerres de plume, qui, en décourageant les talents, détruisent le repos des citoyens sous le misérable prétexte de quelques différences d'opinion, sont aussi détestables que minutieuses.... Vous me dites, ajoute-t-elle, que le Nord donne des leçons au Midi : mais d'où vient donc que vous autres peuples du Midi passez pour si éclairés, si les règles les plus naturelles et les plus simples n'ont pas encore pris racine chez vous? ou est-ce qu'à force de raffinement elles vous ont échappé? » Comme elle vient de réunir au domaine de la couronne tous les biens du clergé, elle ajoute très-plaisamment : « Chez nous on respecte trop le spirituel pour le mêler au temporel, et celui-ci se prête à soulager l'autre des vanités qui lui sont étrangères. » Avouez, mon cher philosophe, que tous les princes et princesses, sans en excepter le duc de Deux-Ponts, ne sont pas aussi avancés; mais, comme dit très-bien la sainte Écriture, *l'esprit souffle où il veut.* Je ne sais de quel côté le vent va souffler pour la philosophie. Voilà déjà des pariements qui concluent à garder les jésuites; j'ai bien peur que ce ne soit enterrer le feu sous la cendre. Je ne sais si je me trompe, mais il me semble, à en juger par bien de petites circonstances, que depuis la mort d'une certaine dame[1] (qui n'aimait pourtant pas les philosophes), le parti jésuitique commence à revirer tant soit peu de bord, à la vérité insensiblement, et comme le P. Canale, par un mouvement de fesse imperceptible. Si ce mouvement de fesse allait en s'accélérant comme la chute des graves, la pauvre philosophie se trouverait une seconde fois dans le margouillis dont Dieu et vous la vouliez préserver. En attendant, il faut qu'elle se tienne à la fenêtre, pour voir la fin de tout ceci, sans pourtant se refuser le plaisir de jeter de temps en temps quelques pétards aux passants qui lui déplairont, lorsqu'elle n'aura point à craindre que cette *mièvreté* la fasse mettre à l'amende. A propos, on m'a prêté cet ouvrage attribué à Saint-Évremont, et qu'on dit de du Marsais, dont vous m'avez parlé il y a longtemps : cela est bon ; mais le *Testament de Meslier* par extrait vaut encore mieux. On m'a parlé aussi d'un *Dictionnaire*[2] où beaucoup d'honnêtes fripons ont rudement sur les oreilles; je voudrais bien qu'il me fût possible d'en avoir un exemplaire. Si vous connaissiez l'auteur, vous devriez bien lui dire de m'en faire tenir un par quelque voie sûre; il peut être persuadé que j'en ferai bon usage. Eh bien! voilà pourtant les Calas qui vraisemblablement gagneront tout

---

1. Mme de Pompadour. (Éd.) — 2. *Le Dictionnaire philosophique.* (Éd.)

à fait leur procès; et tout cela grâce à vous. Messieurs les pénitents blancs devraient bien rougir d'être si noirs.

Adieu, mon cher philosophe. Vous ne me parlez jamais de Mme Denis; est-ce qu'elle m'a entièrement oublié? Je voudrais bien vous aller embrasser, mais j'ai un estomac qui me joue d'aussi mauvais tours que si je l'obligeais à digérer tout ce qui se fait et tout ce qui se dit en France.

MMMMCLVIII. — A M. COLINI.

A Ferney, 11 juillet.

Je ne crois pas, mon cher ami, qu'il me soit permis de solliciter auprès de Son Altesse Électorale pour un homme d'Église[1]; car, outre que je suis fort profane, j'ai toujours sur le cœur de n'être point venu me mettre aux pieds de monseigneur l'électeur. L'édition de Corneille, à laquelle il a fallu travailler deux ans et quelques mois, m'a retenu indispensablement auprès de Genève. J'ai été privé de la vue six mois entiers par une fluxion affreuse qui se promène encore sur ma pauvre figure, née très-faible, et affligée de soixante et onze ans, qui seront bientôt révolus. Je suis obligé de prendre médecine quatre fois par semaine; vous jugez bien que dans cet état je suis beaucoup plus digne de la boutique d'un apothicaire que de la cour d'un prince aimable, plein d'esprit et de connaissances. J'ai opposé autant que j'ai pu un peu de gaieté à la tristesse de ma situation; mais enfin la gaieté cède à la douleur et à la vieillesse. Si je pouvais compter seulement sur un mois d'un état tolérable, je vous assure, mon cher Colini, que je prendrais bien vite la poste, et que vous me verriez venir me mettre au rang des sujets de Son Altesse Électorale, c'est-à-dire au nombre des gens heureux. Ce mot d'*heureux* n'est pas trop fait pour moi. A votre âge, mon cher Colini, on jouit de la vie; et au mien on la supporte. Je vous embrasse bien tendrement.

MMMMCLIX. — A M. DUPONT.

A Ferney, par Genève, 12 juillet.

On a recours à ses amis dans l'occasion. Je commence, mon cher philosophe, à recouvrer la vue. Ma fluxion sur les yeux est tombée sur la gorge, et la première chose que j'aie lue de mes yeux dans les nouvelles publiques, c'est que M. le duc de Wurtemberg a quitté ses États, que ses affaires sont dérangées, tous les payements arrêtés. La seconde, c'est que le duc a emprunté beaucoup d'argent sur la terre de Horbourg et de Riquevir, qui fournissaient jusqu'à présent au payement d'une rente de vingt-huit mille livres que j'ai sur lui, rente qui compose la meilleure partie de mon bien.

Je n'ai d'autres titres qu'une promesse de passer contrat, signée de la main du duc. Je crois même que je vous laissai en partant de Colmar un double de cette promesse. Si vous avez ce double, je vous prie de la faire homologuer au conseil souverain d'Alsace, et de le faire signifier au receveur de Horbourg et de Riquevir.

Ne pouvez-vous pas même, pour prévenir tout abus, lui faire signi-

1. Billspach. (En.)

fier défense de payer à d'autres qu'à moi, en attendant la signification de la promesse du duc valant contrat? C'est ce que j'ignore, et ce que je ne propose qu'en cas que votre jurisprudence le permette.

Si vous n'avez pas ce double, mandez-moi, je vous prie, si je dois vous envoyer l'original, ou si je peux me contenter d'envoyer une copie légalisée.

Il est probable, mon cher ami, qu'on est instruit à Colmar de tout ce qui regarde cette affaire. Ayez la bonté de me dire ce que vous en savez, et aimez votre vieil ami   V.

MMMMCLX. — A M. LE COMTE D'ARGENTAL.

12 juillet.

Mes divins anges, je suis plus affligé des rhumatismes dont vous me parlez que de la petite disgrâce de l'ex-jésuite[1]. Est-il possible que l'un de mes anges souffre? cela est bien injuste.

J'ai communiqué au petit défroqué l'histoire de son infortune; il m'a demandé le secret. Il craint que, s'il était connu, cela ne l'empêchât d'avoir un bénéfice; mais surtout il vous supplie de recommander le secret à M. de Chauvelin. Il vous demande une grâce, c'est de revenir en requête civile, et de hasarder deux ou trois représentations; car ce pauvre Poinsinet ayant protesté que le délit n'a pas été commis par lui, il se pourra que le public soit moins barbare. Un acteur pourrait annoncer que la pièce n'est point de celui à qui on l'attribuait, et qu'un jeune homme docile en étant l'auteur, et ayant fait quelques changements, on compte sur un peu d'indulgence. Je pense qu'alors l'ouvrage pourrait se relever. On ne risque rien à hasarder la révision. Voyez ce qui est arrivé à *Oreste*, et même à *Zaïre*. Vous pourriez, mes anges, en venir à votre honneur; car enfin, si vous croyez la pièce passable, il faut bien qu'elle le soit.

On ne pourra refuser à Lekain, qui a proposé la pièce, de la rejouer; mais enfin, si la chose était impraticable, en ce cas, je vous supplierais de redemander à Lekain l'exemplaire, et de vouloir bien me le renvoyer pour ce pauvre ex-jésuite.

J'attends tous les jours des livres d'Italie; je ne perds pas assurément de vue la *Gazette littéraire*.

N. B. Mes anges, ne vous découragez pas sur le drame de l'ex-jésuite, à moins que vous n'y ayez senti du froid, car à cette maladie point de remède.

MMMMCLXI. — A M. DAMILAVILLE.

13 juillet.

Dieu me préserve, mon cher frère, d'avoir la moindre part au *Dictionnaire philosophique portatif!* J'en ai lu quelque chose; cela sent terriblement le fagot. Mais puisque vous êtes curieux de ces ouvrages impies pour les réfuter, j'en chercherai quelques exemplaires, et je vous les enverrai par la première occasion.

Frère Cramer vous a dit qu'il y avait un vieux pédant entouré de

---

1. *Le Triumvirat*, représenté le 5 juillet, n'avait pas eu de succès. (ÉD.)

vieux in-folio dont le nom seul fait trembler, qui travaillait de tout son cœur à un ouvrage fort honnête[1] : frère Cramer a raison. Je crois que la meilleure manière de tomber sur *l'inf*.... est de paraître n'avoir nulle envie de l'attaquer, de débrouiller un peu le chaos de l'antiquité, de tâcher de jeter quelque intérêt, de répandre quelque agrément sur l'histoire ancienne, de faire voir combien on nous a trompés en tout, de montrer combien ce qu'on croit ancien est moderne, combien ce qu'on nous a donné pour respectable est ridicule, de laisser le lecteur tirer lui-même les conséquences.

Il est certain qu'en rassemblant certains points de l'histoire, on peut démêler les véritables sources qu'on nous a longtemps cachées. Cela demande du temps et de la peine, mais l'objet le mérite. L'auteur m'a déjà montré quelques cahiers : il dit que l'ouvrage sera sage, qu'il dira moins qu'il ne pense, et qu'il fera penser beaucoup. Cette entreprise m'intéresse infiniment.

Je suis bien loin de songer à des tragédies. On m'a mandé que les *Triumvirs* dont vous me parlez sont d'un jeune ex-jésuite qui a du talent. Les jésuites avaient au moins cela de bon qu'ils aimaient la comédie, et qu'ils en faisaient. Les jansénistes sont les ennemis de tout plaisir honnête.

Mon cher frère, quoique je sois absorbé dans des in-folio, je n'oublie pourtant pas Corneille. Il y a un jeune auteur qui a fait *la Jeune Indienne*; il s'appelle, je crois, M. de Chamfort. Il y a un M. du Clairon, auteur de *Cromwell*. Il me semble que quiconque travaille pour le théâtre a droit à un *Corneille* : il faut que les disciples aient notre maître devant les yeux. Je vous supplie donc de vouloir bien avertir Duchesne d'envoyer prendre chez vous deux exemplaires pour ces deux messieurs : vous ferez, je crois, une très-bonne œuvre.

Est-il vrai que M. le contrôleur général rembourse quatre millions d'effets royaux? Cela n'a guère de rapport à Corneille; mais il faut s'instruire un peu des affaires publiques.

Je ne sais rien de nouveau; je moissonne mes champs, et quelques vérités éparses dans de mauvais livres; ce sont de vieux arsenaux dans lesquels je trouve des armes rouillées qui ne laisseront pas d'être aiguisées, et dont je tâcherai de me servir avec toute la discrétion possible.

Je gémis toujours de n'être pas aidé par quelqu'un de nos frères; cela fait saigner le cœur. Vous seul me consolez et m'encouragez.

Je vous embrasse de tout mon cœur. *Écr. l'inf*....

MMMMCLXII. — A M. DALEMBERT.

16 juillet.

Mon grand philosophe, et pour dire encore plus, mon aimable philosophe, vous ne pouvez me dire ni *Simon, dors-tu?* ni *Tu dors, Brutus*; car assurément je ne me suis pas endormi, demandez-le plutôt à *l'inf*....

---

1. *La Philosophie de l'histoire.* (Éd.)

Comment avez-vous pu imaginer que je fusse fâché que vous soyez de mon avis? Non, sans doute, je n'ai pas été assez sévère sur les vaines déclamations, sur les raisonnements d'amour, sur le ton bourgeois qui avilit le ton sublime, sur la froideur des intrigues ; mais j'étais si ennuyé de tout cela, que je n'ai songé qu'à m'en débarrasser au plus vite.

Il se pourrait très-bien faire que saint Crépin[1] prît à ses gages maître Aliboron; il m'a su mauvais gré de ce que j'avais une fluxion sur les yeux qui m'empêchait d'aller chez lui. L'impératrice de Russie est plus honnête; elle vous écrit des lettres charmantes, quoique vous ne soyez point allé la voir. C'est bien dommage qu'on ne puisse imprimer sa lettre, elle servirait à votre pays de modèle et de reproche.

Je souhaite de tout mon cœur qu'il reste des jésuites en France; tant qu'il y en aura, les jansénistes et eux s'égorgeront : les moutons, comme vous savez, respirent un peu quand les loups et les renards se déchirent. Le *Testament de Meslier* devrait être dans la poche de tous les honnêtes gens. Un bon prêtre, plein de candeur, qui demande pardon à Dieu de s'être trompé, doit éclairer ceux qui se trompent.

J'ai ouï parler de ce petit abominable *Dictionnaire*; c'est un ouvrage de Satan. Il est tout fait pour vous, quoique vous n'en ayez que faire. Soyez sûr que, si je peux le déterrer, vous en aurez votre provision. Heureusement je n'ai nulle part à ce vilain ouvrage, j'en serais bien fâché; je suis l'innocence même, et vous me rendrez bien justice dans l'occasion. Il faut que les frères s'aident les uns les autres. Votre petit écervelé de Jean-Jacques n'a fait qu'une bonne chose en sa vie, c'est son *Vicaire savoyard*, et ce *Vicaire* l'a rendu malheureux pour le reste de ses jours. Le pauvre diable est pétri d'orgueil, d'envie, d'inconséquences, de contradictions, et de misère. Il imprime que je suis le plus violent et le plus adroit de ses persécuteurs : il faudrait que je fusse aussi méchant qu'il est fou pour le persécuter. Il me prend donc pour maître Omer! il s'imagine que je me suis vengé, parce qu'il m'a offensé. Vous savez qu'il m'écrivit, dans un de ses accès de folie, que « je corrompais les mœurs de sa chère république, en donnant quelquefois des spectacles à Ferney, » qui est en France. Sa chère république donna depuis un décret de prise de corps contre sa personne; mais comme je n'ai pas l'honneur d'être procureur général de la *parvulissime*, il me semble qu'il ne devrait pas s'en prendre à moi. J'ai peur, physiquement parlant, pour sa cervelle : cela n'est pas trop à l'honneur de la philosophie; mais il y a tant de fous dans le parti contraire, qu'il faut bien qu'il y en ait chez nous. Voici une folie plus atroce. J'ai reçu une lettre anonyme de Toulouse, dans laquelle on soutient que tous les Calas étaient coupables, et qu'on ne peut se reprocher que de n'avoir pas roué la famille entière. Je crois que, s'ils me tenaient, ils pourraient bien me faire payer pour les Calas. J'ai eu bon nez de toutes façons de choisir mon camp sur la frontière; mais il est triste d'être éloigné de vous, je le sens tous les jours; Mme Denis partage

1. Le duc de Deux-Ponts. (ÉD.)

mes regrets. Si vous êtes amoureux, restez à Paris; si vous ne l'êtes pas, ayez le courage de venir nous voir, ce serait une action digne de vous. Mme Denis et moi nous vous embrassons le plus tendrement du monde.

MMMMCLXIII. — A M. LE COMTE D'ARGENTAL.

16 juillet.

Voici, mes anges, la lettre du conjuré de Turin, qui m'est venue après le récit que vous m'avez fait de notre défaite. Je suis persuadé que M. de Chauvelin vous a écrit dans le même goût; les conjurés en agissent rondement les uns avec les autres. Il me paraît bien difficile que mes anges, M. le duc de Praslin, M. de Chauvelin, maman, et moi (qui sommes assez difficiles), nous nous soyons tous si grossièrement trompés. Mon avis serait qu'au voyage de Fontainebleau, M. de Praslin ourdît, sous main, une petite brigue pour faire jouer les roués. Je présume qu'on ne se soucie point du tout à la cour d'humilier Poinsinet de Sivry[1], et que le ton de la pièce ne déplairait pas à beaucoup d'honnêtes gens, qui sont plus familiarisés que le parterre avec l'histoire romaine.

Amusez-vous, je vous prie, à me dire ce qui a le plus révolté ce cher parterre dans l'œuvre de Poinsinet de Sivry.

Comment se porte Mme l'ange? Respect et tendresse.

MMMMCLXIV. — DU PRINCE HÉRÉDITAIRE DE BRUNSWICK.

Genève, le 16 juillet.

Monsieur, il m'est bien dur de devoir vous prier de remettre à demain le dîner que vous avez bien voulu m'offrir pour aujourd'hui. C'est M. l'ambassadeur de France qui en est la cause, et qui m'a arrêté pour ce midi, avant que j'eusse eu le plaisir de recevoir votre réponse. Ce ne sont pas les images des honneurs que l'on cherche quand on vient vous voir; leur réalité réside dans l'opinion que des hommes tels que vous portent de nous; et c'est à ceux-là que j'aspirerais si j'avais la vanité de croire que je puis y prétendre. Vous voir, vous admirer, et vous offrir des hommages sincères, voilà les motifs qui m'appellent à Ferney. Recevez d'avance les assurances de la considération la plus distinguée avec laquelle j'ai l'honneur d'être, monsieur, votre, etc., *Le prince héréditaire* DE BRUNSWICK.

MMMMCLXV. — A M. LE COMTE D'ARGENTAL.

18 juillet.

Comment se porte Mme l'ange? Vous souvenez-vous de *Sémiramis?* comme elle fut jouée froidement, comme elle tomba à la première représentation? On dit qu'il n'y a pas d'action dans les roués; il me semble qu'il y en a beaucoup, et qu'un Pompée un peu ferme eût fait une grande impression. Est-il vrai que Molé est incapable de jouer les rôles vigoureux? en ce cas, pourquoi lui avoir donné Pompée? L'ex-jésuite comptait que Lekain jouerait ce rôle. Quoi qu'il

1. Quelques personnes lui avaient attribué *le Triumvirat*. (ÉD.)

en soit, mes divins anges, Lekain a écrit au défroqué, et voici ma réponse, que je prends la liberté de vous adresser.

Plus j'y pense, plus je crois que la pièce, jouée avec chaleur, n'aurait point refroidi. Si je me trompe, détrompez-moi ; car j'aime encore plus la vérité que je n'aime les jésuites, et presque autant que j'aime mes anges, à qui je suis dévoué pour toute ma vie.

MMMMCLXVI. — A M. LEKAIN.
18 juillet.

Mon cher grand acteur, le petit ex-jésuite, auteur de ce malheureux drame, m'est venu trouver ; il faut encourager la jeunesse : je l'ai engagé à retravailler son ouvrage, et il doit vous être remis. Je doute fort que, malgré tous ses soins, vous trouviez un libraire qui veuille l'imprimer ; il n'y a que les succès qui enhardissent les libraires. Je crois que votre intérêt serait de reprendre la pièce sans annoncer de corrections, mais en distribuant de nouveaux rôles : il se pourrait que cette pièce bien représentée plût au moins à quelques amateurs. Je sais que le sujet n'en est pas fort touchant ; je sais même que l'Opéra-Comique, où l'on joue les contes de La Fontaine, et où il n'est question que de tetons, de baisers, et de jouissances, inspire beaucoup de froideur pour tout spectacle sérieux ; mais il y a un petit nombre de gens qui aiment les sujets tirés de l'histoire romaine ; et si ce petit nombre est content, vous tirerez alors quelque parti de l'impression. L'auteur m'a conjuré de vous engager à ne point demander de privilége ; il vous prie encore de supprimer ce titre emphatique de *Partage du monde*, titre qui promet trop, qui ne tient rien, et qui n'est pas le sujet de la pièce. Il prétend que vous pourriez obtenir un ordre des premiers gentilshommes de la chambre pour jouer sa pièce à Fontainebleau ; c'est une vraie pièce de ministres ; vous en donneriez quelques représentations à Paris ; cela demanderait peu de travail. Voyez ce que vous pourrez faire ; mandez-moi vos idées, afin que je les communique au jeune auteur. Je vous embrasse du meilleur de mon cœur.

Si vous voulez absolument faire imprimer l'ouvrage du petit défroqué, je pense qu'il faudra changer ses a en o. Il a voulu suivre mon orthographe, cela lui ferait tort ; on le prendrait pour un disciple.

N. B. Si vous prenez ce stérile parti d'imprimer sans jouer, si vous jouez sans imprimer, si vous gardez le manuscrit du prêtre sans imprimer ni jouer ; en un mot, quelque chose que vous fassiez, il vous prie de retrancher au quatrième acte, scène troisième, tout ce qui est entre ces deux vers :

Elle coûtera cher, elle sera fatale....
. . . .
Adieu ; que mon épouse, en apprenant mon sort....

Plus on retranche en prose, en vers, en tout genre, excepté en finance, moins on fait de sottises.

MMMMCLXVII. — A M. LE COMTE D'ARGENTAL.
21 juillet.

Il est bien juste qu'après avoir ennuyé mes anges, je les amuse. Voici de la pâture pour la *Gazette littéraire*. Ce morceau me paraît curieux. Il faut que je dise à mes anges qu'on trouve la *Gazette littéraire* un peu sèche, et qu'il eût été à souhaiter que les articles de pure annonce et les suppléments eussent été fondus ensemble une fois par semaine. Par ce moyen, chaque gazette eût été intéressante et piquante. Je crains toujours que la petite note mise par les auteurs au bas des *Remarques sur Pétrarque* ne m'ait brouillé avec l'abbé de Sade.

Je suis encore persuadé qu'avec une vingtaine de vers les roués auraient un grand succès; mais on dit qu'il est impossible que Molé réussisse dans Pompée.

Mes chers anges, je vous prie d'obtenir qu'on ne retranche rien du petit morceau que j'ai l'honneur de vous envoyer.

Respect et tendresse.

Sûrement, par le temps qu'il fait, Mme l'ange n'a plus de rhumatisme.

MMMMCLXVIII. — A M. DAMILAVILLE.
21 juillet.

On m'a dit, mon cher frère, qu'une traduction d'une pièce anglaise en trois actes, intitulée *Saül et David*, se débite à Paris sous mon nom. C'est un libraire, nommé Besongne, qui a eu cette insolence et cette malice. Je regarde ces supercheries des libraires comme des crimes de faux : on est aussi coupable de mettre sur le compte d'un auteur un ouvrage dangereux, que de contrefaire son écriture.

Je me trouve dans des circonstances épineuses, où ces odieuses imputations peuvent me faire un tort irréparable et empoisonner le reste de ma vie. Je veux bien être confesseur, mais je ne veux pas être martyr. Je vous prie, mon cher frère, au nom de l'amour de la vérité, qui nous unit, de vouloir bien faire parvenir cette lettre à M. Marin. Il me semble qu'il vaut mieux s'adresser à ceux qui sont à portée de parler aux gens en place, que de fatiguer par des désaveux, dans des journaux, un public qui ne vous croit pas. C'est un triste métier que celui d'homme de lettres; mais il y a quelque chose de plus dangereux, c'est d'aimer la vérité.

Je ne me console point de voir que ceux qui devraient combattre les uns pour les autres, sous le même drapeau, soient ou des poltrons, ou des déserteurs, ou des ennemis. La folie de Rousseau m'afflige. Est-il vrai que c'est à Duclos qu'il écrivait cette indigne lettre dans laquelle il disait que j'étais *le plus violent et le plus adroit de ses persécuteurs?* y eut-il jamais une démence plus absurde? Moi, persécuter l'auteur du *Vicaire savoyard!* moi, persécuter quelqu'un! J'ai toujours sur le cœur cette étrange calomnie. Faut-il, mon cher frère, qu'on ait à la fois les fidèles et les infidèles à combattre, et qu'on passe pour un persécuteur, tandis qu'on est soi-même persécuté! Tout cela fait saigner le cœur : l'amitié seule d'un philosophe peut guérir ces blessures.

J'attends toujours une occasion pour vous envoyer un petit paquet pour vous et pour vos intimes. Dieu nous garde de jeter le pain de Dieu aux chiens!

Si la lettre de M. Panckoucke m'a fait rire, celle de M. Élie de Beaumont m'afflige. Est-il possible qu'on perde un tel procès, qu'on ne soit pas le fils de son père, parce que ce père a fait un voyage en Suisse? Qu'on dise à présent que les Français ne sont pas des Welches!

Embrassez, je vous prie, pour moi M. et Mme Élie. Leur imagination est comme le char de leur patron, elle est toute brillante; mais leur patron ne les valait pas.

Je vous embrasse tendrement, mon cher frère.

P. S. Frère Thieriot est donc à présent attaché à un archevêque, et le voilà devenu grand vicaire de Cambrai. Il a passé sa vie dans des attachements qui ne lui ont pas réussi; il aurait été heureux s'il avait su qu'un ami vaut mieux que vingt protecteurs auxquels on se donne successivement.

J'oubliais de vous dire que frère Gabriel n'a point imprimé assez d'exemplaires du *Corneille*. Je l'ai laissé, comme de raison, le maître de toute l'affaire. S'il avait imprimé autant d'exemplaires qu'il y avait de souscripteurs, il aurait eu plus d'argent, et Mlle Corneille aussi; mais il n'a compté que ceux qui avaient fait le premier payement. J'en suis bien fâché, mais ce n'est pas ma faute; j'ai rempli mon devoir, et cela me suffit. Ceux qui n'ont pas eu d'exemplaires, et qui en demandent, peuvent en prendre chez M. Corneille, à qui le roi en a donné cent cinquante : Mme d'Argental se fait un plaisir d'en débiter pour gratifier cet honnête homme. Je m'étonne que cela ne soit pas public dans Paris; mais dans Paris on ne sait jamais rien, on n'est instruit de rien, on ne sait à qui s'adresser, on ignore tout au milieu du tumulte.

Frère Gabriel a bien mal fait encore d'imprimer les trois volumes de remarques à part, sans me le dire. Les fautes d'impression sont innombrables. Il y a assez loin de ma campagne à Genève, et je n'ai pu revoir les épreuves. Tout va de travers en ce monde. Dieu soit loué!

MMMMCLXIX. — A M. LE MARÉCHAL DUC DE RICHELIEU.

A Ferney, 21 juillet.

Ma main me refuse le service aujourd'hui, monseigneur, attendu que mes yeux sont affligés de leur ancienne fluxion; ainsi mon héros permettra que je reprenne ma charge de dictateur. Il m'a été absolument impossible d'aller à Genève faire ma cour à M. le duc de Lorges. Vous savez d'ailleurs que je n'aime à faire ma cour qu'à vous.

M. le duc de Wurtemberg n'est point allé à Venise, comme on le disait; il reste chez lui pour mettre ordre à ses affaires, ce qui ne sera pas aisé. Son frère est toujours mon voisin, et mène la vie du monde la plus philosophique. Quoique les finances de la France soient encore plus dérangées que celles du Wurtemberg, il paraît cependant qu'on a beaucoup de confiance dans le nouveau ministère. M. de Laverdy fait assurément mieux que ses prédécesseurs, car il ne fait rien du tout, et cela donne de grandes espérances.

Je crois actuellement M. de Lauraguais jugé[1]. Vous croyez bien que je m'intéresse au bienfaiteur du théâtre; il l'a tiré de la barbarie; et s'il y a aujourd'hui un peu d'action sur la scène, c'est à lui qu'on en est redevable. Avec tout cela, on peut fort bien avoir tort avec sa femme et avec soi-même; j'ai peur qu'il ne soit dans ce cas, et qu'il ne soit ni sage ni heureux.

J'ai toujours eu envie de prendre la liberté de vous demander ce que vous pensez de l'affaire de M. de Lally : on commence toujours en France par mettre un homme trois ou quatre ans en prison, après quoi on le juge. En Angleterre, on n'aurait du moins été emprisonné qu'après avoir été condamné, et il en aurait été quitte pour donner caution, comme dans la comédie de *l'Écossaise*. La Bourdonnais fut quatre ans à la Bastille; et quand il fut déclaré innocent, il mourut du scorbut, qu'il avait gagné dans ce beau château.

Je ne sais si j'ai eu l'honneur de vous mander que M. Fargès, maître des requêtes, en opinant dans l'affaire des Calas, avait dit, en renforçant sa petite voix, qu'il fallait faire rendre compte au parlement de Toulouse de sa conduite inique et barbare. M. Daguesseau trouva l'avis un peu trop ferme : « Oui, messieurs, reprit M. Fargès, je persiste dans mon avis; ce n'est pas ici le cas d'avoir des ménagements. » Voilà tout ce qui est parvenu dans ma profonde retraite.

On me parle beaucoup de vos landes, qu'on a voulu défricher, et de votre mer, qu'on a voulu dessaler; je ne croirai ni l'un ni l'autre que quand vous aurez daigné me dire si la chose est vraie. Ces deux entreprises me paraissent également difficiles. Je souhaite non-seulement que vous dessaliez l'Océan et la Méditerranée, mais que vous fassiez cette expérience sur cent vaisseaux de ligne.

Vous savez, monseigneur, que j'ai eu la hardiesse de vous demander si, dans la Saintonge et l'Aunis, les huguenots ont des espèces de temples. Je vous demande bien pardon d'être si questionneur.

Daignez recevoir, avec votre indulgence ordinaire, mes questions, mon tendre respect, et mon inviolable attachement.

MMMMCLXX. — DU CARDINAL DE BERNIS.

A Paris, le 21 juillet.

Mes voyages et mes affaires m'ont empêché, mon cher confrère, de répondre plus tôt à votre dernière lettre; mais soyez bien persuadé que je vous aime toujours. J'ai lu *l'Éducation d'un prince*[2], qui m'a paru charmante. A l'égard de vos remarques sur Corneille, bien des gens les trouvent trop sévères, et quelquefois peu respectueuses. Quant à moi, je voudrais qu'on gardât pour les vivants tous les égards de la politesse, et qu'il fût permis de dire librement son avis sur les morts.

1. Sa femme plaidait en séparation. (ÉD.)
2. L'un des contes en vers de Voltaire. (ÉD.)

Quoique archevêque, j'aimerai toujours les lettres, et je les cultiverai dans les intervalles de mes occupations. Je hais le pédantisme jusque dans les vertus; ainsi, en remplissant mes devoirs de pasteur, je n'abandonnerai pas entièrement les livres, ni la société des gens d'esprit.

Je partirai au mois d'octobre pour Alby, où je passerai un an de suite; j'espère que vous m'y donnerez régulièrement de vos nouvelles, et que vous me ferez part de tous les petits ouvrages qu'il sera convenable d'envoyer à un cardinal-archevêque.

Je vais travailler au bonheur de trois cent vingt-sept paroisses : je vous avoue que je suis bien aise d'en avoir le pouvoir, et que la vie ne me paraît qu'une simple végétation, à moins qu'on ne l'emploie à éclairer les hommes, et à les rendre plus heureux et meilleurs. Adieu, mon cher confrère ; du pied de vos Alpes instruisez, amusez l'Europe, et conservez votre gaieté, qui vous a fait vivre pour la gloire des lettres.

MMMMCLXXI. — A MADEMOISELLE CLAIRON.

Aux Délices, 24 juillet.

Quoique j'aie très-peu vécu à Paris, mademoiselle, j'y ai vu retrancher au théâtre la première scène de *Cinna*. Je vous félicite de l'avoir rétablie, et encore plus de n'avoir point dit, *ma chère âme*. Je vous prie de vouloir bien lire les remarques sur l'épître dédicatoire qui est au-devant de *Théodore* : vous y verrez que je mérite, aussi bien que M. Huerne, les censures de maître Le Dain ; mais vous y verrez en même temps que les papes et leurs confesseurs approuvent un art que vous avez rendu respectable par vos talents et par votre mérite. J'ai passé ma vie à combattre en faveur de votre cause, et je suis presque le seul qui ait eu ce courage. Si les acteurs qui ont du talent avaient assez de fermeté pour déclarer qu'ils cesseront de servir un public ingrat, tant qu'on cessera de leur rendre les droits qui leur appartiennent, on serait bien obligé alors de réparer une si cruelle injustice. Il y a longtemps que je l'ai proposé ; mes conseils ont été aussi inutiles que mes services.

Je ne sais comment les imprimeurs allemands ont imprimé, dans *les Horaces*, *situation plus haute*, au lieu de *situation plus touchante*; mais ce sont des Allemands, et les Français ne seront que des Welches tant qu'ils s'obstineront à vouloir flétrir le seul art qui leur fasse honneur dans l'Europe. Médiocres et faibles imitateurs presque dans tous les genres, ils n'excellent qu'au théâtre, et ils veulent le déshonorer.

J'ai un assez joli théâtre à Ferney ; mais je vais le faire abattre, si vous n'êtes pas assez philosophe pour y venir. Vous seule m'avez quelquefois fait regretter Paris. Comptez que personne ne vous honore autant que votre, etc.

MMMMCLXXII. — A M. DUPUY, SECRÉTAIRE PERPÉTUEL DE L'ACADÉMIE DES INSCRIPTIONS ET BELLES-LETTRES.

A Ferney, 24 juillet.

L'homme que vous ne connaissez point, monsieur, et que je ne connaissais pas, est venu chez moi un jour que j'avais beaucoup de monde et que j'étais fort malade. Nous avons dîné ensemble. Il paraît avoir des connaissances et du mérite; il m'a communiqué ses projets; et tout cela fait que je le plains beaucoup. Je suis trop vrai pour lui avoir caché que ni son mérite ni ses desseins ne pouvaient réussir dans le pays qu'il semblait avoir choisi pour sa retraite. Genève convient fort à des Génevois; les Treize-Cantons conviennent aux Suisses, mais bien rarement à des Français. Le pays de Gex n'a que des terres ingrates, et les hommes sont souvent plus ingrats encore. S'il revient dans ma retraite, si je peux lui être utile, je lui rendrai tous les services qui dépendront de moi.

Je suis charmé que cette occasion m'ait mis à portée de vous assurer des sentiments respectueux avec lesquels j'ai l'honneur d'être, etc.

MMMMCLXXIII. — A MADAME LA MARQUISE DU DEFFFAND.
25 juillet.

Je commence, madame, par vous supplier de me mettre aux pieds de Mme la maréchale de Luxembourg. Son protégé Jean-Jacques aura toujours des droits sur moi, puisqu'elle l'honore de ses bontés; et j'aimerai toujours l'auteur du *Vicaire savoyard*, quoi qu'il ait fait, et quoi qu'il puisse faire. Il est vrai qu'il n'y a point en Savoie de pareils vicaires; mais il faudrait qu'il y en eût dans toute l'Europe.

Il me semble, madame, qu'au milieu de toutes vos privations, vous pensez précisément comme Mme de Maintenon, lorsqu'à votre âge elle était reine de France : elle était dégoûtée de tout ; c'est qu'elle voyait les choses comme elles sont, et qu'elle n'avait plus d'illusions. Vous souvient-il d'une de ses lettres dans laquelle elle peint si bien l'ennui et l'insipidité des courtisans ?

Si vous jouissiez de vos deux yeux, je vous tiendrais bien plus heureuse que les reines, et surtout que leurs suivantes. Maîtresse de vous-même, de votre temps, de vos occupations, avec du goût, de l'imagination, de l'esprit, de la philosophie, et des amis, je ne vois pas quel sort pourrait être au-dessus du vôtre ; mais il faut deux yeux, ou du moins un, pour jouir de la vie.

Je sais ce qui en est avec mes fluxions horribles, qui me rendent quelquefois entièrement aveugle : je n'ai pas vos ressources; vous êtes à la tête de la bonne compagnie, et je vis dans la retraite; mais je l'ai toujours aimée, et la vie de Paris m'est insupportable.

Dieu soit béni de ce que M. le président Hénault aime le monde autant qu'il en est aimé, et qu'il vit dans une heureuse dissipation ! J'aimerais peut-être encore mieux qu'il sa partageât uniquement entre vous et lui-même : il ne trouvera jamais de société plus charmante que ces deux-là.

On m'a dit aujourd'hui du mal de la santé de M. d'Argenson ; c'est le seul mal qu'on puisse dire de lui. Il ne se soucie guère que je m'intéresse à son bien-être, mais cela ne me fait rien, et je lui serai toujours très-attaché. Il n'y a plus de santé dans le monde : j'entends dire que mon frère Dalembert, qui vous fait quelquefois sa cour, est assez mal. Celui-là est bien philosophe, et méprise souverainement les pauvres préjugés qui empoisonnent la vie. La plupart des hommes vivent comme des fous, et meurent comme des sots : cela fait pitié.

Ne lisez-vous pas quelquefois l'histoire? ne voyez-vous pas combien la nature humaine est avilie depuis les beaux temps des Romains? n'êtes-vous pas effrayée de l'excès de la sottise de notre nation? et ne voyez-vous pas que c'est une race de singes, dans laquelle il y a eu quelques hommes?

Adieu, madame; je suis un peu malade, et je ne vois pas le monde en beau. Ayez soin de votre santé, supportez la vie, méprisez tout ce qui est méprisable; fortifiez votre âme tant que vous pourrez, digérez, conversez, dormez.

J'oubliais de vous parler de Cornélie. C'était, à ce que dit l'histoire, une assez sotte petite femme qui ne se mêla jamais de rien. Corneille a très-bien fait de l'ennoblir; mais je ne puis souffrir qu'elle traite César comme un marmouset.

Permettez-moi de croire que l'amour n'est pas la seule passion naturelle; l'ambition et la vengeance sont également l'apanage de notre espèce, pour notre malheur. Je souscris d'ailleurs à toutes vos idées, excepté à ce que vous dites sur l'abbé Pellegrin et sa *Pélopée*[1]. Le grand défaut de notre théâtre, à mon gré, c'est qu'il n'est guère qu'un recueil de conversations en rimes.

Mille tendres respects.

MMMMCLXXIV. — A M. DAMILAVILLE.

26 juillet.

On dit frère Protagoras malade : Dieu nous le conserve, mon cher frère! car, sans lui et frère Platon, que deviendraient les initiés?

Faudra-t-il donc que je meure sans avoir vu les derniers tomes de cette *Encyclopédie* dont j'attends mon salut? Dieu veuille que ces derniers tomes soient cent fois plus forts que les premiers! C'est ainsi qu'il faut répondre aux persécuteurs.

On en est en Hollande à la troisième édition de *la Tolérance*; cela prouve qu'on est plus raisonnable en Hollande qu'à Paris. Par quelle fatalité craint-on toujours la raison dans votre pays? est-ce parce que les Welches ne sont pas faits pour elle? ou est-ce parce qu'ils la saisiraient avec trop d'empressement? Que nos frères de Paris se consolent au moins par les progrès que la vérité fait dans les pays étrangers; ils sont prodigieux. Presque tous les Juifs portugais répandus en Hollande et en Angleterre sont convertis à la raison : c'est un grand pas, comme vous savez, mon cher frère, vers le christianisme. Pourquoi donc tant craindre la raison chez les Welches? O pauvres Welches! ne serez-vous célèbres en Europe que par l'Opéra-Comique?

M. Panckoucke est tout effaré de ce qu'une partie de sa lettre a couru; il dit qu'il la désavouera. J'ai la lettre signée de sa main, et

---

1. Tragédie de Pellegrin, que Pellegrin admirait beaucoup. Mme du Deffand avait écrit à Voltaire : « Vous êtes pour moi ce qu'était pour l'abbé Pellegrin sa *Pélopée*. » (ÉD.)

je la ferai contrôler comme un billet au porteur. Ce que j'ai, je crois, de meilleur à faire, c'est de vous envoyer l'original. Vous verrez qu'on ne l'a pas falsifié, et vous serez à portée de convaincre les incrédules pièces en main.

Mon cher frère aura, dans quinze jours, un petit paquet qu'un Génevois venu d'Angleterre lui apportera. Je suis bien malade, mais je combats jusqu'au dernier moment pour la bonne cause. Écr. l'inf....

MMMMCLXXV. — A M. DE FABRY.

28 juillet.

On ne peut être plus sensible que je le suis, mon cher monsieur, à toutes vos bontés. Je ne doute pas que M. l'intendant ne fasse justice de la rapine des commis; je vois que les gens du sieur Sédillot imitent leur maître. Je ne sais pas si ce sieur est en droit de refuser communication des titres en vertu desquels il prétend que certains champs de la terre de Ferney doivent des lods et ventes au curé de Dieppe, abbé de Prévessin. Il a reçu l'argent sans montrer aucun titre, et a donné pour reçu, *Nous, baron de..., écuyer, avons reçu*. Ce *Nous* est du style du roi quand il parle en son conseil; je crois d'ailleurs que ce sieur n'est ni *écuyer* ni *baron* (à moins que par écuyer il n'entende cuisinier, suivant l'ancien langage; et par baron, le *barone* des Italiens, qui ne veut pas dire bonnête homme). On dit que c'est lui qui a fait la belle affaire des *commis* qui ont saisi le blé de mon fermier. Je vous supplie de me faire savoir si on ne pourrait pas le désécuyer, le débaronniser juridiquement, et le forcer à montrer les titres de Prévessin.

Comptez sur l'attachement inviolable de votre, etc.

MMMMCLXXVI. — A M. PALISSOT.

Juillet.

Votre lettre, monsieur, est pleine de goût et de raison; vous connaissez votre siècle, et vous le peignez très-bien. Les sentiments que vous voulez bien me témoigner me flattent d'autant plus qu'ils partent d'un esprit très-éclairé. Vous méritiez d'être l'ami de tous les philosophes, au lieu d'écrire contre les philosophes. Je vous répète encore que j'aurais voulu surtout que vous eussiez épargné M. Diderot; il a été persécuté et malheureux. C'est une raison qui devrait le rendre cher à tous les gens de lettres.

M. de Marmontel s'est trouvé dans le même cas. C'est contre les délateurs et les hypocrites qu'il faut s'élever, et non pas contre les opprimés. Je pardonne à Guillaume Vadé et à Jérôme Carré de s'être un peu moqués des ennemis de la raison et des lettres; je trouve même fort bon que quand un évêque fait un libelle impertinent sous le nom d'*Instruction pastorale*, on tourne monseigneur en ridicule; mais nous ne devons pas déchirer nos frères. Il me paraît affreux que des gens de la même communion s'acharnent les uns contre les autres. Le sort des gens de lettres est bien cruel : ils se battent ensemble avec les fers dont ils sont chargés. Ce sont des damnés qui se donnent des coups de griffes.

Maître Aliboron, dit Fréron, a commencé ce beau combat. Je veux bien que tous les oiseaux donnent des coups de bec à ce hibou, mais je ne voudrais pas qu'ils s'arrachassent les plumes en fondant sur la bête. Le Crevier dont vous m'avez parlé est un cuistre fanatique, qui a écrit un livre impertinent contre le président de Montesquieu. Tous les gens de bien vous auraient embrassé, si vous n'aviez frappé que de telle canaille. Je ne sais pas comment vous vous tirerez de tout cela, car vous voilà brouillé avec les philosophes et les antiphilosophes. J'ai toujours rendu justice à vos talents ; j'ai toujours souhaité que vous ne prissiez les armes que contre nos ennemis. Je ne peux, il est vrai, vous pardonner d'avoir attaqué mes amis, mais je vous remercie de tout mon cœur des ailes à l'envers que vous avez données à Martin Fréron. Vous voyez que je suis l'homme du monde le plus juste.

Permettez à un pauvre aveugle de supprimer les cérémonies.

MMMMCLXXVII. — A M. COLINI.

Ferney, 1ᵉʳ auguste.

Vous devriez engager Mgr l'électeur à faire venir un livre intitulé *les Contes de Guillaume Vadé*. On dit qu'il y a des choses assez plaisantes, et qu'il est beaucoup question de Fréron dans cet ouvrage. Réjouissez-vous tant que vous pourrez, et aimez-moi toujours un peu.

MMMMCLXXVIII. — AU MÊME.

4 auguste.

Son Altesse Électorale, mon cher ami, a la bonté de m'écrire par M. Harold qu'il fera curé notre petit homme. Je vous adresse ma réponse à M. Harold, dans laquelle il y a une lettre de remerciment pour Mgr l'électeur. J'y joins une petite brochure touchant maître Aliboron, dit Fréron, que j'ai reçue de Paris. J'espère que vous la verrez, et qu'elle vous amusera. Je suis bien vieux et bien malade. *Vale.* V.

MMMMCLXXIX. — A M. DUPONT.

4 auguste.

Mon cher ami, tout malade que je suis, mon cœur est si pénétré de vos soins obligeants, que je suspens tous mes maux pour vous remercier. Je reçois dans le moment des nouvelles de Montbéliard qui m'obligent de tout suspendre. Je réclamerai vos bontés quand il faudra agir ; mais dans ce moment où rien n'est à craindre, je ne dois pas précipiter une démarche qui déplairait. Je crois que vous entrez dans mes vues ; je me recommande toujours à votre amitié. Mme Denis vous fait les plus tendres compliments. V.

MMMMCLXXX. — A MADAME LA COMTESSE DE LUTZELBOURG.

Ferney, 6 auguste.

Vous êtes plus jeune que moi, madame, puisque vous faites des voyages ; et moi, si j'en faisais, ce ne serait que pour venir vous voir. Vous avez de la santé, et vous la méritez par une sobriété constante et une vie uniforme. Je ne suis pas si sage que vous : aussi j'en suis bien puni. Je regrette comme vous Mme de Pompadour, et je suis bien sûr qu'elle ne sera jamais remplacée. Elle aimait à rendre service, et était en état d'en rendre; mais mon intérêt n'entre pour rien dans les regrets que je donne à sa perte : ayant renoncé à tout, et n'ayant rien à demander, je n'écoute que mon cœur, et je pleure votre amie sans aucun retour sur moi-même.

Si vous êtes à Colmar, madame, je vous prie de faire souvenir de moi M. le président votre frère. Je serai peut-être obligé, malgré ma mauvaise santé et ma faiblesse, de faire un tour dans votre Alsace pour quelques arrangements que j'ai à prendre avec M. le duc de Wurtemberg; mais alors il ne sera que le prétexte, et vous serez la véritable raison de mon voyage. Vous ne sauriez croire quel plaisir j'aurais à m'entretenir avec vous; nous parlerions du moins du passé pour nous consoler du présent. C'est la ressource des anciens amis. Regardons l'avenir en philosophes, jouissons avec tranquillité du peu de temps qui nous reste. Puissé-je venir philosopher avec vous au Jard! Je ne vous dirai jamais assez combien je vous suis attaché; je croirais renaître en vous faisant ma cour. Je maudis mille fois l'éloignement des Alpes au Rhin. Adieu, madame; portez-vous bien, et conservez-moi des bontés qui font la consolation de ma vie.

MMMMCLXXXI. — A MADAME LA COMTESSE D'ARGENTAL.

6 auguste.

Madame ange, puisque votre belle main écrit, je me flatte que vos jambes vont mieux; et c'est là une de mes consolations. Quand il fait bien beau, j'écris aussi; mes fluxions sur les yeux me laissent alors quelque relâche, et je redeviens aveugle au temps des neiges : c'est du moins de la variété, et il en faut un peu dans la vie. J'aime déjà votre ambassadeur vénitien de tout mon cœur. Je le supplierais d'accepter ma maison des Délices, où il pourrait vivre comme le signor Pococurante, et rétablir sa santé à son aise, si MM. les ducs de Lorges et de Randan n'avaient prévenu votre ambassadeur. Ils amènent des acteurs, ils veulent jouer la comédie sur mon petit théâtre de Ferney : vous devinez combien tout cela entraîne d'embarras. Les plaisirs bruyants ne sont pas faits pour un vieillard malingre tel que j'ai l'honneur de l'être. J'aimerais bien mieux philosopher paisiblement avec M. Tiepolo. Je tâcherai de m'arranger pour le recevoir et pour lui plaire. Je suis plus languissant que lui, et il me paraît que je lui conviens assez.

Je ne sais si c'est vous, madame, ou M. d'Argenson qui a reçu un petit mémoire tiré d'Espagne, fort propre à figurer dans la *Gazette littéraire*. J'ai découvert un ancien *Cid* dont Corneille avait encore plus tiré que de celui de Guillem de Castro, le seul qu'on connaisse en France. C'est une anecdote curieuse pour les amateurs : je voudrais bien en déterrer quelquefois de pareilles, mais les correspondants que Cramer m'avait donnés ne me fournissent rien. Je ne sais s'il vous a rendu ses devoirs à Paris. Il a bien mal fait de faire imprimer séparément les *Commentaires sur Corneille;* il aurait été plus utile à la famille Corneille et aux Cramer d'augmenter le nombre des exempiastres pour les souscripteurs, et de supprimer sa petite édition : tout cela d'ailleurs est plein de fautes d'impression qu'il avait promis de faire corriger : mais qui promet de se corriger ne tient jamais sa parole en aucun genre; il n'y a que mon petit ex-jésuite qui songe sérieusement à se réformer. Il y travaille déjà; il m'a envoyé des situations nouvelles, des sentiments, des vers ; j'espère que vous n'en serez pas mécontente. Il dit qu'il veut absolument en venir à son honneur, et qu'une conspiration conduite par vous doit réussir tôt ou tard. J'ai été assez édifié de la constance de ce jeune défroqué. Il ne s'est point dépité, il ne s'est point découragé, il a couru sur-le-champ au remède. Voici un petit mot qu'il vous supplie, madame, de faire remettre au grand acteur. Le petit jésuite supplie ses anges de lui renvoyer sa guenille; vous en aurez bientôt une nouvelle, il n'abandonne jamais ce qu'il a commencé : il dit qu'il faut mourir à la peine ou réussir; c'est un opiniâtre personnage. Voici bientôt le temps où nous allons établir la pension de Pierre Corneille; ce sera M. Tronchin qui s'en chargera; elle ne peut être en meilleures mains; l'affaire sera plus prompte et plus nette; c'est un grand plaisir que M. Tronchin nous fait. La petite Corneille-Dupuits est à vos pieds, et moi aussi.

Ma nièce partage tous les sentiments qui m'attachent à vous pour la vie.

MMMMCLXXXII. — A M. ***.

Au château de Ferney, 5 auguste.

Mon âge et mes infirmités, monsieur, ne me permettent pas de répondre régulièrement aux lettres dont on m'honore. Je savais, il y a longtemps, l'heureux accouchement de Mme de Voyer. J'ai été attaché toute ma vie à MM. d'Argenson. M. et Mme de Voyer étaient faits pour braver des préjugés aussi ridicules que funestes; et tous nos jeunes conseillers du parlement, qui n'ont point eu la petite vérole, seraient beaucoup plus sages de se faire inoculer que de rendre des arrêts contre l'inoculation. Si vous voyez M. et Mme de Voyer, je vous prie, monsieur, de leur présenter mes hommages, et d'agréer les sentiments avec lesquels j'ai l'honneur d'être, etc.

VOLTAIRE, *gentilhomme ordinaire du roi.*

MMMMCLXXXIII. — A M. DAMILAVILLE.

9 auguste.

Mon cher frère, vous fatiguerai-je encore du dépôt de mes lettres, que vous avez la bonté de faire parvenir à leur destination? En voici une que je vous supplie de faire parvenir à M. Blin de Sainmore, à qui vous avez donné un *Corneille*. Il a fait une petite brochure contre les préjugés de la littérature qui me paraît assez bien, quoiqu'elle ne soit pas assez approfondie. Vous savez qu'il faut encourager tous les ennemis des préjugés.

S'il vous restait quelques exemplaires de *Corneille*, je vous supplierais d'en faire tenir un à M. le marquis Albergati, sénateur de Bologne; mais comment envoyer à Bologne? je crois que tout va par les voitures publiques, et qu'en mettant le paquet à la diligence de Lyon, il arriverait à bon port; mais je ne veux pas vous causer un tel embarras, et abuser à ce point de votre amitié et de votre activité, deux bonnes qualités que je souhaite à frère Thieriot.

Il faut que je vous conte que Palissot ne s'éloigne pas de vouloir se raccommoder avec les philosophes. Il m'a écrit plusieurs fois; je lui ai répondu que je ne pouvais lui pardonner d'avoir attaqué des gens de mérite qui, pour la plupart ayant été persécutés, devaient être sacrés pour lui.

J'en reviens toujours à gémir avec vous de voir les philosophes attaqués par ceux mêmes qui devraient l'être, par ceux qui pensent comme nous, et qui auraient combattu sous les mêmes étendards, s'ils n'avaient pas été possédés du démon de l'envie et de celui de la satire. Par quelle fureur enragée, quand on veut être satirique, n'exerce-t-on pas ce talent contre les persécuteurs des gens de bien, contre les ennemis de la raison, contre les fanatiques?

Dites-moi, je vous prie, si frère Platon est lié avec le secrétaire de notre Académie. Je crois que ce secrétaire ne sera jamais l'ennemi de la philosophie; mais je ne crois pas qu'il veuille se compromettre pour elle. Nous avons des compagnons, mais nous n'avons point de guerriers.

Vous souvenez-vous du petit ouvrage attribué à Saint-Évremont? On le réimprime en Hollande, revu et corrigé, avec plusieurs autres pièces dans ce goût. On m'en a promis quelques exemplaires, que je ne manquerai pas de faire passer à mon cher frère.

Bonsoir: je ferme ma lettre, et je vous jure que ce n'est pas pour être oisif. *Écr. l'inf....*

MMMMCLXXXIV. — A MADAME LA BARONNE DE VERNA.

A Ferney, 11 auguste.

Nous nous écrivons, madame, d'un bord du Styx à l'autre. Nous sommes deux malades qui nous exhortons mutuellement à la patience; mais la différence entre vous et moi, c'est que vous êtes jeune et aimable; vous n'avez pas le petit doigt du pied dans l'eau du Styx, et j'y suis plongé jusqu'au menton. Vous écrivez de votre main et avec la plus jolie écriture du monde, et moi je peux dicter à peine. Je vous suis très-redevable de votre recette : il y a longtemps que j'ai épuisé tous les œufs de mes poules, et la couperose, et le nitre, et le sel, et l'eau fraîche, et l'eau-de-vie. Ayez la bonté de considérer, madame, que des yeux de soixante-onze ans ne sont pas comme les vôtres, et sont fort rebelles à la médecine. J'avoue, madame, qu'on a quelquefois la vie à d'étranges conditions; mais vous avez une recette dont j'use avec plus de succès que des blancs d'œufs : c'est de savoir souffrir, d'opposer la patience aux maux, de vivre aussi doucement qu'il est possible, et de tenir son âme dans la gaieté, quand le corps est dans la souffrance. Je voudrais, madame, pouvoir venir avec mon bâton de quinze-vingts auprès de votre chaise longue. Je vous crois philosophe, puisque vous faites tant que de m'écrire....

Il faut que vous ayez bien de la force dans l'esprit, puisque la faiblesse du corps en donne très-souvent à l'âme. Comptez, madame, que les vraies consolations sont dans la philosophie....

Une malade pleine d'esprit et de raison est infiniment supérieure à une sotte qui crève de santé. Vous ne pouvez pas danser, mais vous savez penser : ainsi je vous félicite encore plus que je ne vous plains. Je souhaite cependant que vos yeux puissent vous voir usant de vos deux jambes. Mme Denis vous dit les mêmes choses, et j'y ajoute mon sincère respect.

MMMMCLXXXV. — A M. PALISSOT.
11 auguste.

Si Paul avait été toujours brouillé avec Pierre et Barnabé, dont il parla si cavalièrement[1], vous m'avouerez, monsieur, que notre sainte religion aurait couru grand risque. La philosophie se trouvera fort mal de la guerre civile. J'ai toujours souhaité, comme vous savez, que les gens qui pensent bien se réunissent contre les sots et les fripons. Je voudrais de tout mon cœur vous raccommoder avec certaines personnes ; mais je crois que je n'y parviendrai que quand j'aurai regagné les bonnes grâces de Fréron et des Pompignan.

N'est-ce pas Hobbes qui a dit que l'homme était né dans un état de guerre ? Je suis fâché que cet Hobbes ait raison. On m'a fait voir je ne sais quel poëme de l'abbé Trithème, intitulé *la Pucelle ;* il y a un chant où tout le monde est fou ; chacun des acteurs donne et reçoit cent coups de poing. Voilà l'image de ce monde. Je conclus avec Candide qu'il faut cultiver son jardin. En voilà trop pour un pauvre malade.

MMMMCLXXXVI. — A MADAME LA COMTESSE D'ARGENTAL.
4 auguste.

Votre ami M. Tiepolo, madame, est arrivé très-malade. J'ai envoyé tous les jours chez lui. Je lui ai mandé que j'étais à ses ordres. Je n'ai pu aller le voir ; et voici mes raisons. J'ai prêté les Délices à MM. les ducs de Randan et de Lorges. M. le prince Camille arrive ; Mme la présidente de Gourgues et Mme la marquise de Jaucourt sont à Genève ; c'est une procession qui ne finit point. Je suis à deux lieues de cette ville. Si je faisais une visite, il faudrait que j'en fisse cent ; ma santé ne me le permet pas. Je passerais ma vie à courir, je perdrais tout mon temps, et je ne veux pas en perdre un instant. Les tristes assujettissements auxquels mes maladies continuelles me condamnent me forcent à la vie sédentaire. Tout ce que je puis faire, c'est de bien recevoir ceux qui me font l'honneur de venir dans mon ermitage. J'ai acheté assez cher la liberté tranquille dans laquelle je finis mes jours, pour n'en pas faire le sacrifice. M. l'ambassadeur de Venise m'a promis qu'il viendrait à Ferney ; nous aurons grand soin de l'amuser et de lui plaire ; nous le promènerons ; il verra un pays plus beau que sa Brenta, et nous lui jouerons la comédie : c'est tout ce que je ferais pour un doge.

Je crois que vous recevrez à la fois M. d'Argental et ma lettre ; ainsi,

---

1. Saint Paul *aux Galates,* II, 14. (Éd.)

madame, je vais parler à tous deux de mon petit ex-jésuite. Il m'est venu trouver avec une lettre de M. de Chauvelin l'ambassadeur, qui persiste toujours dans son goût pour les roués. Je lui ai dit que votre avis était qu'ils fussent imprimés, mais qu'il fallait en retrancher des longueurs, et même des scènes qui font languir l'action ; qu'il fallait surtout y semer des beautés frappantes, et faire passer l'atrocité du sujet à la faveur de quelques morceaux saillants, fortifier le dialogue, retrancher, ajouter, corriger. Il n'en a pas dormi ; il a réformé des actes entiers; un peu de dépit peut-être lui a valu du génie. Il a voulu que ses anges en vinssent à leur honneur, et que ce qu'ils ont cru passable devînt digne d'eux. Je suis très-content des sentiments de ce pauvre diable, qui paraît vous être infiniment attaché ; cela est tout jeune, et plein de bonne volonté.

Ayez donc la bonté, mes anges, de faire retirer l'exemplaire de Lekain aussi bien que les rôles. Je conseillerais à Lekain de faire imprimer l'ouvrage lui-même, et de le débiter à son profit ; peut-être y gagnerait-il plus qu'avec un libraire. Il y a tant de gens qui font des recueils de toutes les pièces bonnes ou mauvaises, qu'on ne risque rien. D'ailleurs le petit prêtre serait très-fâché qu'il y eût un privilège ; ces privilèges entraînent toujours des procès. C'est assez que notre grand acteur fasse un profit honnête de cette édition.

L'auteur compte vous envoyer l'ouvrage dès qu'il sera au net. Il ne faudra à Lekain qu'une permission tacite. On mettra une petite préface au-devant de l'ouvrage, le tout sous l'approbation des anges, à qui l'ex-jésuite a voué un culte d'hyperdulie pour le moins.

Je n'ai pas la moindre facétie italienne pour fournir à la *Gazette*. De plus, comment pourrais-je y pourvoir à présent que j'ai les roués sur les bras? Un petit jésuite à conduire n'est pas une besogne aisée. Toutefois, divins anges, daignez dire dans l'occasion un mot des dîmes. Je crains la Saint-Martin[1] autant que les buveurs l'aiment. Je suis à vos pieds et au bout de vos ailes.

MMMMCLXXXVII. — A M. LE COMTE D'ARGENTAL.
20 auguste.

Mes divins anges, j'ai montré votre lettre et votre savant mémoire au petit défroqué. Je lui ai dit : « Vous voyez que les anges pensent comme moi. Combien de fois, petit frère, vous ai-je averti qu'il ne fallait pas qu'on envoyât Julie prier Dieu, quand on va assassiner les gens ! Cela seul serait capable de faire tomber une pièce. — Je m'en suis bien douté, m'a-t-il répondu, et j'ai eu toujours de violents scrupules. — Que n'avez-vous donc supprimé cette sottise ? — Elle est corrigée, a dit le pauvre enfant, aussi bien que tous les endroits que vos anges reprennent. J'ai pensé absolument comme eux, mais j'ai corrigé trop tard. Je m'étais follement imaginé que la chaleur de la représentation sauverait mes fautes : je suis jeune, j'ai peu d'expé-

---

[1]. La rentrée des tribunaux se faisait à la Saint-Martin, et c'était une occasion de donner de grands dîners. (ÉD.)

rience, je me suis trompé. J'ose croire que si la pièce, telle qu'elle est aujourd'hui, était bien jouée à Fontainebleau, elle pourrait reprendre faveur. »

Je vous avoue, mes anges, que la simplicité, la candeur, et la docilité de ce bon petit frère, m'ont attendri. Je vous envoie son drame, que je crois assez passablement corrigé. Je le mets sous l'enveloppe de M. le duc de Praslin, et je vous en donne avis.

Je n'ai pas encore pu voir votre aimable ambassadeur vénitien. Il est malade à Genève, et moi à Ferney. Des pluies horribles inondent la campagne, et interdisent tout voyage. J'envoie savoir tous les jours de ses nouvelles.

Vous ne m'aviez pas dit que vous feriez bientôt un tour à Villars. M. le duc de Praslin a sans doute le plus beau palais qui soit autour de Paris, et dans la plus vilaine situation. On dit que tout est horriblement dégradé.

Je compte bien sur ses bontés pour nos pauvres dîmes. Gare la Saint-Martin! Respect et tendresse.

J'oubliais de vous dire que ce pauvre ex-jésuite a été très-fâché qu'on ait intitulé son drame *le Partage du monde*. C'est un titre de charlatan.

MMMMCLXXXVIII. — AU MÊME.

22 augnste.

Vous avez probablement, divins anges, reçu le gros paquet adressé à M. le duc de Praslin. Vous devez être las des fatras de mon ex-jésuite. Il n'y a que vos excessives bontés, soutenues de l'amour du *tripot*, qui puissent combattre le dégoût que doit vous donner cette œuvre tant rapetassée. Pour moi, je n'en suis plus juge, et, à force de regarder, je ne vois plus rien. M. l'ambassadeur persiste toujours dans son goût pour les roués; mais il est, comme moi, chez des Allobroges; et il se peut que dans la disette du bon, il trouve le mauvais passable. On me mande que la pauvre Comédie française est déserte, et qu'il faut que vous vous en teniez dorénavant à l'Opéra-Comique. Vous êtes en tous sens dans le temps de la décadence. Continuez, ô Welches! Je viens de lire deux nouveaux tomes de l'*Histoire de France*. Maimbourg, Daniel, sont des Tite Live en comparaison de cette rapsodie ampoulée. Tout est du même genre. Je ne veux plus rien écrire du tout, de peur que la maladie ne me gagne.

Est-il vrai que le marquis, frère de la marquise, n'a plus les bâtiments, et que tous les artistes le regrettent? Les mémoires de ce fou de d'Éon courent l'Europe. Nouvel avilissement pour les Welches.

Que faire? cultiver son jardin, mais surtout conserver ses dîmes. Je vous implore contre la sainte Église.

MMMMCLXXXIX. — A M. BERTRAND.

A Ferney, 24 auguste

Mon cher philosophe, j'ai rompu, Dieu merci, tout commerce avec les rois; ainsi je me trouve dans l'impuissance de servir votre parent. C'est la première fois qu'il m'arrive de me repentir de ma philosophie.

Heureusement je prévois que vous n'aurez nul besoin de mon secours; M. de Kat est à portée de vous rendre service, et vous ne manquerez pas d'attestations de vos compatriotes. Un homme de votre nom ne peut être que très-bien reçu. Plaignez-moi de vous être inutile, et conservez-moi une amitié qui est très-utile à l'agrément de ma vie. V

MMMMCXC. — A M. DAMILAVILLE.

24 auguste.

Mon cher frère, je vous garderai assurément le secret sur ce que vous me mandez du secrétaire. Ce n'était pas ainsi qu'en usaient les premiers fidèles. Pierre et Paul se querellèrent; mais ils n'en contribuèrent pas moins à la cause commune. Quand je songe quel bien nos fidèles pourraient faire, s'ils étaient réunis, le cœur me saigne.

Je n'ai assurément nulle envie de lier aucun commerce avec le calomniateur; j'ai été bien aise seulement de vous informer qu'il commençait à se repentir.

Eh bien! vous voyez que de tous les gens de lettres qui m'ont écrit que je n'avais pas assez critiqué Corneille, il n'y a que M. Blin de Sainmore qui ait pris ma défense. Soyons étonnés après cela que les philosophes nous abandonnent! Les hommes sont presque tous paresseux et poltrons, à moins qu'une grande passion ne les anime.

Je sens bien qu'on aurait pu faire un ouvrage plus instructif que la lettre de Sainmore; mais il importe fort peu qu'on se charge d'éclairer les hommes sur de mauvais vers, sur des pensées alambiquées et fausses, sur des personnages qui ne sont point dans la nature, sur des amours bourgeois et insipides : c'est contre des erreurs plus importantes et plus dangereuses qu'il faudrait leur donner du contre-poison. Ce qu'il y a de cruel, c'est que les empoisonneurs sont récompensés, et les bons médecins persécutés. Ne pourrai-je jamais faire avec vous quelque consultation? Vous avez d'excellents remèdes; mais nos malades sont comme M. de Pourceaugnac, qui voulait battre son médecin.

Adieu, mon cher frère; vous êtes courageux, et n'êtes point paresseux : *Non sic Thieriot, non sic*. Ne nous rebutons pas; nous avons fait quelques cures, et c'est de quoi nous consoler. Courage. *Écr. l'inf...*

MMMMCXCI. — A M. BERTRAND.

Ferney, 28 auguste.

Dans le fond de mon ermitage,
Loin de l'illusion des cours,
Réduit, hélas! à vivre en sage,
Ne l'ayant pas été toujours,
Et ne l'étant qu'en mon vieux âge,
La retraite est mon seul recours.
Je ne ferai plus de voyage.

Que la Gloire avec les Amours
Couronnent, devers Cracovie,

Un prince aimé de sa patrie [1],
Qui lui promet de si beaux jours;
Trop éloigné de sa personne,
Je me borne à former des vœux;
On lui décerne une couronne,
Et je voudrais qu'il en eût deux.

Voilà, mon cher philosophe, les prédictions de Nostradamus de Ferney, que vous pouvez montrer à M. le comte de Mnizek, à qui je présente mes respects.

J'ai déjà lu avec grand plaisir quelque chose de votre *Logique* [2]; je me flatte que bientôt il en paraîtra dans la *Gazette littéraire* un extrait dont vous ne serez pas mécontent.

Conservez toujours un peu de bonté pour ce vieux malade qui est obligé de dicter vers et prose.

MMMMCXCII. — A M. Dupont.

A Ferney, 28 auguste.

Mon cher ami, je n'ai pu vous remercier plus tôt de vos bons offices; j'ai été malade, et je ne peux encore écrire de ma main. Mes pauvres yeux vont fort mal, mais j'espère que mon affaire ira bien. Il est question d'assurer la créance, sans déplaire au débiteur. J'attends des nouvelles de M. le prince de Wurtemberg; je vous manderai quelles sont ses résolutions; nous nous conduirons en conséquence; je voudrais bien que cette anicroche me fournît un prétexte de faire encore un voyage à Colmar; la véritable raison serait de vous embrasser, et de philosopher un peu avec vous. Je vous embrasse de tout mon cœur, vous et toute votre famille. V.

MMMMCXCIII. — A M. le marquis de Chauvelin.

A Ferney, 28 auguste.

Le petit ex-jésuite, auteur des roués, n'a pas une santé bien brillante, et n'est pas dans la première jeunesse. Ce vieux pauvre diable présente ses très-sincères respects à Leurs Excellences; il vous supplie de lui renvoyer soit à lui, soit aux anges, certain drame qu'il a tâché de rendre moins indigne de votre suffrage, quand vous aurez une occasion; renvoyez, dit-il, ce croquis, afin qu'on tâche de vous présenter un tableau.

Nous avons eu M. de La Tremblaye, qui fait de fort jolies choses, et M. le prince Camille, qui en sent le prix. M. le duc de Lorges est toujours à Genève; il a mal par devant et par derrière, et moi j'ai mal partout : ainsi je lui fais peu ma cour. Mais voici M. le duc de Randan qui arrive aussi avec dix-sept ou dix-huit amis qui jouent tous la comédie. Ils prétendent représenter sur le théâtre de Ferney; je le leur abandonne de tout mon cœur, pourvu que je ne sois pas de la troupe.

1. Stanislas-Auguste Poniatowski, l'un des amants de Catherine II, fut, par son influence, élu roi de Pologne le 7 septembre 1764. (Ed.)
2. *Essai sur l'art de former l'esprit, ou Premiers éléments de la logique.* (Ed.)

Voilà qui est fait, j'ai renoncé au théâtre. Il faut prendre congé, à soixante-dix ans passés. Si c'était Mme l'ambassadrice qui jouât Phèdre, encore pourrais-je faire Théramène, et puis mourir à ses pieds; mais c'est un effort que je ne ferai que pour elle.

Dirai-je à Votre Excellence qu'il m'est venu un M. de La Balle? point c'est M. de La Balme, surnommé de l'Échelle, gentilhomme savoyard, par conséquent pauvre, et, en qualité de pauvre, grand faiseur d'enfants. Ce M. de La Balme est oncle de ce jeune homme à qui j'ai donné Mlle Corneille: « J'ai un fils haut de cinq pieds et demi, m'a-t-il dit, et je ne sais qu'en faire; vous êtes connu de M. l'ambassadeur de France à Turin; il a pour vous des bontés; il est sans doute ami du ministre de la guerre, ainsi mon fils sera enseigne : il a déjà un frère et deux oncles dans le service, et ses ancêtres ont servi dès le temps de César; je m'en prendrai à vous si mon fils n'est pas enseigne. — Monsieur, lui ai-je répondu, je doute fort que M. de Chauvelin se mêle des enseignes de Savoie, et je ne suis pas assez hardi pour abuser à ce point des bontés dont il m'honore. » Alors le bon M. de La Balme m'a embrassé tendrement. « Mon cher monsieur de Voltaire, écrivez à M. l'ambassadeur, je vous en conjure. — Monsieur, je n'ose, cela passe mes forces. » Enfin il m'a tant prié, tant pressé, il était si ému, que j'ai la hardiesse d'écrire; mais je n'écris qu'autant que la chose soit facile, qu'elle s'accorde avec toutes vos convenances, qu'elle ne vous compromette en rien, et que vous me pardonniez la liberté que je prends.

Que Vos Excellences agréent les respects du bon homme V.

MMMMCXCIV. — DE M. D'ALEMBERT.

A Paris, ce 29 août, ou auguste, ou sextile,
comme il vous plaira.

Vous recevrez, mon cher et illustre maître, presque en même temps et peut-être en même temps que cette lettre, par le canal du frère Damilaville, un ouvrage intitulé : *Sur le sort de la poésie en ce siècle philosophe*, avec d'autres pièces de littérature et de poésie, dont je recommande l'auteur à vos bontés. C'est un de mes amis, nommé Chabanon, de l'Académie des belles-lettres, qui est digne, par ses talents et par son caractère, de vous intéresser. Je crois que vous serez content et de l'ouvrage et de la lettre qu'il y a jointe; et je compte assez sur votre amitié pour moi, pour espérer que vous voudrez bien l'étendre jusqu'à lui.

Parlons un peu à présent de nos affaires. J'ai lu, par une grâce spéciale de la Providence, ce *Dictionnaire* de Satan dont vous me parlez. Si j'avais des connaissances à l'imprimerie de Belzébuth, je le prierais de m'en procurer un exemplaire, car cette lecture m'a fait un plaisir de tous les diables. Vous, mon cher philosophe, qui êtes assez bien dans ce pays-là, à ce que m'a dit frère Berthier, ne pourriez-vous pas me rendre ce petit service? Je vous avoue que je serais bien charmé de pouvoir digérer un peu à mon aise ce que j'ai été obligé d'avaler gloutonnement, en mettant, comme on dit, les morceaux en double. Assurément, si l'auteur va jamais dans les États de celui qui a fait imprimer cet ouvrage infernal, il sera au moins son premier ministre; personne ne lui a rendu des services plus importants, et il est vrai qu'il ne faut pas dire à celui-là ni *Tu dors, Brutus*, ni *Tu dors, Brute*.

A propos de brute, savez-vous que Simon Le Franc est à Paris ? il est vrai que c'est bien incognito, et qu'il n'y tient pas de table de vingt-six couverts. Je l'aperçus l'autre jour à l'enterrement du pauvre M. d'Argenson, où il était comme parent, et moi comme homme de lettres Il ne fit pas semblant de me voir, ni moi lui. Quelqu'un qui l'avait vu arriver me dit qu'il était entré avec un air d'embarras que tout son fanatisme orgueilleux et impudent ne pouvait cacher.

Honteux comme un renard qu'une poule aurait pris,
Serrant la queue, et portant bas l'oreille.
La Fontaine, liv. I, fab. XVIII.

Il aurait peut-être le plaisir d'aller aussi à mon enterrement, si mon estomac avait continué à se dispenser de la digestion. Des amis, qui ne croient pas à la médecine plus que vous et moi, m'avaient conseillé et forcé, malgré ma répugnance, de voir un médecin, à peu près comme ils m'auraient conseillé de voir un confesseur. Les remèdes que j'ai faits n'ont servi qu'à empirer mon état; et je ne me trouve mieux que depuis que j'ai envoyé paître les remèdes et la médecine, qui est bien la plus ridicule chose, à mon avis, que les hommes aient inventée; à moins que vous ne vouliez mettre devant la théologie, qui en effet est bien digne de la première place dans le catalogue des impertinences humaines. Pour tout remède à mon estomac, je me suis prescrit un régime dont je me trouve très-bien, et que je suivrai très-fidèlement; et je compte qu'avant un mois mes entrailles rentreront *dans l'ordre accoutumé*.

Je doute fort qu'il en soit de même pour les jésuites, quoique plusieurs parlements aient jugé à propos de les conserver sous le masque, et d'enfermer ainsi le loup dans la bergerie.

Nosseigneurs de la classe de Paris ont prétendu être essentiellement et uniquement la cour des pairs. Nosseigneurs des autres classes en ont mis leurs bonnets de travers; et en conséquence, parce qu'ils n'ont pas pu faire rouer le duc de Fitz-James, frère d'un évêque janséniste, leur bon ami, ils laissent au milieu de nous ces hommes qu'ils ont déclarés empoisonneurs publics, assassins, cartouchiens, sodomites, etc. Il y a bien à tout cela de quoi rire un peu de l'esprit conséquent qui dirige toutes les démarches de ces messieurs, et de l'esprit patriotique qui les anime.

J'ai reçu une belle et grande lettre de votre ancien disciple, pleine d'une très-saine et utile philosophie. C'est bien dommage que ce prince philosophe ne soit pas, comme autrefois, le meilleur ami du plus aimable et du plus utile de tous les philosophes de nos jours. Que ne donnerais-je point pour que cela fût !

J'oubliais vraiment un article de votre dernière lettre qui mérite bien réponse. *Si vous êtes amoureux*, dites-vous, *restez à Paris*. A propos de quoi me supposez-vous l'amour en tête ? je n'ai pas ce bonheur ou ce malheur-là, et mes entrailles sont d'ailleurs trop faibles pour avoir besoin d'être émues par autre chose que par mon dîner, qui leur donne assez d'occupation pour qu'elles n'en cherchent point ailleurs. J'imagine bien qui¹ peut vous avoir écrit cette impertinence, et à propos de quoi ; mais il vaut mieux qu'on vous écrive que je suis amoureux que si on vous mandait des faussetés plus atroces dont on est bien capable. On n'a voulu que me rendre ridicule, et ce ridicule-là ne me fait pas grand mal. Je craindrais bien plus le ridicule de ne pas digérer. Digérer un peu et rire beaucoup, voilà à quoi je borne mes prétentions.

Mes amours prétendus me rappellent une chose charmante que j'ai lue sur l'amour-propre dans ce *Dictionnaire* du diable : que l'amour-propre ressemble à l'instrument de la génération, qui nous est nécessaire, qui nous fait plaisir, mais qu'il faut cacher. Cette comparaison est aussi charmante que juste. L'auteur aurait pu ajouter qu'il y a cette seule différence entre l'instrument physique et moral, que le priapisme est l'état naturel et perpétuel du second, et que dans l'autre c'est une maladie dont frère Thieriot aurait pu nous donner autrefois des nouvelles, mais dont par malheur il est bien guéri. Adieu, mon cher philosophe et mon illustre maître.

MMMMCXCV. — A M' LE MARÉCHAL DUC DE RICHELIEU.

A Ferney, 31 auguste

J'eus une belle alarme ces jours passés, monseigneur, pour votre commandant de Guienne. J'envoyai de mon lit, dont je ne sors guère, savoir des nouvelles de la brillante santé que Tronchin lui avait promise ; il venait de recevoir ses sacrements, et de faire son testament. La raison de cette opération soudaine, la voici :

Tronchin l'a condamné à ne manger que des légumes, des carottes, des fèves cuites à l'eau. « Monsieur, a dit M. le duc de Lorges, je ne peux digérer votre galimafrée; elle me fait enfler le devant et le derrière. » On lui a appliqué les sangsues pour le derrière, et on lui a fait la ponction pour le devant ; les vents ont redoublé de fureur, mais les sacrements ont un peu apaisé la tempête, et il est actuellement hors de danger. M. le duc de Randan, son frère, et M. le duc de La Trimouille, sont arrivés avec vingt officiers : Mme Denis veut absolument leur donner la comédie. Je vais recevoir mes sacrements aussi, pour avoir une raison valable de ne point faire le baladin à soixante-dix ans.

J'apprends dans ce moment la mort de M. d'Argenson, et j'en suis plus touché que de celle de l'empereur Ivan, parce qu'il était plus aimable. Il va se raccommoder avec Mme de Pompadour, car ils ne pouvaient bien vivre ensemble que dans l'autre monde.

J'ai le ridicule de m'intéresser à l'élection d'un roi de Pologne; mais je crains fort que l'aventure du prince Ivan, supposé qu'elle soit vraie, n'empêche M. Poniatowski, favori de l'impératrice, d'être élu roi,

¹ Mme du Deffand. (ED.)

comme il s'en flattait. On prétend qu'il y aura un peu de trouble au fond du Nord, pendant que mon héros fait régner la paix et les plaisirs dans son beau duché d'Aquitaine. Continuez cette douce vie, et daignez vous ressouvenir avec bonté de votre vieux courtisan redevenu aveugle, et qui vous présente son tendre et profond respect.

MMMMCXCVI. — A MADAME LA MARQUISE DU DEFFAND.

A Ferney, 31 auguste.

J'apprends, madame, que vous avez perdu M. d'Argenson. Si cette nouvelle est vraie, je m'en afflige avec vous. Nous sommes tous comme des prisonniers condamnés à mort, qui s'amusent un moment sur le préau jusqu'à ce qu'on vienne les chercher pour les expédier. Cette idée est plus vraie que consolante. La première leçon que je crois qu'il faut donner aux hommes, c'est de leur inspirer du courage dans l'esprit; et puisque nous sommes nés pour souffrir et pour mourir, il faut se familiariser avec cette dure destinée.

Je voudrais bien savoir si M. d'Argenson est mort en philosophe ou en poule mouillée. Les derniers moments sont accompagnés, dans une partie de l'Europe, de circonstances si dégoûtantes et si ridicules, qu'il est fort difficile de savoir ce que pensent les mourants. Ils passent tous par les mêmes cérémonies. Il y a eu des jésuites assez impudents pour dire que M. de Montesquieu était mort en imbécile, et ils s'en faisaient un droit pour engager les autres à mourir de même.

Il faut avouer que les anciens, nos maîtres en tout, avaient sur nous un grand avantage; ils ne troublaient point la vie et la mort par des assujettissements qui rendent l'une et l'autre funestes. On vivait, du temps des Scipion et des César, on pensait; et on mourait comme on voulait; mais pour nous autres, on nous traite comme des marionnettes.

Je vous crois assez philosophe, madame, pour être de mon avis. Si vous ne l'êtes pas, brûlez ma lettre; mais conservez-moi toujours un peu d'amitié pour le peu de temps que j'ai encore à ramper sur le tas de boue où la nature nous a mis.

MMMMCXCVII. — A M. DE CHABANON.

Au château de Ferney, 2 septembre 1764.

Je vous dois, monsieur, de l'estime et de la reconnaissance, et je m'acquitte de ces deux tributs en vous remerciant avec autant de sensibilité que je vous lis avec plaisir [1]. Vous pensez en philosophe, et vous faites des vers en vrai poëte. Ce n'est pas la philosophie à qui on doit attribuer la décadence des beaux-arts. C'est du temps de Newton qu'ont fleuri les meilleurs poètes anglais; Corneille était contemporain de Descartes, et Molière était l'élève de Gassendi. Notre décadence vient

1. Chabanon avait envoyé à Voltaire son opuscule : *Sur le sort de la poésie dans ce siècle philosophe*, avec une dissertation sur Homère considéré comme poète tragique, et une tragédie en un acte intitulée : *Priam au camp d'Achille*. (ED.)

peut-être de ce que les orateurs et les poëtes du siècle de Louis XIV nous ont dit ce que nous ne savions pas, et qu'aujourd'hui les meilleurs écrivains ne pourraient dire que ce qu'on sait. Le dégoût est venu de l'abondance. Vous avez parfaitement saisi le mérite d'Homère; mais vous sentez bien, monsieur, qu'on ne doit pas plus écrire aujourd'hui dans son goût, qu'on ne doit combattre à la manière d'Achille et de Sarpédon. Racine était un homme adroit; il louait beaucoup Euripide, l'imitait un peu (il en a pris tout au plus une douzaine de vers), et il le surpassait infiniment. C'est qu'il a su se plier au goût, au génie de la nation un peu ingrate pour laquelle il travaillait; c'est la seule façon de réussir dans tous les arts. Je veux croire qu'Orphée était un grand musicien; mais s'il revenait parmi nous pour faire un opéra, je lui conseillerais d'aller à l'école de Rameau.

Je sais bien qu'aujourd'hui les Welches n'ont que leur Opéra-Comique; mais je suis persuadé que des génies tels que vous peuvent leur ramener le siècle de Louis XIV : c'est à vous de rallumer le reste du feu sacré, qui n'est pas encore tout à fait éteint. Je ne suis plus qu'un vieux soldat retiré dans sa chaumière. Je souhaite passionnément que vous combattiez contre le mauvais goût avec plus de succès que nous n'avons résisté à nos autres ennemis. C'est avec ces sentiments très-sincères que j'ai l'honneur d'être, monsieur, votre, etc.

MMMMCXCVIII. — A M. D'ARGENTAL.
7 septembre.

Mes divins anges, je vous crois à présent bien établis dans votre nouvelle maison. Vous vous êtes rapprochés de M. le duc de Praslin, et vous avez très-bien fait. J'ai montré vite votre dernière lettre au petit défroqué : elle ne l'a point effrayé; c'est un ingénu personnage. « Je m'étais toujours défié, m'a-t-il dit, de cette Julie qu'on envoyait réciter son office dans sa chambre, et de ce Pompée qui se disait soldat, et de bien d'autres choses sur lesquelles cependant je me faisais illusion. J'étais si rempli de la prétendue beauté de quelques situations et de quelques caractères, que j'étouffais mes remords sur le reste. »

> Faites choix d'un ami dont la raison vous guide,
> Et dont le crayon sûr d'abord aille chercher
> L'endroit que l'on sent faible, et qu'on veut se cacher.
> Boileau, *Art poét.*, ch. IV, v. 71.

Il m'assure que Pompée ne sera plus soldat; il voit bien que ce changement en exige d'autres, et qu'il faut raccommoder le bâtiment de manière que l'architecture ne soit point gâtée; cela demande un peu de soin; il est près de s'y livrer : il dit que la destinée de son pauvre drame est de voyager; il supplie mes anges de le lui renvoyer; il veut en venir à votre honneur et au sien; il proteste qu'il n'omettra rien pour gagner en dernier ressort ce procès qu'il a perdu en première instance; il aime à plaider quand vous prenez en main sa cause; il n'en démordra pas; je connais sa tête.

Mes anges, il me paraît que Catherine fournit de grands sujets de tragédie. Un faiseur de drames aurait beaucoup à apprendre chez Catherine et chez Frédéric; mais je ne veux pas croire tout ce qu'on dit.

Quelque chose qui se passe dans le Nord, renvoyez-nous nos roués du Midi; notre jeune homme vous en renverra d'autres; c'est sa consolation. Il est venu quatre-vingts personnes dans sa chaumière avec MM. les ducs de Randan, de La Trimouille, non pas le La Trimouille de Dorothée [1], etc., etc. Mme Denis leur a joué *Mérope*, leur a donné une fête; et moi, je me suis mis au lit.

Vous ne m'avez pas seulement parlé du décès de M. d'Argenson, mon contemporain; vous ne vous souvenez pas que nous l'appelions *la chèvre*; vous ne vous souvenez de rien, pas même du prince Ivan.

Cependant je baise le bout de vos ailes.

MMMMCXCIX. — A M. D'ALEMBERT.
7 septembre.

Mon cher philosophe, vos lettres sont comme vous au-dessus de notre siècle, et n'ont assurément rien de welche. Je voudrais pouvoir vous écrire souvent pour m'en attirer quelques-unes. C'est donc de votre estomac, et non pas de votre cœur, que vous vous plaignez! Vos calomniateurs se sont mépris. Il semble qu'on vous injurie, vous autres philosophes, quand on vous soupçonne d'avoir des sentiments. Il paraît que vous en avez en amitié, puisque vous avez été fidèle à M. d'Argenson après sa disgrâce et après sa mort. Vous avez assisté à son enterrement comme son confrère: mais Simon Le Franc, qui n'est le confrère de personne, a prétendu y être comme parent : il faisait par vanité ce que vous faisiez par reconnaissance.

Vous me parlez souvent d'un certain homme [2]. S'il avait voulu faire ce qu'il m'avait autrefois tant promis, prêter vigoureusement la main pour écraser l'*inf*..., je pourrais lui pardonner; mais j'ai renoncé aux vanités du monde, et je crois qu'il faut un peu modérer notre enthousiasme pour le Nord; il produit d'étranges philosophes. Vous savez bien ce qui s'est passé [3], et vous avez fait vos réflexions : Dieu merci, je ne connais plus que la retraite. Je laisse Mme Denis donner des repas de vingt-six couverts, et jouer la comédie pour ducs et présidents, intendants et passe-volants, qu'on ne reverra plus. Je me mets dans mon lit au milieu de ce fracas, et je ferme ma porte. *Omnia fert ætas* [4].

Vraiment j'ai lu ce *Dictionnaire* diabolique; il m'a effrayé comme vous; mais le comble de mon affliction est qu'il y ait des chrétiens assez indignes de ce beau nom pour me soupçonner d'être l'auteur d'un ouvrage aussi antichrétien. Hélas ! à peine ai-je pu parvenir à en attraper un exemplaire. On dit que frère Damilaville en a quatre, et qu'il y en a un pour vous. Je suis consolé quand je vois que cette abominable production ne tombe qu'en si bonnes mains. Qui est plus capable que vous de réfuter en deux mots tous ces vains sophismes? Vous

---

1. Chant VIII de *la Pucelle*. (ÉD.) — 2. Le roi de Prusse. (ÉD.)
3. L'assassinat du prince Ivan. (ÉD.) — 4. Virgile, ecl. IX, 52. (ÉD.)

en direz au moins votre avis avec cette force et cette énergie que vous mettez dans vos raisonnements et dans vos bons mots; et si vous ne daignez pas écrire en faveur de la bonne cause, du moins vous écraserez la mauvaise, en disant ce que vous pensez. Votre conversation vaut au moins tous les écrits des saints Pères. En vérité le cœur saigne quand on voit les progrès des mécréants. Figurez-vous que neuf ou dix prétendus philosophes, qui à peine se connaissent, vinrent ces jours passés souper chez moi. L'un d'eux, en regardant la compagnie, dit : « Messieurs, je crois que le Christ se trouvera mal de cette séance. » Ils saisirent tous ce texte. Je les prenais pour des conseillers du prétoire de Pilate; et cette scène se passait devant un jésuite, à la porte de Calvin! je vous avoue que les cheveux me dressaient à la tête. J'eus beau leur représenter les prophéties accomplies, les miracles opérés, et les raisons convaincantes d'Augustin, de l'abbé Houteville, et du P. Garasse, on me traita d'imbécile. Enfin la perversité est venue au point qu'il y a dans Genève une assemblée qu'ils appellent *cercle*, où l'on ne reçoit pas un seul homme qui croie en Christ; et quand ils en voient passer un, ils font des exclamations à la fenêtre, comme les petits enfants quand ils voient un capucin pour la première fois. J'ai le cœur serré en vous mandant ces horreurs : elles enflammeront peut-être votre zèle; mais vous aimez mieux rire que sévir. Conservez-moi votre amitié, elle me servira à finir doucement ma carrière. Je me flatte que votre d'Argenson, mon contemporain, est mort avec componction et avec extrême-onction. C'est là un des grands agréments de ceux qui ont le bonheur de mourir chez vous; on ne leur épargne, Dieu merci, aucune des consolations qui rendent la mort si aimable. Toutes ces choses-là sont si sages, qu'on les croirait inventées par des Welches, s'ils avaient jamais inventé quelque chose. *Vale*. Je vous conjure de crier que je n'ai nulle part au *Portatif*.

MMMMCC. — A M. DAMILAVILLE.

7 septembre.

Mon cher frère, ne donnerez-vous pas un de ces quatre volumes diaboliques à frère Protagoras? Il me semble qu'il n'a pas mal fait de refuser les honneurs qui l'attendaient dans le Nord. Il aurait eu beau se vêtir de peaux de martre, il y aurait laissé la sienne, car sa santé n'est pas digne de ce beau climat; et, tout bon géomètre qu'il est, il aurait eu peine à résoudre le problème qui vient de se passer au bord de la mer Baltique[1]. On conte cet événement avec des circonstances si atroces, qu'on croirait que ce sont des dévots qui ont conduit toute l'aventure. Après tout, cette barbarie n'est pas bien tirée au clair.

Mais les horreurs de ce monde ne doivent pas vous dégoûter de la philosophie. Au contraire, nos philosophes devraient tous sentir qu'ils passent leur vie entre des renards et des tigres, et par conséquent s'unir ensemble et se tenir serrés.

Vous avez sans doute reçu le paquet que je vous envoyai, il y a

---

1. L'assassinat du prince Ivan. (ÉD.)

quelques jours, pour M. Blin de Sainmore. Il se dévoue courageusement à la défense de la vérité, au sujet des *Commentaires*.
Bonsoir, mon cher philosophe; il y a peu de vrais frères.
Voudriez-vous bien faire passer cette lettre à frère Protagoras?

MMMMCCI. — A MADEMOISELLE CLAIRON.

10 septembre.

Votre estampe est digne de vous et de M. Vanloo, mademoiselle; c'est un très-beau tableau qui passera à la postérité, ainsi que votre nom. La grâce que le roi vous a faite[1] montre que les arts ne sont pas entièrement abandonnés. Je me flatte que le roi ne fera pas la même grâce au curé de Saint-Sulpice[2]. J'ai vu, dans quelques papiers publics, que ce prêtre avait fait banqueroute, et j'en ai été très-édifié. Ce qui est bien sûr, c'est que ce maraud-là ne m'enterrera pas. Je souhaite que vous enterriez tous ceux de Paris, et que vous ayez autant de bons acteurs qu'il y a de curés et de vicaires. Comptez, mademoiselle, sur le véritable attachement de celui qui a l'honneur de vous écrire.

MMMMCCII. — A M. LE MARQUIS ALBERGATI CAPACELLI.

12 septembre.

Je ne vois pas trop, monsieur, quel rapport ce pauvre Algarotti avait avec Ovide, sinon qu'ils avaient tous deux un grand nez. M. N..., qui a, je crois, tous ses papiers, peut donner un beau démenti à la dame dont vous me parlez. Il faut en effet que cette dame soit un peu méchante; j'ajouterais même, si j'osais, un peu folle. A propos de dame, je suis bien étonné que vous n'en ayez pas pour jouer la comédie. Comment peut-on s'en passer, et qui peut les remplacer? Nous en avons, nous autres, et d'excellentes, en comique et en tragique. Sans les femmes, point de plaisir en aucun genre; j'en parle en homme très-désintéressé; car à soixante et onze ans on n'est pas soupçonné d'être subjugué par elles. Je ne connais que l'amitié, et vous m'en faites éprouver le charme.

MMMMCCIII. — A M. LE COMTE D'ARGENTAL.

12 septembre.

Anges conjurés, protecteurs des roués, j'ai fait lire, sans tarder, votre lettre du 3 de septembre au petit frère ex-jésuite; je lui ai donné votre mémoire. « Vos anges, m'a-t-il dit, ne sont pas des sots; » et sur-le-champ il s'est mis à refaire ce que je vous envoie, et ce que je vous supplie de me renvoyer enrichi de vos observations. Il a changé, en conséquence, le commencement du cinquième acte, et il me charge de mettre ces deux esquisses dans mon paquet. Il est convenu que les discours d'Octave et d'Antoine n'étaient que raisonnables, et ne pouvaient intéres-

1. La princesse de Galitzin avait fait peindre Mlle Clairon par Carle Vanloo, dans le rôle de Médée. Ce tableau étant en la possession de Mlle Clairon, le roi Louis XV ordonna qu'il fût gravé à ses frais, et fit présent à l'actrice de la planche. (ÉD.)
2. Dulau d'Allemant. (ÉD.)

ser. « J'avoue, me disait ce jeune homme avec candeur, que tout ce qui ne concerne pas le péril de Pompée et le cœur de Julie doit indisposer les spectateurs. Il faut toujours faire paraître les tyrans le moins qu'on peut. Les malheureux qu'ils oppriment, et ceux qui veulent se venger, ne peuvent trop paraître. J'avais manqué à cette règle, en m'attachant trop à développer le caractère d'Auguste : mais ce qui est bon dans un livre n'est pas bon dans une tragédie. » Ces dissertations d'Octave et d'Antoine étouffaient toute l'action ; elle semble marcher à présent avec rapidité et avec intérêt, grâce aux belles idées des anges. Il ne s'agit plus que de lui donner du coloris. J'espère que les anges renverront le tout, c'est-à-dire les cinq actes, le nouveau troisième acte, et le nouveau commencement du cinquième ; après quoi le petit jésuite, aidé de leurs lumières, travaillera à son aise.

Les anges sont constants dans leur bonne volonté, et ils ont trouvé un petit drôle qui a mis son opiniâtreté à leur obéir.

Si je pouvais parler d'affaires, je remercierais tendrement des bontés qu'on a pour mes dîmes ; je ne conçois pas trop comment on peut séparer la cause de Genève de la mienne. Je suis trop occupé de Pompée pour raisonner juste sur les traités faits avec les Suisses.

Respect, tendresse, reconnaissance.

MMMMCCIV. — AU MÊME.
14 septembre.

Divins anges, vous devez avoir reçu des fatras tragiques. Permettez que je vous parle d'un fatras de prose ; c'est un *Dictionnaire philosophique portatif*, qu'on m'attribue, et que jamais je n'aurais fait. Cela est rempli de vérités hardies que je serais bien fâché d'avoir écrites. M. Marin peut aisément empêcher que ce diabolique ouvrage n'entre chez les Welches. Si vous daignez lui dire ou lui faire dire un mot, je vous serai très-obligé. Il faut surtout qu'il soit persuadé que cette œuvre infernale n'est point de moi. Si j'étais l'auteur de tout ce qu'on met sur mon compte, j'aurais à me reprocher plus de volumes que tous les Pères de l'Église ensemble. Le petit ex-jésuite est toujours au bout de vos ailes. Il attend les cinq, plus les trois, plus la première page du cinq. Cet opiniâtre candidat dit qu'il n'en démordra pas, dût-il travailler deux ans de suite ; c'est bien dommage que cela soit si jeune. On a de la peine à le former ; mais sa docilité et sa patience lui tiendront lieu de talent. Vous ne sauriez croire, mes anges, combien il vous aime.

MMMMCCV. — A M. DAMILAVILLE.
19 septembre.

Mon cher frère, je reçois votre lettre du 13, dans laquelle vous trouvez le procédé de la philosophe du Nord bien peu philosophe ; et en même temps un de nos confrères me demande un *Dictionnaire philosophique* pour elle : mais je ne l'enverrai certainement pas, à moins que je n'y mette un chapitre contre des actions si cruelles. Ce dictionnaire effarouche cruellement d'autres criminels appelés dévots. Je ne veux jamais qu'il soit de moi ; j'en écris sur ce ton à M. Marin qui m'en avait parlé dans sa dernière lettre, et je me flatte que les véritables frères me seconderont. On doit regarder cet ouvrage comme un recueil de plusieurs auteurs fait par un éditeur de Hollande. Il est bien cruel qu'on me nomme; c'est m'ôter désormais la liberté de rendre service. Les philosophes doivent rendre la vérité publique, et cacher leur personne. Je crains surtout que quelque libraire affamé n'imprime l'ouvrage sous mon nom; il faut espérer que M. Marin empêchera ce brigandage.

J'ai fait acheter *le Portatif*[1] à Genève; il n'y en avait alors que deux exemplaires. Le consistoire des prêtres pédants, sociniens, l'a déféré aux magistrats; alors les libraires en ont fait venir beaucoup. Les magistrats l'ont lu avec édification, et les prêtres ont été tout étonnés de voir que ce qui eût été brûlé il y a trente ans est aujourd'hui très-bien reçu dans le monde. Il me paraît qu'on est beaucoup plus avancé à Genève qu'à Paris. Votre parlement n'est p encore philosophe.

Je voudrais bien avoir les factums des capucins[2]. Mais pourquoi faut-il qu'il y ait des capucins? Courage! le royaume de Dieu n'est pas loin : les esprits s'éclairent d'un bout de l'Europe à l'autre. Quel dommage, encore une fois, que ceux qui pensent de la même manière ne soient pas tous frères! que ne suis-je à Paris! que ne puis-je rassembler le saint troupeau! que ne puis-je mourir dans les bras des véritables frères! *Interim, écr. l'inf....*

MMMMCCVI. — A M. DALEMBERT.

19 septembre.

On dit, mon cher philosophe, que vous perfectionnez les lunettes. Ceux qui ont de mauvais yeux vous béniront; mais moi, qui perds la vue dès qu'il fait froid et qu'il y a un peu de neige sur la terre, je ne profiterai pas de votre belle invention. Après avoir rendu hommage à votre physique, il faut que je vous parle morale. Il y en a tant dans ce diabolique *Dictionnaire*, que je tremble que l'ouvrage et l'auteur ne soient brûlés par les ennemis de la morale et de la littérature.

Ce recueil est de plusieurs mains, comme vous vous en serez aisément aperçu. Je ne sais par quelle fureur on s'obstine à m'en croire l'auteur. Le plus grand service que vous puissiez me rendre est de bien assurer, sur votre part du paradis, que je n'ai nulle part à cette œuvre d'enfer, qui d'ailleurs est très-mal imprimée et pleine de fautes ridicules. Il y a trois ou quatre personnes qui crient que j'ai soutenu la bonne cause, que je combats dans l'arène jusqu'à la mort contre les bêtes féroces. Ces bonnes âmes me bénissent et me perdent. C'est trahir ses frères que de les louer en pareille occasion; il faut agir en conjurés, et non pas en zélés. On ne sert assurément ni la vérité ni moi, en m'attribuant cet ouvrage. Si jamais vous rencontrez quelques pédants à grand rabat ou à petit rabat, dites-leur bien, je vous en prie, que jamais ils n'auront ce plaisir de me condamner en mon

1. *Le Dictionnaire philosophique portatif.* (ÉD.)
2. Il y avait lutte dans le couvent des capucins de Paris, entre les pères gardiens et les frères quêteurs. (ÉD.)

propre et privé nom, et que je renie tout *Dictionnaire*, jusqu'à celui de la *Bible* par dom Calmet. Je crois qu'il y a dans Paris très-peu d'exemplaires de cette abomination alphabétique, et qu'ils ne sont pas dans des mains dangereuses; mais, dès qu'il y aura le moindre danger, je vous demande en grâce de m'avertir, afin que je désavoue l'ouvrage dans tous les papiers publics avec ma candeur et mon innocence ordinaires.

Il se répand des bruits fâcheux sur l'impératrice de toutes les Russies. On prétend qu'à son retour elle a trouvé un violent parti contre elle, et que le sang du prince Ivan ou Jean a crié vengeance. Je ne garantis rien, pas même la mort de ce prince, qui est trop avérée. Portez-vous bien, digérez, et aimez un peu qui vous ai... beaucoup.

MMMMCCVII. — A MADAME DU BOCCAGE

Ferney, 19 septembre.

Je n'ai point voulu vous remercier, madame, sans avoir joui de vos bienfaits. C'est en connaissance de cause que je réitère les sentiments d'estime et de reconnaissance que je vous avais voués depuis longtemps. J'ai lu la très-jolie édition dont vous avez voulu me gratifier. Je ne connaissais point vos agréables *Lettres sur l'Italie*; elles sont supérieures à celles de Mme de Montaigu. Je connais Constantinople par elle, et Rome par vous; et, grâce à votre style, je donne la préférence à Rome. Je ne m'attendais pas, madame, de voir mon petit ermitage auprès de Genève célébré par la main brillante qui a si bien peint les vignes des cardinaux. Les grands peintres savent également exercer leurs talents sur les palais et sur les chaumières.

Soyez bien sûre, madame, que je suis aussi reconnaissant qu'étonné de l'extrême bonté avec laquelle vous avez bien voulu parler de moi. Je ne nie pas que je ne sois infiniment flatté de voir mon nom dans vos *Lettres*, qui passeront à la postérité; mais mon cœur, j'ose le dire, est encore plus sensiblement touché de recevoir ces marques d'amitié de la première personne de son sexe et de son siècle. J'ose dire, madame, que personne n'a plus senti votre mérite que moi; mais je ne me bornerai pas à vous admirer; j'aimais votre caractère autant que votre esprit, et l'éloignement des lieux n'a pas diminué ces sentiments. Mme Denis les partage; elle est pénétrée, comme moi, de ce que vous valez. Recevez les hommages de l'oncle et de la nièce. Vous êtes au-dessus des éloges, vous devez en être fatiguée. On est bien plus sûr de vous plaire quand on vous dit qu'on vous est très-tendrement attaché, et c'est bien certainement ce que je suis avec le plus sincère respect.

MMMMCCVIII. — A MADAME LA MARQUISE DU DEFFAND.

21 septembre.

Eh bien! oui, madame, il serait tout aussi bon, pour le moins, de n'être pas né. L'*Évangile* ne l'a dit que de Judas[1], mais l'*Ecclésiaste*

---

1. Marc, xiv, 21. (Éd.)

l'a dit de tous les hommes[2]; et si Salomon a fait l'*Ecclésiaste*, vous êtes de l'avis du plus sage et du plus voluptueux de tous les rois. Remarquez seulement que Salomon ne parlait ainsi que quand il digérait mal. L'abbé de Chaulieu, qui valait bien Salomon, dit :

> Bonne ou mauvaise santé
> Fait notre philosophie.

Je suis donc volontiers de votre avis quand je souffre, et nous n'aurons plus de querelles sur cet article. Je croirai avec vous qu'il eût beaucoup mieux valu au prince Ivan de n'être pas né, que d'être empereur au berceau pour vivre vingt-quatre ans dans un cachot, et pour y mourir de huit coups de poignard. Je serais homme à souhaiter de n'être pas né, si on m'accusait d'avoir fait le *Dictionnaire philosophique*; car, quoique cet ouvrage me paraisse aussi vrai que hardi, quoiqu'il respire la morale la plus pure, les hommes sont si sots, si méchants, les dévots sont si fanatiques, que je serais sûrement persécuté.

Cet ouvrage, que je crois très-utile, ne sera jamais de moi ; je n'en ai envoyé à personne ; j'ai même de la peine à en faire venir quelques exemplaires pour moi-même. Dès que j'en aurai, je vous en ferai parvenir; mais par quelle voie? je n'en sais rien. Tous les gros paquets sont saisis à la poste. Les ministres n'aiment pas qu'on envoie sous leur nom des choses dont on peut leur faire des reproches ; il faut attendre l'occasion de quelques voyageurs.

Je suis indigné qu'un homme qui avait le sens commun[2] ait passé les cinq dernières heures de sa vie avec un prêtre ; deux minutes suffisaient. S'il faut payer chez vous ce tribut à l'usage, on doit acquitter cette dette le plus vite qu'il est possible. Je vous prie de dire à M. le président Hénault combien je regrette son ami.

Mais si nous avions eu le malheur de perdre M. Hénault, aurait-il fallu écrire à M. d'Argenson ? Je n'ai point écrit à son fils, parce que son fils ne m'écrirait pas sur la mort de son père.

Savez-vous, madame, qu'il m'en coûte infiniment d'écrire ? Je vois à peine mon papier, et je suis très-malade. Je vous écris parce que vous vous croyez très-malheureuse, et que vous avez une âme forte à qui je dis quelquefois des vérités fortes ; parce que vous m'avez dit quelquefois que mes lettres vous consolaient un moment ; parce que j'aime à vous parler des malheurs de la vie humaine, des préjugés qui l'empoisonnent, et des horreurs ridicules dont on accompagne la mort. Soyons philosophes au moins dans nos derniers jours ; ne les employons pas à nous sacrifier aux vanités du monde, à suivre des fantômes, à nous éviter nous-mêmes, à nous prodiguer au dehors, à nous repaître de vent. Vivez, philosophez avec vos amis; qu'ils trompent le temps avec vous; qu'ils égayent avec vous le chagrin secret de la vieillesse; qu'ils vivent pour eux et pour vous.

Adieu, madame ; je vous aime de loin, et je vous aimerais encore plus de près.

1. *Ecclésiaste*, IV, 3. (ÉD.) — 2. D'Argenson. (ÉD.)

MMMMCCIX. — A M. LE MARQUIS DE CHAUVELIN.

A Ferney, 21 septembre.

J'ai été si occupé de mon petit ex-jésuite, et ensuite si malingre, que je n'ai pas remercié Votre Excellence de l'extrême bonté qu'elle a eue de daigner s'intéresser pour un gentilhomme savoyard. Ce Savoyard, nommé M. de La Balme, fera tout ce qui lui plaira; il suivra, s'il veut, les bons conseils de Votre Excellence. Je vous présente mes très-humbles remerciments et les siens, et reviens à mon défroqué. Il veut absolument justifier la bonne opinion que vous avez eue de son entreprise; il veut que son drame soit aussi intéressant que politique. Ces deux avantages se trouvent rarement ensemble, témoin les douze ou treize dernières pièces du grand Corneille, qui raisonne, qui disserte, et qui est bien loin de toucher. Notre petit drôle ajoute encore qu'il faut que le style soit de la plus grande pureté, sans rien perdre de la force qui doit l'animer, ce qui est extrêmement difficile; que toute tragédie doit être remplie d'action, mais que cette action doit toujours produire dans l'âme de grands mouvements, et servir à développer des sentiments qui aient toute leur étendue; car c'est le sentiment qui doit régner, et sans lui une pièce n'est qu'une aventure froide, récitée en dialogues. Enfin il veut vous plaire, et il vous enverra sa pièce, que vous ne reconnaîtrez pas.

Malheureusement il n'y a point de rôle ni pour Mlle Clairon de Paris ni pour celle de Turin[1]. Je me mets aux pieds de Mme Chauvelin-Clairon, dont il faut adorer les talents et les grâces. Que l'une et l'autre Excellence conservent leurs bontés au vieux laboureur de Ferney, qui a quitté le cothurne pour le semoir, et qui fait des infidélités à Melpomène en faveur de Cérès, mais qui ne vous en fera jamais.

MMMMCCX. — A M. LE COMTE D'ARGENTAL.

25 septembre.

Je ne manque jamais de faire lire au petit prêtre les ordres célestes des anges; il a dévoré le dernier mandat, et voici comme il m'a parlé :

« J'avais déjà travaillé conformément à leurs idées, de sorte que les derniers ordres ne sont arrivés qu'après l'exécution des premiers. On trouvera des prêtres plus savants, mais non de plus dociles.

« J'ai fait tout ce qui était en mon pouvoir; et si je n'ai pas réussi, je suis un juste à qui la grâce a manqué.

« J'ai ôté toutes les dissertations cornéliennes qui anéantissent l'intérêt. Je respecte fort ce Corneille; mais on est sûr d'une lourde chute quand on l'imite.

« Il me paraît qu'à présent toutes les scènes sont nécessaires, et ce qui est nécessaire n'ennuie point.

« Il paraît qu'on s'est trompé quand on a dit que la pièce manquait d'action : il fallait dire que l'action était refroidie par les discours qu'Octave et Antoine tenaient sur l'amour, et sur le danger qu'ils ont couru.

---

1. Mme de Chauvelin. (ED.)

« L'action, dans une tragédie, ne consiste pas à agir sur le théâtre, mais à dire et apprendre quelque chose de nouveau, à sortir d'un danger pour retomber dans un autre; à préparer un événement, et à y mettre des obstacles. Je crois qu'il y a beaucoup de cette action théâtrale dans mon drame, de l'intérêt, des caractères, de grands tableaux de la situation de la république romaine; que le style en est assez pur et assez vif; et qu'enfin tous les ordres de vos divins anges ayant été exécutés, je dois m'attendre à une réparation d'honneur, si la pièce est bien jouée.

« Je présume qu'il faut obtenir qu'on la représente à Fontainebleau, et que, si elle réussit, on sera sûr de Paris; ce n'est pas la première fois qu'on a gagné un procès perdu en première instance, témoin *Brutus*, *Oreste*, *Sémiramis*.

« Il n'est ni de l'intérêt de Lekain, ni de celui de l'auteur, ni de celui des comédiens, qu'on commence par imprimer ce qui, étant tombé à la représentation, n'engagerait pas les lecteurs à jeter les yeux sur l'ouvrage. »

Ainsi a parlé le jeune prêtre, et il a fini par chanter une antienne à l'honneur des anges.

J'ai commencé, comme de raison, par le *tripot;* je passe aux dîmes. Je n'ai point de termes, ni en prose ni en vers, pour exprimer ma reconnaissance. J'écrirai donc à ce M. de Fontette.

Passons aux seigneurs Cramer. On a un peu gâté les Génevois; ils n'ont pas daigné seulement faire prendre les armes à leur garnison pour MM. les ducs de Randan, de La Trimouille, et de Lorges, tandis qu'elle les prend pour un conseiller des Vingt-cinq, lequel, en parlant au peuple assemblé, l'appelle mes souverains seigneurs. Ce pays-ci est l'antipode du vôtre.

Tout ce que je peux vous dire des princes en question[1], c'est que quand j'arrivai ils n'avaient pas de chausses, et qu'ils sont à présent fort à leur aise.

Ils m'avaient toujours fait accroire qu'ils avaient écrit à un libraire de Florence pour me faire avoir les livres italiens nouveaux. M. de Lorenzi m'a mandé que ce libraire n'avait pas reçu de leurs nouvelles; c'est ce qui fait que j'ai si mal servi votre *Gazette littéraire*.

Il n'y a pas, je crois, d'autre voie que celle de M. le duc de Praslin pour vous faire tenir le livre infernal. Je mettrai sur votre enveloppe, *Mémoire aux anges;* mais donnez-moi vos ordres.

MMMMCCXI. — A MADAME D'ÉPINAI.

25 septembre.

Un de nos frères, madame, que je soupçonne être le prophète bohémien[2], m'a écrit une belle lettre, par laquelle il veut quelques exemplaires d'un livre diabolique[3], auquel je serais bien fâché d'avoir la

1. Les frères Cramer. (ÉD.)
2. Grimm, auteur du *Petit prophète de Boemischbroda*. (ÉD.)
3. Le *Dictionnaire philosophique*. (ÉD.)

moindre part. Ma conscience même serait alarmée de contribuer au débit de ces œuvres de Satan ; mais comme il est très-doux de se damner pour vous, madame, et surtout avec vous, il n'y a rien que je ne fasse pour votre service. Je fais chercher quelques exemplaires à Genève : ces hérétiques les ont tous fait enlever avec avidité. La ville de Calvin est devenue la ville des philosophes; il ne s'est jamais fait une si grande révolution dans l'esprit humain qu'aujourd'hui. C'est une chose étonnante, que presque tout le monde commence à croire qu'on peut être honnête homme sans être absurde; cela me fait saigner le cœur.

Je vous prie, madame, de me recommander aux prières des frères. Je prie Dieu continuellement pour eux comme pour vous, et pour la propagation du saint Évangile. Vous savez qu'*Esculape*-Tronchin va inoculer les parlements, tandis que vos Welches condamnent l'inoculation. Il n'y a, révérence parler, parmi les Welches que nos frères qui aient le sens commun. Vous, madame, qui joignez à ce sens commun les grâces et l'esprit, vous êtes Française et nullement Welche; et moi, madame, je suis à vos pieds pour toute ma vie.

MMMMCCXII. — A M. Dupont.

Au château de Ferney, 25 septembre.

Voici, mon cher ami, de quoi il s'agit : j'ai donné déjà cent mille livres ces jours-ci au sieur Jean Maire sur son simple billet. Monseigneur le duc de Wurtemberg doit être content de ce procédé. Je vous envoie une lettre de change de soixante-dix-neuf mille neuf cent quatre-vingt-quinze livres, que je vous prie de faire remettre audit sieur Jean Maire quand vous aurez la bonté de lui faire passer l'acte. Je lui envoie encore vingt mille cinq livres; ainsi il aura deux cent mille livres net.

Je joins ici un croquis d'acte qui n'est pas prolixe, mais qui dit tout, et que je soumets à vos lumières et à vos bontés. Vous serez peut-être étonné de ma confiance dans les princes; mais il y a longtemps que je sais qu'il vaut mieux placer sur eux que sur les particuliers. M. le duc de Wurtemberg a six cent mille livres de rente en France de biens libres.

M. Jean Maire est chargé de vous présenter vos honoraires. Voilà en peu de mots ce qui regarde cette affaire pécuniaire, sur laquelle je vous demande le secret. J'ai été bien tenté de venir vous voir, mais il aurait fallu aller chez le duc de Wurtemberg et l'électeur palatin; je ferais volontiers quatre-vingt lieues pour voir un ami. Vous vous apercevez par ma petite écriture que mes yeux sont en meilleur état; mais gare les neiges ! c'est alors que je suis aveugle. Je vous embrasse très-tendrement; madame Denis en fait autant.

MMMMCCXIII. — A M. de La Chalotais.

A Ferney, le 26 septembre.

Agréez, monsieur, que M. de La Vabre, qui vous présenta l'an passé une lettre de ma part, et que vous reçûtes avec tant de bonté, ait encore l'honneur de vous en présenter une. Il vous parlera de son affaire ; mais moi je ne peux vous parler que de vous-même, de votre éloquence, des excellentes méthodes que vous avez daigné donner pour élever des jeunes gens en citoyens, et pour cultiver leur raison, qu'on a si longtemps pervertie dans les écoles. Vous me paraissez le procureur général de la France entière.

J'ai relu plusieurs fois tout ce que vous avez bien voulu rendre public, et toujours avec un nouveau plaisir. Vous ne vous contentez pas d'éclairer les hommes, vous les secourez. J'ai vu dans des mémoires d'agriculture combien vous l'encouragez dans votre patrie. Je me suis mis au rang de vos disciples : j'ai semé du fromental à votre exemple, et j'ai forcé les terres les plus ingrates à rapporter quelque chose. Je trouve que Virgile avait autant de raison de dire :

O fortunatos nimium, sua si bona norint,
Virg., *Georg.*, lib. II, v. 458.

qu'il avait de tort de quitter la vie dont il faisait l'éloge. Il renonça à la charrue pour la cour; j'ai eu le bonheur de quitter les rois pour la charrue. Plût à Dieu que mes petites terres fussent voisines des vôtres! Les hommes qui pensent sont trop dispersés, et le nombre des philosophes est encore bien petit, quoiqu'il soit beaucoup plus grand que dans notre jeunesse. J'ai vu l'empire de la raison s'étendre, ou plutôt ses fers devenus plus légers. Encore quelques hommes comme vous, monsieur, et le genre humain en vaudra mieux.

Je vous supplie d'être bien persuadé du respect infini avec lequel je serai toute ma vie, etc.

MMMMCCXIV. — DE LOUIS-EUGÈNE, DUC DE WURTEMBERG.

A La Chablières, ce 28 septembre.

Il est bien naturel, monsieur, que je seconde le juste empressement que M. le comte de Sinzendorf m'a témoigné avoir de rendre ses hommages à cet homme illustre qui a enchanté l'Europe par ses écrits immortels, et qui remplit l'univers du bruit de son nom.

Ce comte de Sinzendorf, frère de celui qui est à la tête des finances de Sa Majesté l'impératrice, est un jeune homme plein d'esprit et de connaissances, et je ne doute pas que vous n'en soyez très-content. Il voyage en philosophe, et je puis dire avec vérité qu'il a beaucoup vu, et très-bien vu.

Il vous a réservé pour la bonne bouche, monsieur ; et certes il ne pouvait pas mieux couronner la fin de ses voyages. Veuillez donc l'admettre au bonheur de vous voir, et daignez croire que je vous serai infiniment obligé de tous les moments délicieux que vous lui ferez passer.

Je saisis cette occasion pour vous renouveler les assurances sincères de l'attachement inviolable avec lequel j'ai l'honneur d'être, etc.,

LOUIS-EUGÈNE, *duc de Wurtemberg.*

MMMMCCXV. — A M. DAMILAVILLE.
29 septembre.

Mon cher frère, la tempête gronde de tous côtés contre *le Portatif*. Quelle barbarie de m'attribuer un livre farci de citations de saint Jérôme, d'Ambroise, d'Augustin, de Clément d'Alexandrie, de Tatien, de Tertullien, d'Origène, etc.! N'y a-t-il pas de l'absurdité de soupçonner un pauvre homme de lettres d'avoir seulement lu aucun de ces auteurs? Le livre est reconnu pour être d'un nommé Dubut, petit apprenti théologien de Hollande. Hélas! je m'occupais tranquillement de la tragédie de *Pierre le Cruel*, dont j'avais déjà fait quatre actes, quand cette funeste nouvelle est venue troubler mon repos. J'ai jeté dans le feu et ce malheureux *Portatif* que je venais d'acheter, et la tragédie de *Pierre*, et tous mes papiers; et j'ai bien résolu de ne me mêler que d'agriculture le reste de ma vie.

Je vous le dis, je vous le répète, ce maudit livre sera funeste aux frères, si on persévère dans l'injustice de me l'attribuer. On sait comment la calomnie est faite. « Voilà son style, dit-elle; ne le reconnaissez-vous pas à ce tour de phrase? » Eh! madame l'impudente, qui vous a dit que M. Dubut¹ n'a pas le même style? est-il donc si rare de trouver deux auteurs qui écrivent dans le même goût? est-il donc permis de persécuter un pauvre innocent, parce qu'on a cru reconnaître sa manière d'écrire? La calomnie répond à cela qu'elle n'entend point raison, qu'il faut venger Pompignan et maître Aliboron, et qu'elle poursuivra les philosophes tant qu'elle pourra.

Opposez donc, mon cher frère, votre éloquence à ses fureurs. En vérité les philosophes sont intéressés à repousser des accusations de cette nature. Non-seulement il faut crier, mais il faut faire crier les criailleurs en faveur de la vérité. Rien ne serait d'ailleurs plus dangereux pour l'*Encyclopédie* que l'imputation d'un *Dictionnaire philosophique* à un homme qui a travaillé quelquefois pour l'*Encyclopédie* même; cela réveillerait la fureur des Chaumeix, et le *Journal chrétien* ferait beau bruit.

Je vous prie de m'envoyer des *Remarques* imprimées depuis peu sur l'*Encyclopédie*, en forme de lettres². C'est apparemment le secrétaire de l'Envie qui a fait cet ouvrage. Mandez-moi si on daigne y répondre, et s'il serait à propos que les héritiers de Guillaume Vadé s'égayassent sur cet animal, quand ils n'auront rien à faire.

Je ne peux avoir sitôt le recueil que je vous ai promis; mais est-il possible qu'il ne vienne rien de Paris dans ce goût? Vos prophètes sont muets, les oracles ont cessé. Il y a trop peu de *Mesliers*³, trop peu de *Sermons*⁴, et trop de fripons.

Est-il vrai que l'archevêque de Paris revient à Conflans? Il fera peut-être un mandement contre *le Portatif* pour s'amuser; mais il n'amusera pas le public.

Je vous embrasse tendrement, mon cher frère

1. Voltaire avait publié le *Dictionnaire* sous ce nom. (ÉD.)
2. Par l'abbé Saas. (ÉD.) — 3. *Extrait des sentiments de* Meslier. (ÉD.)
4. *Sermon des Cinquante.* (ÉD.)

MMMMCCXVI. — DE CHARLES-THÉODORE, ÉLECTEUR PALATIN.

Schwetzingen, 1ᵉʳ octobre.

Un œil poché et une cuisse en compote m'ont empêché de répondre à votre dernière lettre au sujet du curé, et avec laquelle vous m'avez envoyé le *Supplément au Discours aux Welches*. Je reçois à ce moment votre seconde lettre touchant votre association à mon Académie. Quoique je lui aie abandonné le choix de ses membres, je sais sûrement que les académiciens sont trop éclairés pour ne pas sentir le prix de vous voir de leur nombre. Je ne peux que vous témoigner ma reconnaissance de vouloir bien mêler votre nom avec le leur.

Soyez persuadé, mon cher vieux Suisse, que tous les Frérons du monde ne pourront jamais diminuer la vraie estime que j'ai toujours eue pour la personne et le génie d'un homme tel que vous. La critique âpre et amère n'atteignit jamais Virgile, Salluste, et Newton; et tel qui critique l'église de Saint-Pierre à Rome n'eût peut-être pas été en état de dessiner une église de village.

C'est avec ces sentiments et l'espoir de vous revoir encore que je serai toujours votre bien affectionné, CHARLES-THÉODORE, *électeur*.

MMMMCCXVII. — A M. LE COMTE D'ARGENTAL.

1ᵉʳ octobre.

Le petit ex-jésuite qui me vient voir souvent m'a dit aujourd'hui : « Je ne suis point content du monologue qui finit le troisième acte; je deviens tous les jours plus difficile, à mesure que j'avance en âge et que j'approche de la majorité. Voici donc une nouvelle scène que je vous supplie de présenter à vos anges; il est aisé de la substituer à l'autre. Je suis un peu guéri des illusions de l'amour-propre, tout jeune que je suis; mais je m'imagine qu'on pourrait facilement obtenir de messieurs les premiers gentilshommes de la chambre que le drame fût joué à Fontainebleau. Une de mes craintes est qu'il ne soit mal joué; mais il faut se servir de ce qu'on a. »

O mes anges! j'avoue que je n'ai prêté qu'une attention légère au discours de notre prêtre. J'avais la cervelle tout entreprise d'une requête de nos petits États au roi, pour obtenir la confirmation des lettres patentes de Henri IV, enregistrées au parlement de Dijon, en faveur des dîmes de notre pays. Je me conforme en cela aux vues et aux bontés de M. le duc de Praslin, et je me flatte qu'un curé ne tiendra pas contre Henri IV et Louis XV.

Je gémis toujours devant Dieu de l'injustice criante qu'on me fait de m'attribuer un *Portatif;* vous savez quelle est mon innocence. Je me suis avisé d'écrire, il y a quelques jours, une lettre à frère Marin, adressée tout ouverte chez M. le lieutenant général de police. Dans cette lettre je le priais d'empêcher un scélérat de libraire, nommé Besongne, natif de Normandie, d'imprimer l'infernal *Portatif;* je ne sais si frère Marin a reçu cette lettre. En attendant, je trouve vos conseils divins, et je vais engager l'auteur à vous envoyer un *Portatif* raisonnable, décent, irréprochable, et même un peu pédantesque; et si frère Marin n'était pas riche, si on pouvait lui proposer de tirer quelque avantage de l'impression, cela ne serait peut-être pas mal avisé. J'en ai parlé à l'auteur, qui est proche parent de l'ex-jésuite; en vérité ils sont tout à fait dociles dans cette famille-là; il lui a dit qu'il s'allait mettre à travailler, tout malade qu'il est. Cet auteur s'appelle Dubut; mais il a encore un autre nom; il a étudié en théologie, et possède Tertullien sur le bout du doigt. Ce serait bien là le cas de donner les roués [1]; il est bon de faire des diversions.

Je baise le bout des ailes de mes anges en toute humilité, avec la plus vive reconnaissance.

MMMMCCXVIII. — A M. DALEMBERT.

2 octobre.

Premièrement, mon cher et grand philosophe, je vous conjure encore d'affirmer, sur votre part de paradis, que votre frère n'a nulle part au *Portatif :* car votre frère jure et ne parie pas que jamais il n'a composé cette infamie, et il faut l'en croire, et il ne faut pas que les frères soient persécutés. Ce n'est point le mensonge officieux que je propose à mon frère, c'est la clameur officieuse, le service essentiel de bien dire que ce livre renié par moi n'est point de moi; c'est de ne pas armer la langue de la calomnie et la main de la persécution. Ce livre est divin, à deux ou trois bêtises près qui s'y sont glissées :

.... *Quas aut incuria fudit,*
Aut humana parum cavit natura.
Hor., *de Art. poet.*, v. 352.

Mais je jure par Sabaoth et Adonaï, *quia non sum auctor hujus libri.* Il ne peut avoir été écrit que par un saint inspiré du diable; car il y a du moral et de l'infernal.

Mon second point, c'est que je suis tombé aujourd'hui sur l'article *Dictionnaire* en votre *Encyclopédie.* J'ai vu avec horreur ce que vous dites de Bayle : « Heureux s'il avait plus respecté la religion et les mœurs ! » ou quelque chose d'approchant. Ah ! que vous m'avez contristé ! Il faut que le démon de Jurieu [2] vous ait possédé dans ce moment-là. Vous devez faire pénitence toute votre vie de ces deux lignes. Qu'auriez-vous dit de plus de Spinosa et de La Fontaine ? Que ces lignes soient baignées de vos larmes ! Ah, monstres ! ah, tyrans des esprits ! quel despotisme affreux vous exercez, si vous avez contraint mon frère à parler ainsi de notre père !

Ut ut est, je vous demande en grâce, mon cher philosophe, que je ne sois jamais l'auteur de ce *Portatif ;* c'est une rapsodie, un recueil de plusieurs morceaux détachés de plusieurs auteurs. Je sais à quel point on est irrité contre ce livre. Les Fréron et les Pompignan crient qu'il est de moi, et par conséquent les gens de bien doivent crier qu'il n'en est pas. On ne peut ni vous estimer ni vous aimer plus que je fais.

1. *Le Triumvirat.* (ÉD.) — 2. Ennemi de Bayle. (ÉD.)

N. B. J'apprends dans ce moment que les orages s'élèvent contre *le Portatif.* La chose est très-sérieuse. L'ouvrage est d'un nommé Dubut, prétendant, lequel n'a jamais existé; mais pourquoi me l'imputer?

MMMMCCXIX. — A M. LE COMTE D'ARGENTAL.

3 octobre.

»Divins anges, vous avez à étendre vos ailes sur deux hommes assez singuliers; c'est le petit ex-jésuite en vers[1] et le petit huguenot Dubut en prose. Ce Dubut, auteur du *Dictionnaire,* trouve vos idées et vos conseils tout aussi bons que le jésuite, et il y défère tout aussi vite. Il m'apporta hier un gros cahier d'articles nouveaux et d'anciens articles corrigés. Je les ai lus, je les ai trouvés à la fois plus circonspects et plus intéressants que les anciens. C'est un travailleur qui ne laisse pas d'avoir quelque érudition orientale, et qui cependant a quelquefois dans l'esprit une plaisanterie qui ressemble à celle de votre pays. S'il n'était pas si vieux et si malade, vous pourriez en faire quelque chose.

» Ce serait un grand coup d'engager frère Marin à faire imprimer les nouveaux cahiers de frère Dubut. Il y aurait assurément du bénéfice; et si on n'ose pas proposer à frère Marin cette rétribution, il peut en gratifier quelque ami. Il peut surtout adoucir quelques teintes un peu trop fortes, s'il y en a; ce que je ne crois pas, car Dubut s'est tenu par les cordons.

Dans quelques jours on enverrait le reste de l'ouvrage; il pourrait aisément être répandu dans Paris, avant que son diabolique prédécesseur fût connu. Tout ce que je puis dire sur ce livre, c'est qu'il n'est point de moi, et que ceux qui me l'attribuent sont des malavisés, des gens sans pitié, des Welches.

Je voudrais que mon ami le défroqué servît son ami Dubut; qu'il pût faire jouer le drame des roués pour faire diversion, comme Alcibiade faisait couper la queue à son chien, pour empêcher les Athéniens de remarquer certaine frasque dont on commençait à parler.

Voici Dubut qui entre chez moi; il ne me donne aucun repos. Il faut donc que je vous en donne, et que je finisse.

Le paquet du huguenot est adressé à M. le duc de Praslin.

Respect et tendresse.

MMMMCCXX. — A MADAME LA MARQUISE DU DEFFAND.

Aux Délices, 3 octobre.

Il y a huit jours que je suis dans mon lit, madame. J'ai envoyé chercher à Genève le livre que vous voulez avoir, et qui n'est qu'un recueil de plusieurs pièces dont quelques-unes étaient déjà connues. L'auteur est un nommé Dubut, petit apprenti prêtre huguenot. Je n'ai pu en trouver à Genève; j'ai écrit à Mme de Florian. Cet ouvrage est regardé par les dévots comme un livre très-audacieux et très-dangereux. Il ne m'a pas paru tout à fait si méchant; mais vous savez que j'ai beaucoup d'indulgence.

1. Auteur supposé du *Triumvirat.* (ÉD.)

Je n'ai pas moins d'indignation que vous de voir qu'on m'impute ce petit livre, farci de citations des Pères du second et du troisième siècle. Il y est question du Targum des Juifs : la calomnie me prend donc pour un rabbin; mais la calomnie est absurde de son naturel; et, tout absurde qu'elle est, elle fait souvent beaucoup de mal. Elle m'a attribué ce livre auprès du roi, et cela trouble ma vieillesse, qui devrait être tranquille. La nature nous fait déjà assez de mal, sans que les hommes nous en fassent encore.

Cette vie est un combat perpétuel; et la philosophie est le seul emplâtre qu'on puisse mettre sur les blessures qu'on reçoit de tous côtés : elle ne guérit pas, mais elle console, et c'est beaucoup.

Il y a encore un autre secret, c'est de lire les gazettes. Quand on voit, par exemple, que le prince Ivan a été empereur à l'âge d'un an, qu'il a été vingt-quatre ans en prison, et qu'au bout de ce temps il est mort de huit coups de poignard, la philosophie trouve là de très-bonnes réflexions à faire, et elle nous dit alors que nous devons être heureux de tous les maux qui ne nous arrivent pas, comme la maîtresse de l'avare est riche de ce qu'elle ne dépense point.

Je cherche encore un autre secret, c'est celui de digérer. Vous voyez, madame, que je me bats les flancs pour trouver la façon d'être le moins malheureux qu'il me soit possible; car, pour le mot d'heureux, il ne me paraît guère fait que pour les romans. Je souhaiterais passionnément que moi vous convînt.

Il y a peut-être un état assez agréable dans le monde, c'est celui d'imbécile, mais il n'y a pas moyen de vous proposer cette manière d'être; vous êtes trop éloignée de cette espèce de félicité. C'est une chose assez plaisante qu'aucune personne d'esprit ne voudrait d'un bonheur fondé sur la sottise; il est clair pourtant qu'on ferait un très-bon marché.

Faites donc comme vous pourrez, madame, avec vos lumières, avec votre belle imagination et votre bon goût, et quand vous n'aurez rien à faire, mandez-moi si tout cela contribue à vous faire mieux supporter le fardeau de la vie.

MMMMCCXXI. — De M. D'Alembert.

A Paris, ce 4 octobre.

Vous ne voulez donc pas absolument, mon cher maître, être l'auteur de cette abomination alphabétique qui court le monde, au grand scandale des Garasses de notre siècle? Vous avez assurément bien raison de ne vouloir pas être soupçonné de cette production d'enfer, et je ne vois pas d'ailleurs sur quel fondement on pourrait vous l'imputer. Il est évident, comme vous dites, que l'ouvrage est de différentes mains; pour moi, j'en ai reconnu au moins quatre, celles de Belzébuth, d'Astaroth, de Lucifer, et d'Asmodée; car le docteur angélique [1], dans son traité *Des anges et des diables*, a très-bien prouvé que ce sont quatre personnes différentes, et qu'Asmodée n'est pas consubstantiel à Belzé-

1. Saint Thomas d'Aquin. (Éd.)

buth et aux autres. Après tout, puisqu'il faut bien trois pauvres chrétiens[1] pour faire le *Journal chrétien* (car ils sont tout autant à cette édifiante besogne), je ne vois pas pourquoi il faudrait moins de trois ou quatre pauvres diables pour faire un *Dictionnaire* diabolique. Il n'y a pas jusqu'à l'imprimeur qui ne soit aussi un pauvre diable, car assurément il n'a su ce qu'il faisait, tant l'ouvrage est misérablement imprimé. Soyez donc tranquille, mon cher et illustre confrère, et surtout n'allez pas faire comme Léonard de Pourceaugnac, qui crie[2] : *Ce n'est pas moi*, avant qu'on songe à l'accuser. Il me paraît d'ailleurs que l'auteur, quel qu'il soit, n'a rien à craindre; les pédants à petit rabat n'ont pas le haut du pavé; les pédants à grand rabat sont allés planter leurs choux. L'ouvrage, quoique peu commun, passe de main en main sans bruit et sans scandale; on le lit, on a du plaisir, et on fait le signe de la croix pour empêcher que le plaisir ne soit trop grand, et tout se passe fort en douceur. Il y a pourtant une femme de par le monde qui, se trouvant offensée de ce que l'auteur ne lui a pas envoyé cet ouvrage, assure que c'est un chiffon posthume de Fontenelle, parce que l'auteur, en parlant de l'amour, dit (avec beaucoup de justesse, selon moi) que c'est l'*étoffe de la nature que l'imagination a brodée*. Pour moi, je trouverais cette phrase très-bien, quand même l'abbé Trublet serait de mon avis. Je ne vous nomme point cette femme; mais vous la connaissez de reste, et vous êtes, après Fréron, la personne qu'elle estime le plus[3]. Les lettres que vous avez la bonté de lui écrire ne l'empêchent pas de prendre grand plaisir à celles de l'*Année littéraire*, dont elle goûte fort les gentillesses, qui à la vérité ne sont pas de Fontenelle. Ah! mon cher maître, que les lettres et la philosophie ont d'ennemis! Les ennemis publics et découverts ne sont rien; ceux-là on les secoue et on les écrase : ce sont les ennemis cachés et puissants, ce sont les faux amis qui sont à craindre. Je me pique de savoir démêler un peu les uns et les autres, et assurément ils ne peuvent pas se vanter de m'avoir pris pour dupe. Votre contemporain d'Argenson est mort assez joliment : une heure avant que d'expirer, il disait à son curé, qui lui parlait de sacrements : *Cela ne presse pas*. On dit pourtant qu'il a eu l'extrême-onction; grand bien lui fasse! C'est un homme que les gens de lettres doivent regretter, du moins il ne les haïssait pas.

Ma bonne amie de Russie[4] vient de faire imprimer un grand manifeste sur l'aventure du prince Ivan, qui était en effet, comme elle le dit, une espèce de bête féroce. *Il vaut mieux*, dit le proverbe, *tuer le diable, que le diable ne nous tue*. Si les princes prenaient des devises comme autrefois, il me semble que celle-là devrait être la sienne. Cependant il est un peu fâcheux d'être obligé de se défaire de tant de gens, et d'imprimer ensuite qu'on en est bien fâché, mais que ce n'est pas sa faute. Il ne faut pas faire trop souvent de ces sortes d'excuses

---

1. Les abbés Trublet, Joannet et Dinouart. (Éd.)
2. *M. de Pourceaugnac*, acte II, scène v. (Éd.)
3. C'était la marquise du Deffand. (Éd.) — 4. Catherine II. (Éd.)

au public. Je conviens avec vous que la philosophie ne doit pas trop se vanter de pareils élèves; mais que voulez-vous? il faut aimer ses amis avec leurs défauts. Adieu, mon cher et illustre philosophe; c'est dommage que le papier me manque, car je suis en train de bien dire; aussi mon estomac va-t-il mieux. On cherche le siége de l'âme, c'est à l'estomac qu'il est.

P. S. A propos, j'oublie de vous dire que vous n'avez point écrit au président Hénault, qui vous a envoyé son portrait; cela est assez mal, surtout quand on a eu le temps d'écrire à Mme du Deffand.

MMMMCCXXII. — A M. BORDES.

Aux Délices, 6 octobre.

Mme Cramer m'a parlé, monsieur, d'une comédie remplie d'esprit et de bonnes plaisanteries. Si vous voulez quelque jour en gratifier le petit théâtre de Ferney, les acteurs et actrices tâcheront de ne point gâter un si joli ouvrage. Je serai spectateur; car, à mon âge de soixante et onze ans, j'ai demandé mon congé, comme le vieux bonhomme Sarrazin[1]. Il me paraît impossible qu'avec l'esprit que vous avez, vous n'ayez pas fait une très-bonne pièce; j'ai vu de vous des choses charmantes dans plus d'un genre. Nous vous promettons le secret, et nous remplirons, Mme Denis et moi, toutes les conditions que vous nous imposerez.

Permettez-moi de vous parler d'un livre nouveau qu'on m'attribue très-mal à propos; il est intitulé *Dictionnaire philosophique*. L'auteur est un jeune homme assez instruit, nommé Dubut. C'était un apprenti prêtre qui a renoncé au métier, et qui paraît assez philosophe. Comme on prétend qu'il n'est plus permis en France de l'être, je serais très-fâché qu'on imprimât cet ouvrage à Lyon; car je m'intéresse fort à ce pauvre M. Dubut. Pourriez-vous avoir la bonté de me dire si en effet on imprime le *Dictionnaire philosophique* dans votre ville? au moins Dubut enverrait un *errata*. Il dit qu'il s'est glissé des fautes intolérables dans l'édition qui se débite. Il serait mieux qu'on n'imprimât pas ce livre; mais si on s'obstine à en faire une seconde édition, Dubut souhaite qu'elle soit correcte. Il implore votre médiation, et je me joins à lui.

Le marquis d'Argens vient d'imprimer à Berlin le *Discours de l'empereur Julien contre les Galiléens*, discours à la vérité un peu faible, mais beaucoup plus faiblement réfuté par saint Cyrille.

Vous voyez qu'on ose dire aujourd'hui bien des choses auxquelles on n'aurait osé penser il y a trente années. Des amis du genre humain font aujourd'hui des efforts de tous côtés pour inspirer aux hommes la tolérance, tandis qu'à Toulouse on roue un homme pour plaire à Dieu, qu'on brûle des Juifs en Portugal, et qu'on persécute en France des philosophes.

Adieu, monsieur; n'aurai-je donc jamais le plaisir de vous revoir?

1. Acteur de la Comédie Française. (ÉD.)

ANNÉE 1764. 77

Je vous avertis que, si vous ne venez point à Ferney, je me traînerai à Lyon avec toute ma famille. Je vous embrasse en philosophe, sans cérémonie, et de bon cœur.

MMMMCCXXIII. — A M. DAMILAVILLE.

8 octobre.

Cher frère, vous me ravissez. Comment pouvez-vous écrire des lettres de quatre pages, étant malade et chargé d'affaires? moi, qui ne suis chargé de rien, j'ai bien de la peine à écrire un petit mot. Je deviens aussi paresseux que frère Thieriot[1]; mais je ne change pas de patron comme lui. Apparemment qu'il sert la messe de son archevêque. Pour moi, qui ne la sers ni ne l'entends, je suis toujours fidèle aux philosophes.

J'espère que le petit recueil fait par M. Dubut ne fera de tort ni à la philosophie ni à moi. Je voudrais que chacun de nos frères lançât tous les ans les flèches de son carquois contre le monstre, sans qu'on sût de quelle main les coups partent. Pourquoi faut-il que l'on nomme les gens? il s'agit de blesser ce monstre, et non pas de savoir le nom de ceux qui l'ont blessé. Les noms nuisent à la cause, ils réveillent le préjugé. Il n'y a que le nom de Jean Meslier qui puisse faire du bien, parce que le repentir d'un bon prêtre, à l'article de la mort, doit faire une grande impression. Ce *Meslier* devrait être entre les mains de tout le monde.

Nous avons converti depuis peu un grand seigneur attaché à M. le Dauphin; c'est un grand coup pour la bonne cause. Il y a dans la province des gens zélés qui commencent à combattre avec succès.

J'aurais bien voulu que des Cahusac, des Desmahis, n'eussent pas travaillé à l'*Encyclopédie*; qu'on se fût associé de vrais savants, et non pas de petits freluquets; et qu'on n'eût pas eu la malheureuse complaisance d'insérer, à côté des articles des Diderot et des Dalembert, je ne sais quelles puériles déclamations qui déshonorent un si bel ouvrage. Je suis si attaché à cette belle entreprise, que je voudrais que tout en fût parfait; mais le bon y domine à tel point, qu'elle fera l'honneur de la nation, et qu'assurément on doit à M. Diderot des récompenses.

On dit qu'on a donné des lettres de noblesse et une grosse pension au sieur Outrequin, pour avoir arrosé le boulevard. Si je travaillais à l'*Encyclopédie*, je dirais, à l'article *Pension* : « M. Outrequin en a reçu une très-forte, et M. Diderot a été persécuté. »

Bonsoir, belle âme, qui gémissez comme moi sur le sort de la philosophie. *Écr. l'inf....*

1. Thieriot était allé successivement s'établir chez Mme de Fontaine-Martel, chez le comte de Montmorency, chez le marquis de Paulmy, et chez le medecin Baron. (ÉD.)

MMMMCCXXIV. — A M. LE CLERC DE MONTMERCI.

3 octobre.

L'amitié d'un philosophe comme vous, monsieur, peut consoler de toutes les sottises qu'on fait et qu'on dit chez les Welches. Je ne connaissais point ce M. Robinet, et je ne savais pas qu'il fût l'auteur du traité *de la Nature*. Il me semble que c'est un ouvrage de métaphysique, et je suis bien étonné qu'un philosophe s'amuse à faire imprimer deux volumes de mes lettres. Où aurait-il pris de quoi faire ces deux volumes?

A l'égard des six commentateurs, il faut que ce soit la troupe qui travaille au *Journal chrétien*. Elle ne donnera sans doute que des avis charitables et fraternels; elle priera Dieu pour moi, et cela me fera beaucoup de bien.

On dit que tous les musiciens ont été à l'enterrement de Rameau, et qu'ils ont fait chanter un très-beau *De profundis*. Quand je mourrai, les poëtes feront contre moi des épigrammes que les dévots larderont de maudissons. En attendant, je me recommande à vous et aux philosophes.

MMMMCCXXV. — A MADAME LA MARQUISE DU DEFFAND.

3 octobre.

Mme de Florian vous remettra, madame, le livre que vous demandez, presque aussitôt que vous aurez reçu cette lettre. Vous verrez bien aisément quelle injustice l'on me fait de m'attribuer cet ouvrage; vous connaîtrez que c'est un recueil de pièces écrites par des mains différentes. Il est d'ailleurs rempli de fautes d'impression et de calculs erronés qui peuvent faire quelque peine au lecteur. Il y a quelques chapitres qui vous amuseront, et d'autres qui demandent un peu d'attention. Si vous lisez le *Catéchisme des Japonais*, vous reconnaîtrez aisément les Anglais; vous y verrez d'un coup d'œil que les Breuxhé sont les Hébreux; les pipastes, les papistes; Theriu et Vincal, Calvin et Luther; et ainsi du reste.

Je vous exhorte surtout à lire le *Catéchisme chinois*, qui est celui de tout esprit bien fait. En général, le livre inspire la vertu, et rend toutes les superstitions détestables.

C'est toujours beaucoup, dans les amertumes dont cette vie est remplie, d'être guéri d'une maladie affreuse qui ronge le cœur de la plupart des hommes, et qui conduit au tombeau par des chemins bordés de monstres.

J'ai été si malade depuis deux mois, madame, que je n'ai pu aller une seule fois chez Mme de Jaucourt. Je crois vous avoir déjà mandé que j'avais renoncé à tout ce qu'on appelle devoirs, comme à tout ce qu'on nomme plaisirs.

Je prie M. le président Hénault de souffrir que je ne le sépare point de vous dans cette lettre, et que je lui dise ici que je lui serai attaché jusqu'au dernier moment de ma vie. Il voit mourir tous ses amis les uns après les autres; cela doit lui porter la tristesse dans l'âme et vous devez vous servir l'un à l'autre de consolation.

Un redoublement de mes maux, qui me prend actuellement, me remet dans mon lit, et m'empêche de dicter plus longtemps combien je suis dévoué à tous deux. Recevez ensemble les protestations bien sincères de mes tendres sentiments, et conservez-moi des bontés qui me sont bien précieuses.

MMMMCCXXVI. — A M. LE MARQUIS DE CHAUVELIN.

Ferney, 9 octobre.

Quand la faiblesse et les maladies augmentent, on est un mauvais correspondant, et Votre Excellence est très-indulgente, sans doute, pour les gens de mon espèce. Vous ne devez point d'ailleurs regretter que je ne vous aie pas instruit de ce que Mme de Was peut être. Elle est venue chez moi, mais je ne l'ai point vue. Je me mets rarement à table quand il y a du monde; ma pauvre santé ne me le permet pas. On dit qu'elle est fort aimable, ce qui est assez indifférent à un pauvre malade.

Vous devriez bien engager les anges à vous faire copier les roués de la fournée nouvelle; ils vous l'enverraient par le premier courrier que M. le duc de Praslin ferait passer par Turin. Vous jugeriez si, en supprimant quelques morceaux de politique, on a pu jeter plus d'intérêt dans l'ouvrage. La politique est une fort bonne chose, mais elle ne réussit guère dans les tragédies : c'est, je crois, une des raisons pour lesquelles on ne joue plus la plupart des pièces de ce grand Corneille Il faut parler au cœur plus qu'à l'esprit. Tacite est fort bon au coin du feu, mais ne serait guère à sa place sur la scène.

Au reste, je suis d'autant plus fâché d'avoir renoncé au théâtre, que c'est quitter un temple où Mme l'ambassadrice est adorée. Je ne peux plus être un de ses prêtres, la vieillesse et la faiblesse m'ont fait réformer. J'ai pris mon congé au même âge que Sarrazin, et j'ai poussé la carrière aussi loin que je l'ai pu. A combien de choses n'est-on pas obligé de renoncer! L'âge amène chaque jour une privation : il faut bien s'y accoutumer, et n'en pas murmurer, puisqu'on n'est né qu'à ce prix. Il y a une chose qui m'étonnera toujours; c'est comment le cardinal de Fleury a eu la rage d'être premier ministre à l'âge de soixante et quatorze ans; cela est plus extraordinaire que de faire des enfants à cent années. Je vous souhaite ces deux ministères, et je voudrais alors faire votre panégyrique.

J'ai vu votre petit Anglais, qui a une maîtresse, et point de précepteur. Ils sont tous dans ce goût-là. Nous avons eu longtemps le fils de M. Fox[1]. Il voyageait, à quinze ans, sur sa bonne foi, et dépensait mille guinées par mois : les Welches n'en sont pas encore là.

Je présente mes respects à Leurs Excellences, et je les prie très-instamment de me conserver leurs bontés.

1. Qui fut depuis ministre, et mourut le 13 septembre 1806. (ÉD.)

MMMMCCXXVII. — A M. LE MARQUIS D'ARGENCE DE DIRAC.

10 octobre.

Mon cher frère en Bayle, en Descartes, Lucrèce, etc., continuez à faire tout le bien que vous pourrez dans votre province : soyez le digne vicaire du curé Meslier. Si vous aviez pu distribuer à vos voisins les trois cents jambons qu'il a laissés à sa mort, vous leur auriez fait faire une excellente chère. Il est bon de manger des truites, mais vous savez qu'il faut aussi une autre nourriture.

Il est venu des adeptes immédiatement après votre départ; ils cultiveront la vigne du Seigneur d'un côté, tandis que vous la provignerez de l'autre, et Dieu bénira vos soins. Ma santé s'affaiblit tous les jours; mais je mourrai content si j'apprends que vous servez tous les jours sur votre table de ces bons jambons du curé. Cette nouvelle cuisine est très-saine; elle ne donne point d'indigestion, elle ne porte point au cerveau des nuages comme l'ancienne cuisine. Je suis persuadé que vous aurez toujours beaucoup de convives, et que vous n'admettrez pas les sots à vos festins.

Mille respects à tout ce qui vous environne; je mets à la tête madame votre femme et monsieur votre frère.

MMMMCCXXVIII. — DE M. DALEMBERT.

A Paris, ce 10 octobre.

Vous me paraissez, mon illustre maître, bien alarmé pour peu de chose; j'ai déjà tâché de vous rassurer par ma lettre précédente, et je vous répète que je ne vois pas jusqu'ici de raison de vous inquiéter. Et quelle preuve a-t-on que vous soyez l'auteur de cette production diabolique? et quelle preuve peut-on en avoir? et sur quel fondement peut-on vous l'attribuer? Vous me mandez que c'est un petit ministre postulant, nommé Dubut, qui est l'auteur de cette abomination; au lieu du petit ministre Dubut, j'avais imaginé le grand diable Belzébuth : je me doutais bien qu'il y avait du Buth à ce nom-là, et je vois que je ne me trompais guère. S'il ne tient qu'à crier que l'ouvrage n'est pas de vous, ne vous mettez pas en peine; *je vous réponds*, comme Crispin[1], *d'une bouche aussi large* qu'il est possible de le désirer. Il est évident, comme je vous l'ai dit, que cette production de ténèbres est l'ouvrage ou d'un diable en trois personnes, ou d'une personne en trois diables. A vous parler sérieusement, je ne m'aperçois pas, comme je vous l'ai dit, que cette abomination alphabétique cause autant de scandale que vous l'imaginez, et je ne vois personne tenté de s'arracher l'œil à cette occasion, comme l'Évangile[2] le prescrit en pareil cas. D'ailleurs, les pédants à grand rabat, les seuls à craindre en cette circonstance, sont allés voir leurs confrères les dindons; et quand ils reviendront de leurs chaumières, le mal sera trop vieux pour s'en occuper. Ils n'ont rien dit à *Saül*, que diantre voulez-vous qu'ils disent à Dubut?

1. Dans *le Deuil*, comédie d'Hauteroche. (ÉD.)
2. Matthieu, V, 29; Marc, IX, 116. (ÉD.)

Vous me faites une querelle de Suisse, que vous êtes, au sujet du *Dictionnaire* de Bayle; premièrement, je n'ai point dit: *Heureux s'il eût plus respecté la religion et les mœurs!* ma phrase est beaucoup plus modeste; mais d'ailleurs qui ne sait que, dans le maudit pays où nous écrivons, ces sortes de phrases sont style de notaire, et ne servent que de passe-port aux vérités qu'on veut établir d'ailleurs? Personne au monde n'y est trompé, et vous me cherchez là une mauvaise chicane. Je trouverais, si je voulais, à peu près l'équivalent de ce que vous me reprochez dans plusieurs ouvrages où assurément vous ne le désapprouvez pas, et jusque dans le *Dictionnaire* même Dubut, quelque infernal qu'il vous paraisse ainsi qu'à moi. Adieu, mon cher confrère, soyez tranquille; comptez que je vais braire comme un âne, mais à condition que vous ne me reprocherez pas d'avoir pris des précautions pour empêcher les ânes de braire après moi. *Vale.*

MMMMCCXXIX. — A M. D'ALEMBERT.

12 octobre.

Mon cher philosophe, on ne peut pas toujours rire; il faut cette fois-ci, que je vous écrive sérieusement. Il est très-certain que la persécution s'armerait de ses feux et de ses poignards, si le livre en question lui était déféré. On en a déjà parlé au roi comme d'un livre dangereux, et le roi en a parlé sur ce ton au président Hénault. On me l'attribue; et on peut agir contre moi-même aussi bien que contre le livre.

Il est très-vrai que cet ouvrage est de plusieurs mains. L'article *Apocalypse* est tout entier d'un M. Abauzit, si vanté par Jean-Jacques; je crois vous l'avoir déjà dit. Je crois aussi vous avoir mandé, ce que vous savez d'ailleurs, que M. Abauzit est le patriarche des ariens de Genève. Son *Traité sur l'Apocalypse* court depuis longtemps en manuscrit chez tous les adeptes de l'arianisme. En un mot, il est public que l'article *Apocalypse* est de lui.

Messie est tout entier de M. Polier, premier pasteur de Lausanne. Il envoya ce morceau avec plusieurs autres à Brisson, qui doit avoir encore l'original; il était destiné à l'*Encyclopédie*.

Enfer est en partie de l'évêque de Glocester, Warburton.

Idolâtrie doit encore être chez Brisson ou entre les mains de Diderot, et fut envoyé pour l'*Encyclopédie*.

Il y a des pages entières copiées presque mot pour mot des *Mélanges de littérature* qu'on a imprimés sous mon nom.

Il est donc évident que le *Dictionnaire philosophique* est de plusieurs mains. Quelques personnes ont rassemblé ces matériaux, et je puis y avoir eu quelque part ; c'était uniquement dans la vue de tirer une famille nombreuse de la plus affreuse misère. Le père avait une mauvaise imprimerie; il a imprimé détestablement : mais on fait en Hollande une édition très-jolie qu'on dit fort augmentée, et qu'on espère qui sera correcte. Si vous vouliez fournir un ou deux articles, vous embelliriez le recueil, vous le rendriez utile, et on vous garderait un profond secret.

Une main comme la vôtre doit servir à écraser les monstres de la superstition et du fanatisme; et quand on peut rendre ce service aux hommes sans se compromettre, je crois qu'on y est obligé en conscience. J'ose vous demander ce petit travail comme une grande grâce, et je vous demande le reste comme une justice. Rien n'est plus vrai que tout ce que je vous ai dit sur le *Dictionnaire philosophique*. Votre voix est écoutée ; et quand vous direz que ce recueil est de plusieurs mains différentes, non-seulement on vous croira, mais on verra que ce n'est pas un seul homme qui attaque l'hydre du fanatisme ; que des philosophes de différents pays et de différentes sectes se réunissent pour le combattre. Cette réflexion même sera utile à la cause de la raison, si indignement persécutée par des fripons ignorants, si lâchement abandonnée par la plupart de ses partisans, mais qui à la fin doit triompher.

Dites-moi, je vous en prie, si ce n'est pas Diderot qui est l'auteur d'un livre singulier, intitulé : *De la Nature*. Adieu, mon cher philosophe ; défendez la cause de la vérité et celle de votre ami. Quelle plus belle et plus juste pénitence pouvez-vous faire de ces deux cruelles lignes qui vous sont échappées contre Pierre Bayle ? et de qui attendrons-nous quelque consolation, si ce n'est de nos frères, et d'un frère tel que vous?

MMMMCCXXX. — A M. DAMILAVILLE.

12 octobre.

Voici, mon cher frère, un petit mot pour frère Protagoras[1].

Je ne sais si je vous ai mandé que l'article *Messie*, du *Portatif*, était du premier pasteur de l'église de Lausanne. L'original est encore entre mes mains, et on en avait envoyé une copie, il y a cinq à six ans, aux libraires de l'*Encyclopédie*. Ce morceau me parut assez bien fait : vous pouvez voir si on en a fait usage. Il me semble que le même ministre qui se nomme Polier de Bottens, en avait envoyé plusieurs autres.

L'article *Apocalypse* est fait par un homme d'un très-grand mérite, nommé M. Abauzit; et l'article *Enfer* est traduit en grande partie de M. Warburton, évêque de Glocester.

Vous voyez que l'ouvrage est incontestablement de plusieurs mains, et qu'ainsi on a très-grand tort de me l'attribuer. On m'a véritablement alarmé sur cet ouvrage ; ainsi ne soyez pas étonné de la fréquence de mes lettres.

Informez-vous de ce qu'est devenu le *Messie* de Polier; vous verrez la vérité de vos propres yeux, et vous serez en droit de le persuader aux autres; vous verrez surtout, par le détail que je vous fais, qu'il y a dans toute l'Europe d'honnêtes gens très-instruits, qui pensent et qui écrivent librement. Chacun, de son côté, combat le monstre de la superstition fanatique ; les uns lui mordent les oreilles, d'autres le ventre, et quelques-uns aboient de loin. Je vous invite à la curée ; mais il ne faut pas que le tonnerre tombe sur les chasseurs.

Lisez, je vous prie, les *Questions proposées à qui pourra les résoudre*,

1. Dalembert. (ÉD.)

page 117, dans le *Journal encyclopédique*, du 15 de septembre. L'auteur a mis partout, à la vérité, le mot de *bête* à la place de celui d'*homme*; mais on voit assez qu'il entend toujours les bêtes à deux pieds, sans plumes. Il n'y a rien de plus fort que ce petit morceau; il ne sera remarqué que par les adeptes; mais la vérité n'est pas faite pour tout le monde; le gros du genre humain en est indigne. Quelle pitié que les philosophes ne puissent pas vivre ensemble!

J'apprends dans le moment une nouvelle que je ne veux pas croire, parce qu'elle m'afflige trop pour vous. On dit qu'on supprime tous les emplois concernant le vingtième. Je ne puis croire qu'on laisse inutile un homme de votre mérite. Mandez-moi, je vous prie, ce qui en est, et comptez, mon cher frère, que je m'intéresse plus encore à votre bien-être qu'à écr. *l'inf*....

MMMMCCXXXI. — A M. DUPONT.

12 octobre.

Vous avez dû recevoir, mon cher ami, la lettre de change payable à Lyon au 12 octobre préfix; nous sommes aujourd'hui à ce 12. M. Jean Maire[1] m'avait promis en partant de chez moi, le 22 septembre, que j'aurais de ses nouvelles les premiers jours d'octobre, qu'il serait alors à Colmar, et qu'il finirait tout avec vous : je n'entends point parler de lui, je suppose que les affaires de M. le duc de Wurtemberg l'ont arrêté. Vous êtes au fait de tout, je ne crois pas qu'il y ait le moindre risque à courir; j'ai en main une procuration spéciale de M. le duc de Wurtemberg au sieur Jean Maire, qui suffirait en cas de besoin pour constater tous mes droits. M. Jean Maire m'a paru le plus honnête homme du monde; ma créance est établie sur des terres qui sont en France, et qu'on m'assure n'être hypothéquées à personne qu'à moi; ainsi j'ai tout lieu de croire qu'il ne s'agit que d'une simple formalité que M. Jean Maire remplira dès qu'il aura conféré un moment avec vous; je vous assure que je voudrais bien être à sa place, et avoir la consolation de vous revoir encore. Je vous embrasse tendrement, vous et toute votre famille.

Je vous prie de présenter mes respects à M. le premier président. V.

C'est par Mme du Fresney que je vous écris, et c'est par elle que je vous ai envoyé la lettre de change.

MMMMCCXXXII. — A M. DAMILAVILLE.

Un jeune homme destiné à former une grande bibliothèque ramassa il y a quelques années en Suisse quelques manuscrits, dont quelques-uns étaient pour le *Dictionnaire des sciences et des arts*[2].

Entre autres l'article *Messie*, d'un célèbre pasteur de Lausanne, homme de condition et de beaucoup de mérite; article très-savant et très-orthodoxe dans toutes les communions chrétiennes, et qui fut envoyé en 1760, de la part de M. Polier de Bottens, aux libraires de l'*Encyclopédie*;

1. Homme d'affaires du duc de Wurtemberg. (ÉD.) — 2. *L'Encyclopédie*. (ÉD.)

Un extrait de l'article *Apocalypse*, manuscrit très-connu de M. Abauzit, l'un des plus savants hommes de l'Europe, et des plus connus, malgré sa modestie ;

L'article *Baptême*, traduit tout entier des œuvres du docteur Middleton ;

Amour, Amitié, Guerre, Gloire, destinés à l'*Encyclopédie*, mais qui n'avaient pu être envoyés;

Christianisme et *Enfer*, tirés de la *Légation* de Moïse, de milord Warburton, évêque de Glocester;

Enfin plusieurs autres morceaux imités de Bayle, de Le Clerc, du marquis d'Argens, et de plusieurs auteurs.

Il en fit un recueil qu'il imprima à Bâle. Ce recueil paraît très-informe, et plein de fautes grossières. On y trouve Warburton, évêque de Worchester, pour évêque de Glocester.

On y dit que les Juifs eurent des rois huit cents après Moïse, et c'est environ cinq cents ans.

On compte huit cent soixante-sept ans depuis Moïse à Josias : il en faut compter plus de onze cents.

Il dit que plus de soixante millions font la deux cent trentième partie de seize cents millions : c'est environ la vingt-sixième.

L'ouvrage est d'ailleurs imprimé sur le papier le plus grossier et avec les plus mauvais caractères : ce qui prouve assez qu'il n'a point été mis sous presse par un libraire de profession.

On voit assez par cet exposé combien il est injuste d'attribuer cet ouvrage et cette édition aux personnes connues auxquelles la calomnie l'impute.

On est prié de communiquer ce mémoire aux personnes bien intentionnées qui peuvent élever leur voix contre la calomnie.

MMMMCCXXXIII. — AU MÊME.

15 octobre.

J'ai parcouru, mon cher frère, la *Critique* des sept volumes de l'*Encyclopédie*[1]. Je voudrais bien savoir qui sont les gadouards qui se sont efforcés de vider le privé d'un vaste palais dans lequel ils ne peuvent être reçus; je leur appliquerais ce que l'électeur palatin me faisait l'honneur de m'écrire au sujet de maître Aliboron : « Tel qui critique l'église de Saint-Pierre de Rome n'est pas en état de dessiner une église de village. » Belles paroles, et bien sensées, et qui prouvent que la raison a encore des protecteurs dans ce monde.

Je crois que le public ne se souciera guère qu'une des îles Mariannes s'appelle *Agrignon* ou *Agrigan*, ni qu'il faille prononcer *Barassa* ou *Bossera*; mais je crains que les ennemis de la philosophie ne regardent cette critique comme un triomphe pour eux.

Je suis surtout indigné de la manière dont on traite M. d'Alembert, pages 172 et 178. Pour M. Diderot, il est maltraité dans tout l'ouvrage. Ce qu'il y a de pis, c'est que ces misérables sonnent le tocsin. Ils sont

---

1. Par l'abbé Saas. (ÉD.)

bien moins critiques que délateurs; ils rappellent, à la fin du livre, quatre articles des arrêts du conseil et du parlement contre l'*Encyclopédie*; ils ressemblent à des inquisiteurs qui livrent des philosophes au bras séculier.

Voilà donc la persécution visiblement établie; et si on ne rend pas ces satellites de l'envie aussi odieux et aussi méprisables qu'ils doivent l'être, les pauvres amis de la raison courent grand risque. Je ne conçois pas que, parmi tant de gens de lettres qui ont tous le même intérêt, il n'y en ait pas un qui s'empresse à porter au moins un peu d'eau quand il voit la maison de ses voisins en flamme. La sienne sera bientôt embrasée, et alors il ne sera plus temps de chercher du secours.

Je voudrais bien que M. Dalembert suspendît pour quelques jours ses autres occupations, et que, sans se faire connaître, sans se compromettre, il fît, selon son usage, quelque ouvrage agréable et utile, dans lequel il daignerait faire voir, en passant, l'insolence, la mauvaise foi, et la petitesse de ces messieurs. Il est comme Achille qui a quitté le camp des Grecs; mais il est temps qu'il s'arme et qu'il reprenne sa lance. Je l'en prie comme le bonhomme Phœnix[1], et je vous prie de vous joindre à moi.

Il est triste que le *Dictionnaire philosophique* paraisse dans ce temps-ci, et il est bien essentiel qu'on sache que je n'ai nulle part à cet ouvrage, dont la plupart des articles sont faits par des gens d'une autre religion et d'un autre pays.

Avez-vous à Paris la *Traduction du plaidoyer de l'empereur Julien contre les Galiléens*, par le marquis d'Argens? Il serait à souhaiter que tous les fidèles eussent ce bréviaire dans leur poche.

Adieu, mon cher frère; recommandez-moi aux prières des fidèles, et surtout *der. l'inf*....

MMMMCCXXXIV. — A MADAME LA COMTESSE D'ARGENTAL.

Aux Délices, 19 octobre.

Vous avez écrit, madame, une lettre charmante à Mme Denis; j'y ai vu la beauté de votre âme et la bienfaisance de votre caractère : tous les Corneille seront heureux. Il ne m'appartient pas de l'être à mon âge de soixante-onze ans, malingre et presque aveugle au pied des Alpes; cependant je le serais, je conserverais encore ma gaieté, et je travaillerais avec l'ex-jésuite pour vous plaire, si je n'étais un peu assommé par la persécution. La clique Fréron, la clique Pompignan crie que je suis l'auteur de je ne sais quel *Dictionnaire philosophique portatif*, tout farci de citations des Pères de l'Église, et des rêveries des rabbins. On sait très-bien, dans le pays que j'habite, que c'est un recueil de plusieurs auteurs, rassemblés par un libraire ignorant qui a fait des fautes absurdes; mais, à la cour, on n'est pas si bien informé. La calomnie y arrive en poste, et la vérité, qui ne marche qu'à pas comptés, a la réputation de n'y être pas trop bien reçue.

Cependant, comme M. d'Argental est à Fontainebleau, la vérité a la

1. *Iliade*, chant IX, vers 434. (ÉD.)

un bon appui. Je compte sur les bontés de M. le duc de Praslin. Pourquoi m'attribuer un livre que je renie ? un recueil de dix ou douze mains différentes? condamne-t-on les gens sans preuve, et sur des soupçons aussi mal fondés ? Le roi est juste; il ne me jugera pas sans doute sur des présomptions si légères; et puisqu'il fait élever une statue¹ à Crébillon, il ne me fera pas brûler au pied de la statue; car enfin ce Crébillon a fait cinq tragédies, et j'en ai fait environ trente, et sûrement je n'ai point fait *le Portatif*.

Il est si vrai que le livre est de plusieurs auteurs, que j'ai en main l'original d'un des articles connus depuis quelques années.

On dit qu'un nommé l'abbé d'Étrée, autrefois associé avec Fréron, depuis généalogiste et faussaire, et qui a un petit prieuré dans mon voisinage, a donné *le Portatif* au procureur général, lequel instrumente. Je vous supplie, madame, de communiquer cette lettre à M. d'Argental, qui est à Fontainebleau.

Je n'ai pas un moment à moi; mais tous les moments de ma vie vous sont consacrés à tous deux avec le plus tendre respect.

MMMMCCXXXV. — A M. DALEMBERT.
19 octobre.

Non, vous ne brairez point, mon cher et grand philosophe; mais vous frapperez rudement les Welches qui braient. Je vous défie d'être plus indigné que moi de la maligne insolence de ces malheureux qui, dans leurs *Lettres sur l'Encyclopédie*, vous ont attaqué si mal à propos, si indignement, et si mal. Je voudrais bien savoir le nom de ces ennemis du sens commun et de la probité. Ils sont assez lâches pour réimprimer à la fin de leur livre les arrêts du conseil contre l'*Encyclopédie*. Par là ils invitent le parlement à donner de nouveaux arrêts; ils embouchent la trompette de la persécution; et s'ils étaient les maîtres, il est sûr qu'ils verseraient le sang des philosophes sur les échafauds.

Vous souvenez-vous en quels termes s'exprima Omer dans son réquisitoire? On l'aurait pris pour l'avocat général de Dioclétien et de Galérius : on n'a jamais joint tant de violence à tant de sottises. Il prétendait que s'il n'y avait pas de venin dans certains articles de l'*Encyclopédie*, il y en aurait sûrement dans les articles qui n'étaient pas encore faits. Les renvois indiquaient visiblement les impiétés des derniers volumes; au mot *Arithmétique*, voyez *Fraction*; au mot *Astre*, voyez *Lune*; il était clair qu'aux mots *Lune* et *Fraction* la religion chrétienne serait renversée : voilà la logique d'Omer.

Votre intérêt, celui de la vérité, celui de vos frères ne demande-t-il pas que vous mettiez dans tout leur jour ces turpitudes, et que vous fassiez rougir notre siècle en l'éclairant?

Il vous serait bien aisé de faire quelque bon ouvrage sur des points de philosophie intéressants par eux-mêmes, et qui n'auraient point l'air d'être une apologie; car vous êtes au-dessus d'une apologie. Vous

---
1. Un mausolée dans l'église Saint-Gervais. (ÉD.)

exposeriez au public, l'infamie de ces persécuteurs; vous ne mettriez point votre nom, mais ils sentiraient votre main, et ils ne s'en relèveraient pas. Permettez-moi de vous parler encore de ce *Dictionnaire portatif*; je sais bien qu'il y en a peu d'exemplaires à Paris, et qu'ils ne sont guère qu'entre les mains des adeptes. J'ai empêché jusqu'ici qu'il n'en entrât davantage, et qu'on ne le réimprimât à Rouen; mais je ne pourrai pas l'empêcher toujours. On le réimprime en Hollande. Vous me demandez pourquoi je m'inquiète tant sur un livre auquel je n'ai nulle part : c'est qu'on me l'attribue; c'est que, par ordre du roi, le procureur général prépare actuellement un réquisitoire; c'est qu'à l'âge de soixante-onze ans, malade, et presque aveugle, je suis prêt à essuyer la persécution la plus violente; c'est qu'enfin je ne veux pas mourir martyr d'un livre que je n'ai pas fait. J'ai la preuve en main que M. Polier, premier pasteur de Lausanne, est l'auteur de l'article *Messie*; ainsi c'est la pure vérité que ce livre est de plusieurs mains, et que c'est un recueil fait par un libraire ignorant.

Par quelle cruauté a-t-on fait courir sous mon nom, dans Paris, quelques lignes de cet ouvrage ? Enfin, mon cher maître, je vous remercie tendrement d'élever votre belle voix contre celle des méchants. Je vous avertis que je serai très-fâché de mourir sans vous revoir.

N. B. Un abbé d'Étréc, jadis confrère de Fréron, a donné un *Portatif* au procureur général.

MMMMCCXXXVI. — A M. COLINI.
19 octobre.

Mon cher ami, si le zèle peut donner des forces, je viendrai assurément vous embrasser avant de mourir. Je vous adresse cette lettre pour votre adorable maître. Avez-vous encore Fréron chez vous? nous ne devons pas paraître lui et moi sur le même hémisphère. *Addio, mio caro!*

MMMMCCXXXVII. — A M. BAZIRE, CHEZ M. DE MONTAGNIER, MAIRE DE SEISSEL.
Au château de Ferney, 20 octobre.

M. de Voltaire était très-malade lorsqu'il a reçu la lettre obligeante et les vers encore plus agréables de M. Bazire. Mme Denis était auprès de lui, et ni l'un ni l'autre n'ont pu le remercier encore. Ils l'assurent tous deux de leur reconnaissance, et de l'extrême envie qu'ils auraient de la lui témoigner.

J'ai l'honneur d'être son très-humble et très-obéissant serviteur,
VOLTAIRE.

MMMMCCXXXVIII. — A M. DUPONT.
20 octobre.

Oui, mon cher ami, vous serez avocat de Mgr le duc de Wurtemberg, ou je mourrai à la peine; je ferais plutôt le voyage de Stuttgard. Je vais écrire à M. le comte de Montmartin, que j'ai l'honneur de connaître, et qui m'honore de ses bontés. Mgr le duc de Wurtemberg et Mgr l'électeur palatin ont daigné m'inviter à venir chez eux; mais en vérité j'ai plus d'envie de vous embrasser que de faire ma cour à des princes. Si je ne m'étais pas fait une famille aussi considérable que celle à la tête de laquelle je me trouve; si je n'avais pas chez moi la nièce de Corneille, son mari et leur fille, et le P. Adam, et un architecte et sa femme, et trente ou quarante domestiques de campagne à conduire, et un assez grand terrain à cultiver sans pouvoir trouver de fermier, je vous jure que j'accepterais bien vite votre proposition de m'établir à Montbéliard ; je serais votre voisin, nous philosopherions ensemble. Présentez, je vous prie, mes respects à M. le président et à madame; embrassez pour moi Mme votre femme et vos enfants. Mme Denis vous fait les plus tendres compliments. V.

MMMMCCXXXIX. — A M. LE COMTE D'ARGENTAL.

Aux Délices, 20 octobre.

Mon divin ange, je vous ai écrit un petit mot par M. le duc de Praslin; j'ai écrit à Mme d'Argental, qui vous communiquera ma lettre. Le petit ex-jésuite est toujours plein de zèle et d'ardeur; et quand il reverra ses roués, il attendra quelque moment d'enthousiasme pour faire réussir votre conspiration. Vous connaissez l'opiniâtreté de sa docilité.

Pour moi, vieux ex-Parisien et vieux excommunié, je suis toujours occupé de ce malheureux *Portatif*, qu'on s'obstine à m'imputer. Un petit abbé d'Étrée, dont je vous ai, je crois, parlé dans mon billet, qui a travaillé autrefois avec Fréron, qui s'est fait généalogiste et faussaire, qui, à ce dernier métier, a obtenu un petit prieuré dans le voisinage de Ferney, et qui a tous les vices d'un Fréronien et d'un prieur; ce petit monstre, dis-je, est celui qui a eu la charité de se rendre mon dénonciateur.

Il faut que vous sachiez que ce polisson vint, l'année passée, prendre possession de son prieuré dans une grange, en se disant de la maison d'Étrée, promettant sa protection à tout le monde, et se faisant donner des fêtes par tous les gentilshommes du pays. Je n'eus pas l'honneur de lui aller faire ma cour; il m'écrivit que j'étais son vassal pour un pré qui relevait de lui; que mes gens étaient allés chasser une fouine auprès de sa grange épiscopale; qu'il voulait bien me donner à moi personnellement permission de chasser sur ses terres, mais qu'il procéderait, par voie d'excommunication, contre mes gens qui tueraient des fouines sur les siennes.

Comme je suis fort négligent, je ne lui fis point de réponse. Il jura qu'il s'en vengerait devant Dieu et devant les hommes, et il clabaude aujourd'hui contre moi chez M. l'évêque d'Orléans et chez M. le procureur général. Un fripon armé des armes de la calomnie et de la vraisemblance peut faire beaucoup de mal.

On m'impute *le Portatif*, parce qu'en effet il y a quelques articles que j'avais destinés autrefois à l'*Encyclopédie*, comme *Amour*, *Amour-propre*, *Amour socratique*, *Amitié*, etc.; mais il est démontré que la reste n'en est pas. J'ai heureusement obtenu qu'on remît entre mes mains l'article *Messie*, écrit tout entier de la main de l'auteur. Je ne vois pas ce qu'on peut répondre à une preuve aussi évidente. Tout le reste est pris de plusieurs auteurs connus de tous les savants.

En un mot, je n'ai nulle part à cette édition, je n'ai envoyé le livre à personne, je n'ai d'autres imprimeurs que les Cramer, qui certainement n'ont point imprimé cet ouvrage. Le roi est trop juste et trop bon pour me condamner sur des calomnies aussi frivoles, qui renaissent tous les jours, et pour vouloir accabler, sur une accusation aussi vague et aussi fausse, un vieillard chargé d'infirmités.

Je finis, mon cher ange, parce que cette idée m'attriste, et je ne veux songer qu'à vos bontés, qui me rendent ma gaieté.

N. Non, je ne finis pas. Le roi a chargé quelqu'un d'examiner le livre, et de lui en rendre compte; c'est ou le président Hénault, ou M. Daguesseau. Je soupçonne que l'illustre abbé d'Étrée a dîné, avec le président, chez le procureur général, dont il fait sans doute la généalogie. Cet abbé d'Étrée a mandé à son fermier qu'il me perdrait; il a toujours sa fouine sur le cœur. Dieu le bénisse!

J'ai actuellement les yeux dans un pitoyable état; cela peut passer, mais les méchants ne passeront point.

Malgré mes yeux, j'ajoute que Montpéroux, résident à Genève, aurait mieux fait de me payer l'argent que je lui ai prêté, que d'écrire ce qu'il a écrit à M. le duc de Praslin [1].

Sub umbra alarum tuarum.

MMMMCCXL. — A M. LE PRÉSIDENT HÉNAULT.

Aux Délices, 20 octobre.

A la mort de M. d'Argenson je ne pouvais écrire à personne, mon cher et respectable confrère; j'étais très-malade, ce qui m'arrive souvent; et je suis toujours prêt à faire l'éternel voyage qu'a fait votre ami, que nous ferons tous, et qui n'est que la fin d'un rôle ou pénible, ou insipide, ou frivole, que nous jouons pour un moment sur ce petit globe. Je ne pus alors écrire ni à vous, son illustre ami, ni à MM. de Paulmy et de Voyer.

Quelque temps après, dans une lettre que je fus obligé d'écrire, tout malade que j'étais, à Mme du Deffand, pour une commission qu'elle m'avait donnée, je vous adressai sept ou huit lignes un peu à la hâte, mais c'était mon cœur qui les dictait. J'étais d'ailleurs très-embarrassé de l'exécution des ordres de Mme du Deffand. Il s'agissait de lui procurer un exemplaire d'un petit livre intitulé *Dictionnaire philosophique portatif*, imprimé à Liége ou à Bâle. C'est un recueil de pièces déjà connues, tirées de différents auteurs. Il y a trois ou quatre articles assez hardis, et je vous avoue que j'étais au désespoir qu'on me les imputât. Ce qui a donné lieu à cette calomnie, c'est que l'éditeur a mis dans l'ouvrage une demi-douzaine de morceaux que j'avais destinés

1. Montpéroux avait écrit que Voltaire était l'auteur du *Dictionnaire philosophique portatif*. (ÉD.)

autrefois au *Dictionnaire encyclopédique*, comme *Amour*, *Amour-propre*, *Amour socratique*, *Amitié*, *Gloire*, etc.

Les autres articles sont pris partout. *Baptême* est du docteur Middleton, traduit mot pour mot. *Enfer*, *Christianisme*, sont traduits de milord Warburton, évêque de Glocester. *Apocalypse* est un extrait du manuscrit curieux de M. Abauzit, l'un des plus savants hommes de l'Europe, et des plus modestes; mais l'extrait est très-mal fait. *Messie* est tout entier du premier pasteur de l'église de Lausanne, nommé M. Polier de Bottens, homme de condition et de beaucoup de mérite, qui envoya cet article aux encyclopédistes il y a quelques années. Cet article me paraît savant et bien fait. J'ai obtenu depuis peu qu'on m'envoyât l'original écrit de sa main, que je possède.

Ainsi vous voyez, mon cher et illustre confrère, que l'ouvrage n'est pas de moi; mais il faudra toujours que les gens de lettres soient persécutés par la calomnie; c'est leur partage, c'est leur récompense.

Je pourrais, si je voulais, me plaindre qu'à l'âge de soixante-onze ans, accablé d'infirmités, et presque aveugle, on ne veuille pas me laisser achever ma carrière en paix; mais je ne suis pas assez sot pour me plaindre, et j'aime mieux rire jusqu'au bout des vains efforts de la clique des Patouillet et des Fréron. Vos bontés me les font oublier, mon aimable et illustre confrère; et quand je suis toujours un peu aimé du seul homme qui ait appris aux Français leur histoire, je me rengorge, et je suis toujours fier dans mes déserts.

Vivez, poussez votre carrière aussi loin que Fontenelle; et quand je serai mort, dites : « J'ai perdu un admirateur. »

MMMMCCXLI. — A M. DUCLOS.

Aux Délices, 20 octobre.

Mon cher et illustre confrère, la calomnie persécutera donc toujours ces malheureux philosophes ! On s'obstine à m'imputer dans Paris et à Versailles je ne sais quelle rapsodie, intitulée *Dictionnaire philosophique portatif*, qu'assurément on ne m'attribue pas dans Genève. On sait assez que c'est un recueil de diverses pièces, dont quelques-unes sont du rabbinisme. On y connaît les auteurs de divers articles : on m'a même communiqué depuis peu les originaux de quelques-unes de ces dissertations écrites de la main de leurs auteurs. On ne peut avoir une justification plus complète. Je crois devoir à l'Académie cette protestation que je fais entre vos mains. Je me flatte que mes confrères me rendront justice. Je pourrais me lamenter sur la persécution qu'on suscite à un solitaire âgé de soixante-onze ans, accablé d'infirmités et presque aveugle; mais il faut que les philosophes aient un peu de courage, et ne se lamentent jamais. J'embrasse de tout mon cœur notre illustre secrétaire.

MMMMCCXLII. — A M. LE MARÉCHAL DUC DE RICHELIEU.

Aux Délices, 22 octobre.

Monseigneur, mon héros, je ne sais où vous êtes; je ne sais où est Mme la duchesse d'Aiguillon, qui m'a honoré de deux gros volumes et d'un très-joli petit billet. Permettez que je m'adresse à vous pour lui présenter mes remercîments. Souffrez que je vous parle du tripot de la Comédie, qui tombe en décadence comme tant d'autres tripots. Il y a un acteur excellent, à ce qu'on dit, nommé Aufresne, garçon d'esprit, belle figure, bel organe, plein de sentiment. Il est actuellement à la Haye. Auteurs et acteurs, tout est en pays étranger.

Je me souviens d'avoir vu chez moi cet Aufresne, qui me parut fait pour valoir mieux que Dufresne; je vous en donne avis. Monsieur le premier gentilhomme de la chambre fera ce qu'il lui plaira.

Il y a dans le monde quelques exemplaires d'un livre infernal, intitulé *Dictionnaire philosophique portatif*. Ce livre affreux enseigne, d'un bout à l'autre, à s'anéantir devant Dieu, à pratiquer la vertu, et à croire que deux et deux font quatre. Quelques dévots, comme les Pompignan, me l'attribuent; mais ils me font trop d'honneur. Il n'est point de moi, et si je suis un geai, je ne me pare point des plumes des paons. Il y a un autre livre bien plus diabolique, et fort difficile à trouver; c'est le célèbre *Discours de l'empereur Julien contre les Galiléens ou chrétiens*, très-bien traduit à Berlin par le marquis d'Argens, et enrichi de commentaires curieux. Et, comme vous êtes curieux de ces abominations pour les réfuter, je tâcherai de concourir à vos bonnes œuvres, en faisant venir de Berlin un exemplaire pour vous l'envoyer, si vous me l'ordonnez.

Je conçois à présent que c'est au printemps que mon héros conduira sa très-aimable fille sur le chemin d'Italie; et si je ne suis pas mort dans ce temps-là, je me ranimerai pour me mettre à leurs pieds. Le soussigné V. n'est pas dans un moment heureux pour ses yeux; il présente son respect à tâtons.

MMMMCCXLIII. — A M. LE COMTE D'ARGENTAL.
22 octobre.

Divin ange, laissons un moment les roués, et parlons des brûlés. Deux conseillers du conseil de Genève sont venus dîner aujourd'hui chez moi; ils ont constaté que le *Dictionnaire philosophique* qu'on m'impute est de plusieurs mains; ils ont reconnu l'écriture et la signature de l'auteur de l'article *Messie*, qui est, comme vous savez, un prêtre. Ils ont reconnu mot pour mot l'extrait de l'article *Apocalypse*, de M. Abauzit, Français réfugié depuis la révocation de l'édit de Nantes, et aussi plein d'esprit et de mérite que d'années. Ils certifient à tout le monde que l'ouvrage est de plusieurs mains. Ils sont d'avis seulement qu'il ne faut pas compromettre les auteurs d'une douzaine d'articles répandus dans cet ouvrage. Tout le monde sait que c'est un pauvre libraire de Lausanne, chargé d'une nombreuse famille et accablé de misère, à qui un homme de lettres de ce pays-là donna le recueil, il y a quelques années, par une compassion peut-être imprudente. En un mot, on est persuadé ici que je n'ai nulle part à cette édition.

Il serait donc bien triste qu'on m'accusât en France d'une chose dont on ne me soupçonne pas à Genève.

D'ailleurs, dès que j'ai vu que l'imprudence de quelques gens de lettres m'attribuait à Paris cet ouvrage, j'ai été le premier à le dénoncer dans une lettre ostensible écrite à M. Marin, et envoyée tout ouverte dans une adresse à M. de Sartine.

J'ai écrit à M. le vice-chancelier, à M. de Saint-Florentin; en un mot, j'ai fait ce que j'ai pu pour prévenir les progrès de la calomnie auprès du roi. Je sais que le roi en avait parlé au président Hénault d'une manière un peu inquiétante.

Je suis pressé de faire un voyage dans le Wurtemberg et dans le Palatinat pour l'arrangement de mes affaires, ayant presque tout mon bien dans ce pays-là; mais je ne veux point partir que je n'aie détruit auparavant une imposture qui peut me perdre.

Vous me direz peut-être que j'aurais dû m'adresser à M. de Montpéroux, qui est résident à Genève; mais il est tombé en apoplexie, et il a même tellement perdu la mémoire, qu'il oublie l'argent qu'on lui a prêté. Il s'enferme chez lui avec un vicaire de village qu'il a pris pour aumônier, lequel vicaire, par parenthèse, n'est pas l'ami des possesseurs de dîmes, et excite violemment les curés contre les seigneurs Ce pauvre M. de Montpéroux a été piqué, je ne sais pas pourquoi, que les articles pour la *Gazette littéraire* n'aient pas passé par ses mains. C'est une étrange chose que cette petite jalousie! mais que faire? il faut passer aux hommes leurs faiblesses. Nous nous flattons, Mme Denis et moi, que ni M. de Montpéroux ni son vicaire turbulent n'empêcheront l'effet des bontés de M. le duc de Praslin pour Mme Denis contre le concile de Latran.

Le grand point est que le roi soit détrompé sur ce petit *Dictionnaire*, qu'il ne lira assurément pas. Des beaux esprits de Paris pourront dire : « C'est lui, messieurs; voilà son style. Il a fait l'article *Amour et Amitié* il y a cinq ou six ans, donc il a fait *Apocalypse* et *Messie*. » Le roi est trop bon et trop équitable pour me condamner sur les discours de M. de Pompignan.

Croyez-vous qu'il soit nécessaire que j'écrive à M. le prince de Soubise pour détromper Sa Majesté?

Le petit abbé d'Étrée, qui n'est pas assurément descendant de Gabrielle, emploie toutes les ressources de son métier de généalogiste pour prouver que le diable engendra Voltaire, et que Voltaire a engendré le *Dictionnaire philosophique*.

Vraiment, le marquis d'Argens est bien autrement engendré du diable; il a traduit l'admirable *Discours de l'empereur Julien contre les chrétiens*, il l'a enrichi de remarques très-curieuses, et d'un discours préliminaire plus curieux encore. C'est un ouvrage diabolique : on est forcé de regarder Julien comme le premier des hommes de son temps. Il est bien triste qu'un apostat comme lui ait eu plus de vertu dans le cœur, et plus de justesse dans l'esprit, que tous les Pères de l'Église. Le marquis d'Argens s'est surpassé en commentant cet ouvrage.

A l'ombre de vos ailes.

MMMMCCXLIV. — A M. COLINI.
Ferney, 27 octobre.

Mon cher ami, j'étais tout prêt à partir, j'allais venir en poste vous embrasser, me mettre aux pieds de Leurs Altesses Électorales, et passer avec elles le reste de l'automne. Mes maux, et surtout ma fluxion sur les yeux, ont tellement redoublé, que je suis actuellement privé de la vue, et que tout ce que je peux faire, c'est de signer mon nom au hasard. Me voilà entre quatre rideaux : ma vieillesse est devenue bien malheureuse. Je perds avec ma santé plus d'une consolation de ma vie : mais si les bontés de Mgr l'électeur me restent, je ne me croirai point à plaindre.

Avez-vous entendu parler d'un *Dictionnaire philosophique portatif* qu'on débite en Hollande? Je me le suis fait lire : il est détestablement imprimé, et plein de fautes absurdes; mais il y a des choses très-singulières et très-intéressantes. C'est un recueil de pièces de plusieurs auteurs. On en a déterré quelques-unes de moi, qui ne sont pas les meilleures. Le reste est fort bon. Adieu; je vous embrasse de tout mon cœur.

MMMMCCXLV. — A M. BERTRAND.
Ferney, 29 octobre.

Mon cher philosophe, j'aurai bien de la peine à vous trouver le livre que vous demandez. C'est un recueil de plusieurs mains. Il y a des pièces déjà connues. Il est détestablement imprimé, il fourmille de fautes. J'en fais venir un exemplaire de Francfort; je vous l'enverrai dès que je l'aurai reçu; je l'attends après-demain. On m'assure qu'on en a fait une édition beaucoup plus correcte et plus ample à la Haye. Dieu le veuille, car la mauvaise édition que j'ai vue a achevé de me perdre les yeux.

Votre neveu me paraît un vrai philosophe; s'il l'est toujours, il sera assez riche, et la liberté vaut mieux que le métier de courtisan.

L'accident de M. et de Mme de Freudenreich me fait frémir : je remercie Dieu qu'ils en soient quittes pour des contusions, encore ces contusions me paraissent de trop; personne ne s'intéresse plus tendrement que moi à leur conservation. Je vous supplie de les en assurer; je leur serai attaché, comme à vous, jusqu'au dernier moment de ma vie.

MMMMCCXLVI. — A M. LE COMTE D'ARGENTAL.
Aux Délices, 29 octobre.

J'écris aujourd'hui à mon ange comme un ange de paix. Nous sommes voisins d'un commandeur de L'alte, Savoyard de nation, chicaneur de profession. Une partie des terres de la commanderie est enclavée dans celle de notre gendre Dupuits. Le père de notre gendre, par convenance, s'était chargé de l'administration de la commanderie. Le bail est rompu; le commandeur assigne notre gendre par-devant le grand conseil à Paris.

J'ai écrit à M. l'ambassadeur de Malte[1], pour le supplier d'engager

1. De Froulay. (ÉD.)

le commandeur savoyard à s'en remettre à des arbitres. Nous avons M. le bailli de Groslier, dans le voisinage, qui peut être arbitre au nom de l'ordre; et M. le marquis de Billac, l'un des plus honnêtes hommes du monde, serait nommé par notre gendre, qui a promis d'en passer par leur sentence.

M. le bailli de Froulai m'a mandé qu'il consulterait mon ange, et certainement il ne peut pas mieux faire; quel autre consulterait-on quand il s'agit de faire du bien?

Je crois que j'ai pris trop d'alarmes sur ce livre misérablement imprimé, qu'on sait bien ici être de plusieurs mains; mais le pauvre Montpéroux n'a pas joué un beau rôle dans cette affaire.

On dit Lekain malade. On m'a parlé d'un acteur, nommé Aufresne, qu'on dit très-bon; il est à la Haye. Je l'ai entendu il y a six ou sept ans; il me parut alors n'avoir de défaut que celui de jouer tout. On dit qu'il s'en est corrigé. En ce cas, ce serait une bonnne acquisiton pour le *tripot*, que Dieu bénisse! et que je ne peux plus servir.

Je me mets bien humblement à l'ombre des ailes de mon ange.

MMMMCCXLVII. — A M. LE MARQUIS ALBERGATI CAPACELLI.

29 octobre.

Le Barretti dont vous me parlez, monsieur, m'a bien l'air d'être de la secte de ces flagellants qui, dans leurs processions, donnaient cent coups d'étrivières à ceux qui marchaient devant eux, et en recevaient de ceux qui étaient derrière. Si vous voulez m'envoyer une poignée de ses verges, on pourra le payer avec usure.

J'ai reçu la traduction de *Tancrède* par M. Claudio Zucchi, qui me paraît avoir la politesse d'un homme de qualité, et ne point ressembler du tout au sieur Barretti. Heureux ceux qui cultivent comme vous les lettres par goût et par grandeur d'âme! les autres sont des laquais qui médisent de leurs maîtres dans l'antichambre.

Comptez toujours, monsieur, sur mon très-tendre respect.

MMMMCCXLVIII. — A M. DUCLOS.

Aux Délices, 2 novembre.

Je vous supplie, mon cher confrère, de recevoir mes remercîments, et de vouloir bien présenter à M. le duc de Nivernais ce que je lui dois. Vous avez dû recevoir de moi un petit mot concernant le *Portatif*, qu'on m'imputait. Je sais combien vous êtes persuadé que les gens de lettres se doivent des secours mutuels. J'ai toujours pris hautement le parti de ceux qui étaient attaqués par l'envie, par l'imposture, et même par l'autorité. Si les véritables gens de lettres étaient unis, ils donneraient des lois à tous les êtres qui veulent penser. Si vous voyez M. Helvétius, je vous prie de lui dire combien je suis fâché qu'il n'ait pas fait le voyage de Genève. Je redeviens toujours aveugle dès que les neiges tombent sur nos montagnes. Mon cœur vous dit combien il vous est attaché; mon esprit, combien il vous estime; mais ma main ne peut l'écrire.

MMMMCCXLIX. — A M. LE COMTE D'ARGENTAL.

2 novembre.

Les neiges sont sur nos montagnes, et me voilà redevenu aveugle; Dieu soit béni!

Mon divin ange me parle de Mlle Doligny et de Mlle Luzy; je le supplie de mander quels rôles il faut donner à l'une et à l'autre; j'exécuterai vos ordres sur-le-champ. En attendant, elles peuvent apprendre ceux que vous leur destinez.

M. le maréchal de Richelieu aura peut-être oublié qu'il m'a écrit que je pouvais disposer de tous ces rôles; mais heureusement j'ai sa lettre, ainsi que j'ai des preuves convaincantes que le *Testament politique* n'est point du cardinal de Richelieu. Je brave M. le maréchal, et Mme la duchesse d'Aiguillon, et M. e Foncemagne, et le dépôt des affaires étrangères. Je leur réponds à tous, et vous croyez bien que ce n'est pas pour leur dire des choses qui leur déplaisent. Ma réponse est bien respectueuse, bien flatteuse, mais, à mon gré, bien curieuse. J'espère qu'elle vous amusera, et que M. le duc de Praslin n'en sera pas mécontent. J'y dis un petit mot sur les livres qu'on impute à de pauvres innocents. Au reste, mon cher ange, je n'ai point prétendu que M. le duc de Praslin débutât, dans une séance du conseil, en disant : *Le Portatif n'est pas de V.*; mais il est indubitable, il est démontré, que *le Portatif* est de plusieurs mains; et si vous en doutez, je vous enverrai l'original de *Messie*, avec la lettre de l'auteur, tous deux de la même écriture. Alors, étant convaincu de la vérité, vous la ferez mieux valoir; et M. le duc de Praslin, convaincu par ses yeux, serait plus en droit de dire dans l'occasion : « V. n'a point fait *le Portatif;* il est de plusieurs mains. »

Je sais qu'on fait actuellement une très-belle édition de ce *Portatif* en Hollande, revue, corrigée, et terriblement augmentée. C'est un ouvrage très-édifiant, et qui sera fort utile aux âmes bien nées.

"Au reste, que peut-on dire à V. quand V. n'a donné cet ouvrage à personne, et quand il a crié le premier au voleur, comme Arlequin dévaliseur de maisons? V. est intact, V. s'enveloppe dans son innocence; V. reprendra les roués en considération, quand il pourra avoir au moins la moitié d'un œil. V. remercie tendrement son ange pour notre gendre, lequel est assigné à comparoir au grand conseil, et à plaider contre les religieux corsaires de Malte. Nous sommes très-disposés à en passer par ce que M. l'ambassadeur de Malte voudra. Je suis persuadé que l'ordre dépenserait beaucoup d'argent à cette affaire, et y gagnerait très-peu de chose. V. remercie surtout pour la grande affaire des dîmes, dans laquelle heureusement son nom ne sera point prononcé; ce nom fait un assez mauvais effet quand il s'agit de la sainte Église.

Sub umbra alarum tuarum.

MMMMCCL. — AU MÊME.

Aux Délices, 5 novembre.

Voici, mon cher ange, un autre procès [1]; jugez-moi avec M. le duc de Praslin, et jugez le cardinal de Richelieu. Ce petit procès peut amuser, et faire diversion. Je crois que M. le maréchal de Richelieu et Mme la duchesse d'Aiguillon, tout opiniâtres qu'ils sont, m'accorderont liberté de conscience sur le *Testament* de leur grand-oncle; et je me flatte que M. de Foncemagne, leur avocat, ne sera pas mécontent de la discrétion avec laquelle je plaide contre lui.

Dès que mes fluxions sur mes yeux me permettront d'entrevoir le jour, je reprendrai les roués en sous-œuvre; et dès que vous m'aurez marqué quels rôles il faut donner à Mlles Doligny et Luzy, je leur enverrai les provisions de leurs charges.

Je vous supplie de remarquer que c'est une vérité certaine que *le Portatif* est de plusieurs mains; et ce n'est pas un petit avantage pour l'affermissement du règne de la raison, que plusieurs personnes, parmi lesquelles il y a même des prêtres, aient contribué à cet ouvrage. Des conseillers de Genève en ont vu de leurs yeux des preuves démonstratives, et doivent même l'avoir mandé à M. Cromelin; c'est une vérité dont personne ne doute ici. La sottise qu'on a faite à Genève [2] n'a été qu'un sacrifice au parti de Jean-Jacques, qui a toujours crié qu'il fallait brûler l'*Évangile*, puisqu'on avait brûlé *Émile*. Où serait donc le mal, où serait l'inconvénance, si M. le duc de Praslin, convaincu de la vérité que *le Portatif* est de plusieurs mains, disait dans l'occasion : « Il est de plusieurs mains? » en quoi cela pourrait-il le compromettre? J'ai su que les Omer se trémoussaient beaucoup; cette famille n'est pas philosophe. Le règne de la raison avance; mais plus elle fait de progrès, plus le fanatisme s'arme contre elle. On ne laisse pas d'avoir quelque obligation à ceux qui combattent pour la bonne cause; mais il ne faut pas qu'ils soient martyrs. Le fanatisme, qui a tant désolé le monde, ne peut être adouci que par la tolérance, et la tolérance ne peut être amenée que par l'indifférence. Voilà ce qui fait que les Anglais sont heureux, riches, et triomphants, depuis environ quatre-vingts ans. J'en souhaite autant aux Welches.

Mes yeux en compote m'obligent à remettre mon voyage de Wurtemberg et du Palatinat. Je crierai toujours sur *le Portatif* comme un aveugle qui a perdu son bâton, pour peu que maître Omer instrumente.

Respect et tendresse.

MMMMCCLI. — A M. DUTENS.

Au château de Ferney, par Genève, 6 novembre.

Monsieur, vous rendez un grand service à tous les amateurs des sciences, en faisant une collection des œuvres du célèbre Leibnitz.

---

1. Voltaire envoyait à d'Argental les *Doutes nouveaux sur le Testament attribué au cardinal de Richelieu*. (ED.)
2. Le *Dictionnaire philosophique* avait été proscrit à Genève. (ED.)

Près de la moitié étaient éparses comme les feuilles de la sibylle, et il y a même bien des choses qui ressemblent assez aux oracles de cette vieille, c'est-à-dire qu'on ne les entend guère; vous les enrichirez sans doute, monsieur, de vos judicieuses remarques. Je suis malheureusement peu à portée de vous servir; je commence même à désespérer de pouvoir lire ce recueil intéressant, car je suis en train de perdre entièrement la vue. L'état où je suis ne me permet pas de vous écrire de ma main : je n'en suis pas moins sensible à l'honneur que vous me faites, j'en sens tout le prix. J'ai l'honneur d'être, avec la plus respectueuse estime, monsieur, votre très-humble et très-obéissant serviteur,

VOLTAIRE.

MMMMCCLII. — A M. COLINI.

7 novembre.

Le pauvre aveugle vous prie, mon cher Colini, de présenter le paquet à Son Altesse Electorale, et d'assurer M. Schœpflin de mes très-humbles et très-tendres obéissances. Vous devriez bien me dire comment mon ami Fréron a été reçu; s'il a mangé avec l'électeur; et me dire entièrement ce que vous ne m'avez dit qu'à moitié dans votre avant-dernière lettre. Je vous embrasse de loin, et certainement je vous embrasserai de près l'été prochain, si j'ai des yeux.

MMMMCCLIII. — A M. DAMILAVILLE.

7 novembre.

Mon cher frère, comptez que je ne me suis pas alarmé mal à propos sur ce *Portatif* qu'on m'imputait, et qu'il a été nécessaire de prendre à la cour des précautions qui ont coûté beaucoup à ma philosophie. Le mal vient de ce que les frères zélés m'ont nommé d'abord. Il faudrait que les ouvrages utiles n'appartinssent à personne. On doute encore de l'auteur de l'*Imitation de Jésus-Christ*. Qu'importe l'auteur d'un livre, pourvu qu'il fasse du bien aux bonnes âmes ? Je sais, à n'en pouvoir pas douter, que le procureur général a ordre d'examiner le livre, et d'en poursuivre la condamnation. C'est un nommé l'abbé d'Étrée, petit généalogiste, et un peu faussaire de son métier, qui a donné l'ouvrage au procureur général. On trouve partout des monstres.

Il a fallu toute la protection que j'ai à la cour, pour affaiblir un peu seulement l'opinion où était le roi que j'étais l'auteur de ce *Portatif*. Il sera plus difficile d'arrêter la fureur des Omer. L'un d'eux a fait venir l'ouvrage, et j'ai vu des lettres de lui qui ne sont pas d'un homme modéré. On ne pourra empêcher ces persécuteurs de suivre leurs infâmes usages, dont on se moque depuis assez longtemps. Tout ridicules qu'ils sont, ils ne laisseront pas de faire impression, et même sur l'esprit du souverain, qui, en voyant l'ouvrage condamné, le trouvera encore plus condamnable.

Je vous supplie, mon cher frère, de continuer à réparer le mal. Si quelque chose peut arrêter la fureur des barbares, c'est que le public soit instruit que le livre est un recueil de pièces de différents auteurs dès longtemps publiées, et que je n'ai nulle part à cette édition. L'effet des premiers bruits ne se répare presque jamais; il faut cent efforts pour détruire l'impression d'un moment.

Admirons cependant la Providence, qui a suscité jusqu'à un prêtre, qui est le premier de son église, pour faire un des articles *Messie*; et le fameux Middleton, auteur de la *Vie de Cicéron*, pour un autre article¹. Frère Protagoras dit qu'il ne veut rien écrire; mais si tous les sages en avaient dit autant, dans quel état serait le genre humain? et dans quelle horrible superstition ne serions-nous pas plongés? La superstition est, immédiatement après la peste, le plus horrible des fléaux qui puissent affliger le genre humain. Il y a encore des sorciers à six lieues de chez moi, sur les frontières de la Franche-Comté, à Saint-Claude, pays où les citoyens sont esclaves. Et de qui esclaves? de l'évêque et des moines. Il y a quelques années que deux jeunes gens furent accusés d'être sorciers : ils furent absous, je ne sais comment, par le juge. Leur père, qui était dévot, et que son confesseur avait persuadé du prétendu crime de ses enfants, mit le feu dans la grange auprès de laquelle ils couchaient, et les brûla tous deux, pour réparer auprès de Dieu l'injustice du juge qui les avait absous. Cela s'est passé dans un gros bourg appelé Longchaumois; et cela se passerait dans Paris, s'il n'y avait eu des Descartes, des Gassendi, des Bayle, etc., etc.

On a donc plus d'obligation aux philosophes qu'on ne pense; eux seuls ont changé les bêtes en hommes. Le *Julien* du marquis d'Argens réussit beaucoup chez tous les savants de l'Europe; mais il n'est pas connu à Paris : on y craint trop pour l'erreur, qui est encore chère à tant de gens.

Avez-vous entendu parler de la nouvelle édition du *Testament du cardinal de Richelieu*? On croit m'avoir démontré que ce testament est authentique; mais je me sens de la pâte des hérésiarques : je n'ai jamais été plus ferme dans mon opinion, et vous entendrez bientôt parler de moi. Cela vous amusera; je m'en rapporterai entièrement à votre jugement.

Je ne sais pourquoi frère Protagoras ne m'écrit point; je n'en compte pas moins sur son zèle fraternel. Hélas! si les philosophes s'entendaient, ils deviendraient tout doucement les précepteurs du genre humain.

MMMMCCLIV. — A M. DALEMBERT.

9 novembre.

J'ai su par M. Duclos, mon cher et grand philosophe, qu'il s'était dit un petit mot à l'Académie touchant le *Portatif*. C'est vous, sans doute, qui m'avez rendu justice, et qui avez certifié que cet ouvrage est de plusieurs mains : recevez mes remercîments. Il est plus difficile quelquefois de faire connaître la vérité au roi qu'aux académies; cependant je crois être parvenu à détromper un peu Sa Majesté, et à lui faire au moins approuver ma conduite dans cette petite affaire. Je crois qu'il a lu une partie du livre. Il y a dans le monde des Omer qui ont l'esprit moins juste et le cœur moins bienfaisant. Je ne sais si je vous ai mandé qu'un de ces Omer disait qu'il ne serait point content, s'il ne voyait pendre quelques philosophes. Je vois par vos lettres que vous n'avez nulle envie d'être pendu, et je ne crois pas les philosophes si pendables. Il me semble qu'eux seuls ont un peu adouci les mœurs des hommes, et que sans eux nous aurions deux ou trois Saint-Barthélemy de siècle en siècle. Eux seuls ont prêché la tolérance dans le temps que toutes les sectes sont intolérantes autant qu'elles le peuvent. Les philosophes sont les médecins des âmes, dont les fanatiques sont les empoisonneurs.

En vérité, mon cher maître, vous devriez bien donner quelques aphorismes de médecine, en préférant le bonheur de servir les hommes à la gloire de vous faire connaître. En attendant, je vous prie de juger le procès sur le *Testament* prétendu *du cardinal de Richelieu*, qui n'est pas plus philosophique que les autres testaments.

Je vous prie de me dire votre avis, qui me tiendra lieu de décision. Que dites-vous du nouveau roi de Pologne, qui m'invite à l'aller voir, comme on va passer quinze jours à la campagne? C'est un homme plein d'esprit et de goût.

Je ne sais qui est le plus philosophe de lui, du roi de Prusse, et de la czarine. On est étonné des progrès que la raison fait dans le Nord, et il faut espérer qu'elle rendra les hommes très-heureux, puisque sa rivale les a rendus si misérables.

Je vous envoie un ouvrage honnête [1] qui ne fera pendre personne.

MMMMCCLV. — A M. DE BRENLES.
Ferney, 9 novembre.

Mon dessein, mon cher philosophe, était de m'aller aboucher avec la chambre des finances de Montbéliard pour quelques affaires assez considérables; je me faisais une fête de vous revoir et de vous embrasser à Lausanne, j'aurais voulu y passer quelques jours pour y revoir mes anciens amis. Une fluxion sur les yeux, qui m'ôte presque l'usage de la vue, s'est opposée à tous mes projets. Le mauvais temps et la maladie me retiennent au coin du feu; mais si la saison devenait tolérable, je pourrais bien reprendre mes premières idées.

Mme d'Hacqueville quitte sa maison; elle me doit environ deux ans d'arrérages. Oboussier mande que M. le colonel de Chandieu veut prendre le reste du bail; mais il mande, en même temps, que je dois rendre à M. de Chandieu la maison dans le même état que je l'ai prise: c'est ce que je ne puis comprendre, car j'ai pris la maison dégarnie de tout. J'y ai fait pour environ vingt mille francs de dépense, et Oboussier n'entend pas sans doute que je reprenne les boiseries, les fourneaux, les cheminées, les portes, les croisées, que j'ai faites.

Si Mme d'Hacqueville n'a pas fait les réparations que doivent les locataires, elle les doit faire. On pourrait s'accommoder de ses meubles pour le payement de son loyer et de ses réparations; et je viendrais

---

1. Les *Doutes nouveaux sur le Testament attribué au cardinal de Richelieu.* (É.)

très-volontiers m'arranger avec M. de Chandieu, si je pouvais loger dans la maison du Chêne[1], ou bien si je pouvais trouver ailleurs un appartement bien chaud et un bon lit, avec une petite chambre pour Wagnière[2], et de quoi loger seulement deux domestiques ; mais je crois que cela est fort difficile à trouver, et je pense que vos cabarets sont détestables. Je suis un peu sybarite par le corps, quoique je sois assez stoïcien par l'âme ; j'aime fort la Suisse, mais je ne puis avoir les mêmes sentiments pour son climat. Je suis surtout très-fâché actuellement contre M. saint Martin, qui ne paye pas plus l'été qu'il nous doit, que Mme d'Hacqueville ne paye le loyer de sa maison. Quoi qu'il en soit, mon cher philosophe, aimez-moi. Je présente mes respects à Mme votre femme. V.

MMMMCCLVI. — A M. LE MARQUIS D'ARGENCE DE DIRAC.
12 novembre.

Si vous avez été malade, mon cher monsieur, je suis devenu aveugle depuis que les neiges ont couvert nos montagnes ; c'est ce qui m'arrive tous les ans, et bientôt je perdrai entièrement la vue. Il aurait été bien à souhaiter, en effet, que les trois cents petits pâtés dont vous m'avez parlé tant de fois eussent été mangés à Bordeaux ; mais un gourmand, qui arrive de cette ville, m'assure qu'il n'a pu en trouver chez aucun pâtissier, et c'est de quoi on m'avait déjà assuré plus d'une fois. M. le maréchal de Richelieu, qui aime les petits pâtés plus que personne, en aurait fait servir à sa table ; il faut assurément qu'il soit arrivé malheur à votre four, et qu'il n'ait pas été assez chaud. Je ne sais pas pourquoi vous m'attribuez une pièce de Grécourt, qui n'est que grivoise, et dont vous citez ce vers,

L'amour me dresse son pupitre.

Vous devez bien sentir que la belle chose dont il est question ne ressemble point du tout à un pupitre. Ce n'est pas là le ton de la bonne compagnie.

Tous les habitants de notre petit ermitage vous font, monsieur, les compliments les plus sincères, ainsi qu'à M. votre frère. Vous savez avec quelle tendresse inaltérable je vous suis attaché pour toute ma vie.

MMMMCCLVII. — A M. DUPONT.
Au château de Ferney, 13 novembre.

Je vous fais mon compliment, mon cher ami, sur la place d'adjoint à M. de Brupy au conseil de M. le duc de Wurtemberg. M. le comte de Montmartin me mande qu'on vous la donne avec grand plaisir. J'aurais bien envie de venir à tâtons vous embrasser à Colmar ; ma santé ne me le permet pas, et je me suis donné des chaînes ; je me suis fait une assez nombreuse famille d'adoption ; les Turcs appellent cela les enfants de l'âme. Père Adam, que vous connaissez, est encore

---

1. Maison que Voltaire avait à Lausanne. (ÉD.)
2. Secrétaire de Voltaire. (ÉD.)

un de mes enfants; comment transporter tant de monde? ce serait trop d'embarras pour un aveugle. Vous savez que Tobie envoya son fils chez Gabélus[1], et que le bonhomme resta chez lui.

Je crois vous avoir déjà mandé que les neiges me rendent aveugle quatre ou cinq mois de l'année dans le plus beau lieu de la nature. M. le duc de Wurtemberg a la bonté de m'accorder le château de Montbéliard; je pourrais y aller passer les hivers avec tout mon train; mais j'ai bien peur de trouver des neiges partout. Je voudrais savoir ce que c'est que ce Montbéliard; vous savez combien il me plairait, puisqu'il n'est pas loin de Colmar. Vous pouvez aisément vous informer de tout ce qui concerne cette habitation; M. Jean Maire pourrait vous dire s'il n'y a point quelque autre demeure dans le voisinage où je serais commodément; il me faut bien peu de chose pour moi, mais il en faut beaucoup pour tout ce qui m'entoure. Je suis honteux de ne pouvoir marcher qu'avec vingt-cinq ou trente personnes. Je puis faciliter mes transmigrations par une nouvelle négociation entamée avec M. le duc de Wurtemberg; elle se consommera dans les premiers jours de janvier au plus tard, et nous pourrons faire ce nouveau contrat dans peu de temps, comme nous avons fait le premier; je trouve ces emplacements très-convenables et très-sûrs.

Tâchez, je vous prie, mon cher ami, de savoir de M. Jean Maire s'il loge quelqu'un dans le château de Montbéliard, et si je l'aurais tout entier à ma disposition.

Présentez mes respects à M. et à Mme de Klinglin; je vous embrasse tendrement, vous et toute votre famille. V.

MMMMCCLVIII. — A M. LE COMTE D'ARGENTAL.
14 novembre.

Mon gendre et moi, nous sommes aux pieds des anges; et, avant que j'aie fermé ma lettre, je compte bien que M. Dupuits aura écrit celle de remercîments qu'ils vous doit; après quoi il fera de point en point tout ce que vous avez la bonté de lui conseiller.

Je ne suis pas aussi heureux que lui dans la petite guerre avec M. le maréchal de Richelieu, puisque je lui ai déjà envoyé[2] les choses que vous voulez que je supprime. Il me permet depuis quarante ans de disputer contre lui, et je ne me souviens pas d'avoir jamais été de son avis; mais heureusement il m'a donné toujours liberté de conscience.

Je conçois bien, mon cher ange, qu'on oublie aisément les anciennes petites brochures écrites à propos du testament : il était question du capucin Joseph, et de sa prétendue lettre à Louis XIII. Je répondis, en 1750, ce que je dis aujourd'hui avoir répondu en 1750, parce que je l'ai trouvé dans mes manuscrits reliés, écrits de la main du clerc que j'avais en ce temps-là. Comment avez-vous pu imaginer que j'eusse voulu antidater cette réponse? quel bien cette antidate aurait-

1. Tobie, chap. IV. (ÉD.)
2. Les *Doutes nouveaux sur le Testament attribué au cardinal de Richelieu*. (ÉD.)

elle pu faire à ma cause? Croyez que je dis aussi vrai sur cette petite brochure que sur *le Portatif*; croyez que M. Abauzit, auteur de l'article *Apocalypse* et d'une partie de *Christianisme*, est non-seulement un des plus savants hommes de l'Europe, mais, à mon gré, le mieux savant.

Croyez que M. Polier, premier pasteur de l'église de Lausanne, auteur de *Messie*, entend très-bien sa matière, et ne ressemble en rien à vos évêques, qui n'en savent pas un mot.

Croyez que Middleton, ce même Middleton qui a fait cette belle *Vie de Cicéron*, a fait un excellent ouvrage sur les miracles, qu'il nie tous, excepté ceux de Notre-Seigneur Jésus-Christ. C'est de cet illustre Middleton qu'on a traduit le conte du miracle de Gervais et de Protais, et celui du savetier de la ville d'Hippone. Remerciez Dieu de ce qu'il s'est trouvé à la fois tant de savants personnages qui tous ont contribué à démolir le trône de l'erreur, et à rendre les hommes plus raisonnables et plus gens de bien.

Enfin, mon cher ange, soyez bien convaincu que je suis trop idolâtre et trop enthousiaste de la vérité pour l'altérer le moins du monde.

A l'égard du testament relié en maroquin rouge, la faute en est faite. Cette petite et innocente plaisanterie pourrait-elle blesser M. de Foncemagne, surtout quand ce n'est pas une viande sans sauce, et quand j'assaisonne la raillerie d'un correctif et d'un éloge? J'ai envoyé l'ouvrage à M. de Foncemagne, l'estimant trop pour croire qu'il en fût offensé.

Enfin pourquoi voudriez-vous que je supprimasse le trait de l'hostie et du marquis Dupuis, duc de La Vieuville, quand cette aventure est rapportée mot pour mot dans mon *Essai sur l'histoire générale*, tome V, page 29, édition de 1761? Supprimer un tel article dans ma réponse, après l'avoir imprimé dans mon histoire, et après l'avoir envoyé à M. le maréchal de Richelieu lui-même; ôter d'une édition ce qui est dans une autre, ce serait me décréditer sans aucune raison.

Vous voyez donc bien, mon cher ange, que la vérité et la convenance exigent que l'ouvrage paraisse dans Paris dans le même état où je soupçonne que le roi l'a déjà vu; sans quoi je paraîtrais désavouer les faits sur lesquels je me suis fondé.

Pardonnez, je vous prie, à mes petites remontrances. L'histoire deviendrait un beau recueil de mensonges, si l'on n'osait rapporter ce qu'ont fait les rois et les ministres il y a cent cinquante années, de peur de blesser la délicatesse de leurs arrière-cousins. Je vous supplie donc instamment de vouloir bien agréer la bonté de M. Marin, qui veut bien faire imprimer ma réponse à M. de Foncemagne, avec les dernières additions que j'ai envoyées nouvellement.

Au reste, il résultera de toute cette dispute, ou que le *Testament du cardinal de Richelieu* n'est point de lui; ou que, s'il en est, il a fait là un bien détestable ouvrage. Je sais, à n'en pouvoir douter, que le roi a lu à deux fois ce testament il y a environ vingt ans; et je crois qu'il est bien important pour le royaume que le roi perde l'opinion où il peut avoir été que cet ouvrage doit être la règle de la conduite d'un prince.

Quand on m'a mandé que vous aviez bien voulu corriger quelques passages, j'avais cru que c'était la faute qu'on a faite d'oublier les *jeunes magistrats*, et de dire que *les avocats instruisent les magistrats*, en oubliant *jeunes*; que cette expression, *la France est le seul pays souillé de cet opprobre*, vous avait paru trop forte, et que c'était là qu'il fallait ménager les termes. Je me soumets à vos lumières et à vos bontés; et, en même temps, je vous demande grâce pour l'hostie de La Vieuville, pour le maroquin rouge de l'abbé de Rothelin, et pour l'histoire du capucin Joseph. Je vous supplie de vouloir bien faciliter et d'approuver la bienveillance de M. Marin, à qui je renouvelle mes instances de laisser imprimer l'ouvrage tel que je l'ai envoyé en dernier lieu à vous et à lui.

MMMMCCLIX. — À MADAME D'ÉPINAI.

16 novembre.

Il me paraît, madame, que vous avez un curé digne de vous; c'est vous, sans doute, qui nommez à la cure; c'est l'homme du monde dont, après vous, j'ambitionne plus le suffrage. M. Dubut ou Desbuttes (car je ne sais pas précisément son nom) le remercie bien fort de ses cerisiers. Il est bien vieux ce M. Desbuttes; mais s'il a le bonheur de manger des cerises de votre curé, il en jettera les noyaux au nez des superstitieux et des fanatiques, qui, je crois, n'approchent jamais de votre paroisse.

Je vois que tous les climats se ressemblent, quoique les esprits ne se ressemblent pas: si vous avez froid, nous sommes gelés; si vous avez un pouce de neige, nous en avons deux pieds; si vous perdez quelques-uns de vos poulets, tous les nôtres meurent; mais vous avez des Frérons, des Pompignans, un *Journal chrétien*, et nous n'avons rien de tout cela. Vous vivez, madame, dans votre belle retraite avec vos philosophes; moquez-vous des sottises de toutes les espèces. Que ne puis-je en rire avec vous! mais il n'y a pas moyen de rire quand on souffre tant de votre absence.

Je crois comme vous, madame, que la scène française expire aux pieds de l'Opéra-Comique; il n'y a que les femmes qui la soutiennent, comme il n'y a qu'elles qui fassent les agréments de la société. Les hommes sont pitoyables au théâtre, et je ne sais s'ils valent beaucoup mieux ailleurs.

Je ne peux avoir l'honneur de vous écrire et de vous remercier de ma main; je deviens toujours aveugle avec les neiges; je crois que je suis le premier qui ait éprouvé un aveuglement périodique. Il n'en est pas de même de mes sentiments: mon estime et mon tendre respect pour vous ne souffrent jamais d'altération.

MMMMCCLX. — À M. P. ROUSSEAU, AUTEUR DU *Journal Encyclopédique*.

Aux Délices, près de Genève, 19 novembre.

Il est vrai, monsieur, comme vous le dites dans votre lettre du 4 du courant, qu'on débite toujours quelque chose sous mon nom, comme on donne quelquefois du vin du cru pour des vins étrangers. Ceux qui font ce négoce se trompent encore plus qu'ils ne trompent le public; mon vin a toujours été fort médiocre, et ceux qui débitent le leur sous mon nom ne feront pas fortune.

J'apprends que, pour surcroît, on vient d'imprimer en Hollande mes *Lettres secrètes*; je crois qu'en effet ce recueil sera très-secret, et que le public n'en saura rien du tout. Il me semble que c'est à la fois offenser ce public et violer tous les droits de la société que de publier les lettres d'un homme avant sa mort, sans son consentement; mais lui imputer des lettres qu'il n'a point écrites, c'est le métier d'un faussaire. Ce recueil n'est point parvenu dans ma retraite; on m'assure qu'il est fort mauvais, et j'en suis très-bien aise.

Je présume au reste que, dans ces lettres familières qu'on débite sous mon nom, il n'y en aura aucune qui commence comme celles de Cicéron : « Si vous vous portez bien, j'en suis bien aise; pour moi, je me porte bien. » Ce serait là trop clairement un mensonge imprimé.

Je conçois qu'on imprime les lettres d'Henri IV, du cardinal d'Ossat, de Mme de Sévigné; Racine le fils a même donné au public quelques lettres de son illustre père, dont on pardonne l'inutilité en faveur de son grand nom; mais il n'est permis d'imprimer les lettres des hommes obscurs que quand elles sont aussi plaisantes que celles que vous connaissez sous le titre de : *Epistolæ obscurorum virorum*.

Ne voilà-t-il pas un beau présent à faire au public que de lui présenter de prétendues lettres très-inutiles et très-insipides, écrites par un homme retiré du monde à des gens que le monde ne connaît pas du tout! il faut être aussi malavisé pour imprimer de telles fadaises que frivole pour les lire : aussi toutes ces paperasses tombent-elles au bout de quinze jours dans un éternel oubli; et presque toutes les brochures de nos jours ressemblent à cette foule innombrable de moucherons qui meurent après avoir bourdonné un jour ou deux, pour faire place à d'autres qui ont la même destinée.

La plupart de nos occupations ne valent guère mieux, et ce n'était pas un sot que celui qui dit le premier que tout était vanité, excepté la jouissance paisible de soi-même.

La substance de tout ce que je vous dis, monsieur, mériterait une place dans votre journal, si elle était ornée par votre plume. V.......

MMMMCCLXI — A M. DUPONT.

Ferney, 20 novembre.

Vous voilà, mon cher ami, du conseil de M. le duc de Wurtemberg; mais songez que vous êtes aussi à la tête du mien. Soyez arbitre entre lui et moi, entre la grandeur et l'amitié.

Il me semble que quelques publicistes allemands prétendent que toutes les terres dépendantes du comté de Montbéliard sont substituées à perpétuité par des pactes de famille. Si cela était, comme je le présume, ma famille risquerait beaucoup; ma nièce surtout aurait à se plaindre, et il se trouverait que je l'aurais dépouillée de mon bien en voulant le lui assurer. Je sais que M. le duc de Wurtemberg s'oblige pour lui et pour ses hoirs; mais ces hoirs pourront fort bien ne se point croire obligés. M. le prince Louis-Eugène de Wurtemberg, frère du duc régnant, semble même refuser de s'engager par une simple parole d'honnêteté et de générosité qu'on lui demandait : peut-être avec le temps pourrait-on obtenir de lui cette démarche, que l'âme noble d'un prince ne doit pas refuser. Mais enfin nous n'avons fait jusqu'ici, auprès de lui, que de vains efforts.

Vous sentez bien, mon cher ami, que ce n'est pas mon intérêt qui me guide. Je tombe dans une décrépitude infirme, et le duc régnant me survivra sans doute; mais Mme Denis peut lui survivre, et vous savez que j'étais près de passer un autre contrat avec lui, en faveur de mon autre nièce et de mes neveux. La difficulté qui se présente arrête la conclusion de cette affaire, et fait trembler pour les précédentes.

Vous êtes à portée de savoir si en effet le duc régnant a pu stipuler pour ses hoirs, si les domaines de Franche-Comté et d'Alsace répondent de la dette, et quelles mesures on pourrait prendre pour nous donner toutes les sûretés nécessaires. J'avoue que je n'avais jamais douté que M. le prince Louis, qui m'a honoré de ses bontés depuis son enfance, et qui est aujourd'hui mon voisin, pût faire la moindre difficulté d'acquitter un jour une dette si légitime, en cas qu'on eût le malheur de perdre son frère aîné. Je compte encore sur l'honneur qui dirige toutes ses actions, et qui ne lui permettra pas de faire une chose si contraire à l'élévation de son âme et à la noblesse de son rang ; mais enfin il vaut mieux dépendre de la sanction des lois que de la volonté des hommes.

Je m'en remets à vous, mon cher ami ; je vous prie de conduire ce pauvre aveugle, qui l'est surtout en affaires, et qui vous aime de tout son cœur.
V.

N. B. Je présume que les terres du duc de Wurtemberg qui sont en France sont régies selon les lois de la France ; et il me semble que nos lois ne permettent plus certaines substitutions perpétuelles, excepté sur les duchés-pairies ; mais j'ai cherché en vain ces règlements dans les conférences de Bornier. Il est rare de trouver dans les livres ce qu'on y cherche. Je vous supplie de conférer de tout cela avec M. de Bruge, qui doit être depuis longtemps au fait des affaires de la maison de Wurtemberg.
V.

MMMMCCLXII. — A M. LE COMTE D'ARGENTAL.

20 novembre.

Vous êtes les anges des Corneille, comme vous êtes les miens ; ainsi je compte que Mme Dupuits n'est pas trop téméraire en suppliant M. d'Argental de vouloir bien faire rendre le paquet ci-joint à M. Corneille. Le marquis[1] est arrivé, et il a bien promis d'envoyer les feuilles qu'on demande ; et je ne doute pas que le prince et le marquis n'ordonnent à leurs principaux officiers de faire les recherches nécessaires dans leur chancellerie ; moyennant quoi l'héritière du nom de Corneille peut se flatter de recevoir dans quelques mois un paquet scellé du grand sceau.

1. Surnom donné à l'un des Cramer. (ÉD.)

Mes anges m'avaient tenu le cas secret sur les *Lettres secrètes*; je ne les ai point lues. C'est un nommé Robinet, qui est allé exprès à Amsterdam. Je ne crois pas que son entreprise lui paye son voyage. Il prétend aussi faire imprimer ma correspondance avec le roi de Prusse; en ce cas, il publiera de bien mauvais vers. Vous croyez bien que j'entends les miens, car ceux d'un roi sont toujours bons.

Il me paraît que je ressemble assez à un homme dont le bien est à l'encan. On vend tous mes effets, comme si j'étais décédé insolvable; et on fourre dans l'inventaire bien des choses qui ne m'appartiennent pas : mais, comme je suis mort, ce n'est pas la peine de me plaindre.

Dieu bénisse les vivants, et qu'il accorde à mes anges la vie sempiternelle le plus tard qu'il pourra!

MMMMCCLXIII. — A M. BERTRAND.

A Ferney, 21 novembre.

Mon cher philosophe, vous êtes un homme charmant, un bon ami, un philosophe véritable. L'article dont vous me parlez était d'un fripon, d'un délateur[1], et non pas d'un nouvelliste. Depuis quand est-il permis d'accuser les particuliers, de son autorité privée, dans des papiers publics? Un tel abus est punissable.

Je n'ai nul commerce avec les auteurs de l'ouvrage[2] dont vous me parlez; mais, quels qu'ils soient, ils seront pénétrés pour vous de reconnaissance. Présentez mes respects, je vous en prie, à MM. les comtes de Mnizek. J'ai l'honneur de faire réponse à M. le banneret[3] qui a eu la bonté de m'écrire.

Il vint dîner hier un damné avec moi, qui me soutint que la morale était une chose divine, et que la *Somme* de saint Thomas était ridicule. Le scélérat ajoutait que les dogmes avaient amené la discorde sur la terre, et que la morale amènerait la paix : je vous avoue que j'eus peine à me contenir en entendant ces blasphèmes. Je n'aurais pas manqué de le déférer au consistoire de Genève, si j'avais été dans le territoire immense de cette fameuse république.

Un homme aussi intolérant que moi ne souffre pas une telle hardiesse, qui serait capable, à la fin, de porter les hommes à se pardonner les uns les autres leurs sottises. Ce serait porter l'abomination de la désolation[4] dans le lieu saint.

Je crains bien, monsieur, que dans le fond vous ne soyez entiché de cette horrible doctrine : en ce cas, je romprai avec vous tout net; cependant je vous aime de tout mon cœur.

MMMMCCLXIV. — A M. DAMILAVILLE.

22 novembre.

Les hommes seraient trop heureux, mon cher frère, s'ils n'avaient à combattre que des erreurs semblables à celle qui impute au cardinal de Richelieu un très-ennuyeux et très-détestable testament. Je ne crois

---

1. L'abbé d'Étrée. (ÉD.) — 2. Le *Dictionnaire philosophique portatif*. (ÉD.)
3. La lettre est perdue. (ÉD.) — 3. Daniel, IX, 27. (ÉD.)

pas qu'on ait jamais débité une morale plus pernicieuse, ni proposé de plus extravagants systèmes.

M. Marin s'est chargé de faire imprimer, avec permission, ma réponse à M. de Foncemagne¹, réponse que je crois polie et honnête. Si quelque considération particulière dont je ne puis avoir connaissance l'empêchait de faire sur cela ce qu'il m'a promis, je vous serais, en ce cas, très-obligé de donner à Merlin l'exemplaire corrigé que je vous fais tenir; et je crois que M. Marin y donnerait volontiers son aveu. On ne pourrait lui reprocher d'être éditeur; il n'aurait fait que ce que sa place exige de lui. Il me semble nécessaire que l'ouvrage paraisse, je suis dans le cas d'une défense légitime; il ne serait pas bien à moi d'abandonner sur la fin de ma vie une opinion que j'ai soutenue pendant trente années. Je vous jure que je me rétracterais publiquement, si on me donnait de bonnes raisons; mais il me semble qu'on en est bien loin.

Montrez, je vous en prie, cette double copie à votre ami M. de Beaumont. Je crois que l'article qui regarde les avocats ne lui déplaira pas; je voudrais d'ailleurs avoir son avis sur le fond du procès. Je vous avoue que je serais tenté de proposer à M. de Foncemagne de prendre une demi-douzaine d'avocats pour arbitres. Il me paraît qu'on ne peut former que deux opinions sur cette affaire : l'une, que le testament attribué au cardinal n'est point de lui ; l'autre, que, s'il en est, il a fait un ouvrage impertinent. Il y a plus d'un livre respecté dont on pourrait en dire autant.

Tâchez, mon cher frère, d'animer frère Protagoras² : c'est l'homme du monde qui peut rendre les plus grands services à la cause de la vérité. Les mathématiques sont fort belles ; mais, hors une vingtaine de théorèmes utiles pour la mécanique et pour l'astronomie, tout le reste n'est qu'une curiosité fatigante. Plût à Dieu que notre Archimède pût trouver un point fixe pour y pendre le fanatisme!

MMMMCCLXV. — A M. DE BROWLES.

Ferney, 23 novembre.

Mon cher philosophe, je serais bien tenté de venir chez vous avec mon bâton d'aveugle ou avec mon chien. Vous n'auriez pas dans votre maison un philosophe cynique ennemi des hommes : mais malheureusement il faudra que j'attende que ma fluxion soit passée ; peut-être durera-t-elle tout l'hiver, et alors il faudra attendre le printemps. Je suis pénétré de vos offres charmantes ; il faut que vous ajoutiez une bonté nouvelle à toutes celles que vous me témoignez; que cela soit entre nous deux seuls, je vous en prie.

Il s'agit de savoir s'il y a quelqu'un à Lausanne qui ait un peu de crédit sur l'esprit du prince de Wurtemberg, et qui pût seconder la noblesse de ses sentiments, en le portant à faire une action digne de lui, action juste et honnête, et qui n'exige de sa part qu'un seul mot qui ne peut le compromettre.

Mille respects à Mme la philosophe. V.

1. *Les Doutes nouveaux* etc. (ÉD.) — 2. Dalembert. (ÉD.)

MMMMCCLXVI. — A M. MARIN.
24 novembre.

Si jamais, monsieur, quelque homme de lettres vient vous dire que son métier n'est pas le plus ridicule des métiers, le plus dangereux, le plus misérable des métiers, ayez la bonté de m'envoyer ce pauvre homme. Il y a tantôt cinquante ans que je puis rendre bon témoignage de ce que vaut la profession. Un de ses revenants-bons est que chaque année on m'a imputé quelque ouvrage ou bien impertinent ou bien scandaleux. Je suis dans le cas du célèbre M. Arnoult et de l'illustre M. Le Lièvre, deux braves apothicaires, dont on contrefait tous les jours les sachets et le baume de vie. On débite continuellement sous mon nom de plus mauvaises drogues. On a fabriqué une *Histoire de la guerre de* 1741, avec mon nom à la tête. Je ne sais quel fripier prétend avoir trouvé mon portefeuille; il a donné hardiment un recueil de vers tirés du *Mercure*, et cela est intitulé *Mon portefeuille retrouvé*.

M. Robinet, que je n'ai pas l'honneur de connaître, a fait imprimer mes *Lettres secrètes*, qui, si elles sont secrètes, ne devraient pas être publiques; et M. Robinet ne fera pas assurément fortune avec mes prétendus secrets.

En voici un autre qui donne mes *OEuvres philosophiques*; et ces *œuvres* sont d'abominables rogatons imputés autrefois à La Métrie, et indignes même de lui.

Quel remède à tout cela, s'il vous plaît? je n'y vois que celui de la patience; autrefois je m'en fâchais, j'ai pris le parti d'en rire. Je ne puis imiter les charlatans, qui avertissent le public de se donner de garde de ceux qui contrefont leur élixir. Il faut subir cette destinée attachée à la littérature. Il est très-inutile de se plaindre au public, qui n'a jamais plaint personne, et qui ne songe qu'à s'amuser de tout.

Il faut qu'un homme de lettres se prépare à passer sa vie entre la calomnie et les sifflets. Si vous vous plaignez à votre ami d'un libelle fait contre vous, il vous demande vite où on le vend; si vous êtes affligé qu'on vous impute un mauvais ouvrage, il ne vous répond pas, et il court à l'Opéra-Comique; si vous lui dites qu'on n'a pas rendu justice à vos derniers vers, il vous rit au nez : ainsi le mieux est toujours de rire aussi.

Je ne sais si votre Duchesne s'appelle André ou Gui, mais, soit Gui, soit André, il a impitoyablement massacré mes tragédies; il les a imprimées comme je les ai faites, avec des fautes innombrables de sa part, comme moi de la mienne. De toutes les républiques, celle des lettres est sans contredit la plus ridicule.

MMMMCCLXVII. — A M. LE COMTE D'ARGENTAL.
27 novembre.
A l'un de mes anges, ou aux deux ensemble.

Les lettres se croisent, et le fil s'embrouille. La lettre du 21 novembre m'apprend ou qu'on n'avait pas encore reçu les lettres patentes de Mlles Doligny et Luzy, ou qu'elles ont été perdues avec un paquet adressé, autant qu'on peut s'en souvenir, à M. de Courteilles. Tous mes paquets ont été envoyés depuis un mois à cette adresse, excepté un ou deux à l'abbé Arnaud ou à Marin. Il serait triste qu'il y eût un paquet d'égaré. Dans ce doute, voici de nouvelles patentes.

Je vous avais mandé que M. de Richelieu m'avait donné toute liberté sur la distribution de ces bénéfices. Si M. de Richelieu change d'avis, je n'en changerai point; je crois son goût pour Mlle d'Épinai passé, et j'imagine que sa fureur de vous contrecarrer sur les affaires du tripot est aussi fort diminuée.

Je vous supplie, mes divins anges, d'assurer M. Marin de ma très-vive reconnaissance. Je voudrais bien pouvoir la lui marquer, et vous me feriez grand plaisir de me dire comment je pourrais m'y prendre.

Il est très-vrai que j'avais fait une balourdise énorme, en ajoutant, à la réponse faite à M. de Foncemagne en 1750, les noms du cardinal Albéroni et du maréchal de Belle-Ile[1]; je fis cette sottise en corrigeant l'épreuve à la hâte. On est bien heureux d'avoir des anges gardiens qui réparent si bien de pareilles fautes. Mais je jure encore, par les ailes de mes anges, que j'ai retrouvé parmi mes paperasses cette lettre de 1750, écrite de la main du clerc qui griffonnait alors mes pensées. Je ne trompe jamais mes anges.

On m'a mandé qu'un honnête homme, qui a approfondi la matière du testament, et qui ne laisse rien échapper, a porté une sentence d'arbitre entre M. de Foncemagne et moi. On la dit sage, polie, instructive, et très-bien motivée[2].

Il paraît tous les mois sous mon nom, en Angleterre ou en Hollande, quelques livres édifiants. Ce n'est pas ma faute; je ne dois m'en prendre qu'à ma réputation de bon chrétien, et mettre tout aux pieds du crucifix.

J'ai bien peur que maître Omer ne veuille me procurer la couronne du martyre. Ces Omer sont très-capables de joindre au *Portatif* la tragédie sainte de *Saül et David*, que le scélérat de Besongne, libraire de Rouen, a imprimée sous mon nom; *messieurs* pourraient bien me décréter; et quoique je ne fasse cas que des décrets éternels de la Providence, cette aventure serait aussi embarrassante que désagréable. Je connais toute la mauvaise volonté des Omer; je n'ai jamais été content d'aucun Fleury, pas même du cardinal, pas même du confesseur du roi, auteur de l'*Histoire ecclésiastique*; je ne conçois pas comment il a pu faire de si excellents discours, et une histoire si puérile.

Au reste, je ne me porte pas assez bien pour me fâcher, et mes yeux sont dans un trop triste état pour que je revoie les roués. Je me sers d'une drogue qui me rendra ou qui m'ôtera la vue tout à fait; je n'aime pas les partis mitoyens.

Mes chers anges, conservez-moi vos célestes bontés. Toute ma famille se prosterne à l'ombre de vos ailes.

1. *Le Testament du cardinal Albéroni* est de 1753; celui du maréchal de Belle-Ile est de 1761. (ÉD.)
2. L'*Arbitrage entre M. de Voltaire et M. de Foncemagne* est de Voltaire lui-même. (ÉD.)

On nous parle aussi d'une petite assignation de notre curé[1]. La robe de tous côtés me persécute; mais je ne m'épouvante de rien. Je trouve que plus on est vieux, plus on doit être hardi. Je suis du sentiment du vieux Renaud[2], qui disait qu'il n'appartenait qu'aux gens de quatre-vingts ans de conspirer.

MMMMCCLXVIII. — A M. L'ABBÉ D'OLIVET.

Aux Délices, 27 novembre.

Mon cher maître, *non agitur de verbis, sed rebus*. Je veux que vous me disiez nettement si vous avez rien vu de plus mauvais que ce testament tant vanté par La Bruyère. Je sais très-bien qu'un grand ministre peut faire un détestable ouvrage, même en politique. Il ne faut pas être un grand génie pour faire couper le cou au maréchal de Marillac, après l'avoir fait juger à Ruel par des fripons en robe vendus à la faveur. Cartouche en aurait fait autant. Mais pour écrire sur les finances et sur le commerce, on a besoin de connaissances que le cardinal de Richelieu ne pouvait avoir. Je tiens qu'il n'en savait pas assez pour débiter toutes les bêtises qu'on lui attribue.

Au reste, mon cher maître, condamnez-moi si vous voulez sur *inconvenance et marginer*; j'aime ces deux mots, qui sont expressifs, et qui nous sauvent d'une circonlocution. *Inconvenance* n'est pas *disconvenance*; on entend par *disconvenance* des choses qui ne se conviennent pas l'une avec l'autre; et j'entends par *inconvenance* des choses qu'il ne convient pas de faire. Vous direz que je suis bien hardi; je vous répondrai qu'il faut l'être quelquefois.

Vivez, vous dis-je; moquez-vous de tout; vous êtes plus jeune que moi, car vous avez des yeux, et je n'en ai pas. Mme Denis se souvient toujours de vous avec bien de l'amitié; elle vous fait mille compliments. Nous menons une vie agréable et tranquille avec l'héritière du nom de Corneille et un de vos jésuites défroqués, nommé Adam, qui nous dit tous les dimanches la messe, que je n'entends jamais, et à laquelle il n'entend rien, non plus que vous. Vivent Cicéron et Virgile! *Vive, vale*.

MMMMCCLXIX. — A M. LE MARQUIS DE FLORIAN.

29 novembre.

Vraiment vous serez très-bien reçu, monsieur, vous et les vôtres, dans le petit château de Ferney; et je vous réponds que, si j'étais jeune, je viendrais prendre Mme de Florian à Hornoy, pour la conduire chez nous; mais je ne lui conseille pas d'aller en litière. Le chemin de Lyon à Genève est actuellement un des plus beaux du royaume; et il faut toujours choisir les routes les plus fréquentées et les plus longues, parce qu'on y trouve toujours plus de ressources et plus de secours dans les accidents.

---

1. Le curé avec qui il était en procès pour les dîmes. (Éd.)
2. Probablement Nicolas de Renault, dont il est parlé dans la *Conjuration contre Venise*. (Éd.)

ANNÉE 1764.

Nous ne nous flattons pas de vous donner la comédie; il est trop difficile de trouver des acteurs.

Pour moi, j'ai fait comme Sarrazin; j'ai demandé mon congé dès que j'ai eu soixante et dix ans.

Si mes fluxions sur les yeux continuent, je deviendrai bientôt aveugle, et je ne pourrai jouer que le rôle de Tirésie. Nous avons un jésuite qui peut fort bien jouer le rôle de grand prêtre dans l'occasion; mais cela composerait, ce me semble, une troupe assez lugubre.

Il faudra, je crois, se réduire aux plaisirs simples de la société. Genève n'en fournit guère; nous les trouverons dans nous-mêmes. Vous serez contents de M. Dupuits et de sa petite femme. Il a très-bien fait de l'épouser. S'il avait eu le malheur de n'être pas réformé, il était ruiné sans ressource; ses tuteurs avaient bouleversé toute sa petite fortune.

Si vous comptez aller en Languedoc, vous abrégerez beaucoup votre chemin en passant par Lyon, et nous irons au-devant de Mme de Florian. J'espère que je serai en état de la mieux recevoir qu'à son premier voyage. Mes affaires ont été un peu dérangées depuis quelque temps; mais je me flatte qu'elles seront incessamment rétablies avec des avantages nouveaux.

Je vois avec grand plaisir que vous avez embelli Hornoy. Je répète toujours qu'on n'est véritablement bien que chez soi; et que quand on sait se préserver un peu du poison mortel de l'ennui, on se trouve bien plus à son aise dans son château que dans le tumulte de Paris et dans le misérable usage de passer une partie de son temps dans les rues, de sortir pour ne rien faire, et de parler pour ne rien dire. Cette vie doit être insupportable pour quiconque a quarante ans passés.

Tout Ferney fait mille tendres compliments à tout Hornoy. Autrefois les seigneurs châtelains de Picardie n'allaient guère voir les seigneurs châtelains du pays des Allobroges; mais à présent que la société est perfectionnée, on peut sans risque faire de ces longs voyages. Vous serez attendus avec impatience, et reçus avec transport.

MMMMCCLXIX. — A M. DAMILAVILLE.

30 novembre.

Mon cher frère, les auteurs du *Portatif*, dont la plupart sont à Lausanne, sont un peu étonnés du bruit qu'a fait leur livre; ils ne s'y attendaient pas. Je m'attendais encore moins à en être soupçonné; mais, dès que je fus certain qu'on en avait parlé au roi en termes très-forts, et qu'on avait voulu exciter contre moi l'évêque d'Orléans, je fus obligé d'aller au-devant des coups qu'on me portait. Je me trouvais précisément alors dans des circonstances très-épineuses, j'y suis encore; mais c'est déjà beaucoup que l'on ait dit en pleine Académie la vérité dont j'ai besoin. On m'avertit que les Omer se préparent à faire incendier ce *Portatif* au bas de l'escalier, et qu'ils veulent absolument me l'attribuer; je ne sais pas même si la chose n'est pas déjà faite.

Je me résigne, mon cher frère, à la volonté divine, et je m'enveloppe dans mon innocence. Le parlement welche ne voit pas plus loin que son nez. Il devrait sentir combien il est de son intérêt de favoriser la liberté de la presse, et que plus les prêtres seront décrédités, plus il aura de considération. Le sénat romain se garda bien de condamner le livre de Lucrèce, et le parlement d'Angleterre ne soutient la liberté d'écrire que pour affermir la sienne.

Je n'ai point vu les *Lettres de Jean-Jacques*[1] ; on ne les connaît point encore dans notre Suisse. On a aussi imprimé sous mon nom des *Lettres secrètes*. On dit que c'est un M. Robinet qui m'a joué ce beau tour. Si ces lettres sont secrètes, il ne fallait donc pas les mettre au jour ; mais on croit que ce secret restera entre M. Robinet et son imprimeur. On m'a mandé que c'est un recueil aussi insipide que si on avait imprimé les mémoires de mon tailleur et de mon boucher. Vous voyez qu'on me regarde comme un homme mort, et qu'on vend tous mes effets à l'encan. Robinet s'est chargé de mon pot de chambre.

J'attends toujours des *Du Marsais*, des *Saint-Évremont*[2], des *Meslier*; j'ai reçu des *Enochs*[3] : cela n'est pas *publici saporis*. On ne trouve pas un seul *Dictionnaire philosophique* actuellement dans toute la Suisse. Personne ne m'attribue cet ouvrage dans le pays où je vis; il n'y a que des Frérons qui puissent m'accuser à Paris ; mais je ne crains ni les Frérons ni les Pompignans : ces malheureux ne m'empêcheront jamais de vivre et de mourir libre.

Sur ce je vous embrasse; je ris des Welches, et je plains les philophes. *Écr. l'inf....*

MMMMCCLXXI. — A M. LE MARQUIS D'ARGENCE DE DIRAC.

30 novembre.

Je vois, mon cher philosophe, que vous avez perdu un adepte qui sera difficile à remplacer. Ce que vous me mandez de lui, et le petit billet qu'il écrivit avant sa mort, me donnent bien des regrets. On dit que vous avez aussi perdu M. votre père; il était d'un âge à ne devoir s'attendre à vivre plus longtemps. Il n'aura pas sans doute écrit un billet semblable à celui de votre ami. Les choses se tournent bien différemment dans les têtes des hommes. Il y a l'infini entre celui qui a lu avec fruit, et celui qui n'a rien lu : le premier foule à ses pieds les préjugés ; et le second en est la victime. Songez à rétablir votre santé. Pour peu que vous joigniez la sobriété à vos autres mérites, vous n'aurez pas plus besoin des médecins du corps que de ceux de l'âme. Je vous embrasse de tout mon cœur ; je vous serai attaché pour le reste de ma vie, qui ne peut être bien longue.

MMMMCCLXXII. — A MADAME LA COMTESSE D'ARGENTAL.

Aux Délices, novembre.

Madame l'ange est suppliée d'être l'arbitre entre M. de Foncemagne et moi ; si elle me condamne, je me tiens pour très-bien condamné. Je

---

1. *Lettres écrites de la montagne.* (ÉD.)
2. *Analyse de la religion chrétienne.* (ÉD.)
3. *Dissertation sur Élie et Enoch* (faisant suite aux *Recherches sur l'origine du despotisme oriental*), de Boulanger. (ÉD.)

sais bien que j'ai affaire à forte partie; car c'est plutôt contre Mme la duchesse d'Aiguillon et M. le maréchal de Richelieu que contre M. de Foncemagne que je plaide. Il me semble que le procès est assez curieux.

Quant au *Portatif*, je ne plaide point, et je décline toute juridiction. Il est très-avéré que cet ouvrage (horriblement imprimé, quoiqu'il ne l'ait pas été chez les Cramer) est fait depuis plusieurs années, ce qui est très-aisé à voir, puisqu'à l'article *Chaîne des événements*, page 70, il est parlé de soixante mille Russes en Poméranie.

Il n'est pas moins certain que la plupart des articles étaient destinés à l'*Encyclopédie* par quelques gens de lettres, dont les originaux sont encore entre les mains de Briasson. S'il y a quelques articles de moi, comme *Amitié*, *Amour*, *Anthropophages*, *Caractère*, *Chine*, *Fraude*, *Gloire*, *Guerre*, *Lois*, *Luxe*, *Vertu*, je ne dois répondre en aucune façon des autres. L'ouvrage n'a été imprimé que pour tirer de la misère une famille entière. Il me paraît fort bon, fort utile, il détruit des erreurs superstitieuses que j'ai en horreur; et il faut bénir le siècle où nous vivons qu'il se soit trouvé une société de gens de lettres, et dans cette société des prêtres qui prêchent le sens commun. Mais enfin je ne dois pas m'approprier ce qui n'est pas de moi. L'empressement très-inconsidéré de deux ou trois philosophes de Paris de donner de la vogue à cet ouvrage, au lieu de ne le mettre qu'en des mains sûres, m'a beaucoup nui. Enfin la chose a été jusqu'au roi, qu'il fallait détromper; et vous n'imagineriez jamais de qui je me suis servi pour lui faire connaître la vérité. Je n'ai pas les mêmes facilités auprès de maître Omer, mon ennemi, qui me désigna indignement et très-mal à propos, il y a quelques années, dans son réquisitoire contre Helvétius. Son frère, l'ancien intendant de Bourgogne, a fait venir le livre pour le lui remettre, et pour en faire l'usage ordinaire.

Cet usage ne me paraît que ridicule; mais il est pour moi de la dernière importance qu'on sache bien qu'en effet l'ouvrage est de plusieurs mains, et que je le désavoue entièrement; c'est le sentiment de toute l'Académie; je lui en ai écrit par le secrétaire perpétuel. Quelques académiciens, qui avaient vu les originaux chez Briasson, ont certifié une vérité qui m'est si essentielle. Au reste, j'ai pris toutes mes mesures depuis longtemps pour vivre et mourir libre, et je n'aurai certainement pas la bassesse de demander, comme M. d'Argenson, la permission de venir expirer à Paris entre les mains d'un vicaire. Un des Omer disait qu'il ne mourrait pas content qu'il n'ait vu pendre un philosophe; je peux l'assurer que ce ne sera pas moi qui lui donnerai ce plaisir.

Soyez bien persuadé, madame, que d'ailleurs toutes ces misères ne troublent pas plus mon repos que la lecture de l'*Alcoran* ou celle des *Pères de l'Église*, et soyez encore plus persuadée de mon tendre et inviolable respect.

Voulez-vous bien, madame, donner à M. de Foncemagne ma réponse, dans laquelle je ne crois avoir manqué à aucun des égards que je lui dois?

Nota. Je reçois la petite lettre de M. le duc de Praslin. C'était, ne vous déplaise, M. l'évêque d'Orléans qui avait déjà parlé; mais je préfère la protection de M. le duc de Praslin à celle de tout le clergé. Pour M. le duc de Choiseul, il m'a écrit : « Vieux Suisse, vieille marmotte, vous vous agitez comme si vous étiez dans un bénitier, et vous vous tourmentez pour bien peu de chose. »

Je ne suis pas tout à fait de son avis.

MMMMCCLXXIII. — A M. COLINI.

Ferney, 4 décembre.

Vous recevez donc aussi les aveugles dans votre Académie! C'est une bonne œuvre, mon cher confrère, dont Dieu vous bénira. Je vous prie de présenter ma lettre de remerciments à M. de Hohenhausen, et de faire bien mes compliments à M. Schœpflin, quand vous le verrez.

Je vois qu'on m'avait bien trompé quand on m'avait dit qu'on citait en faveur de Fréron ce vers de Virgile :

..... *Tu das epulis accumbere divum.*

Virg., *Æneid.*, lib. I, v. 79.

Il faut dire de lui, au contraire :

Nec deus hunc mensa, dea nec dignata cubili est.

Virg., ecl. IV, dernier vers.

Je crains bien de mourir cet hiver; mais je vous promets de ressusciter dans les beaux jours, pour aller faire ma cour à Son Altesse Électorale, et pour vous embrasser. Bonsoir, mon cher ami et mon cher confrère.

MMMMCCLXXIV. — A M. DUPONT.

A Ferney, 7 décembre.

Je suppose, mon cher ami, que vous avez reçu il y a environ trois semaines une lettre que je vous ai envoyée par Mme du Fresney. Il était question de votre arbitrage entre M. le duc de Wurtemberg et moi chétif. J'essuie de très-grandes difficultés par rapport à ma famille. Je sais bien qu'à mon âge je ne risque rien pour moi; mais mes héritiers, en faveur de qui j'ai stipulé, peuvent survivre au duc régnant. Je suis très-sûr à présent que les terres sont substituées. Les successeurs de M. le duc seront en droit de refuser l'exécution d'un contrat auquel ils n'ont pas consenti. Ils auraient pour prétexte que cette dette n'a pas été acceptée par les états de Wurtemberg : mes héritiers n'auraient pour ressource que la loi de l'honneur et de la bienséance. Je suis bien sûr que les princes frères du duc régnant ne manqueraient pas à cette loi sacrée; mais par malheur cette loi de l'honneur qui est dans leur cœur ne peut entrer dans un contrat, et il faut d'autres sûretés dans une affaire aussi importante.

J'ignore si les états de Wurtemberg voudraient accepter le nouveau contrat proposé, et ratifier en même temps les autres.

J'attends votre sentence d'arbitrage, et je voudrais bien pouvoir vous la demander moi-même. Je vous embrasse de tout mon cœur. V.

ANNÉE 1764.

MMMMCCLXXV. — Au même.

À Ferney, 8 décembre.

Votre lettre du 1er décembre, mon cher ami, doit entièrement dissiper les alarmes de ma famille. J'en avais fait part à M. le comte de Montmartin, parce qu'en affaires je ne connais d'habileté que la franchise. Je mande aujourd'hui à M. de Montmartin que c'est vous qui avez dissipé tous mes doutes, et qui consommez la nouvelle négociation que j'ai l'honneur de faire avec Mgr le duc de Wurtemberg. Je crois que cette nouvelle ne lui déplaira pas, et que ce nouveau contrat que nous allons faire sera l'époque de la confiance du prince en vous, et de votre considération dans sa cour. Il vous regardera comme un homme dont l'intelligence et la probité lui auront été utiles. Je vous prie donc, mon cher ami, de faire le contrat en vertu de la nouvelle procuration donnée par Mgr le duc de Wurtemberg à M. Jean Maire, et de le faire dresser avec toutes les clauses qui peuvent en assurer la stabilité. M. Jean Maire se charge de payer vos honoraires, en attendant que je puisse venir vous marquer ma reconnaissance à Colmar, où je serai certainement au printemps prochain, si je suis en vie. Je vous embrasse de tout mon cœur avec la tendresse de la plus inviolable amitié.

MMMMCCLXXVI. — A M. de Chabanon.

À Ferney, 9 décembre.

Si l'on était sûr, monsieur, d'avoir après sa mort des panégyristes[1] tels que vous, il y aurait bien du plaisir à mourir. Vous faites de toutes façons honneur aux beaux-arts. Je vois une belle âme dans tout ce que vous faites. Si tous les gens de lettres pensaient comme vous, leur état deviendrait le premier du royaume, et leurs persécuteurs seraient dans la fange. Continuez à rendre honorable un mérite personnel que l'insolence des pédants et la fureur des fanatiques voudront en vain avilir. Les grands artistes doivent être tous frères; et si la famille de ces frères est unie, la famille des sots sera confondue. Nos pères, ignorants, légers, et barbares, ne connaissaient avant Lulli que les vingt-quatre violons du roi: et avant Corneille, le cardinal de Richelieu avait à ses gages quatre poètes du Pont-Neuf[2], dignes de travailler sous ses ordres. Il n'y a que les cœurs sensibles et les esprits philosophes qui rendent justice aux vrais talents. Puisse cet esprit philosophique germer dans la nation! Après l'éloge que vous avez fait de Rameau, je ferai toujours le vôtre; vous m'inspirez un sentiment d'estime qui approche bien de l'amitié; j'ose vous demander la vôtre: les sentiments que j'ai pour vous la méritent. Comptez que c'est du meilleur de mon cœur, et sans compliments, que j'ai l'honneur d'être, etc.

1. Chabanon venait de publier son *Éloge de M. Rameau*. (ÉD.)
2. Rotrou, Lestoile, Colletet, Boisrobert. (ÉD.)

MMMMCCLXXVII. — A M. LE COMTE D'ARGENTAL.
10 décembre.

Je vous écrivis, le samedi 8, par M. l'abbé Arnaud. De nouvelles provisions pour les emplois comiques étaient dans ma lettre. Je soupçonne violemment M. l'abbé d'avoir égaré les premières. Il doit être si occupé de ses deux gazettes [1], et si entouré de paperasses, qu'on peut sans injustice le soupçonner d'égarer des paquets. Il a négligé deux paquets qu'on lui avait adressés pour moi. Je vous supplie de lui redemander non-seulement la lettre du 8 décembre, mais celle de novembre, qu'il pourra retrouver.

Vous savez sans doute que vous avez perdu l'abbé de Condillac [2], mort de la petite vérole naturelle et des médecins de l'Italie, tandis que l'Esculape de Genève [3] assurait les jours du prince de Parme par l'inoculation. Nous perdons là un bon philosophe, un bon ennemi de la superstition : l'abbé de Condillac meurt, et Omer est en vie! Je me flatte qu'il n'aura pas l'impudence de faire de nouveaux réquisitoires contre l'inoculation, après ce qui vient de se passer à Parme. La plupart de vos médecins ne savent que cabaler. Votre Sorbonne est toujours la Sorbonne; je ne dis rien de votre parlement, car je suis trop sage.

J'ignore ce qui s'est fait à votre assemblée de pairs, s'il s'est agi des jésuites dont personne ne se soucie, ou d'affaires d'argent après lesquelles tout le monde court,

Grands yeux ouverts, bouche béante [4].

Le marquis [5] demande quelles feuilles il faut envoyer à M. Pierre pour le prince. Je vous ai déjà dit que cela est au-dessous de lui ; et *quod de minimis non curat princeps.*

On m'a envoyé un *Arbitrage* fort honnête *entre M. de Foncemagne,* le défenseur du préjugé, *et moi,* pauvre avocat de la raison. Cet arbitrage me donne un peu gain de cause. Je ne serais pas fâché d'avoir cassé quelques doigts à une idole qu'on admirait sans savoir pourquoi.

Mes divins anges, conservez-moi vos bontés, qui font le charme de ma vie.

MMMMCCLXXVIII. — A M. DAMILAVILLE.
11 décembre.

Ceci est une réponse du 5 de décembre, reçue aujourd'hui. Il est bon de vérifier les dates. Je vous parlerai d'abord de l'objet le plus intéressant de votre lettre. Frère Cramer viendra chez moi dans deux jours, et je conclurai probablement avec lui la petite affaire recommandée par vous et par la philosophie. Je ne suis point surpris que les Welches fassent des difficultés sur cet ouvrage [6] ; il n'est plus permis d'imprimer chez eux que des almanachs et des arrêts du parlement.

Il est très-bon qu'on se soit défait des jésuites, mais il ne faut pas

---

1. La *Gazette littéraire* et la *Gazette de France.* (ÉD.)
2. La nouvelle était fausse. Condillac n'est mort qu'en 1780. (ÉD.)
3. Tronchin. (ÉD.)
4. Vers de J. B. Rousseau, dans son couplet contre Danchet. (ÉD.)
5. Cramer. (ÉD.) — 6. *Sur la destruction des jésuites,* par Dalembert. (ÉD.)

aussi persécuter la raison, dans la crainte chimérique d'essuyer des reproches d'avoir sacrifié les jésuites à l'introduction de la raison en France. La fureur d'écraser les jésuites d'une main et la philosophie de l'autre n'est plus l'ouvrage de la justice; c'est celui d'un parti violent, également ennemi des jésuites et des gens raisonnables.

Je sais tout ce que les oméristes projettent, et je crois même qu'ils iront plus loin que vous ne dites; mais celui que ces monstres persécutent est et sera à l'abri de leurs coups.

Un voyageur s'est chargé, mon cher frère, de vous apporter, dans huit ou dix jours, deux petits recueils assez curieux, et on trouvera le moyen de vous en faire avoir d'autres; mais il faut attendre quelque temps. La raison est une étoffe étrangère et défendue qui ne peut entrer que par contrebande. Je me servirais de la voie que vous m'indiquez, si le paquet n'était entre les mains d'un médecin anglais que vous verrez incessamment à Paris.

Vous savez que l'abbé de Condillac, un de nos frères, est mort de la petite vérole naturelle, immédiatement après que l'Esculape de Genève avait donné des lettres de vie au prince de Parme en l'inoculant. Vous remarquerez qu'il y avait alors une épidémie mortelle de petite vérole en Italie; elle y est très-fréquente; la mère du prince en était morte. Quelle terrible réponse aux sottises de votre faculté et au réquisitoire d'Omer! Ce malheureux veut-il donc que la famille royale périsse! L'abbé de Condillac revenait en France avec une pension de dix mille livres, et l'assurance d'une grosse abbaye; il allait jouir du repos et de la fortune; il meurt, et Omer est en vie! Je connais un impie qui trouve en cette occasion la Providence en défaut.

Je voulais écrire à Archimède-Protagoras tout ce que je vous mande, mais je ne me porte pas assez bien pour dicter deux lettres de suite. Trouvez bon que celle-ci soit pour vous et pour lui. Dites-lui qu'il sera servi avec le plus profond secret. Vous n'avez qu'à m'envoyer incessamment l'histoire de la décadence, et sur-le-champ on travaillera.

Je prie instamment tous les frères de bien crier, dans l'occasion, que le *Portatif* est d'une société de gens de lettres; c'est sous ce titre qu'il vient d'être imprimé en Hollande. Je prie le philosophe Archimède-Protagoras de considérer combien il m'était nécessaire de combattre l'erreur où l'on était à la cour sur le *Portatif*. Je n'ai fait que ce que des gens bien instruits m'ont conseillé; j'ai prévenu, par un antidote, le poison qu'on me préparait. Je sais très-bien de quoi on est capable. La notoriété publique aurait suffi pour opérer certaines petites formalités qui ont fort déplu à Jean-Jacques, et qui l'ont conduit par le plus court à la petite vallée de Motiers-Travers.

Avouons pourtant, mes chers frères, que notre siècle est plus raisonnable que le beau siècle de Louis XIV. Un homme qui aurait osé alors écrire contre le *Testament politique du cardinal de Richelieu* aurait passé pour le descendant d'un laquais d'Érostrate. Nous avons fait quelques pas dans le vestibule de la raison. Courage, mes frères; ouvrez les portes à deux battants, et assommez les monstres qui en défendent l'entrée. *Écr. l'inf....*

MMMMCCLXXIX. — A M. Le Clerc de Montmerci.

12 décembre.

Tout ce que vous me dites, mon cher monsieur, sur le *Testament du cardinal de Richelieu*, est d'un vrai philosophe, et ceux qui ont pris parti pour ce testament ne le sont guère ; ceux qui poursuivent le *Portatif* le sont encore moins. C'est assez d'ailleurs qu'on m'ait imputé cet ouvrage, pour que certaines gens le persécutent. Il est de plusieurs mains. On l'a imprimé d'abord à Liége, ensuite à Amsterdam, et ces deux éditions sont très-différentes ; je n'ai pas plus de part à l'une qu'à l'autre. Si on me désigne dans un réquisitoire, l'orateur méritera la peine des calomniateurs. Je suis consolé en voyant que je n'ai d'ennemis que ceux de la raison ; il est digne d'eux de persécuter un vieillard presque aveugle, qui passe ses derniers jours à défricher des déserts, à bannir la pauvreté d'un canton qui n'avait que des pauvres, et qui, par les services qu'il a rendus à la famille de Corneille, méritait peut-être que ceux qui veulent se piquer d'éloquence ne s'armassent pas si indignement contre lui : mais tel est le sort des gens de lettres. Le plus dangereux des métiers de ce monde est donc celui d'aimer la vérité. encore s'ils étaient unis ensemble, ils imposeraient silence aux méchants ! mais ils se dévorent les uns les autres ; et les monstres à réquisitoire avalent les carcasses qui restent.

Écrivez-moi, je vous prie, ce qu'on fait et ce que vous pensez. Vous m'apprendrez bien des sottises, et je profiterai de vos bonnes réflexions. J'ose compter sur votre amitié, et vous pouvez être sûr de la mienne.

MMMMCCLXXX. — A M. Dupont.

A Ferney, 14 décembre.

. . . .
Comment fera dorénavant votre insolent frère Kroust et les autres maroufles qui faisaient accroire au conseil souverain qu'ils avaient tout crédit à Versailles, et que frère Kroust minor, confesseur de la Dauphine, gouvernait le royaume ?

Je n'ai nulle nouvelle certaine des autres édits concernant les finances ; je ne me mêle que des miennes, qui étaient en assez mauvais ordre, et que je cherche à rétablir par les contrats que vous voulez bien faire. M. le prince Louis de Wurtemberg, qui est à Lausanne, persiste à ne pas même écrire un mot de bonté et d'honnêteté sur cette affaire. Je veux respecter ses motifs, et croire que si malheureusement on perdait un jour M. le duc régnant, le prince Louis, son successeur, ne manquerait pas de faire justice à mes héritiers ; il a trop d'honneur pour ne pas acquitter des dettes si légitimes.

Adieu, mon cher ami. Mme Denis et moi nous vous embrassons tendrement.

VOLTAIRE.

ANNÉE 1764.   119

MMMMCCLXXXI. — A M. DAMILAVILLE.
15 décembre.

Frère Cramer est d'accord, mon cher frère; ainsi envoyez au plus tôt l'histoire de MM. de Loyola¹; mais n'oubliez pas de me parler des nouveaux édits. Tous mes correspondants me mandent d'ordinaire, quand il s'agit d'une chose bien intéressante : « Je ne vous la mande pas, car vous la savez. » Gardez-vous bien de les imiter; dites-moi tout, car je ne sais rien.

On parle de la suppression de tous les receveurs et contrôleurs du dixième. Je crois encore que cela ne vous regarde pas, et que votre emploi est à l'abri d'un nouveau règlement. Je vous prie de m'en instruire; je suis un vrai frère, je m'intéresse à vous spirituellement et temporellement.

Je crois que, dans le moment présent, on ne s'intéresse guère aux rêveries du *Testament du cardinal de Richelieu*. Les sottises présentes occupent toujours tout le monde, et les sottises passées n'amusent qu'un très-petit nombre de gens oisifs.

Les nouveaux édits retarderont probablement le beau morceau d'éloquence qu'Omer prépare; s'il est encore aidé par Chaumeix, cela sera divin. Continuez à échauffer le génie de Protagoras; Dieu le destine sans doute à un grand apostolat; il faut qu'il écrase le monstre. N'est-ce pas une chose honteuse qu'on ait tant reproché aux philosophes de s'unir pour faire triompher la raison, et qu'aucun d'eux n'écrive en sa faveur? Il faudrait au moins qu'ils méritassent les reproches qu'on leur fait. Mourrai-je sans avoir vu les derniers coups portés à l'hydre abominable qui empeste et qui tue?

Je vous embrasse bien tendrement. *Écr. l'inf....*

MMMMCCLXXXII. — A MADAME LA MARQUISE DE BOUFFLERS.
Ferney, 15 décembre.

J'ai l'honneur, madame, d'avoir actuellement dans mon taudis le peintre² que vous protégez. Vous avez bien raison d'aimer ce jeune homme; il peint à merveille les ridicules de ce monde, et il n'en a point; on dit qu'il ressemble en cela à madame sa mère. Je crois qu'il ira loin. J'ai vu des jeunes gens de Paris et de Versailles, mais ils n'étaient que des barbouilleurs auprès de lui. Je ne doute pas qu'il n'aille exercer ses talents à Lunéville³. Je suis persuadé que vous ne pourrez vous empêcher de l'aimer de tout votre cœur quand vous le connaîtrez. Il a fort réussi en Suisse. Un mauvais plaisant a dit qu'il était là comme Orphée; qu'il enchantait les animaux; mais le mauvais plaisant avait tort. Il y a actuellement en Suisse beaucoup d'esprit; on a senti très-finement tout ce que valait votre peintre. S'il va à Lunéville, comme il le dit, je vous assure, madame, que je suis bien fâché de ne pas l'y suivre. J'aurais été bien aise de ne pas mourir sans avoir

1. *Sur la destruction des jésuites*, par Dalembert. (ÉD.)
2. Le chevalier de Boufflers, fils de la marquise. (ÉD.)
3. Où était la cour de Stanislas. (ÉD.)

eu l'honneur de faire encore ma cour à madame sa mère. Tout vieux que je suis, j'ai encore des sentiments; je me mets à ses pieds, et, si elle veut me le permettre, aux pieds du roi. J'aurais préféré les Vosges aux Alpes; mais Dieu et les dévots n'ont pas voulu que je fusse votre voisin. Goûtez, madame, la sorte de bonheur que vous pouvez avoir; ayez tout autant de plaisir que vous le pourrez; vous savez qu'il n'y a que cela de bon, de sage, et d'honnête. Conservez-moi un peu de bonté, et agréez mon sincère respect.

Le vieux Suisse, VOLTAIRE

MMMMCCLXXXIII. — A M. LE MARÉCHAL DUC DE RICHELIEU.

A Ferney, 19 décembre.

Remontre très-humblement François de V. l'aveugle à son héros :

1° Que son héros n'a pas autant de mémoire que d'imagination et de grâces; qu'il daigna mander le 1ᵉʳ de septembre à son vieux courtisan : « Vous êtes et serez toujours le maître des rôles de toutes vos pièces; c'est un droit qui vous serait moins disputé qu'à personne, et une loi où l'on obéira en vous battant des mains; je le veux absolument. »

Voilà les propres paroles de monseigneur le maréchal.

2° Que ces propres paroles étaient en réponse d'un placet présenté par l'aveugle, dans lequel ledit aveugle avait supplié son héros de lui permettre de faire une nouvelle distribution de ces rôles.

3° Que ledit suppliant a été, depuis environ quarante ans en çà, berné par sondit héros, lequel lui a donné force ridicules le plus gaiement du monde.

4° Que ledit pauvre diable ne mérite point du tout le ridicule d'être accusé d'avoir entrepris quelque chose de sa tête dans cette importante affaire, et qu'il n'a rien fait, rien écrit, que muni de la permission expresse de son héros, et de son ordre positif, qu'il garde soigneusement.

5° Qu'il écrivit en conséquence au grasseyeur Grandval; qu'il instruisit ledit grasseyeur de la permission de monseigneur le maréchal, et que, partant, il est clair que le berné n'a manqué à aucun de ses devoirs envers son héros le berneur.

6° Qu'il n'a consulté en aucune manière Parme et Plaisance¹ sur les acteurs et actrices du trépot de Paris; mais que, sur le rapport de plusieurs farceurs, grands connaisseurs, barbouilleurs de papier, et autres grands personnages, il a distribué ses rôles, selon toute justice, selon le bon plaisir de monseigneur le maréchal et de messieurs les gentilshommes de la chambre; ce qu'il a expressément recommandé dans toutes ses lettres aux connaisseurs représentant le parterre.

7° Qu'il n'a envoyé au grasseyeur ses dernières dispositions sous une enveloppe parmesane que pour éviter les frais de la poste au grasseyeur, et pour faire parvenir la lettre plus sûrement, une première ayant été perdue.

1. C'est-à-dire le comte d'Argental, qui était ministre plénipotentiaire de la cour de Parme en France. (ÉD.)

Ces sept raisons péremptoires étant clairement exposées, le suppliant espère en la miséricorde de son héros et en ses plaisanteries.

Il supplie son héros d'examiner la chose un moment de sang-froid, sans humeur et sans bons mots, et de lui rendre justice.

Il y a plus de quinze jours que j'ai écrit pour faire venir quatre exemplaires de ce cher Julien l'Apostat[1], pour vous en faire parvenir un par la voie que vous m'avez ordonnée.

Vous croyez bien que j'ai reçu de mon mieux l'ambassadeur de Mme d'Egmont. Je vois que votre voyage dans mon pays des neiges est assez éloigné encore; mais si jamais Mme d'Egmont veut passer le mont Cenis et aller à Naples, je me ferai prêtre pour l'accompagner en qualité de son aumônier Poussatin[2].

Je suis honteux de mourir sans avoir vu le tombeau de Virgile, la ville souterraine, Saint-Pierre de Rome, et les facéties papales.

Je me mets aux pieds de mon héros avec une extrême colère, un profond respect, et un attachement sans bornes.

MMMMCCLXXXIV. — A M. DALEMBERT.
19 décembre.

Mon cher philosophe, à la réception de votre billet, j'écris à Gabriel Cramer, et je lui remontre son devoir. Il aurait dû commencer par envoyer des exemplaires à l'Académie. Je ne me suis mêlé en aucune manière du temporel : j'ai eu beaucoup de peine avec le spirituel, et je me repentirai toute ma vie d'avoir été trop indulgent. Je respecte fort Pierre Corneille, j'aime sa nièce; mais je suis pour ses tragédies ce que Lacouture était pour les sermons : il disait qu'il n'aimait pas le *brailler*, et qu'il n'entendait pas le *raisonner*.

J'attends certains papiers[3] dont vous ne me parlez pas, et dont je vous rendrai bon compte quand ils me seront parvenus. On gardera le secret comme chez des initiés et des conjurés.

Je crois que les malins et les gens à réquisitoires sont trop occupés de finances pour brûler de la philosophie : c'était, comme je vous l'avais dit, cet honnête abbé d'Étrée qui avait été le premier délateur. Vous savez qu'il est généalogiste; c'est une belle science, et dans laquelle on met souvent du génie. Il était à la campagne, en qualité de généalogiste et de polisson, chez M. de La Roche-Aymon, dont la terre touche à celle du procureur général.

C'est là qu'il fit sa belle manœuvre. Il a un petit bénéfice auprès de Ferney; il vint se faire recevoir prieur, il y a un an, en grande pompe, monté sur une haridelle; il se donna pour un descendant de Gabrielle d'Estrées. Je n'allai pas au-devant de lui, parce que je ne suis pas bon généalogiste; il me sut fort mauvais gré de mon peu de respect : si on me brûle, je lui en aurai l'obligation; mais, pourvu que

---

1. *La Défense du paganisme*, par l'empereur Julien, traduit par le marquis d'Argens. (ÉD.)
2. Personnage des *Mémoires de Grammont*. (ÉD.)
3. Le manuscrit de l'ouvrage de Dalembert : *Sur la destruction des jésuites*. (ÉD.)

j'évite les décrets éternels de Dieu et ceux du parlement, je bénirai ma destinée.

Je vous embrasse, mon grand philosophe, avec bien de la tendresse. *Écr. l'inf....*

MMMMCCLXXXV. — A M. LE COMTE D'ARGENTAL.
19 décembre.

Vous saurez, mes divins anges, que M. le maréchal de Richelieu m'a écrit une lettre fulminante sur la distribution des bénéfices du *tripot*. Il m'accuse d'avoir conspiré avec vous contre les quatre premiers gentilshommes de la chambre : je viens de le confondre par des raisons auxquelles on ne peut répondre que par humeur et par autorité. Je lui ai envoyé la copie de sa lettre, par laquelle il m'avait non-seulement permis de disposer des dignités comiques, mais dans laquelle même il m'assurait que c'était mon droit; qu'on ne me l'ôterait jamais, et qu'il voulait que j'en usasse.

Je lui ai certifié que vous n'aviez nulle part aux résolutions que j'ai prises, en conséquence de ses ordres. Je ne sais ce qui arrivera de cette grande affaire, mais je n'ai pas voulu que vous souffrissiez pour ma cause. Il serait injuste qu'on vous fît une affaire d'État, dans le temps présent, pour les héros du temps passé. Je vous supplie de me mander en quel état est cette tracasserie théâtrale.

Je soupçonne *le Portatif* d'avoir été noyé dans les flots d'édits portés en parlement; et quand on voudra le mettre en lumière, après l'aventure des édits, ce ne sera que du réchauffé. On ne saura pas seulement de quoi il est question, et maître Omer en sera pour son réquisitoire.

On dit que quelques philosophes ont ajouté plusieurs chapitres insolents au *Portatif*, qu'on l'a imprimé en Hollande avec ces additions[1] irréligieuses, qu'il s'en est débité quatre mille en huit jours, et que la sacro-sainte baisse à vue d'œil dans toute l'Europe. Dieu bénisse ces bonnes gens! ils ont rendu un service essentiel à l'esprit humain. On ne peut établir la tolérance et la liberté qu'en rendant la persécution ridicule. Il faut avoir les yeux crevés pour ne pas voir que l'Angleterre n'est heureuse et triomphante que depuis que la philosophie a pris le dessus chez elle; auparavant elle était aussi sotte et aussi malheureuse que nous.

Il fait un temps assez doux dans notre grand bassin entre les Alpes et le mont Jura; si cela continue, je pourrai bientôt relire les roués. Daignez me mander, je vous prie, si l'on a reçu au *tripot* quelque héros qui ait une voix sonore, la mine fière, la contenance assurée, la poitrine large et remplie de sentiment, avec des yeux pleins de feu qui sachent parler plus d'un langage.

J'ai lu mes *Lettres secrètes*. Voilà de plaisants secrets! Le polisson qui a fait ce recueil n'y fera pas une grande fortune.

1. Ces additions consistaient en huit articles : *Catéchisme du jardinier, Enthousiasme, Liberté de penser, Nécessaire, Persécution, Philosophie, Sens commun* et *Tolérance* (seconde section). (ÉD.)

ANNÉE 1764.

Je baise le bout de vos ailes avec une effusion de cœur remplie d'onction et de la plus respectueuse tendresse.

Comme cette lettre allait partir, je reçois celle de mon ange, du 11 de décembre. On doit avoir reçu ma réponse au sujet de Luc, envoyée sous l'enveloppe de M. le duc de Praslin. J'ai vu depuis un des meurtriers appartenant à Luc; il confirme sa bonne santé; mais je crois qu'il ne sait rien ni pour ni contre. J'espère savoir dans peu quelque chose de plus positif.

Je suis très-fâché de la mort de Mme de La Marche, car on dit qu'elle était très-aimable.

J'aurai bien de la peine avec les roués. La scène du troisième acte, étant toute en mines et en gestes, pourrait devenir comique, si les personnages exprimaient en vers la crainte qu'ils ont d'être reconnus. Je crains l'arlequinade. D'ailleurs je ferai ce que je pourrai, et non pas ce que je voudrai. Tout ce que je puis dire, c'est qu'il faut des hommes à la Comédie, et que nous en manquons.

MMMMCCLXXXVI. — A M. LE MARQUIS ALBERGATI CAPACELLI.

A Ferney, 21 décembre.

J'ai reçu, par la poste, monsieur, l'énorme poignée de verges de l'aristarque et du zoïle d'Italie[1]; mais dans l'état où sont mes yeux, il leur est impossible de lire cet ouvrage : mes fluxions me sauvent de la *frusta*. C'est une chose prodigieuse que le nombre de journaux dont l'Europe est inondée. La rage d'imprimer des livres, et d'imprimer son avis sur les livres, est montée à un tel point, qu'il faudrait une douzaine de bibliothèques du Vatican pour contenir tout ce fatras. Les belles-lettres sont devenues un fléau public. Il n'y a d'autre parti à prendre que d'en user avec les livres comme avec les hommes; de choisir quelques amis dans la foule, de vivre avec eux, et de se soucier très-peu du reste.

Mon malheur sera toujours d'avoir vécu loin d'un ami aussi respectable que vous. Ce qui me fait le plus regretter la perte de mes yeux, c'est de ne pouvoir plus lire l'Arioste; mais je regrette votre société bien davantage.

MMMMCCLXXXVII. — A M. LE COMTE D'ARGENTAL.

23 décembre.

Je commence, mon cher ange, et je dois commencer toutes mes lettres par le mot de reconnaissance. Nous vous demandons en grâce, Mme Denis et moi, de répéter à M. le duc de Praslin ce mot, qui est gravé dans nos cœurs pour vous et pour lui. Tandis que vous prenez des mesures politiques avec le tripot de la Comédie, il y a vraiment de belles querelles dans le tripot de Genève.

Quelques conseillers ont voulu que je vous en prévinsse, comptant que, dans l'occasion, vous serez leur médiateur auprès de M. le duc de Praslin. M. Cromelin doit vous en parler; mais je ne crois pas que

1. Barretti. (Éd.)

la querelle devienne jamais assez violente pour que la France s'en mêle. Le fond en est excessivement ridicule. Permettez-moi de vous ennuyer, en vous disant de quoi il s'agit.

La république de Genève est un petit État moitié démo, moitié aristo-cratique. Le conseil du peuple, qu'on appelle le conseil des quinze-cents, est en droit de destituer les premiers magistrats, qu'on appelle syndics. Jean-Jacques Rousseau (afin que vous le sachiez) était du conseil des quinze-cents. Les magistrats qui exercent la justice s'étant divertis à faire brûler les livres de Jean-Jacques, Jean-Jacques, du haut de sa montagne ou du fond de sa vallée, excita les chefs de la populace à demander raison aux magistrats de l'insolence qu'ils avaient eue d'incendier les pensées d'un bourgeois de Genève. Ils allèrent deux à deux, au nombre d'environ six cents, représenter l'énormité du cas; et Jean-Jacques ne manqua pas de leur faire dire que, si on rôtissait les écrits d'un Génevois, il était bien triste qu'on n'en fit pas autant à ceux d'un Français. Un magistrat vint me demander poliment la permission de brûler un certain *Portatif*; je lui dis que ses confrères étaient bien les maîtres, pourvu qu'ils ne brûlassent pas ma personne, et que je ne prenais nul intérêt à aucun *Portatif*.

Pendant ce temps Jean-Jacques faisait imprimer, dans Amsterdam, un gros livre bien ennuyeux pour toutes les monarchies, et qui ne peut guère être lu que par des Génevois : cela s'appelle les *Lettres de la montagne*. Il y souffle le feu de la discorde, il excite tous les petits ordres de ce petit État les uns contre les autres; et, à la première lecture, on a cru qu'il y aurait une guerre civile. Pour moi, je crois qu'il n'y aura rien, et que le tocsin de Rousseau ne fera pas un bruit dangereux. S'il y a quelques coups de poing donnés, je ne manquerai pas de vous en avertir, soit pour vous amuser, soit pour vous prier d'engager M. le duc de Praslin à mettre le holà.

Je ne sais quel ministre de je ne sais quelle puissance ou quelle faiblesse chrétienne à la Porte ottomane, demanda un jour audience au grand vizir, pour lui apprendre que les troupes de son maître chrétien avaient battu les troupes d'un autre prince chrétien. « Que m'importe, lui dit le vizir, que le chien ait mordu le porc, ou que le porc ait mordu le chien? »

Vous ne serez point le vizir dans une occasion pareille; vous serez un médiateur bienfaisant.

Si M. Cromelin vous parle de toutes ces tracasseries, je vous prie de lui dire que je vous ai parlé comme je le devais.

Mme d'Argental m'inquiète beaucoup plus que Genève. Je ne sais rien de pis que de n'avoir point de santé. Ma mie Fournier[1] n'a-t-elle pas d'elle un soin extrême? — Respect et tendresse.

---

1. Médecin de M. et Mme d'Argental. (ÉD.)

MMMMCCLXXXVIII. — Aux auteurs de la *Gazette littéraire*.

24 décembre.

Vous rendez tant de justice, messieurs, aux ouvrages qu'on fait, que j'ose vous prier de la rendre à ceux qu'on ne fait point. J'ai appris dans ma retraite que depuis plus d'un an on imprime sous mon nom, dans les pays étrangers, des écrits auxquels je n'ai pas la moindre part. J'ignore si je dois cet honneur à la malignité d'un éditeur, ou à l'intérêt très-mal entendu d'un libraire. Tout ce que je puis déclarer, c'est que je regarde comme des faussaires[1] tous ceux qui se servent ainsi d'un nom connu pour débiter des livres qui ne sont pas faits pour l'être. N'étant pas à portée de réprimer une pareille licence, je puis et je dois au moins m'en plaindre, et je m'adresse à vous, messieurs, comme à des hommes à qui l'honneur de la littérature doit être plus cher qu'à personne.

J'ai l'honneur d'être, etc.

MMMMCCLXXXIX. — A M. P. Rousseau.

25 décembre.

Quelque mépris qu'on ait pour la calomnie, il est quelquefois nécessaire de la réfuter. Un libraire d'Amsterdam a cru qu'il était de son intérêt d'imprimer sous mon nom des bêtises hardies. Il a débité une brochure intitulée *Ouvrage posthume de M. de M. Y*; le *Testament de Jean Meslier*, autre brochure, etc.; et il a donné à ce petit recueil le titre de *Collection complète des ouvrages de M. de V*. Comment un si petit livre peut-il être intitulé *Collection complète*, et comment une œuvre posthume de M. Y., et un testament d'un homme mort il y a trente ans, peuvent-ils être de moi? Je ferai encore une autre question: Comment ne punit-on pas un tel délit, qui est celui d'un calomniateur et d'un faussaire? Un autre libraire s'est avisé d'imprimer l'*Arétin*[2] sous mon nom. Un autre donne mes prétendues *Lettres secrètes*; mais, mon ami, si elles sont secrètes, elles ne doivent donc pas être publiques. Il ne se passe guère de mois où l'on ne m'attribue quelques ouvrages dans ce goût.

Je ne les lis point, et c'est ce qui me console d'avoir presque entièrement perdu la vue: mais je ne me consolerais pas de ces impertinentes imputations, si je ne savais que les honnêtes gens voient avec indignation cet abus de la presse, et que les hommes en place ne jugent

---

1. C'est peut-être cette phrase et la lettre dont elle fait partie qui sont rappelées dans la note suivante, insérée dans le *Journal encyclopédique* du 15 janvier 1765, page 191 :

« L'abus qu'on fait du nom de M. de Voltaire, en le plaçant à la tête de certains ouvrages impies et scandaleux auxquels il n'a pas la moindre part, oblige ce célèbre auteur à faire déclarer publiquement qu'il « n'a aucune correspondance avec aucun libraire de l'Europe; que quiconque se sert de son nom est « un faussaire; et qu'il s'en remet aux magistrats pour punir un tel brigandage. » (*Note de M. Beuchot*.)

2. Par l'abbé Dulaurens, auteur du *Compère Matthieu*. (Éd.)

pas sur des brochures de Hollande et sur des gazettes. Il faut pardonner cet abus de l'imprimerie en faveur du bien qu'elle a fait aux hommes.

MMMMCCXC. — A M. DAMILAVILLE.

26 décembre.

J'ai reçu, mon cher frère, l'histoire de *la Destruction*, qui est l'ouvrage de la raison et de l'esprit, mais qui ne sera pas enregistré. J'ai reçu aussi l'autre ouvrage[1] qui l'a été été, mais qui, ce me semble, ne vaut pas l'autre. Cramer va faire, avec grand plaisir, tout ce que vous avez recommandé. Vous me paraissez juger aussi bien de la déraison en finances, que du galimatias en théologie. Une des grandes consolations de ma vie, c'est que j'ai retrouvé toujours ma façon de penser dans tout ce que vous m'avez écrit; cela est assez à l'honneur de la philosophie. Le bon sens parle le même langage. Les géomètres font dans tout l'univers les mêmes démonstrations, sans s'être donné le mot.

Voici un petit mot de lettre pour Archimède-Protagoras[2], dont l'ouvrage m'a enchanté. Que j'aime sa précision, sa force, et sa plaisanterie! qu'il est sage et hardi! qu'il est le contraire de Jean-Jacques!

Ce Jean-Jacques vient de traiter le conseil de Genève comme il a traité Christophe de Beaumont. Il veut mettre le feu dans sa patrie avec les étincelles du bûcher sur lequel a brûlé son *Émile*. Je crois qu'il s'attirera quelque méchante affaire. Il n'est ni philosophe ni honnête homme; s'il l'avait été, il aurait rendu de grands services à la bonne cause.

Je suis étonné que le médecin anglais ne soit pas encore arrivé à Paris, et qu'il ne vous ait pas rendu le petit paquet; apparemment qu'il s'amuse à tuer des Français en chemin. Savez-vous que Marc-Michel Rey, imprimeur de Jean-Jacques, a eu l'abominable impudence de mettre sous mon nom le *Jean Meslier*, ouvrage connu de tout Paris pour être de ce pauvre prêtre; le *Sermon des Cinquante*, de La Métrie; l'*Examen de la religion*, attribué à Saint-Évremont, etc.? Tout a été incendié à la Haye, avec *le Portatif;* voilà une bombe à laquelle on ne s'attendait point.

Je prends toutes les mesures nécessaires pour détruire tant de calomnies; mais j'ai grand'peur qu'Omer ne se réveille au bruit de la bombe. Il serait triste qu'on vint m'enfumer dans mon terrier à l'âge de seizante-onze ans. Mme Denis, ma nièce, a écrit à d'Hornoy, son neveu, conseiller au parlement, et lui a insinué d'elle-même qu'il devait aller, si cela était nécessaire, parler à Omer au palais, et lui dire que, s'il fait une sottise, il ne doit pas au moins me nommer dans sa sottise; qu'il offenserait sans raison une famille nombreuse qui sert le roi dans la robe et dans l'épée; qu'il est sûr que *le Portatif* n'est point de moi, et que cet ouvrage est d'une société de gens de lettres très-connus dans les pays étrangers.

Vous avez vu mon d'Hornoy à l'occasion d'une certaine *Olympie*;

1. Les édits royaux. (ÉD.) — 2. Dalembert. (ÉD.)

seriez-vous homme à le voir à l'occasion d'un certain *Portatif?* pourriez-vous l'encourager, s'il a besoin qu'on l'encourage ? Vous êtes un vrai frère, qui secourez dans l'occasion les frères opprimés.

On doit avoir actuellement les édits; j'en suis curieux comme d'une pièce nouvelle. Mandez-moi, je vous prie, si cette pièce réussit, ou si elle est sifflée. L'*Arbitrage*[1] ne fera pas une grande sensation; on est las de toutes ces disputes; et quand il s'agit de sottises présentes, on se soucie fort peu de celles qui sont attribuées au cardinal de Richelieu.

Il y a d'autres sottises qui doivent être l'objet éternel de l'attention des frères; partant, *écr. l'inf....*

MMMMCCXCI. — A M. L'ABBÉ DE SADE.

A Ferney, 26 décembre.

Vous avez écrit à un aveugle, monsieur, et j'espère que je ne serai que borgne quand j'aurai l'honneur de vous revoir. Soyez sûr que je vous verrai de très-bon œil, s'il m'en reste un. Les neiges du mont Jura et des Alpes m'ont donné d'abominables fluxions, que votre présence guérira. Mais serez-vous en effet assez bon pour venir habiter une petite cellule dans mon petit couvent ? Il me semble que Dieu a daigné me pétrir d'un petit morceau de la pâte dont il vous a façonné. Nous aimons tous deux la campagne et les lettres : embarquez-vous sur notre fleuve; je vous recevrai à la descente du bateau, et je dirai : *Benedictus qui venit in nomine* Apollinis !

Je n'ai point encore entendu parler de votre second tome[2]; mais quand il viendra, je ne saurai comment faire pour le lire. Il y a trois mois que je suis obligé de me servir des yeux d'autrui. Jugez s'il y a quelque apparence au beau conte qu'on vous a fait que j'avais mis quelques observations dans la *Gazette littéraire*. Je ne lis depuis longtemps aucune gazette, pas même l'*ecclésiastique*.

Il est juste que vous ayez beaucoup de jésuites dans Avignon; d'Assouci et eux sont sauvés en terre papale. Les parlements ont fait du mal à l'ordre, mais du bien aux particuliers; ils ne sont heureux que depuis qu'ils sont chassés. Mon jésuite Adam était mal couché, mal vêtu, mal nourri; il n'avait pas un sou, et toute sa perspective était la vie éternelle. Il a chez moi une vie temporelle qui vaut un peu mieux. Peut-être que dans un an il n'y aura pas un seul de ces pauvres gens qui voulût retourner dans leurs colléges, s'ils étaient ouverts. Du reste, nous ignorons, Dieu merci, tout ce qui se passe dans le monde, et nous nous trouvons fort bien de notre ignorance. Le meilleur parti qu'on puisse prendre avec les hommes, c'est d'être loin d'eux, pourvu qu'on soit avec un homme comme vous. Mon indifférence pour le genre humain augmentera quand je jouirai du bonheur que vous me faites espérer. Je prends la liberté d'embrasser de tout mon cœur le parent de Laure et l'historien de Pétrarque, qui est de meilleure compagnie que son héros.

1. *Arbitrage entre M. de Voltaire et M. de Foncemagne.* (ÉD.)
2. Des *Mémoires pour la Vie de François Pétrarque.* (ÉD.)

MMMMCCXCII. — A M. DALEMBERT.

26 décembre.

J'ai lu, mon cher philosophe, l'histoire de *la Destruction* avec autant de rapidité que vous l'avez écrite, et avec un plaisir que je n'avais pas connu depuis la première lecture des *Lettres provinciales*. Je vous demanderai, comme à Pascal : Comment avez-vous fait pour mettre tant d'intérêt et tant de grâce dans un sujet si aride? Je ne connais rien de plus sage et de plus fort; vous êtes le prêtre de la raison, qui enterrez le fanatisme. Ce monstre expire dans les maisons de tous les honnêtes gens de l'Europe; il ne végète plus, et ne fait entendre ses sifflements que dans les galetas des auteurs du *Journal chrétien* et de la *Gazette ecclésiastique*. Dieu vous bénisse! Dieu vous le rende! Vous écrasez, en vous jouant, les molinistes, les jansénistes; vous faites le bien de l'État en rendant également méprisables les deux partis qui l'ont troublé. On va se mettre dans deux heures à l'impression. Cramer vous enverra incessamment ce que vous savez [1]. On a lapidé les jésuites avec les pierres des décombres de Port-Royal; vous lapidez les convulsionnaires avec les ruines du tombeau du diacre Pâris, et la fronde dont vous lancez vos cailloux va jusqu'à Rome frapper le nez du pape.

Cher défenseur de la raison, *macte animo*, et passez joyeusement votre vie à écraser de votre main les têtes de l'hydre, sans qu'elle puisse en expirant nommer celui qui l'assomme. *Écr. l'inf....*

MMMMCCXCIII. — A M. DUPONT.

A Ferney, 29 décembre.

J'ai donc, mon cher ami, lâché mes filets en votre nom; et quoique je n'aie point reçu de vos nouvelles, j'envoie aujourd'hui le complément des quatre-vingt mille livres en or, à l'adresse de M. Jean Maire, par le coche de Genève et de Berne, à Strasbourg.

Je suppose, mon cher ami, que vous avez fait faire à M. Jean Maire le contrat en la meilleure forme possible, et que jamais les héritiers de M. le duc de Wurtemberg ne pourront inquiéter les miens. Je crois même que M. le prince Louis de Wurtemberg, malgré tous ses refus formels et réitérés d'accéder au traité, le ratifierait s'il était jamais souverain; il ne voudrait pas sans doute trahir l'honneur de sa maison pour un si petit objet. D'ailleurs, il me paraît que la dette est très-assurée sur les terres de France qui ne sont point sujettes à substitution. Je m'imagine que le contrat est en chemin, tandis que mon argent est au coche.

Je crois que vos jésuites voyagent par le coche aussi, mais avec moins d'argent. J'ai besoin de deux ou trois bouviers dans ma terre; si vous pouvez m'envoyer le P. Kroust et deux de ses compagnons, je leur donnerai de bons gages; et si au lieu du métier de bouvier ils veulent servir de bœufs, cela serait égal. Je trouve les parlements très-

---

1. Le prix de l'ouvrage *Sur la destruction des Jésuites*. (ÉD.)

avisés d'avoir su enfin employer les gens aux fonctions qui leur conviennent. Je me souviendrai toute ma vie que vous m'avez dit qu'un maraud de jésuite, nommé Aubert, fit brûler Bayle dans le marché de Colmar. Ne sauriez-vous point où cet Aubert est enterré? il faudrait au moins exhumer et pendre son cadavre. Il faut espérer que la philosophie reprendra un peu le dessus, puisqu'elle est délivrée de ses plus grands ennemis. Je sais bien qu'elle en a encore; mais ils sont dispersés et désunis; rien n'était si dangereux qu'une société de fanatiques gouvernés par des fripons, et s'étendant de Rome à la Chine.

Vous avez vu sans doute les derniers édits; ils sont un peu obscurs; le parlement, en les enregistrant, donne de bons avis au roi, et lui recommande d'être économe. Je prie le conseil souverain d'Alsace d'en dire autant à M. le duc de Wurtemberg. Me voilà intéressé à le voir le prince le plus sage de l'Allemagne.

Je vous embrasse bien tendrement, mon cher ami. VOLTAIRE.

MMMMCCXCIV. — A M. LE COMTE D'ARGENTAL.

Mémoire pour Pierre Corneille, du pont Marie, au sujet de Pierre Corneille, auteur de CINNA.

Mes anges, protecteurs des deux Pierre, sont priés humblement de considérer :

Que le roi ayant souscrit pour deux cents exemplaires, M. de La Borde ayant favorisé cette entreprise avec toute la générosité possible, et ayant payé d'avance la moitié de la souscription de Sa Majesté, il demande aujourd'hui la délivrance de ces deux cents exemplaires, après nous avoir flattés que le roi n'en prendrait qu'une douzaine.

Il est certain que le roi n'a que faire de ces deux mille quatre cents volumes qui composent les deux cents exemplaires souscrits par Sa Majesté.

Si le roi en prend cinquante, c'est beaucoup. Ne pourrait-on pas engager le roi, ou ses ayants cause, à faire présent de ces cent cinquante exemplaires restants à Pierre Corneille, du pont Marie? cela pourrait composer une somme de trois cents louis d'or pour ledit Pierre. Mais, pour lui procurer cet avantage, il ne faudrait pas baisser le prix. On pourrait déposer les volumes entre les mains de quelque homme intelligent et fidèle, qui, moyennant un profit honnête, se chargerait de la vente. On pourrait même, du produit, faire une petite rente sur la tête de M. Pierre et de sa femme. Je soumets ma proposition aux lumières et aux bontés de mes anges, et je leur demande bien pardon de ne leur envoyer aujourd'hui que trois mémoires.

N. B. Les exemplaires sont en chemin.

MMMMCCXCV. — A M. GILLI.

Monsieur, je crois que le mot d'*administration* signifie *manutention, gestion.* Les directeurs de la compagnie des Indes, demeurant à Paris, ne peuvent gérer dans l'Inde; et il est impossible qu'un conseil qui donne des ordres de si loin puisse être responsable à Paris des malversations, des négligences, et des démarches inconsidérées qu'on peut faire dans la province de Carnate.

En ouvrant le mémoire de la compagnie des Indes contre M. Dupleix, je trouve ces mots à la page 161 des pièces justificatives : DALMÈDE: *compte de ses friponneries*.

Je trouve à la page 153 : Compte des révérends pères jésuites pour soixante-sept mille quatre cent quatre-vingt-dix livres; plus, six mille livres; et si j'étais janséniste, je pourrais demander où saint Ignace a pris cette somme.

La page 95 du mémoire m'apprend qu'un domestique d'un conseiller de Pondichéri, qui était devenu receveur général de la province, a commis une infinité de *brigandages*.

Je me flatte que, quand je lirai le reste du mémoire, je trouverai quelques autres articles aussi délicats. En attendant, si vous savez l'anglais, je vous exhorte à lire, dans Pope, l'histoire de sir Balaam. Le diable voulait absolument acquérir l'âme de sir Balaam; il ne trouva point de meilleur secret pour s'en assurer que de le faire supercargo de la compagnie des Indes de Londres.

Que voulez-vous qu'on pense lorsque l'on voit la faction de M. Dupleix accuser le conquérant de Madras d'infâmes rapines, le faire enfermer à la Bastille avant qu'il ait été entendu, et faire perdre à la France tout le fruit de la conquête?

Enfin il est évident que M. Dupleix lui-même est accusé de malversation dans le mémoire de la compagnie des Indes, tandis qu'il redemande une somme de treize millions. Je ne connais point M. Dupleix, je n'ai point connu M. de La Bourdonnais; je sais seulement que l'un a pris Madras, et que l'autre a sauvé Pondichéri.

Il est bien vrai, monsieur, comme vous le dites, que l'un n'aurait pu défendre Pondichéri, ni l'autre prendre Madras, si on ne leur avait fourni des forces suffisantes; mais, en vérité, aucun historien, depuis Hérodote jusqu'à Hume, ne s'est avisé d'observer que ceux qui ont pris ou défendu des villes aient reçu des soldats et des munitions des puissances pour lesquelles ils combattaient : la chose parle d'elle-même; on ne fait ni on ne soutient de siéges sans quelques dépenses et quelques secours préalables.

J'ajoute encore qu'on peut prendre et sauver des villes et des provinces, et faire de très-grandes fautes. Vous en reprochez d'importantes à M. Dupleix, qui en a reproché à M. de La Bourdonnais, lequel en a reproché à d'autres. Le sieur Amat est accusé de ne s'être pas oublié à Madras, et le sieur Amat a accusé plusieurs personnes de ne s'être pas oubliées ailleurs. Enfin votre général[1] est à la Bastille; c'est donc vous, bien plus que moi, qui vous plaignez de *brigandages*.

Il y en a donc eu; les lois divines et humaines permettent donc de le dire. Ces brigandages ne peuvent avoir été commis que dans l'Inde, où vos nababs donnent des exemples peu chrétiens, et où les jésuites font des lettres de change.

1. Lally. (Éd.)

Il résulte de tout cela que l'administration dans l'Inde a été extrêmement malheureuse; et je pense que notre malheur vient en partie de ce qu'une compagnie dans l'Inde doit être nécessairement une compagnie guerrière. C'est ainsi que les Européans y ont fait le commerce depuis les Albuquerque. Les Hollandais n'y ont été puissants que parce qu'ils ont été conquérants. Les Anglais, en dernier lieu, ont gagné, les armes à la main, des sommes immenses, que nous avons perdues; et j'ai peur qu'on ne soit malheureusement réduit à être oppresseur ou opprimé. Une des causes principales de nos désastres est encore d'être venus les derniers en tout, à l'occident comme à l'orient, dans le commerce comme dans les arts; de n'avoir jamais fait les choses qu'à demi. Nous avons perdu nos possessions et notre argent dans les deux Indes, précisément de la même manière dont nous perdîmes autrefois Milan et Naples.

Nous avons été toujours infortunés au dehors. On nous a pris Pondichéri deux fois, Québec quatre; et je ne crois pas que de longtemps nous puissions tenir tête, en Asie et en Amérique, aux nations nos rivales.

Je ne sais, monsieur, comment l'éditeur du livre dont vous me faites l'honneur de me parler a mis huit lieues au lieu de vingt-huit, pour marquer la distance de Pondichéri à Madras. Pour moi, je voudrais qu'il y en eût deux cents; nous serions plus loin des Anglais.

Je vous avoue, monsieur, que je n'ai jamais conçu comment la compagnie d'Occident avait prêté réellement cent millions au roi en 1717. Il faudrait qu'elle eût trouvé la pierre philosophale. Je sais qu'elle donna du papier; et je vous avoue que j'ai toujours regardé l'assignation de neuf millions que le roi nous donne par an comme un bienfait. Je ne suis pas directeur, mais je suis intéressé à la chose, et je dois au roi ma part de la reconnaissance.

Je suis fâché que nous ayons eu quatre cent cinquante canons à Pondichéri, puisqu'on nous les a pris. Les Hollandais en ont davantage, et on ne les leur prend point, et ils prospèrent, et leurs actionnaires sont payés sur le gain réel de la compagnie. Je souhaite que nous en fassions beaucoup, que nous dépensions moins, et que nous ne nous mêlions de faire des nababs que quand nous aurons assez de troupes pour conquérir l'Inde.

Au reste, monsieur, ne vous comparez point aux Juifs. On peut faire des compliments à un honnête et estimable Juif, sans être extrêmement attaché à la semence d'Abraham; mais quand je vous dirai que je suis très-attaché à votre personne, et que je regarde tous les directeurs de notre compagnie comme des hommes dignes de la plus grande considération, je ne vous ferai pas un vain compliment.

Je sais qu'on travaille actuellement à des recherches historiques assez curieuses. On doit y insérer un chapitre sur la compagnie des Indes [1]. On m'assure que vous en serez content; et si vous voulez avoir la bonté

---

[1]. Le trente-quatrième chapitre du *Précis du siècle de Louis XV*, ouvrage qui ne fut publié qu'en 1768. (ÉD.)

de fournir quelques mémoires curieux à la même personne à qui vous avez bien voulu envoyer votre paquet, on ne manquera pas d'en faire usage. Celui qui y travaille n'a pour objet que la vérité et son plaisir; il vous aura double obligation.

J'ai l'honneur d'être, avec tous les sentiments que je vous dois, etc.

MMMMCCXCVI. — A M. DAMILAVILLE.
31 décembre.

Les gens de bien, et surtout mon cher frère, doivent savoir que Jean-Jacques a fait un gros libelle [1] contre la parvulissime république de Genève, dans l'intention de soulever le peuple contre les magistrats. Le conseil de Genève est occupé à examiner le livre, et à voir quel parti il convient de prendre.

Dans ce libelle, Jean-Jacques, fâché qu'on ait brûlé *Émile*, m'accuse d'être l'auteur du *Sermon des Cinquante*. Ce procédé n'est pas assurément d'un philosophe ni d'un honnête homme. Je voudrais bien savoir ce qu'en pense M. Diderot, et s'il ne se repent pas un peu des louanges prodiguées à Jean-Jacques dans l'*Encyclopédie*. Vous remarquerez que pendant que Jean-Jacques faisait cette belle manœuvre à Genève, il faisait imprimer le *Sermon des Cinquante*, et d'autres brochures, par son libraire d'Amsterdam, Marc-Michel Rey, sous le titre de *Collection complète des œuvres de M. de V.* Cela peut être adroit, mais cela n'est pas honnête.

Mon cher frère avait bien raison de me dire, quand Jean-Jacques maltraita si fort les philosophes dans son roman d'*Émile*, que cet homme était l'opprobre du parti. Je prie mon cher frère de me mander s'il a reçu le paquet du médecin anglais. Ce médecin aurait dû faire l'opération de la transfusion à Jean-Jacques, et lui mettre d'autre sang dans les veines; celui qu'il a est un composé de vitriol et d'arsenic. Je le crois un des plus malheureux hommes qui soient au monde, parce qu'il est un des plus méchants.

Omer travaille à un réquisitoire pour le *Dictionnaire philosophique*. On continue toujours à m'attribuer cet ouvrage, auquel je n'ai point de part. Je crois que mon neveu, qui est conseiller au parlement, l'empêchera de me désigner.

Voilà, mon cher frère, toutes les nouvelles que je sais. La philosophie est comme l'ancienne Église, il faut qu'elle sache souffrir pour s'affermir et pour s'étendre.

Je crois qu'on commence aujourd'hui l'édition de *la Destruction*. C'est un livre qui ne sera point brûlé, mais qui fera autant de bien que s'il l'avait été.

J'embrasse tendrement mon cher frère, et je me recommande à ses prières, dans les tribulations où les méchants m'ont mis. Les orages sont venus des quatre coins du monde, et ont fondu sur ma petite barque, que j'ai bien de la peine à sauver.

---

1. *Lettres écrites de la montagne.* (ÉD.)

MMMMCCXCVII. — A M. LE DUC DE PRASLIN.

Ferney, décembre.

Monseigneur, je défie mes trente-neuf confrères de l'Académie de trouver des termes pour vous exprimer ma reconnaissance : ma nièce est dans le même embarras que moi. J'ai fait parvenir à mon ingrat curé les nouvelles de la protection que vous me donnez. On lui a dit que le roi entendait garder ses traités avec ses voisins; il a répondu qu'il se.... moquait des traités; qu'il aurait mes dîmes; qu'il plaidait au parlement de Dijon; que son affaire y était entamée depuis longtemps; qu'il m'enterrerait au plus tôt, et qu'il ne prierait point Dieu pour moi. Je sens bien, monseigneur, que je serai damné de cette affaire-là; mais il est si doux d'avoir votre protection dans ce monde, qu'on prend gaiement son parti pour l'autre. Je suis bien sûr que vous soutiendrez votre dire avec le parlement de Bourgogne, s'il a la rage de juger comme Perrin Dandin, s'il prétend que l'affaire étant déjà entamée au parlement, elle doit y rester. Vous nous permettrez bien alors de recourir à vos bontés, n'est-ce pas, monseigneur?

Vous voulez des assassinats, en voici une paire dans le paquet de M. d'Argental. Pendant que je vous envoie des tragédies, M. de Montpéroux vous fait sans doute le récit de la farce de Genève; vous verrez comme les enfants de Calvin ont changé. Il est assez plaisant de voir tout un peuple demander réparation pour Jean-Jacques Rousseau. Ils disent qu'il est vrai qu'il a écrit contre la religion chrétienne; mais que ce n'est pas une raison assez forte pour oser donner une espèce d'assigné pour être ouï à un citoyen de Genève; que si un citoyen de Genève trouve la religion chrétienne mauvaise, il faut discuter ses raisons modestement avec lui, et ne pas le juger sans l'avoir entendu, etc.

Vous entendrez parler bientôt de la cité de Genève, et je crois que vous serez obligé d'être arbitre entre le peuple et le magistrat; car vous êtes garant des lois de cette petite ville comme du traité de Westphalie. Cela vous amusera, et vous aurez le plaisir d'exercer vos talents de pacificateur de l'Europe.

A propos, monseigneur, ceci n'est pas une dépêche de Rome moderne; ce n'est pas un mémoire sur les diètes de Pologne; ce ne sont pas des nouvelles des deux frères qui se disputent la Perse; ce n'est pas un détail des sottises de ce pauvre Grand-Mogol; c'est votre conjuration, ce sont vos roués, c'est une attrape qui vous amusera. Je ne vous dirai point que cela fera fondre en larmes, je mentirais; mais cela peut attacher, cela fera raisonner, et vous serez amusé; et un ministre a souvent besoin de l'être.

Vous pèserez, quand il en sera temps, l'importance extrême dont il est de mettre la conspiration sous le nom d'un jeune novice jésuite qui, grâce à la bonté du parlement, est rentré dans le monde, et qui, comme Colletet et tant d'autres, attend son dîner du succès de son ouvrage. Je m'imagine que les girouettes françaises tournent actuellement du côté des jésuites; on commence à les plaindre; les jansénistes ne font point de pièces de théâtre, ils sont durs, ils sont fanatiques, ils seront persécuteurs, on les détestera; on aimera passionnément un pauvre petit diable de jésuite qui donnera l'espérance d'être un jour un Le Mierre, un Colardeau, un Dorat. Je persisterai toujours à croire qu'il faut donner un nom à ce jeune jésuite; le public aime à se fixer. Si on ne nomme personne, on me nommera, et tout sera perdu.

Mais pourquoi ne faites-vous pas faire une tragédie à M. Thomas? Quel homme a écrit avec plus de force que lui? quel homme a plus d'idées? Il est jeune, et j'ai besoin d'un coadjuteur.

Enfin, monseigneur, vous ne nous abandonnerez pas, Mme Denis et moi, dans notre querelle avec la sainte Église. Nous espérons que vous voudrez bien vous damner pour nous; rien n'est plus beau que d'aller au diable pour faire du bien aux gens qu'on protége.

Agréez, je vous en conjure, mon attachement, ma reconnaissance, et mon profond respect. *Le Vieux de la Montagne.*

MMMMCCXCVIII. — A M. BERTRAND.

A Ferney, 1ᵉʳ janvier 1765.

Mon cher philosophe, je vous assure que je ne prends aucun intérêt au livre[1] dont vous me parlez. Je cultive mes champs, et je m'embarrasse fort peu de ce qu'on écrit et de ce qu'on fait ailleurs. Je suis assez embarrassé de mes affaires sérieuses, et je n'ai guère le temps de me mêler des petits amusements dont vous me faites part. Tout ce que je sais bien certainement, c'est que le livre en question est de plusieurs mains. Il y a plus de deux mois que le hasard a fait tomber entre les miennes quelques manuscrits de l'ouvrage.

Un de ces articles est écrit de la propre main d'un des premiers pasteurs de votre religion réformée, ou prétendue réformée. Tout cela vous regarde, et non pas moi : je ne suis qu'un pauvre cultivateur qui vous aime tendrement, et qui ne dispute jamais. Quand vous serez Turc, je chanterai *Allah!* avec vous; quand vous serez païen, je sacrifierai avec vous aux Muses : tous les hommes sont frères, et les meilleurs frères sont ceux qui cultivent les lettres.

Je suis très-fraternellement à vous pour ma vie.

MMMMCCXCIX. — DE FRÉDÉRIC II, ROI DE PRUSSE.

A Berlin, le 1ᵉʳ janvier.

Je vous ai cru si occupé à écraser l'*inf*..., que je n'ai pu présumer que vous pensiez à autre chose. Les coups que vous lui avez portés l'auraient terrassée il y a longtemps, si cette hydre ne renaissait sans cesse du fond de la superstition répandue sur toute la face de la terre. Pour moi, détrompé dès longtemps des charlataneries qui séduisent les hommes, je range le théologien, l'astrologue, l'adepte, et le médecin, dans la même catégorie.

J'ai des infirmités et des maladies : je me guéris moi-même par le régime et par la patience. La nature a voulu que notre espèce payât à

1. *Le Dictionnaire philosophique.* (ÉD.)

la mort un tribut de deux et demi pour cent. C'est une loi immuable contre laquelle la Faculté s'opposera vainement : et quoique j'aie très-grande opinion de l'habileté du sieur Tronchin, il ne pourra cependant pas disconvenir qu'il y a peu de remèdes spécifiques, et qu'après tout, des herbes et des minéraux pilés ne peuvent ni refaire ni redresser des ressorts usés et à demi détruits par le temps.

« Les plus habiles médecins droguent le malade pour tranquilliser son imagination, et le guérissent par le régime : et comme je ne trouve pas que des élixirs et des potions puissent me donner la moindre consolation, dès que je suis malade, je me mets à un régime rigoureux ; et jusqu'ici je m'en suis bien trouvé.

« Vous pouvez donc consoler l'Europe de la perte importante qu'elle croyait faire de mon individu (quoique je la trouve des plus minces) ; car, quoique je ne jouisse pas d'une santé bien ferme ni bien brillante, cependant je vis ; et je ne suis pas du sentiment que mon existence vaille qu'on se donne la peine de la prolonger, quand même on le pourrait.

» D'ailleurs, je vous suis fort obligé de la part que vous prenez à ma santé, et des choses obligeantes que vous me dites. Je regrette que votre âge donne de justes appréhensions de voir finir avec vous cette pépinière de grands hommes et de beaux génies qui ont signalé le siècle de Louis XIV. Sur ce, je prie Dieu qu'il vous ait en sa sainte et digne garde.
FÉDÉRIC.

MMMMCCC. — DE M. DALEMBERT.
Paris, 3 janvier.

Je ne vous le dissimule point, mon cher maître, vous me comblez de satisfaction par tout ce que vous me dites de mon ouvrage. Je le recommande à votre protection, et je crois qu'en effet il pourra être utile à la cause commune, et que *l'infâme*, avec toutes les révérences que je fais semblant de lui faire, ne s'en trouvera pas mieux. Si j'étais comme vous, assez loin de Paris pour lui donner des coups de bâton, assurément ce serait de tout mon cœur, de tout mon esprit, et de toutes mes forces, comme on prétend qu'il faut aimer Dieu ; mais je ne suis posté que pour lui donner des croquignoles, en lui demandant pardon de la liberté grande, et il me semble que je ne m'en suis pas mal acquitté. Puisque vous voulez bien veiller à l'impression, je vous prie de faire main basse sur tout ce qui vous paraîtra long ou de mauvais goût ; je vous en aurai une véritable obligation. Je vous prie aussi d'engager M. Cramer à hâter l'impression ; je désirerais que le caractère en fût un peu gros, afin que l'ouvrage pût être lu plus aisément, et aussi pour ses intérêts. A l'égard des miens, je les remets entre vos mains et entre celles de frère Damilaville. J'espère qu'il obtiendra sans peine la permission de faire entrer l'ouvrage.

Dites-moi un peu, je vous prie, si vous le savez, ce que c'est qu'une histoire qu'on fait courir d'une lettre des Corses à Jean-Jacques, pour le prier d'être leur législateur. Vous avez écrit à quelqu'un que les Corses l'avaient seulement prié de mettre leurs lois en bon *français* : cela me paraît un persiflage de leur part, ou de la vôtre. C'est comme si *nosseigneurs* écrivaient à Paoli de mettre leurs arrêts en *bon corse*, ou aux sauvages du Canada de les mettre en *bon iroquois*. J'avoue que cette dernière traduction conviendrait assez aux réquisitoires d'Omer. Quoi qu'il en soit, dites-moi, je vous prie, ce que vous savez là-dessus de certain. On assure qu'il a écrit une lettre à M. Abauzit (que peut-être vous serez à portée de voir), dans laquelle il se félicite beaucoup de l'honneur que les Corses lui font ; et en même temps on assure qu'il a écrit, il y a peu de temps, à Duchesne, son libraire à Paris, pour lui dire que cette prétendue lettre des Corses est fausse, et que c'est un nouveau tour que lui jouent ses ennemis. On ajoute que c'est vous qui lui avez joué ce tour-là, mais sans en apporter la moindre preuve. Je sais que Jean-Jacques a des torts avec vous, et qu'il vous a écrit des folies au sujet des comédies que vous faisiez jouer auprès de Genève ; mais je ne puis croire que vous cherchiez à le tourmenter dans sa solitude, où il est déjà assez malheureux par sa santé, par sa pauvreté, et surtout par son caractère. Il vient de faire des *Lettres de la montagne*, qui mettent, dit-on, tout Genève en combustion ; mais qui vraisemblablement, si j'en crois ses plus zélés partisans, ne feront pas grande sensation ailleurs. On dit qu'il y chante la palinodie à mon égard sur le socinianisme qu'il me reprochait d'avoir imputé aux Génevois. Ce n'est pas la première fois qu'il se contredit ; mais il souffre, il est malheureux, il faut bien lui passer quelque chose. Il faut dire de lui comme le Régent disait d'un homme qui prenait force lavements à la Bastille : *Il n'a que ce plaisir-là*. Vous avez cru comme moi, sans fondement, que l'abbé de Condillac était mort ; heureusement il est tiré d'affaire, et reviendra bientôt chez nous jouir de la fortune et de la réputation qu'il mérite. La philosophie aurait fait en lui une grande perte. En mon particulier, j'en aurais été inconsolable. Adieu, mon cher et illustre confrère, n'oubliez pas votre *Commentaire de Corneille* pour l'Académie. Duclos m'a dit que vous veniez de lui écrire à ce sujet. Je lui avais fait part de votre lettre, et je ne doute point que l'oubli ne vienne de Cramer : tout cela sera bien aisé à réparer ; c'est un petit mal.

Si vous voulez savoir la généalogie du descendant de Gabrielle d'Estrées, adressez-vous à l'abbé d'Olivet, qui vous en dira des nouvelles. Son père était laquais de feu M. de Maucroix ; ce ne serait pas un tort, si le fils n'était pas un maraud ; *mais ce n'est pas le tout d'être laquais, il faut être honnête homme*.

Dites-moi un peu, je vous prie, sous le sceau de la confession, ce que vous pensez d'un M. le chevalier de La Tremblaye qui a été vous voir, qui fait, dit-on, de *petits vers innocents*, et à qui vous écrivez, à ce qu'on prétend, des lettres qui lui tournent la tête de vanité. Des personnes très-considérables désireraient de savoir le jugement que vous en portez, et m'ont prié de vous le demander.

ANNÉE 1765.   137

MMMMCCCI. — A M. BORDES.

A Ferney, 4 janvier.

Vous savez à présent, mon cher monsieur, que l'abbé de Condillac est ressuscité ; et ce qui fait qu'il est ressuscité, c'est qu'il n'était pas mort. On ne pouvait s'empêcher de le croire mort, puisque M. Tronchin l'assurait. On peut douter, à toute force, des décisions d'un médecin, quand il assure qu'un homme est vivant ; mais quand il le dit mort, il n'y a pas moyen de douter : ainsi nous avons regretté l'abbé de Condillac de la meilleure foi du monde. On avait désespéré de sa vie à Parme avec beaucoup de raison, puisque M. Tronchin n'avait pu le voir dans sa maladie. Dieu merci, voilà un philosophe que la nature nous a conservé. Il est bon d'avoir un loquiste de plus dans le monde, lorsqu'il y a tant d'asinistes, de jansénistes, etc., etc.

Je suis bien aise que vous ayez lu l'*Apocalypse* d'Abauzit. On ne doutera plus, après cette épreuve, que le *Dictionnaire philosophique* ne soit de plusieurs mains. Les articles *Christianisme* et *Messie* sont faits par deux prêtres. L'arche est abandonnée par les lévites.

Vous ne me parlez plus de votre comédie ; elle aurait fait la clôture de mon théâtre, que je vais détruire. Je suis trop vieux pour être acteur, et les Génevois ne méritent guère qu'on leur donne du plaisir. Jean-Jacques, que vous avez si bien réfuté, met tout en combustion dans sa petite république ; il traite le petit conseil de Genève comme il avait traité l'Opéra de Paris. Il avait voulu persuader au parterre que nous n'avions point de musique, et il veut persuader à la ville de Genève qu'elle n'a que des lois ridicules. Je n'ai point encore lu son livre, que les magistrats trouvent très-séditieux, et que le peuple trouve très-beau. Diogène fut chassé de la ville de Sinope, mais il ne la troubla pas.

Adieu, monsieur ; s'il vous prend jamais envie de venir passer quelques jours sur les bords du lac, vous nous comblerez de joie. Vous savez que mes yeux ne me permettent pas d'écrire de ma main.

MMMMCCCII. — A M. DAMILAVILLE.

4 janvier.

Vraiment, mon cher frère, la lettre dont vous m'avez envoyé copie n'est pas une lettre de Pline, et les vers qui la paraphrasent ne sont pas de Catulle. Tout cela, en vérité, est de même parure, et digne du siècle.

Il est vrai que Jean-Jacques écrit mieux ; mais, en vérité, c'est un homme d'esprit qui se conduit comme un sot. Toutes les apparences sont qu'on le fera repentir d'avoir voulu mettre le feu dans la parvulissime qu'il a quittée. Vous avez vu, par ma dernière lettre, combien il est méchant. Je ne reviens point de mon étonnement qu'un homme qui s'est dit philosophe, joue publiquement le rôle d'un délateur et d'un calomniateur. « Vous m'avez incendié, dit-il ; incendiez donc aussi mon confrère. J'ai fait mal, mais il a fait pis. » Ce n'est pas ainsi, ce me semble, que Socrate parlait aux Athéniens. Je vois que le grand défaut de Jean-Jacques est d'être enragé contre le genre humain : il a là une bien vilaine passion.

Je suis toujours bien surpris que vous n'ayez pas reçu encore le paquet du médecin anglais. J'espère qu'il ne tardera pas, et que vous en aurez d'autres incessamment. Omer est longtemps à s'échafauder : je ne désespère pas que Jean-Jacques ne lui écrive pour le prier de se hâter un peu.

Vous devez à présent avoir reçu des nouvelles de la *Destruction de Jérusalem*[1], avec une petite lettre pour Archimède-Protagoras.

Je vous embrasse en 1765 comme en 1764.

MMMMCCCIII. — A M. DE LA FARGUE.

A Ferney, 9 janvier.

Je n'ai jamais tant souhaité de lire, monsieur, que depuis que vous avez bien voulu m'envoyer vos ouvrages. Je perds la vue; mais on me fait espérer que je ne serai pas aveugle, et alors je vous verrai de très-bon œil. Ce que je connais déjà de vous me prévient favorablement pour le reste : et vos vers auraient des charmes pour moi, quand vous ne m'auriez pas loué si délicatement. Vous êtes dans une maison[2] où l'esprit, la science, et la vertu sont héréditaires; et vous n'avez pas peu contribué à les y perpétuer. L'état où je suis ne me permet pas de longues lettres, mais ne m'empêche pas de sentir tout votre mérite. Recevez mes remercîments, et les sentiments d'estime et d'attachement avec lesquels j'ai l'honneur d'être, etc.

MMMMCCCIV. — A M. D'ALEMBERT.

9 janvier.

Mon cher et grand philosophe, en réponse à votre lettre du 3, je vous dirai d'abord qu'il y a plus de huit jours que j'ai donné à frère Cramer *la Destruction*; il m'assura qu'il édifierait dès le lendemain, et vous enverrait ce que vous savez. Or ce que vous savez est bien peu pour un si bon ouvrage. Depuis ce temps, je n'ai pas entendu parler de frère Gabriel. Je lui écris dans le moment, pour le sommer de sa parole; il donne beaucoup de promesses, ce Gabriel, et les tient rarement; il avait promis de remplir son devoir envers l'Académie, et il ne l'a pas fait. Il faut lui pardonner cette fois-ci; il est un peu intrigué, ainsi que tous les autres bourdons de la ville de Genève. Ils ont tous les ans des tracasseries pour étrennes au sujet des élections; elles ont été très-fortes cette année. Il y a beaucoup de dissensions entre le conseil et le peuple, qui se croient tous deux souverains. Jean-Jacques a un peu attisé le feu de la discorde. La députation des Corses à Jean-Jacques est une fable absurde, mais les querelles genevoises sont une vérité. C'est dommage pour la philosophie que Jean-Jacques soit un fou, mais il est encore plus triste que ce soit un malhonnête homme. La lettre insolente et absurde qu'il m'écrivit au sujet des spectacles de Ferney

1. Voltaire désigne ainsi l'écrit de Dalembert, *Sur la destruction des jésuites*. (ÉD.)
2. La maison d'Ormesson. (ÉD.)

était à la fois d'un insensé et d'un brouillon. Il voulait se faire valoir alors auprès des pédants de Genève, qui prêchaient contre la comédie par jalousie de métier; il prétendait engager avec moi une querelle. Le petit magot, boursouflé d'orgueil, fut piqué de mon silence. Il manda au docteur Tronchin qu'il ne reviendrait jamais dans Genève, tant que je serais possesseur des Délices ; et, huit jours après, il se brouilla avec Tronchin pour jamais.

A peine arrivé dans sa montagne, il fait un livre qui met le trouble dans sa patrie; il excite les citoyens contre le magistrat; il se plaint, dans ce livre, qu'on l'a condamné sans l'entendre; il m'y donne formellement comme l'auteur du *Sermon des Cinquante*; il joue le rôle de délateur et de calomniateur : voilà, je vous avoue, un plaisant philosophe; il est comme les diables dans Quinault :

Goûtons l'unique bien des cœurs infortunés,
Ne soyons pas seuls misérables.
Thésée, acte III, scène VII.

Et savez-vous dans quel temps ce malheureux faisait ces belles manœuvres ? C'était lorsque je prenais vivement son parti, au hasard même de passer pour mauvais chrétien ; c'était en disant aux magistrats de Genève, quand par hasard je les voyais, qu'ils avaient fait une vilaine action en brûlant *Émile* et en décrétant Jean-Jacques : mais le babouin, m'ayant offensé, s'imaginait que je devais le haïr, et écrivait partout que je le persécutais, dans le temps que je le servais et que j'étais persécuté moi-même.

Tout cela est d'un prodigieux ridicule, ainsi que la plupart des choses de ce monde; mais je pardonne tout, pourvu que l'infâme soit décriée comme il faut chez les honnêtes gens, et qu'elle soit abandonnée aux laquais et aux servantes, comme de raison.

Je croyais vous avoir mandé que l'abbé de Condillac était ressuscité : Tronchin le croyait mort avec raison, puisqu'il ne l'avait pas traité. Pour M. le chevalier de La Tremblaye, tout ce que je sais, c'est qu'il doit réussir auprès des hommes par la douceur de ses mœurs, et auprès des dames par sa figure.

Vous voilà instruit de tout, mon cher maître; je vous ferai part de la réponse de Gabriel, s'il m'en fait une.

MMMMCCCV. — A MADAME LA MARÉCHALE DE LUXEMBOURG.
9 janvier.

Madame, l'honneur que j'ai eu de vous faire ma cour plusieurs années, vos bontés, mon respectueux attachement, me mettent en droit d'attendre de vous autant de justice que vous accordez de protection à M. Rousseau de Genève.

Il publie un livre qui jette un peu de trouble dans sa patrie ; mais qui croirait que dans ce livre il excite le conseil de Genève contre moi ? Il se plaint que ce conseil condamne ses ouvrages, et ne condamne pas les miens, comme si ce conseil de Genève était mon juge. Il me dénonce publiquement, ainsi qu'un accusé en défère un autre. Il dit que je suis .'auteur d'un libelle intitulé *Sermon des Cinquante*, libelle le plus violent qu'on ait jamais fait contre la religion chrétienne, libelle imprimé, depuis plus de quinze ans, à la suite de *l'Homme machine*, de La Métrie.

Est-il possible, madame, qu'un homme qui se vante de votre protection joue ainsi le rôle de délateur et de calomniateur? Il n'est point d'excuses, sans doute, pour une action si coupable et si lâche; mais quelle peut en être la cause? la voici, madame :

Il y a cinq ans que quelques Génevois venaient chez moi représenter des pièces de théâtre; c'est un exercice qui apprend à la fois à bien parler et à bien prononcer, et qui donne même de la grâce au corps comme à l'esprit. La déclamation est au rang des beaux-arts. M. Dalembert alors fit imprimer dans le *Dictionnaire encyclopédique* un article sur GENÈVE, dans lequel il conseillait à cette ville opulente d'établir chez elle des spectacles. Plusieurs citoyens se récrièrent contre cette idée; on disputa, la ville se partagea. M. Rousseau, qui venait de donner un opéra et des comédies à Paris, écrivit de Montmorency contre les spectacles.

Je fus surpris de recevoir alors une lettre de lui conçue en ces termes : « Monsieur, je ne vous aime point; vous corrompez ma république, en donnant chez vous des spectacles : est-ce là le prix de l'asile qu'elle vous a donné? »

Plusieurs personnes virent cette lettre singulière; elle l'était trop pour que j'y répondisse; je me contentai de le plaindre; et même en dernier lieu, quand il fut obligé de quitter la France, je lui fis offrir pour asile cette même campagne qu'il me reprochait d'avoir choisie près de Genève. Le même esprit qui l'avait porté, madame, à m'écrire une lettre si outrageante, l'avait brouillé en ce temps-là avec le célèbre médecin M. Tronchin, comme avec les autres personnes qui avaient eu quelques liaisons avec lui.

Il crut qu'ayant offensé M. Tronchin et moi, nous devions le haïr; c'est en quoi il se trompait beaucoup. Je pris publiquement son parti quand il fut condamné à Genève; je dis hautement qu'en jugeant son roman d'*Émile*, on ne faisait pas assez d'attention que les discours du vicaire savoyard, regardés comme si coupables, n'étaient que des doutes auxquels ce prêtre même répondait par une résignation qui devait désarmer ses adversaires; je dis que les objections de l'abbé Houteville contre la religion chrétienne sont beaucoup plus fortes, et ses réponses beaucoup plus faibles; enfin je pris la défense de M. Rousseau. Cependant M. Rousseau vous dit [1], madame, et fit même imprimer [2]. que M. Tronchin et moi nous étions ses persécuteurs. Quels persécuteurs qu'un malade de soixante et onze ans, persécuté lui-même jusque dans sa retraite, et un médecin consulté par l'Europe entière, uniquement occupé de soulager les maux des hommes, et qui certainement n'a pas le temps de se mêler dans leurs misérables querelles!

1. Lettre de J. J. Rousseau à Mme de Luxembourg, du 21 juillet 1762. (ÉD.)
2. Lettre de J. J. Rousseau à ***, du 28 mai 1764. (ÉD.)

Il y a plus de dix ans que je suis retiré à la campagne auprès de Genève, sans être entré quatre fois dans cette ville; j'ai toujours ignoré ce qui se passe dans cette république ; je n'ai jamais parlé de M. Rousseau que pour le plaindre. Je fus très-fâché que M. le marquis de Ximenès l'eût tourné en ridicule[1]. J'ai été outragé par lui, sans lui jamais répondre; et aujourd'hui il dénonce juridiquement, il me calomnie dans le temps même que je prends publiquement son parti. Je suis bien sûr que vous condamnez un tel procédé, et qu'il ne s'en serait pas rendu coupable s'il avait voulu mériter votre protection. Je finis, madame, par vous demander pardon de vous importuner de mes plaintes; mais voyez si elles sont justes, et daignez juger entre la conduite de M. Rousseau et la mienne.

Agréez le profond respect et l'attachement inviolable avec lequel je serai toute ma vie, madame, etc.

Je ne peux avoir l'honneur de vous écrire de ma main, étant presque entièrement aveugle.

MMMMCCCVI. — A M. LE COMTE D'ARGENTAL.

10 janvier.

Je suis affligé que le tyran du *tripot* se brouille avec vous. Voilà un beau sujet de guerre; cela est bien ridicule, bien petit. Ah! que de faiblesses chez nous autres humains! Mais existe-t-il un *tripot?* On dit qu'il n'y a plus que celui de l'Opéra-Comique, et que c'est là que tout l'honneur de la France s'est réfugié.

Autre sujet d'affliction, mais légère : la discorde est toujours à Genève. Rousseau a trouvé le secret d'allumer le flambeau du haut de sa montagne, sans qu'en vérité il y ait le moindre fondement à la querelle. Le peuple est insolent, et le conseil faible; voilà tout le sujet de la guerre. Le plaisant de l'affaire c'est, comme je l'ai déjà dit, que le peuple de Calvin prétend qu'un citoyen de Genève a le droit d'écrire tant qu'il veut contre le christianisme, sans que le conseil soit en droit de le trouver mauvais; et, pour rendre la farce complète, les ministres du saint Évangile sont du parti de Jean-Jacques, après qu'il s'est bien moqué d'eux. Cela paraît incompréhensible, mais cela est très-vrai. Il faudrait cette fois recourir à la médiation de Spinosa. Ce petit magot de Rousseau a écrit un gros livre contre le gouvernement, et son livre enchante la moitié de la ville. Il dit, en termes formels, qu'il faut avoir perdu le bon sens pour croire les miracles de Jésus-Christ[2]. Malheureusement il m'a fourré là très-mal à propos. Il dit[3] au conseil que j'ai fait le *Sermon des Cinquante*. Ah! Jean-Jacques, cela n'est pas lu philosophe : il est infâme d'être délateur, il est abominable de dénoncer son confrère, et de le calomnier aussi injustement. En un mot, mon cher ange, vous pouvez compter qu'on est aussi ridicule dans mon voisinage qu'on l'était à Paris du temps des billets de confession; mais le ridicule est d'une espèce toute contraire.

1. C'est sous le nom de Ximenès que Voltaire donna les *Lettres sur la Nouvelle Héloïse*. (ÉD.)
2. *Lettres de la montagne*, part. I, lettre III. (ÉD.) — 3. Part. I, lettre V. (ÉD.)

MMMMCCCVII. — A M. DAMILAVILLE.

12 janvier.

Quelle horreur! quelle abomination, mon cher frère! il y a donc en effet des diables! vraiment je ne le croyais pas. Comment peut-on imaginer une telle absurdité? Suis-je un prêtre? suis-je un ministre? En vérité cela fait pitié. Mais ce qui fait plus de pitié encore, c'est l'affreuse conduite de Jean-Jacques; on ne connaît pas ce monstre.

Tenez, voilà deux feuillets de ses *Lettres de la montagne*, et voilà la lettre que j'ai été forcé d'écrire à Mme la maréchale de Luxembourg, qu'il a eu l'adresse de prévenir contre moi. Je vous prie de n'en point tirer de copie, mais de la faire lire à M. d'Argental; c'est toute la vengeance que je tirerai de ce malheureux. Quel temps, grand Dieu, a-t-il pris pour rendre la philosophie odieuse! le temps même où elle allait triompher.

Je me flatte que vous montrerez à Protagoras-Archimède la copie que je vous envoie. Je vous avoue que tous ces attentats contre la philosophie par un homme qui se disait philosophe me désespèrent.

Frère Gabriel doit avoir envoyé une petite lettre de change payable à Archimède [1]. Je verrai lundi les premières épreuves, il sera servi comme il mérite de l'être. Si vous voulez être informé de toutes les horreurs de Jean-Jacques, écrivez à Gabriel, il vous en dira des nouvelles. Le nom de Rousseau n'est pas heureux pour la bonne morale et la bonne conduite.

Au reste, mon cher frère, je serais très-fâché que mes *Lettres* prétendues *secrètes* fussent débitées à Paris. Quelle rage de publier des lettres secrètes! J'ai prié instamment M. Marin de renvoyer ces rogatons en Hollande, d'où ils sont venus. Je suis bien las d'être homme public, et de me voir condamné aux bêtes comme les anciens gladiateurs et les anciens chrétiens. L'état où je suis ne demande que le repos et la retraite. Il faut mourir en paix; mais, afin que je meure gaiement, *écr. l'inf....*

MMMMCCCVIII. — A M. LE COMTE D'ARGENTAL.

A Ferney, 12 janvier.

Mes divins anges, j'ai oublié, dans ma requête à M. le duc de Praslin, de spécifier que ce vieux de Moultou, qui veut promener sa vieille vessie à Montpellier, a un fils qu'on appelle prêtre, ministre du saint Évangile, pasteur d'ouailles calvinistes, et qui n'est rien de tout cela; c'est un philosophe des plus décidés et des plus aimables. J'ignore si sa qualité de ministre évangélique s'oppose aux bontés d'un ministre d'État; j'ignore s'il est nécessaire que M. le duc de Praslin ait la bonté de faire mettre, dans le passe-port, le sieur Moultou et son fils le prêtre. Je m'en rapporte uniquement à la protection et à la complaisance de M. le duc de Praslin; les maux que souffre Moultou le père sont dignes de sa pitié. Il n'y a pas un moment à perdre, si on veut lui sauver la vie. Tronchin inocule, mais il ne taille point la pierre.

1. Dalembert pour son ouvrage *Sur la destruction des jésuites*. (ÉD.)

MMMMCCCIX. — A M. Bessin, curé de Plainville en Normandie.

Ferney, 13 janvier.

Vous m'avez envoyé, monsieur, des vers bien faits et bien agréables, et vous m'apprenez en même temps que vous êtes curé; vous méritez d'avoir la première cure du Parnasse; vous ne chanterez jamais d'antienne qui vaille vos vers. Si je ne vous ai pas répondu plus tôt, c'est que je suis vieux, malade, et aveugle. Je ne serai pas enterré dans votre paroisse, mais c'est vous que je choisirai pour faire mon épitaphe.

J'ai l'honneur d'être, etc.

MMMMCCCX. — A madame la duchesse de Grammont.

Au château de Ferney, par Genève, 14 janvier.

Madame, vous êtes ma protectrice : je vous supplie de me donner mes étrennes. Je ne peux vous demander un regard de vos yeux, attendu que je suis aveugle. Je vous demande une compagnie de cavalerie ou de dragons. Vous me direz peut-être que cette compagnie n'est point faite pour un quinze-vingts de soixante et onze ans; aussi n'est-ce pas pour moi, madame, que je la demande, c'est pour un jeune gentilhomme de vingt-quatre ans et demi, qui fait des enfants à Mlle Corneille votre protégée. Ce jeune homme était cornette dans la colonelle générale; il a commencé par être mousquetaire, et actuellement il a neuf ans de service. Son colonel, M. le duc de Chevreuse, a rendu de lui les meilleurs témoignages; il a été compris dans la réforme, et il est très-digne de servir : actif, sage, appliqué, brave et doux, voilà son caractère. Son nom est Dupuits; il demeure chez moi, et sa femme et moi nous le verrons partir avec regret pour aller escadronner.

Mgr le duc votre frère, quand je pris la liberté de lui représenter la rage que ce jeune homme avait de continuer le service, daigna m'écrire : *Adressez-vous à ma sœur, c'est à elle que je remets tout ce qui regarde votre petit Dupuits.*

C'est donc vous, madame, dont je réclame la protection, en vous assurant sur ma pauvre vie qu'on ne sera jamais mécontent de Pierre Dupuits, mari de Françoise Corneille. Je vous demande cette grâce au nom du *Cid* et de *Cinna*. Pierre Corneille eut deux fils tués au service du roi; Pierre Dupuits demande le même honneur en qualité de gendre.

Je suis avec un profond respect, madame, votre très-humble et très-obéissant serviteur,

Voltaire.

MMMMCCCXI. — A M. D'Alembert.

15 janvier.

Mon cher philosophe, j'ai vu aujourd'hui le commencement de *la Destruction* en gros caractères, comme vous le souhaitez. C'est une charmante édification que cette *Destruction;* on n'y changera pas une virgule, on n'omettra pas un iota de la loi, jusqu'à ce que toutes choses soient accomplies. J'aurai plus de soin de cette besogne que des *Commentaires* de Pierre, qui m'ennuyaient prodigieusement. Frère Cramer, afin que vous le sachiez, est très-actif pour son plaisir, et très-paresseux pour son métier. Tel était Philibert Cramer son frère, qui a renoncé à la typographie. Gabriel et Philibert peuvent mettre au rang de leurs négligences de n'avoir pas fait présenter à l'Académie un exemplaire de mes fatras sur les fatras de Pierre Corneille. Gabriel dit pour excuse que la Brunet, votre imprimeuse, était chargée de cette cérémonie, et qu'elle ne s'en est pas acquittée. J'ai grondé Gabriel, Gabriel a grondé la Brunet, et vous m'avez grondé, moi qui ne me mêle de rien, et qui suis tout ébaubi.

Gabriel dit qu'il a écrit à l'enchanteur Merlin, et que ce Merlin doit présenter un fatras cornélien à M. le secrétaire perpétuel. Si cela n'est pas fait, je vous supplie de m'en instruire, parce que sur-le-champ je ferai partir par la diligence de Lyon le seul exemplaire que j'aie, lequel je supplierai l'Académie de mettre dans ses archives.

Ce malheureux Jean-Jacques a fait un tort effroyable à la bonne cause. C'est le premier fou qui ait été malhonnête homme; d'ordinaire les fous sont bonnes gens. Il a trouvé en dernier lieu dans son livre le secret d'être ennuyeux et méchant. On peut écrire plus mal que lui, mais on ne peut se conduire plus mal. N'importe, Peregrinus est content, pourvu qu'on parle de Peregrinus. Jean-Jacques sera charmé d'être pendu, pourvu qu'on mette son nom dans la sentence. J'espère cependant que la bonne cause pourra bien se soutenir sans lui. Jean-Jacques a beau être un misérable, cela n'empêche pas qu'Ézéchiel ne soit un homme à mettre aux Petites-Maisons, ainsi que tous ses confrères. Il faut avouer, quoi qu'on en dise, que la raison a fait de terribles progrès depuis environ trente ans. Elle en fera tous les jours; il se trouvera toujours quelque bonne âme qui dira son mot en passant, et qui écr. l'*inf*...; ce que je vous souhaite, au nom du père et du fils.

MMMMCCCXII. — A M. DAMILAVILLE.

15 janvier.

Mon cher frère, Jean-Jacques est en horreur dans sa patrie, chez tous les honnêtes gens; et ce qu'il y a de pis, c'est que son livre est ennuyeux.

Je croyais vous avoir mandé que la petite brochure est d'un nommé Vernes ou Vernet[1]: On dit que ce n'est qu'une seule feuille oubliée presque en naissant. Ce ministre Vernes a écrit une autre brochure contre Jean-Jacques, oubliée tout de même. Je n'ai vu ni l'un ni l'autre écrit, Dieu merci, et n'ai fait que parcourir les livres ennuyeux faits à cette occasion.

J'ai été bien aise de détromper Mme la maréchale de Luxembourg, à qui Jean-Jacques avait fait accroire que je le persécutais, parce qu'il m'avait offensé ridiculement. Je lui avais offert, malgré ses sottises, un sort aussi heureux que celui de Mlle Corneille; et si, au lieu d'un quintal d'orgueil, il avait eu un grain de bon sens, il aurait accepté ce parti. Il s'est cru outragé par l'offre de mes bienfaits. Il n'est pas Diogène, mais le chien de Diogène, qui mord la main de celui qui lui offre du pain.

1. Il s'agit des *Sentiments des citoyens*, qui sont de Voltaire. (ÉD.)

ANNÉE 1765.

» Tout ce que vous me dites dans votre lettre du 10 de janvier est la raison même. Je me suis tenu à Ferney pendant tous ces troubles; je ne me suis mêlé de rien. Quand les abeilles se battent dans une ruche, il ne faut pas en approcher. Tout s'arrangera, et ce malheureux Rousseau restera l'exécration des bons citoyens.

Il est fort difficile d'avoir des *Évangiles*[1]; il sera peut-être plus aisé d'avoir des *Portatifs*. Je me servirai de la voie que vous m'avez indiquée.

Ma santé est fort mauvaise; j'ai été malade soixante et onze ans, et je ne cesserai de souffrir qu'en cessant de vivre; mais, en mourant, je vous dirai : « O vous, que j'aime! persévérez, malgré les transfuges et les traîtres, et *écr. l'inf....* »

MMMMCCCXIII. — A M. DUPONT.

A Ferney, 15 janvier.

J'ai suivi vos conseils, mon cher ami; j'ai demandé une belle ratification du traité, avec une expédition des registres de la chambre de Montbéliard. On aime tant à se flatter, que j'ose toujours espérer, malgré mon triste état, de vous voir au printemps, et d'examiner ce Montbéliard. Il y a des gens devers la Franche-Comté qui prétendent que la créance n'est nullement assurée; mais je m'en rapporte plus à vous, qui êtes instruit du fond de l'affaire, qu'à ces messieurs, qui n'ont que des doutes vagues, et fondés seulement sur la défiance qu'on a toujours des princes. Cette défiance est encore fortifiée par les querelles de M. le duc de Wurtemberg avec ses états. On dit que ces querelles sont plus vives que jamais; elles n'ont heureusement rien de commun avec les terres d'Alsace et de Franche-Comté. M. de Montmartin est un brave et honnête gentilhomme qui n'aurait pas voulu me tromper; ainsi je crois que je puis me livrer à une douce sécurité. Nous avons à Ferney un de vos compatriotes; c'est M. le chevalier de Boufflers, un des plus aimables enfants de ce monde, tout plein d'esprit et de talents. Si vous étiez ici, il ne nous manquerait rien. Mme Denis, qui n'écrit point, mais qui vous aime beaucoup, vous fait les plus tendres compliments.

V.

MMMMCCCXIV. — A M. DAMILAVILLE.

16 janvier.

Mon cher frère est prié de vouloir bien faire rendre cette lettre à M. Élie de Beaumont. Je me flatte qu'il lui aura fait lire les *Doutes* sur cet important *Testament*[2], tant loué et si peu lu. Je suis bien curieux de savoir ce que pense mon frère du délateur Jean-Jacques. Je ne me consolerai jamais qu'un philosophe ait été un malhonnête homme.

MMMMCCCXV. — A M. LE COMTE D'ARGENTAL.

17 janvier.

Mon cher ange, d'abord comment se porte Mme d'Argental? ensuite comment êtes-vous avec le tyran du *tripot*[?] J'ai bien peur, par tout

1. *L'Évangile de la raison.* (ÉD.) — 2. Richelieu. (ÉD.)

VOLTAIRE — XI.   10

ce qu'il m'écrit, qu'il ne soit très-fâché contre vous : c'est une de ses grandes injustices ; car je l'ai bien assuré que vous n'aviez ni ne pouviez avoir aucune part à la distribution des dignités comiques ; et il doit savoir que c'est en conséquence de sa permission expresse, datée du 17 de septembre 1764, que je disposais des rôles. Son grand chagrin, son grand cheval de bataille est que les provisions par moi données au *tripot* ont passé par vos aimables mains : en ce cas, vous auriez donc été trahi, les tripotiers vous auraient compromis. Voilà une grande tracasserie pour un mince sujet. Cela ressemble à la guerre des Anglais, qui commença pour quatre arpents de neige ; mais je m'en remets à votre prudence.

Je vous avoue que je suis un peu dégoûté de tous les tripots possibles ; je vois évidemment que celui de *Cinna* et d'*Andromaque* est tombé pour longtemps. Quand une nation a eu un certain nombre de bons ouvrages, tout ce qu'on lui donne au delà fait l'effet d'un second service qu'on présente à des convives rassasiés. Je vous le répète, l'Opéra-Comique fera tout tomber. Une musique agréable, de jolies danses, des scènes comiques, et beaucoup d'ordures, forment un spectacle si convenable à la nation, que le *Petit Carême* de Massillon ne tiendrait pas contre lui. Je crois fermement qu'il faut que les comédiens ordinaires du roi aillent jouer dans les provinces trois ou quatre ans : s'ils restent à Paris, ils seront ruinés.

J'ai eu, par contre-coup, ma petite dose de tracasserie au sujet de ce fou de Jean-Jacques ; sa conduite est inouïe. Saint Paul n'en usa pas plus mal avec saint Pierre, en annonçant le même Évangile. Je vois qu'on a très-bien fait de supposer que la Trinité ne compose qu'un seul Dieu ; car si elle en avait eu trois, ils se seraient coupé la gorge pour quelques querelles de bibus.

A l'ombre de vos ailes.

MMMMCCCXVI. — DE M. DALEMBERT.
A Paris, ce 17 janvier.

Je commence, mon cher et illustre maître, par vous remercier des soins que vous voulez bien vous donner pour moi. Voici une lettre où je prie M. Cramer de hâter l'impression. Je ne lui parle qu'en passant de ce qui concerne mes intérêts ; c'est votre affaire de lui dire là-dessus ce qui convient ; cela devrait être fait de sa part. Je désirerais beaucoup d'avoir à me louer de lui, parce que j'aurai vraisemblablement dans le courant de cette année d'autres ouvrages à lui donner, étant comme résolu de ne plus rien imprimer en France. Assurément je n'ai point envie de me faire d'affaire avec les pédants à long et à petit rabat ; mais c'est bien assez de me couper les ongles moi-même de bien près, sans qu'un censeur vienne encore me les couper jusqu'au sang. M. Cramer peut compter, si j'ai lieu d'être content de lui en cette occasion, qu'il imprimera désormais tout ce que je ne voudrai pas soumettre à l'inquisition de nos Midas en soutane ou en robe.

Je suis bien fâché, pour la philosophie et pour les lettres, du parti que prend Jean-Jacques, et en particulier de ce qu'il a dit contre vous dans son dernier livre, que je n'ai pu lire, tant la matière est peu intéressante pour qui n'est pas bourdon ou guêpe de la ruche de Genève. Il a couru un bruit que vous lui aviez fait une réponse injurieuse; je ne l'ai pas cru, et des gens en état d'en juger, qui ont lu cette réponse, m'ont assuré qu'elle n'était pas de vous. Au nom de Dieu, si vous lui répondez, ce qui n'est peut-être pas nécessaire (du moins c'est le parti que je prendrais à votre place), répondez-lui avec le sang-froid et la dignité qui vous conviennent. Il me semble que vous avez beau jeu, ne fût-ce qu'en opposant aux horreurs qu'il dit aujourd'hui de sa patrie tous les éloges qu'il en a faits, il y a quatre ou cinq ans, dans la dédicace d'un de ses ouvrages, sans compter son petit procédé avec moi, à qui il a donné tort et raison, selon que ses intérêts l'exigeaient. Il est bien fâcheux que la discorde soit au camp de la philosophie, lorsqu'elle est au moment de prendre Troie. Tâchons du moins de n'avoir rien à nous reprocher de ce qui peut nuire à la cause commune.

MMMMCCCXVII. — A M. LE MARÉCHAL DUC DE RICHELIEU.

A Ferney, 21 janvier.

Mon héros, si vous prenez goût à l'*empereur Julien*, j'aurai l'honneur de vous envoyer quelque infamie de cette espèce pour éprouver votre foi et pour l'affermir.

Je suis dans mon lit depuis un mois, fort peu instruit de ce qui se passe dans ce monde-ci et dans l'autre. La faiblesse du corps diminue toutes les passions de l'âme. Je ne me sens aucun zèle pour le tripot de la Comédie-Française. Je sens que, si j'étais jeune, j'aurais beaucoup de goût pour celui de l'Opéra-Comique. On y danse, on y chante, on y dit des ordures; tous les contes de La Fontaine y sont mis sur la scène, et on m'assure qu'on y jouera incessamment *le Portier des Chartreux*, mis en vers par l'abbé Grizel.

Vous croyez bien, monseigneur le maréchal, que je ne serai pas assez imbécile pour disputer contre vous sur la tracasserie concernant les dignités de la troupe du faubourg Saint-Germain. Si j'étais un malavisé et un opiniâtre, je vous dirais que votre lettre du 17 de septembre, qui me donnait toute permission, était une réponse à mes requêtes; je vous dirais que ces requêtes étaient fondées sur des représentations du tripot même, et je vous jurerais que Parme et Plaisance[1] n'y avaient aucune part. Mais Dieu me garde d'oser disputer avec vous! vous auriez trop d'avantage, non-seulement comme mon héros et comme mon premier gentilhomme de la chambre, mais comme un homme sain, frais, gaillard et dispos, vis-à-vis d'un vieux quinze-vingts malade, qui radote dans son lit au pied des Alpes.

Le chevalier de Boufflers est une des singulières créatures qui soient au monde. Il peint en pastel fort joliment. Tantôt il monte à cheval tout seul à cinq heures du matin, et s'en va peindre des femmes à Lausanne; il exploite ses modèles; de là il court en faire autant à Ge-

---

1. Le comte d'Argental. (ÉD.)

nève, et de là il revient chez moi se reposer des fatigues qu'il a essuyées avec des huguenotes.

J'aurai l'honneur de vous dire que je suis si dégoûté des tripots, que je me suis défait du mien. J'ai démoli mon théâtre, j'en fais des chambres à coucher et à repasser le linge. Je me suis trouvé si vieux, que je renonce aux vanités du monde. Il ne me manque plus que de me faire dévot pour mourir avec toutes les bienséances possibles. J'ai chez moi, comme vous savez, je pense, un jésuite à qui on a ôté ses pouvoirs, dès qu'on a su qu'il était dans mon profane taudis. Son évêque savoyard est un homme bien malavisé, car il risque de me faire mourir sans confession, malheur dont je ne me consolerais jamais. En attendant, je me prosterne devant vous.

MMMMCCCXVIII. — A M. DE MAIRAN.

A Ferney, 21 janvier.

Il faut, monsieur, que vous ayez eu la bonté de m'envoyer, il y a six mois, votre horoscope d'Auguste; car M. Thieriot me l'a fait tenir depuis huit jours. Souffrez que je vous remercie en droiture; si je m'adressais à lui, ma lettre ne vous parviendrait qu'en 1766. J'aurais, si je voulais, un peu de vanité, car j'ai toujours été de votre avis sur tout ce que vous avez écrit. Souvenez-vous, je vous prie, de la dispute sur la masse multipliée par le carré de la vitesse. Je soutins votre opinion contre la mauvaise foi de Maupertuis, qui avait séduit Mme du Châtelet. Vous m'avez éclairé de même sur plusieurs points de physique. Je vous trouve partout aussi exact qu'ingénieux. Il n'y a que les Égyptiens sur lesquels je ne me suis pas rendu. J'aime tant les Chinois et Confucius, que je ne peux croire qu'ils tiennent rien du peuple frivole et superstitieux d'Égypte.

De toutes les anciennes nations, l'Égyptienne me paraît la plus nouvelle; il me semble impossible que l'Égypte, inondée tous les ans par le Nil, ait pu être un peu florissante avant qu'on eût employé dix ou douze siècles à préparer le terrain. La plupart des régions de l'Asie, au contraire, se prêtaient naturellement à tous les besoins des hommes. Le pays le plus aisément cultivable est toujours le premier habité. Les pyramides sont fort anciennes pour nous; mais, par rapport au reste de la terre, elles sont d'hier; et à l'égard de nous autres Gaulois ou Welches, il y a deux minutes que nous existons : c'est peut-être ce qui fait que nous sommes si enfants.

Adieu, monsieur; vous mériteriez d'exister toujours. Agréez, avec votre bonté ordinaire, la très-tendre et très-respectueuse reconnaissance de votre, etc.

MMMMCCCXIX. — A M. COLLENOT[1].

A Ferney, 21 janvier.

La personne que M. Collenot a consultée sent très-bien qu'elle ne mérite pas de l'être. Elle croit qu'il ne faut consulter sur l'éducation

1. Ce négociant d'Abbeville avait consulté Voltaire sur l'éducation qu'il devait donner à ses enfants. (ÉD.)

de ses enfants que leurs talents et leurs goûts. Le travail et la bonne compagnie sont les deux meilleurs précepteurs que l'on puisse avoir. L'éducation des collèges et des couvents a toujours été mauvaise, en ce qu'on y enseigne la même chose à cent enfants qui ont tous des talents différents. La meilleure éducation est sans doute celle que peut donner un père qui a autant de mérite que M. Collenot. Voilà tout ce qu'u vieux malade peut avoir l'honneur de lui répondre.

MMMMCCCXX. — A M. DE FLEURIEU, ANCIEN COMMANDANT, ET PRÉVÔT DES MARCHANDS DE LYON.

Au château de Ferney, 21 janvier.

Monsieur, je vous supplie de vouloir bien présenter mes respects à l'Académie; j'y ajoute mes regrets de n'avoir pu assister à ses séances depuis dix ans : mais un vieux malade ne peut guère se transplanter. Si vous êtes mon doyen académique, je crois que j'ai l'honneur d'être le vôtre dans l'ordre de la nature. Je crois qu'elle vous a mieux traité que moi : vous écrivez de votre main, et c'est ce que je ne puis faire. Vous voyez toute votre aimable famille prospérer sous vos yeux, et moi je n'ai pas l'honheur d'avoir des enfants : Mme Denis, qui m'en tient lieu, vous fait les plus sincères compliments.

Il y a bien des fautes dans le *Corneille* que j'ai eu l'honneur de présenter à l'Académie. Cet ouvrage aurait dû être imprimé à Lyon plutôt qu'à Genève. Corneille aurait été une des meilleures étoffes de vos manufactures; elle durera, quoique ancienne, et quoique j'y aie mis une bordure. Pour moi, je ne m'occupe qu'à planter des arbres dont je ne verrai pas l'ombrage; j'ai trouvé que c'était là le sûr moyen de travailler pour la postérité.

J'ai eu l'honneur de voir quelquefois MM. vos fils dans la petite chaumière que j'ai bâtie, et dans les petites allées que j'ai alignées. Mon bonheur eût été complet si j'y avais vu le père.

J'ai l'honneur d'être très-respectueusement, monsieur, votre très-humble, etc.
VOLTAIRE.

MMMMCCCXXI. — A M. L'ABBÉ DE SADE.

Au château de Ferney, 23 janvier.

Le second volume m'est arrivé, monsieur : je vous en remercie de tout mon cœur; mais M. Fréron vous doit encore plus de remerciments que moi. Il doit être bien glorieux : vous l'avez cité, et c'est assurément la première fois de sa vie qu'on l'a cru sur sa parole. Mais, comme je suis plus instruit que lui de ce qui me regarde, je puis vous assurer que je n'ai pas seulement lu cet extrait de Pétrarque dont vous me parlez. Il faut que ce Fréron soit un bien bon chrétien, puisqu'il a tant de crédit en terre papale. Vous m'avez traité comme un excommunié. Si la seconde édition de l'*Histoire générale* était tombée entre vos mains, vous auriez vu mes remords et ma pénitence d'avoir pris la rime quaternaire pour des vers blancs. Ces rimes de quatre en quatre n'avaient pas d'abord frappé mon oreille, qui n'est point accoutumée à cette espèce d'harmonie. Je prends d'ailleurs actuellement peu p'intérêt aux vers, soit anciens, soit modernes : je suis vieux, faible, malade.

Nunc itaque et versus et cætera ludicra pono.
Hor., lib. I, ep. I, v. 10

Je n'en dis pas de même de votre amitié et de l'envie de vous voir : ce sont deux choses pour lesquelles je me sens toute la vivacité de la jeunesse.

J'ai l'honneur d'être, monsieur, du meilleur de mon cœur, et sans cérémonie, votre très-humble et très-obéissant serviteur.

MMMMCCCXXII. — A M. DALEMBERT.
25 janvier.

Vous devez, mon cher philosophe, avoir reçu une lettre satisfaisante de ce joufflu de Gabriel Cramer. Il est bien heureux d'imprimer la *Destruction* : cette *Destruction* suffirait pour bien établir un libraire de Paris. La quatrième feuille est déjà imprimée. Je vous remercie de m'avoir fourré là, j'en suis tout glorieux. Je me trouve enchâssé avec des diamants que vous avez répandus sur le fumier des jansénistes et des molinistes.

Votre ami le roi de Prusse, à qui j'ai été obligé d'écrire, m'a félicité d'être toujours occupé à écraser l'*inf*.... Hélas ! je ne l'écrase pas, mais vous la percez de cent petits traits dont elle ne se relèvera jamais chez les honnêtes gens. Le bon de l'affaire, c'est qu'étant percée à jour de votre main forte et adroite, elle n'osera pas seulement se plaindre.

Je vais faire partir mon exemplaire de *Corneille* pour l'Académie. Gabriel m'en rendra un de la seconde édition.

Vous voilà en train de détruire, amusez-vous à détruire successivement toutes nos sottises welches ; un destructeur tel que vous sera un fondateur de la raison.

MMMMCCCXXIII. — A M. DAMILAVILLE.
25 janvier.

Mon cher frère, chaque feuille imprimée qu'on m'apporte de la *Destruction* m'édifie de plus en plus. Ce petit ouvrage fera beaucoup de bien, ou je suis fort trompé. Voilà de ces choses que tout le monde entend. Vous devriez engager vos autres amis à écrire dans ce goût. Déchaînez les dogues d'Angleterre contre le monstre qu'il faut assaillir de tous côtés.

Avez-vous reçu quelque chose de Besançon ? Je vous embrasse bien tendrement.

MMMMCCCXXIV. — A M. LE MARQUIS DE FRAIGNE.
Ferney, 25 janvier.

.... Nous avons, dans ce moment-ci, une petite esquisse à Genève de ce qu'on nomme liberté, qui me fait aimer passionnément mes chaînes. La république est dans une combustion violente. Le peuple, qui se croit le souverain, veut culbuter le pauvre petit gouvernement, qui assurément mérite à peine ce nom. Cela fait, de Ferney, un spectacle assez agréable. Ce qui le rend plus piquant, c'est de comparer la différente façon de penser des hommes, et les motifs qui les font agir : souvent ces motifs ne font pas honneur à l'humanité. Le peuple veut une démocratie décidée; le parti qui s'y oppose n'est point uni, parce que l'envie est le vice dominant de cette petite ruche, où l'on distille du fiel au lieu de miel. Cette querelle n'est pas prête à finir, la démocratie ne pouvant subsister quand les fortunes sont trop inégales. Ainsi je prédis que la ruche bourdonnera jusqu'à ce qu'on vienne manger le miel.

C'est Rousseau qui a fait tout ce tapage. Il trouve plaisant, du haut de sa montagne, de bouleverser une ville, comme la trompette du Seigneur qui renversa les murs de Jéricho....

MMMMCCCXXV. — A M. LE MARÉCHAL DUC DE RICHELIEU.

A Ferney, 27 janvier.

Mon héros, permettez que je prenne la liberté de me vanter auprès de vous de l'honneur que j'ai d'être ami de M. d'Hermenches, fils d'un gros diable de général au service de Hollande, qui s'est battu pendant quarante ans contre les Français; le fils a mieux aimé se battre pour vous. Il est actuellement dans votre service, et il a désiré, comme de raison, d'être présenté au général qui a le mieux soutenu la gloire de la France. Vous pouvez d'ailleurs le faire votre aide de camp auprès de Mlle d'Épinai ou de Mlle Doligny, ou de Mlle Luzy, attendu que vous ne pouvez pas tout faire par vous-même. De plus, je dois vous certifier que c'est l'homme du monde qui se connaît le mieux en bonne déclamation. J'ai eu l'honneur de jouer le vieux bonhomme Lusignan avec lui. Il faisait Orosmane à mon grand contentement, et je le prends pour arbitre quand on m'accusera injustement d'avoir donné des préférences à des filles. Il sait plus que personne avec quel enthousiasme je vous suis attaché. Il sait que vous êtes la première de toutes mes passions, et combien je lui envie le bonheur qu'il a de vous faire sa cour.

Agréez, monseigneur, le tendre et profond respect de votre vieux courtisan.

MMMMCCCXXVI. — A M. LE COMTE D'ARGENTAL.

28 janvier.

Mon cher ange, d'abord comment va la toux de Mme d'Argental, et pourquoi tousse-t-elle? ensuite je remercie très-humblement M. le duc de Praslin du passe-port [1].

Ensuite vous saurez que je bataille toujours avec le tyran du *tripot* [2]; mais vous sentez bien que je serai battu. Il y a de l'aigreur; on ne m'en a jamais dit la raison.

Il me semble, au sujet des roués, qu'il ne serait pas mal d'attendre Pâques. Peut-être l'acteur dont vous me parlez aura déployé alors des talents qui encourageront le petit ex-jésuite.

Voulez-vous que je vous envoie un *Portatif* sous le couvert de M. le

1. Pour Moultou et son fils. (ÉD.) — 2. Richelieu. (ÉD.)

duc de Praslin? Je ne m'aviserais pas de prendre ces libertés sans vos ordres précis. Les auteurs de cet ouvrage n'ont pas été assez loin; ils n'ont fait qu'effleurer les premiers temps du christianisme. Vous savez bien que Paul était une tête chaude; mais savez-vous qu'il était amoureux de la fille de Gamaliel? Ce Gamaliel était fort sage; il ne voulut point d'un fou pour son gendre. Il avait à la vérité de larges épaules, mais il était chauve, et avait les jambes torses; son grand vilain nez ne plaisait point du tout à Mlle Gamaliel. Il se tourna du côté de sainte Thècle, dont il fut directeur : mais en voilà trop sur cet animal.

Mon cher ange, vivez gaîment, aimez le plus que borgne.

MMMMCCCXXVII. — A M. DAMILAVILLE.

28 janvier.

Mon cher frère, mon cher philosophe, en vérité Jean-Jacques ne ressemble pas plus à Thémistocle que Genève ne ressemble à Athènes, et un rhéteur à Démosthène. Jean-Jacques est un méchant fou qu'il faut oublier; c'est un chien qui a mordu ceux qui lui ont présenté du pain. Tout ce que j'ai craint, c'est que son infâme conduite n'ait fait tort au nom de philosophe, dont il affectait de se parer. Les vrais sages ne doivent songer qu'à être plus unis et plus fermes; mais je crains leur tiédeur autant que les persécutions. Si nous avions une douzaine d'âmes aussi zélées que la vôtre, nous ne laisserions pas de faire du bien au monde; mais les philosophes demeurent tranquilles quand les fanatiques remuent; c'est là l'éternel sujet de nos saintes afflictions.

Il sera difficile de vous faire parvenir des *Évangiles*; j'ai ouï dire qu'il n'y en avait plus. Les auteurs du *Portatif*, qui sont très-cachés, et qu'on ne connaît pas, vous enverront incessamment un exemplaire de la nouvelle édition d'Amsterdam; mais ils veulent savoir auparavant si vous avez reçu un paquet de Besançon.

Mandez-moi, je vous prie, si vous avez reçu à M. d'Argental ma lettre à Mme la duchesse de Luxembourg.

On m'a parlé d'un livre intitulé *le Fatalisme*, qui a paru il y a deux ans, et qu'on attribue à un abbé Pluquet. Je vous supplie de vouloir bien le faire chercher par l'enchanteur Merlin, et de l'adresser par la diligence de Lyon à M. Camp, banquier à Lyon, pour celui qui vous chérira tendrement jusqu'au dernier moment de sa vie.

MMMMCCCXXVIII. — A M. LE MARQUIS D'ARGENCE DE DIRAC.

A Ferney, 29 janvier.

Je ne suis point étonné, mon cher et aimable philosophe militaire, qu'un brave homme devienne poltron quand il est superstitieux et ignorant. On est brave à la guerre par vanité, parce qu'on ne veut pas essuyer de ses camarades le reproche d'avoir baissé la tête devant une batterie de canons; mais on n'a point de vanité avec la fièvre double tierce. On s'abandonne alors à toute sa misère, on laisse paraître des frayeurs dont on ne rougit point, et un prêtre insolent fait plus de peur qu'une compagnie de cuirassiers. Nous recevons dans le moment votre pâté. Le pâtissier aura beaucoup d'honneur, si ses perdrix sont arrivées sans barbe par le temps pourri que nous essuyons depuis un mois : nous en serons instruits dans quelques heures, et je vous en dirai des nouvelles à la fin de ma lettre.

Mon cher philosophe guerrier, n'envoyez plus de pâtés, il y a trop loin d'Angoulême à Ferney.

MMMMCCCXXIX. — A M. LE COMTE D'ARGENTAL.
30 janvier.

Mon divin ange, vous êtes donc aussi l'ange gardien de M. de Moultou; je parle du fils, car, pour le père, je crois que sa vessie lui jouera bientôt un mauvais tour, et qu'il comparaîtra devant les anges de là-haut. Le fils a le malheur d'être ministre du saint Évangile dans le tripot de Genève; c'est son seul défaut. Mme la duchesse d'Enville doit certifier à M. le duc de Praslin que mon petit Moultou est très-philosophe et très-aimable, et point du tout prêtre. Il compte même, en partant de Genève, remercier les pédants ses confrères, et renoncer au plus sot des ministères.

Il craint toujours, et à mon avis très-mal à propos, qu'on ne lui fasse des chicanes en Languedoc, pour avoir prêché la doctrine de Calvin sur les bords du lac Léman. Il supplie très-humblement M. le duc de Praslin de vouloir bien mettre dans le passe-port :

« Pour le sieur de Moultou et son fils, bourgeois de Genève, avec sa femme et ses enfants. »

Permettez qu'aujourd'hui je ne vous parle que des Moultou, et que je réserve les roués pour une autre occasion. Vous me feriez grand plaisir de me dire si Mme d'Argental ne tousse plus. Voulez-vous bien faire agréer à M. le duc de Praslin mes tendres et profonds respects?

MMMMCCCXXX. — A M. DAMILAVILLE.
1er février.

Mon cher frère, voici une grâce temporelle que je vous demande; c'est de faire parvenir à M. de Laleu ce paquet, qui est essentiel aux affaires de ma famille. Les philosophes ne laissent pas d'avoir des affaires mondaines à régler. Jean-Jacques n'est chargé que de sa seule personne, et moi je suis chargé d'en nourrir soixante-dix : cela fait que quelquefois je suis obligé d'écrire à M. de Laleu des mémoires qui ne sent pas du tout philosophiques. Vous ne savez pas ce que c'est que la manutention d'une terre qu'on fait valoir. Je rends service à l'État sans qu'on en sache rien. Je défriche des terrains incultes; je bâtis des maisons pour attirer les étrangers; je borde les grands chemins d'arbres à mes dépens, en vertu des ordonnances du roi, que personne n'exécute : cette espèce de philosophie vaut bien, à mon gré, celle de Diogène.

Est-il possible que vous n'ayez pas encore reçu le petit paquet qui doit vous être venu par Besançon? Je prendrai mes mesures pour vous faire parvenir ceux que je vous destine par le premier Anglais qui partira de Genève pour Paris.

Vous m'avez parlé des Délices : je deviens si vieux et si infirme, que je ne peux plus avoir deux maisons de plaisance; et l'état de mes affaires ne me permet plus cette dépense, qui est très-grande dans un pays où il faut combattre sans cesse contre les éléments. Je me déferai donc des Délices, si je peux parvenir à un arrangement raisonnable, ce qui est encore très-difficile.

Je vous ai prié, mon cher frère, de me faire avoir *le Fatalisme*, par l'enchanteur Merlin. S'il y peut ajouter le *Judicium Franciscorum*, il me fera grand plaisir; mais me laissera-t-on mourir sans avoir le *Dictionnaire philosophique* complet?

J'envoie votre lettre à Esculape-Tronchin, qui vous exhortera sans doute à la persévérance. On commence aujourd'hui la *Destruction* du petit théologien : je voudrais bien savoir quel est ce maraud-là.

Je crois que c'est un prêtre janséniste qui est l'auteur d'une des pièces d'éloquence que vous m'avez envoyées; et je soupçonne, non sans raison, le petit abbé d'Étrée, qui ferait bien mieux de servir à boire de bon vin de Champagne, comme son père, que de succéder au ministère d'Abraham Chaumeix[1]. Il n'y a pas, Dieu merci, l'ombre du sens commun dans ce ridicule chiffon.

Adieu, mon cher philosophe, mon cher frère.

MMMMCCCXXXI. — A M. DE CIDEVILLE.

4 février.

J'ai été quelque temps aveugle, mon cher et ancien ami, et à présent j'ai le quart de mes deux yeux. C'est avec ce quart que mon cœur tout entier vous écrit. Vous faites un bel éloge du jour de l'an, mais je vous aime toute l'année, et tous les jours sont pour moi les calendes de janvier.

Il est très-vrai que le gâteau des Rois est une cérémonie païenne; mais quel usage ne l'est pas? Processions, images, encens, cierges, mystères, tout, jusqu'à la confession, est pris dans l'antiquité. Les Welches n'ont rien à eux en propre, pas même *le Cid*, qui est tout entier de deux auteurs espagnols; pas même le *Soyons amis, Cinna*, qui est de Sénèque. Je ne connais guère que le *Qu'il mourût* et le cinquième acte de *Rodogune* qui soient de l'invention du grand Corneille. Ni les *fables*, ni les *contes* de La Fontaine, ni l'*Art poétique*, ne sont nés chez nous; presque toutes nos beautés et nos sottises sont d'après l'antique. Nous sommes venus trop tard en tout. À peine commençons-nous à ouvrir les yeux en physique, en finance, en jurisprudence, et même dans la discipline militaire : aussi avons-nous été battus et ruinés; mais l'opéra-comique console de tout.

Vous renoncez donc à Paris pour cet hiver, mon cher ami; et moi j'y ai renoncé depuis quinze ans pour le reste de ma vie, et je compte n'avoir véritablement vécu que dans la retraite. On parle à Paris, et on ne pense guère; la journée se passe en futilités : on ne vit point pour soi, on y meurt oublié sans avoir vécu. Peut-être, du temps d'*Andromaque*, d'*Iphigénie*, de *Phèdre*, des belles-lettres de Louis XIV, d'*Armide*, et du passage du Rhin, Paris méritait la curiosité d'un honnête

---

1. Abraham Chaumeix avait été le premier dénonciateur de l'*Encyclopédie*. (ÉD.)

ANNÉE 1765.   155

homme. Mais les temps sont un peu changés : les billets de confession, *le Serrurier*, *le Maréchal*[1], les deux vingtièmes, le réquisitoire sur l'inoculation, ne méritent pas le voyage.

D'Alembert a fait un petit livre sur la destruction des jésuites; c'est presque le seul ouvrage marqué au bon coin depuis trente ans. Il est plus philosophie que *les Provinciales*, et peut-être aussi ingénieux. Ce D'Alembert n'est pas Welche, c'est un vrai Français.

Vivez, mon cher ami, et comptez que vous n'êtes pas plus aimé vers la rivière de Seine que vers les Alpes.   V.

MMMMCCCXXXII. — A M. D'ALEMBERT.
5 février.

Mon adorable philosophe, nous en sommes à *H*. Vous me rendez les lettres de l'alphabet bien précieuses. Vous me comblez de joie en me faisant espérer que vous ne vous en tiendrez pas aux jésuites. Un homme qui a des terres près de Cîteaux me mande que le chapitre général va s'assembler. Ce chapitre est composé de quatre cents élus ; on donne à chacun six bouteilles de vin pour la nuit ; cela s'appelle le vin du chevet, et vous savez que ce vin est le meilleur de France. Ces moines-là ne vous paraissent-ils pas plus habiles que les jésuites? Cîteaux jouit de deux cent mille livres de rente, et Clairvaux en a davantage ; mais il est juste de combler de biens des hommes si utiles à l'État. Détruisez, détruisez tant que vous pourrez, mon cher philosophe ; vous servirez l'État et la philosophie.

J'espère que frère Gabriel Cramer enverra bientôt à frère Bourgelat le recueil de soufflets que vous donnez à tour de bras aux jansénistes et aux molinistes. C'est bien dommage, encore une fois, que Jean-Jacques, Diderot, Helvétius, et vous, *cum aliis ejusdem farinæ hominibus*, vous ne vous soyez pas entendus pour écraser l'*inf*.... Le plus grand de mes chagrins est de voir les imposteurs unis, et les amis du vrai divisés. Combattez, mon cher Bellérophon, et détruisez la Chimère.

N. B. Vous saurez qu'ennuyé de la négligence du gros Gabriel, j'ai envoyé mon exemplaire de *Corneille* à l'adresse de M. Duclos, à la chambre syndicale, par la diligence de Lyon. Je supplie le philosophe frère Damilaville de vouloir bien payer les frais : c'est un philosophe de finance avec lequel je m'entendrai fort bien. Adieu ; je vous embrasse ; je suis bien vieux et bien malade.

MMMMCCCXXXIII. — A M. DAMILAVILLE.
5 février.

Mon cher frère, vous aurez incessamment la petite *Destruction* dalembertine, et le premier voyageur qui partira pour Paris vous apportera une bonne provision de petits diabloteaux.

M. de Laleu doit vous remettre un papier important concernant mes affaires temporelles. C'est mon testament, ne vous déplaise, auquel il

1. Ce sont les titres de deux opéras-comiques aujourd'hui oubliés. (**B.**)

faut que je fasse quelques additions. Je le recommande pourtant à vos bontés, qui s'étendent à tous les objets.

J'ai été obligé d'envoyer mon exemplaire de *Corneille* à l'Académie française; frère Gabriel n'en avait plus. J'ai fait partir le mien par la diligence de Dijon, adressé à M. Duclos; il sera probablement à la chambre syndicale. Pouvez-vous avoir la bonté de le faire retirer par l'enchanteur Merlin, qui le présentera à M. Duclos? Je vous demande bien pardon de vous parler de ces guenilles : je voudrais ne vous entretenir jamais que de ma tendre amitié pour vous.

MMMMCCCXXXIV. — A M. LE COMTE D'ARGENTAL.

10 février.

Mon divin ange, je ne vous croyais pas si ange de ténèbres que le dit cet abominable fou de Vergy. Je me souviens bien que Rochemore vous appelait furie, mais c'était par antiphrase, comme disent les doctes. Je ne crois pas que ce Vergy trouve beaucoup de partisans, ni même de lecteurs. Je ne crois pas qu'il y ait un plus ennuyeux coquin. N'est-ce pas un parent de Fréron? Dites-moi, je vous prie, si on joue quelquefois l'*Écossaise*; j'ai peur qu'elle ne soit au rang des pièces que le tyran du *tripot* empêche de jouer, par sa belle disposition des rôles. Je lui ai écrit en dernier lieu, je lui écrirai encore. J'ai peur qu'une grande actrice[1], dont on m'a envoyé la médaille, ne soit pas absolument dans vos intérêts. Je reconnais votre cœur au combat qu'il éprouve entre la reconnaissance et la tyrannie tripotière. Je suis à peu près dans le même cas que vous; mais, étant plus vieux, je suis un peu plus indifférent. Me voici dans un moment d'apathie, même pour les roués. Avertissez-moi, je vous prie, mon cher ange, quand vous aurez quelque bon acteur; cela me ressuscitera peut-être.

Vous m'avez fait espérer que mon petit prêtre apostat Moultou, qui est un des plus aimables hommes du monde, serait nommé dans le passe-port. J'attends cette petite faveur avec un peu de douleur, car je serais très-fâché qu'il nous quittât. Il aime la comédie à la fureur; je ne suis pas de même. Il y a des prêtres qui se dégoûtent de dire la messe; je ne suis pas moins dégoûté des Délices; les tracasseries de Genève me sont insipides; et m'étant aperçu que je n'ai qu'un corps, j'ai conclu qu'il ne me fallait pas deux maisons; c'est bien assez d'une. Il y a des gens qui n'en ont point du tout, et qui valent mieux que moi.

Tout Ferney s'intéresse bien fort à la toux de Mme d'Argental. Les deux anges ont ici des autels.

MMMMCCCXXXV. — A M. DAMILAVILLE.

10 février.

Mon cher frère, ce n'est pas moi qui suis marié, c'est Gabriel Cramer. Il a une femme qui a beaucoup d'esprit, et qui a été enchantée de la *Destruction*[2]; ma nièce a beaucoup d'esprit aussi, mais elle n'en a rien lu. Voilà ce qu'Archimède-Protagoras peut savoir.

1. Clairon. (ÉD.) — 2. *Sur la destruction des jésuites*, par Dalembert. (ÉD.)

Un de mes amis de Franche-Comté vous envoya un gros paquet, il y a quelques semaines; j'ignore si c'est pour son vingtième, mais je vois que vous n'avez point reçu le paquet. J'ai peur qu'il n'y ait des esprits malins qui se plaisent à troubler le commerce des pauvres mortels.

J'embrasse tendrement mon frère.

MMMMCCCXXXVI. — A M. LE CLERC DE MONTMERCI.
10 février.

Je vous remercie bien tard, mon cher confrère en Apollon; mais assurément je vous remercie de tout mon cœur de l'amitié que vous me témoignez dans toutes les occasions. Il est vrai que j'ai peu d'obligations à M. Robinet [1]. C'est un grand indiscret, sans doute, que ce M. Robinet, qui publie ainsi les secrets des gens qu'il ne connaît pas, et le tout pour vingt-cinq louis d'or; en vérité, c'est trop payé. Encore, s'il avait imprimé fidèlement mes secrets, il n'y aurait que demi-mal; il ressemble aux honnêtes gens qui pendent les autres en effigie; ils ne s'embarrassent pas que le portrait soit ressemblant. Les beaux vers que vous avez bien voulu faire pour moi me consolent; vous faites mon apothéose quand d'autres me damnent. Ma santé et ma vue s'affaiblissent tous les jours. Je serai bien fâché de mourir sans avoir pu souper entre vous et M. Damilaville, à qui j'adresse ce petit billet pour vous. Je supprime toutes les cérémonies, le sentiment ne les admet pas.

MMMMCCCXXXVII. — A M. DAMILAVILLE.
15 février.

Permettez, mon cher frère, que je vous adresse cette consultation pour M. de Beaumont, et cette lettre pour M. de Lavaysse; je l'ai laissée décachetée afin que vous la lisiez. Vous serez convaincu que la raison n'a pas fait de grands progrès chez les *Languedochiens*, et qu'ils tiennent toujours un peu des Visigoths.

Ne soyez point étonné que je quitte ma maison de campagne dans le pays génevois : je suis vieux, je n'ai qu'un corps, je ne peux plus avoir deux maisons; je passe la moitié de mon temps dans mon lit, et ce n'est pas la peine d'en changer. Je n'aime pas d'ailleurs à me mêler des affaires de la parvulissime. J'ai renoncé aux vanités du monde.

J'ai reçu *le Fatalisme*; et, en parcourant une page, j'ai trouvé deux ou trois sottises de prime abord; mais je les pardonnerai, si je trouve quelque chose de raisonnable. Je vois avec douleur que vous n'avez pas reçu un paquet de Franche-Comté. Ceux de Metz auraient le même sort. La raison est bien de contrebande. Consolons-nous tous deux en aimant passionnément cette infortunée.

Adieu, mon cher philosophe. Écr. l'inf....

1. Éditeur des *Lettres secrètes de M. de Voltaire*. (ÉD.)

MMMMCCCXXXVIII. — AU MÊME.

20 février.

Mon cher frère, j'ai lu une partie de ce Pluquet : cet homme est ferré à glace sur la métaphysique ; mais je ne sais s'il n'a pas fourni un souper, dont plusieurs plats seraient assez du goût des spinosistes. Je voudrais bien savoir ce que les Dalembert et les Diderot pensent de ce livre.

La *Destruction* doit être partie, ou partira à la fin de cette semaine. Je ne suis pas exactement informé ; trois pieds de neige interrompent un peu la communication. Je crois que cette neige refroidira les esprits de Genève, qui étaient un peu échauffés ; on disputera, mais il n'y aura point de guerre civile.

Je crois que j'ai très-bien pris mon temps pour me tirer de la cohue, et pour me défaire des Délices, d'autant plus que mon bail était fini, et que je ne l'avais pas renouvelé. Un M. Labat, qui avait dressé les articles du contrat, me faisait quelques difficultés, comme vous l'avez pu voir. Ces difficultés ont dû vous paraître extraordinaires, aussi bien que le contrat même. On ne ferait pas de tels marchés en France ; celui-là est plus juif que calviniste.

Je me flatte que tout s'accommodera à l'amiable, et beaucoup plus facilement que les affaires de Genève. MM. Tronchin, qui sont mes amis, m'y aideront ; mais je serai toujours bien aise d'avoir le sentiment de M. Élie de Beaumont au bas de mes questions. J'attends avec impatience son mémoire pour les Calas. Voilà un véritable philosophe ; il venge l'innocence opprimée, il n'écrit point contre la comédie, il n'a point un orgueil révoltant, il n'est point le délateur de ceux dont il a dû être l'ami et le défenseur. Le cœur me saigne de deux grandes plaies ; la première que Rousseau soit fou, la seconde que nos philosophes de Paris soient tièdes. Dieu merci, vous ne l'êtes pas. Vous m'avez glissé deux lignes, dans votre lettre du 12 de février, qui font la consolation de ma vie.

Je soupçonne que le paquet de Franche-Comté est tombé entre les mains des barbares ; il faut mettre cette petite tribulation aux pieds du crucifix. Je me recommande à vos saintes prières. J'entre aujourd'hui dans ma soixante-douzième année, car je suis né en 1694, le 20 de février, et non le 20 de novembre, comme le disent les commentateurs mal instruits. Me persécuterait-on encore dans ce monde, à mon âge ? cela serait bien welche. Je me flatte au moins qu'on ne me fera pas grand mal dans l'autre.

Adieu, mon cher frère : je vous embrasse bien tendrement.

MMMMCCCXXXIX. — A M. COLINI.

A Ferney, 20 février.

Mon cher ami, j'entre aujourd'hui dans ma soixante-douzième année, en dépit de mes estampes, qui me donnent quelques jours de moins. Ce n'est pas sans peine que j'ai attrapé cet âge. Je n'ai presque point quitté mon lit depuis deux mois. Vous m'avez vu bien maigre, je suis devenu squelette; je m'évapore comme du bois sec enflammé, et je serai bientôt réduit à rien.

Mettez-moi, je vous prie, aux pieds de Son Altesse Électorale. Je veux qu'elle sache que je mourrai son admirateur, son attaché, son obligé.

Dites-moi si vous avez trois pieds de neige à Manheim, comme nous sur les bords du lac Léman. Avez-vous de beaux opéras? J'avais un pauvre petit théâtre grand comme la main; je viens de le faire abattre. Vous voyez que j'ai renoncé au démon et à ses pompes. La Métrie a fait *l'Homme-machine* et *l'Homme-plante :* il est triste de n'être qu'une plante du pays de Gex; j'aurais végété plus agréablement à Schwetzingen.

Adieu; aimez-moi pour le peu de temps que j'ai encore à exister et à sentir.

MMMMCCCXL. — A M. LE COMTE D'ARGENTAL.

Ferney, ce 24 février.

Extrait de la lettre de Luc du 1er janvier, arrivée à Ferney le 19, à cause des détours :

« Détrompé dès longtemps des charlataneries qui séduisent les hommes, je range le théologien, l'astrologue, l'adepte, et le médecin, dans la même catégorie. J'ai des infirmités et des maladies : je me guéris moi-même par le régime et la patience.... Dès que je suis malade, je me mets à un régime rigoureux, et jusqu'ici je m'en suis bien trouvé.... Quoique je ne jouisse pas d'une santé bien ferme..., cependant je vis; et je ne suis pas du sentiment que notre existence vaille qu'on se donne la peine de la prolonger. »

Voilà les propres mots qui font soupçonner, à mon avis, qu'on n'a ni santé ni gaieté. Mon divin ange, j'ai encore moins de santé, mais je suis aussi gai qu'homme de ma sorte. Je n'ai actuellement que la moitié d'un œil, et vous voyez que j'écris lisiblement.

Je soupçonne avec vous que le tyran du *tripot* a contre vous quelque rancune. Qui n'est pas du *tripot?* N'y a-t-il pas un fou de Bordeaux, nommé Vergy, qui aurait pu vous faire quelque tracasserie? Ce monde est hérissé d'anicroches. Jean-Jacques Rousseau est aussi fou que les d'Éon et les Vergy, mais il est plus dangereux.

Voulez-vous bien, mon divin ange, présenter à M. le duc de Praslin mes tendres et respectueux sentiments du passe-port qu'il veut bien accorder au vieux Moultou et à sa famille pour aller montrer sa vessie à Montpellier?

Je me flatte que mon autre ange, Mme d'Argental, tousse moins.

MMMMCCCXLI. — A M. BERGER.

A Ferney, 25 février.

J'ai été touché, monsieur, de votre lettre du 12 de février. On m'a dit que vous êtes dévot; cependant je vous vois de la sensibilité et de l'honnêteté.

Vous m'apprenez que vous avez été taillé de la pierre, il y a douze ans; je vous félicite de vivre, si vous trouvez la vie plaisante. J'ai toujours été affligé que, dans le meilleur des mondes possibles, il y eût des cailloux dans les vessies, attendu que les vessies ne sont pas plus faites pour être des carrières que des lanternes; mais je me suis toujours soumis à la Providence. Je n'ai point été taillé; j'ai eu et j'ai ma bonne dose de mal en autre monnaie. Chacun la sienne : il faut savoir mourir et souffrir de toutes façons.

Vous me mandez qu'on a imprimé je ne sais quelles lettres que je vous écrivis il y a plus de trente années : vous m'apprenez qu'elles étaient tombées entre les mains d'un nommé Vauger, qui n'en peut répondre, attendu qu'il est mort. Si ces lettres ont été son seul héritage, je conseille aux hoirs de renoncer à la succession. J'ai lu ce recueil, je m'y suis ennuyé ; mais j'ai assez de mémoire, dans ma soixante et douzième année, pour assurer qu'il n'y a pas une seule de ces lettres qui ne soit falsifiée. Je défie tous les Vauger, morts ou vivants, et tous les éditeurs de rapsodies, de montrer une seule page de ma main qui soit conforme à ce que l'on a eu la sottise d'imprimer.

Il y a environ cinquante ans qu'on est en possession de se servir de mon nom. Je suis bien aise qu'il ait fait gagner quelque chose à de *pauvres diables* : il faut que le pauvre diable vive; mais il faudrait au moins qu'il me consultât pour gagner son argent plus honnêtement. Vous m'apprenez, monsieur, que l'auteur de l'*Année littéraire* a fait usage de ces lettres; mais vous ne me dites pas quel usage, et si c'est celui qu'on fait ordinairement de ses feuilles. Tout ce que je peux vous répondre, c'est que je n'ai jamais lu l'*Année littéraire*, et que je suis trop propre pour en faire usage.

Vous craignez que l'impression de ces chiffons ne me fasse mourir de chagrin. Rassurez-vous : j'ai de bons parents qui ne m'abandonnent pas dans ma vieillesse décrépite. Mlle Corneille, bien mariée, et devenue ma fille, a grand soin de moi. J'ai dans ma maison un jésuite qui me donne des leçons de patience ; car, si j'ai haï les jésuites lorsqu'ils étaient puissants et un peu insolents, je les aime quand ils sont humiliés. Je ne vois d'ailleurs que des gens heureux : cela ragaillardit. Mes paysans sont tous à leur aise : ils ne voient jamais d'huissiers avec des contraintes. J'ai bâti, comme M. de Pompignan, une jolie église où je prie Dieu pour sa conversion et celle de Catherin Fréron. Je le prie aussi qu'il vous inspire la discrétion de ne plus laisser prendre de copies infidèles des lettres qu'on vous écrit. Portez-vous bien. Si je suis vieux, vous n'êtes pas jeune. Je vous pardonne de tout mon cœur votre faiblesse; j'ai pardonné à d'autres jusqu'à l'ingratitude. Il n'y a que la méchanceté orgueilleuse et hypocrite qui m'a quelquefois ému la bile; mais à présent rien ne me fait de la peine que les mauvais vers qu'on m'envoie quelquefois de Paris. J'ai l'honneur d'être, comme il y a trente ans, votre, etc.

MMMMCCCXLII. — A M. ÉLIE DE BEAUMONT.

A Ferney, 27 février.

Mes yeux ne peuvent guère lire, monsieur; mais ils peuvent encore pleurer, et vous m'en avez bien fait apercevoir. Je ne sais quelle impression faisaient sur les Romains les oraisons pour Cluentius et pour

Roscius Amerinus; mais il me paraît impossible que votre mémoire ne porte pas la conviction dans l'esprit des juges, et l'attendrissement dans les cœurs. Je suis sûr que ce malheureux David[1] est actuellement rongé de remords. Jouissez de l'honneur et du plaisir d'être le vengeur de l'innocence. Toute cette affaire vous a comblé de gloire. Il ne reste plus aux Toulousains qu'à vous faire amende honorable, en abolissant pour jamais leur infâme fête, en jetant au feu les habits des pénitents blancs, gris, et noirs, et en établissant un fonds pour la famille Calas; mais vous avez affaire à d'étranges Visigoths.

M. Damilaville vous a-t-il parlé d'une autre famille de protestants[2] exécutée en effigie à Castres, fugitive vers notre Suisse, et plongée dans la misère pour une aventure presque en tout semblable à celle des Calas? On croit être au siècle des Albigeois, quand on voit de telles horreurs; on dit que nous sommes au siècle de la philosophie; mais il y a encore cent fanatiques contre un philosophe. Jugez quelles obligations nous vous avons.

Mille respects, je vous prie, à Mme de Beaumont, qui est si digne de vous appartenir.

MMMMCCCXLIII. — A M. DAMILAVILLE.

27 février.

Mon cher frère, j'ai oublié, dans mes lettres, de vous demander quel est l'honnête homme qui veut avoir le recueil de mes bagatelles. Voulez-vous bien joindre à toutes vos bontés celle de faire acheter un exemplaire chez l'enchanteur Merlin, et de mettre cette petite dépense sur le compte de ce que je vous dois?

J'apprends que la pièce de mon ami de Belloi a beaucoup de succès; je souhaite qu'elle soit aussi pathétique que le mémoire de M. de Beaumont; ce serait bien là le cas de crier : *L'auteur! l'auteur!* Pour moi, si j'étais à l'audience quand on jugera les Calas, je crierais : *Beaumont! Beaumont!*

Voilà un petit billet que j'ai l'honneur de lui écrire. Permettez que j'y ajoute ma réponse à M. Berger, qui s'est avisé de m'écrire, au bout de trente ans, au sujet de mes prétendues *Letres secrètes*. Dieu merci, on les a renvoyées en Hollande.

M. Blin de Sainmore me parle d'une édition de Racine avec des commentaires, qu'on entreprend par souscription. On ne me dit point quel est l'auteur de ces commentaires, mais je souscris aveuglément.

Tous les honnêtes gens de Genève regardent Jean-Jacques comme un monstre. Pour moi, je ne le regarde que comme un fou; je le crois malheureux à proportion de son orgueil, c'est-à-dire qu'il est l'homme du monde le plus à plaindre.

On dit que Fréron est au For-l'Évêque; si cela est, *absolvit nunc pœna deos*.

Je me suis informé exactement des papiers qu'on vous avait envoyés de Franche-Comté; je peux vous répondre par la poste, et sous

---

1. Capitoul de Toulouse. (ÉD.) — 2. Les Sirven. (ÉD.)

l'enveloppe de M. Raymond, directeur des postes à Besançon. Apparemment qu'il y a dans ce monde des harpies qui mangent le dîner des philosophes. Je deviens bien faible, mais mon zèle devient tous les jours plus fort. Mon regret, en mourant, sera de n'avoir pu crier avec vous dans un souper : *Écr. l'inf*....

Bonsoir, mon très-cher frère.

MMMMCCCXLIV. — A M. LE COMTE D'ARGENTAL.
27 février.

Mon cher ange, il y a des moustres, et ce Vergy est un des plus plats monstres qui aient jamais existé. Ses horribles impertinences sont déjà oubliées pour jamais. C'est le sort de tous ces malheureux qui se croient quelque chose, parce qu'ils ont appris à lire et à écrire, et qui ne savent pas que la condition d'un honnête laquais est infiniment supérieure à leur état.

Je fais toujours d'humbles représentations au tyran du *tripot*. En vérité je commence à croire qu'il n'y a point d'autres fondements de vos querelles que la concurrence du pouvoir suprême. Il me paraît ulcéré de ce que je me suis adressé à vous, et non pas à lui, dans le temps que vous étiez à Paris et lui à Bordeaux. J'ai nié fortement, j'ai soutenu que j'avais envoyé à Grandval, sous son bon plaisir, les provisions des dignités comiques. Ce procès ne finit point; le tyran est toujours dans une colère à faire pouffer de rire. Je soutiens mon bon droit avec une véhémence douloureuse et pathétique; et je ne désespère pas qu'à la fin mon innocence ne l'emporte sur sa tyrannie.

Oserais-je vous supplier, mon divin ange, de dire à M. de Belloi combien je suis enchanté de son succès? Vous souvenez-vous d'une Mlle de Choiseul qui, étant près de mourir, et ne pouvant plus coucher avec son amant, pria une de ses amies de coucher avec le sien en sa présence, afin de voir deux heureux avant sa mort? Je suis à peu près dans ce cas; je baisse à un point que cela fait pitié. J'ai actuellement chez moi, pour me ragaillardir, un jeune M. de Villette, qui sait tous les vers qu'on ait jamais faits, et qui en fait lui-même; qui chante, qui contrefait son prochain fort plaisamment, qui fait des contes, qui est pantomime, qui réjouirait jusqu'aux habitants de la triste Genève. Dieu m'a envoyé ce jeune homme pour me consoler dans mon dépérissement, et pour égayer ma décrépitude. Le nombre d'originaux qui me passent par les mains est inconcevable. Quand je considère les montagnes de neige dont je suis environné de tous côtés, je n'imagine pas comment les gens aimables peuvent aborder. Voilà assurément une drôle de destinée.

Avouez-moi donc que Mme d'Argental ne tousse plus. Tout le monde tousse dans mon pays. Nous sommes en Sibérie l'hiver, et à Naples l'été.

J'ai été bien attendri du *mémoire* d'Élie[1]. J'espère que David payera pour le parlement de Toulouse. Tous les David m'ont toujours paru

1. Pour Mme Calas. (ÉD.)

de méchantes gens. Savez-vous bien que j'ai encore sur les bras une aventure pareille[1]? Mais comme on n'a été roué cette fois-ci qu'en effigie, et qu'il n'y a qu'une famille entière réduite à la dernière misère, cela ne vaut pas la peine qu'on en parle.

Je rends grâce à M. Marin d'avoir renvoyé mes secrets en Hollande; je crois que son respect pour vous n'y a pas peu contribué.

Mes divins anges, respect et tendresse.

Je crains toujours que mon maudit curé ne me joue quelque tour pour mes dîmes.

MMMMCCCXLV. — A M. LE MARÉCHAL DUC DE RICHELIEU.
27 février.

Mon héros, si vous êtes assez sûr de votre fait pour qu'on hasarde de vous envoyer le livre diabolique que vous demandez, les gens que j'ai consultés disent qu'ils vous en feront tenir un exemplaire par la voie de Lyon: cela est très-rare, mais on en trouvera pour vous. Je serais bien fâché d'ailleurs qu'on me soupçonnât d'avoir la moindre part au *Philosophique portatif*. M. le duc de Praslin, qui connaît parfaitement mon innocence, a assuré le roi que je n'étais pas l'auteur de ce pieux ouvrage; ainsi n'allez pas, s'il vous plaît, me défendre comme Scaramouche défendait Arlequin, en avouant qu'il était un ivrogne, un gourmand, un débauché attaqué de maladies honteuses, et s'excusant envers Arlequin, en lui disant que c'était des fleurs de rhétorique.

Je n'entends rien aux plaintes que les Bretons font de moi; elles sont apparemment aussi bien fondées que leurs griefs contre M. le duc d'Aiguillon. Je n'ai jamais rien écrit de particulier sur la Bretagne, dans mes bavarderies historiques; les Périgourdins et les Basques seraient aussi bien fondés à se plaindre.

A l'égard du *tripot*, il est vrai que j'ai demandé mon congé, attendu que je suis entré dans ma soixante-douzième année, en dépit de mes estampes, qui, par un mensonge imprimé, me font naître le 20 de novembre, quand je suis né le 20 de février. Il est vrai que la faction ennemie du conseil de Genève trouva mauvais, il y a quelques années, que les enfants des magistrats de la plus illustre et de la plus puissante république du monde se déshonorassent au point de venir jouer quelquefois la comédie chez moi, dans le petit et profane royaume de France; mais on se moqua de ces polissons. Ce n'est pas assurément pour eux que j'ai détruit mon théâtre; c'est pour avoir des chambres de plus à donner, et pour loger votre suite, si jamais vous accompagnez Mme la comtesse d'Egmont sur les frontières d'Italie. Je me défais de mes Délices pour une autre raison; c'est qu'ayant la plus grande partie de mon bien sur M. le duc de Wurtemberg, et mes affaires n'étant pas absolument arrangées avec lui, j'ai craint de mourir de faim aussi bien que de vieillesse. Pardonnez, mon héros, la naïveté avec laquelle je prends la liberté de vous exposer toutes mes pauvres petites misères.

1. Celle des Sirven. (ÉD.)

Je vous dirai toujours très-véritablement que je m'adressai à Grandval, que c'est à lui seul que j'écrivis, en vertu du privilége que vous m'aviez confirmé; que je mis dans ma lettre ces propres mots : *Avec l'approbation de MM. les premiers gentilshommes de la chambre.*

Je vous prie de considérer que je puis avoir besoin, avant ma mort, de faire un petit voyage à Paris, pour mettre ordre aux affaires de ma famille ; que peut-être c'est un moyen d'exciter quelques bontés pour moi que de procurer quelques petits succès à mes anciennes sottises théâtrales, et que je ne peux obtenir ce succès qu'avec les meilleurs acteurs. Je me mets entièrement sous votre protection. On m'a mandé que *Nanine* avait été jouée détestablement, et reçue de même. Vous savez que tout dépend de la manière dont les pièces sont représentées, et vous ne voudriez pas m'avilir. Voyez donc si vous voulez me permettre de vous envoyer la distribution de mes rôles d'après la voix publique, qu'il faut toujours écouter. Ayez pitié d'un vieux quinze-vingts qui vous est attaché depuis cinquante années avec le plus tendre respect.

MMMMCCCXLVI. — DE M. DALEMBERT.

A Paris, ce 27 février.

Mon cher et illustre maître, je compte que nous aurons bientôt ici la *Destruction;* car frère Damilaville m'a dit, il y a plusieurs jours, que vous lui aviez mandé, il y avait aussi plusieurs jours, que tout était fini. Dieu veuille que cette *Destruction* puisse servir *in ædificationem multorum!* Nous verrons ce que les pédants à grande et à petite queue en diront. Je m'attends à quelques hurlements de la part des seconds, et peut-être à quelques grincements de dents de la part des premiers; mais je compte m'être si bien mis à couvert de leurs morsures, que

......*Fragili quærens illidere dentem,*
Offendet solido.   Hor., lib. II, sat. I.

Enfin nous verrons ; s'ils avalent ce crapaud, je leur servirai d'une couleuvre; elle est toute prête : je ferai seulement la sauce plus ou moins piquante, selon que je les verrai plus ou moins en appétit. Je respecterai toujours, comme de raison, la religion, le gouvernement, et même les ministres; mais je ne ferai point de quartier à toutes les autres sottises, et assurément j'aurai de quoi parler.

On dit que vous avez renoncé aux Délices, et que vous n'habitez plus le territoire de la parvulissime. Je vous conseillerais cependant, attendu les pédants à grands rabats, qui deviennent de jour en jour plus insolents et plus sots, de conserver toujours un pied à terre chez nos bons amis les Suisses.

Fréron a pensé aller au For-l'Évêque, ou Four-l'Évêque, pour avoir insulté grossièrement, à son ordinaire, Mlle Clairon : elle s'en est plainte, mais le roi son compère[1] et la reine ont intercédé pour ce maraud, qui est toujours cependant aux arrêts chez lui sous la verge

---

1. Le roi Stanislas était le parrain du fils de Fréron. (*Éd. de Kehl.*)

de la police. Il est bien honteux qu'un pareil coquin trouve des protections respectables; en vérité

On ne peut s'empêcher d'en pleurer et d'en rire[1].

Puisque les choses sont ainsi, je prétends, moi, avoir aussi mon franc-parler, et, à l'exception des choses et des personnes auxquelles je dois respect, je dirai mon avis sur le reste. Avez-vous entendu parler d'une tragédie du *Siége de Calais*, qu'on joue actuellement avec un grand succès? Comme cette pièce est pleine de patriotisme, on dit, pour rendre les philosophes odieux, qu'ils sont déchaînés contre elle. Rien n'est plus faux; mais cela se dit toujours, pour servir ce que j'e raison. Quelle pauvre espèce que le genre humain! Adieu, mon cher maître; moquez-vous toujours de tout, car il n'y a que cela de bon.

MMMMCCCXLVII. — A M. DAMILAVILLE.

Au château de Ferney, 1er mars.

J'ai dévoré, mon cher ami, le nouveau mémoire de M. de Beaumont sur l'innocence des Calas; je l'ai admiré, j'ai répandu des larmes, mais il ne m'a rien appris; il y a longtemps que j'étais convaincu; et j'avais eu le bonheur de fournir les premières preuves.

Vous voulez savoir comment cette réclamation de toute l'Europe contre le meurtre juridique du malheureux Calas, roué à Toulouse, a pu venir d'un petit coin de terre ignoré, entre les Alpes et le mont Jura, à cent lieues du théâtre où se passa cette scène épouvantable.

Rien ne fera peut-être mieux voir la chaîne insensible qui lie tous les événements de ce malheureux monde.

Sur la fin de mars 1762, un voyageur qui avait passé par le Languedoc, et qui vint dans ma retraite à deux lieues de Genève, m'apprit le supplice de Calas, et m'assura qu'il était innocent. Je lui répondis que son crime n'était pas vraisemblable, mais qu'il était moins vraisemblable encore que des juges eussent, sans aucun intérêt, fait périr un innocent par le supplice de la roue.

J'appris le lendemain qu'un des enfants de ce malheureux père s'était réfugié en Suisse, assez près de ma chaumière. Sa fuite me fit présumer que la famille était coupable. Cependant je fis réflexion que le père avait été condamné au supplice comme ayant seul assassiné son fils pour la religion, et que ce père était mort âgé de soixante-neuf ans. Je ne me souviens pas d'avoir jamais lu qu'aucun vieillard eût été possédé d'un si horrible fanatisme. J'avais toujours remarqué que cette rage n'attaquait d'ordinaire que la jeunesse, dont l'imagination ardente, tumultueuse, et faible, s'enflamme par la superstition. Les fanatiques des Cévennes étaient des fous de vingt à trente ans, stylés à prophétiser dès l'enfance. Presque tous les convulsionnaires que j'avais vus à Paris en très-grand nombre étaient de petites filles et de jeunes garçons. Les vieillards chez les moines sont moins emportés, et moins

1. Regnard, *Folies amoureuses*, acte II, scène VI. (ÉD.)

susceptibles des fureurs du zèle, que ceux qui sortent du noviciat. Les fameux assassins, armés par le fanatisme, ont tous été de jeunes gens, de même que tous ceux qui ont prétendu être possédés; jamais on n'a vu exorciser un vieillard. Cette idée me fit douter d'un crime qui d'ailleurs n'est guère dans la nature. J'en ignorais les circonstances.

Je fis venir le jeune Calas chez moi. Je m'attendais à voir un énergumène tel que son pays en a produit quelquefois. Je vis un enfant simple, ingénu, de la physionomie la plus douce et la plus intéressante, et qui, en me parlant, faisait des efforts inutiles pour retenir ses larmes. Il me dit qu'il était à Nîmes en apprentissage chez un fabricant, lorsque la voix publique lui avait appris qu'on allait condamner dans Toulouse toute sa famille au supplice; que presque tout le Languedoc la croyait coupable, et que, pour se dérober à des opprobres si affreux, il était venu se cacher en Suisse.

Je lui demandai si son père et sa mère étaient d'un caractère violent : il me dit qu'ils n'avaient jamais battu un seul de leurs enfants, et qu'il n'y avait point de parents plus indulgents et plus tendres.

J'avoue qu'il ne m'en fallut pas davantage pour présumer fortement l'innocence de la famille. Je pris de nouvelles informations de deux négociants de Genève, d'une probité reconnue, qui avaient logé à Toulouse chez Calas. Ils me confirmèrent dans mon opinion. Loin de croire la famille Calas fanatique et parricide, je crus voir que c'étaient des fanatiques qui l'avaient accusée et perdue. Je savais depuis longtemps de quoi l'esprit de parti et la calomnie sont capables.

Mais quel fut mon étonnement, lorsque ayant écrit en Languedoc sur cette étrange aventure, catholiques et protestants me répondirent qu'il ne fallait pas douter du crime des Calas! Je ne me rebutai point. Je pris la liberté d'écrire à ceux mêmes qui avaient gouverné la province, à des commandants de provinces voisines, à des ministres d'État; tous me conseillèrent unanimement de ne me point mêler d'une si mauvaise affaire; tout le monde me condamna, et je persistai : voici le parti que je pris.

La veuve Calas, à qui, pour comble de malheur et d'outrage, on avait enlevé ses filles, était retirée dans une solitude où elle se nourrissait de ses larmes, et où elle attendait la mort. Je ne m'informai point si elle était attachée ou non à la religion protestante, mais seulement si elle croyait un Dieu rémunérateur de la vertu et vengeur des crimes. Je lui fis demander si elle signerait au nom de ce Dieu que son mari était mort innocent; elle n'hésita pas. Je n'hésitai pas non plus. Je priai M. Mariette de prendre au conseil du roi sa défense. Il fallait tirer Mme Calas de sa retraite, et lui faire entreprendre le voyage de Paris.

On vit alors que s'il y a de grands crimes sur la terre, il y a autant de vertus; et que si la superstition produit d'horribles malheurs, la philosophie les répare.

Une dame dont la générosité égale la haute naissance[1], qui était

[1] Mme la duchesse d'Enville. (ÉD.)

alors à Genève pour faire inoculer ses filles, fut la première qui secourut cette famille infortunée. Des Français retirés en ce pays la secondèrent; des Anglais qui voyageaient se signalèrent; et, comme le dit M. de Beaumont, il y eut un combat de générosité entre ces deux nations, à qui secourrait le mieux la vertu si cruellement opprimée.

Le reste, qui le sait mieux que vous? qui a servi l'innocence avec un zèle plus constant et plus intrépide? combien n'avez-vous pas encouragé la voix des orateurs, qui a été entendue de toute la France et de l'Europe attentive? Nous avons vu renouveler les temps où Cicéron justifiait, devant une assemblée de législateurs, Amerinus accusé de parricide. Quelques personnes, qu'on appelle *dévotes*, se sont élevées contre les Calas; mais, pour la première fois depuis l'établissement du fanatisme, la voix des sages les a fait taire.

La raison remporte donc de grandes victoires parmi nous! Mais croiriez-vous, mon cher ami, que la famille des Calas, si bien secourue, si bien vengée, n'était pas la seule alors que la religion accusât d'un parricide, n'était pas la seule immolée aux fureurs du préjugé? Il y en a une plus malheureuse encore, parce qu'éprouvant les mêmes horreurs, elle n'a pas eu les mêmes consolations; elle n'a point trouvé des Mariette, des Beaumont, et des Loiseau.

Il semble qu'il y ait dans le Languedoc une furie infernale amenée autrefois par les inquisiteurs à la suite de Simon de Montfort, et que depuis ce temps elle secoue quelquefois son flambeau.

Un feudiste de Castres, nommé Sirven, avait trois filles. Comme la religion de cette famille est la prétendue réformée, on enlève, entre les bras de sa femme, la plus jeune de leurs filles. On la met dans un couvent, on la fouette pour lui mieux apprendre son catéchisme; elle devient folle; elle va se jeter dans un puits, à une lieue de la maison de son père. Aussitôt les zélés ne doutent pas que le père, la mère, et les sœurs n'aient noyé cet enfant. Il passait pour constant, chez les catholiques de la province, qu'un des points capitaux de la religion protestante est que les pères et mères sont tenus de pendre, d'égorger ou de noyer tous leurs enfants qu'ils soupçonneront avoir quelque penchant pour la religion romaine. C'était précisément le temps où les Calas étaient aux fers, et où l'on dressait leur échafaud.

L'aventure de la fille noyée parvient incontinent à Toulouse. Voilà un nouvel exemple, s'écrie-t-on, d'un père et d'une mère parricides. La fureur publique s'en augmente; on roue Calas, et on décrète Sirven, sa femme et ses filles. Sirven épouvanté n'a que le temps de fuir avec toute sa famille malade. Ils marchent à pied, dénués de tout secours, à travers des montagnes escarpées, alors couvertes de neige. Une de ses filles accouche parmi les glaçons; et, mourante, emporte son enfant mourant dans ses bras : ils prennent enfin leur chemin vers la Suisse.

Le même hasard qui m'amena les enfants de Calas veut encore que les Sirven s'adressent à moi. Figurez-vous, mon ami, quatre moutons que des bouchers accusent d'avoir mangé un agneau; voilà ce que je vis. Il m'est impossible de vous peindre tant d'innocence et tant de malheurs. Que devais-je faire, et qu'eussiez-vous fait à ma place? Faut-il s'en tenir à gémir sur la nature humaine? Je prends la liberté d'écrire à M. le premier président de Languedoc, homme vertueux et sage; mais il n'était point à Toulouse. Je fais présenter par un de vos amis un placet à M. le vice-chancelier [1]. Pendant ce temps-là, on exécute vers Castres, en effigie, le père, la mère, les deux filles; leur bien est confisqué, dévasté, il n'en reste plus rien.

Voilà toute une famille honnête, innocente, vertueuse, livrée à l'opprobre et à la mendicité chez les étrangers : ils trouvent de la pitié sans doute; mais qu'il est dur d'être jusqu'au tombeau un objet de pitié! On me répond enfin qu'on pourra leur obtenir des lettres de grâce. Je crus d'abord que c'était de leurs juges qu'on me parlait, et que ces lettres étaient pour eux. Vous croyez bien que la famille aimerait mieux mendier son pain de porte en porte, et expirer de misère, que de demander une grâce qui supposerait un crime trop horrible pour être graciable; mais aussi comment obtenir justice? comment s'aller remettre en prison dans sa patrie, où la moitié du peuple dit encore que le meurtre de Calas était juste? Ira-t-on une seconde fois demander une évocation au conseil? tentera-t-on d'émouvoir la pitié publique, que l'infortune des Calas a peut-être épuisée, et qui se lassera d'avoir des accusations de parricide à réfuter, des condamnés à réhabiliter, et des juges à confondre?

Ces deux événements tragiques, arrivés coup sur coup, ne sont-ils pas, mon ami, des preuves de cette fatalité inévitable à laquelle notre misérable espèce est soumise? Vérité terrible, tant enseignée dans Homère et dans Sophocle; mais vérité utile, puisqu'elle nous apprend à nous résigner et à savoir souffrir.

Vous dirai-je que, tandis que le désastre étonnant des Calas et des Sirven affligeait ma sensibilité, un homme, dont vous devinerez l'état à ses discours, me reprocha l'intérêt que je prenais à deux familles qui m'étaient étrangères? « De quoi vous mêlez-vous? me dit-il; laissez les morts ensevelir leurs morts. » Je lui répondis : « J'ai trouvé dans mes déserts l'Israélite baigné dans son sang, souffrez que je répande un peu d'huile et de vin [2] sur ses blessures : vous êtes lévite, laissez-moi être Samaritain. »

Il est vrai que pour prix de mes peines on m'a bien traité en Samaritain; on a fait un libelle diffamatoire sous le nom d'*Instruction pastorale* et de *Mandement*; mais il faut l'oublier, c'est un jésuite qui l'a composé. Le malheureux ne savait pas alors que je donnais un asile à un jésuite. Pouvais-je mieux prouver que nous devons regarder nos ennemis comme nos frères [3] ?

1. De Maupeou. (ÉD.) — 2. Luc, x, 34. (ÉD.)
3. Dans les *Lettres de M. de Voltaire à ses amis du Parnasse*, cette lettre contient de plus un passage que voici :
« Ce fou triste, ci-devant petit citoyen ignoré à Genève, clabaude éternellement contre moi, et dans ses fréquentes convulsions il s'écrie que je le persécute, que je le poursuis partout; que je parviendrai à la fin à le faire pendre, tant j'ai ameuté les ministres de l'Évangile et les magistrats de son pays contre sa personne et ses écrits : il écrit toutes ces belles choses à une grande dame

Vos passions sont l'amour de la vérité, l'humanité, la haine de la calomnie. La conformité de nos caractères a produit notre amitié. J'ai passé ma vie à chercher, à publier cette vérité que j'aime. Quel autre des historiens modernes a défendu la mémoire d'un grand prince[1] contre les impostures atroces de je ne sais quel écrivain[2] qu'on peut appeler le *calomniateur des rois, des ministres, et des grands capitaines*, et qui cependant aujourd'hui ne peut trouver un lecteur?

Je n'ai donc fait, dans les horribles désastres des Calas et des Sirven, que ce que font tous les hommes; j'ai suivi mon penchant. Celui d'un philosophe n'est pas de plaindre les malheureux, c'est de les servir.

Je sais avec quelle fureur le fanatisme s'élève contre la philosophie. Elle a deux filles qu'il voudrait faire périr comme Calas, ce sont la *Vérité* et la *Tolérance*; tandis que la philosophie ne veut que désarmer les enfants du fanatisme, le *Mensonge* et la *Persécution*.

Des gens qui ne raisonnent pas ont voulu décréditer ceux qui raisonnent : ils ont confondu le philosophe avec le sophiste; ils se sont bien trompés. Le vrai philosophe peut quelquefois s'irriter contre la calomnie, qui le poursuit lui-même; il peut couvrir d'un éternel mépris le vil mercenaire qui outrage deux fois par mois[3] la raison, le bon goût, et la vertu : il peut même livrer, en passant, au ridicule ceux qui insultent à la littérature dans le sanctuaire[4] où ils auraient dû l'honorer : mais il ne connaît ni les cabales, ni les sourdes pratiques, ni la vengeance. Il sait, comme le sage de Montbar[5], comme celui de Voré[6], rendre la terre plus fertile, et ses habitants plus heureux. Le vrai philosophe défriche les champs incultes, augmente le nombre des charrues, et par conséquent des habitants; occupe le pauvre et l'enrichit; encourage les mariages, établit l'orphelin; ne murmure point contre des impôts nécessaires, et met le cultivateur en état de les payer avec allégresse. Il n'attend rien des hommes, et il leur fait tout le bien dont il est capable. Il a l'hypocrite en horreur, mais il plaint le superstitieux; enfin il sait être ami.

Je m'aperçois que je fais votre portrait, et qu'il n'y manquerait rien si vous étiez assez heureux pour habiter la campagne.

de Paris, qui aime son éloquence bien plus que celle de Cicéron et de Bossuet, et qui aime son Jean-Jacques comme un toutou. Cette bonne dame fait croire ces enfantillages à d'autres bonnes dames, qui le disent aux très-bonnes dames de la cour; et insensiblement toutes ces agréables commères me haïssent cordialement sur sa parole et par oisiveté. Moi, grand Dieu! qui n'ai pas prononcé le nom de Jean-Jacques quatre fois en ma vie; moi qui ne lis jamais aucune de ses affligeantes rêveries, parce que je tiens que pour vivre longtemps il faut toujours rire; moi qui ai ignoré dix ans que cet Hercule allobroge existât; moi qui le croyais depuis quelque temps détenu dans quelque loge d'hôpital, ou tapi dans un tronc d'arbre dans les sublimes forêts de la Suisse philosophe. »

Ce passage a été désavoué par Voltaire. (Éd.)
1. Le duc d'Orléans, régent. (Éd.) — 2. La Beaumelle. (Éd.)
3. Fréron; son *Année Littéraire* paraissait trois fois par mois. (Éd.)
4. Le Franc de Pompignan. (Éd.) — 5. Buffon. (Éd.) — 6. Helvétius. (Éd.)

MMMMCCCXLVIII. — AU MÊME.

A Ferney, 4 mars.

Mon cher frère, je crois que je ne pourrai faire partir la réponse de M. Tronchin que mercredi 6 de ce mois. Je serai bien étonné s'il vous ordonne autre chose que des adoucissants et du régime; mais ce qui est sûr, c'est qu'il s'intéressera bien vivement à votre santé. Il est philosophe, et il sait que vous l'êtes. Nous sommes tous frères. Saint Luc était le médecin des apôtres, et Tronchin est le nôtre. Il me semble toujours que c'est une extrême injustice, dans le meilleur des mondes possibles, que je ne vous connaisse que par lettres. Je vous assure que, si je pouvais m'échapper, je viendrais faire une petite course à Paris *incognito*, souper trois ou quatre fois avec vous et les plus discrets des gens de bien, et m'en retourner content.

J'ai vu quelques échantillons de la pièce dont vous me parlez[1]. Apparemment que l'on n'a pas choisi ce qu'il y a de meilleur, et que le nouvelliste n'est pas l'intime ami de l'auteur. Je m'intéresse fort à son succès : c'est un homme de mérite, et qui n'est pas à son aise.

La Destruction doit arriver bientôt : faites bien mes compliments, je vous prie, au destructeur, et encouragez-le à détruire. On m'a parlé d'un manuscrit de feu l'abbé Bazin, intitulé *La Philosophie de l'histoire*, dans lequel l'auteur prouve que les Égyptiens, et surtout les Juifs, sont un peuple très-nouveau. On dit qu'il y a des recherches très-curieuses dans cet ouvrage. Je crois qu'on achève actuellement de l'imprimer en Hollande, et que j'en aurai bientôt quelques exemplaires. Je vous prépare une petite cargaison pour le mois de mai.

J'ai quelque espérance dans l'*Histoire de la destruction des jésuites*; mais on n'a coupé qu'une tête de l'hydre. Je lève les yeux au ciel, et je crie : *Écr. l'inf....*

MMMMCCCXLIX. — A M. DE BELLOY.

6 mars.

Si je suis presque entièrement aveugle, monsieur, j'ai encore des oreilles, et les cris de la renommée m'ont appris vos grands succès. J'ai un cœur qui s'y intéresse. Je joins mes acclamations à celles de tout Paris. Jouissez de votre bonheur et de votre mérite. Il ne vous manque que d'être dénigré par Fréron, pour mettre le comble à votre gloire. Je vous embrasse sans cérémonie, il n'en faut point entre confrères.

V.

MMMMCCCL. — A M. DAMILAVILLE.

8 mars.

Mon cher frère, vous m'apprenez deux nouvelles bien intéressantes : on juge les Calas, et le généreux Élie veut encore défendre l'innocence des Sirven. Cette seconde affaire me paraît plus difficile à traiter que la première, parce que les Sirven se sont enfuis, et hors du royaume ; parce qu'ils sont condamnés par contumace; parce qu'ils doivent se représenter en justice ; parce qu'enfin, ayant été condamnés par un

1. *Le Siège de Calais.* (ÉD.)

juge subalterne, la loi veut qu'ils en appellent au parlement de Toulouse.

C'est au divin Élie à savoir si l'on peut intervertir l'ordre judiciaire, et si le conseil a les bras assez longs pour donner cet énorme soufflet à un parlement. Je crois qu'en attendant il ne serait pas mal de lâcher quelques exemplaires d'une certaine lettre sur cette affaire.

Quant à celle que j'ai écrite à Cideville, il est discret, et je lui ai bien recommandé de se taire. Je dis ici à tout le monde que la *Destruction* est d'un génie supérieur, et que cependant elle n'est pas de M. D'alembert. Quoi qu'il en soit, les nez fins le flaireront à la première page. Tout l'ouvrage sent l'Archimède-Protagoras d'une lieue loin. Qu'il dorme en paix; la nation le remerciera avant qu'il soit peu.

J'ai reçu le paquet que vous avez eu la bonté de m'envoyer. Je vous remercie tendrement, malgré vous et vos dents, de toutes les bontés que vous avez pour moi.

Vous me mandez que Paris est ivre; on craint qu'ayant cuvé son vin, il ne lui reste une grande pesanteur de tête.

Je lirai l'*Homme éclairé par ses besoins*. J'ai grand besoin qu'on m'éclaire, et j'espère que le livre ne sera pas un amas de lieux communs. Un livre n'est excusable qu'autant qu'il apprend quelque chose.

Bonsoir, mon cher frère. Avant de finir, il faut que je vous demande quel cas on fait du *Pyrrhonien raisonnable* du marquis d'Autrey, qui croit prouver géométriquement le *péché originel*. Pourquoi emploie-t-il toute la sagacité de son esprit à défendre la plus détestable des causes? pourquoi s'est-il déclaré contre *Platon*-Diderot? J'ai toujours été affligé qu'un certain ton d'enthousiasme et de hauteur ait attiré des ennemis à la raison. Sachons souffrir, résignons-nous, et surtout *écr. l'inf....*

MMMMCCCLI. — A M. LE MARÉCHAL DUC DE RICHELIEU.

A Ferney, 13 mars.

Mon héros, je fais donc parvenir, suivant vos ordres, à M. Janel, l'ouvrage de Belzébuth, que vous voulez avoir, en supposant, comme de raison, que vous vous entendez avec M. Janel, et qu'il vous donne la permission d'avoir des livres défendus. J'adresse le paquet, à double enveloppe, à M. Tabareau, à Lyon, afin que ce paquet ne porte pas sa condamnation sur le front avec le timbre d'une ville hérétique.

Je vous félicite d'aimer surtout les livres d'histoire. On m'en a promis un de Hollande[1] qui vous fera voir, si vous avez le temps de le lire, combien on s'est moqué de nous en nous donnant des *Mille et une nuits* pour des événements véritables.

Je vais actuellement vous présenter avec humilité mon petit commentaire sur votre lettre du 3 de mars. Vous avez donc vu ma lettre à M. l'évêque d'Orléans? Vous y aurez vu que je me loue beaucoup de M. l'abbé d'Estrée. Cet abbé d'Estrée vint prendre possession d'un prieuré que M. l'évêque d'Orléans lui a donné auprès de Ferney. Il se fit passer pour le petit-neveu du cardinal d'Estrées, et, en cette qualité,

1. *La Philosophie de l'histoire.* (ÉD.)

il reçut les hommages de la province. Il m'écrivit en homme qui attendait le chapeau, et m'ordonna de lui prêter foi et hommage pour un pré dépendant de son bénéfice.

C'est dommage que votre doyen l'abbé d'Olivet ne se trouva pas là; il m'aurait obtenu la protection de M. l'abbé d'Étrée, car il le connaît parfaitement. L'abbé d'Étrée lui a servi souvent à boire, lorsqu'il était laquais chez M. de Maucroix. Cela forme des liaisons dont on se souvient toujours avec tendresse.

Cet abbé d'Étrée, après avoir quitté la livrée, se fit aide de camp dans les troupes de Fréron; il composa l'*Almanach des théâtres*; ensuite il se mit à faire des *généalogies*, et surtout il a fait la sienne.

J'eus le malheur de ne lui point faire de réponse, et même de me moquer de lui. Il s'en alla chez M. de La Roche-Aymon à la campagne; le procureur général a une terre tout auprès; il ne manqua pas de dire au procureur général que j'étais l'auteur du *Portatif*. Je parai ce coup comme je le devais. Il est incontestable que *le Portatif* est de plusieurs mains, parmi lesquelles il y en a de respectables et de puissantes; j'en ai la preuve assez démonstrative dans l'original de plusieurs articles écrits de la main de leurs auteurs.

Je vous remercie infiniment, mon héros, d'avoir bien voulu me défendre; il est juste que vous protégiez les philosophes.

Je viens aux reproches que vous me faites de n'avoir pas parlé du débarquement des Anglais auprès de Saint-Malo, et de l'échec qu'ils y reçurent. Je vous supplie de considérer que l'*Essai sur l'histoire générale* n'entre dans aucun détail de cette dernière guerre; que l'objet est d'indiquer les causes des grands événements, sans aucune particularité; que les conquêtes des Anglais ne contiennent pas quatre pages; que je n'ai même dit qu'un mot de la prise de Belle-Isle, parce que ce n'est pas un objet de commerce, et que cette prise n'influait pas sur les grands intérêts de la France. Je n'ai fait voir les choses, dans ce dernier volume, qu'à vue d'oiseau. Je n'ai guère particularisé que la prise de Port-Mahon; et, en vérité, je ne crois pas que ce soit à mon héros à m'en gronder.

Si j'avais détaillé un seul des derniers événements militaires, je n'aurais pas manqué assurément de dire comment les Anglais furent repoussés auprès de Saint-Malo, et je ne manquerai pas d'en parler dans la nouvelle édition qu'on va faire.

Vous avez bien raison de dire, monseigneur, que les Génevois ne sont guère sages; mais c'est que le peuple commence à être le maître dans cette petite république. Loin d'être une aristocratie comme Venise, la Hollande, et Berne, elle est devenue une démocratie qui tient actuellement de l'anarchie; et si les choses s'aigrissent, il faudra une seconde fois avoir recours à la médiation, et supplier le roi de daigner mettre la paix une seconde fois dans ce petit coin de terre dont il a déjà été le bienfaiteur.

Je finis par le *trépot*. J'avoue que je suis honteux, dans ma soixante-douzième année, de prendre encore quelque intérêt à ces misères; mais si la raison que j'ai eu l'honneur de vous alléguer vous touche, je vous aurai beaucoup d'obligation de vouloir bien permettre que les meilleurs acteurs jouent mes faibles ouvrages.

Je vous demande mille pardons de vous importuner de cette bagatelle. Je peux vous assurer et vous jurer, par mon tendre et respectueux attachement pour vous, que M. d'Argental n'a eu aucune part à la justice que je vous ai demandée. Je sais, à n'en pouvoir douter, qu'il est au désespoir d'avoir perdu vos bonnes grâces. Il vous a obligation il en est pénétré, et il ne se console point que son bienfaiteur le croie un ingrat.

Vous savez que le *tripot* est le règne de la tracasserie.

Quelque bonne âme n'aura pas manqué de l'accuser d'avoir fait une brigue en ma faveur. Je crois que j'ai encore la lettre de Grandval, par laquelle il me demandait les rôles que je lui ai donnés ; mais, encore une fois, je n'insiste sur rien ; je m'en remets à votre volonté et à votre bonté dans les petites choses comme dans les plus importantes.

Pardonnez à un vieux malade, presque aveugle, de s'être seulement souvenu qu'il y a un théâtre à Paris. Je ne dois plus songer qu'à mourir tout doucement dans ma retraite au milieu des neiges. C'est à la seule philosophie d'occuper mes derniers jours, et vos bontés seront ma consolation jusqu'au dernier moment de ma vie.

MMMMCCCLII. — A M. LE PRINCE DE LIGNE.

A Ferney, 14 mars.

Monsieur le prince, il faut que vous soyez une bonne âme, pour daigner vous souvenir d'un pauvre solitaire, au milieu des diètes d'Allemagne et du brillant fracas des couronnements. Il y a douze ans, Dieu merci, que je n'ai vu que des rois de théâtre ; encore même ai-je renoncé à les voir en peinture. J'ai abattu mon petit théâtre. Les calvinistes et les jansénistes ne me reprocheront plus de favoriser l'œuvre de Satan.

J'ai trouvé que, dans ma soixante-douzième année, ces amusements ne convenaient plus à un malade presque aveugle.

Vraiment je vous félicite d'avoir à Bruxelles les Griffet et les Neuville ; ce sont les jésuites qui avaient le plus de réputation en France. J'en ai un chez moi qui dit fort proprement la messe, et qui joue très-bien aux échecs ; il s'appelle Adam ; et quoiqu'il ne soit pas le premier homme du monde, il a du mérite. Il avait enseigné vingt ans la rhétorique à Dijon. Je suis fort content de lui, et je me flatte qu'il n'est pas mécontent de moi ; il n'a fait que changer de couvent, car vous sentez bien que la maison d'un homme de mon âge n'est pas bien sémillante. Nous sommes philosophes, nous sommes indépendants ; c'en est bien assez. Je cultive la terre dans laquelle je rentrerai bientôt, et je m'amuse à marier des filles, ne pouvant avoir le passe-temps de faire des enfants moi-même.

M. d'Hermenches nous a abandonnés, et vous savez qu'il a quitté le service de Hollande pour celui de la France ; il prétend qu'il retrouvera en agréments ce qu'il perd en argent comptant.

Mme Denis est extrêmement sensible au souvenir dont vous voulez bien l'honorer. Ma petite famille adoptive, qui est augmentée, vous présente aussi ses très-humbles hommages. Je ne vous demande point pardon de ne pas vous écrire de ma main; à l'impossible nul n'est tenu.

MMMMCCCLIII. — A MADAME CALAS.

Madame, tous ceux qui ont le bonheur de vous servir dans une affaire si juste doivent se féliciter également. Vous savez que je n'ai jamais douté de l'événement de votre procès. Il me paraît que le conseil du roi s'est engagé à vous donner une satisfaction entière, en obligeant les juges de Toulouse d'envoyer la procédure et les motifs de l'arrêt. Jouissez maintenant du repos; je vous fais les plus tendres et les plus sincères compliments, ainsi qu'à Mlles vos filles. Vous vous êtes conduite en digne mère, en digne épouse; on vous doit louer autant qu'on doit abhorrer le jugement de Toulouse. Soyez pourtant consolée que l'Europe entière réhabilite la mémoire de votre mari; vous êtes un grand exemple au monde. Je serai toujours, avec les sentiments qui vous sont dus, madame, votre, etc. VOLTAIRE.

MMMMCCCLIV. — A M. DAMILAVILLE.

15 mars.

Que vous avez une belle âme, mon cher frère! Au milieu des soins que vous vous donnez pour les Calas, vous portez votre sensibilité sur les Sirven. Que n'avons-nous à la tête du gouvernement des cœurs comme le vôtre! par quel aveuglement funeste peut-on souffrir encore un monstre qui depuis quinze cents ans déchire le genre humain, et qui abrutit les hommes quand il ne les dévore pas!

M. d'Argental doit recevoir, dans quelques jours, deux paquets de mort aux rats qui pourront au moins donner la colique à l'*inf*.... Il doit partager la drogue avec vous. Voici le mémoire des Sirven, avec la copie des pièces. Il faudra dresser une statue à M. de Beaumont, avec le Fanatisme et la Calomnie sous ses pieds : il faut que j'aie votre portrait pour le mettre dans ce groupe.

Je crois qu'en effet il ne sera pas mal de publier la lettre qu'un certain V.... vous a écrite sur les Calas et les Sirven; cela pourra préparer les esprits, et on verra ce qu'on pourra faire avec M. d'Argental. M. le premier président de Toulouse est très-bien disposé : il s'agira de voir si M. le vice-chancelier voudra qu'on ôte à ce parlement une affaire qui lui ressortit de plein droit. Les Sirven ont été condamnés à Castres: s'ils vont à Toulouse, n'est-il pas à craindre que des juges irrités ne fassent rouer, pendre, brûler ces pauvres Sirven, pour se venger de l'affront que la famille Calas leur a fait essuyer?

Je ferai un mémoire que je vous enverrai; mais ces Sirven sont bien moins instruits des procédures faites contre eux que ne l'étaient les Calas. Ils ne savent rien, sinon qu'ils ont été condamnés, et qu'ils ont perdu tout leur bien. D'ailleurs, n'étant jugés que par coutumace, je ne vois pas comment on pourrait faire pour les soustraire à leurs juges naturels.

Le procédé de M. de Beaumont m'inspire de la vénération ; son nom d'Élie me fait soupçonner qu'il n'est point d'une famille papiste, et la générosité de son âme me persuade qu'il est un de nos frères. Laissons juger les Calas, ne troublons pas actuellement leur triomphe par une nouvelle guerre. Je me flatte bien que vous m'apprendrez le plein succès auquel je m'attends ; on verra, immédiatement après, ce qu'on pourra faire pour les Sirven. Ce sera une belle époque pour la philosophie qu'elle seule ait secouru ceux qui expiraient sous le glaive du fanatisme. Remarquez, mon cher frère, qu'il n'y a pas eu un seul prêtre qui ait aidé les Calas ; car, Dieu merci, l'abbé Mignot n'est pas prêtre.

Voulez-vous bien faire parvenir le petit billet ci-joint à la veuve Calas?

Adieu, mon cher frère ; vous êtes un homme selon mon cœur ; votre zèle est égal à votre raison ; je hais les tièdes. *Écr. l'inf...*, *écr. l'inf...*, vous dis-je. Je vous embrasse de toutes mes pauvres forces.

MMMMCCCLV. — A M. LE COMTE D'ARGENTAL.

16 mars.

Oui, sans doute, mon ange adorable, j'ai été infiniment touché du mémoire du jeune Lavaysse, de sa simplicité attendrissante, et de cette vérité sans ostentation qui n'appartient qu'à la vertu. Je vous demande en grâce de m'envoyer l'arrêt dès qu'il sera prononcé. Vous savez que ce David, auteur de tout cet affreux désastre, était un très-malhonnête homme ; le fripon a fait rouer l'innocent ; le voilà bien reconnu ; il a été destitué de sa place. J'espère qu'il payera chèrement le sang de Calas.

C'est une étrange fatalité qu'il se trouve en même temps deux affaires pareilles. Je sais que la plupart des calvinistes de Languedoc sont de grands fous ; mais ils sont fous persécutés, et les catholiques de ce pays-là sont fous persécuteurs.

J'ai envoyé à M. Damilaville le détail de cette seconde aventure, qu'il doit vous communiquer. Il y a des malheurs bien épouvantables dans ce meilleur des mondes possibles.

Je suppose, mon cher ange, que vous avez reçu ma lettre à M. Berger, dont j'ignore la demeure, comme j'ignorais son existence. Je vous demande bien pardon de vous avoir importuné d'une lettre pour un homme qui est à la fois indiscret et dévot.

J'ai vu votre Suédois ; il retourne à Paris, et s'est chargé d'un paquet pour vous. Le Génevois, qui est chargé d'un autre, doit être déjà parti. Je vous supplierai de donner à frère Damilaville les brochures dont vous ne voulez pas. Je crois qu'il y en a seize, cela fait seize pains bénits pour les fidèles. Songez, je vous en prie, combien la superstition a fait périr de Calas depuis plus de quatorze cents années. Est-il possible que ce monstre ait encore des partisans? Mon horreur pour lui augmente tous les jours, et je suis affligé quand je vois des gens qui en parlent avec tiédeur.

J'espère que je verrai bientôt le *Siége de Calais* imprimé, et que j'applaudirai avec connaissance de cause. On peut très-bien envoyer par la poste, à Genève, des livres contre-signés; mais il n'en est pas de même de Genève à Paris : vous permettez l'exportation, mais non pas l'importation.

Je ne sais ce qu'a le tyran du *tripot*, mais il est toujours plein de mauvaise humeur, et il ne laisse pas de me le faire sentir. L'ex-jésuite prétend qu'il faut qu'il attende encore quelque temps pour revoir les roués, que les Romains ne sont pas de saison, qu'il faut attendre des occasions favorables : voyez si vous êtes de cet avis. Je suis d'ailleurs occupé actuellement à augmenter ma chaumière; et si je m'adressais à Apollon, ce serait pour le prier de m'aider dans le métier de maçon. On dit qu'il s'entend à faire des murailles; cependant ses murailles sont tombées comme bien d'autres pièces.

Mais pourquoi M. Fournier souffre-t-il que Mme d'Argental tousse toujours? Je me mets à ses pieds; ma petite famille vous présente à tous deux ses respects.

MMMMCCCLVI. — A M. LE MARQUIS DE VILLETTE.

15 mars.

 Vous savez penser comme écrire :
 Les Grâces avec la Raison
 Vous ont confié leur empire;
 L'infâme Superstition
 Sous vos traits délicats expire.
 Ainsi l'immortel Apollon
 Charme l'Olympe de sa lyre,
 Tandis que les flèches qu'il tire
 Écrasent le serpent Python.
 Il est dieu quand par son courage
 Ce monstre affreux est terrassé;
 Il l'est quand son brillant visage
 Rallume le jour éclipsé;
 Mais entre les genoux d'Issé
 Je le crois dieu bien davantage.

Moins le hibou de Ferney, monsieur, mérite vos jolis vers, plus il vous en doit de remercîments. Il s'intéresse vivement à vous; il connaît tout ce que vous valez.

 Les erreurs et les passions
 De vos beaux ans sont l'apanage;
 Sous cet amas d'illusions
 Vous renfermez l'âme d'un sage.

Je vous retiens pour un des soutiens de la philosophie, je vous en avertis : vous serez détrompé de tout; vous serez un des nôtres.

 Plein d'esprit, doux et sociable,
 Ce n'est pas assez, croyez-moi;
 C'est pour autrui qu'on est aimable;
 Mais il faut être heureux pour soi.

Nous avons une cellule nouvelle et nous en bâtissons une autre; vous savez combien vous êtes aimé dans notre couvent.

MMMMCCCLVII. — A M. DALEMBERT.
16 mars.

Frère Gabriel, mon cher destructeur, obéit ponctuellement à vos ordres; *la Destruction* sera magnifiquement reliée, et envoyée à sa destination. Mme Denis a dévoré ce petit livre, qui contient deux cent trente-cinq pages, le seul de tous les livres qui restera sur ce procès, qui a produit tant de volumes. Je vous réponds que, quand il sera arrivé à Paris, il sera enlevé en quatre jours. Je suis fâché que vous ayez oublié que notre ami Fréron a été jésuite, et que même il a eu l'honneur d'être chassé de la société; cela aurait pu vous fournir quelque douce et honnête plaisanterie.

Je voudrais bien savoir qu'est devenu le petit jésuite derrière lequel marchait Le Franc de Pompignan à la procession de son village. Est-il vrai que le jésuite qui avait enfoncé le cul[1] du prince de Guémenée est mort? ne s'appelait-il pas Marsy? On dit que d'ailleurs c'était un garçon de mérite.

Dieu vous maintienne, mon cher destructeur, dans la noble résolution où vous êtes de faire main basse sur les fanatiques, en faisant patte de velours! Vous serez cher à tous les gens de bien. *Écr. l'inf....*

MMMMCCCLVIII. — A M. MARMONTEL.
A Ferney, 17 mars.

Mon cher ami, je reconnais votre cœur à la sensibilité que les Calas vous inspirent. Quand j'ai appris le succès, j'ai versé longtemps de ces larmes d'attendrissement et de joie que Mlle Clairon fait répandre. Je la trouve bien heureuse, cette divine Clairon. Non-seulement elle est adorée du public, mais encore Fréron se déchaîne, à ce qu'on dit, contre elle. Elle obtient toutes les sortes de gloires. L'épigramme qu'on a daigné faire contre ce malheureux est aussi juste que bonne; elle court le royaume. On disait ces jours passés, devant une demoiselle de Lyon, que l'ignorance n'est pas un péché; elle répondit par ce petit huitain:

> On nous écrit que maître Aliboron
> Étant requis de faire pénitence:
> « Est-ce un péché, dit-il, que l'ignorance? »
> Un sien confrère aussitôt lui dit: « Non;
> On peut très-bien, malgré *l'An littéraire*,
> Sauver son âme en se faisant huer;
> En conscience il est permis de braire;
> Mais c'est pécher de mordre et de ruer. »

1. Les choses n'allèrent pas tout à fait si loin. « Mon ami, dit la princesse à son fils, quelles étrennes faut-il donner à votre préfet? — Maman, il faut lui donner un pot de chambre. — Que voulez-vous dire? — Maman, c'est qu'il me pisse sur le dos, et je n'aime point ça. »
Marsy fut chassé des jésuites, et Fréron, son ami intime, sortit avec lui. (*Note posthume de Condorcet.*)

Je trouve maître Aliboron bien honoré qu'on daigne parler de lui; il ne devait pas s'y attendre. On m'a mandé de Paris qu'il allait être secrétaire des commandements de la reine. J'avoue pourtant que je ne le crois pas, quoique la fortune soit assez faite pour les gens de son espèce.

Adieu, mon cher ami; je vieillis terriblement, je m'affaiblis; mais l'âge et les maladies n'ont aucun pouvoir sur les sentiments du cœur. Vivez aussi heureux que vous méritez de l'être. Je vous embrasse tendrement.

MMMMCCCLIX. — A M. LE COMTE D'ARGENTAL.
17 mars.

Divins anges, la protection que vous avez donnée aux Calas n'a pas été inutile. Vous avez goûté une joie bien pure en voyant le succès de vos bontés. Un petit Calas était avec moi quand je reçus votre lettre, et celle de Mme Calas, et celle d'Élie, et tant d'autres : nous versions des larmes d'attendrissement le petit Calas et moi. Mes vieux yeux en fournissaient autant que les siens; nous étouffions, mes chers anges. C'est pourtant la philosophie toute seule qui a remporté cette victoire. Quand pourra-t-elle écraser toutes les têtes de l'hydre du fanatisme!

Vous me parlez des roués, mais le roué Calas est le seul qui me remue. Seriez-vous capable de descendre à lire de la prose au milieu de la foule des vers dont vous êtes entourés? Voici le commencement d'une espèce d'histoire ancienne qui me paraît curieuse. Si elle vous fait plaisir, je tâcherai d'en avoir la suite pour vous amuser; elle a l'air d'être vraie, et cependant la religion y est respectée. N'engagerez-vous pas le frère Marin à en favoriser le débit? Je crois que les bons entendeurs pourront profiter à cette lecture; il y a en vérité des chapitres fort scientifiques, et le scientifique n'est jamais scandaleux.

Je crois qu'on tousse par tout le royaume; nous toussons beaucoup sur la frontière; c'est une épidémie. Nous espérons bien que M. Fournier empêchera l'un de mes anges de tousser. Tout Ferney, qui est sens dessus dessous, est à vos pieds; et pourquoi est-il sens dessus dessous? c'est que je suis maçon : je bâtis comme si j'étais jeune; mais le travail est une jouissance.

Me sera-t-il permis de vous présenter encore un placet pour un passe-port? Les Génevois m'accablent, parce que vous m'aimez; mais je serai sobre sur l'usage que je ferai de vos bontés. Encore ce petit passe-port, je vous en conjure, et puis plus; vous me ferez un plaisir bien sensible; vous ne vous lassez jamais d'en faire.

MMMMCCCLX. — A M. BERTRAND.
A Ferney, 19 mars.

Mon cher philosophe, vous n'êtes point de ces philosophes insensibles qui cherchent froidement des vérités; votre philosophie est tendre et compatissante. On a été très-bien informé à Berne du jugement souverain en faveur des Calas; mais j'ai reconnu à certains traits votre amitié pour moi. Vous avez trouvé le secret d'augmenter la joie pure que cet heureux événement m'a fait ressentir. Je ne sais point encore si le roi a accordé une pension à la veuve et aux enfants, et s'ils exigeront des dépens, dommages et intérêts de ce scélérat de David qui se meurt. Le public sera bientôt instruit sur ces articles comme sur le reste. Voilà un événement qui semblerait devoir faire espérer une tolérance universelle; cependant on ne l'obtiendra pas sitôt; les hommes ne sont pas encore assez sages. Ils ne savent pas qu'il faut séparer toute espèce de religion de toute espèce de gouvernement; que la religion ne doit pas plus être une affaire d'État que la manière de faire la cuisine; qu'il doit être permis de prier Dieu à sa mode, comme de manger suivant son goût; et que, pourvu qu'on soit soumis aux lois, l'estomac et la conscience doivent avoir une liberté entière. Cela viendra un jour, mais je mourrai avec la douleur de n'avoir pas vu cet heureux temps.

Je vous embrasse avec la plus vive tendresse.

MMMMCCCLXI. — A M. DE CIDEVILLE.

A Ferney, 20 mars.

Vous étiez donc à Paris, mon cher ami, quand le dernier acte de la tragédie des Calas a fini si heureusement. La pièce est dans les règles; c'est, à mon gré, le plus beau cinquième acte qui soit au théâtre. Toutes les pièces sont actuellement à l'honneur de la France : les maires heureusement réussissent mieux que les capitouls. Le rôle d'Élie de Beaumont est bien beau.

On va donner pour petite pièce *la Destruction des jésuites*. Je ne sais si M. Dalembert en est l'auteur; et certainement, s'il ne veut pas l'être, il ne faut pas qu'il le soit. Mais il est venu chez nous, ce brave M. Dalembert; et tous ceux qui ont eu le plaisir de l'entendre disent : « Le voilà, c'est lui; cela est écrit comme il parle. » Pour moi, je veux bien croire que ce n'est pas lui; mais je voudrais bien savoir quel homme a pris son style, sa philosophie, sa gaieté, et qui partage avec lui l'héritage de Blaise Pascal, au jansénisme près. Il me paraît, à l'analyse que vous me faites, que vous avez le nez fin; je gagerais que vous avez raison dans tout ce que vous me dites. On dit que le temps est le seul bon juge; mais le temps ne décide que d'après des gens comme vous.

Je sais bon gré au président Hénault de n'avoir point parlé de la minutie concernant les bourgeois de Calais. Il est bien clair qu'Édouard III n'avait nulle envie de les faire pendre, puisqu'il leur donna à tous de belles médailles d'or. Au reste, je suis très-aise pour la France, et pour l'auteur, qui est mon ami, que *le Siége de Calais* ait un si grand succès; et je souhaite que la pièce soit jouée aussi longtemps que le siége a duré.

Jean-Jacques Rousseau mérite un peu, à ce qu'on dit ici, l'aventure dont Édouard III semblait menacer les six bourgeois de Calais; mais il ne mérite point les médailles d'or. Le prétendu philosophe ne joue que le rôle d'un brouillon et d'un délateur. Il a cru être Diogène, et à peine a-t-il l'honneur de ressembler à son chien. Il est en horreur ici.

On dit que messieurs du canton de Schwitz ont fait d'énormes insolences contre le roi; ces petits cantons-là sont un peu du quatorzième siècle. Je ne vous dis, mon cher ami, que des nouvelles de Suisse; vous m'en donnez du séjour des agréments; on ne peut donner que ce qu'on a. Ma petite chaumière de Ferney est tranquille au milieu de tous ces orages. Je bâtis sur le bord du tombeau, mais je jouis au moins du plaisir de faire pour Mme Denis un château qui vaut mieux que les petits cantons; elle vous fait mille compliments. Buvez à ma santé, je vous en prie, avec Cicéron de Beaumont et Roscius Garrick.

Adieu; ma tendre amitié ne finira qu'avec ma vie. V.

MMMMCCCLXII. — A M. DAMILAVILLE.

23 mars.

Mon cher frère, voici les ordres que le dieu d'Épidaure signifie à vos amygdales. Portez-vous bien, et jouissez de la force d'Hercule pour écraser l'hydre.

Je suis affligé de n'avoir point encore appris que le roi ait honoré d'une pension l'innocence des Calas.

Vous devez avoir reçu le *mémoire* des Sirven. Rien n'est plus clair; leur innocence est plus palpable que celle des Calas. Il y avait du moins contre les Calas des sujets de soupçon, puisque le cadavre du fils avait été trouvé dans la maison paternelle, et que le père et la mère avaient nié d'abord que ce malheureux se fût pendu : mais ici on ne trouve pas le plus léger indice. Que d'horreurs, juste ciel! on enlève une fille à son père et à sa mère, on la fouette, on la met en sang pour la faire catholique; elle se jette dans un puits, et son père, sa mère, et ses sœurs sont condamnés au dernier supplice!

On est honteux, on gémit d'être homme, quand on voit que d'un côté on joue l'opéra-comique, et que de l'autre le fanatisme arme les bourreaux. Je suis à l'extrémité de la France, mais je suis encore trop près de tant d'abominations.

Est-il vrai qu'Helvétius est parti pour la Prusse? du moins ne brûlera-t-on pas ses livres dans ce pays-là.

La Destruction est-elle enfin entre les mains du public? *A bon entendeur salut* doit être la devise de ce petit livre. Je doute que *le Pyrrhonien raisonnable* fasse une grande fortune, quoique l'auteur ait beaucoup d'esprit.

Il y a une petite brochure contre Racine et Boileau qui ne peut être faite que par un sot, ou du moins par un homme sans goût; et cependant je voudrais bien l'avoir.

Je ne sais ce que c'est que *l'Homme de la campagne*. Il y a dans Genève des *Lettres de la campagne* auxquelles Jean-Jacques a répondu par des *Lettres de la montagne*. C'est un procès qui n'est intéressant que pour des Génevois. Pour *l'Homme de la campagne*, si c'est une satire contre ceux qui se sont retirés du monde, la satire a tort. Les ridicules et les crimes ne sont que dans les villes.

Quand vous verrez l'enchanteur Merlin, faites-lui mes remerciments : je viens de recevoir les *Contes moraux* de frère Marmontel. J'attends pour les lire que j'aie répondu à deux cents lettres, et que mon cœur soit un peu dégonflé de la joie inexprimable que m'ont donnée quarante maîtres des requêtes.

Adieu, mon cher frère.

MMMMCCCLXIII. — A M. BORDES.

A Ferney, 23 mars.

Il est vrai, mon cher monsieur, que la justification des Calas m'a causé une joie bien pure; elle augmente encore par la vôtre : cette aventure peut désarmer le bras du fanatisme, ou du moins émousser ses armes. Je vous assure que ce n'est pas sans peine que nous avons réussi. Il a fallu trois ans de peine et de travaux pour gagner enfin cette victoire. Jean-Jacques aurait bien mieux fait, ce me semble, d'employer son temps et ses talents à venger l'innocence qu'à faire de malheureux sophismes, et à tenter des moyens infâmes pour subvertir sa patrie. Je doute encore beaucoup qu'il soit l'avocat consultant de Pauli. L'auteur de la *Profession de foi* [1] a bien connu ce misérable, qui a le cœur aussi faux que l'esprit, et dont tout le mérite est celui des charlatans, qui n'ont que du verbiage et de la hardiesse. On me mande, comme à vous, monsieur, que *le Siége de Calais* n'a réussi chez aucun homme de goût : cependant il est bien difficile de croire que la cour se soit si grossièrement trompée. Il est vrai que le prodigieux succès qu'eut le *Catilina* de Crébillon doit faire trembler : vous serez bientôt à portée de juger ; je crois que *le Siége* sera levé à Pâques. C'est toujours beaucoup que les Français aient été patriotes à la Comédie. C'est une chose singulière qu'il n'y ait aucun trait dans Sophocle et dans Euripide où l'on trouve l'éloge d'Athènes. Les Romains ne sont loués dans aucune pièce de Sénèque le tragique. Je ne crois pas que la mode de donner des coups d'encensoir au nez de la nation dure longtemps au théâtre. Le public, à la longue, aime mieux être intéressé que loué.

Adieu, monsieur; vous m'êtes d'autant plus cher que le goût est bien rare. Je vous ai voué pour la vie autant d'attachement que d'estime.

MMMMCCCLXIV. — A M. DALEMBERT.

25 mars.

Mon cher philosophe, utile et agréable au monde, sachez que votre ouvrage est comme vous, et qu'aucun enfant n'a jamais si bien ressemblé à son père. Sachez que dès qu'il parut dans Genève entre les mains de quelques amis, tous dirent : « Il écrit comme il parle; le voilà, je crois l'entendre. » Quand on l'avait lu, on le relisait; on en cite tous les jours des passages. J'écrivis à mon ami M. de Cideville que je le croyais déjà répandu à Paris; je lui parlai du plaisir qu'il aurait à le lire, et je lui recommandai dans deux lettres consécutives de ne vous point nommer; précaution, entre nous, fort inutile : il est impossible qu'on ne vous devine pas à la seconde page. Vous aurez à la fois le plaisir de jouir du succès le plus complet, et de nier que vous ayez

1. Bordes. (Éd.)

rendu ce service au public, devant les fripons et les sots, qui ne méritent pas même la peine que vous prenez de vous moquer d'eux.

Je suis très-fâché de n'avoir point encore appris que le roi ait dédommagé les Calas. On roue un homme plus vite qu'on ne lui donne une pension. Vous avez bien raison dans ce que vous dites du style des avocats; ils n'ont jamais su combien la déclamation est l'opposé de l'éloquence, et combien les adjectifs affaiblissent les substantifs, quoiqu'ils s'accordent en genre, en nombre, et en cas; mais, après tout, les raisons que frère Beaumont a détaillées sont fortes et concluantes; il y a de la chaleur, et le public reste convaincu de l'innocence des Calas, *quod erat demonstrandum*. Tout ce que je demande au ciel, c'est que le parlement de Toulouse casse l'arrêt souverain des maîtres des requêtes. Je ne me souviens plus quel était l'honnête homme qui priait Dieu tous les matins que ses ennemis fissent des sottises. Le fanatisme commence à être en horreur d'un bout de l'Europe à l'autre. Figurez-vous qu'un grand seigneur espagnol, que je ne connais point, s'avise de m'écrire une lettre tout à fait antifanatique pour me demander des armes contre le monstre, en dépit de la sainte hermandad.

Jean-Jacques est devenu entièrement fou; il s'était imaginé qu'il bouleverserait sa chère patrie, que je corrompais, dit-il, en donnant chez moi des spectacles; il n'a pas mieux réussi en qualité de boutefeu qu'en qualité de charlatan philosophe. Tout ce qu'il a gagné, c'est d'être en horreur à tous les honnêtes gens de son pays; ce qui, joint à des carnosités et des sophismes, ne fait pas une situation agréable.

Est-il vrai qu'Helvétius est à Berlin? Il me paraît que le réquisitoire composé par Abraham Chaumeix lui a donné une paralysie sur les trois doigts avec lesquels on tient la plume. Est-ce qu'il ne savait pas qu'on peut mettre l'*inf....* en pièces, sans graver son nom sur le poignard dont on la tue? Mme Denis vous embrasse de tout son cœur, et moi aussi.

MMMMCCCLXV. — A M. MARMONTEL.

25 mars.

Mon cher confrère, vos *Contes* sont pleins d'esprit, de finesse, et de grâces; vous parez de fleurs la raison; on ne peut vous lire sans aimer l'auteur. Je vous remercie de toute mon âme des moments agréables que vous m'avez fait passer. Il n'y a pas un de vos nouveaux *Contes* dont vous ne puissiez faire une comédie charmante. Vous savez bien que Michel Cervantes disait que, sans l'inquisition, *Don Quichotte* aurait été encore plus plaisant. Il y a en France une espèce d'inquisition sur les livres qui vous empêchera d'être aussi utile que vous pourriez l'être à l'intérêt de la bonne cause : c'est assurément grand dommage; mais c'est du moins une grande consolation que les philosophes se tiennent unis, qu'ils conservent entre eux le feu sacré, et qu'ils en communiquent dans la société quelques étincelles. Vous voyez, par l'exemple des Calas et des Sirven, ce que peut le fanatisme; il n'y a que la philosophie qui puisse triompher de ce monstre : c'est l'ibis qui vient casser les œufs du crocodile.

Plus J. J. Rousseau a déshonoré la philosophie, plus de bons esprits comme vous doivent la défendre.

Je vous prie de faire mes compliments à M. Duclos, et à tous les êtres pensants qui peuvent avoir quelques bontés pour moi. Mandez-moi, je vous prie, ce que vous pensez du *Siége de Calais*; parlez-moi avec confiance, et soyez bien sûr que je ne trahirai pas votre secret. On m'en a mandé des choses si différentes, que je veux régler mon jugement par le vôtre. Je ne puis me figurer qu'une pièce si généralement et si longtemps applaudie n'ait pas de très-grandes beautés. On dit qu'on ne l'aura sur le papier qu'après Pâques, et les nouveautés parviennent toujours fort tard dans nos montagnes. Adieu, mon cher confrère; conservez-moi une amitié dont je sens bien tout le prix.

MMMMCCCLXVI. — A M. BERTRAND.

A Ferney, 26 mars.

Mon cœur est pénétré, mon cher philosophe, de vos démarches pleines d'amitié, et je ne les oublierai de ma vie. Les Calas ne sont pas les seuls immolés au fanatisme : il y a une famille entière du Languedoc[1] condamnée pour la même horreur dont les Calas avaient été accusés. Elle est fugitive dans ce pays-ci; le conseil de Berne lui fait même une petite pension. Il sera difficile d'obtenir pour ces nouveaux infortunés la justice que nous avons enfin arrachée pour les Calas après trois ans de soins et de peines assidues. Je ne sais pas quand l'esprit persécuteur sera renvoyé dans le fond des enfers, dont il est sorti; mais je sais que c'est en méprisant la mère qu'on peut venir à bout du fils; et cette mère, comme vous l'entendez bien, est la superstition. Il se fera sans doute un jour une grande révolution dans les esprits. Un homme de mon âge ne la verra pas, mais il mourra dans l'espérance que les hommes seront plus éclairés et plus doux.

Personne n'y pourrait mieux contribuer que vous; mais en tout pays les bons cœurs et les bons esprits sont enchaînés par ceux qui ne sont ni l'un ni l'autre.

Mes respects, je vous en supplie, à M. et Mme Freudenreich. Je vous embrasse du meilleur de mon cœur. V.

MMMMCCCLXVII. — DE M. DALEMBERT.

26 mars.

Oh! la belle lettre, mon cher maître, que vous venez d'écrire à frère Damilaville sur l'affaire des malheureux Sirven! aussi a-t-elle le plus grand et le plus juste succès; on se l'arrache, on verse des larmes, et on la relit, et on en verse encore, et on finit par désirer de voir tous les fanatiques dans le feu où ils voudraient jeter les autres. Je suis bien heureux que ma rapsodie sur la destruction de Loyola n'ait pas paru en même temps; votre lettre l'aurait effacée, et le cygne aurait fait taire la pie. Je ne sais quand ma *Destruction* arrivera; mais

1. Les Sirven. (ÉD.)

ce que je sais, c'est qu'il y a des personnes à Paris qui l'ont déjà, et que mon secret n'a pas été trop bien gardé. Quoi qu'il en soit, je recommande ce malheureux enfant à votre protection. Le bien que vous en direz fera l'avis de beaucoup de gens, et surtout le fera vendre; car c'est là l'essentiel pour que M. Cramer ne soit pas lésé.

Je ne sais ni le nom ni le sort du jeune jésuite que Simon Le Franc poussait par le cul à la procession. Je n'ai vu Simon depuis longtemps qu'une seule fois, à l'enterrement de M. d'Argenson, où il était non comme homme de lettres, car il est trop grand seigneur pour se parer de ce titre, mais comme parent au quatre-vingt-dixième degré. S'il est encore à Paris, c'est si obscurément que personne n'en sait rien. Il lui arrivera ce qui arriva à l'abbé Cotin, que les satires de Despréaux obligèrent à se cacher si bien, que le *Mercure* annonça sa mort trois ou quatre ans d'avance. Il en est arrivé à peu près autant au poëte Roy, cet ennuyeux coquin qui, depuis une centaine de coups de bâton qu'il reçut il y a dix ans, avait pris le parti de la retraite, et dont on avait annoncé la mort, il y a plus d'un an, dans les Gazettes, quoiqu'il n'ait rendu que depuis peu sa belle âme à son Créateur.

Oui vraiment le bâtard du *Portier des chartreux*, Marsy, *olim* jésuite, comme il l'a mis à la tête d'un de ses ouvrages, est allé violer les anges en paradis. Il avait commencé par être l'associé d'Aliboron, avec qui il s'était ensuite brouillé, du moins à ce que l'on m'a dit; car je n'avais l'honneur de fréquenter ni l'un ni l'autre.

Vous avez su que les Calas ont pleinement gagné leur procès; c'est à vous qu'ils en ont l'obligation. Vous seul avez remué toute la France et toute l'Europe en leur faveur. Je ne sais ce qui arrivera des malheureux Sirven. On dit que l'avocat Beaumont va plaider leur cause; je voudrais bien qu'avec une si belle âme et si honnête cet homme eût un peu plus de goût, et qu'il ne mît pas dans ses mémoires tant de pathos de collége. Le parlement de Toulouse est très-furieux, dit-on, et veut casser l'arrêt qui casse le sien; il ne lui manque plus que cette sottise-là à faire. Les parlements finiront mal, et plus tôt qu'on ne croit; ils sont trop fanatiques, trop sots, et trop tyrans.

Adieu, mon cher maître; moquez-vous de tout, comme vous faites, sans cesser de secourir les malheureux, et d'écraser le fanatisme. Mes respects à Mme Denis. Je suis charmé qu'elle ait été contente de ma petite drôlerie, que la canaille janséniste et loyoliste ne trouvera pourtant guère drôle.

MMMMCCCLXVIII. — A M. Damilaville.

27 mars.

Mon cher frère, vous aurez dans quelque temps la *Philosophie de l'histoire*, et vous y verrez des choses qui sont aussi vraies que peu connues. Cet ouvrage est d'un abbé Bazin, qui respecte la religion comme il le doit, mais qui ne respecte point du tout l'erreur, l'ignorance et le fanatisme.

Quand vous lirez cet ouvrage, vous serez étonné de l'excès de bêtise de nos histoires anciennes, à commencer par celle de Rollin. On dit que le livre est dédié à l'impératrice de Russie par le neveu de l'auteur. J'aurais bien voulu connaître l'oncle : il me paraît qu'il enfonce le poignard avec le plus profond respect. On peut le brûler pour tout ce qu'il laisse entendre; mais, à mon avis, on ne peut le condamner pour ce qu'il dit.

Le mémoire de Sirven, que vous devez avoir reçu, n'est point à la vérité signé de lui, mais il est écrit de sa main. Il n'y a qu'à envoyer la dernière page, qui est numérotée; je la lui ferai signer à Gex par-devant notaire. Nous verrons s'il y a lieu de demander l'attribution d'un nouveau tribunal. La sentence par contumace qui condamne toute la famille a été confirmée par le parlement de Toulouse. Il est à présumer que si cette pauvre famille va purger la contumace à Toulouse, elle sera rouée, ou brûlée, ou pendue par provision, sauf à tâcher de les faire réhabiliter au bout de trois années.

Je crois qu'il serait bon que vous eussiez la bonté de faire parvenir ma lettre sur les Calas et les Sirven, à M. Rousseau, directeur du *Journal encyclopédique*, à Bouillon. Ce Rousseau-là n'est pas comme celui de la montagne. Faites-m'en parvenir aussi, je vous supplie, quelques exemplaires.

Hélas! mon cher frère, ces petites grenades qu'on jette à la tête du monstre le font reculer pour un moment ; mais sa rage en augmente, et il revient sur nous avec plus de furie. Les honnêtes gens nous plaignent quand l'hydre nous attaque, mais ils ne nous défendent pas comme Hercule. Ils disent : « Pourquoi osent-ils attaquer l'hydre ? »

Je viens de lire *le Siége de Calais*. L'auteur est mon ami. Je suis bien aise du succès inouï de son ouvrage; c'est au temps à le confirmer.

Voici encore une petite lettre pour Mme Calas. Est-ce que je n'aurai pas le plaisir de la féliciter de la pension du roi? est-ce que la lettre des maîtres des requêtes aurait été inutile? La reine a bu, dit-on, à sa santé, mais ne lui a point donné de quoi boire.

Gémissons, mon cher ami; et, en gémissant, *écr. l'inf....*

MMMMCCCLXIX. — A M. LE COMTE DE LA TOURAILLE.

Au château de Ferney, le 29 mars.

Vous en avez usé avec moi, monsieur, comme une jeune coquette qui se pare de tous ses charmes pour séduire un pauvre vieillard à qui elle donne des désirs inutiles. Vous m'avez cajolé, vous m'avez envoyé de jolis vers; mais je répondrai à votre muse agaçante :

Vos jeunes attraits, vos œillades,
Ne me rendront pas mon printemps
Quand on a parcouru dix-huit olympiades,
L'esprit et son étui sont minés par les ans;
On ne fait plus de vers galants,
Ou si l'on en veut faire, ils sont ou durs ou fades.
Des neufs savantes sœurs j'ai force rebuffades;

D" cheval ailé, des ruades;
Et des sourires méprisants
Des belles dames à passades.
Condé même, Condé, qui, par tant d'estocades,
Égala, jeune encor, les héros du vieux temps,
Et qui dans l'art de vaincre a peu de camarades,
Exciterait en vain mes efforts languissants.
Irai-je répéter, dans de froides tirades,
Ce qu'on a dit cent fois des illustres parents
Dont la gloire avec lui faisait des accolades
    Aux campagnes des Allemands?
Qu'il soit chanté par vous, par tous vos jeunes gens,
    Et non pas par de vieux malades.

MMMMCCCLXX. — A MADAME LA MARQUISE DU DEFFAND.

Mars.

Vous m'avez écrit, madame, une lettre tout animée de l'enthousiasme de l'amitié. Jugez si elle a échauffé mon cœur, qui vous est attaché depuis si longtemps. Je n'ai point voulu vous écrire par la poste; ce n'est pas que je craigne que ma passion pour vous déplaise à M. Janel; je le prendrais volontiers pour mon confident; mais je ne veux pas qu'il sache à quel point je suis éloigné de mériter tout le bien que vous pensez de moi. Mme la duchesse d'Enville veut bien avoir la bonté de se charger de mon paquet; vous y trouverez cette *Philosophie de l'histoire* de l'abbé Bazin; je souhaite que vous en soyez aussi contente que l'impératrice Catherine II, à qui le neveu de l'abbé Bazin l'a dédiée. Vous remarquerez que cet abbé Bazin, que son neveu croyait mort, ne l'est point du tout; qu'il est chanoine de Saint-Honoré, et qu'il m'a écrit pour me prier de lui envoyer son ouvrage posthume. Je n'en ai trouvé que deux exemplaires à Genève, l'un relié, l'autre qui ne l'est pas; ils seront pour vous et pour M. le président Hénault, et l'abbé Bazin n'en aura point.

Si vous voulez vous faire lire cet ouvrage, faites provision, madame, de courage et de patience. Il y a là une fanfaronnade continuelle d'érudition orientale qui pourra vous effrayer et vous ennuyer; mais votre ami[1], en qualité d'historien, vous rassurera, et peut-être, dans le fond de son cœur, il ne sera choqué ni des recherches par lesquelles toutes nos anciennes histoires sont combattues, ni des conséquences qu'on en peut tirer. Quelque âge qu'on puisse avoir, et à quisique bienséance qu'on soit asservi, on n'aime point à avoir été trompé, et on déteste en secret des préjugés ridicules que les hommes sont convenus de respecter en public. Le plaisir d'en secouer le joug console de l'avoir porté, et il est agréable d'avoir devant les yeux les raisons qui vous désabusent des erreurs où la plupart des hommes sont plongés depuis leur enfance jusqu'à leur mort. Ils passent

1. Le président Hénault. (Éd.)

leur vie à recevoir de bonne foi des contes de *Peau-d'Âne*, comme on reçoit tous les jours de la monnaie sans en examiner ni le poids ni le titre.

L'abbé Bazin a examiné pour eux, et, tout respectueux qu'il paraît envers les faiseurs de fausse monnaie, il ne laisse pas de décrier leurs espèces.

Vous me parlez de mes passions, madame; je vous avoue que celle d'examiner une chose aussi importante a été ma passion la plus forte. Plus ma vieillesse et la faiblesse de mon tempérament m'approchent du terme, plus j'ai cru de mon devoir de savoir si tant de gens célèbres, depuis Jérôme et Augustin jusqu'à Pascal, ne pourraient point avoir quelque raison. J'ai vu clairement qu'ils n'en avaient aucune, et qu'ils n'étaient que des avocats subtils et véhéments de la plus mauvaise de toutes les causes. Vous voyez avec quelle sincérité je vous parle; l'amitié que vous me témoignez m'enhardit; je suis bien sûr que vous n'en abuserez pas. Je vous avouerai même que mon amour extrême pour la vérité, et mon horreur pour des esprits impérieux qui ont voulu subjuguer notre raison, sont les principaux liens qui m'attachent à certains hommes, que vous aimeriez si vous les connaissiez. Feu l'abbé Bazin n'aurait point écrit sur ces matières, si les maîtres de l'erreur s'étaient contentés de nous dire : « Nous savons bien que nous n'enseignons que des sottises, mais nos fables valent bien les fables des autres peuples; laissez-nous enchaîner les sots, et rions ensemble. » Alors on pourrait se taire. Mais ils ont joint l'arrogance au mensonge ; ils ont voulu dominer sur les esprits, et on se révolte contre cette tyrannie.

Quel lecteur sensé, par exemple, n'est pas indigné de voir un abbé d'Houteville qui, après avoir fourni vingt ans des filles à Laugeois, fermier général, et étant devenu secrétaire de l'athée cardinal Dubois, dédie un livre sur la religion chrétienne [1] à un cardinal d'Auvergne, auquel on ne devait dédier que des livres imprimés à Sodome ?

Et quel ouvrage encore que celui de cet abbé d'Houteville! quelle éloquence fastidieuse! quelle mauvaise foi! que de faibles réponses à de fortes objections! quel peut avoir été le but de ce prêtre? Le but de l'abbé Bazin était de détromper les hommes, celui de l'abbé d'Houteville n'était donc que de les abuser.

Je crois que j'ai vu plus de cinq cents personnes de tout état et de tout pays dans ma retraite, et je ne crois pas en avoir vu une demi-douzaine qui pensent comme mon abbé Bazin. La consolation de la vie est de dire ce qu'on pense. Je vous le dis une bonne fois.

Ne doutez pas, madame, que je n'aie été fort content de M. le chevalier de Mac-Donald; j'ai la vanité de croire que je suis fait pour aimer toutes les personnes qui vous plaisent. Il n'y a point de Français de son âge qu'on pût lui comparer; mais ce qui vous surprendra, c'est que j'ai vu des Russes de vingt-deux ans qui ont autant de mérite, autant de connaissances, et qui parlent aussi bien notre langue.

1. *La Vérité de la religion chrétienne.* (ÉD.)

Il faut bien pourtant que les Français vaillent quelque chose, puisque des étrangers si supérieurs viennent encore s'instruire chez nous.

Non-seulement, madame, je suis pénétré d'estime pour M. Crawford, mais je vous supplie de lui dire combien je lui suis attaché. J'ai eu le bonheur de le voir assez longtemps, et je l'aimerai toute ma vie. J'ai encore une bonne raison de l'aimer, c'est qu'il a à peu près la même maladie qui m'a toujours tourmenté : les conformités plaisent.

Voici le temps où je vais en avoir une bien forte avec vous : des fluxions horribles m'ôtent la vue dès que la neige est sur nos montagnes; ces fluxions ne diminuent qu'au printemps; mais à la fin le printemps perd de son influence, et l'hiver augmente la sienne. Sain ou malade, clairvoyant ou aveugle, j'aurai toujours, madame, un cœur qui sera à vous, soyez-en bien sûre. Je ne regarde la vie que comme un songe; mais, de toutes les idées flatteuses qui peuvent nous bercer dans ce rêve d'un moment, comptez que l'idée de votre mérite, de votre belle imagination, et de la vérité de votre caractère, est ce qui fait sur moi le plus d'impression. J'aurai pour vous la plus respectueuse amitié jusqu'à l'instant où l'on s'endort véritablement pour n'avoir plus d'idées du tout.

Ne dites point, je vous prie, que je vous aie envoyé aucun imprimé.

MMMMCCCLXXI. — A M. DE BELLOY.

Au château de Ferney, 31 mars.

A peine je l'ai lue, mon cher confrère, que je vous en remercie du fond de mon cœur. Je suis tout plein du retour d'Eustache de Saint-Pierre, et des beaux vers que je viens de lire :

Vous me forcez, seigneur, d'être plus grand que vous[1].

Et celui-ci, que je citerai souvent :

Plus je vis l'étranger, plus j'aimai ma patrie[2].

Que vous dirai-je, mon cher confrère? votre pièce fait aimer la France et votre personne. Voilà un genre nouveau dont vous serez le père; on en avait besoin, et je suis vivement persuadé que vous rendez service à la nation. Recevez, encore une fois, mes tendres remercîments.

MMMMCCCLXXII. — A M. LE COMTE D'ARGENTAL.

A Ferney, 1ᵉʳ avril.

Mes divins anges, je m'adresse à vous quand il faut remplir mes devoirs. M. de Belloy m'a envoyé son drame. Vous avez permis que ma première lettre passât par vos mains; je demande la même grâce pour la seconde. Vous m'avouerez que le petit ex-jésuite[3] entendrait bien mal ses intérêts, s'il avait de l'empressement.

J'ai eu l'honneur de vous envoyer trois feuilles d'un ouvrage qui m'est tombé entre les mains; mais, comme je n'ai reçu aucun ordre de vous,

---

1. *Siége de Calais*, acte V, scène II. (ÉD.) — 2. *Id.*, acte II, scène III. (ÉD.)
3. Auteur supposé du *Triumvirat*. (ÉD.)

je n'ai pas continué les envois. Cet ouvrage pourtant m'a paru curieux, et digne de vous amuser quelques moments.

La pauvre veuve Calas n'a point encore reçu du roi de dédommagement pour la roue de son mari. Je ne sais pas au juste la valeur d'une roue ; mais je crois que cela doit être cher. Les uns lui conseillent de prendre les juges à partie, les autres non ; et moi je ne lui conseille ni l'un ni l'autre ; mon avis est qu'elle fasse pressentir M. le vice-chancelier et M. le contrôleur général, de peur de faire une démarche qui pourrait déplaire à la cour, et affaiblir la bonne volonté du roi.

Vous devez, mes divins anges, avoir reçu deux gros paquets, l'un par M. de Villars, capitaine aux gardes suisses ; l'autre par M. de Châteauvieux, autre capitaine.

Les bagatelles qu'ils renferment sont pour vous et pour M. Damilaville. J'ai envoyé tout ce que j'avais, il n'y en a plus ; on en refait d'autres ; tout le monde devient honnête de jour en jour.

Je ne sais nulle nouvelle du *tripot* ni du tyran du *tripot* ; il a un fonds d'humeur où je ne conçois rien. Mes divins anges, prenez-moi sous votre protection dans ce saint temps de Pâques, et daignez me mander, je vous en conjure, si vous avez reçu les petites drôleries en question.

Toute ma petite famille se met au bout de vos ailes.

Mes divins anges, je n'entends plus parler des dîmes ; cela nous inquiète un peu maman et moi.

MMMMCCCLXXIII. — A M. DAMILAVILLE.

1ᵉʳ avril.

Mon très-cher frère, j'ai reçu votre lettre du 24 de mars. Je vous dirai d'abord que, voyant combien les avis sont partagés sur la prise à partie, il m'est venu dans la tête que Mme Calas devait faire pressentir M. le vice-chancelier et M. le contrôleur général, afin de ne pas faire une démarche qui pourrait alarmer la cour, et diminuer peut-être les bontés qu'elle espère du roi.

Voilà deux horribles aventures qui exercent à la fois votre bienfaisance philosophique. J'enverrai incessamment la signature de Sirven, si le généreux Beaumont n'aime mieux vous confier la dernière feuille du mémoire.

M. de La Haye a dû vous envoyer des chiffons couverts d'une toile cirée : il y a une Mme de Chamberlin qui aime passionnément les chiffons ; vous ferez une bien bonne œuvre de lui en envoyer deux. On ne peut se dispenser d'en envoyer trois à M. de Ximenès, attendu qu'il en donnera un à M. d'Autrey pour lui faire entendre raison. Vous êtes prié d'en faire tenir un à M. le marquis d'Argence de Dirac, à Angoulême.

M. d'Argental doit avoir certainement deux paquets, que vous devez partager, et ces deux paquets sont curieux. Ils sont d'une seconde fabrique, et on en fait actuellement une troisième. Ce sont des étoffes qui deviennent fort à la mode. Je vois que le goût se perfectionne de jour en jour ; ce n'est peut-être pas en fait de tragédies. Il ne m'appartient pas d'en parler, il y aurait à moi de la mauvaise grâce ; mais vous me feriez plaisir de m'instruire des sentiments du public, que vous avez sans doute recueillis. Quelquefois ce public aime à briser les statues qu'il a élevées, et les yeux se fâchent du plaisir qu'ont eu les oreilles.

Je me recommande à vos prières dans ce saint temps de Pâques, et à celles de nos frères. Je vous avais prié de me dire si Helvétius est à Berlin. Pour frère Protagoras, il devait bien s'attendre que le libraire, maître de son manuscrit, en disposerait à son bon plaisir, qu'il en donnerait à ses amis, et que ses amis pourraient en apporter à Paris. Mon ami Cideville a gardé le secret, et n'en a parlé à personne qu'à Protagoras lui-même. Le livre d'ailleurs ne peut faire qu'un très-grand effet, et l'auteur jouira de sa gloire sans rien risquer.

Continuez, mon cher et digne frère, à faire aimer la vérité : c'est à elle que je dois votre amitié; elle m'en est plus chère, et je mourrai attaché à vous et à elle.

MMMMCCCLXXIV. — A M. DE LA HARPE.

2 avril.

Je me doutais bien, monsieur, que les vers charmants sur les Calas étaient de vous; car de qui pourraient-ils être? J'avais reçu tant de lettres au sujet de cette famille infortunée, qu'après les avoir mises dans mon portefeuille, j'y trouvai votre belle épître sans adresse, et écrite, à ce qu'il me parut, d'une autre main que la vôtre.

J'apprends aujourd'hui par M. le marquis de Ximenés que je vous ai très-bien deviné; mais je ne sais pas si bien répondre. Mon état est très-languissant et très-triste, et j'ai encore le malheur d'être surchargé d'affaires; je vous assure que mes sentiments pour vous n'en sont pas moins vifs. J'ai été charmé de la candeur et de la réserve avec lesquelles vous m'avez écrit sur la pièce nouvelle. Cela est digne de vos talents, et met vos ennemis dans leur tort, supposé que vous en ayez. Il n'appartient qu'aux excellents artistes comme vous d'approuver ce que leurs confrères ont de bon, et de garder le silence sur ce qu'ils ont de moins brillant et de moins heureux. Vous avez tous les jours de nouveaux droits à mon estime et à ma reconnaissance, et vous pouvez toujours me parler avec confiance, bien sûr d'une discrétion égale à l'attachement que je vous ai voué.

MMMMCCCLXXV. — A M. NOVERRE.

Du château de Ferney, 2 avril.

J'ai reçu le comte de Fé*** [1], monsieur, avec tous les égards dus à sa naissance et à son mérite; vous l'aviez sûrement instruit de toutes mes infirmités, et du délabrement affreux de mon estomac; il m'a fait présent d'un spécifique délicieux, cinquante demi-bouteilles de vin de Tokay, tel que j'en buvais jadis chez le grand philosophe du Nord.

J'ai lu et relirai encore avec un nouveau plaisir vos deux lettres sur Garrick; vous êtes un excellent peintre, et s'il était possible de peindre une ombre, je vous prierais de faire mon portrait.

1. Probablement Fékété, seigneur hongrois. (ÉD.)

Je reçois à l'instant une lettre de notre ministre à la cour de Bavière; il me dit que Garrick y est aussi, que l'électeur le fête et le comble de distinction ; les égards que les princes accordent au vrai mérite les honorent bien plus que celui qui en est l'objet.

Notre ministre m'assure que Garrick court après vous, qu'il dirige sa route sur Louisbourg : au nom de l'amitié, conduisez-le à Ferney, qu'il vienne y voir le vieux malade; le duc vous aime et m'estime, il ne vous refusera pas un congé. Le plaisir de rassembler dans mon ermitage le Roscius et le Pylade moderne me rajeunira, et fera disparaître mes infirmités. Je vous attends avec l'impatience de la vieillesse, et vous assure, monsieur, de tous les sentiments que je vous ai voués, et avec lesquels je suis, etc.
VOLTAIRE.

MMMMCCCLXXVI. — A M. LE COMTE D'ARGENTAL.
3 avril.

Pourquoi faut-il que de mes deux anges il y en ait toujours un qui tousse? Permettez-moi de consulter Tronchin sur cette toux. Il n'y aurait qu'à en faire l'histoire, et sur cette histoire Tronchin donnerait ses conclusions.

J'envoie à mes anges une autre sorte d'histoire, dont il y a aussi de bonnes conclusions à tirer. Feu M. l'abbé Bazin était un bon chrétien qui n'était point superstitieux ; il laisse entrevoir modestement que les Juifs étaient une nation des plus nouvelles, et qu'ils ont pris chez les autres peuples toutes leurs fables et toutes leurs coutumes. Ce coup de poignard, une fois enfoncé avec tout le respect imaginable, peut tuer le monstre de la superstition dans le cabinet des honnêtes gens, sans que les sots en sachent rien.

Mes anges sont suppliés de faire part à frère Damilaville des pilules qui leur ont été apportées par un Suédois et par deux Suisses. Ces pilules, quoique condamnées par les charlatans, font beaucoup de bien à un malade raisonnable.

Messieurs du parlement de Toulouse ne paraissent pas être du nombre de ces derniers. Mes anges sont instruits sans doute que ces messieurs s'assemblèrent, le 20 de mars, pour rédiger des remontrances tendantes à demander ou ordonner que tous ceux qu'ils auront fait rouer soient désormais déclarés bien roués, et que surtout on maintienne la belle procession annuelle dans laquelle on remercie Dieu, en masque, du sang répandu de trois à quatre mille citoyens, il y a quelque deux cents ans. De plus, *messieurs* ont défendu, sous des peines corporelles, d'afficher l'arrêt qui justifie les Calas; *messieurs* paraissent opiniâtres.

Peut-être je devrais, plus humble en ma misère,
Me souvenir du moins que je parle à *leur frère*[1].

Mais ce frère[2] appartient à l'humanité avant d'appartenir à *messieurs*.

1. *Mithridate*, acte I, scène II. (ÉD.)
2. Il était conseiller d'honneur au parlement de Paris. (ÉD.)

Si la réponse du roi au parlement de Bretagne est telle qu'on la trouve dans les papiers publics, il paraît que la cour sait quelquefois réprimer *messieurs*; il paraît aussi que le public commence à se lasser de cette démocratie. Ce public brise souvent ses idoles, et, au bout de quelques mois, il arrive que les applaudissements se tournent en sifflets. (Ceci soit dit en passant.)

Je remercie bien humblement mes anges de leur passe-port, et je les supplie de vouloir bien dire à M. le duc de Praslin combien je suis touché de ses bontés.

Je trouve que la gratification ou pension que l'on demandait au roi pour ces pauvres Calas tarde beaucoup à venir; c'est ce qui m'a déterminé à leur conseiller de faire pressentir M. le vice-chancelier et M. le contrôleur général sur la prise à partie, afin de ne point indisposer ceux de qui cette pension dépend : mais je peux me tromper, et je m'en rapporte à mes anges, qui voient les choses de plus près et beaucoup mieux que moi.

Je ne peux pas dicter davantage, car je n'en peux plus. Je me meurs avec la folie de planter et de bâtir, et avec le chagrin de n'avoir pas vu mes anges depuis douze ans.

MMMMCCCLXXVII. — A M. DALEMBERT.

3 avril.

Ma reconnaissance est vive, je l'avoue; mais ce n'est pas elle qui fait mon enthousiasme pour vous; c'est votre zèle aussi intrépide que sage, c'est votre manière d'avoir toujours raison, c'est votre art d'attaquer le monstre, tantôt avec la massue d'Hercule, tantôt avec le stylet le plus affilé; et puis, quand vous l'avez mis sous vos pieds, vous vous moquez de lui fort plaisamment. Que j'aime votre style! que votre esprit est net et clair! Plût à Dieu que les autres frères eussent écrit ainsi! l'*inf*.... ne se débattrait pas encore comme elle le fait sous la vérité qui l'écrase. Je voudrais bien savoir quel est le polisson de théologien à qui vous faites tant d'honneur. Quoi qu'il en soit, vous serez obéi ponctuellement et promptement.

Avez-vous lu *le Siége de Calais?* Je suis ami de l'auteur, je dois l'être; je trouve que le retour du maire et de son fils, à la fin, doit faire un bel effet au théâtre. Il se peut d'ailleurs qu'il y ait dans la pièce quelques défauts qui vous aient choqué, mais ce n'est pas à moi de m'en apercevoir, et d'ailleurs le patriotisme excuse tout. Je voudrais savoir jusqu'à quel point vous êtes bon patriote; j'ai peur que vous ne vous borniez à être bon juge. Je vous aime et révère; *écr. l'inf....*

MMMMCCCLXXVIII. — AU MÊME.

5 avril.

Mon cher et grand philosophe, dans un fatras de lettres que je recevais par la voie de Genève, mon étourderie a ouvert celle que je vous envoie. Je ne me suis aperçu qu'elle vous était adressée qu'après avoir fait la sottise de la décacheter; je vous en demande très-humblement pardon, en vous protestant, foi de philosophe, que je n'en ai rien lu.

J'avais ordonné en général qu'on retirât toutes celles qui vous seraient adressées d'Italie. Je n'ai trouvé que celle-là dans mon paquet; je me flatte qu'elle n'est pas du pape régnant; je présume qu'elle est d'un être pensant, puisqu'elle est pour vous.

Il y a peu de ces êtres pensants. Mon ancien disciple couronné me mande qu'il n'y en a guère qu'un sur mille; c'est à peu près le nombre de la bonne compagnie; et, s'il y a actuellement un millième d'hommes de raisonnables, cela décuplera dans dix ans. Le monde se déniaise furieusement. Une grande révolution dans les esprits s'annonce de tous côtés. Vous ne sauriez croire quels progrès la raison a faits dans une partie de l'Allemagne. Je ne parle pas des impies, qui embrassent ouvertement le système de Spinosa, je parle des honnêtes gens, qui n'ont point de principes fixes sur la nature des choses, qui ne savent point ce qui est, mais qui savent très-bien ce qui n'est pas; voilà mes vrais philosophes. Je peux vous assurer que, de tous ceux qui sont venus me voir, je n'en ai trouvé que deux qui fussent des sots. Il me paraît qu'on n'a jamais tant craint les gens d'esprit à Paris qu'aujourd'hui. L'inquisition sur les livres est sévère : on me mande que les souscripteurs n'ont point encore le *Dictionnaire encyclopédique*. Ce n'est pas seulement être sévère, c'est être très-injuste. Si on arrête le débit de ce livre, on vole les souscripteurs, et on ruine les libraires. Je voudrais bien savoir quel mal peut faire un livre qui coûte cent écus. Jamais vingt volumes *in-folio* ne feront de révolution ; ce sont les petits livres portatifs à trente sous qui sont à craindre. Si l'Évangile avait coûté douze cents sesterces, jamais la religion chrétienne ne se serait établie.

Pour moi, j'ai mon exemplaire de l'*Encyclopédie*, en qualité d'étranger et de Suisse. On veut bien que les Suisses se damnent, mais on veille de près, à ce que je vois, sur le salut des Parisiens. Si vous pouviez m'envoyer quelque chose pour achever ma damnation, vous me feriez un plaisir diabolique, dont je vous serais très-obligé. Je ne peux plus travailler, mais j'aime à me donner du bon temps, et je veux quelque chose qui pique.

Il faut que je vous dise que je viens de lire Grotius, *de Veritate*, etc. Je suis bien étonné de la réputation de cet homme; je ne connais guère de plus sot livre que le sien, excepté l'ampoulé Houteville. On avait, de son temps, de la réputation à bon marché. Il y a un bon article de *Hobbes* dans l'*Encyclopédie*. Plût à Dieu que tout cet ouvrage fût fait comme votre discours préliminaire !

Adieu, mon très-cher philosophe : sera-t-il dit que je mourrai sans vous revoir?

MMMMCCCLXXIX. — A M. DAMILAVILLE.

5 avril.

Vous êtes obéi, mon cher frère ; ce charmant ouvrage sera imprimé au plus vite et avec le plus grand secret. Que je vous remercie d'avoir encouragé l'auteur inimitable de ce petit écrit à rendre des services si essentiels à la bonne cause ! J'en demande très-humblement pardon à ce Blaise Pascal, mais je le mets bien au-dessous d'Archimède-Protagoras : celui-ci ne verra jamais do précipice à côté de sa chaise, et il bouchera le précipice dans lequel on fait tomber tant de sots.

Je vous crois instruit des démarches du parlement de Toulouse, qui a défendu qu'on affichât l'arrêt des maîtres des requêtes, et qui s'est assemblé pour faire au roi de belles remontrances tendantes à faire déclarer bien roués tous ceux qui auront été roués par ledit parlement. Je ne sais pas si ces remontrances auront lieu; j'ignore jusqu'à quel point la cour ménagera le parlement des Visigoths. C'est dans cette incertitude que j'ai conseillé à la veuve Calas de ne point hasarder la prise à partie, sans faire pressentir les deux ministres dont dépend sa pension; mais je me rendrai à l'avis que vous aurez embrassé.

Vous daignez me demander, par votre lettre du 27 de mars, le portrait d'un homme qui vous aime autant qu'il vous estime : je n'ai plus qu'une mauvaise copie d'après un original fait il y a trente ans, et dans le fond de mes déserts il n'y a point de peintre. Je vous enverrai ce barbouillage, si vous le souhaitez; mais l'estampe faite d'après le buste de Le Moine vaut beaucoup mieux.

J'attends tous les jours de Toulouse la copie authentique de l'arrêt qui condamne toute la famille Sirven; arrêt confirmatif de la sentence rendue par un juge de village, arrêt donné sans connaissance de cause, arrêt contre lequel tout le public se soulèverait avec indignation, si les Calas ne s'étaient pas emparés de toute sa pitié.

Je ne conseillerais pas à un auteur de donner une seconde pièce patriotique. Il n'y a que le zèle admirable de M. de Beaumont qui soit inépuisable. Le public se lasse bien vite d'être généreux.

Je suis bien malade; tout baisse chez moi, hors mes tendres sentiments pour vous. Je me soumets à l'Être des êtres et aux lois de la nature; mais *écr. l'inf*....

Je reçois dans le moment la sentence des Sirven. Je les croyais roués et brûlés, ils ne sont que pendus. Vous m'avouerez que c'est trop s'ils sont innocents, et trop peu s'ils sont parricides. Les complices bannis me paraissent encore un nouvel affront à la justice; car, s'ils sont complices d'un parricide, ils méritent la mort. Il n'y a pas le sens commun chez les Visigoths.

Je crois qu'après les Sirven, les gens les plus à plaindre sont ceux qui liront ce griffonnage.

MMMMCCCLXXX. — A M. LE CLERC DE MONTMERCI.

8 avril.

Plus M. de Montmerci m'écrit, et plus je l'aime. Je n'ose lui proposer de venir philosopher dans ma retraite cette année. Je suis environné de maçons et d'ouvriers de toute espèce; mais je le retiens pour l'année 1766, supposé que les quatre éléments me fassent la grâce de conserver mon chétif corps jusque-là. Je ne veux point mourir sans avoir vu un vrai philosophe qui veut bien m'aimer, et qui, étant libre, pourra faire ce petit voyage sans demander permission à personne. C'est avec de tels frères que je voudrais achever ma vie dans le petit couvent que j'ai fondé.

Quand il y aura quelque chose de nouveau dans la littérature, je vous prierai, monsieur, de m'en faire part; mais vos lettres me font toujours plus de plaisir que les ouvrages nouveaux.

MMMMCCCLXXXI. — DE M. DALEMBERT.

A Paris, 9 avril.

Vous avez dû, mon cher et illustre maître, recevoir, il y a peu de jours, par frère Damilaville, un excellent manuscrit[1] pour justifier la *Gazette littéraire* des imputations ridicules des fanatiques. L'auteur, qui ne veut point être connu, vous prie de faire parvenir à l'imprimeur cette petite correction-ci, qu'il faudra mettre dans l'*errata*, si par hasard cet endroit était déjà imprimé. J'espère qu'on ne fera pas la même faute pour cet ouvrage qu'on a faite pour le mien, d'en envoyer deux ou trois exemplaires extravasés à Paris, avant que le tout soit arrivé; cette imprudence est cause que la canaille janséniste et jésuitique a crié d'avance contre *la Destruction*, et que la publication en est suspendue par ordre du magistrat, quoique tous les gens sages qui l'ont lue trouvent l'ouvrage impartial, sage et utile. Tout ce que j'appréhende, c'est que pendant tous ces délais on n'en fasse une édition furtive qui pourrait léser M. Cramer. Ce ne sera pas la faute de l'auteur, mais il faut espérer que ceci servira d'avis pour une autre fois. J'attends que cette affaire soit finie pour en entamer une autre; mais il faudra désormais être plus précautionné contre l'inquisition. Je viens de recevoir de votre ancien disciple une lettre charmante. Il me mande qu'il attend Helvétius, qui doit être arrivé actuellement. J'espère qu'il sera bien reçu, et que l'*inf*.... aura encore ce petit désagrément. J'ai vu des additions au *Dictionnaire philosophique* qui m'ont fait beaucoup de plaisir. La dispute sur le chien de Tobie, barbet ou lévrier, m'a extrêmement diverti, sans parler du reste. On dit que les ministres de Neuchâtel ne veulent plus de Jean-Jacques, et que votre ancien disciple n'aura pas le crédit de l'y faire rester malgré cette canaille. Je me souviens qu'il y a quatre ans il fut obligé d'abandonner un pauvre diable qui avait prêché contre les peines éternelles, et que le consistoire avait chassé. Le roi de Prusse écrivit à milord Maréchal : « Puisque ces b...... là veulent être damnés éternellement, dites-leur que je ne m'y oppose pas; que le diable les emporte, et qu'il les garde! » Au fond, le pauvre Jean-Jacques est fou. Il y a cinq ou six ans qu'il mettait Genève à côté de Sparte, et aujourd'hui il en fait une caverne de voleurs. Il faudrait, pour toute réponse, faire imprimer l'éloge à côté de la satire, et y mettre pour épigraphe ce vers de je ne sais quelle comédie :

Vous mentez à présent, ou vous mentiez tantôt.

Adieu, mon illustre et respectable maître : on peut dire de ce monde, comme Petit-Jean dans *les Plaideurs* :

Que de fous ! je ne fus jamais à telle fête.

1. De Morellet. (ÉD.)

MMMMCCCLXXXII. — A M. LE COMTE D'ARGENTAL.

10 avril.

Je vous envoie, mes anges, l'antiquité à bâtons rompus. Je ne sais si le fatras des sottises mystérieuses des mortels vous plaira beaucoup. Vous êtes bien de bonne compagnie pour lire avec plaisir ces profondeurs pédantesques; mais votre esprit s'étend à tout, ainsi que vos bontés.

Les horreurs des Sirven vont succéder aux abominations des Calas. Le véritable Élie prend une seconde fois la défense de l'innocence opprimée. Voilà trop de procès de parricides, dira-t-on; mais, mes divins anges, à qui en est la faute?

Je ne sais si vous avez connu feu l'abbé Bazin, auteur de *la Philosophie de l'histoire*. Son neveu, le chevalier Bazin, a dédié l'ouvrage de son oncle à l'impératrice de toutes les Russies, comme vous le savez; mais j'ai peur que les dévots de France ne pensent pas comme cette impératrice.

Respect et tendresse.

MMMMCCCLXXXIII. — A M. DAMILAVILLE.

10 avril.

Vous guérirez sûrement, mon cher frère, car voilà la troisième lettre d'Esculape. Je vous prie, au nom de tous les frères, d'avoir grand soin de votre santé; c'est vous qui tenez l'étendard auquel nous nous rallions; c'est vous qui êtes le lien des philosophes. Il est venu chez moi un jeune petit avocat général de Grenoble[1] qui ne ressemble point du tout aux Omer; il a pris quelques leçons des Dalembert et des Diderot; c'est un bon enfant et une bonne recrue.

Frère d'Argental doit actuellement avoir reçu tous ses paquets. Je crois par conséquent qu'il peut vous lâcher encore quelques pistolets à tirer contre l'*inf....* M. de La Haye vous a sans doute remis son petit paquet. On tâchera de vous fournir de petites provisions, toutes les fois qu'on pourra se servir d'un honnête voyageur.

Voici les deux feuillets signés Sirven. J'ignore toujours si le parlement de Toulouse osera faire des remontrances. Je ne suis pas plus content que vous des ménagements qu'on a gardés en réhabilitant les Calas, et je suis affligé de voir tant de délais aux grâces que le roi doit leur accorder. Ce n'est pas assez d'être justifié, il faut être dédommagé; et si le roi ne paye pas, il faut bien que ce soit David qui paye.

Je suppose qu'à présent vous avez la sentence et l'arrêt contre Sirven, et qu'il ne manque plus rien à Élie pour être deux fois en un an le protecteur de l'innocence opprimée.

L'ouvrage dont vous me parlez à la fin de votre lettre du premier d'avril est aussi détestable que vous le dites, et ce n'est pas un poisson d'avril que vous me donnez. Je ne crois pas qu'il y ait deux avis sur cela parmi les connaisseurs; mais vous sentez bien qu'il ne m'appartient

---

1. Servan. (ÉD.)

pas de dire mon avis. On dit qu'il y a des préjugés qu'il faut respecter, et celui-là est respectable pour moi.

Ne pourrais-je savoir le nom du théologien dénonciateur à qui nous sommes redevables de la plus jolie réfutation qu'on ait faite? Et *la Destruction*, qu'en dirons-nous? est-elle arrivée? est-elle en sûreté?

Gabriel ne m'a point fait voir les dernières épreuves de cette *Destruction*; il est un peu négligent. Il m'assure que, malgré les tracasseries de Genève, qui l'occupent beaucoup, il sera encore plus occupé de la tracasserie du théologien.

Embrassez pour moi les frères. Je vous salue tous dans le saint amour de la vérité. *Écr. l'inf*....

MMMMCCCLXXXIV. — A MADAME LA BARONNE DE VERNA.

Ferney, 12 avril.

Je suis un bien mauvais correspondant, madame, mais je n'en suis pas moins sensible aux bontés dont vous m'honorez. Il est digne d'une âme comme la vôtre d'être touchée du sort des Calas. On a déclaré leur innocence; mais, en cela, on n'a rien appris à l'Europe. Il est question de les dédommager. Ce procès a coûté des sommes immenses. On se flatte que le roi daignera consoler cette malheureuse famille par quelques libéralités. Si on est réduit.............................

J'ai eu l'honneur de voir quelquefois chez moi M. de Servan, l'un de vos avocats généraux...........................

C'est un jeune homme plein de mérite, qui sera cher à tous ceux qui auront le bonheur de le connaître. J'ai l'honneur d'être avec bien du respect, etc. Permettez-moi d'en dire autant à monsieur votre fils, que je n'oublierai jamais.

MMMMCCCLXXXV. — A M. L'ABBÉ DU VERNET.

Je fais mon compliment, monsieur l'abbé, aux habitants de la ville de Vienne de vous avoir confié leur collège. Les jeunes gens de cette ville auront fait un grand pas vers la sagesse, lorsqu'ils commenceront à rougir de l'atrocité de leurs ancêtres à l'égard du malheureux Servet. Il est très-important de leur apprendre de bonne heure que ce médecin espagnol, moitié théologien et moitié philosophe, avant d'être cuit à petit feu dans Genève, avait déjà été condamné à être brûlé vif à Vienne, au milieu du marché aux cochons. Il faut encore que ces jeunes gens sachent que Servet était l'ami et le médecin de l'archevêque et du premier magistrat de cette ville : ils devaient l'un et l'autre leur santé aux soins de Servet; le fanatisme éteignit en eux tout sentiment d'amitié et de reconnaissance. Le prélat permit à son official, escorté d'un inquisiteur de la foi, de déclarer hérétique son médecin; et le magistrat, escorté de quatre à cinq assesseurs aussi ignorants que lui, crut que, pour plaire à Dieu, et pour édifier les bonnes femmes du Dauphiné, il devait en conscience faire brûler son ami Servet, déclaré hérétique par un inquisiteur de la foi.

Vous trouverez certainement dans la bibliothèque de votre collège une grande partie des matériaux qui vous seront devenus nécessaires pour l'histoire des révérends pères jésuites. Vous êtes très en état, monsieur, de bien faire cette histoire, et vous êtes sûr d'être lu, lors même qu'il n'y aurait plus au monde ni jésuites ni ennemis des jésuites. Vous rendrez un grand service aux hommes en leur faisant connaître des religieux qui les ont trompés, et qui les ont fait battre en les trompant.

Un grand philosophe géomètre, qui daigne me mettre au nombre de ses amis, vient de publier un discours très-éloquent sur la destruction de ces religieux. Ce discours, plein de chaleur, de sel, et de vérités, est une excellente préface à l'histoire que vous préparez. Vous devez sentir, monsieur, plus que personne, que la destruction de cette société, *dite de Jésus*, est un grand bien qui s'opère en Europe. C'est une légion d'ennemis de moins que les gouvernements et la philosophie auront désormais à craindre et à combattre. Il est à désirer que les hommes de lettres qui les remplacent dans l'enseignement de la jeunesse aient autant de courage et de lumières que vous en avez pour faire le bien. On verra bientôt en France, en Espagne, en Portugal, une génération d'hommes très-instruits qui sentiront vivement combien il est affreux de se tourmenter pour des subtilités métaphysiques, et de faire un enfer anticipé de ce monde, qui ne devrait être, pendant le peu d'instants que nous nous y arrêtons, que le séjour des plaisirs et de la vertu. Si nous sommes encore sots et barbares, c'est aux instructeurs qu'il faut s'en prendre. Les études dans les colléges n'ont été jusqu'ici réglées que d'après les principes d'une théologie dogmatique; et c'est de cette source empoisonnée que sont sorties tant de sectes, qui, en l'honneur de Jésus-Christ, se sont chargées d'anathèmes, et qui, après s'être querellées grossièrement, ont employé des milliers de bourreaux pour s'exterminer, et ont fait, en s'exterminant, un vaste cimetière de l'Europe, tantôt pour les couleurs eucharistiques, et tantôt pour la grâce versatile.

Ce que vous me dites, monsieur, du nombre de ceux qui ne croient pas en Dieu est une vérité incontestable. Le temps où il y eut en Europe plus d'athées et plus de crimes de toutes les espèces est celui où l'on eut plus de théologiens et de persécuteurs. M. Charles Gouju est entièrement de votre sentiment, et il s'en rapporte à votre prudence au sujet de la petite homélie qu'il adresse à ses frères sur la banqueroute des révérends pères jésuites, et sur l'athéisme des théologiens.

Je suis, etc.

MMMMCCCLXXXVI. — A M. DALEMBERT.

16 avril.

Mon cher appui de la raison, c'est bien la faute à frère Gabriel s'il a lâché trois ou quatre exemplaires à des indiscrets; mais, ou je me trompe fort, ou jamais Merlin n'aurait osé rien débiter sans une permission tacite; et malheureusement, pour avoir cette permission de débiter la raison, il faut s'adresser à des gens qui n'en ont point du tout. Si on en fait une édition furtive, alors Gabriel débitera la sienne. Fournissez-nous souvent de ces petits stylets mortels à poignées d'or enrichies de pierreries, l'*inf*... sera percée par les plus belles armes du monde, et ne craignez point que Gabriel y perde.

Vous avez bien raison de citer le vers des *Plaideurs* : *Que de fous!* etc.; mais il me tiendra qu'à vous de dire bientôt: « Que de fous j'ai guéris! » Tous les honnêtes gens commencent à entendre raison; il est vrai qu'aucun d'eux ne veut être martyr, mais il y aura secrètement un très grand nombre de confesseurs, et c'est tout ce qu'il nous faut.

Jean-Jacques, dont vous me parlez, fait un peu de tort à la bonne cause; jamais les Pères de l'Église ne se sont contredits autant que lui. Son esprit est faux, et son cœur est celui d'un malhonnête homme; cependant il a encore des appuis. Je lui pardonnerais tous ses torts envers moi, s'il se mettait à pulvériser par un bon ouvrage les prêtres de Baal, qui le persécutent. J'avoue que sa main n'est pas digne de soutenir notre arche; mais

Qu'importe de quel bras Dieu daigne se servir?
Zaïre, acte II, scène I.

Frère Helvétius réussira sans doute auprès de Frédéric; s'il pouvait partir de là quelques traits qui secondassent les vôtres, ce serait une bonne affaire.

Adieu, mon cher maître et mon cher frère; je m'affaiblis beaucoup, et je compte aller bientôt dans le sein d'Abraham, qui n'était, comme dit l'*Alcoran*, ni juif, ni chrétien.

MMMMCCCLXXXVII. — A M. DAMILAVILLE.

16 avril.

Il est donc enfin décidé, mon cher frère, que le roi daignera donner un dédommagement à notre veuve[1]. Je vous assure qu'il aura l'intérêt de son argent en bénédictions. Un roi fait ce qu'il veut des cœurs : tous les protestants sont prêts à mourir pour son service. Il faut peu de chose aux grands de ce monde pour inspirer l'amour ou la haine.

Je ne suis pas assez au fait des affaires pour décider sur la *prise à partie*; mais si cette prise réussissait, ce serait un terrible coup. Je ne crois pas qu'il y en ait d'exemple depuis le massacre de Cabrières et de Mérindol : mais cette cruelle affaire était bien d'un autre genre : il s'agissait de l'abus sanguinaire des ordres du roi, de dix-huit villages mis en cendres, et de huit à neuf mille sujets égorgés.

Tantum relligio potuit suadere malorum!
Lucrèce, liv. I, v. 102.

Vous saurez que le bruit avait couru à Toulouse que l'arrêt des maîtres des requêtes ne regardait que la forme, et que moi, votre frère, je serais admonété pour m'être mêlé de cette affaire. Il se trouve au contraire que c'est moi qui ai l'honneur d'admonéter tout doucement *messieurs*; mais les meilleurs admonéteurs ont été M. d'Argental et vous.

[1] Le roi accorda trente-six mille livres à toute la famille. (ÉD.)

Si nous pouvons parvenir à faire une seconde correction à ceux qui ont pendu l'ami Sirven et sa femme, nous deviendrons très-redoutables. Ne trouvez-vous pas singulier que ce soit du fond des Alpes et du quai Saint-Bernard que partent les flèches qui percent les Toulousains, tuteurs des rois?

Il est bien triste assurément que Gabriel ait laissé échapper quelques exemplaires de *la Destruction*, mais je ne crois pas que ce soit cette imprudence qui ait produit les difficultés qu'Archimède éprouve. Il me semble que l'enchanteur Merlin n'aurait jamais pu s'empêcher de présenter ce livre à l'examen, et n'aurait point hasardé d'être déchu de sa maîtrise. Il me paraît que la douane des pensées est beaucoup plus sévère que celle des fermiers généraux, et qu'il est plus aisé de faire passer des étoffes en contrebande que de l'esprit et de la raison. La maxime du P. Canaye subsiste toujours : *Point de raison chez les Welches*. Ils sont de toute façon plus *welches* que jamais.

Il n'y a qu'un très-petit nombre de *Français* ; *pusillus grex*, comme dit l'autre[1] ; cependant ce petit troupeau augmente tous les jours. J'ai vu depuis peu des officiers et des magistrats qui ne sont point du tout *welches*, et j'ai béni Dieu. Entretenons le feu sacré.

Je vous salue, je vous embrasse en esprit et en vérité ; je m'unis à vous plus que jamais dans la sainte tolérance. *Écr. l'inf....*

MMMMCCCLXXXVIII. — A M. DAMILAVILLE.

17 avril.

Je réponds à votre lettre du 10 ; si elle avait été du 11, vous auriez été dans un bel enthousiasme des trente-six mille livres[2] accordées par le roi à notre famille Calas. Si le roi savait combien on le bénit dans les pays étrangers, il trouverait que jamais personne n'a mis son argent à un pareil intérêt. Jamais l'innocence n'a été mieux vengée ni plus honorée. Vous êtes assurément bien payé, mon cher frère, de toutes vos peines. Le généreux Élie doit être bien content : on regarde ici son mémoire comme un chef-d'œuvre ; il était impossible que les juges résistassent à la force de son éloquence. J'ai oublié tous mes maux, quand j'ai appris la libéralité du roi ; je me suis cru jeune et vigoureux ; et j'imagine qu'à présent vous ne portez plus d'emplâtre au cou.

Ou je suis bien trompé, ou M. de Beaumont a dû voir l'arrêt du parlement de Toulouse à la suite de la sentence de Castres. Élie va donc, une seconde fois, tirer la vertu du sein de l'opprobre et de l'infortune.

---

1. Luc, XII, 32. (ÉD.)
2. Le *Journal encyclopédique* du 15 avril 1765, page 171, dit que, dans les trente-six mille livres, il y en eut douze mille pour Mme veuve Calas, six mille pour chacune des deux demoiselles Calas, trois mille pour le fils, et trois mille pour la servante. Dupleix de Bacquencourt, maître des requêtes, rapporteur du procès, se rendit chez Mme Calas, et lui remit en outre une somme considérable en or. Cette dame pria le magistrat de vouloir bien lui dire à qui elle en avait l'obligation. « Je suis chargé, a-t-il répondu, madame, de vous demander comme grâce, de ne point prendre la peine de vous en informer. » (*Note de M. Beuchot.*)

Je vous prie de l'embrasser bien tendrement pour moi, et de lui dire qu'il a un autel dans mon cœur.

Les Bazin de Hollande n'étaient pas encore arrivés quand M. de La Haye partit avec les *Caloyers*[1] : ces *Caloyers* m'ont paru fort augmentés, et capables de faire beaucoup de bien. Vous avez une petite liste de personnes auxquelles on peut en envoyer, et vous trouverez sans doute quelque adepte qui se chargera aisément du reste. Les Bazin sont d'un genre tout différent : ils ne me semblent pouvoir faire fortune qu'auprès de ceux qui connaissent un peu l'histoire ancienne. Je crois qu'ils n'essuieront pas le sort de *la Destruction*; l'étiquette du sac n'inspire pas la même confiance. Le nom seul de jésuite effarouche la magistrature; on examine l'ouvrage, dans l'idée d'y trouver des choses dangereuses; des fatras d'histoire donnent moins d'alarme. La destruction des Babyloniens par les Persans effarouche moins que la destruction des jésuites par les jansénistes.

L'enchanteur Merlin est très-instamment prié de n'en pas faire une édition nouvelle, avant de faire écouler celle d'un pauvre diable à qui on a donné ce petit morceau pour le tirer de la pauvreté. Je crois que l'enchanteur se tirera bien de la seconde édition.

Mon cher frère, toutes ces destructions-là sont l'édification des honnêtes gens. Combattez, anges de l'humanité; *écr. l'inf...*

MMMMCCCLXXXIX. — A M. ÉLIE DE BEAUMONT.

A Ferney, 19 avril.

Protecteur de l'innocence, vainqueur du fanatisme, homme né pour le bonheur des hommes, je crois que vous avez toutes les pièces nécessaires pour agir en faveur de la pauvre famille Sirven, que vous voulez bien prendre sous votre protection. Vous avez, je crois, au bas de la sentence du juge du village, l'extrait de l'arrêt du parlement de Toulouse, authentiquement certifié sur papier timbré. Vous savez que ces arrêts par contumace s'appellent *délibération* dans la langue de *oc*, et ce mot délibération doit se trouver au bout de votre pancarte. Sirven a perdu, par cette aventure, tout son bien, qui consistait dans un fonds de dix-neuf mille francs, outre quinze cents livres de rente nettes que lui valait sa place. Voilà toute une famille expatriée, couverte d'opprobre, et réduite à la plus cruelle misère. Le procès qu'on lui a fait me paraît absurde, l'enlèvement de sa fille affreux, la sentence un attentat contre la justice et contre la raison. S'il s'agissait de comparaître devant tout autre tribunal que celui de Toulouse, j'enverrais cette malheureuse famille se remettre à la discrétion de ses juges naturels; mais je crains que les juges de Toulouse ne soient plus ulcérés que corrigés. Qui peut répondre que sept ou huit têtes échauffées ne se vengeront pas sur les Sirven du triomphe que vous avez procuré aux Calas? J'attends votre décision. Je voudrais que vous pussiez sentir à quel point je vous révère, je vous admire, et je vous aime.

Mille respects à votre digne compagne.

1. *Catéchisme de l'honnête homme.* (ÉD.)

P. S. Je reçois dans ce moment, monsieur, votre lettre pour moi, et le paquet pour les Sirven. Je vais envoyer chercher cet infortuné père. Son malheur ne lui a peut-être pas laissé assez de netteté dans l'esprit pour répondre catégoriquement à toutes les questions que vous pourrez lui faire. Nous tâcherons cependant de vous fournir des éclaircissements. Quelque tournure que prenne cette affaire, elle ajoutera bien des fleurons à votre couronne.

Vous êtes trop bon d'avoir bien voulu répondre au petit mémoire à consulter sur une maison. Je vous en remercie tendrement. L'affaire fut accommodée dès que j'eus envoyé mon mémoire. Les Juifs qui faisaient ces étranges difficultés n'osèrent pas les soutenir, et les principaux intéressés n'ont pas balancé un moment à faire tout ce qui était convenable. Votre nom est tellement en vénération dans ce pays-ci, qu'on n'oserait pas faire une chose désapprouvée par vous.

MMMMCCCXC. — A M. ***, CONSEILLER AU PARLEMENT DE TOULOUSE.

A Ferney, 19 avril.

Monsieur, je ne vous fais point d'excuse de prendre la liberté de vous écrire, sans avoir l'honneur d'être connu de vous. Un hasard singulier avait conduit dans mes retraites, sur les frontières de la Suisse, les enfants du malheureux Calas ; un autre hasard y amène la famille Sirven, condamnée à Castres, sur l'accusation ou plutôt sur le soupçon du même crime qu'on imputait aux Calas.

Le père et la mère sont accusés d'avoir noyé leur fille dans un puits, par principe de religion. Tant de parricides ne sont pas heureusement dans la nature humaine : il peut y avoir eu des dépositions formelles contre les Calas ; il n'y en a aucune contre les Sirven. J'ai vu le procès-verbal, j'ai longtemps interrogé cette famille déplorable ; je peux vous assurer, monsieur, que je n'ai jamais vu tant d'innocence accompagnée de tant de malheurs : c'est l'emportement du peuple du Languedoc contre les Calas qui détermina la famille Sirven à fuir dès qu'elle se vit décrétée. Elle est actuellement errante, sans pain, ne vivant que de la compassion des étrangers. Je ne suis pas étonné qu'elle ait pris le parti de se soustraire à la fureur du peuple, mais je crois qu'elle doit avoir confiance dans l'équité de votre parlement.

Si le cri public, le nombre des témoins abusés par le fanatisme, la terreur, le renversement d'esprit qui put empêcher les Calas de se bien défendre, firent succomber Calas le père, il n'en sera pas de même des Sirven. La raison de leur condamnation est dans leur fuite. Ils sont jugés par contumace, et c'est à votre rapport, monsieur, que la sentence a été confirmée par le parlement.

Je ne vous célerai point que l'exemple des Calas effraye les Sirven, et les empêche de se représenter. Il faut pourtant ou qu'ils perdent leur bien pour jamais, ou qu'ils purgent la contumace, ou qu'ils se pourvoient au conseil du roi.

Vous sentez mieux que moi combien il serait désagréable que deux procès d'une telle nature fussent portés dans une année devant Sa

Majesté; et je sens, comme vous, qu'il est bien plus convenable et bien plus digne de votre auguste corps que les Sirven implorent votre justice. Le public verra que si un amas de circonstances fatales a pu arracher des juges l'arrêt qui fit périr Calas, leur équité éclairée, n'étant pas entourée des mêmes piéges, n'en sera que plus déterminée à secourir l'innocence des Sirven.

Vous avez sous vos yeux toutes les pièces du procès : oserais-je vous supplier, monsieur, de les revoir? Je suis persuadé que vous ne trouverez pas la plus légère preuve contre le père et la mère; en ce cas, monsieur, j'ose vous conjurer d'être leur protecteur.

Me serait-il permis de vous demander encore une autre grâce? c'est de faire lire ces mêmes pièces à quelques-uns des magistrats vos confrères. Si je pouvais être sûr que ni vous ni eux n'avez trouvé d'autre motif de la condamnation des Sirven que leur fuite; si je pouvais dissiper leurs craintes, uniquement fondées sur les préjugés du peuple, j'enverrais à vos pieds cette famille infortunée, digne de toute votre compassion; car, monsieur, si la populace des catholiques superstitieux croit les protestants capables d'être parricides par piété, les protestants croient qu'on veut les rouer tous par dévotion, et je ne pourrais ramener les Sirven que par la certitude entière que leurs juges connaissent leur procès et leur innocence. J'aurais le bonheur de prévenir l'éclat d'un nouveau procès au conseil du roi, et de vous donner en même temps une preuve de ma confiance en vos lumières et en vos bontés. Pardonnez cette démarche que ma compassion pour les malheureux et ma vénération pour le parlement et pour votre personne me font faire du fond de mes déserts.

J'ai l'honneur d'être avec respect, monsieur, votre, etc.

MMMMCCCXCI. — A M. DUPONT.

A Ferney, 20 avril.

J'ai attendu, mon cher ami, pour vous répondre, qu'on m'eût écrit de Stuttgard. On ne veut point vendre. On est comme des assiégés manquant de vivres, qui font accroire aux assiégeants qu'ils font bonne chère. Les finances sont un peu dérangées, comme partout ailleurs, et le différend avec les états est un peu embarrassant. Je ne sais si M. de Montmartin pourra venir à bout d'arranger cette grande affaire. Le duc de Wurtemberg sera peut-être obligé de plaider contre ses sujets devant la cour aulique. Cela est plus désagréable que d'essuyer des remontrances des parlements, et les états de Wurtemberg paraissent plus têtus que ceux de Bretagne.

Vous savez que le roi a donné trente-six mille livres à la famille Calas, et que cette famille infortunée, qui a fait tant de bruit dans le monde, a la permission de prendre ses juges à partie, ce qui n'était point arrivé, ce me semble, depuis le massacre juridique de Mérindol et de Cabrières, sous François Ier. Un tel exemple doit rendre tous les juges bien circonspects quand il s'agit de la vie des citoyens. Je vous fais les compliments du P. Adam; recevez les miens et ceux de Mme Denis

VOLTAIRE.

MMMMCCCXCII. — A M. NOUGARET.

Au château de Ferney, 20 avril.

Ma déplorable santé, monsieur, ne m'a pas permis de vous remercier plus tôt; mais elle ne me rend pas moins sensible à l'honneur que vous m'avez fait. Vos vers et votre prose prouvent également vos talents et la bonté de votre cœur. On voit pour la première fois, dans l'affaire de Calas, le Parnasse réformer les arrêts des parlements, sans qu'ils puissent s'en plaindre. C'est une époque singulière dans l'histoire de l'esprit humain.

Agréez, monsieur, mes très-sincères remercîments, et les sentiments d'estime avec lesquels j'ai l'honneur d'être, etc. V.

MMMMCCCXCIII. — A M. ÉLIE DE BEAUMONT.

Ferney, 22 avril.

J'envoie au protecteur de l'innocence la réponse des Sirven en marge. Nous écrivons à Castres pour avoir des éclaircissements ultérieurs. Il est certain que l'évêque de Castres fit enfermer la fille Sirven de son autorité privée. Je joins aux réponses du père les monitoires que vous verrez, monsieur, entièrement semblables à ceux qui furent publiés contre les Calas. Voilà un beau champ pour votre éloquence sage et attendrissante. Quels monstres vous avez à combattre, et quels services vous rendez à l'humanité! Deux parricides en deux mois imputés par le fanatisme!

Tantum relligio potuit suadere malorum!
Lucrèce, liv. I, v. 102.

Vous allez tirer un grand bien du plus horrible des maux.

Permettez que je vous embrasse avec la plus tendre amitié. Ma foi, j'en fais autant à votre digne épouse, malgré mes soixante et onze ans passés.

MMMMCCCXCIV. — A M. DAMILAVILLE.

22 avril.

A M. Joaquin Deguia, marquès de Marros, à Arcoitia, par Bayonne, en Espagne. C'est, mon cher frère, l'adresse d'un adepte de beaucoup d'esprit, qui s'est adressé à moi, et qui brûlerait le grand inquisiteur, s'il en était le maître. Je vous prie de lui envoyer par la poste un des rubans d'Angleterre qu'un fermier général vous a apportés. Cette fabrique prend faveur de jour en jour, malgré les oppositions des autres fabricants, qui craignent pour leur boutique. Ces petits rubans sont bien plus commodes et d'un débit plus aisé que des étoffes plus larges : on en donne à ceux qui savent les placer. Envoyez-en un à Mme du Deffand, et deux à Mme la marquise de Coaslin.

Sirven est chez moi. Il griffonne son innocence et la barbarie visigothe. Nous achevons, le temps presse. Voici un mot pour le véritable Élie, avec les pièces.

Nous vous les adressons à vous, mon cher frère, dont la philosophie consiste dans la vertu autant que dans la sagesse.

MMMMCCCXCV. — A MADAME LA MARQUISE DU DEFFAND.

22 avril.

Il faut donc que vous sachiez, madame, qu'il y avait un prêtre dans mon voisinage; son nom était d'Étrée. Ce n'était point la belle Gabrielle, et ce n'était point le cardinal d'Estrées; car c'était un petit laquais natif du village d'Étrée, lequel vint à Paris faire des brochures, se mettre dans ce qu'on appelle les ordres sacrés, dire la messe, faire des généalogies, dénoncer son prochain, et qui enfin a obtenu un prieuré à ma porte, et non pas à ma prière.

Il était là le coquin, et il écrivait en cour, comme nous disons nous autres provinciaux; il écrivait même en parlement, et il y avait du bruit, et j'étais très-peu lié avec Mme de Jaucourt, et je ne savais pas si elle était plus philosophe qu'huguenote; et il y a des occasions où il faut ne se mêler absolument de rien : m'entendez-vous à présent?

M'entendez-vous, madame? et ignorez-vous combien l'inquisition est respectable? Vous êtes au physique malheureusement comme les rois sont au moral; vous ne voyez que par les yeux d'autrui. Mandez-moi *s'il y a sûreté;* et soyez très-sûre que toutes les fois qu'on pourra vous amuser sans rien risquer, sans vous compromettre, on n'y manquera pas.

Ma situation est un peu épineuse; il y a des curieux qui ouvrent quelquefois les lettres arrivantes de Genève. Vous m'entendez parfaitement, et vous devez savoir que je vous suis tendrement attaché. Je donnerai, quand on voudra, un de mes yeux pour vous faire rattraper les deux vôtres.

M. le chevalier de Boufflers, avec son esprit, sa candeur, sa gaucherie pleine de grâces, et la bonté de son caractère, ne sait ce qu'il dit. Le fait est que je suis dans un climat singulier, qui ne ressemble à rien de ce que vous avez vu. Il y a, dans une vaste enceinte de quatre-vingts lieues, un horizon bordé de montagnes couvertes d'une neige éternelle. Il part quelquefois de cet olympe de neige un vent terrible qui aveugle les hommes et les animaux; c'est ce qui est arrivé à mes chevaux et à moi par notre imprudence. Mes yeux ont été deux ulcères pendant près de deux ans. Une bonne femme m'a guéri à peu près; mais quand je m'expose à ce maudit vent, adieu la vue. C'était à M. Tronchin à m'enseigner ce qu'il fallait faire, et c'est une vieille ignorante qui m'a rendu le jour.

Il faut, à la gloire des bonnes femmes, que je vous dise que, dans notre pays, nous sommes fort sujets au ver solitaire, à ce ver de quinze ou vingt aunes de long, qui se nourrit de notre substance, comme cela doit être dans le meilleur des mondes possibles. C'est encore une bonne femme qui en guérit, et le grand Tronchin en raisonne fort bien.

Sachez encore, madame, que les femmes commencent à inoculer la petite vérole, qu'elles en font un jeu, tandis que votre parlement donne des arrêts contre l'inoculation, et que vos facultés welches disent des sottises. Voyez donc combien je respecte le beau sexe.

La *Destruction des jésuites*, est la destruction du fanatisme. C'est un excellent ouvrage; aussi votre inquisition welche l'a-t-elle défendu. Il est d'un homme supérieur[1] qui vient quelquefois chez vous : c'est un esprit juste, éclairé, qui fait des Welches le cas qu'il en doit faire; il contribue beaucoup à détruire, chez les honnêtes gens, le plus absurde et le plus abominable système qui ait jamais affligé l'espèce humaine. Il rend en cela un très-grand service; avec le temps les Welches deviendront Anglais. Dieu leur en fasse la grâce!

M. le président Hénault m'a mandé qu'il avait quatre-vingt-un ans : je ne le croyais pas. La bonne compagnie devrait être de la famille de Mathusalem. J'espère du moins que vous et vos amis serez de la famille de Fontenelle. Mais voici le temps de dire avec l'abbé de Chaulieu :

> Ma raison m'a montré, tant qu'elle a pu paraître,
> Que rien n'est en effet de ce qui ne peut être;
> Que ces fantômes vains sont enfants de la peur, etc.

Voici surtout le temps de vivre pour soi et ses amis, et de sentir le néant de toutes les brillantes illusions.

Mme la maréchale de Luxembourg n'a point répondu au petit mémoire dont vous me parlez. Il est clair que son protégé[2] a tort avec moi; mais il est sûr aussi que je ne m'en soucie guère, et que je plains beaucoup ses malheurs et sa mauvaise tête.

Vous ne me parlez point des Calas. N'avez-vous pas été un peu surprise qu'une famille obscure et huguenote ait prévalu contre un parlement, que le roi lui ait donné trente-six mille livres, et qu'elle ait la permission de prendre un parlement à partie? On a imprimé à Paris une lettre que j'avais écrite à un de mes amis, nommé Damilaville : on y trouve un fait singulier qui vous attendrirait, si vous pouviez avoir cette lettre.

En voilà, madame, une un peu longue, écrite toute de ma main : il y a longtemps que je n'en ai tant fait; je crois que vous me rajeunissez.

Je tâcherai de vous faire parvenir tout ce que je pourrai par des voies indirectes. Quand vous aurez quelques ordres à me donner, ayez la bonté de faire adresser la lettre à M. Wagnière, chez M. Souchai, négociant à Genève; et ne faites point cacheter avec vos armes. Avec ces précautions, l'on dit ce que l'on veut; et c'est un grand plaisir, à mon gré, de dire ce qu'on pense.

Adieu, madame; je suis honteux d'avoir recouvré un peu la vue pour quelques mois, pendant que vous en êtes privée pour toujours. Vous avez besoin d'un grand courage dans le meilleur des mondes possibles. Que ne puis-je servir à vous consoler!

MMMMCCCXCVI. — A M. DAMILAVILLE.

24 avril.

En réponse à votre lettre du 18, mon cher frère, j'embrasse tendrement Platon-Diderot. Par ma foi, j'embrasse aussi l'impératrice de tout

---

1. Dalembert. (ÉD.) — 2. J. J. Rousseau. (ÉD.)

Russie. Aurait-on soupçonné, il y a cinquante ans, qu'un jour les Scythes récompenseraient si noblement dans Paris la vertu, la science, la philosophie, si indignement traitées parmi nous? Illustre Diderot, recevez les transports de ma joie[1].

Je ne puis faire la moindre attention aux tracasseries de la Comédie; cela peut amuser Paris; pour moi, je suis rempli d'autres idées: la générosité russe, la justice rendue aux Calas, celle qu'on va rendre aux Sirven, saisissent toutes les puissances de mon âme. On travaille à force à la condamnation[2] du cuistre théologien, dénonciateur, sot, et fripon; la bonne cause triomphe sourdement. Nouvelle édition du *Portatif* en Hollande, à Berlin, à Londres; réfutations de théologiens qu'on bafoue; tout concourt à établir le règne de la vérité.

Vous aurez l'*abbé Bazin*[3] avant qu'il soit peu, n'en doutez pas. Vous devriez envoyer un ruban[4] à Mme du Deffand; vraiment il ne faut lui envoyer rien du tout, si elle trahit les frères. De quoi s'avise-t-elle, à son âge, et aveugle, de forcer des hommes de mérite à la haïr!

Sans concourir au bien, prôner la bienfaisance!

Hélas! elle ne sait pas que sans les philosophes le sang des Calas n'aurait jamais été vengé.

Mon cher frère, faut-il que je meure sans vous avoir vu de mes yeux, que le printemps guérit un peu? Je vous vois de mon cœur. *Ecr. l'inf...*

MMMMCCCXCVII. — A M. LE MARÉCHAL DUC DE RICHELIEU.

26 avril.

Une bonne femme, monseigneur, m'a donné d'une eau qui guérit mes misérables yeux, au moins pour quelques mois; et le premier usage que je fais de la vue est de vous renouveler de ma tremblante main mes tendres hommages.

Je suppose que le paquet que vous m'ordonnâtes d'adresser à M. Janel vous a été rendu. Quand vous en voudrez d'autres, vous n'aurez qu'à me donner vos ordres. Je vous obéirai ponctuellement, ne doutant pas d'une sécurité entière sous vos auspices.

Le bruit des remontrances des gens tenant la Comédie[5] est parvenu jusqu'à l'enceinte de mes montagnes; il paraît qu'une troupe est quelquefois plus difficile à conduire que des troupes; il y a un esprit de vertige répandu dans plus d'un corps.

J'oserais soupçonner qu'il y a eu quelques tracasseries de la par-

---

1. L'impératrice Catherine II avait envoyé seize mille francs à Diderot, dont quinze mille francs pour prix de sa bibliothèque, dont elle lui laissait la jouissance pendant sa vie, et mille francs pour première année de son traitement comme conservateur de cette bibliothèque. (ÉD.)
2. C'est-à-dire à l'impression des *Observations* de l'abbé Morellet. (ÉD.)
3. *La Philosophie de l'histoire*, publiée sous le nom de l'abbé Bazin. (ÉD.)
4. La nouvelle édition du *Catéchisme de l'honnête homme*. (ÉD.)
5. Ils voulaient demander justice de l'insulte qui leur avait été faite dans un mémoire où l'on rappelait que les serments des comédiens ne pouvaient être reçus en justice, attendu qu'ils exercent un métier infâme; voyez à ce sujet la *Correspondance* de Grimm, à la date du 15 avril 1765. (*Note de M. Beuchot.*)

d'une princesse de théâtre, qui aura pu vous indisposer contre M. d'Argental, dont vous aimiez autrefois la bonhomie, les yeux clignotants, et la perruque à nid de pie. Il vous a de plus beaucoup d'obligations : c'est vous qui engageâtes le cardinal de Tencin à lui assurer une pension. Il serait trop ingrat, s'il avait oublié vos bienfaits. Il jure qu'il s'en souvient tous les jours, et qu'il ne vous a jamais manqué. Je suis trop intéressé à vous voir persévérer dans votre bienveillance pour vos anciens serviteurs, je vous suis trop attaché, trop sensible à toutes vos bontés, pour n'être pas affligé qu'un cœur reconnaissant soit dans votre disgrâce. J'ai pris quelquefois la liberté d'avoir de petites altercations avec M. d'Argental sur le *tripot*; mais que n'oublie-t-on pas quand on est sûr d'un cœur?

On a d'ailleurs tant de sujets de se plaindre des hommes, on est entouré dans ce monde de tant d'ennemis, ou déclarés ou secrets, que quand on est sûr de la fidélité et de l'attachement d'une personne, c'est une acquisition dont il est cruel de se défaire. Pour moi, je vous réponds bien que vous serez mon héros jusqu'au tombeau, et que je mourrai le plus fidèle et le plus respectueux de tous ceux qui vous ont été attachés.

MMMMCCCXCVIII. — A M. LE COMTE D'ARGENTAL.

27 avril.

Mes divins anges, il me paraît que le *tripot* est un peu troublé. Si les comédiens étaient assez fermes pour dire : « Nous ne pouvons faire les fonctions de notre état, si on l'avilit; nous sommes las d'être mis en prison si nous ne jouons pas, et d'être excommuniés si nous jouons; dites-nous à qui nous devons obéir, du roi ou d'un habitué de paroisse : mettez-nous au dernier rang des citoyens, mais laissez-nous jouir des droits qu'on accorde aux gadouards, aux bourreaux, et aux Fréron; » si, dis-je, ils tenaient ce langage, et s'ils le soutenaient, il faudrait bien composer avec eux; mais la difficulté sera toujours d'attacher le grelot.

Je me flatte que vous avez été un peu amusés par les dernières feuilles de l'abbé Bazin[1]. Si je peux en attraper encore, j'aurai l'honneur de vous en faire part.

Il y aura des misérables qui, malgré les protestations honnêtes et respectueuses de l'abbé, croiront toujours qu'il a eu des intentions malignes; mais il faut les laisser crier.

Je ne sais à qui en a le tyran du *tripot*; mon cher ange a fait tout ce qu'il devait. Si le tyran persiste dans sa lubie, mon ange n'ayant rien à se reprocher l'abandonnera à son sens réprouvé.

On n'a donc point voulu permettre le débit de *la Destruction jésuitique*, qui est aussi la destruction des jansénistes. Tous ces marauds-là en *ites*, et en *istes*, et en *iens*, sont également les ennemis de la raison; mais la raison perce malgré eux, et il faudra bien qu'à la fin ils n'aient d'empire que sur la canaille. C'est à mon gré le plus grand

---

1. C'est sous le nom de Bazin que Voltaire avait publié la *Philosophie de l'histoire*. (ÉD.)

service qu'on puisse rendre au genre humain, de séparer le sot peuple des honnêtes gens pour jamais; et il me semble que la chose est assez avancée. On ne saurait souffrir l'absurde insolence de ceux qui vous disent. Je veux que vous pensiez comme votre tailleur et votre blanchisseuse.

Mes anges, je baise le bout de vos ailes.

MMMMCCCXCIX. — DE M. DALEMBERT.

A Paris, ce 27 avril.

Mon cher et illustre maître, il est arrivé ce que nous espérions au sujet de l'histoire de *la Destruction des jésuites*. Les gens raisonnables ont trouvé l'ouvrage impartial et utile, les amis des jésuites mêmes savent gré à l'auteur de n'avoir dit de la société que le mal qu'elle méritait; mais les conseillers de la cour janséniste, convulsionnaire et attendant le prophète Élie (qui aurait bien dû leur prédire la tuile qui leur tombe aujourd'hui sur la tête) ont crié comme tous les diables. Ils voudraient, dit-on, dénoncer le livre au parlement; mais, comme le parlement y est traité avec ménagement, il y a apparence qu'on lui rira au nez; ils commencent à perdre de leur crédit, même dans la compagnie : jugez de l'état où sont leurs affaires. Ce qu'il y a de plaisant, c'est que cette canaille trouve mauvais qu'on lui applique sur le dos les coups de bûche qu'elle se fait donner sur la poitrine. Il me semble pourtant que des coups de bûche sont toujours des secours, et que la place doit leur être indifférente;

. . . . Comme il n'importe guère
Que Pascal soit devant, ou Pascal soit derrière [1].

J'enverrai incessamment à frère Gabriel de quoi les faire brailler encore; car, pendant qu'ils sont en train de braire, il n'y a pas de mal à leur tenir toujours la bouche ouverte. J'ai commencé par des croquignoles, je continuerai par les coups de houssine, ensuite viendront les coups de gaule, et je finirai par les coups de bâton; quand ils en seront là, ils seront si accoutumés à être battus, qu'ils prendront les coups de bâton pour des douceurs. Mon Dieu, l'odieuse et plate canaille! mais elle n'a pas longtemps à vivre, et je ne lui épargnerai pas un coup de stylet.

Vous avez su l'aventure de la Comédie [2]; nous allons vraisemblablement perdre Mlle Clairon, qui ne remontera plus sur le théâtre, si elle ne veut pas perdre l'estime des honnêtes gens. Votre maréchal [3] a tenu une jolie conduite! son procédé est atroce et abominable : aussi finira-t-il, aux yeux du public, par avoir tout l'odieux et tout le ridicule de cette affaire. Je ne doute pas que plusieurs comédiens ne se retirent, s'ils ne sont pas en effet aussi vils qu'on voudrait les rendre. Vous avez

---

1. Scarron, *Don Japhet d'Arménie*, acte II, scène II. (ÉD.)
2. Dubois ayant été accusé d'escroquerie ses camarades refusaient de jouer avec lui. (ÉD.)
3. Le maréchal de Richelieu. (ÉD.)

beau faire, mon cher maître, vos vers passeront à la postérité, mais le nom de votre maréchal n'y passera pas; on lira vos vers; on demandera qui était cet homme, et l'histoire dira : *Je ne m'en souviens plus.*
Il faut avouer que vos protégés de la cour (car je ne leur fais pas l'honneur et à vous le tort de dire vos protecteurs) ne sont pas heureux en renommée : voyez le beau coton qu'ils jettent tous! Que dites-vous de la belle colonie de Cayenne, pour laquelle on a dépensé des sommes immenses? On y a envoyé, il y a dix-huit mois, quatorze mille hommes, dont il ne restait plus que quinze cents il y a trois mois; on va ramener tout ce qui reste, et peut-être n'en reviendra-t-il pas six cents. Que le roi est à plaindre d'être si indignement servi, lorsqu'il mérite tant de l'être bien! Helvétius me paraît bien content de son voyage. Adieu, mon cher maître.

MMMMCD. — A M. DAMILAVILLE.
29 avril.

L'idée de l'estampe [1] des Calas est merveilleuse. Je vous prie, mon cher frère, de me mettre au nombre des souscripteurs pour douze estampes. Il faut réussir à l'affaire des Sirven comme à celle des Calas; ce serait un crime de perdre l'occasion de rendre le fanatisme exécrable.

Je crois que le généreux Élie peut toujours faire son mémoire. La confirmation de l'arrêt de Toulouse est assez constatée par le procès-verbal d'exécution. Le mémoire de Sirven est de la plus grande fidélité; il a répondu avec exactitude à toutes les interrogations de son patron Élie; ainsi nous espérons dans peu voir la seconde Philippique.

L'aventure de Mlle Clairon est furieusement welche. Si j'avais un conseil à donner aux gens tenant la Comédie, ce serait de ne jamais remonter sur le théâtre qu'on ne leur eût rendu les droits de citoyens. La contradiction est trop forte d'être mis au cachot si on ne joue pas, et d'être déclaré infâme si on joue.

Je crois qu'il faut envoyer une aune de ruban à l'abbé de Voisenon. Vous savez d'ailleurs comment placer ces pompons : on dit qu'ils peuvent guérir les pestiférés. Il faut en envoyer un à M. le comte de La Touraille, gentilhomme de la chambre du prince de Condé; un à Mme la comtesse de La Marck. Faisons le plus de bien que nous pourrons; Dieu nous en saura gré.

Je compte que Gabriel fera partir le 1er de mai la petite batterie [2] dressée contre l'insolence et l'absurdité théologiques. Il nous est arrivé un général autrichien qui est tout à fait attaché à la bonne cause; nous avons aussi un excellent prosélyte danois. Toute langue et toute chaire commence à confesser la vérité. O sainte philosophie, que votre règne nous advienne!

J'embrasse tous les frères dans la communion de l'esprit; Dieu répand

---

1. Le dessin était de Carmontelle; on proposa pour la gravure une souscription au profit de la famille Calas. Voltaire fit mettre cette estampe au chevet de son lit. (Éd.)
2. Les *Observations* de Morellet. (Éd.)

sur eux visiblement ses bénédictions. Je vous aime tous les jours davantage. *Ecr. l'inf....*

N. B. Il me vient en idée de faire dessiner aussi le portrait du petit Calas, qui est encore à Genève; il a la physionomie du monde la plus intéressante. On pourrait, pour en faire un beau contraste, le placer à la porte de la prison, sollicitant un conseiller de la Tournelle. Voyez, mon cher frère, si cette idée vous plaît; parlez-en à Mme Calas.

Mandez-moi, je vous prie, si Mlle Clairon est encore au For-l'Évêque, et si elle persiste dans la résolution de renoncer au théâtre.

MMMMCDI. — A M. D'ALEMBERT.
1ᵉʳ mai.

Votre indignation, mon cher philosophe, est des plus puissantes. J'aime à vous voir rire au nez des polichinelles en robes noires, à qui vous donnez tant de nasardes. Vous voilà en train de faire des nazaréens (n'est-ce pas de nazaréens que vient nasarde ?), de faire des nazaréens, dis-je, ce que Blaise Pascal faisait des jésuites. Vous les rendrez ridicules *in sæcula sæculorum, amen*. Les croquignoles au cuistre théologien sont, je crois, parties, et je prie Dieu qu'elles arrivent à bon port.

On dit qu'Omer compose avec l'abbé d'Étrée un beau réquisitoire pour défendre de penser en France. Je ne conçois pas comment ce maraud a osé soutenir dans son *tripot* que l'âme est spirituelle; je ne sais assurément rien de moins spirituel que l'âme d'Omer.

Voyez-vous toujours Mlle Clairon? Pourriez-vous lui dire ou lui faire dire fortement qu'elle se fera un honneur immortel, si elle déclare, elle et ses confrères, que jamais ils ne remonteront sur le théâtre de Paris, si on ne leur rend tous les droits de citoyens; et que c'est une contradiction trop absurde d'être au cachot de l'évêque [1] si on ne joue pas, et excommunié par l'évêque si on joue? Cette tournure ne pourrait offenser la cour, et rendrait odieux tous ces faquins de jansénistes. Dites-lui, je vous prie, que je lui suis attaché plus que jamais.

Courage, Archimède; le ridicule est le point fixe avec lequel vous enlèverez tous ces maroufles, et les ferez disparaître.

MMMMCDII. — A MADEMOISELLE CLAIRON.
1ᵉʳ mai.

L'homme qui s'intéresse le plus à la gloire de Mlle Clairon, et à l'honneur des beaux-arts, la supplie très-instamment de saisir ce moment pour déclarer que c'est une contradiction trop absurde d'être au For-l'Évêque si on ne joue pas, et d'être excommunié par l'évêque si on joue; qu'il est impossible de soutenir ce double affront, et qu'il faut enfin que les Welches se décident. Les acteurs, qui ont marqué tant de sentiments d'honneur dans cette affaire, se joindront sans doute à elle. Que Mlle Clairon réussisse ou ne réussisse pas, elle sera révérée du public; et si elle remonte sur le théâtre comme un esclave qu'on

---

1. C'est-à-dire au For-l'Évêque. (ÉD.)

fait danser avec ses fers, elle perd toute sa considération. J'attends d'elle une fermeté qui lui fera autant d'honneur que ses talents, et qui fera une époque mémorable.

MMMMCDIII. — A M. DAMILAVILLE.

4 mai.

Je vois par votre lettre du 24, mon cher frère, que l'enchanteur Merlin a été poursuivi par les diables. Mandez-moi, je vous prie, s'il est échappé de leurs griffes. Je m'y intéresse bien vivement. Je tremble pour un paquet que je vous ai envoyé à l'adresse de M. Gaudet. Si ce paquet est perdu, il n'y a plus de ressource; et cependant je ne serai pas découragé. Je suis à peu près borgne comme Annibal; j'ai juré comme lui une haine immortelle aux Romains; et dussé-je être empoisonné chez Prusias, je mourrai en leur faisant la guerre.

La résolution de Pierre Calas de partir pour Genève m'effraye. Le gouvernement n'en serait-il pas indigné? Calas a-t-il d'autre patrie que celle où Cicéron-Beaumont l'a si bien défendu, où le public l'a si bien soutenu, où les maîtres des requêtes l'ont si bien jugé, où le roi a comblé sa famille de bienfaits? car vous savez qu'outre les trente-six mille livres, il y a encore six mille livres pour les procédures. Je me flatte qu'au moins vous l'empêcherez de partir sans une permission expresse; et je crains bien encore que la demande de cette permission ne déplaise à la cour, et ne fasse perdre les mille écus que le roi lui a donnés. Je soumets mon avis au vôtre.

J'ignore si Mlle Clairon remontera sur le théâtre de Paris. Je la tiens pour une pauvre créature, si elle a cette faiblesse. Plus on persécute la raison, les talents, la vérité, et le goût, plus notre phalange doit marcher serrée. Je crois que les verges dont on fouette M. le dénonciateur théologien arriveront bientôt à son cul.

Adieu, mon cher philosophe; je m'unis toujours à vous dans la communion des fidèles, et vous embrasse avec la plus grande effusion de cœur. *Écr. l'inf*....

MMMMCDIV. — A M. ÉLIE DE BEAUMONT.

4 mai.

Je me flatte que mon Cicéron a commencé sa seconde Philippique. Il n'est pas nécessaire, ce me semble, d'avoir la feuille du parlement toulousain, qui confirme la sentence de Mazamet [1], pour que le protecteur de l'innocence et de la raison se livre au mouvement de son éloquence. Vous aurez la gloire d'avoir détruit de bien cruels préjugés. M. de Lavaysse le père me mande que, depuis trente ans, la canaille catholique du Languedoc est persuadée que la canaille calviniste égorge ses enfants pour les empêcher de communier avec du pain azyme. Une vieille huguenote du pays, qui s'amusait à consoler les mourants, passait pour les égorger tous, de peur qu'on ne leur donnât l'extrême-onction.

1. Contre les Sirven. (ÉD.)

Vous avez dû recevoir les réponses du pauvre Sirven à vos questions : vous êtes son sauveur; il faudra vous peindre avec les Calas à vos pieds. Pierre Calas veut retourner à Genève, où il fait un petit commerce. Il me semble qu'il serait plus convenable de faire ce commerce à Paris. Ne risquerait-il pas de choquer le gouvernement et de perdre ses bienfaits, s'il sortait de France après avoir obtenu une justice si éclatante et un présent de mille écus? S'il veut retourner à Genève, il faut du moins qu'il en ait une permission authentique; et le ministère, en la lui donnant, aurait encore une très-mauvaise opinion de lui. Je soumets mon avis au vôtre. Mille respects à Mme de Beaumont.

MMMMCDV. — A M. Bertrand.

A Ferney, 6 mai.

Mon cher philosophe, puisque vous daignez quelquefois si bien diriger *la Gazette*[1], voici une pièce authentique, qui, je crois, sera intéressante. Je tiens M. le vice-chancelier de France pour un très-grand philosophe, puisqu'il fait du bien; et je souhaite que notre Église gallicane l'imite. Plût à Dieu que toute la nation sacerdotale vous ressemblât! Je conserverai jusqu'au dernier moment de ma vie les plus tendres sentiments pour vous.

Ne m'oubliez pas, je vous en prie, auprès de M. et de Mme de Freudenreich.
V.

MMMMCDVI. — A M. ***.

10 mai.

Vous saurez, monsieur, qu'un neveu de cet abbé Bazin que vous avez tant connu m'est venu apporter ces petits versiculets. Je lui ai dit qu'il aurait dû vous les laisser faire; il en est convenu, et m'a répondu que c'était un très-bon canevas, mais qu'il ne savait pas broder comme vous. Ce neveu de l'abbé Bazin est idolâtre d'Ovide, de Tibulle, de Catulle, et de M. le chevalier de Boufflers. Il m'a dit que s'il n'était pas si vieux, il irait à Lunéville présenter ses respects à la mère et au fils; je crois qu'il s'amuserait beaucoup avec vous, car il est grand théologien. Son extrême dévotion enchanterait votre monarque. Adieu, monsieur, ayez toutes sortes de plaisirs, et chantez-les : votre vocation est d'être heureux, et de rendre heureux ceux qui ont l'honneur de vivre avec vous : j'en dis autant de Mme de Boufflers, et je me mets à ses pieds.
V.

MMMMCDVII. — A M. le comte d'Argental.

13 mai.

Mes divins anges ne sont-ils occupés que de l'histoire du jour, et n'ont-ils fait aucune attention à l'histoire ancienne? Je ne reçois point de nouvelles d'eux, ce qui est une histoire du jour fort triste pour moi. J'ignore s'ils ont reçu le dernier paquet; je ne me souviens pas si je l'ai envoyé sous le couvert de M. le duc de Praslin, ou sous un autre. Je ne demande point de nouvelles de Mlle Clairon, Mme d'Argental s'en remet à Mme de Florian; mais je persiste toujours dans

1. De Berne. (Éd.)

l'idée que les comédiens doivent proposer un dilemme dont on ne peut pas se tirer : « Si nous ne jouons pas, on nous met au For ou au Four de l'Évêque; et si nous jouons, l'évêque nous excommunie, et nous sommes enterrés comme des chiens. » Qu'on se retire de cette difficulté si on peut.

Le Siège de Calais a perdu à cette belle affaire; il n'est pas même traîné actuellement en blocus. On l'a abandonné jusqu'en province; je n'ai jamais vu une révolution si subite. On l'avait imprimé partout, sur la foi du *Mercure* et de l'enthousiasme de Paris; à peine a-t-on pu le lire. Cette aventure est un peu welche.

M. de Villette, qui a passé trois mois chez moi, doit être actuellement à Paris. Il y recevra le paquet dont vous avez eu la bonté de vous charger.

M. de Fontette m'a fait l'honneur de m'écrire, mais ne m'a pas donné de grandes espérances. Si malheureusement j'étais obligé de plaider au parlement contre mon prêtre, je jure Dieu que je mourrais avant que le procès fût jugé.

Je crois que je suis aussi dans la disgrâce du tyran du *tripot*, mais je me console très-aisément; et tant que mes anges daigneront m'aimer, je défie le reste des humains de troubler mon repos. Je les supplie de me mettre aux pieds de M. le duc de Praslin, très-indépendamment de mon curé.

Respect et tendresse.

MMMMCDVIII. — A M. LE MARÉCHAL DUC DE RICHELIEU.

13 mai.

Puisque vous avez reçu, monseigneur, le dernier paquet que j'eus l'honneur de vous adresser, il y a quelque temps, par M. Janel, en voici un autre qui m'arrive de Hollande, et que je vous dépêche par la même voie. Je ne crois pas que vous ayez besoin de l'eau de Lausanne pour vos yeux; ils ont vingt-cinq ans, comme votre imagination et vos grâces. Les miens sont très-vieux, et ont souffert des ophthalmies affreuses par les vents du nord-est autant que par la lecture; mais si vous voulez employer cette eau pour quelqu'un de vos amis, vous n'avez qu'à me donner vos ordres, j'écrirai sur-le-champ à Lausanne, afin qu'on en fasse partir quelques bouteilles par la voie que vous voudrez bien indiquer. Ce remède n'est bon que pour ceux qui ont des ulcères aux paupières, et n'est aucunement propre d'ailleurs à rétablir l'organe de la vue; il lui ferait même plus de mal que de bien. Il reste encore à savoir si cette recette, qui est favorable dans le printemps, peut faire le même effet en hiver, ce dont je doute beaucoup.

Permettez-moi de vous dire un petit mot des spectacles, qui sont nécessaires à Paris, et que vous protégez. J'ignore si vous pourriez vous servir de l'occasion présente pour faire sentir combien il est contradictoire que des personnes payées par le roi, et qui sont sous vos ordres, soient en prison au For ou au Four de l'Évêque, si elles ne remplissent pas les devoirs de leur profession; et excommuniées, damnées par l'évêque, si elles les remplissent. Est-il juste qu'on perde tous les droits de citoyen, et jusqu'à celui de la sépulture, parce qu'on est sous votre autorité? Si quelqu'un peut jamais avoir la gloire de faire cesser cet opprobre, c'est assurément vous : et Paris vous élèverait une statue comme Gênes. Mais quelquefois les choses les plus simples et les plus petites sont plus difficiles que les grandes: et tel homme qui peut faire capituler une armée d'Anglais ne peut triompher d'un curé.

Je voudrais bien que vous protégeassiez les encyclopédistes. Ce sont pour la plupart des hommes infiniment estimables. Leur ouvrage, malgré ses défauts, fera beaucoup d'honneur à la nation; et ce ne sera pas un honneur passager et ridicule. Un des grands défauts qu'on reproche à la nation française, c'est que les hommes de mérite qu'elle a produits ont été presque toujours opprimés ou avilis, et qu'on leur a préféré des misérables. Feu M. Le Normand de Tournehem avait relégué les tableaux de Vanloo dans la chambre de ses laquais. Votre protection, accordée à ceux qui travaillent à l'*Encyclopédie*, les encouragerait; la plus saine partie de la nation vous en saurait beaucoup de gré.

Il est un peu humiliant que les Russes récompensent magnifiquement ceux que le parlement de Paris a persécutés.

On m'a dit que les pairs avaient présenté au roi un mémoire sur leurs droits. J'ai longtemps examiné cette matière en étudiant l'histoire de France, et je suis convaincu que l'origine de toute juridiction suprême en France est la pairie; mais vous avez M. Villaret, votre secrétaire[1], qui en sait beaucoup plus que moi, et qui sans doute vous a très-bien servi; c'est un homme très-instruit. Conservez vos bontés à votre plus ancien serviteur, qui vous sera toujours attaché avec un profond respect.

MMMMCDIX. — A M. LE CARDINAL DE BERNIS.
A Ferney, 15 mai.

J'avais résolu, dans ma timide profanerie, de ne point écrire à monseigneur l'archevêque; mais j'apprends que Votre Éminence fait autant de bien que je lui ai connu d'esprit et de grâce.

Omnis Aristippum decuit color et status et res.
Hor., lib. I, ep. XVII, v. 23.

C'est votre bienfaisance qui m'enhardit; je m'adresse à vous dans votre département, qui est celui de secourir les malheureux.

Il y a une famille bien plus infortunée que celle des Calas, et qui doit, comme les Calas, ses malheurs à l'horrible fanatisme du peuple, qui séduit quelquefois jusqu'aux magistrats. Mais, pour ne pas fatiguer Votre Éminence par de longs détails, je prends le parti de lui envoyer une lettre que j'écrivis il y a quelques mois à un de mes amis, et qu'on rendit publique. On est près de demander au conseil dont vous êtes une évocation; mais nos avocats ont besoin de la copie de l'arrêt de Toulouse, qui confirme la sentence du premier juge. Cet arrêt est du 5 mai 1764. Vous pourriez aisément charger, sans vous compro-

1. Continuateur de Velly. (ÉD.)

mettre, quelque homme de confiance de procurer cette copie. Je vous conjure de m'accorder cette grâce, si elle est en votre pouvoir. Vous tirerez une famille de très-honnêtes gens de l'état le plus cruel où l'on puisse être réduit. Il y a bien des malheureux dans ce meilleur des mondes possibles; mais il n'y en a point qui méritent plus votre compassion. Vous rendrez service au genre humain, en servant à déraciner le fanatisme fatal qui change les hommes en tigres. Ces deux exemples des Calas et des Sirven feront une grande époque. Accordez-nous, je vous en supplie, toute votre protection dans cette affaire, qui intéresse l'humanité. Je ne sais si vous êtes lié avec M. l'archevêque de Toulouse[1], que je n'ai pas l'honneur de connaître; mais il me semble que Votre Éminence est à portée de l'engager à nous obtenir cette copie que nous demandons. Il est bien étrange que l'on puisse refuser la communication d'un arrêt : une telle jurisprudence est monstrueuse, et, j'ose le dire, punissable. De bonne foi, souffririez-vous de pareils abus, si vous étiez dans le ministère? Enfin je m'en remets à votre sagesse et à votre bonté. Vous devez avoir quelque avocat à Toulouse chargé des affaires de votre archevêché. Il me paraît bien aisé de faire retirer cette pièce par cet avocat. Au nom de Dieu, prenez cette bonne œuvre à cœur. Je vous aimerai autant qu'on vous aime dans votre diocèse.

Je me flatte que vous jouissez d'une bonne santé; ainsi je n'ai rien à vous souhaiter.

Gratia, fama, valetudo contigit *abunde.*
Hor., lib. I, ep. iv.

J'écris aujourd'hui de ma main. Une bonne femme m'a presque guéri de ma fluxiona, qui m'ôtaient l'usage de la vue : les femmes sont toujours bonnes à quelque chose. Ainsi donc ma main vous assure que mon cœur est pénétré, pour Votre Éminence, d'attachement et de respect.

MMMMCDX. — A M. DE LA BASTIDE, AVOCAT A NÎMES.
Au château de Ferney, 17 mai.

Je vois, monsieur, par les vers attendrissants que vous avez bien voulu m'envoyer, combien votre cœur sensible a été touché de la funeste aventure des Calas. Vous avez dû applaudir plus que personne à la justice que messieurs les maîtres des requêtes viennent de rendre à cette famille, et aux bienfaits dont le roi l'a honorée. Cette affaire m'a coûté trois ans de peine, que je ne regrette pas. Il y en a un autre à peu près semblable concernant une famille de Castres. Je ne conçois pas par quelle fureur on s'imagine, en Languedoc, que les pères et les mères égorgent leurs enfants, dès qu'ils les soupçonnent devoir être catholiques.

Tantum religio potuit suadere malorum!
Lucr., lib. I, v. 102.

---

1. Depuis cardinal de Brienne et principal ministre. (ÉD.)

Il est temps que la philosophie apprenne aux hommes à être sages et justes. J'ai l'honneur d'être, avec des sentiments respectueux, monsieur, votre très-humble et très-obéissant serviteur, V.

MMMMCDXI. — DE M. DALEMBERT.

À Paris, ce 18 mai.

Mon cher et illustre confrère, voilà M. le comte de Valbelle, que vous connaissiez déjà par ses lettres, et que sûrement vous serez charmé de connaître par sa personne. Une heure de conversation avec lui vous en dira plus en sa faveur que je ne pourrais vous en écrire; il a voulu absolument que je lui donnasse une lettre pour vous, quoique assurément il n'en ait pas besoin. Il vous dira des nouvelles de Mlle Clairon, et de l'intérêt qu'ont pris tous les gens de lettres à la manière indigne dont elle a été traitée. Je ne sais pas si elle remontera jamais sur le théâtre; mais je l'estime assez pour croire qu'elle n'en fera rien. C'est bien assez d'être excommuniée, sans être encore opprimée par des tyrans, et traitée avec la dernière barbarie. Les Welches mériteraient d'être réduits à la messe et au sermon pour toute nourriture; et j'espère qu'ils finiront par ce régime si digne d'eux. Si les comédiens, comme vous dites, ne profitent pas de cette circonstance pour demander qu'on leur rende tous les droits de citoyens, même celui de rendre le pain bénit, ils seront à mes yeux les derniers des hommes. Mon avis serait qu'ils présentassent requête à l'assemblée du clergé, pour obtenir mainlevée de l'excommunication, et la liberté de communier à bouche que veux-tu. Je voudrais bien savoir ce que la cour aurait à leur dire, s'ils refusaient de jouer en cas qu'on leur refusât leur demande; sans compter qu'il serait assez bon que l'assemblée du clergé, qui va demander à cor et à cri le rappel des jésuites, qu'elle n'obtiendra pas, demandât en même temps à toute force la réhabilitation des comédiens au giron de l'Église, et en vînt à bout. Imaginez-vous quel beau sujet de réflexions pour le gazetier janséniste. A propos de gazetier janséniste, il me semble que ses amis du parlement ont renoncé au projet de dénoncer *la Destruction*; ils ont senti, à force de discernement (car ils ont l'esprit fin), le ridicule dont ils se couvriraient. J'en suis sincèrement fâché, car vous savez tout le bien que leur veux; je ne perdrai aucune occasion de leur donner des marques de souvenir et d'attachement. Adieu, mon cher et illustre confrère; mon attachement pour vous est d'une nature un peu différente, mais il n'en sera pas moins durable. Je vous embrasse de tout mon cœur, et j'envie bien à M. de Valbelle le plaisir qu'il aura de vous voir.

Les comédiens ont gagné leur procès contre votre Alcibiade. Ne convenez-vous pas qu'il jette un beau coton? Vous aurez beau faire, mon cher philosophe, vous n'en ferez jamais qu'un vieux freluquet bien peu digne d'être célébré par une plume telle que la vôtre.

MMMMCDXII. — A M. DAMILAVILLE.

20 mai.

Voici, mon cher frère, deux petits croquis de Donat Calas. J'aurais désiré qu'on l'eût fait un peu plus ressemblant, et qu'on n'eût pas sacrifié une chose si importante à l'idée de le représenter dans une attitude douloureuse qui défigure son joli visage. Si vous voulez vous servir de ce dessin, recommandez au peintre de faire Donat le plus joli qu'il pourra.

Vous savez d'ailleurs, mon cher frère, que vous avez carte blanche pour mettre votre frère au rang de ceux qui contribuent à la façon de cette estampe. Ce monument éternisera la plus horrible des injustices, la plus belle réparation, et la générosité de votre zèle vertueux.

Il semble que plus les philosophes font de bien, plus on s'efforce de les persécuter. On a saisi le ballot qui contenait le bel ouvrage[1] de notre cher Archimède; l'autre aura le même sort; *la Philosophie de l'histoire*, que tous les gens sensés trouvent très-sage, ne sera pas épargnée. Tout est suspect de la part de ceux qui rendent à la nation de vrais services. Je crains bien de n'avoir jamais l'*Encyclopédie*; mon âge, ma mauvaise santé, et la fureur des jansénistes, me priveront de la consolation de lire ce grand ouvrage. Ne pourrais-je pas, par votre crédit, obtenir qu'on m'en fît parvenir trois tomes? je garderais religieusement le secret.

Si vous voyez le véritable prophète Élie, dites-lui, je vous prie, que nous sommes réduits à faire signer dans Gex une procuration aux filles de Sirven, pour sommer le greffier du parlement toulousain de délivrer copie de l'arrêt qui confirme l'injuste sentence; et si le greffier refuse, nous enverrons acte de son refus.

Je trouve que cette cause peut faire au moins autant d'honneur à l'éloquence de M. de Beaumont que la cause des Calas. Cette fureur épidémique, qui a persuadé tous les tribunaux d'une province que la loi des protestants est parricide, est un sujet digne d'un citoyen tel que lui. Quiconque arrache une branche du fanatisme fait une plaie à l'arbre dont il se sent jusque dans ses racines. Rendons encore ce service à l'humanité dans l'affaire des Sirven, et demeurons inébranlables dans celle d'*écr. l'inf...*

Je pense que désormais il est à propos que vous m'écriviez à Lyon, sous l'enveloppe de M. Camp, banquier; la curiosité des méchants sera trompée. Dites à frère Archimède qu'il en fasse autant. Nous pourrons jouir de la consolation de nous ouvrir nos cœurs : le mien est à vous jusqu'au dernier moment de ma languissante vie.

N. B. Soutenez constamment que l'abbé Bazin est le véritable auteur de *la Philosophie de l'histoire.* Comment n'en pas croire son neveu? quelle fureur de m'imputer jusqu'à l'ouvrage d'un théologien antiquaire? persécutera-t-on toujours l'auteur de la chrétienne *Zaïre*? Faites beau bruit, vous et les frères.

---

[1] Sur la destruction des jésuites en France, par un auteur désintéressé (Dalembert), 1765, in-12. (Éd.)

MMMMCDXIII. — A M. COLINI.

A Ferney, 21 mai.

Mon ami, que Son Altesse Électorale me dise : *Prends ton lit, et marche*[1], je vole à Schwetzingen. Il y a plus de huit mois que je ne suis sorti de ma chambre; je meurs en détail, et nous ne sommes plus au temps des miracles. Je sais bien qu'il y a des gens qui ont encore de la force à soixante-douze ans; les patriarches étaient des enfants à cet âge.

Ceux qui ont dit que je quittais mon petit château de Ferney ont été bien mal informés : il est vrai que je me suis défait des Délices; mais c'est que je ne me suis pas trouvé assez riche pour les garder, et que l'état de ma santé, qui exige la retraite la plus profonde, était incompatible avec l'affluence de monde que m'attirait le voisinage de Genève. J'ai jugé d'ailleurs que, n'ayant qu'un corps, je ne devais pas avoir deux maisons. Qu'il serait doux pour moi, mon cher ami, de passer quelques-uns de mes derniers jours auprès d'un prince tel que Mgr l'électeur ! quel plaisir j'aurais, après lui avoir fait ma cour, de m'enfermer dans ma chambre avec quelques volumes de sa belle bibliothèque ! Dans quelque triste état que je sois, je ne veux pas désespérer de ma destinée; je me flatte toujours de la plus douce de mes espérances. Mettez-moi à ses pieds, aimez-moi, et soyez bien sûr que je ne vous oublierai jamais.

Au bas est écrit de sa main : J'ai été bien mal après ma lettre.

MMMMCDXIV. — A M. DAMILAVILLE[2].

A Genève, 22 mai.

J'ai eu hier, mon cher frère, un petit avertissement de la nature qui me dit que je n'ai pas encore longtemps à philosopher avec vous.

Cela ne m'a pas empêché, dès que je suis revenu à moi, d'envoyer un exprès à frère Gabriel pour lui intimer tous vos ordres. Vous voyez au reste combien le fanatisme augmente. Plus il sent sa turpitude, plus il craint qu'on ne la révèle; tout lui est suspect. Les livres écrits avec le plus de vérité sont précisément ceux qu'il redoute davantage.

On donnera bien un évêché à un prêtre sortant du bordel, mais on persécutera ceux qui auront passé leur vie à chercher le vrai, et à faire le bien.

J'ai reçu *la Philosophie de l'histoire* qu'on m'a envoyée d'Amsterdam : il y a quelques fautes ridicules dans l'imprimé, comme *cent mille* pour *dix mille*, à l'article d'*Égypte*.

1. « Tolle grabatum tuum, et ambula. » Jean, *Évang.*, v, 8. (ÉD.)
2. D'après un passage de la lettre 4429, celle du 22 mai était signée : Acr. l'inf..., et était adressée sous le couvert de Gaudet. (ÉD.)

Il me semble aussi que l'auteur ne s'est pas toujours exprimé exactement dans le chaos de la chronologie; mais, en général, l'ouvrage m'a paru assez utile.

L'auteur y montre partout un grand respect pour la religion; il parle même si souvent de ce respect, qu'on voit bien qu'il veut prévenir les lâches persécuteurs qui pensent toujours qu'on en veut à leurs foyers. Cependant, malgré toutes les précautions de l'auteur, on a envoyé de Paris à Berne un article pour être mis dans *la Gazette*, dans lequel il est dit que *la Philosophie de l'histoire* est plus dangereuse encore que *le Portatif*. On me fait aussi l'honneur de m'attribuer cette *Philosophie*. Je voudrais l'avoir faite, quoiqu'on ne me l'attribue que pour me perdre. Mais de quel droit me rend-on responsable des ouvrages d'autrui? Il n'est pas juste que je sois toujours victime. Il semble que l'abolissement des jésuites ait été un nouveau signal de persécution contre les gens de lettres.

Parlez de tout cela avec frère Archimède. Que les frères célèbrent les agapes, en dépit des tyrans jansénistes : dressez un autel à la raison dans votre salle à manger. *Hæc quotiescumque feceritis, in mei memoriam facietis*[1].

J'ajoute à cette lettre de mon ami qu'il m'est arrivé des personnes de Paris fort instruites. On a décacheté quelques-unes de nos lettres contre-signées *Courteilles* : heureusement il n'y a jamais eu dans vos lettres rien que de vertueux et de sage, qui ne soit digne de vous. Mais, pour plus de sûreté, écrivez-moi quelque lettre sous la même enveloppe de *Courteilles*, et écrivez contre-signé *Laverdy*, à M. Camp, banquier à Lyon; et, sous le couvert de M. Camp, à M. Wagnière, à Genève. Que frère Archimède prenne la même précaution, et qu'il vous donne tout ce qu'il voudra m'écrire. Vous recevrez par cet ordinaire une lettre qu'on ouvrira si l'on veut.

Est-il possible qu'on soit obligé à de telles précautions, et que la plus douce consolation de la vie nous soit arrachée? Gardez-vous bien d'écrire à Gabriel Cramer, ni à G.... Gardez-vous bien qu'on fasse entrer le ballot de ce diable abbé Bazin, pour qui on prend des gens qui ne s'appellent pas Bazin. Il est minuit; je n'en puis plus.

MMMMCDXV. — AU MÊME.

A Genève, 22 mai.

Mon cher et vertueux ami, je vous ai envoyé le portrait du petit Calas peint à l'huile; sa mère aidera à rectifier les traits; ils sont mieux peints dans le cœur de cette digne mère que par le pinceau de M. Huber.

On fait actuellement un recueil de toutes les pièces de cette triste aventure, dont la fin fera tant d'honneur aux maîtres des requêtes, à la nation, et surtout au roi, qui a si bien réparé la malheureuse injus-

---

[1] Il y a dans la première *aux Corinthiens*, chap. xi, verset 25 : « Hoc facite quoties cumque bibetis in meam commemorationem. » (Éd.)

tice de Toulouse. S'il était mieux instruit, je suis bien sûr que la bonté de son cœur réparerait sur la fin de ma vie toutes les injustices que j'ai essuyées. Vous savez qu'on m'impute tous les jours des ouvrages auxquels je n'ai pas eu la moindre part. Ce ne devait pas être la récompense d'avoir fait *la Henriade*, le *Siècle de Louis XIV*, et quelques autres ouvrages qui n'ont déplu ni au roi ni à la nation; mais c'est le sort attaché à la profession d'homme de lettres. Peut-être est-il dur, à l'âge de soixante-douze ans, d'être continuellement en butte à la calomnie; mais j'ai appris, dans la saine philosophie que nous cultivons tous deux, qu'il faut savoir se résigner. Tout ce que je souhaite, c'est que le roi et le ministère puissent un jour savoir que les gens de lettres sont les meilleurs citoyens et les meilleurs sujets. Tout est cabale à la cour, tout est quelquefois passion dans de grandes compagnies qui ne devraient point avoir de passions: il n'y a que les vrais gens de lettres qui n'aient point d'intrigues, et qui aiment sincèrement l'ordre et la paix.

Adieu, mon digne ami; je suis bien malade, et, en vérité, on ne devrait pas troubler mes derniers jours. Votre amitié vertueuse fait toute ma consolation.

MMMMCDXVI. — A M. LE COMTE D'ARGENTAL.

A Genève, 22 mai.

Mes divins anges, on vient de me dire tout ce que vous aviez donné charge de dire, et je suis demeuré confondu de la demi-feuille copiée et de cette question : *Quel est donc ce Damilaville*[1]? Hélas! mes chers anges, plût à Dieu qu'il y eût beaucoup de citoyens comme ce Damilaville! Je ne ferai point de remarques sur tout cela, parce qu'il n'y en a point à faire; je vous demanderai seulement si cette demi-feuille est si méchante. Je crois que cette lettre vous parviendra sûrement, puisque je l'adresse à Lyon, sous l'enveloppe de M. de Chauvelin. Cette voie déroutera les curieux, et vous pourrez m'écrire en toute sûreté sous l'enveloppe de M. Camp, banquier à Lyon, en ne cachetant point avec vos armes, et en mettant sur la lettre : « A M. Wagnière, chez M. Souchäi, à Genève. »

Je vois bien que la persécution des jansénistes est très-forte. On a renvoyé le ballot de *la Destruction jésuitique* de notre philosophe Dalembert, parce qu'il y a quatre lignes contre les convulsionnaires. On taxe à présent d'irréligion un savant livre d'un théologien qui témoigne à chaque page son respect pour la religion, et qui ne dit que des vérités qu'il faut être aveugle pour ne pas reconnaître. On m'impute ce livre sans le moindre prétexte, comme si j'étais un rabbin, et comme si l'auteur de *Mérope* et d'*Alzire* était enfariné des sciences orientales. Il ne dépend pas de moi de rendre les fanatiques sages, et les fripons

---

1. Il s'agit ici de quelques passages d'une lettre à M. Damilaville, interceptée à la poste, et peut-être falsifiée; car on sait que les lettres montrées au gouvernement ne sont pas toujours d'exactes copies des lettres ouvertes. (*Éd. de Kehl*.)

honnêtes gens; mais il dépend de moi de les fuir. Je vous demande en grâce de me dire si vous me le conseillez. Je suis, quoi qu'on en dise, dans ma soixante-douzième année; je me vois chargé d'une famille assez nombreuse, dont la moitié est la mienne, et dont l'autre moitié est une famille que je me suis faite.

J'ai commencé des entreprises utiles et chères, et le petit canton que j'habite commençait à devenir heureux et florissant par mes soins. S'il faut abandonner tout cela, je m'y résoudrai, j'irai mourir ailleurs; il est arrivé pis à Socrate. Je sais qu'il y a certaines armes contre lesquelles il n'y a guère de boucliers.

Ayez la bonté, je vous en prie, de me dire à quel point ces armes sont affilées. Je vous avoue que je serais curieux de voir cette demi-feuille. Il est minuit, il y a trois heures que je dicte; je n'en puis plus; pardonnez-moi de finir sitôt, c'est bien à mon grand regret.

MMMMCDXVII. — A M. Bertrand.

A Ferney, 25 mai.

Je serai enchanté de vous revoir, mon cher philosophe, et ce sera une grande consolation pour moi de retrouver nos amis communs. Je vous prie de leur dire à quel point je leur suis dévoué.

Je crois que l'abbé dont vous me parlez[1] se souciera fort peu qu'on le critique : le pauvre diable est mort depuis plusieurs années; je le crois damné pour avoir osé dire que les Juifs n'étaient pas la première nation du monde; et vous savez que les damnés ne répondent point aux théologiens. C'était un bien mauvais prêtre que cet abbé; on dit qu'il a perverti bien du monde. Il avait l'insolence de préférer la morale à la théologie, et de gâter par là l'esprit des jeunes gens. Remercions Dieu, qui nous en a délivrés; et aimez-moi toujours un peu.

V.

MMMMCDXVIII. — A M. Dalembert.

A Genève, 27 mai.

J'ai eu l'honneur de voir M. de Valbelle, mon cher Archimède; il est bien aimable, comme vous dites. Je ne savais point que l'autre Archimède-Clairaut fût gourmand, et que des indigestions l'eussent tué : ce n'est point ainsi que doit mourir un philosophe. Sa pension vous est dévolue de droit. Peut-être avez-vous des ennemis qui vous ont desservi; je n'en suis point du tout surpris. J'ai des ennemis aussi, moi qui ne vous vaux pas. On m'a dit que l'Académie des sciences, en corps, demande cette pension pour vous; c'est une démarche qui vous honore autant que vos confrères. Vous me ferez grand plaisir de m'en apprendre le succès, soit par un petit mot de votre main, soit par votre digne ami.

On m'a fait accroire que Mlle Clairon pourrait venir consulter Tron-

1. L'abbé Bazin, nom sous lequel Voltaire donna la Philosophie de l'histoire. (Éd.)

chin; en ce cas, il faudra que je fasse rebâtir mon théâtre; mais je suis devenu si vieux, que je ne peux plus même jouer les rôles de vieillard. D'ailleurs les tracasseries qu'on me fait continuellement m'ont rendu la voix rauque :

.... *Lupi Mœrim videre priores.*
Virg., ecl. ix, v. 54.

Je crois que si Clairaut est allé voir Newton, j'irai bientôt faire très-humblement ma cour à Milton. En attendant, je vous embrasse de tout mon cœur.

MMMMCDXIX. — A M. DAMILAVILLE.

A Genève, 27 mai.

J'affligerai votre belle âme en vous disant, mon cher ami, que nous ne pourrons pas avoir sitôt l'arrêt de Toulouse. Je supplie, en attendant, le défenseur de l'innocence de tenir toujours son mémoire tout prêt. Il y a trois ans que cette famille est dans les larmes. On a essuyé celles des Calas, c'est à présent le tour des Sirven. Ces horreurs sont d'autant plus effrayantes qu'elles se passent dans un siècle plus éclairé. C'est un affreux contraste avec la douceur de nos mœurs. Voilà le funeste effet du système de l'intolérance. Il y a encore de la barbarie dans les provinces. Je ne plains plus les Calas, après le jugement des maîtres des requêtes et après les bienfaits du roi ; mais les Sirven sont bien à plaindre. Je les recommande plus que jamais aux bontés de M. de Beaumont.

Après vous avoir parlé des malheurs d'autrui, il faut que votre amitié me permette encore de parler de mes peines.

Je lisais ce matin un livre anglais dans lequel se trouve la substance de plus de vingt chapitres du *Dictionnaire philosophique*, que l'ignorance et la calomnie m'ont si grossièrement imputé ; et pour comble de bêtise, il y a dans d'autres chapitres des phrases entières prises de moi mot pour mot. Je me mettrais dans une belle colère, si l'âge et les maladies n'affaiblissaient les passions. Tronchin m'exhorte à la résignation pour les maux du corps et de l'âme ; il me trouve très-bien disposé. Comptez que votre amitié fait ma plus chère consolation.

MMMMCDXX. — AU MÊME.

Genève, 27 mai.

J'ai écrit à mon cher frère aujourd'hui [1] ; la lettre est à son adresse, et je suis bien sûr qu'elle n'arrivera pas sans avoir été ouverte. Il y a dans le paquet une lettre à M. Dalembert pour les curieux ; mais je

---

1. Nous ne citerons que cet exemple, et les lettres des 22 et 28 mai, pour montrer les précautions que M. de Voltaire était obligé de prendre en éclairant les hommes par des ouvrages philosophiques, et en servant l'humanité dans la défense des Calas et des Sirven. Ses lettres étant souvent interceptées, il en écrivait d'ostensibles sous son nom, et d'autres sous des noms supposés. C'était un M. Boursier, un M. Lantin, un M. *Ecr. l'inf...*, ou *Ecrlinf.* De là les contradictions apparentes touchant certains ouvrages qui servaient de prétexte pour le persécuter. (*Éd. de Kehl.*)

suis très en peine de savoir si un petit paquet de Hollande, adressé il y a quinze jours à M. Gaudet, est arrivé à bon port, et si une lettre sous l'enveloppe dudit M. Gaudet, dans laquelle on s'expliquait avec confiance, a été reçue. J'attends, non sans inquiétude, que mon frère m'éclaircisse de tout cela, et qu'il m'écrive par la voie de Lyon. Je l'embrasse avec la plus grande tendresse. *Écr. l'inf*....

MMMMCDXXI. — AU MÊME.

A Rolle, pays de Vaud, près de Genève, 28 mai.

J'achevais, mon cher ami, de prendre les eaux en Suisse, où j'ai encore acheté un petit domaine, lorsque je reçus votre paquet pour M. Tronchin. Je le lui envoyai sur-le-champ. Je vois que votre mal de gorge est opiniâtre; mais je vous avertis qu'il est rare qu'un médecin guérisse ses malades à cent lieues, et qu'une sœur de charité fait plus de bien de près qu'Esculape de loin. Dès que j'aurai la réponse de l'oracle de Genève, je vous la ferai parvenir.

Sirven prend le parti d'aller lui-même à Toulouse chercher l'arrêt et les pièces dont M. de Beaumont a besoin pour consommer son entreprise généreuse. Il dit qu'il fera agir ses amis, et saura se mettre à l'abri de tout. Ce pauvre homme et sa famille me fendent le cœur; ils sont beaucoup plus malheureux que ne le sont aujourd'hui les Calas. Qu'il est beau, mon ami, de faire du bien, et que M. de Beaumont va augmenter sa gloire! pour moi, je n'ai à augmenter que ma patience. Je paye un peu cher l'intérêt de ma petite réputation; car, Dieu merci, il n'y a presque point de mois qu'on ne fasse courir quelque ouvrage sous mon nom : vers et prose, on m'attribue tout. Quelque libraire de Hollande a-t-il l'impertinence de m'attribuer un mauvais livre, aussitôt je reçois vingt lettres de Paris et de Versailles, et on veut que j'envoie sur-le-champ ce bel ouvrage que je ne connais pas. Enfin on va jusqu'à m'imputer je ne sais quelle *Philosophie de l'histoire*, ouvrage de quelque rabbin, ou tout au moins d'un savant en *us* ou en *ès*. On parle au roi, et on lui dit que je suis très-savant dans les langues orientales. J'ai beau protester que je ne sais pas un mot de l'ancien chaldéen, on ne m'en croit pas sur ma parole; et si je suis aveugle, on dit que j'ai perdu les yeux à déchiffrer les livres des anciens brachmanes, et même que je suis prêt à faire une secte de guèbres. Il me faut résoudre à être vexé jusqu'au dernier moment.

Mandez-moi, je vous prie, si M. Dalembert a la pension de M. Clairaut. Je verrai Cramer quand je serai à Genève. Je ne sais si c'est lui qui a imprimé le petit ouvrage[1] en faveur de M. l'abbé Arnaud. Cet écrit m'a paru un chef-d'œuvre en son genre; mais j'ai pensé qu'il ne devait réussir qu'à Paris, auprès de ceux qui prennent intérêt à ces disputes littéraires.

Puisque la paix est faite, Cramer en sera pour ses frais aussi bien que pour ceux de la nouvelle édition qu'il a faite de Corneille, et qu'il

---

1. Les *Observations* de Morellet. (ÉD.)

n'aura pas la permission de débiter dans Paris, à cause du privilége des libraires.

Je vous sais toujours bon gré de cultiver les lettres au milieu de vos occupations de finance. On dit dans les pays étrangers que les finances du royaume vont bien ; mais on n'en dit pas autant de votre littérature.

Il a couru des bruits fort ridicules sur M. le duc de Choiseul. Je crois qu'il s'en moque ; il sait bien qu'il faut laisser parler :

Non ponebat enim rumores ante salutem[1].

Je fais toujours des vœux pour le succès de sa colonie[2] ; car enfin c'est le pays de Candide, c'est le pays des gros moutons rouges, et je passerai pour un hâbleur si la colonie ne réussit pas. Il y a d'ailleurs quelques-uns de mes bons amis les Suisses qui sont partis pour la Cayenne ; c'est encore un nouveau motif pour moi de m'y intéresser.

Adieu, mon cher ami ; je suis trop bavard pour un malade.

MMMMCDXXII. — AU MÊME.

28 mai.

M. Tronchin a le paquet de mon frère, et on enverra la réponse dès qu'on l'aura reçue.

J'ai su qu'on avait encore envoyé un second paquet par M. Gaudet, et probablement ce paquet n'est point parvenu à sa destination.

On écrivit depuis une lettre instructive sur l'état des choses, et on se servit de la même voie. Cette lettre partit le 21 ou le 22 du mois. Il serait très-triste qu'on l'eût ouverte. On a écrit le 27, par M. Héron, premier commis des bureaux du conseil, et la lettre a été mise à la poste de Lyon.

Je pense qu'il est nécessaire que vous m'écriviez à Genève une lettre signée de vous. Vous y direz que vos occupations vous permettent peu de vous occuper de littérature ; que vous faites, à la vérité, venir quelquefois des livres de Hollande pour un de vos amis, et que vous avez à peine le temps d'y jeter un coup d'œil. Vous pourrez me dire que vous avez parcouru la *Philosophie de l'histoire*, et que vous êtes bien étonné qu'on m'attribue un livre rempli de citations chaldéennes, syriaques, et égyptiennes. Vous pourrez me plaindre d'ailleurs d'être en butte à la calomnie depuis cinquante années ; vous me rassurerez en me disant combien le roi est équitable. Si ce canevas vous paraît raisonnable, vous le broderez ; puisqu'on est curieux, vous satisferez la curiosité.

Vous pourrez adresser vos autres lettres sous l'enveloppe de M. Camp, banquier à Lyon, comme je vous l'ai déjà mandé.

Je ne vous dis pas combien il est douloureux de recourir à ces expédients. Nous voilà comme un amant et une maîtresse dont les lettres sont interceptées par les jaloux. Aimons-nous-en davantage ; *écr. l'inf*....

1. Vers d'Ennius. (ÉD.) — 2. La Guyane. (ÉD.)

MMMMCDXXIII. — A M. LE COMTE D'ARGENTAL.

29 mai.

Il y a au fond de la Suisse, mes chers anges, des eaux assez bonnes pour les vieillards cacochymes qui ont besoin de mettre du baume et de la tranquillité dans leur sang. Je crois que je vais prendre ces eaux, et que je pars incessamment pour avoir de ce baume; car il faut mourir à son aise.

Il me semble que c'est une ordonnance du médecin que je suppose être dans la demi-feuille dont Mme de Florian m'a parlé; il n'y a qu'une chose dont je suis un peu en doute, c'est si cette demi-feuille ou demi-page parle de maladies mortelles. Vous sentez combien il est triste que les consultations d'un pauvre malade soient exposées aux regards de ceux qui ne sont pas de la Faculté, et qu'il est très-bon de changer d'air. Je soupçonne qu'on a joué le même tour à frère Damilaville, qui a grand mal à la gorge, et qui a besoin de régime. Je lui conseille, pour son mal, de prendre, comme moi, de la racine de patience.

Je me trompe peut-être, mais j'imagine qu'on peut, avec quelque sûreté, écrire pour ses affaires sous l'enveloppe de M. de Chauvelin l'intendant, en faisant partir le paquet de Lyon, le dessus écrit d'une main étrangère, et la lettre cachetée d'une tête [1].

Je présume encore que vous pouvez avoir la bonté de m'écrire à Lyon, sous le couvert de M. Camp, banquier, contre-signé *Chauvelin*. Je ne crois pas non plus compromettre l'intérêt que vous voulez bien prendre à ma situation violente, en insérant ici un petit mot pour frère Damilaville, que je vous supplie de lui faire rendre. Je dois un petit mot à Lekain; agréez-vous que je le mette aussi dans ce paquet?

Dès qu'il partira quelqu'un pour Paris, je ne manquerai pas de le charger de quelques *Baxins* de Hollande arrivés depuis peu. Je ne sais plus comment le monde est fait. L'ouvrage de feu l'abbé me paraît rempli du plus profond respect pour la religion. Les jansénistes sont comme les provinciaux, ils croient toujours qu'on veut se moquer d'eux; ou plutôt ils ressemblent aux tyrans, qui supposent continuellement des conspirations contre leur pouvoir. Mes chers et divins anges, j'ai défriché un coin de terre sauvage, je l'ai embelli, j'ai rendu ses grossiers habitants assez heureux; je quitterai tout le fruit de mes peines comme on sort d'une hôtellerie, sitôt que je pourrai vivre dans cet asile sans inquiétude. Mandez-moi, je vous prie, si je dois rester dans ce trou ou aller dans un autre, parce que tous les trous sont égaux pour un homme qui pense. Celui qu'on habite pour quelques minutes est si voisin de celui qu'on habitera pour toujours, que ce n'est pas la peine de se gêner.

Toute ma famille rassemblée baise très-humblement les ailes de mes anges. Le patriarche pourrait bien aller de Sichem en Égypte, quoiqu'il n'ait point de femme à présenter à des Pharaon.

[1] L'un des cachets de Voltaire était une tête de Socrate. (ÉD.)

MMMMCDXXIV. — A M. GOLDONI.

A Genève, 29 mai.

Je n'ai reçu, monsieur, le paquet et la lettre dont vous m'avez honoré que depuis deux jours, à mon retour des bains de Suisse, où j'avais été obligé d'aller pour ma très-mauvaise santé et pour des fluxions sur les yeux, que je dois au voisinage des Alpes. Vous vous doutez bien que je fais tous mes efforts pour recouvrer la vue quand j'ai vos ouvrages à lire. Je sens bien que je serai privé de la consolation de vous posséder dans ma retraite suisse; mais je préfère votre bonheur à mon plaisir. Vous voilà attaché à une grande princesse[1] qui sentira toute votre mérite. Il est connu partout, mais il sera récompensé en France. Le théâtre aura fait votre réputation, et vos mœurs aimables contribueront à faire votre fortune.

Comptez, monsieur, sur les sentiments qui m'attacheront à vous tant que je vivrai. Je sais trop combien votre personne est digne de vos ouvrages, pour ne pas vous aimer tendrement.

MMMMCDXXV. — A M. DAMILAVILLE.

A Genève, 30 mai.

Le malade réformé à la suite de Tronchin envoie aux malades de Paris les réponses de l'oracle d'Épidaure. Mais je vous répéterai toujours, mon cher ami, qu'une sœur du pot fait plus de bien à un malade qu'elle soigne, qu'Esculape n'en peut faire en dictant ses ordonnances de cent lieues. D'ailleurs M. Tronchin n'a pas un moment dont il puisse disposer, et ne peut donner au nombre prodigieux de consultations dont on l'accable toute l'attention qu'il voudrait. Je vous exhorte, mon cher ami; à ne pas négliger de faire voir votre mal de gorge à quelqu'un à qui vous aurez confiance.

Nos amis, qui ont fait ce charmant ouvrage de la justification de la *Gazette littéraire*, doivent être très-affligés qu'il ne paraisse pas. Mais tout doit céder aux désirs de M. le duc de Praslin; cette *Gazette littéraire* est dans son département; c'est lui qui la protége, c'est à lui à décider de ce qui doit être publié et de ce qui doit être supprimé. Gabriel Cramer, à qui on avait envoyé le manuscrit, veut bien sacrifier son édition. Il lui en coûtera son argent; un libraire de Hollande ne serait pas si honnête. J'ignore si l'ouvrage était connu de M. le duc de Praslin. Il se peut que vos amis ne l'aient pas consulté, et qu'ils se soient reposés sur l'envie de lui plaire; en ce cas, il n'est tenu à rien, et ne doit aucun dédommagement. D'ailleurs la quantité de livres écrits librement est si grande dans l'oisiveté de la paix, que je conçois bien que tout ce qui vient de l'étranger est suspect. Les *Lettres* d'Éon[2], de Vergy; l'*Espion chinois*[3], la *Vie de Mme de Pompadour*, les Récriminations de la société de Jésus, inondent l'Europe. Toutes les fois qu'il paraît

---

1. Madame Adélaïde, fille de Louis XV. Goldoni venait d'être nommé lecteur et maître d'italien de Mesdames de France. (Éd.)
2. Éon de Beaumont. (Éd.) — 3. Par Goudar. (Éd.)

un nouveau livre, je tremble. Il a beau être détestable, je crains toujours qu'on ne me l'impute. Je voudrais n'avoir jamais rien écrit. C'est une barbarie de m'avoir attribué ce *Dictionnaire philosophique*, dont plus de quatre auteurs sont assez connus. Il n'y a point d'homme de lettres et de goût qui ne sente la différence des styles.

Pour le fatras chaldéen et syriaque de l'abbé Bazin, je m'y perds; il n'y a que des calomniateurs bien maladroits qui puissent dire au roi que j'ai fait un tel ouvrage. Je ne crois pas qu'il y ait un bénédictin en France qui soit capable d'en être l'auteur. Je suis bien las d'être en butte aux discours des hommes. Dans quelle solitude faut-il donc s'ensevelir ? Adieu, mon cher ami; plaignez et aimez votre ami

VOLTAIRE.

MMMMCDXXVI. — MÉMOIRE POUR M. LE DUC DE PRASLIN

(EN MAIN PROPRE).

30 mai.

Il y a deux mois, ou environ, qu'on envoya de Paris aux frères Cramer à Genève un manuscrit contenant la justification de la *Gazette littéraire*. On leur assura qu'ils feraient plaisir à Mgr le duc de Praslin d'imprimer cet ouvrage, et on leur recommanda de lui envoyer les premiers exemplaires.

MM. Cramer me firent lire le manuscrit. Je le trouvai aussi spirituel que raisonnable, et je fus surpris qu'on ne l'imprimât point à Paris. On me pria de presser l'imprimeur, et on m'écrivit plusieurs lettres. En conséquence, je crus qu'on avait commencé par pressentir les volontés de Mgr le duc de Praslin.

M. de Montpéroux s'est rencontré aujourd'hui avec M. Cramer l'aîné, qui n'a pas manqué d'envoyer deux exemplaires, comme on le lui avait recommandé.

Nous avons jugé que la lettre de Mgr le duc à M. de Montpéroux avait précédé la réception de ces deux exemplaires.

Nous avons présumé aussi que les auteurs de la justification de la *Gazette littéraire* n'avaient pas consulté le protecteur de cette gazette, et n'avaient pas eu son agrément.

Sans approfondir les raisons de supprimer ce petit livre, M. Cramer s'est engagé à le supprimer, uniquement pour montrer sa déférence aux désirs de Mgr le duc de Praslin; et il m'a même promis, en présence de M. de Montpéroux, d'envoyer le manuscrit, ou du moins les feuilles qu'il pourra retrouver. Voilà l'état des choses.

S'il est vrai (ce qu'on m'a mandé) que le détracteur qui avait écrit contre MM. Arnaud et Suard ait demandé pardon, et que la paix soit faite, je conçois qu'il ne faut pas faire d'hostilités. Si on a pris seulement des alarmes sur ce que cet écrit s'imprimait à Genève, ces alarmes peuvent être apaisées par la lecture de l'ouvrage, qui est certainement d'un homme supérieur, et digne d'être protégé par Mgr le duc de Praslin.

Voilà tout ce que je sais de cette petite affaire, qui ne mérite pas de dérober un moment aux occupations d'un ministre, et que je suppose entièrement finie.

Je supplie Mgr le duc de Praslin de vouloir bien agréer mon attachement et mon respect. V.

MMMMCDXXVII. — A M. DE VARENNES, RECEVEUR DES TAILLES A MONTARGIS.

M. Clairaut, monsieur, n'eut aucune part à la philosophie leibnitzéenne, dans laquelle Mme du Châtelet mit autant de clarté que Leibnitz avait jeté d'obscurité. Elle la rendit même si claire, que presque tous les lecteurs furent désabusés des imaginations de Leibnitz. Il n'en fut pas de même du commentaire algébrique sur Newton. Comme il ne s'agissait que de vérités, Mme du Châtelet consulta M. Clairaut; il vérifia tous les calculs; il travailla beaucoup avec elle : mais Mme du Châtelet eut la gloire d'avoir travaillé seule à la traduction des principes de Newton, ouvrage qui aurait fait honneur à un académicien.

J'ai retrouvé la copie d'une lettre que j'écrivis à M. Clairaut il y a quelques années. Je vous l'envoie; elle pourra figurer dans les notes de votre ouvrage. C'est la même que vous me citez dans votre avant-dernière lettre : elle sera du moins un témoignage de l'amitié qui me liait à l'illustre M. Clairaut. Cette amitié me flattait, et je ne croyais pas lui survivre. Nous avons fait une grande perte; mais le public ne la sent pas assez. Il ne sait pas combien les gens de mérite, en ce genre, sont en petit nombre. Nous avons tout au plus trois ou quatre géomètres astronomes; s'ils manquaient, on serait tout étonné de n'avoir pas un seul homme qui sût faire une observation; et il y a mille personnes qui lisent les feuilles périodiques, contre une qui s'instruit dans les ouvrages de M. Clairaut.

Je m'intéresse au monument que vous élevez à sa gloire; il méritait d'être célébré par vous.

MMMMCDXXVIII. — A M. DAMILAVILLE.

5 juin.

Mon cher et vertueux ami, j'ai reçu votre lettre du 29 de mai. Si vous êtes quatre à la tête de la bonne œuvre de faire graver une estampe au profit de la famille Calas, je suis le cinquième; si vous êtes trois, je suis d'un quart; si vous êtes deux, je me mets en tiers. Vous pouvez prendre chez M. de Laleu l'argent qu'il faudra : il vous le fera compter à l'inspection de ma lettre.

Ma santé est toujours très-faible, mais il faut mourir en faisant du bien. On s'adresse fort mal quand on veut faire venir de Genève la *Philosophie de l'histoire*. M. de Barrière s'est avisé de m'écrire, et de me prier de lui faire avoir ce livre. Il n'est point imprimé à Genève, mais en Hollande, et il se passe trois mois avant qu'on puisse tirer un paquet d'Amsterdam; d'ailleurs je n'aime point ces commissions. Les jansénistes s'imaginent que, dans les pays étrangers, tout ce qu'on imprime est contre eux; et on se fait des tracasseries quand on cherche à rendre ce service. Je suis si las de jésuites, de jansénistes, de remontrances, de démissions, et de toutes les pauvretés qui rendent la nation ridicule, que je ne songe qu'à vivre en paix dans mon obscure retraite, au pied des Alpes.

J'ai envoyé à M. de Beaumont un mémoire pour les Sirven. Cette malheureuse famille me fait une pitié que je ne peux exprimer. La mère vient d'expirer de douleur; elle nous était bien nécessaire pour constater des faits importants. Vous voyez les malheurs horribles que le fanatisme cause !

Adieu; je vous embrasse tristement. Vous devez avoir reçu deux lettres auxquelles j'attends réponse.

MMMMCDXXIX. — AU MÊME.

A Genève, 7 juin.

Je ne sais, mon digne et vertueux ami, si je vous ai mandé que la femme de Sirven est morte, en prenant, comme Calas, Dieu à témoin de son innocence. La douleur a abrégé ses jours. Le père est au désespoir; cela ne nous empêchera pas de faire toutes nos diligences pour fournir au généreux Beaumont toutes les pièces nécessaires.

Je suis toujours malade auprès de M. Tronchin; mais quand je serais à la mort, je ne négligerais pas de servir une famille si infortunée.

J'ai reçu vos lettres du 29 mai et du 31, mais je n'ai pu encore démêler si vous avez reçu par M. Gaudet la lettre que l'*Écrlinf* vous adressa le 22. Je vous supplie de vouloir bien faire parvenir à M. Brisson le petit mémoire ci-joint. Je serais curieux d'avoir les ouvrages que l'abbé Bazin a donnés de son vivant. C'était un homme qui écrivait dans un style un peu précieux, à peu près dans le goût de l'*Histoire de la philosophie*, de Des Landes. Briasson est fort au fait de tous ces livres rares, et il pourrait me les faire tenir. Je vous serai très-obligé de lui recommander de les faire chercher dans la librairie.

Plusieurs lettres parlent avec beaucoup d'éloges du sermon de M. l'archevêque de Toulouse [1], à l'ouverture de l'assemblée du clergé; cette modération et cette douceur doivent plaire beaucoup au roi, dont il seconde la sagesse.

J'ai chez moi l'auteur de *Warwick* [2]; il va faire une tragédie tirée de l'histoire de France; mais il est à craindre qu'il ne lui arrive la même chose qu'aux bûcherons qui prétendaient tous recevoir une cognée d'or, parce que Mercure en avait donné une d'or à un de leurs compagnons pour une de bois. Les sujets tirés de l'histoire de son pays sont très-difficiles à traiter. Je lui donnerai du moins mes petits conseils; et, ne pouvant plus travailler, je tâcherai d'encourager ceux qui se consacrent au métier dangereux des lettres. Il ne m'a jamais produit que des chagrins; je souhaite aux autres un sort plus heureux.

1. Brienne. (ÉD.) — 2. La Harpe. (ÉD.)

Avez-vous fait commencer l'estampe des Calas? Il ne faut pas laisser refroidir la chaleur du public; il oublie vite, et il passe aisément du procès des Calas à l'Opéra-Comique.

De quoi se mêle le parlement de Pau de donner aussi sa démission? Pour moi, j'ai donné la mienne des vers et de la prose; et, pourvu que la calomnie me laisse en paix, je mourrai tout doucement. En attendant, je vis pour vous aimer.

Je vous embrasse, mon cher ami, avec la plus grande tendresse; mandez-moi surtout comment va votre gorge.

MMMMCDXXX. — A M. LE MARQUIS DE VILLETTE.

7 juin.

Vous êtes encore plus aimable que je ne disais. M. de La Harpe vient de me donner votre paquet; votre lettre me fait plus de plaisir que le testament que vous m'envoyez. Il se pourra bien faire que vous aspiriez un jour à l'honneur d'être père de famille, et que vous soyez docteur *in utroque jure*. Ce sera à vous de voir s'il vaut mieux vivre en philosophe que de donner des enfants à l'État; c'est une grande question qu'il ne m'appartient pas de décider.

Je suis infiniment touché de la bonté que vous avez eue de me confier le testament; je le trouve furieusement noble.

Non, je ne me flatte pas de vous voir à Ferney; c'est un bonheur qui passerait mes espérances. Comment pourrez-vous aller dans votre terre de Bourgogne, au milieu des affaires dont vous devez être surchargé? J'ai peur que vous n'attendiez la tenue des états; car il faudra bien venir vous faire recevoir et prendre séance. C'est alors que j'oserais compter sur une des plus grandes consolations que je puisse recevoir en ma vie. M. de La Harpe partagerait bien ma joie. Je vous assure que je ferai votre paix avec M. de Ximenès; cela ne sera pas difficile; il sait trop ce que vous valez, pour être longtemps fâché contre vous.

Le parlement de Besançon n'a point du tout envie de se démettre; il n'a démis que nos vaches, auxquelles il a défendu, par un arrêt solennel, d'aller paître dans la Franche-Comté. Elles ont eu beau présenter leur requête, et faire valoir la maxime d'Aristote: « Que chacun se mêle de son métier, les vaches seront bien gardées, » on les a condamnées au bannissement du ressort du parlement.

Vous ne devez rien à M. D....; tous vos comptes sont faits. Je souhaite que ceux de l'extraordinaire des guerres se rendent aussi promptement, et que vous soyez débarrassé au plus vite de tout ce tracas, qui n'est fait ni pour votre humeur ni pour vos grâces.

Il y aurait un gros livre à faire sur tout ce que vous m'avez écrit. Les fermiers généraux ne sont plus aujourd'hui les financiers de Molière; les Patin et les Turcaret ont disparu; les Watelet, les Helvétius ont pris leur place. Ce n'est pas de ces messieurs que je me plains; je voudrais seulement qu'ils sussent, comme moi, de quels délits ils se rendent coupables.

Un jambon est confisqué à Auxonne, parce qu'il a été salé en Franché-Comté avec du sel blanc, et qu'il entre en Bourgogne, où l'on sale les jambons avec du sel gris.

Un chef-d'œuvre de mécanique destiné pour le roi, une sphère mouvante est saisie sur les confins de la Lorraine par les employés, parce que cette machine était l'exécution en horlogerie du système de Copernic, et que les montres y payent des droits.

Voilà pourtant ce qui se fait au nom de gens de fort bonne compagnie, dont plusieurs se fâcheraient, s'ils en étaient les témoins. Ils ne doivent donc pas trouver étrange que je travaille de toutes mes forces à repousser cette inquisition hors de ma banlieue. Le moyen que cela se passe à ma porte, et de rimer des tragédies!

Adieu, très-aimable maréchal des logis. Puisse quelque jour mon heureuse destinée vous amener dans ma chaumière! Tout ce qui est à Ferney vous est presque aussi tendrement attaché que le vieux malade.

MMMMCDXXXI. — A M. LE MARQUIS D'ARGENCE DE DIRAC.

15 juin.

Heureusement, monsieur, le gouverneur de Pierre-Encise est un officier rempli d'honneur, et qui a les mœurs les plus aimables; il n'est occupé que d'adoucir le sort de ceux qu'il est obligé de recevoir dans le château, et la personne dont vous me parlez ne pouvait être en de meilleures mains. Vous aurez pu recevoir un petit paquet que M. le marquis de Charas doit vous remettre; c'est un jeune homme qui m'a paru bien digne de l'amitié que vous avez pour lui. Je suis un peu tombé en décadence depuis que je n'ai eu l'honneur de vous voir. Les longues maladies ont précipité chez moi la décrépitude. Je ne crois pas que j'aie longtemps à vivre; mais vous pouvez compter que les sentiments que vous m'avez connus s'affermiront dans moi jusqu'au dernier moment, et je vous aimerai toujours avec la même tendresse. Il ne me sied plus de vous parler de pâtés de perdrix; mais quand vous voudrez donner quelques ordres, adressez-les à M. Wagnière, chez M. Souchai, à Genève.

P. S. Je n'ai jamais lu ni le n° 13 ni le n° 20 de ce misérable Fréron, ni aucun de ses numéros. Je sais seulement, par la voix publique, que l'arithmétique ne suffit pas pour nombrer ses sottises et ses calomnies. Je ne vois pas d'ailleurs qu'il me soit convenable de lui répondre, car il faudrait le lire, et je ne peux supporter tant d'ennui. Il est toujours d'assez mauvaise grâce de faire sa propre apologie et de récriminer; mais ce qui serait avilissant dans moi est bien louable dans vous. Je sens, avec la plus tendre reconnaissance, toute l'étendue de votre générosité; et s'il est décent à moi de me taire, il est bien beau à vous de parler en faveur d'un homme que vous aimez : le nom d'un pareil avocat fera bien de l'honneur à son client.

Vous savez avec quels sentiments je vous suis dévoué pour toute ma vie.

MMMMCDXXXII. — A MADEMOISELLE CLAIRON.

21 juin.

Il y a des gens, mademoiselle, qui sont aussi curieux de voir ce qu'on vous écrit, que le public l'est de vous entendre. Je confie ce petit billet à M. Cramer, qui vous le fera tenir par une voie sûre. M. le comte de Valbelle, que j'ai eu l'honneur de recevoir dans ma petite retraite, a pu vous instruire de l'intérêt extrême que je prends à tout ce qui vous regarde.

S'il est vrai qu'une dame de vos amies vienne à Genève pour sa santé, je me flatte que vous l'engagerez à prendre à la campagne le même appartement que M. de Valbelle a bien voulu occuper. Vous ne trouverez dans cette maison que des partisans, des admirateurs, et des amis. On y honore les beaux-arts, et surtout le vôtre; on y déteste ceux qui en sont les ennemis; c'est un temple où l'encens fume pour vous.

Il est vrai que ce temple est un peu bouleversé par des maçons qui s'en sont emparés; mais votre nom est parvenu jusqu'à eux, et ils disent qu'ils ne vous feront point de bruit.

MMMMCDXXXIII. — A M. DAMILAVILLE.

A Genève, 22 juin.

J'ai reçu, mon cher ami, votre lettre pour le docteur Tronchin. Les autres ont été reçues en leur temps. M. Tronchin vous assure de son amitié et de son zèle; il dit que vous devez continuer le régime qu'il vous a prescrit. Pour moi, mon principal régime est la patience, et la résignation aux ordres immuables de la nature. J'ai assez vécu pour savoir qu'il y a bien peu de choses à regretter. S'il est possible que le soin que vous devez à votre santé vous conduise à Genève, et que j'aie le plaisir de vous embrasser et de vous ouvrir mon cœur, je croirai la fin de ma vie très-heureuse. Je n'ai rien de nouveau touchant l'ordonnance du parlement de Toulouse. Il est à croire que les Sirven seront réduits à envoyer à M. de Beaumont une protestation contre le refus de délivrer cette ordonnance et les autres pièces nécessaires. J'ai toujours même pensé que ce refus serait favorable à la cause des Sirven, et servirait à leur faire obtenir plus aisément une attribution de juges, puisqu'il constaterait la mauvaise volonté et l'injustice des tribunaux, dont cette famille a tant raison de se plaindre.

Je vous supplie d'embrasser tendrement pour moi l'homme supérieur à qui le public rend justice [1], et à qui ceux qui disposent de ce qui lui est dû l'ont rendue si peu. Je m'intéresse à lui, non-seulement comme à un homme qui fait honneur à la nation, mais comme à un homme que j'aime de tout mon cœur. Je suis persuadé qu'il n'attendra que peu de temps; et puisque la place n'est point donnée à d'autres, c'est une preuve qu'il l'aura, ou je suis bien trompé : on connaît trop ce qu'il vaut, et les sacrifices généreux qu'il a faits.

1. M. Dalembert. (ÉD.)

Il est sûr que feu l'abbé Bazin a donné des ouvrages de métaphysique; j'en ai vu des lambeaux cités, et je me flatte que Briasson, qui m'a déterré des livres assez rares, me trouvera encore celui-là. Pour son *œuvre posthume*[1], qui paraît depuis quelque temps en Hollande, je ne crois pas qu'il y ait à présent un homme assez dépourvu de sens pour m'attribuer cet ouvrage, qui ne peut avoir été fait que par un rabbin ou par un bénédictin, et qui ne peut être lu que par le petit nombre d'hommes de cabinet qui aiment ces recherches épineuses.

Au reste, je n'entends rien à la manie qu'on a aujourd'hui de vouloir décrier les philosophes. Il me semble que les sottises et les inconséquences de Rousseau ne doivent point retomber sur les gens de lettres de France. Ceux que je connais sont les meilleurs sujets du roi, les plus pacifiques, les plus amis de l'ordre. En vérité, les reproches qu'on leur fait ressemblent à ceux que le loup faisait à l'agneau.

Que cette injustice passagère ne vous empêche pas d'aimer les lettres. Adieu, mon cher ami.

MMMMCDXXXIV. — A M. D'ALEMBERT

24 juin.

Mon cher philosophe, je suis plus indigné que vous, parce que je sais mieux que vous tout ce que vous valez. Il y a injustice, ingratitude, ridicule, le tout au premier degré, à refuser une modique pension, patrimoine d'Académie; et à qui? à celui qui a refusé cent mille livres d'appointements, pour continuer à faire honneur à sa patrie. Je ne crois pas que vous soyez éconduit. Les hommes ont encore un petit reste de pudeur. Vous voyez qu'on ne donne point votre pension à d'autres; on vous fait donc seulement attendre : on veut peut-être que vous fassiez quelque démarche. Je vous demande en grâce de me mander où vous en êtes. Ayez la bonté de donner votre lettre à M. de Villette; c'est un de nos plus aimables frères, ami éclairé de la bonne cause, et sentant tout votre mérite. C'en serait trop, mon cher philosophe, si les sages avaient contre eux les prêtres et les ministres. Nous avons besoin des hommes d'État pour nous défendre contre les hommes de Dieu. Je ne vous dis pas cela en l'air; il y a du temps que j'ai de très-bonnes raisons de penser ainsi. Mandez-moi, je vous prie, tout ce que vous avez sur le cœur, attendu que le mien est à vous. Recommandez-moi aux prières de nos frères. *Écr. l'inf....*

MMMMCDXXXV. — DU CARDINAL DE BERNIS.

Alby, ce 24 juin.

Je ne voulais vous répondre, mon cher confrère, qu'en vous envoyant ce que vous m'avez demandé : je n'ai pu encore y réussir. Le marquis de Créqui prétend qu'il sera plus heureux que moi; cela doit être, il est plus jeune. Vous avez beau être *profane*, je vous aime tou-

---

[1]. *La Philosophie de l'histoire*, que Voltaire donnait sous le nom de l'abbé Bazin. (Éd.)

jours, et je me réserve pour votre conversion. Je ne veux pas croire, comme la plupart de mes confrères, que votre projet soit de bannir la religion de la surface de la terre : vous avez toujours été l'ennemi du fanatisme, et vous pensez sûrement que si le fanatisme qui s'arme en faveur de la religion est dangereux, celui qui s'élève pour la détruire n'est pas moins funeste.

Quand on vous a mandé que je m'occupais ici à rendre heureuses deux cent mille ouailles dont mon bercail est composé, on vous a dit la vérité. Cette occupation me satisfait plus que le ministère, où je n'avais que des intentions et point de moyens. L'homme n'est heureux que par le bien qu'il fait aux autres. Je sais que vous prêchez cette morale par vos leçons et par vos exemples; aussi avez-vous recouvré la vue; aussi le ciel vous accorde-t-il une longue vie, malgré la faiblesse de vos organes et l'immensité de vos travaux. Faites donc des heureux encore; répandez vos rayons sur un siècle qui décline : aimez-moi toujours, quoique archevêque, et ne passez pas un an sans m'écrire. Vous savez que je vous admire; mais peut-être ne savez-vous pas assez combien je vous aime, et combien je m'intéresse à votre bonheur et à votre gloire.

MMMMCDXXXVI. — A M. DE CHABANON.

25 juin.

Les gens de lettres doivent s'aimer, monsieur; car, en vérité, les gens du monde et les gens d'Église ne les aiment guère. Le refus de la pension due à M. Dalembert, et le libelle du gazetier des convulsions contre lui, font également lever les épaules. Il faut que le petit troupeau des gens qui pensent se tienne serré contre les loups. Je ne savais pas devant qui je parlais, quand je m'avisai de dire ce que je pensais de vous en présence de M. de La Chabalerie. Vos lettres m'avaient inspiré une estime et une amitié que j'aurais témoignées devant vos ennemis, s'il était possible que vous en eussiez.

M. de La Harpe a un feu céleste qu'il ne doit qu'à lui; mais il n'y fait encore rien cuire, et vous aurez achevé votre *Virginie* avant qu'il ait fait le plan de sa pièce. C'est dommage que nous n'ayons eu, depuis Pharamond, de prince ni de ministre qui aient violé des filles. On demande actuellement des sujets français; vous serez réduits, messieurs, à Louis VIII, qui aima mieux mourir, dit-on, que de coucher avec une fille de quinze ans. Ce sujet est la converse de *Virginie*. Vous voulez apparemment vous en tenir à l'impression, parce que Mlle Clairon a pris congé. On dit que Lekain en fait autant. Vous plaiderez par écrit, faute de bons avocats qui plaident; mais le public aime l'audience, et il y a plus de spectateurs que de lecteurs. Pour moi, monsieur, je voudrais vous lire et vous entendre, et jouir de votre conversation, qu'on dit aussi aimable que vos mœurs.

Agréez, monsieur, les sentiments de la véritable estime qu'a pour vous votre, etc.

MMMMCDXXXVII. — A M. HELVÉTIUS.

26 juin.

Je vous ai toujours dans la tête et dans le cœur, mon cher philosophe, quoique vous m'ayez entièrement oublié. Vous m'avez affligé en ne venant point dans mes déserts libres, au retour d'une cour despotique; ma douleur redouble quand j'apprends que vous désespérez de la cause commune. Un général tel que vous doit inspirer de la confiance aux armées. Je vous conjure de prendre courage, de combattre, et je vous réponds de la victoire.

Ne voyez-vous pas que tout le Nord est pour nous, et qu'il faudra tôt ou tard que les lâches fanatiques du Midi soient confondus? L'impératrice de Russie, le roi de Pologne (qui n'est pas un imbécile faisant de mauvais livres avec un secrétaire ex-jésuite[1]), le roi de Prusse, vainqueur de la superstitieuse Autriche, bien d'autres princes, arborent l'étendard de la tolérance et de la philosophie. Il s'est fait, depuis douze ans, une révolution dans les esprits qui est sensible. Plusieurs magistrats, dans les provinces, font amende honorable pour l'insolente hypocrisie de ce malheureux Omer, la honte du parlement de Paris. D'assez bons livres paraissent coup sur coup; la lumière s'étend certainement de tous côtés. Je sais bien qu'on ne détruira pas la hiérarchie établie, puisqu'il en faut une au peuple; on n'abolira pas la secte dominante, mais certainement on la rendra moins dominante et moins dangereuse. Le christianisme deviendra plus raisonnable, et par conséquent moins persécuteur. On traitera la religion en France comme en Angleterre et en Hollande, où elle fait le moins de mal qu'il soit possible.

Nous ne sommes pas faits en France pour arriver les premiers. Les vérités nous sont venues d'ailleurs; mais c'est beaucoup de les adopter. Je suis très-persuadé que, si on veut s'entendre et se donner un peu de peine, la tolérance sera regardée dans quelques années comme un baume essentiel au genre humain. Le nom d'Omer Joly sera aussi odieux et aussi ridicule que celui de Fréron. C'est à vous à soutenir vos frères et à augmenter leur nombre. Vous savez qu'il est aisé d'imprimer sans se compromettre; la *Gazette ecclésiastique* en est une belle preuve[2]. Est-il possible que des sages ne puissent parvenir dans Paris à faire avec prudence ce que font des fanatiques avec sécurité? Quoi! ces malheureux vendront des poisons, et nous ne pourrons pas distribuer des remèdes! Nous avons, à la vérité, des livres qui démontrent la fausseté et l'horreur des dogmes chrétiens; nous aurions besoin d'un ouvrage qui fît voir combien la morale des vrais philosophes l'emporte sur celle du christianisme. Cette entreprise est digne

---

1. Menoux. (ÉD.)
2. Les *Nouvelles ecclésiastiques* s'imprimaient clandestinement à Paris. L'imprimerie fut pendant un temps établie dans un chantier; et un exemplaire tout humide s'envoyait au lieutenant général de police, qui ne put rien découvrir. (*Note de M. Beuchot.*)

de vous. Il vous serait bien aisé d'alléguer un nombre de faits très-intéressants qui serviraient de preuves; ce serait un amusement pour vous, et vous rendriez service au genre humain.

Éclairez les hommes, mais soyez heureux. Vous méritez de l'être, et vous avez de quoi l'être. Personne ne s'intéresse plus que moi à votre félicité; mais je tiens qu'elle sera plus parfaite lorsque, sans vous compromettre, vous aurez contribué à confondre l'erreur. Le secret témoignage qu'on se rend alors à soi-même est une des meilleures jouissances. Votre lâche Fontenelle ne vivait que pour lui; vivez pour vous et pour les autres. Il ne songeait qu'à montrer de l'esprit; servez-vous de votre esprit pour éclairer le genre humain. Je vous embrasse dans la communion des fidèles.

MMMMCDXXXVIII. — A M. COLINI.

A Ferney, 29 juin.

Ah! mon ami, que je voudrais voir opérer le miracle dont Son Altesse Électorale daigne vouloir m'honorer! mais j'irai bientôt dans un pays où l'on n'a plus besoin de miracles. J'ai été si mal, que presque toute ma famille est venue de Paris pour me consoler dans ma retraite et dans mes maux : elle m'a trouvé très-résigné; mais je vous assure que je ne le suis guère quand je songe que je ne vous reverrai plus. Cependant si je puis résister à ce dernier orage, je ne veux pas perdre entièrement l'espérance. Consolez-moi en me mettant aux pieds de Monseigneur. L'état où je suis à présent ne me permet guère de vous en dire davantage.

MMMMDCXXXIX. — DE M. DALEMBERT.

Ce 30 juin.

Vous êtes bien bon, mon cher maître, de prendre tant de part à l'injustice que j'éprouve; il est vrai qu'elle est sans exemple. Je sais que le ministre [1] n'a point encore rendu de réponse définitive; mais vouloir me faire attendre et me faire valoir ce qui m'est dû à tant de titres, c'est un outrage presque aussi grand que de me le refuser. Sans mon amour extrême pour la liberté, j'aurais déjà pris mon parti de quitter la France, à qui je n'ai fait que trop de sacrifices. J'approche de cinquante ans; je comptais sur la pension de l'Académie, comme la seule ressource de ma vieillesse. Si cette ressource m'est enlevée, il faut que je songe à m'en procurer d'autres, car il est affreux d'être vieux et pauvre. Si vous pouviez savoir les charges considérables et indispensables, quoique volontaires, qui absorbent la plus grande partie de mon très-petit revenu, vous seriez étonné du peu que je dépense pour moi; mais il viendra un temps, et ce temps n'est pas loin, où l'âge et les infirmités augmenteront mes besoins. Sans la pension du roi de Prusse, qui m'a toujours été très-exactement payée, j'aurais été obligé de me retirer ou à la campagne ou en pro-

1. Saint-Florentin. (ÉD.)

vince, ou d'aller chercher ma subsistance hors de ma patrie. Je ne doute point que ce prince, quand il saura ma position, ne redouble ses instances pour me faire accepter la place qu'il me garde toujours de président de son Académie; mais le séjour de Potsdam ne convient point à ma santé, le seul bien qui me reste; et d'ailleurs un roi est toujours meilleur pour maîtresse que pour femme. Je vous avoue que ma situation m'embarrasse. Il est dur de se déplacer à cinquante ans, mais il ne l'est pas moins de rester chez soi pour y essuyer des nasardes. Ce qui vous étonnera davantage. c'est que le ministre qui en agit si indignement à mon égard a dit à M. le prince Louis [1] qu'il n'avait rien à me reprocher ni pour mes écrits ni pour ma conduite. Le prince Louis voulait aller au roi, qui sûrement ignore cette indignité; mais il n'en a rien fait, dans la crainte de me nuire auprès du ministre en voulant me servir. Ma seule consolation est de voir que l'Académie, le public, tous les gens de lettres, à l'exception de ceux qui sont l'opprobre de la littérature, ne sont pas moins indignés que vous du traitement que j'éprouve. J'espère que les étrangers joindront leurs cris à ceux de la France; et je vous prie de ne laisser ignorer à aucun de ceux que vous verrez le nouveau genre de persécution qu'on exerce contre les lettres.

Adieu, mon cher et illustre confrère; je suis très-sensible à l'amitié que vous me témoignez; je crois la mériter un peu par mes sentiments pour vous. J'oublie de vous dire que j'ai écrit au ministre une lettre simple et convenable, sans bassesse et sans insolence, et que je n'en ai pas plus eu de réponse que de l'Académie. Si on attend que je fasse d'autres démarches, on attendra longtemps.

MMMMDCXL. — A M. LE MARQUIS DE VILLETTE.

Juin.

Je crois, mon cher marquis, vous avoir déjà dit de quelle manière il faut m'adresser vos lettres; sans cela, vous courez risque d'avoir plus d'un confident de vos secrets.

Vous me parlez de la retraite précipitée du ministre[2]; on peut dire qu'il a soutenu les caprices de la fortune comme il a reçu ses caresses. Il n'y a pas moins de grandeur à supporter de grandes injustices qu'à faire de grandes actions.

C'est un puissant raisonneur celui qui vous disait sérieusement que M...[3] n'était pas de famille à être contrôleur général; mais lorsque l'on est sur un vaisseau assailli par la tempête et dans un danger imminent de périr, on ne choisit pas, pour tenir le gouvernail, celui qui est de meilleure maison, mais celui qui est le plus habile.

Ce que vous me dites du prélat harangueur m'a étonné et affligé; car on m'avait flatté que, dans une espèce de sermon, à son assemblée, il avait prêché la tolérance. Sa sortie contre les philosophes est

1. Depuis le cardinal de Rohan. (ÉD.)
2. M. de Choiseul. C'était une fausse nouvelle. (Éd. de Kehl.)
3. Laverdy. (ÉD.)

plus dangereuse que vous ne pensez; on n'en veut déjà que trop aux partisans de la raison; vous avez dû vous en apercevoir au refus que M. Delembert essuie jusqu'à présent d'une petite pension à laquelle il a un droit incontestable, et que l'Académie des sciences demandait pour lui.

Il me semble qu'il n'est pas bien honorable pour la France qu'on prive de douze cents livres de rentes un homme si supérieur, qui a fait un sacrifice de cent mille livres d'appointements pour rester dans son pays, qu'il honore. C'est une réflexion que sans doute tout le monde a faite, et qui vaut la pension.

J'avais raison, comme vous voyez, de ne point envoyer ce brimborion de *frère Oudin*, qu'on ne peut avoir fait courir que très-défiguré. On ne doit parler du porc de saint Antoine et du chien de saint Roch, pendant l'assemblée du clergé, qu'avec un profond respect.

Vous avez beau me dire qu'on lèvera l'excommunication si justement fulminée par ceux qui jouent des pièces latines contre ceux qui jouent des pièces françaises : je connais trop l'Église; elle ne peut pas plus se relâcher qu'elle ne peut errer. Il n'y a plus que les drames bourgeois du néologue Marivaux où l'on puisse aller pleurer en sûreté de conscience. Les comédiens français trouveront plus d'indulgence au parlement, dans quelque occasion favorable où ils plaideront contre l'archevêque.

Je suis fâché du mauvais succès de notre protégé [1]; mais, pour être bon comédien, il faudrait descendre de Protée en ligne directe. Il faut beaucoup de talent pour être excommunié.

M. de La Harpe est à Ferney; mais il n'y a pas beaucoup travaillé. J'espérais qu'il ferait ici quelques petits *Warwicks*. Il n'y a que Mme Dupuits qui se mette chez nous à faire des enfants. Pour moi, je mène toujours la même vie. Je lis avec édification les Pères de l'Église. Je prie Huber de dessiner saint Paul; il en fera un portrait fort ressemblant, d'après l'idée qu'en donnent de vieux auteurs qui ont été en tiers avec lui et sainte Thècle.

Dieu soit loué que vous soyez toujours dans le dessein de venir voir votre terre de Bourgogne, et de visiter en passant des reclus qui vous sont bien tendrement attachés!

MMMMCDXLI. — DE CATHERINE II, IMPÉRATRICE DE RUSSIE.

L'impératrice de Russie est très-obligée au neveu de l'abbé Bazin de ce qu'il a bien voulu lui dédier l'ouvrage [2] de son oncle, qui assurément n'a rien de commun avec Abraham Chaumeix, maître d'école à Moscou, où il enseigne l'*a b c* aux petits enfants. Elle a lu ce beau livre d'un bout à l'autre avec beaucoup de plaisir, et ne s'est point trouvée supérieure à ce qu'elle a lu, parce qu'elle fait partie de ce genre hu-

1. Ce doit être Aufresne, qui débuta au Théâtre-Français le 30 mai 1765. (*Note de M. Beuchot.*)
2. La première édition de *la Philosophie de l'histoire*, que l'auteur a fait servir depuis d'introduction à l'*Essai sur les mœurs*, etc. (*Éd. de Kehl.*)

main si enclin à goûter les absurdités les plus étranges; elle est persuadée que ce livre ne manquera pas d'en éprouver sa part, et qu'à Paris il sera infailliblement livré au feu, au pied d'un grand escalier; ce qui lui donnera un lustre de plus.

Comme le neveu de l'abbé Bazin a gardé un profond silence sur le lieu de sa résidence, on a adressé cette réponse à M. de Voltaire, si connu pour protéger et favoriser les jeunes gens dont les talents font espérer qu'ils seront un jour utiles au genre humain. Cet illustre auteur est prié de faire parvenir ce peu de lignes à sa destination; et si par hasard il ne connaissait point ce neveu de l'abbé Bazin, on est persuadé qu'il excusera cette démarche en faveur du mérite éclatant de ce jeune homme.

CATERINE.

MMMMCDXLII. — A M. DAMILAVILLE.

A Genève, 3 juillet.

Mon cher ami, j'ai reçu votre lettre du 26 juin. Il faut toujours commencer par cette formule; car il y a eu un tel dérangement dans les postes de Genève, qu'on ne reçoit pas toujours fort exactement les lettres de ses amis. Votre mal de gorge m'inquiète beaucoup. Serait-il bien vrai que vous pussiez venir dans nos déserts, et franchir les montagnes qui nous entourent? Je devrais le bonheur de vous voir à une bien triste cause; mais je serais doublement consolé par le plaisir de vous embrasser, et par l'espérance que Tronchin vous guérirait. Tous les arts utiles seraient-ils tombés en France, ainsi que les arts agréables, au point qu'il n'y ait pas un homme qui sache guérir une tumeur dans les amygdales? La foi que vous avez dans Tronchin fera mon bonheur.

On dit que Mlle Clairon vient à Genève ces jours-ci, mais ce n'est pas pour ses amygdales. J'ignore encore si elle prendra chez moi un logement. Ma chaumière n'est plus qu'une masure renversée et désolée par des maçons; mais, quand je serai sûr de vous recevoir, je leur ferai bien faire une cellule pour vous dans mon petit couvent. Vous serez logé bien ou mal, mon cher ami, et nous aurons le plus grand soin de votre santé. Je vous ouvrirai un cœur qui est tout à vous; nous plaindrons ensemble le sort de la littérature et de ceux qui la cultivent.

Vous vous doutez bien à quel excès le libelle du gazetier janséniste m'a indigné. Voilà donc les ouvrages qu'on permet, tandis que les bons sont à peine tolérés et quelquefois proscrits!

Je crois qu'on a imprimé quelques sermons de l'abbé Bazin, et qu'ils se trouvent dans des recueils; on m'en a même envoyé quelques passages. Sa *Philosophie de l'histoire*, qu'on m'imputait d'abord, et que, Dieu merci, on ne m'impute plus, n'a pas laissé d'être bien reçue en Angleterre et dans tous les pays étrangers. On me mande que cet ouvrage a paru instructif et sage; mais il n'est pas juste qu'on m'attribue tous les ouvrages nouveaux qui paraissent: je ne veux ni d'un honneur ni d'une honte que je ne mérite pas. Je suis hors d'état de travailler; je voudrais au moins que les autres fissent ce que je ne puis faire. La Harpe, qui est toujours chez moi, m'avait promis une tragédie; il n'a rien commencé :

> ......*Vitanda est improba Siren*
> *Desidia.*
> Hor., lib. II, sat. III, v. 14.

J'attends patiemment le paquet que m'a promis Briasson, et je me flatte que nous lirons ensemble ce qu'il contient; nous en raisonnerons, et ce seront les moments les plus agréables de ma vie.

MMMMCDXLIII. — A M. LE COMTE D'ARGENTAL.

Ferney, 6 juillet.

Voici, mes divins anges, ce qui est advenu : votre paquet, adressé à M. Camp, et contre-signé *Chauvelin*, arriva en son temps à Lyon, à l'adresse de M. Camp. Les fermiers généraux des postes l'avaient contre-signé à Paris d'une autre façon, en mettant en gros caractères : *Paquet suspect.* M. Camp est toujours malade; M. Tronchin, qui est toujours à Lyon, fut étonné du suspect : il ouvrit le paquet. Les directeurs des postes disputèrent; ils exigèrent, je crois, un louis. Enfin le paquet qui portait une sous-enveloppe, *à Wagnière, chez Souchai, à Genève*, ne m'a été rendu qu'aujourd'hui.

La même chose m'était arrivée à peu près au sujet d'un très-petit paquet, aussi contre-signé *Chauvelin*, que vous m'aviez adressé il y a environ trois semaines.

Ainsi vous voyez que les Français préfèrent le port aux conseillers d'État intendants des finances. Je pense donc que, n'ayant jamais à m'envoyer que des paquets honnêtes, le meilleur parti est de les mettre avec les dépêches pour le résident de Genève, et, quand vous ne me donnerez vos ordres que dans une simple lettre, de l'adresser uniquement par la poste à Wagnière chez Souchai, sans autre enveloppe.

Lekain est sombre, et moi aussi : je lui conseille de venir chez moi en Suisse pour s'égayer. Mlle Clairon viendra à Ferney; j'y passerai quelques jours pour elle. Ferney n'est point à moi, comme vous savez : il est à ma nièce Denis. J'ai le malheur de n'avoir rien du tout en France; mais je vous remercie pour Mme Denis, vous et M. le duc de Praslin, comme si c'était pour moi-même; et jamais ses bontés et les vôtres ne sortiront de mon cœur.

Je crois qu'il sera convenable que j'écrive à M. de Calonne. Je regarde sa commission de rapporter comme un de vos bienfaits.

Je viens de vous dire, mes anges, que si Lekain fait bien, il viendra dans ma Suisse; mais je le prierai de faire mieux, et de rester au théâtre.

On est donc revenu sur les six pendus[1]? Je suis très-aise pour l'au-

---

1. Les héros du *Siége de Calais*, tragedie de de Belloy, sont six bourgeois qu'Édouard III veut faire pendre. (ÉD.)

teur que l'illusion l'ait si bien et si longtemps servi. Le ridicule n'est que de l'enthousiasme qui a pris pour une chose honorable à la nation l'époque honteuse de trois batailles perdues coup sur coup et d'une province subjuguée. Vous apprêtez trop à rire aux Anglais, et j'en suis fâché.

Comme je ne reçois le manuscrit du petit prêtre [1] qu'aujourd'hui, vous ne pourrez recevoir la nouvelle leçon que dans quinze jours. Il est bon d'ailleurs d'accorder du temps au zèle de ce jeune homme. Il dit que la scène des deux tyrans ne fera jamais un bon effet, parce qu'une conférence entre deux méchants hommes n'intéresse point; mais elle peut attacher par la grandeur de l'objet et par la vérité des idées, surtout si elle est bien dialoguée et bien écrite. Selon lui, c'est la scène de Julie [2] errante dans les rochers de cette île triumvirale qui doit intéresser : mais il faut des actrices.

MMMMCDXLIV. — A M. DALEMBERT.

8 juillet.

Mon cher philosophe, votre lettre m'a pénétré le cœur. Je vous aime assez pour vous apprendre des secrets que je ne devrais dire à personne, et je compte assez sur votre probité, sur votre amitié, pour être sûr que vous garderez le silence que je romps avec vous. Je ne vous parle point de l'intérêt que vous avez à vous taire; tout intérêt est chez vous subordonné à la vertu.

La plupart des lettres sont ouvertes à la poste; les vôtres l'ont été depuis longtemps. Il y a quelques mois que vous m'écrivites : « Que dites-vous des ministres, vos protecteurs, ou plutôt vos protégés? » et l'article n'était pas à leur louange. Un ministre m'écrivit quinze jours après : « Je ne suis pas honteux d'être votre protégé, mais, etc.; » ce ministre paraissait très-irrité. On prétend encore qu'on a vu une lettre de vous à l'impératrice de Russie, dans laquelle vous disiez : « La France ressemble à une vipère : tout en est bon, hors la tête. » On ajoute que vous avez écrit dans ce goût au roi de Prusse. Vous sentez, mon cher philosophe, combien il a été inutile que je vous aie rendu justice, et que j'aie écrit à ceux qui se plaignaient ainsi de vous, « que vous êtes l'homme qui a fait le plus d'honneur à la France. » La voix d'un pauvre Jean criant dans le désert, et surtout d'un Jean persécuté, ne fait pas un grand effet. Voilà donc où vous en êtes. C'est à vous à tout peser; voyez si vous voulez vous transplanter à votre âge, et s'il faut que Platon aille chez Denys, ou que Platon reste en Grèce. Votre cœur et votre raison sont pour la Grèce. Vous examinerez si, en restant dans Athènes, vous devez rechercher la bienveillance des Périclès. Je suis persuadé que le ministre, qui n'a rien répondu sur votre pension, ne garde ce silence que parce qu'un autre ministre lui a parlé. On est fâché contre vous depuis la *Vision*. Je sentis cruel-

---

1. Auteur supposé du *Triumvirat*. (Éd.)
2. Acte II, scène IV du *Triumvirat*. (Éd.)

lement le coup que cette *Vision* porterait aux philosophes; je vous le mandai, vous ne me crûtes pas; mais j'étais très-instruit. Mme la princesse de Robecq n'apprit qu'elle était en danger de mort que par cette brochure. Jugez quel effet elle dut faire. Depuis ce temps, des trésors de colère se sont amassés contre nous tous, et vous ne l'ignorez pas. J'ai cru apercevoir, au travers de ces nuages, qu'on vous estime comme on le doit, et qu'on aurait désiré votre estime.

Je sais bien que vous ne ferez jamais de démarche qui répugne à la hauteur de votre âme, mais il vous faut votre pension. Voulez-vous me faire votre agent, quoique je ne sois pas sur les lieux? Il y a un homme qui est dans une très-grande place[1], et qui est mécontent de vous. Il n'est pas impossible que son ressentiment ait influé sur le refus ou sur le délai de la justice qu'on vous doit. Permettez-vous que je prenne la liberté de lui écrire? Je suis sans conséquence; je ne compromettrai ni lui ni vous; je lui proposerai une action généreuse. Il est très-capable de la faire, très-capable aussi de se moquer de moi; mais j'en courrai volontiers les risques, et rien ne retombera sur vous. Je ne ferai rien assurément sans avoir vos instructions, que vous pourrez me faire parvenir en toute sûreté par la voie dont vous êtes déjà servi.

On crie contre les philosophes, on a raison; car si l'opinion est la reine du monde, les philosophes gouvernent cette reine. Vous ne sauriez croire combien leur empire s'étend. Votre *Destruction* a fait beaucoup de bien. Bonsoir; je suis las d'écrire; je ne le serai jamais de vous lire et de vous aimer.

MMMMCDXLV. — A M. LE MARQUIS DE VILLETTE.

8 juillet.

Le vieux malade de Ferney présente ses très-tendres respects au jeune malingre de l'hôtel d'Elbeuf.

Je vois que vous vous regardez comme un homme dévoué à la médecine, et que vous passez votre temps entre les ragoûts et les drogues. Cela rend mélancolique, mais cela fait aussi un grand bien, car on en aime mieux son chez soi, on réfléchit davantage, on se confirme dans sa philosophie, on fait moins de cas du monde; et dès qu'on a un rayon de santé, on court au plaisir. Une telle vie ne laisse pas d'avoir son mérite; les malingres ont de très-beaux moments.

Permettez-moi encore, monsieur, d'abuser de votre bonté, et de vous recommander cette lettre pour M. Dalembert. Il faut que l'air de Ferney ne soit pas bon pour les tragédies. L'auteur de *Warwick* n'a pas encore fait une pauvre petite scène. Je serai bien honteux s'il sort de chez moi sans avoir travaillé. Si la pièce était prête, nous la jouerions.

Je crois vous avoir dit que Mme Denis m'ayant demandé une grande salle pour repasser son linge, je lui avais donné celle du théâtre; mais après y avoir pensé mûrement, elle a conclu qu'il vaut mieux être en

1. Le duc de Choiseul. (ÉD.)

linge sale et jouer la comédie. Elle a rebâti le théâtre, et demain on joue *Alzire*, en attendant *Warwick*, et en attendant aussi Mlle Clairon, qui peut-être ne viendra pas.

Vous me parlez avec bien de l'enjouement de mon *Orphelin*. J'aurais voulu la scène dans la maison de Confucius, j'aurais voulu Zamti plus Chinois, et Gengis plus Tartare. Heureusement mon grand acte a raccommodé tout cela.

Puissiez-vous, monsieur, visiter bientôt vos terres de Bourgogne! Nous vous donnerons la comédie, et vous ne serez pas mécontent de la comédie. Je suis si vieux que je ne peux plus jouer les vieillards; c'est grand dommage, car je vous avoue modestement que je jouais Lusignan beaucoup mieux que Sarrazin.

Lorsque vous ferez votre tournée, mandez-nous quels rôles vous voulez. Vous devez être un excellent acteur, si vous êtes sur le théâtre comme à souper; et je vous soupçonne de vous tirer à merveille de tout ce que vous voudrez faire.

J'ai une plaisante grâce à vous demander. Je remarquai, lorsque vous me faisiez l'honneur d'être dans mon taudis, que vous ne soumettiez jamais votre visage à la savonnette et au rasoir d'un valet de chambre qui vient vous pincer le nez et vous échauder le menton. Vous vous serviez de petites pincettes fort commodes, assez larges, ornées d'un biseau qui embrasse la racine du poil sans mordre la peau. J'en use comme vous, quoiqu'il y ait une prodigieuse différence entre votre visage et le mien. Mais il faut que cet art soit bien peu en vogue, puisque je n'ai pu trouver à Genève ni à Lyon une seule pince supportable; il n'y en a pas plus que de bons livres nouveaux. Je vous demande en grâce de vouloir bien ordonner à un de vos gens de m'acheter une demi-douzaine de pinces semblables aux vôtres.

Il est vrai que voilà une commission très-ridicule. J'aimerais bien mieux pincer tous les mauvais poètes, les calomniateurs, les envieux, que de me pincer les joues. Mais enfin, j'en suis réduit là. Je suis comme les habitants de nos colonies, qui ne savent plus comment faire quand ils attendent de l'Europe des aiguilles et des peignes. Enfin les petits présents entretiennent l'amitié, et je vous serai très-obligé de cette bonté.

Conservez-moi une amitié que je mérite par mes très-tendres sentiments pour vous.

MMMMCDXLVI. — A M. LE COMTE D'ARGENTAL.

10 juillet.

Je dépêche à mes anges le dernier mot du petit prêtre tragique; il vient de m'apporter ses roués, les voilà. Vous ne sauriez croire à quel point ce petit provincial vous respecte et vous aime. « Je sens bien, m'a-t-il dit, que mon œuvre dramatique n'est pas digne de vos anges; le sujet ne comporte pas ces grands mouvements de passions qui arrachent le cœur, ce pathétique qui fait verser des larmes; mais on y trouvera un assez fidèle portrait des mœurs romaines dans le temps du triumvirat. Je me flatte qu'on trouvera plus d'union dans le dessein qu'il n'y en avait dans les premiers essais; que les fureurs de Fulvie sont plus fondées, ses projets plus dévoilés, le dialogue plus vif, plus raisonné, et plus contrasté, les vers plus soignés et plus vigoureux. Le sujet est ingrat, et les connaisseurs véritables me sauront peut-être quelque gré d'en avoir surmonté les difficultés. »

Je vous avoue que j'ai à peu près les mêmes espérances que le petit novice ex-jésuite. Si vous trouvez la pièce passable, pourrait-on la faire jouer à Fontainebleau? Les places sont prises. Ce serait peut-être un assez bon expédient de faire présenter la pièce à M. le maréchal de Richelieu par quelqu'un d'inconnu que Lekain détacherait, ou par quelque actrice que Lekain mettrait dans la confidence de l'ouvrage, sans lui laisser soupçonner l'auteur. Cette démarche est délicate; mais je parle à des politiques, à des conjurés qui peuvent rectifier mes idées, et les faire réussir.

J'ai reçu de quelques amis d'assez amples paquets contre-signés *Courteilles*, qui n'ont point été ouverts, et qui sont venus très-librement à mon adresse. Vous avez fait enfin, divins anges, précisément ce que je demandais; vous m'avez instruit de ce que contenait la demipage. Permettez que je pousse la curiosité jusqu'à demander si le maître de la maison l'a vue, ou si elle n'a été que jusqu'à monsieur son secrétaire.

Je voudrais bien que M. le duc de Praslin protégeât fortement M. Dalembert; il ferait une action digne de lui.

Respect et tendresse.

MMMMCDXLVII. — A M. THIÉRIOT.

12 juillet.

Mon cher et ancien ami, vous êtes en amitié pire que les mauvais chrétiens ne sont dans leurs dévotions; ils les font une fois l'an, et vous n'écrivez qu'une fois en deux ans. Si c'est votre asthme qui vous a rendu si paresseux, j'en suis encore plus fâché que si l'indifférence seule en avait été cause; car quoique je fusse très-sensible à votre oubli, je le suis encore davantage à vos maux. Je croyais que vous étiez guéri pour avoir vu Tronchin. Tâchez de n'avoir plus besoin de médecins; on vit et on meurt très-bien sans eux. Il y a bientôt trois ans que je n'ai parlé de ma santé au grand docteur; elle est détestable, mais je sais souffrir. Un homme qui a été malade toute sa vie est trop heureux, à mon âge, d'exister. J'espère que je verrai bientôt l'aimable et vrai philosophe dont les amygdales vont si mal; c'est une des plus grandes consolations que je puisse recevoir dans ma vie languissante.

Je ne peux guère consulter actuellement l'*Esprit des lois*; j'ai le malheur de bâtir, je suis obligé de transporter toute ma bibliothèque. Vous voulez parler apparemment de la police municipale, qui paraît si favorisée dans le nouvel édit que M. de Laverdy a fait rendre. Tout le système de M. le marquis d'Argenson roule entièrement sur cette idée. On ne connaissait pas le mérite de M. d'Argenson, qui était un excellent citoyen. Un édit conforme aux opinions de ces deux hommes d'État ne peut manquer d'être bien accueilli. Il me semble que les provinces en sont extrêmement contentes. Il n'en est pas ainsi du petit libelle[1] contre notre Archimède. Le peu d'exemplaires qui en sont parvenus à Genève ont été reçus avec la même indignation et le même mépris qu'à Paris. Les temps sont bien changés; les philosophes d'aujourd'hui écrivent comme Pascal, et les jansénistes comme le P. Garasse.

J'ai chez moi actuellement un jeune homme qui promet beaucoup, c'est M. de La Harpe, auteur de *Warwick*. Je souhaiterais bien qu'il eût autant de fortune que de talents. Il aura de très-grands obstacles à surmonter, c'est le sort de tous les gens de lettres.

Adieu; quand vous vous porterez bien, et qu'il y aura quelque ouvrage qui soit digne que vous en parliez, n'oubliez pas votre vieil ami dans sa retraite.

MMMMCDXLVIII. — A MADEMOISELLE CLAIRON.

Aux Délices, 12 juillet.

Il n'y a, mademoiselle, que le plaisir de vous voir et de vous entendre qui puisse me ranimer : vous serez ma fontaine de Jouvence. J'ai auprès de moi à présent toute ma famille; je vous l'amènerai; nous passerons les monts pour vous admirer. Tout ce qu'on me dit de vous me ferait courir au bout du monde pour vous seule. Je vous connaissais déjà les plus grands talents; vous les avez poussés depuis quelques années à cette perfection à laquelle il est si rare d'arriver. Il n'y a personne qu'on vous compare. Serais-je assez heureux encore pour faire quelque chose que vous daignassiez embellir? Il faut que je me hâte; car malheureusement je baisse autant que vous vous élevez. Il ne vous faut ni de vieux soupirants ni de vieux poëtes. Je ne sais pas encore dans quel temps vous serez à Lyon; mais j'écris à Lyon pour m'en informer, dans la crainte que ma réponse ne vous trouve plus à Marseille.

M. le duc de Villars m'a fait l'honneur de me mander qu'il était enchanté de vous. Vraiment je le crois bien. J'espère que M. Tronchin me mettra bientôt en état d'être au nombre de ceux que vous étonnerez à Lyon, et à qui vous arracherez des larmes. Comptez que personne ne s'intéresse plus que moi à vos succès, à votre gloire, et à votre bonheur. C'est avec ces sentiments que je serai toute ma vie, mademoiselle, votre, etc.

MMMMCDXLIX. — A M. LE COMTE D'ARGENTAL.

15 juillet.

Mes anges, le présent paquet contient deux choses bien importantes que je mets sous votre protection : la première consiste en mau-

---

1. L'abbé Guidi, l'un des rédacteurs des *Nouvelles ecclésiastiques*, venait de publier une *Lettre à un ami sur un écrit intitulé Sur la destruction des jésuites en France*. (ÉD.)

vais vers pour mettre à la place d'autres mauvais vers de l'ex-jésuite, dans vos roués; la seconde est un paquet de pièces un peu meilleures que nous présentons, Mme Denis et moi, à M. de Calonne, et nous espérons qu'elles ne seront point sifflées, grâce à vos bontés. Nous présumons que nos anges gardiens voudront bien lui faire parvenir ce paquet, qui est réellement pour nous de la plus grande importance; il contient l'acte de l'inféodation de nos dîmes.

Je voudrais perdre les dîmes, et que mes roués fussent intéressants; mais on ne peut tirer d'un sujet que ce qu'il comporte. Je le trouve intéressant, moi, parce que j'aime mieux les Romains que les Welches et les Bretons du XIVe siècle; mais les Romains ne sont plus à la mode. Je demande bien pardon à mes anges des libertés que je prends toujours avec eux.

Je les supplie de vouloir bien faire agréer par M. le duc de Praslin mon respect et ma reconnaissance.

MMMMCDL. — A M. LE MARQUIS D'ARGENCE DE DIRAC.

16 juillet.

Je me hâte, monsieur, de répondre à votre lettre du 5 de juillet. Non sans doute le parlement de Toulouse ne peut rien contre l'arrêt d'un tribunal suprême, nommé par le roi pour juger en dernier ressort, et jugeant au nom du roi même. Je crois l'arrêt des maîtres des requêtes affiché actuellement dans Toulouse par un huissier de la chaîne. Toute la famille Calas doit rentrer dans son bien, dans son état, dans sa renommée; la mémoire de Jean de Calas est réhabilitée, et il ne manque à cette famille que le pardon que les huit juges fanatiques doivent lui demander à genoux, l'argent à la main. Je ne sais pas ce que fera ce parlement; mais je sais que les lois, le conseil d'État, la France, et l'Europe entière, le condamnent. On est occupé à présent à tirer du greffe la sentence qui a condamné les Sirven; si on y parvient, nous aurons bientôt deux grands monuments du fanatisme de province et de l'équité de Versailles.

L'impératrice de Russie a écrit une lettre charmante, pleine de raison et d'esprit, au neveu de l'abbé Bazin. On pense dans le Nord comme auprès d'Angoulême.

La nièce a pour vous, monsieur, les mêmes sentiments que moi. Continuez à aimer le bien et à le faire.

Vous savez que ce n'est point à moi d'écrire la lettre que vous voulez bien demander, puisque je n'ai point vu la sottise à laquelle vous croyez qu'il faut répondre : on ne peut écrire au hasard. Je ne peux rien ajouter à ce que j'ai eu l'honneur de vous mander à ce sujet.

Adieu, monsieur; permettez-moi de vous embrasser très-tendrement.

MMMMCDLI. — DE M. DALEMBERT.

16 juillet.

Mon cher et illustre maître, je reçois à l'instant votre lettre du 8, que M de Villette m'envoie de sa campagne; et comme il serait trop long et peut-être peu sûr de vous répondre par son canal, en son absence je profite de l'occasion de Mlle Clairon pour vous ouvrir mon cœur. Il est très-vrai que j'ai écrit tout ce qu'on vous a dit; mais comme cela n'intéresse point le roi, je croyais pouvoir écrire en sûreté, persuadé qu'on ne rendait compte qu'à lui de ce que pouvaient contenir mes lettres. Il n'est pas moins vrai que l'homme en place dont vous me parlez est parvenu à se rendre l'exécration des gens de lettres, dont il lui était si facile de se faire aimer. Je crois bien qu'il me hait, et je me pique de reconnaissance; cependant je n'imagine pas qu'il influe beaucoup dans le refus ou le délai de ma pension : je crois plutôt que les dévots de la cour ont fait peur au ministre, qui n'ose le dire pourtant, et qui donne de son délai toutes sortes de mauvaises raisons. Au reste, je vous laisse le maître de faire les démarches que vous jugerez utiles, pourvu que ces démarches ne m'engagent à rien : ce qui est bien certain, c'est que je n'en ferai pour ma part aucune. Le roi de Prusse m'a déjà fait écrire, et j'attends une lettre de lui. On me dit de sa part que la place de président est toujours vacante, qu'elle m'attend, et que, pour cette fois, il espère que je ne la refuserai pas; mais ma santé ne me permet plus de me transplanter, et puis je suis plus amoureux de la liberté que jamais; et si je quittais la France (ce qui pourrait bien arriver si le roi de Prusse venait à mourir), ce serait pour aller dans un pays libre. Il est sûr que cette France m'est bien odieuse, et que si ma raison est pour la Grèce, assurément mon cœur n'y est pas. Tous les savants de l'Europe sont déjà informés par moi ou par d'autres de l'indignité absurde avec laquelle on me traite, et quelques-uns m'en ont déjà témoigné leur indignation. Il arrivera de mon affaire ce qui plaira au destin. Je quitterai Paris du moment où je ne pourrai plus y vivre, et j'irai m'enterrer dans quelque solitude. On me fera tout le mal qu'on voudra : j'espère que mes amis, le public et les étrangers me vengeront. Adieu, mon cher maître; je ne vous dis rien de la porteuse de cette lettre; elle porte sa recommandation avec elle. Adieu.

MMMMCDLII. — À MADEMOISELLE CLAIRON.

A Ferney, 23 juillet.

Si j'avais pu, mademoiselle, recevoir votre réponse avant de vous avoir écrit mon *Épître*, cette épître vaudrait bien mieux; car j'ai oublié cette louange qui vous est due d'avoir appris le costume aux Français. J'ai très-grand tort d'avoir omis cet article dans le nombre de vos talents; je vous en demande bien pardon, et je vous promets que ce péché d'omission sera réparé. Ménagez votre santé, qui est encore plus précieuse que la perfection de votre art. J'aurais bien voulu que vous eussiez pu passer quelques mois auprès d'Esculape-Tronchin; je me flatte qu'il vous aurait mise en état d'orner longtemps la scène française, à laquelle vous êtes si nécessaire. Quand on pousse l'art aussi loin que vous, il devient respectable même à ceux qui ont la grossièreté barbare de le condamner. Je ne prononce pas votre nom, je ne lis pas un morceau de Corneille ou une pièce de Racine, sans une véhémente indignation contre les fripons et contre les fanatiques qui ont l'insolence de proscrire un art qu'ils devraient du moins étudier, pour mériter, s'il se peut, d'être entendus quand ils osent parler. Il y a tantôt soixante ans que cette infâme superstition me met en colère. Ces animaux-là entendent bien peu leurs intérêts de révolter contre eux ceux qui savent penser, parler, et écrire, et de les mettre dans la nécessité de les traiter comme les derniers des hommes. L'odieuse contradiction de nos Français, chez qui on flétrit ce qu'on admire, doit vous déplaire autant qu'à moi, et vous donner de violents dégoûts. Plût à Dieu que vous fussiez assez riche pour quitter le théâtre de Paris, et jouer chez vous avec vos amis, comme nous faisons dans un coin du monde, où nous nous moquons terriblement des sottises et des sots! J'ai bien résolu de n'en pas sortir. Mon unique souhait est que Tronchin soit le seul homme au monde qui puisse vous guérir, et que vous soyez forcée de venir chez nous.

Adieu, mademoiselle; soyez aussi heureuse que vous méritez de l'être; croyez que je vous admire autant que je méprise les ennemis de la raison et des arts, et que je vous aime autant que je les déteste. Conservez-moi vos bontés; je sens tout ce que vous valez : c'est beaucoup dire.

MMMMCDLIII. — A M. LE COMTE D'ARGENTAL.

26 juillet.

Nous avons été confondus, mes divins anges, de votre lettre du 18 de juillet. Le paquet que le jeune homme vous avait envoyé était adressé à M. le duc de Praslin; il contenait l'ouvrage de ce pauvre petit novice. J'y avais joint une grande lettre que je vous écrivais, avec un mémoire pour M. de Calonne, accompagné de l'original de l'inféodation des dîmes de Ferney, et de la preuve que ces dîmes ont toujours appartenu aux seigneurs. Tout cela formait un paquet considérable, et on croyait que le nom de M. le duc de Praslin serait respecté. S'il n'avait été question que de l'ouvrage du jeune homme, on n'aurait pas manqué de l'envoyer tout ouvert, ce paquet seul pouvant être pour lui comme pour vous : mais on avait, par discrétion, adressé le tout à votre nom, pour ne pas abuser de celui de M. de Praslin, jusqu'au point de le charger de mes mémoires pour le rapporteur des dîmes de Genève et des miennes. Nous n'avions abusé que de vos bontés; ce sont nos précautions qui ont occasionné l'ouverture du paquet, et probablement aussi l'ouverture d'un autre que je vous adressai huit jours après. Ce dernier contenait des pièces essentielles sur le procès des Sirven, que vous voulez bien protéger; elles étaient pour M. Élie de Beaumont, qui vous fait quelquefois sa cour. Je ne doutais pas, encore une fois, que ces deux paquets à l'adresse de M. le duc de Praslin ne fussent en sûreté.

Je crains aujourd'hui que ceux de M. de Calonne ne soient perdus aussi bien que ceux de M. de Beaumont.

J'ose vous supplier de m'informer de ce que ces paquets vous ont coûté; j'espère qu'on vous rendra votre déboursé. Je suis à vos pieds, et je rougis de tous les embarras que je vous cause; mais les papiers pour MM. de Calonne et de Beaumont sont si essentiels, que je ne balance pas à vous supplier de vous faire informer s'ils ont été reçus. Il se peut que les commis de la poste aient décacheté la première enveloppe, et qu'ils aient envoyé les paquets à leurs adresses respectives; il se peut aussi qu'ils ne l'aient pas fait, et que tout soit perdu; en ce cas, j'en serais pour mes dîmes, et Sirven pour son bien et pour sa roue. Pardonnez à mon inquiétude, et agréez la confiance que j'ai en vos bontés.

Cette aventure m'afflige d'autant plus qu'on m'apprend l'affaire désagréable que Beaumont essuie d'une grande partie de ses prétendus confrères, et je ne sais encore comment il s'en est tiré.

On me dit dans ce moment que l'infant est mort de la petite vérole naturelle, après avoir sauvé son fils par l'artificielle. Je me flatte que cette mort funeste ne changera rien à votre état, et que vous serez ministre du fils comme du père. Je suis si affligé, et d'ailleurs si malade et si faible, que je n'ai pas le courage de vous parler de votre jeune homme. J'avais une cinquantaine de corrections à vous faire tenir de sa part : ce sera pour une autre occasion. Vous pouvez compter qu'il songera très-sérieusement à tout ce que vous lui faites l'honneur de lui dire; il est aussi docile à vos avis que sensible à vos bontés.

Nous avons ce soir Mlle Clairon. J'aurais bien d'autres choses à vous communiquer, mais vous savez qu'on est privé de la consolation d'ouvrir son cœur.

Respect et tendresse.

MMMMCDLIV. — A M. LE MARQUIS ALBERGATI CAPACELLI.

A Ferney, 29 juillet.

C'est une grande consolation, monsieur, dans ma vieillesse infirme, de recevoir de vous le beau recueil[1] dont vous m'avez honoré. Votre présent est venu bien à propos, je peux encore lire dans les beaux jours de l'été. J'ai déjà lu votre traduction de *Phèdre*; et j'ai parcouru tout le reste, que je vais lire très-attentivement. Je suis toujours étonné de la facilité avec laquelle vous rendez vers pour vers une tragédie tout entière. Votre style est si naturel, qu'un étranger qui n'aurait jamais entendu parler de la *Phèdre* de Racine, et qui aurait appris parfaitement l'italien et le français, serait très-embarrassé à décider laquelle des deux pièces est l'original. Il faut vous avouer que les Français n'ont jamais eu de traductions pareilles en aucun genre : cet avantage, que vous possédez, ne vient pas seulement de l'heureuse flexibilité de la langue italienne, il est dû à votre génie.

Je trouve, monsieur, que votre préface est une belle réponse aux

---

1. Les traductions en italien, par Albergati Capacelli, de *Phèdre* et d'*Idoménée*; et, par Paradisi, de la *Mort de César* et de *Tancrède*. (ED.)

ardélions; elle doit vous faire aimer de vos inférieurs, et vous faire respecter de vos égaux. J'ai entrevu, par ce que vous dites sur *Idoménée*, qu'en effet vous aviez trop honoré un ouvrage qui ne méritait pas vos soins : ce qui est méprisé chez nous ne doit pas être estimé en Italie.

Permettez que je joigne ici les éloges et les remercîments que je dois à M. Paradisi ; il me paraît bien digne de votre amitié ; vous ne pouviez être mieux secondé dans la culture des beaux-arts. On disait autrefois, dans les temps d'ignorance, *Bononia docet ;* on doit dire aujourd'hui, grâce à vous, dans le temps du goût et de l'esprit, *Bononia placet*.

Adieu, monsieur. Je ne peux mieux finir ma carrière qu'en regrettant de n'avoir pas eu l'honneur de vivre avec vous. Tant que je vivrai, vous n'aurez point de partisan plus zélé, ni d'ami plus véritable.

MMMMCDLV. — A M. LE MARÉCHAL DUC DE RICHELIEU.

30 juillet.

Il n'est pas juste monseigneur, qu'un vieux amateur et serviteur du tripot comique, comme moi, ait chez lui Mlle Clairon, sans vous demander vos ordres. Elle vient d'arriver ; j'ignore encore l'état de sa santé ; j'ignore le parti qu'elle sera obligée de prendre, et je crois que je dois demander vos ordres pour savoir sur quel ton je dois lui parler, et quelles sont vos intentions. Ce n'est pourtant pas que je pense que mes conseils aient beaucoup d'autorité sur elle ; il est à croire que M. le comte de Valbelle aura beaucoup plus de crédit que moi ; mais enfin, si vous avez quelques ordres à me donner, je les exécuterai très-fidèlement. Je suis assez comme cette vieille m......... qui se mourait, et qui disait à ses demoiselles : « Croyez-vous que je puisse tromper quelqu'un en l'état où je suis ? » Comptez, monseigneur, que l'envie de vous plaire sera ma dernière volonté.

La mort du duc de Parme est une belle leçon de l'inoculation ; son fils, qui a eu la petite vérole artificielle, est en vie, et le père, qui a négligé cette précaution, meurt à la fleur de son âge. Les vieilles femmes inoculent elles-mêmes leurs petites-filles dans le pays que j'habite. Est-il possible que le préjugé dure en France si longtemps !

Je suis actuellement auprès de M. Tronchin ; ainsi vous me pardonnerez de vous parler d'inoculation. J'ai un peu recouvré la vue, mais je perds tout le reste. Conservez votre santé, ce bien sans lequel les autres ne sont rien, et vivez, s'il se peut, aussi longtemps que votre gloire.

MMMMCDLVI. — A M. COLINI.

Ferney, 4 auguste.

Je vous présente, mon cher ami, un des enfants de Mme Calas, une victime innocente échappée au fanatisme, et vengée par l'Europe entière : il va en Allemagne pour son commerce. Leurs Altesses Électorales voudront peut-être le voir. Je vous supplie de lui rendre tous les services qui dépendront de vous. Il vous dira le triste état où il m'a vu. Si je n'étais pas toujours dans mon lit, je serais assurément à Schwetzingen, aux pieds de Mgr l'électeur. Milord Abingdon a dû lui rendre compte de mes souffrances et de mes regrets.

Mlle Clairon est chez moi ; elle joue sur mon théâtre, que j'ai rebâti pour elle ; mais à peine puis-je me traîner pour l'aller entendre, et à peine mes yeux peuvent-ils la voir. Parlez-moi des plaisirs de votre cour pour me consoler ! Je vous embrasse bien tendrement.

MMMMCDLVII. — A M. D'ALEMBERT.

A Ferney, 5 auguste, car je ne puis souffrir août.

Mon cher philosophe, si la cause que je soupçonnais n'est pas la véritable, il y a donc des effets sans cause. La raison suffisante de Leibnitz est donc à tous les diables ; car tout ce qu'on peut alléguer pour colorer l'injustice qu'on vous fait est parfaitement absurde. Mlle Clairon, dans son genre, se trouve à peu près maltraitée comme vous ; elle a essuyé assurément des choses plus désagréables ; je lui conseille ce que probablement elle fera, et ce que vous lui avez conseillé. Pour vous, mon cher et grand philosophe, je n'ai point d'avis à vous donner : vous n'en prendrez que de votre fermeté et de votre sagesse. Je n'ai rien à dire à M. le duc de Choiseul, je lui ai tout dit ; et puisque vous ne le croyez pas l'auteur de cette injustice, mon rôle est terminé. Tout ce que je sais, c'est qu'il y a un déchaînement aussi violent que ridicule à la cour contre les philosophes ; et pour compléter cette extravagance, c'est le beau *Siège de Calais* qui a fait pousser à l'excès ce déchaînement. J'ignore si vous quitterez cette nation de singes, et si vous irez chez les ours [1] ; mais si vous allez en Oursie, passez par chez nous. Ma poitrine commence un peu à s'engager. Il serait plaisant que je mourusse entre vos bras, en faisant ma profession de foi.

Mais pourquoi ne viendriez-vous pas à Ferney attendre philosophiquement la fin des orages? Vous me direz peut-être qu'on viendrait nous y brûler tous deux : je ne le crois pas, nous ne sommes qu'au temps des Fréron et des Pompignan, et non à celui des Dubourg et des Servet ; d'ailleurs nous sommes tous deux bons chrétiens, bons sujets, bons diables ; on nous laissera en paix dans ma tanière. Écrivez-moi par frère Damilaville. Adieu ; je vous aime autant que je vous estime.

MMMMCDLVIII. A M. LE MARQUIS DE VILLETTE.

5 auguste (car je n'aime pas mieux août que cul-de-sac : cela est trop welche).

Les inflammations de poitrine, monsieur, nuisent beaucoup au commerce des lettres. J'en ai eu une dont les restes ne sont point du tout plaisants. Sans cela, votre jolie lettre du 4 juillet, vos très-agréables

---

1. Lorsque Voltaire publia son *Histoire de Russie sous Pierre le Grand*, le roi de Prusse lui reprocha d'avoir écrit l'histoire des ours. (ÉD.)

vers, votre charmante imagination, m'auraient animé; et je vous aurais dit il y a un mois tout ce que j'ai sur le cœur.

Je vous trouve une des plus aimables créatures qui respirent; mais en même temps je vous trouve une des plus sages d'avoir un peu arrêté l'indiscrétion de ces bons amis qui disent du bien de vous pour de l'argent. Je les attends à une épître dédicatoire. M. de La Touraille, qui est d'une volée un peu différente, m'a écrit sur votre compte des choses qui ont bien flatté mon goût. Il vous aime, et il est digne de vous aimer. Vous avez là un bon second auprès de M. le prince de Condé.

Je suis enchanté que vous n'aimiez pas trop le public, et que vous aimiez beaucoup vos terres. Voilà qui est vraiment philosophe :

> Vous connaissez très-bien vos gens;
> C'est un précieux avantage,
> Et bien rare dans les beaux ans :
> Votre esprit vous a rendu sage.
> Si je le suis, c'est par mon âge,
> Et je me suis trompé longtemps.

Mlle Clairon est chez moi : il y avait dix-sept ans que je ne l'avais vue. Elle n'était pas alors ce qu'elle est aujourd'hui : elle a créé son art. Elle est unique : il est juste qu'elle soit persécutée à Paris.

Tout ce que vous m'avez appris, et tout ce qu'on m'a dit, augmente ma passion pour ma retraite ; celle de vous y revoir est à son comble.

Permettez que je confie à vos bontés ce billet pour frère Dalembert.

Il me mande que la *Bible* et le *Martyrologe* vous sont très-familiers. Vous avez soutenu devant lui avec courage et bienséance les attaques du prédicateur qui me hait encore plus qu'il n'aime le grand Arnaud et le grand Rousseau. Sans doute j'ai nié l'enfer des Égyptiens; je me suis un peu moqué des charlatans qui ont inventé la roue d'Ixion ; mais j'ai toujours fait grand cas des inventeurs de la police. J'estime qu'un cavalier de maréchaussée impose plus lui seul que les trois furies et le vautour de Prométhée.

Je vous sais encore meilleur gré de savoir par cœur des pages entières de mon *Siècle de Louis XIV*. Vous me donnez une grande idée de ma prose. Mais ne répondez plus, je vous en prie, à ces vieilles redites. Je n'ai point fait un dieu de celui à qui j'ai reproché son despotisme, son ostentation, sa femme, et son confesseur. Rien de si facile que de louer ou de blâmer à outrance un roi qui a doublé la force et la grandeur de la monarchie, laissé des monuments dignes de la Grèce et de Rome, brûlé les camisards, et donné son cœur aux grands jésuites.

MMMMCDLIX. — A M. LE COMTE D'ARGENTAL.

12 auguste.

Mes chers anges, j'avais pressenti combien vos deux belles âmes seraient affligées de la perte que vous avez faite[1]. Toute notre petite

1. La mort du duc de Parme. (ÉD.)

société habitante du pied des Alpes, en partageant votre douleur, a cherché sa consolation dans l'idée que ce malheur ne changerait rien à votre situation; et nous croyons en avoir l'assurance, quoique vous ne nous en ayez pas éclaircis dans la dernière lettre que vous avez eu la bonté de m'écrire.

Mlle Clairon va jouer, à basse note, Aménaïde et Électre[1] sur mon petit théâtre de Ferney, qu'on a rétabli comme vous le vouliez. C'est contre les ordres exprès de Tronchin, qui ne répond pas de sa vie si elle fait des efforts, et qui veut absolument qu'elle renonce à jouer la tragédie. Aussi a-t-elle été obligée de lui promettre qu'elle ne remonterait plus sur le théâtre de Paris, qui exige des éclats de voix et une action véhémente qui la feraient infailliblement succomber.

Pour moi, qui suis encore plus malade qu'elle, je retourne me mettre entre les mains de Tronchin à Genève. Il est juste que je meure dans une terre étrangère, pour prix de cinquante années de travaux, et que Fréron jouisse à Paris de toute sa gloire.

Je vous supplie encore une fois, au nom de l'amitié dont vous m'avez toujours honoré, de me mander si vous croyez que les calomnies dont j'ai toujours été la victime ont fait une assez forte impression pour que je doive prendre le parti d'aller vivre dans un petit bien que j'ai vers la Suisse, ou plutôt pour y aller mourir. Je suis tout prêt, et je mourrai en vous aimant.

MMMMCDLX. — De M. Dalembert.

A Paris, ce 13 auguste.

J'ai pensé, mon cher et illustre maître, aller demander ma pension au Père éternel, qui sûrement ne m'aurait pas traité plus mal qu'on ne le fait à Versailles. Une inflammation d'entrailles m'a mis un pied dans la barque à Caron, dans laquelle il me semble que je descendais sans regret. Heureusement ou malheureusement le grand danger n'a pas été long, quoique le médecin, qui craignait une fièvre maligne, n'ait osé prononcer pendant plusieurs jours. Je suis à présent bien rétabli, à un peu de faiblesse près. Quel beau livre j'ai soufflé aux jésuites et aux jansénistes! et que de magnifiques choses ils auraient dites, si le diable m'avait emporté! J'apprends par une voie indirecte qu'il a été au moment d'en faire autant de vous, mais que vous lui avez échappé comme moi. Il faut que le diable, qui nous guetta l'un et l'autre, ne sache pas son métier, ou n'ait pas les serres bien fortes; il se console apparemment en pensant que ce qui est différé n'est pas perdu.

Je suis bien aise que vous n'ayez point écrit en ma faveur à l'homme dont vous me parlez[2], pour deux raisons : la première, parce que je ne puis ni l'aimer ni l'estimer, ne fût-ce que par la protection ouverte qu'il a donnée à une satire infâme[3] jouée sur le théâtre contre de fort

---

1. Personnages dans *Tancrède* et dans *Oreste*. (ÉD.)
2. Le duc de Choiseul. (ÉD.)
3. La comédie des *Philosophes*, par Palissot. (ÉD.)

honnêtes gens dont il n'avait point à se plaindre; il s'est déclaré l'ennemi des lettres, et je ne crois pas que cela lui tourne à bien. Quoique je sente les inconvénients de la pauvreté, j'aime mieux rester pauvre que de devoir ma fortune à de pareilles gens; et je me souviens de trois beaux vers de *Zaïre*, que je crains pourtant d'estropier :

> ....Il est affreux pour un cœur magnanime
> D'attendre des bienfaits de ceux qu'on mésestime;
> Leurs refus sont affreux, leurs bienfaits font rougir.

Ma seconde raison pour ne faire auprès de cet homme aucune démarche, c'est que je suis persuadé, encore une fois, qu'il a moins influé que vous ne croyez dans l'avanie qu'on m'a faite; je crois que la cabale des dévots, dont le petit bout de ministre Saint-Florentin a eu peur, y a eu plus de part que lui. Ajoutez que ce petit bout de ministre, qui ne me voit jamais dans son antichambre avec mes autres confrères, a été tout capable de me prendre, par cela seul, en aversion, et de chercher à me donner un dégoût qu'il n'ose pourtant consommer. Il vient d'écrire à l'Académie des sciences pour lui demander une seconde fois son avis, qu'elle lui a déjà donné sans qu'il le lui demandât. On dit même que c'est cela en partie qui l'a piqué. L'Académie doit lui répondre demain : enfin il faut espérer que cela finira. Le roi de Prusse me presse de nouveau très-vivement; mais, avec quelque indignité que la cour me traite, Paris m'a si bien vengé de Versailles pendant ma maladie, que j'aimerais mieux être magister de Chaillot ou de Vaugirard que président de la plus brillante académie étrangère. Je ne m'attendais pas, je l'avoue, à l'intérêt que le public m'a témoigné en cette occasion, et mes amis mêmes ont été au delà de ce que je pouvais désirer. Je puis dire qu'*à quelque chose malheur a été bon*, puisqu'il m'a fait voir que j'avais en France de la considération et des amis. Me voilà cloué pour jamais à cette barque ou galère, comme vous voudrez l'appeler, à moins que quelque sous-pilote ne veuille me noyer; auquel cas

> Je me sauve à la nage, et j'aborde où je puis.
> Boileau, *Discours au roi*.

Adieu, mon cher et illustre maître; vous avez eu, et peut être vous avez encore, Mlle Clairon. Elle a été encore plus maltraitée que moi; mais on a besoin d'elle, et on ne se soucie guère de moi; on la cajolera pour la ramener; elle succombera peut-être, et j'en serai fâché pour elle. Je voudrais qu'on apprît une bonne fois dans ce pays-ci à respecter les talents dont on a besoin pour son plaisir ou pour son instruction, et à ne pas croire qu'après les avoir outragés et avilis, on les regagne par des caresses. Je suis fâché de vous l'avouer, mon cher et illustre maître; mais pourquoi n'épancherais-je pas mon cœur avec vous? vous avez un peu gâté les gens qui nous persécutent. J'avoue que vous avez eu besoin plus qu'un autre de les ménager, et que vous avez été obligé d'offrir une chandelle à Lucifer pour vous sauver de Belzébuth; mais Lucifer en est devenu plus orgueilleux, sans que Belzébuth en ait été moins méchant. Conservez-vous néanmoins pour la bonne cause, dussiez-vous brûler encore à regret quelque petit bout de chandelle devant ces idoles que vous connaissez, Dieu merci, pour ce qu'elles sont.

Parlons de choses un peu moins tristes. Savez-vous que je vais être sevré? A quarante-sept ans, ce n'est pas s'y prendre de trop bonne heure. Je sors de nourrice, où j'étais depuis vingt-cinq ans; j'y prenais d'assez bon lait, mais j'étais renfermé dans un cachot, où je ne respirais pas, et je sens que l'air m'est absolument nécessaire: je vais chercher un logement où il y en ait. Il m'en coûte six cents livres de pension que je fais à cette pauvre femme, pour la dédommager de mon mieux; c'est plus que la pension de l'Académie ne me vaudra; supposé qu'on veuille bien enfin me faire la grâce de me la donner. Adieu, mon cher maître; frère Damilaville, qui est plus malade que moi, va vous voir, et je l'envie.

MMMMCDLXI. — A M. DUPONT.

16 auguste.

Mon cher ami, j'ai langui longtemps, et je suis toujours étonné de vivre. Quand mes forces sont un peu revenues, Mlle Clairon est arrivée; on a joué des tragédies sur mon petit théâtre de Ferney; mon ermitage a été tout bouleversé. Je n'ai point écrit. Je réponds enfin à une ancienne lettre de vous, où vous me dites que vous mettez vos enfants dans l'Église. Je vous souhaite les biens de l'Église à vous et à vos enfants; mais je suis fâché qu'au lieu d'en faire des prêtres, vous n'en ayez pas fait des hommes. La fortune force toujours nos inclinations. J'ai toujours le château de Montbéliard pour point de vue; et vous pouvez être bien sûr qu'une de mes plus grandes consolations sera de vous y voir.

L'impératrice de Russie a écrit une lettre charmante au neveu de l'abbé Bazin, et m'a chargé de la lui rendre. Elle a fait présent de quinze mille livres à M. Diderot, et de cinq mille livres à Mme Calas; le tout avec une politesse qui est au-dessus de ses dons. Vous voyez bien qu'elle n'a pas fait tuer son mari, et que jamais, nous autres philosophes, nous ne souffrirons qu'on la calomnie. Bonsoir, mon cher ami. Mme Denis vous fait mille compliments; frère Adam aussi.

VOLTAIRE.

MMMMCDLXII. — A M. LE COMTE D'ARGENTAL.

22 auguste.

Il faut d'abord rendre compte à mes anges du voyage de Mlle Clairon. Elle a joué supérieurement Aménaïde; mais, dans l'Électre, elle aurait ébranlé les Alpes et le mont Jura. Ceux qui l'ont entendue à Paris disent qu'elle n'a jamais joué d'une manière si neuve, si vraie, si sublime, si étonnante, si déchirante. Voilà ce que vous perdez, messieurs les Welches: mais vraiment j'apprends que vous en faites bien d'autres; vous ne voulez pas qu'on grave Mme Calas et ses enfants;

vous craignez que cela ne déplaise à M. David et à huit conseillers de Toulouse. Graver Mme Calas! la grande police ne peut souffrir un pareil attentat.

Ma foi, messieurs les Welches, on vous siffle d'un bout de l'Europe à l'autre, et il y a longtemps que cela dure; cependant je vous pardonne en faveur des âmes bien nées et véritablement françaises qui sont encore parmi vous, et surtout en faveur de mes anges. J'espère que l'attention polie qu'on a eue pour messieurs de Toulouse n'empêchera pas que l'estampe ne soit très-bien débitée.

J'ai deux grâces à vous demander : la première, de vouloir bien me dire ce que c'est qu'un M. Barreau que je soupçonne être employé dans les bureaux des affaires étrangères. Il m'a envoyé de Versailles quelques remarques sur le *Siècle de Louis XIV* qui me paraissent d'un homme parfaitement instruit de tous les détails. C'est une bonne connaissance à cultiver.

Vous pourriez encore me dire s'il y a eu des secrétaires d'ambassade en titre d'office, avant qu'on eût proposé ce titre à cet étonnant et extravagant d'Éon de Beaumont, qui travaillait aux feuilles de Fréron avant d'être capitaine et plénipotentiaire. M. de Saint-Foix, ou celui qui est chargé du dépôt, pourrait vous dire s'il y a eu en effet des secrétaires d'ambassade à Venise nommés par la cour; s'il y a eu un traitement et des honneurs affectés à cette place, et si J. J. Rousseau en a joui lorsqu'il accompagna M. de Montaigu dans son ambassade à Venise.

Ces petites notices sont nécessaires aux barbouilleurs comme moi, qui se mêlent d'être historiens, et à qui l'on fait toujours des chicanes. Vous me ferez un extrême plaisir de me fournir quelques instructions sur ces bagatelles, comme vous m'en avez fourni sur la prétendue ambassade du marquis de Talleyrand en Russie.

À propos de Russie, l'impératrice a écrit une lettre charmante au neveu de l'abbé Bazin. Vous voyez comme elle en use avec les Français, et vous sentez bien que feu monsieur son mari aura tort dans la postérité.

Respect et tendresse.

MMMMCDLXIII. — DE CATHERINE II, IMPÉRATRICE DE RUSSIE.

Le 11-22 auguste.

Monsieur, puisque, Dieu merci, le neveu de l'abbé Bazin est trouvé, vous voudrez bien qu'une seconde fois je m'adresse à vous pour lui faire parvenir dans sa retraite le petit paquet ci-joint, en témoignage de ma reconnaissance pour les douceurs qu'il me dit. Je serais très-aise de vous voir assister tous les deux à mon carrousel, dussiez-vous vous déguiser en chevaliers inconnus. Vous en auriez tout le temps : la pluie continuelle qui tombe depuis plusieurs semaines m'a obligée de renvoyer cette fête au mois de juin de l'année prochaine.

Ma devise est une abeille qui, volant de plante en plante, amasse son miel pour le porter dans sa ruche, et l'inscription est l'*Utile*. Chez vous les inférieurs instruisent, et il serait facile aux supérieurs d'en faire leur profit: chez nous c'est tout le contraire; nous n'avons pas tant d'aisance.

L'attachement du neveu de Bazin pour feu ma mère lui donne un nouveau degré de considération chez moi : je trouve ce jeune homme très-aimable, et je le prie de me conserver les sentiments qu'il me témoigne. Il est très-bon et très-utile d'avoir de pareilles connaissances. Vous voudrez bien, monsieur, être assuré que vous partagez avec le neveu mon estime, et tout ce que je lui dis est également pour vous aussi.

CATERINE.

P. S. Des capucins qu'on tolère à Moscou, car la tolérance est générale dans cet empire (il n'y a que les jésuites qui ne sont pas soufferts), s'étant opiniâtrés cet hiver à ne vouloir pas enterrer un Français qui était mort subitement, sous prétexte qu'il n'avait pas reçu les sacrements, Abraham Chaumeix fit un factum contre eux pour leur prouver qu'ils devaient enterrer un mort. Mais ce factum ni deux réquisitions du gouverneur ne purent porter ces pères à obéir. A la fin on leur fit dire de choisir, ou de passer la frontière, ou d'enterrer ce Français. Ils partirent, et j'envoyai d'ici des augustins plus dociles, qui, voyant qu'il n'y avait pas à badiner, firent tout ce qu'on voulut. Voilà donc Abraham Chaumeix devenu raisonnable en Russie; il s'oppose à la persécution. S'il prenait de l'esprit, il ferait croire les miracles aux incrédules. Mais tous les miracles du monde n'effaceront pas la tache d'avoir empêché l'impression de l'*Encyclopédie*.

Les sujets de l'Église souffrant des vexations souvent tyranniques, auxquelles les fréquents changements de maîtres contribuaient encore beaucoup, se révoltèrent vers la fin du règne de l'impératrice Élisabeth, et ils étaient à mon avènement plus de cent mille en armes. C'est ce qui fit qu'en 1762 j'exécutai le projet de changer entièrement l'administration des biens du clergé, et de fixer ses revenus. Arsène, évêque de Rostou, s'y opposa, poussé par quelques-uns de ses confrères, qui ne trouvèrent pas à propos de se nommer. Il envoya deux mémoires où il voulait établir le principe absurde des deux puissances. Il avait déjà fait cette tentative du temps de l'impératrice Élisabeth, on s'était contenté de lui imposer silence : mais son insolence et sa folie redoublant, il fut jugé par le métropolitain de Novogorod et par le synode entier, condamné comme fanatique, coupable d'une entreprise contraire à la foi orthodoxe autant qu'au pouvoir souverain, déchu de sa dignité et de la prêtrise, et livré au bras séculier. Je lui fis grâce, et je me contentai de le réduire à la condition de moine.

MMMMCDLXIV. — A M. LE MARÉCHAL DUC DE RICHELIEU.

A Genève, 23 auguste.

Voilà, monseigneur, mes fluxions sur les yeux qui recommencent; ainsi vous permettrez à ce vieux malade de vous écrire d'une main étrangère.

J'ai reçu Mlle Clairon comme vous le vouliez, et comme elle le mérite; elle a été honorée, fêtée, chantée.

« Criaillez tant que vous voudrez contre les encyclopédistes; ce sont des gens très-dangereux, qui vous ont fait perdre le Canada, qui ont causé l'épidémie mortelle à la Cayenne, et qui viennent de vous faire battre à Maroc. Rien n'est plus juste assurément que de les faire pendre, comme vous le proposez dans une de vos gracieuses lettres; mais je vous supplie de m'excepter de la sentence. Je ne suis point du tout encyclopédiste, je ne suis qu'un laboureur malade, qui défriche des champs incultes, et qui marie des filles dans un coin de terre ignoré. Ce petit asile n'est connu que depuis que vous l'avez honoré de votre présence et de vos beaux faits. Tout ce que je demande, c'est qu'on ne m'impute point les rogatons dont Rousseau inonde ce pays. On a grand soin de mettre de temps en temps sous mon nom des *Dictionnaires philosophiques* et autres ravauderies. Je suis bien loin de m'amuser à ces sottises; ma santé est devenue si mauvaise, que je ne songe plus qu'à mourir, et je mourrai pénétré pour vous de la plus respectueuse tendresse.

MMMMCDLXV. — A M. LE MARQUIS D'ARGENCE DE DIRAC[1].

24 auguste.

La lettre que vous avez daigné écrire, monsieur le marquis, est digne de votre cœur et de votre raison supérieure. J'ai appris par cette

---

1. L'*Année littéraire* du 10 mai 1765, tome III, pages 147-63, contient un morceau intitulé *Lettre d'un philosophe protestant à M.... sur une lettre que M. de Voltaire a écrite à M. d'Am.... à Paris, au sujet des Calas*. La lettre de Voltaire que critique le philosophe protestant supposé est celle à Damilaville, du 1er mars, n° MMMMCCCXXVII. Le prétendu philosophe protestant fut à son tour attaqué dans une *Lettre de M. le marquis d'Argence, brigadier des armées du roi*, datée du 20 juillet 1765, et qui est l'objet des remerciements de Voltaire. La lettre d'Argence et celle de Voltaire furent imprimées dans le temps, in-8° de huit pages. C'est à l'occasion de sa lettre du 20 juillet que d'Argence est loué par Voltaire dans la onzième strophe de l'ode *A la Vérité*.

Voici la lettre d'Argence :

Lettre de M. le marquis d'Argence. — « Au château de Dirac, ce 20 juillet. — J'ai lu dans une feuille, mon vertueux ami, intitulée l'*Année littéraire*, une satire à l'occasion de la justice rendue à la famille des Calas par le tribunal suprême de MM. les maîtres des requêtes; elle a indigné tous les honnêtes gens, on m'a dit que c'est le sort de ces feuilles.

« L'auteur, par une ruse à laquelle personne n'est jamais pris, feint qu'il a reçu de Languedoc une *Lettre d'un philosophe protestant*. Il faut dire à ce prétendu philosophe que si on avait jugé les Calas sur une lettre de M. de Voltaire, qui a couru dans l'Europe, on aurait eu une fort mauvaise idée de leur cause. L'auteur des feuilles n'ose pas attaquer MM. les maîtres des requêtes directement; mais il semble espérer que les traits qu'il porte à M. de Voltaire retomberont sur eux, puisque M. de Voltaire avait agi sur les mêmes preuves.

« Il commence par vouloir détruire la présomption favorable que tous les avocats ont si bien fait valoir, qu'il n'est pas naturel qu'un père assassine son fils sur le soupçon que ce fils veut changer de religion. Il oppose à cette probabilité reconnue de tout le monde, l'exemple de Junius Brutus, qu'on prétend avoir condamné son fils à la mort. Il s'aveugle au point de ne pas voir que Junius Brutus était un juge qui sacrifia, en gémissant, la nature à son devoir. Quelle comparaison entre une sentence sévère et un assassinat exécrable! entre le devoir et un parricide! et quel parricide! Il fallait, s'il eût été en effet lettre l'insolente bassesse de Fréron, que j'ignorais. Je n'ai jamais lu ses feuilles; le hasard, qui vous en a fait tomber une entre les mains, ne m'a jamais si mal servi; mais vous avez tiré de l'or de son fumier en confondant ses calomnies.

Si cet homme avait lu la lettre que Mme Calas écrivit de la retraite exécuté, que le père et la mère, un frère et un ami, en eussent été également coupables.

« Il pousse la démence jusqu'à oser dire que si les fils de Jean Calas ont assuré « qu'il n'y eut jamais de père plus tendre et plus indulgent, et qu'il n'a« vait jamais battu un seul de ses enfants, » c'est plutôt une preuve de simplicité de croire cette déposition, qu'une preuve de l'innocence des accusés.

« Non, ce n'est pas une preuve juridique complète, mais c'est la plus grande des probabilités; c'est un motif puissant d'examiner, et il ne s'agissait alors, pour M. de Voltaire, que de chercher des motifs qui le déterminassent à entreprendre une affaire si intéressante, dans laquelle il fournit depuis des preuves complètes, qu'il fit recueillir à Toulouse.

« Voici quelque chose de plus révoltant encore. M. de Voltaire, chez qui je passai trois mois, auprès de Genève, lorsqu'il entreprit cette affaire, exigea, avant de s'y exposer, que Mme Calas, qu'il savait être une dame très-religieuse, jurât, au nom du Dieu qu'elle adore, que ni son mari ni elle n'étaient coupables. Ce serment était du plus grand poids, car il n'était pas possible que Mme Calas fît un faux serment pour venir à Paris s'exposer au supplice; elle était hors de cause, rien ne la forçait à faire la démarche hasardeuse de recommencer un procès criminel, dans lequel elle aurait pu succomber. L'auteur des feuilles ne sait pas ce qu'il en coûterait à un cœur qui craint Dieu, de se parjurer; il dit que c'est là un mauvais raisonnement, « que c'est comme si « quelqu'un aurait interrogé un des juges qui condamnèrent Calas, etc. »

« Peut-on faire une comparaison aussi absurde? Sans doute le juge fera serment qu'il a jugé suivant sa conscience; mais cette conscience peut avoir été trompée par de faux indices, au lieu que Mme Calas ne saurait se tromper sur le crime qu'on imputait alors à son mari, et même à elle. Un accusé sait très-bien dans son cœur s'il est coupable ou non; mais le juge ne peut le savoir que par des indices souvent équivoques. Le faiseur de feuilles a donc raisonné avec autant de sottise que de malignité, car je dois appeler les choses par leur nom.

« Il ose nier qu'on ait cru dans le Languedoc que les protestants ont un point « de leur secte qui leur permet de donner la mort à leurs enfants qu'ils soup« çonnent de vouloir changer de religion, etc. ; » ce sont les paroles de ce folliculaire.

« Il ne sait donc pas que cette accusation fut si publique et si grave, que M. Sudre, fameux avocat de Toulouse, dont nous avons un excellent mémoire en faveur de la famille Calas, réfute cette erreur populaire, pages 59, 60 et 61 de son factum. Il ne sait donc pas que l'Église de Genève fut obligée d'envoyer à Toulouse une protestation solennelle contre une si horrible accusation.

« Il ose plaisanter, dans une affaire aussi importante, sur ce qu'on écrivait à l'ancien gouverneur du Languedoc et à celui de Provence, pour obtenir, par leur crédit, des informations sur lesquelles on pût compter : que pouvait-on faire de plus sage?

« Je ne dirai rien des petites sottises littéraires que cet homme ajoute dans sa misérable feuille. L'innocence des Calas, l'arrêt solennel de MM. les maîtres des requêtes, sont trop respectables pour que j'y mêle des objets si vains. Je suis seulement étonné qu'on souffre dans Paris une telle insolence, et qu'un malheureux, qui manque à la fois à l'humanité et en respect à M. de Voltaire, abuse impunément, jusqu'à ce point, du mépris qu'on a pour lui.

« Je demande pardon à M. de Voltaire d'avoir mêlé ici son nom avec celui d'un homme tel que Fréron; mais puisqu'on souffre à Paris que les écrivains les plus déshonorés outragent le mérite le plus reconnu, j'ai cru qu'il était permis à un militaire, que l'honneur anime, de dire ce qu'il pense; et j'en suis si persuadé, que vous pouvez, mon cher philosophe, faire part de mes réflexions à tous ceux qui aiment la vérité.

« Vous savez à quel point je vous suis attaché.   D'ARGENCE. »

où elle était mourante, et dont on la tira avec tant de peine ; s'il avait vu la candeur, la douleur, la résignation qu'elle mettait dans le récit du meurtre de son fils et de son mari, et cette vérité irrésistible avec laquelle elle prenait Dieu à témoin de son innocence, je sais bien que cet homme n'en aurait pas été touché, mais il aurait entrevu que les cœurs honnêtes devaient en être attendris et persuadés.

Ce n'est pas aux tyrans à sentir la nature,
Ce n'est pas aux fripons à sentir la vertu [1].

Quant à M. le maréchal de Richelieu et à M. le duc de Villars, dont il tâche, dites-vous, d'avilir la protection et de récuser le témoignage, il ignore que c'est chez moi qu'ils virent le fils de Mme Calas, que j'eus l'honneur de leur présenter, et qu'assurément ils ne l'ont protégé qu'en connaissance de cause, après avoir longtemps suspendu leur jugement, comme le doit tout homme sage avant de décider.

Pour MM. les maîtres des requêtes, c'est à eux de voir si après leur jugement souverain, qui a constaté l'innocence de la famille Calas, il doit être permis à un Fréron de la révoquer en doute.

Je vous embrasse avec tendresse, et je vous aime autant que je vous respecte.

MMMMCDLXVI. — A M. LEKAIN.

26 auguste.

Monsieur Lekain sera servi comme il le désire par le jeune homme dont nous avons si souvent parlé : il ne perdra rien pour attendre, et il n'attendra pas longtemps.

Mlle Clairon a joué Électre d'une manière si supérieure et si étonnante, qu'elle m'a fait aimer cette pièce. Il n'y manquait que Monsieur Lekain.

Je le prie instamment de me faire l'amitié de compulser les registres de la Comédie ; on veut savoir quel jour et combien de fois on l'a jouée, soit à Paris, soit à la cour, et le produit des chambrées ; je lui serai très-obligé s'il veut bien se donner cette peine.

Je l'embrasse du meilleur de mon cœur. V.

MMMMCDLXVII. — A M. DALEMBERT.

28 auguste.

Mon très-cher et vrai philosophe, je m'intéresse pour le moins autant à votre bien-être qu'à votre gloire ; car, après tout, le vivre dans l'idée d'autrui ne vaut pas le vivre à l'aise. Je me flatte qu'on vous a enfin restitué votre pension, qui est de droit ; c'était vous voler que de ne vous la pas donner. Il y a des injustices dont on rougit bientôt : celle qu'on faisait à la famille des Calas de s'opposer au débit de son estampe [2] était encore un vol manifeste. Une telle démarche a bien surpris les pays étrangers. Je voudrais que tout homme public,

---

1. *Mérope*, acte IV, scène II. (ÉD.)
2. La gravure de la famille des Calas, faite sur le dessin de Carmontelle, se vendait au profit de cette famille. (ÉD.)

quand il est près de faire une grosse sottise, se dit toujours à lui-même : « L'Europe te regarde. »

Mlle Clairon a été reçue chez nous comme si Rousseau n'avait pas écrit contre les spectacles. Les excommunications de ce Père de l'Église n'ont eu aucune influence à Ferney. Il eût été à désirer pour l'honneur de ce saint homme, si honnête et si conséquent, qu'il n'eût pas déclaré, écrit, et signé par-devant un nommé Montmolin, son curé huguenot : « Qu'il ne demandait la communion que dans le ferme dessein d'écrire contre le livre abominable d'Helvétius. » Vous voyez bien que ce n'est pas assez pour Jean-Jacques de se repentir ; il pousse la vertu jusqu'à dénoncer ses complices, et à poursuivre ses bienfaiteurs ; car, s'il avait renvoyé quelques louis à M. le duc d'Orléans, il en avait reçu plusieurs d'Helvétius. C'est assurément le comble de la vertu chrétienne de se déshonorer, et d'être un coquin pour faire son salut.

Ce sont de tels philosophes qui ont rendu la philosophie odieuse et méprisable à la cour. C'est parce que Jean-Jacques a encore des partisans que les véritables philosophes ont des ennemis. On est indigné de voir dans le *Dictionnaire encyclopédique*[1] une apostrophe à ce misérable comme on en ferait une à un Marc Antonin. Ce ridicule suffit, avec l'article *Femme*[2], pour décrier un livre, fût-il en vingt volumes in-folio. Comptez que je ne me suis pas trompé en mandant, il y a longtemps, que Rousseau ferait tort aux gens de bien.

Quand on a donné des éloges à ce polisson, c'était alors qu'on offrait réellement une chandelle au diable.

Croyez, mon cher philosophe, que je ne donnerai jamais à aucun grand seigneur les éloges que j'ai prodigués à Mlle Clairon. Le mérite et la persécution sont mes cordons bleus ; mais aussi vous êtes trop juste pour exiger que je rompe en visière à qui j'ai les plus grandes obligations. Faut-il manquer à un homme qui nous a fait du bien, parce qu'il est grand seigneur ? Je suis bien sûr que vous approuverez qu'on estime ou qu'on méprise, qu'on aime ou qu'on haïsse, très-indépendamment des titres. Je vous aimerais, je vous louerais, fussiez-vous pape ; et tel que vous êtes, je vous préfère à tous les papes, ce qui n'est pas coucher gros ; mais je vous aime et vous révère plus que personne au monde.

MMMMCDLXVIII. — A M. THIERIOT.

20 auguste.

Mon ancien ami, le séjour de Mlle Clairon et ma santé, qui empire tous les jours, ne m'ont pas permis de vous écrire. Je goûte une vraie satisfaction d'avoir M. Damilaville dans mon ermitage. C'est un vrai philosophe ; cela ne ressemble pas à Rousseau, qui ne sait pas même prendre le masque de la philosophie. Savez-vous que, pour être admis à sa communion hérétique dans le village où il aboie, il avait promis et signé de sa main qu'il écrirait *contre l'ouvrage abominable d'Helvétius* ?

1. Au mot ENCYCLOPÉDIE ; l'article est de Diderot. (ÉD.)
2. Par Desmahis. (ÉD.)

Ce sont ses propres termes; et M. de Montmolin, son curé, avec lequel il a'est brouillé et contre lequel il a écrit, a fait imprimer cette belle promesse. Le chien qui accompagnait Diogène aurait eu honte d'une pareille infamie.

On écrit beaucoup à Genève pour et contre les miracles, et il y a eu des gens assez sots pour croire que je me mêlais de cette petite guerre théologique. J'en étais bien loin, je ne me mêlais que des miracles de Mlle Clairon. Elle m'a étonné dans Aménaïde et dans Electre, qu'elle a jouées sur mon petit théâtre. Ce n'est point moi qui suis l'auteur de ces deux rôles, c'est elle seule. Je crois que le public de Paris ne la reverra plus, mais sûrement il la regrettera; la perte sera légère pour vous, qui n'allez presque jamais au spectacle.

Nous marions donc tous deux des filles; mais vous avez un grand avantage sur moi, vous mariez celle que vous avez faite. Vous avez goûté le plaisir d'être père, et moi j'ai été inutile au monde; ce n'est pas ma faute. Je me console autant que je puis par le plaisir insipide de bâtir et de planter. La mémoire de Mme de Tencin m'est chère, puisqu'elle a mis au monde Dalembert; il a été sur le point d'en sortir : les jansénistes en auraient été bien aises, mais tous les honnêtes gens auraient été bien affligés.

Vivez, mon cher ami, et portez-vous mieux que moi.

MMMMCDLXIX. — A M. LE MARQUIS D'ARGENCE DE DIRAC.

30 auguste.

J'ai trop tardé, mon cher monsieur, à vous remercier de la justice que vous avez bien voulu rendre aux Calas, et de la générosité avec laquelle vous avez daigné confondre les calomnies de ce malheureux Fréron. On m'a dit qu'on avait été indigné de sa feuille; mais, quelque horreur qu'il inspire, on le tolère, et il se fait un revenu du mépris qu'il inspire. J'aurais voulu vous envoyer une lettre de remerciments qu'on doit imprimer à la suite de la vôtre; mais je n'ai pu en avoir encore un exemplaire.

Mlle Clairon m'a fait oublier les maladies qui persécutent ma vieillesse. Elle a joué dans *Tancrède* et dans *Oreste* sur mon petit théâtre que vous connaissez. J'ai vu la perfection en un genre pour la première fois de ma vie.

Elle est actuellement en Provence; vous auprès d'Angoulême; ainsi je passe ma vie dans les regrets.

MMMMCDLXX. — A MADEMOISELLE CLAIRON, A MARSEILLE.

A Ferney, 30 auguste.

Je ne vous dirai pas, mademoiselle, à quel point vous êtes regrettée, parce que je ne pourrais l'exprimer.

Voici ce qu'on[1] m'écrit de Versailles : « Tout le monde veut savoir des nouvelles de Mlle Clairon, et le roi tout le premier. »

1. Le maréchal de Richelieu. (ÉD.)

Voici ma réponse :

« Elle est partie aussi malade que regrettée et honorée, couchée dans son carrosse, et soutenue par son courage. M. Tronchin ne répond pas de sa vie si elle remonte sur le théâtre. Elle lui a dit qu'elle serait forcée d'obéir à ses ordonnances ; mais que toutes les fois que le roi voudrait l'entendre, elle ferait comme tous ses autres sujets, qu'elle hasarderait sa vie pour lui plaire. »

Vous voyez, mademoiselle, que j'ai dit la vérité toute pure, sans rien ajouter ni diminuer.

Permettez-moi de présenter mes respects au plus aimable des Français et au plus aimable des Russes.

Nous nous entretenons de vous à Ferney, nous vous aimons de tout notre cœur, et en cela nous n'avons d'avantage sur personne. J'ai par-dessus les autres le sentiment de la reconnaissance. Nous ne nous flattons pas de vous avoir une seconde obligation. Vous êtes pour moi le phénix qu'on ne voyait qu'une fois en sa vie.

Vous êtes au-dessus des formules des lettres.

MMMMCDLXXI. — A M. DE CIDEVILLE.

A Ferney, 31 auguste.

Mon cher et ancien ami, j'ai pensé comme l'Académie de Rouen ; j'ai trouvé les conquérants normands très-bien chantés[1], et j'ai été fort aise que vous ayez donné le prix au jeune M. de La Harpe. Il a passé quelques jours dans mon ermitage ; et comme j'aime beaucoup à corrompre la jeunesse, je l'ai fort exhorté à suivre la détestable carrière des vers. C'est un homme perdu. Il fera certainement de bons ouvrages, moyennant quoi il mourra de faim, sera honni et persécuté ; mais il faut que chacun remplisse sa destinée. La vôtre est de vivre heureux, de ne cultiver les lettres que pour votre plaisir, de vous partager très-prudemment entre les plaisirs de la ville et ceux de la campagne. Je suis tout juste la moitié aussi prudent que vous ; la campagne seule peut me plaire même pendant l'hiver.

Je suis bien aise que l'abbé Bazin vous ait amusé. Il y a un abbé Bazin à Paris qui croit avoir fait ce livre, et qui s'est plaint à moi assez plaisamment qu'on eût mis dans le titre, *par feu M. l'abbé Bazin*. Je lui ai prouvé que depuis Bazin, roi de Thuringe, il y avait eu plusieurs grands hommes de ce nom, et que ce n'était pas lui qui avait fait cette *Philosophie*. Je sais bien que des gens ont cru que j'étais de la famille des Bazin ; mais je n'ai point cette vanité. Ce livre est farci d'érudition orientale, dont on ne peut me soupçonner qu'avec une extrême injustice.

J'ai eu chez moi Mlle Clairon, qui a bien voulu jouer Aménaïde et Électre sur mon petit théâtre. Mme Denis a très-bien joué Clytemnestre ; Mme de Florian s'est tirée à merveille du rôle de la simple et

---

1. L'Académie de Rouen avait couronné le poëme de La Harpe intitulé *La délivrance de Salerne et la fondation du royaume des Deux-Siciles*. (ÉD.)

tendre Iphise. Pour Mlle Clairon, elle nous a tous étonnés; j'en suis encore transporté. Je crois qu'elle quitte le théâtre, moyennant quoi il faut qu'on le ferme.

Adieu, mon cher ami : toute la famille vous fait mille tendres compliments. Conservez votre santé.

MMMMCDLXXII. — A M. LE MARQUIS DE VILLETTE.

1ᵉʳ septembre.

Il y a longtemps, monsieur, que je médite de vous écrire. Le séjour de Mlle Clairon m'a un peu dérangé; et après son départ il a fallu réparer le temps que les plaisirs avaient dérobé à ma philosophie.

Je ne connaissais point le mérite de Mlle Clairon, je n'avais pas même l'idée d'un jeu si animé et si parfait. J'avais été accoutumé à cette froide déclamation de nos froids théâtres, et je n'avais vu que des acteurs récitant des vers à d'autres acteurs, dans un petit cercle entouré de petits-maîtres.

Mlle Clairon m'a dit que ni elle ni Mlle Dumesnil n'avaient déployé d'action dont la scène est susceptible que depuis que M. le comte de Lauraguais a rendu au public, assez ingrat, le service de payer de son argent la liberté du théâtre et la beauté du spectacle. Pourquoi nul autre homme que lui n'a-t-il contribué à cette magnificence nécessaire? et pourquoi ce même public s'est-il plus souvent de quelques fautes¹ de M. de Lauraguais que de sa générosité et de son goût pour les arts? Les torts qu'un homme peut avoir dans l'intérieur de sa famille ne regardent que sa famille; les bienfaits publics regardent tous les honnêtes gens. Alcibiade peut avoir fait quelques sottises, mais Alcibiade a fait de belles choses : aussi le préfère-t-on à tous les citoyens inutiles qui n'ont fait ni bien ni mal.

Je ne sais pas encore quelle espèce de vie vous mènerez; mais comme je ne vous ai vu faire que des actions généreuses, comme vous avez un cœur sensible et beaucoup d'esprit, et que par-dessus tout cela vous allez être très-riche, vous devez bien vous attendre qu'on épluchera votre conduite. Vous vous trouverez entre la flatterie et l'envie, mais j'espère que vous vous démêlerez très-habilement de l'une et de l'autre. Pardonnez à ma petite morale.

Je ne vous envoie point les versiculets faits en l'honneur de Mlle Clairon. On en tira quelques exemplaires; Mlle Clairon en emporta une moitié, mes nièces se jetèrent sur l'autre; je n'en ai pas à présent, Dieu merci, une seule copie. Dès que j'en aurai recouvré une, je vous l'enverrai; mais, en vérité, ces bagatelles ne sont bonnes qu'aux yeux de ceux pour qui elles sont faites; elles sont comme les chansons de table, qu'il ne faut chanter qu'en pointe de vin.

Je vous remercie de toutes vos nouvelles. Souvenez-vous toujours de la bonne cause : ce n'est pas assez d'être philosophe, il faut faire des philosophes.

1. En 1764, Mme de Lauraguais plaidait contre son mari. (ÉD.)

Si vous voyez M. le comte de La Touraille, ne m'oubliez pas auprès de lui. Il me paraît avoir bien de la raison, de l'esprit, et du goût; cela n'est pas à négliger.

MMMMCDLXXIII. — A M. LE COMTE D'ARGENTAL.

4 septembre.

Premièrement, mes divins anges sauront que c'est la chose du monde la plus aisée d'envoyer au suppliant un paquet de vers contre-signé;

Secondement, que je renverrai sur-le-champ en droiture, à M. le duc de Praslin, la pièce entière dûment corrigée, avec la préface honnête et modeste du petit ex-jésuite; et si mes anges sont contents, ils remettront le tout à Lekain, qui saisira le temps le plus favorable pour imprimer l'ouvrage à son profit, supposé qu'il puisse y avoir du profit, et que le public ne soit pas lassé de tant d'œuvres dramatiques;

Troisièmement, mes anges me permettront-ils de leur présenter la pancarte ci-jointe? M. Fabry, dont il est question, a rendu en effet des services, en réglant les limites de la France, de la Suisse, et de Genève. Si mes anges ont la bonté de m'assurer des intentions favorables de M. le duc de Praslin, je serai bien content, et je ferai grand plaisir à M. Fabry.

Notre résident se porte mieux, mais M. Tronchin ne croit pas qu'il en réchappe; il peut se tromper, tout grand médecin qu'il est. Vingt personnes demandent déjà cette place.

Je crois que M. le duc de Praslin est instruit du mérite de M. Astier, qui est employé depuis longtemps[1]. Je ne le connais pas, mais je sais qu'il est tout à fait pour la bonne cause, et extrêmement circonspect.

Je suis extrêmement content de M. Damilaville; c'est un homme d'une probité courageuse.

Il faut vous dire un petit mot de la vertu de Jean-Jacques Rousseau, qui est dans un autre goût.

Il vient d'être avéré que, pour être admis à la communion des fidèles dans le village où il aboie, il a promis, par un écrit signé de sa main, qu'il écrirait contre le livre abominable d'Helvétius. Son curé, avec lequel il s'est brouillé, comme avec le reste du monde, a été obligé de faire imprimer cette belle promesse.

Il est bien triste pour la philosophie que ce misérable en ait pris le manteau pendant quelque temps; mais il ne faut pas que Platon cesse de philosopher parce que le chien de Diogène veut mordre; il faut vivre et mourir dans l'amour de la vérité.

Je baise plus que jamais le bout des ailes de mes anges.

MMMMCDLXXIV. — A M. LE COMTE D'AUTREY.

6 septembre.

Ce n'est donc plus le temps, monsieur, où les Pythagore voyageaient pour aller enseigner les pauvres Indiens. Vous préférez votre campagne

---

1. En Hollande. (ÉD.)

à mes mesures. Soyez bien persuadé que je mourrai très-affligé de ne vous avoir point vu. J'ai eu l'honneur de passer quelque temps de ma vie avec madame votre mère, dont vous avez tout l'esprit, avec beaucoup plus de philosophie.

Si j'avais pu vous posséder cet automne, vous auriez trouvé chez moi un philosophe qui vous aurait tenu tête, et qui mérite de se battre avec vous; pour moi, je vous aurais écoutés l'un et l'autre, et je ne me serais point battu; j'aurais tâché seulement de vous faire une bonne chère plus simple que délicate. Il y a des nourritures fort anciennes et fort bonnes, dont tous les sages de l'antiquité se sont toujours bien trouvés. Vous les aimez, et j'en mangerais volontiers avec vous; mais j'avoue que mon estomac ne s'accommode point de la nouvelle cuisine. Je ne puis souffrir un ris de veau qui nage dans une sauce salée, laquelle s'élève quinze lignes au-dessus de ce petit ris de veau. Je ne puis manger d'un hachis composé de dinde, de lièvre, et de lapin, qu'on veut me faire prendre pour une seule viande. Je n'aime ni le pigeon à la crapaudine, ni le pain qui n'a pas de croûte. Je bois du vin modérément, et je trouve fort étranges les gens qui mangent sans boire, et qui ne savent pas même ce qu'ils mangent.

Je ne vous dissimulerai pas même que je n'aime point du tout qu'on se parle à l'oreille quand on est à table, et qu'on dise ce qu'on a fait hier à son voisin, qui ne s'en soucie guère, ou qui en abuse; je ne désapprouve pas qu'on dise *Benedicite*; mais je souhaite qu'on s'en tienne là, parce que si l'on va plus loin, on ne s'entend plus; l'assemblée devient cohue, et on dispute à chaque service.

Quant aux cuisiniers, je ne saurais supporter l'essence de jambon, ni l'excès des morilles, des champignons, et de poivre et de muscade, avec lesquels ils déguisent des mets très-sains en eux-mêmes, et que je ne voudrais pas seulement qu'on lardât.

Il y a des gens qui vous mettent sur la table un grand surtout où il est défendu de toucher; cela m'a paru très-incivil. On ne doit servir un plat à son hôte que pour qu'il en mange; et il est fort injuste de se brouiller avec lui, parce qu'il aura entamé un cédrat qu'on lui aura présenté. Et puis, quand on s'est brouillé pour un cédrat, il faut se raccommoder et faire une paix plâtrée, souvent pire que l'inimitié déclarée.

Je veux que le pain soit cuit au four, et jamais dans un privé. Vous auriez des figues au fruit, mais dans la saison.

Un souper sans apprêts, tel que je le propose, fait espérer un sommeil fort doux et fort plein, qui ne sera troublé par aucun songe désagréable.

Voilà, monsieur, comme je désirerais d'avoir l'honneur de manger avec vous. Je suis un peu malade à présent; je n'ai pas grand appétit, mais vous m'en donneriez, et vous me feriez trouver plus de goût à mes simples aliments.

Mme Denis est très-sensible à l'honneur de votre souvenir. Elle est entièrement à mon régime. C'est d'ailleurs une fort bonne actrice; vous en auriez été content dans une assez mauvaise pièce à la grecque, intitulée *Oreste*, et vous l'auriez écoutée avec plaisir, même à côté de Mlle Clairon. Conservez-moi au moins vos bontés, si vous me refusez votre présence réelle.

MMMMCDLXXV. — A M. LE COMTE D'ARGENTAL.

9 septembre.

Notre résident Montpéroux[1] vient de mourir; à qui donnera-t-on cette place? Je voudrais bien que ce fût à un philosophe. Plusieurs personnes la demandent. Je ne connais point du tout par moi-même M. Astier, qui est en Hollande, et qui a, dit-on, bien servi; mais je sais qu'il est fort sage et fort paisible. Il est sans doute convenable de ne pas envoyer dans cette ville un bigot fanatique.

Je songe à ce pauvre Tercier, qui a perdu si mal à propos sa place pour avoir approuvé un livre médiocre, qui n'était que la paraphrase des *Pensées* de La Rochefoucauld. Si nous pouvions l'avoir, ce serait une grande consolation. Quoi qu'il en soit, je supplie instamment mes anges de nous envoyer un résident philosophe.

M. de Chauvelin, l'ambassadeur à Turin, m'a mandé qu'il vous enverrait la petite drôlerie de l'ex-jésuite : mais à quoi vous servira-t-elle, mes divins anges? Cet exemplaire est, à la vérité, un peu plus complet que le vôtre; mais il y a encore beaucoup de choses à corriger. Ne vaudrait-il pas mieux renvoyer au petit prêtre sa guenille en droiture? Je vous ai déjà dit que je recevais sans difficulté les paquets contre-signés qui m'étaient adressés. Et où serait le mal quand on enjoliverait ce paquet d'une demi-feuille de papier, dans laquelle on écrirait : « Voilà ce que M. le duc de Praslin vous envoie; il trouve vos vers fort mauvais, et vous recommande de les corriger; » ou telle autre chose semblable? Il me semble que cette grande affaire d'État peut se traiter très-facilement par la poste; on renverra le tout avec une préface des plus honnêtes, et toutes les indications nécessaires à l'ami Lekain.

Je suis toujours très-émerveillé de la défense qu'on a faite au roi de donner le privilége à Mme Calas de vendre une estampe. J'ai déjà fait quelques souscriptions dans ma retraite, et M. Tronchin en a fait bien davantage, comme de raison. Je plains bien mes pauvres Sirven. Malheur à tous ceux qui viennent les derniers, dans quelque genre que ce puisse être! l'attention du public n'est plus pour eux. Il faudrait à présent avoir eu deux hommes roués dans sa famille pour faire quelque éclat dans le monde.

Je m'imagine que l'affaire des dîmes sera décidée à Fontainebleau. Il en est de cette besogne comme de celle de l'ex-jésuite; il n'importe en quel temps elles finissent, pourvu que mes anges et M. le duc de Praslin les favorisent toutes deux.

Tout ce qui est dans ma petite retraite se met au bout des ailes de mes anges.

1. Résident de France à Genève. (Ch.)

MMMMCDLXXVI. — A mademoiselle Clairon.

16 septembre.

Mes yeux, mademoiselle, ne sont pas si heureux à présent qu'ils l'étaient quand ils avaient le bonheur de vous voir. Ils pouvaient alors le disputer à mes oreilles; mais actuellement ils sont si malades, que je ne peux avoir l'honneur de vous écrire de ma main.

Vous m'ordonnez de vous écrire à Aix, cela me fait craindre que vous n'ayez pas reçu la lettre que je vous écrivis à Marseille. Je vous y rendais compte de l'empressement de M. le maréchal de Richelieu à savoir des nouvelles de votre santé. Le roi s'en était informé lui-même. Je vous confiais que j'avais instruit M. le maréchal de Richelieu de la vérité; je lui disais que vous vous étiez trouvée fort mal de l'effort que vous aviez fait de représenter Électre et Aménaïde sur mon petit théâtre, et que M. Tronchin avait déclaré qu'il y allait de votre vie; mais que vous ne balanceriez pas de la risquer quand il s'agirait de plaire au roi. Si ma première lettre est perdue, celle-ci servira de supplément.

L'amitié que vous me témoignez me fait encore plus de plaisir que les talents inimitables que je vous ai vue déployer. Je m'intéresse à votre bonheur autant qu'à votre gloire. Vous ferez les délices de vos amis comme vous avez fait celles du public; et, en vérité, le public ne vaut pas des amis.

Toute ma famille vous fait les compliments les plus tendres et les plus sincères. Ne m'oubliez pas, je vous en supplie, auprès de M. le comte de Valbelle; il ne m'appartient pas d'envier sa place, mais j'envie celle de M. de Neledenski, puisqu'il vous accompagne.

Si vous êtes à Aix, voulez-vous bien me recommander aux bontés de M. le duc de Villars? Je ne le fatigue point de mes inutiles lettres, mais je lui serai attaché toute ma vie.

Adieu, mademoiselle; si j'avais de la santé, vous me trouveriez à Lyon sur votre passage.

MMMMCDLXXVII. — A M. le maréchal duc de Richelieu.

A Genève, 16 septembre.

Vous vous êtes donc mis, monseigneur, à ressusciter les morts? Vous avez déterré je ne sais quelle *Adélaïde* morte en sa naissance, et que j'avais empaillée pour la déguiser en *Duc de Foix*. Vous lui avez donné la plus belle vie du monde. Tronchin n'approche pas de vous, quelque grand médecin qu'il soit; il ne peut me faire autant de bien que vous en faites à mes enfants. Je ne désespère pas, tandis que vous êtes en train, que vous ne ressuscitiez aussi *la Femme qui a raison*. On prétend qu'il y a quelques ordures, mais les dévotes ne les haïssent pas. Que sait-on même si un jour vous ne ferez pas jouer *la Princesse de Navarre*? La musique du moins en est très-belle, et je suis sûr qu'elle ferait grand plaisir : cela vaudrait bien un opéra-comique.

Je ne sais si Mlle Clairon rajuste sa santé dans le beau climat de

Provence. Je crois que le public ferait en elle une perte irréparable. Vous aurez trouvé que j'ai poussé l'enthousiasme un peu loin dans certains petits versiculets[1] ; mais si vous aviez vu comme elle a joué Électre dans mon tripot, vous me pardonneriez.

Vous allez vous occuper de plaisirs à Fontainebleau; ces plaisirs-là sont de ma compétence, mais il ne m'appartient pas de les goûter à votre cour. J'ai environ deux douzaines d'enfants qui se produisent quelquefois sous votre protection; mais pour le père, il fait fort bien d'aimer sa retraite, et de ne pas désirer autre chose; il ne regrette que le bonheur qu'il a eu si longtemps de vous approcher et d'admirer votre gaieté au milieu de vos affaires de toute espèce. Ses yeux, pochés par le vent du nord, ne lui permettent pas de vous écrire de sa main à quel point il est pénétré de respect pour vous, et combien il prend la liberté de vous aimer.

MMMMCDLXXVIII. — A M. LE COMTE D'ARGENTAL.

17 septembre.

Mes divins anges, je vois bien que je ne connaissais pas encore ce public inconstant que je croyais connaître. Je ne me doutais pas qu'il dût approuver avec tant de transports ce qu'il avait condamné avec tant de mépris. Vous souvenez-vous qu'autrefois, lorsque Vendôme disait à la dernière scène : *Es-tu content, Coucy ?* les plaisants répondaient *Couci-Couci*. J'ai retrouvé ici, dans mes paperasses, deux tragédies d'*Adélaïde* ; elles sont toutes deux fort différentes, et probablement la troisième, qu'on a jouée à la Comédie, diffère beaucoup des deux autres. Je fais toujours mon thème en plusieurs façons. Il est à croire que Lekain fera imprimer à son profit cette *Adélaïde* qu'on vient de représenter ; mais je pense qu'il conviendrait qu'il m'envoyât une copie bien exacte, afin qu'en la conférant avec les autres, je pusse en faire un ouvrage supportable à la lecture, et dont le succès fût indépendant du mérite des acteurs. C'est sur quoi je vous demande vos bons offices auprès de Lekain, car je vous demande toujours des grâces.

A l'égard des roués, j'attends toujours votre paquet et vos ordres; le petit jésuite a sa préface toute prête; mais il dit qu'il ne faut pas s'attendre à de grands mouvements de passions dans un triumvir, et que cette pièce est plus faite pour des lecteurs qui réfléchissent, que pour des spectateurs qu'il faut animer. Il sait de plus que le pardon d'Octave à Pompée ne peut jamais faire l'effet du pardon d'Auguste à Cinna, parce que Pompée a raison et que Cinna a tort, et surtout parce que ceux qui sont venus les premiers ne laissent point de place à ceux qui viennent les seconds.

Je sais bien que j'ai été un peu trop loin avec Mlle Clairon; mais j'ai cru qu'il fallait un tel baume sur les blessures qu'elle avait reçues au For-l'Évêque. Elle m'a paru d'ailleurs aussi changée dans ses mœurs

1. *L'Épître à Mlle Clairon.* (ÉD.)

que dans son talent; et plus on a voulu l'avilir, et plus j'ai voulu l'élever.

J'espère qu'on me pardonnera un peu d'enthousiasme pour les beaux-arts; j'en ai dans l'amitié, j'en ai dans la reconnaissance.

MMMMCDLXXIX. — A M. DALEMBERT.

18 septembre.

Mon cher et digne philosophe, vous avez donc enfin votre pension. Vous avez sans doute bien remercié de la manière galante dont on vous l'a donnée. On ne peut rien ajouter à la promptitude et à la bonne grâce qu'on a mises dans cette affaire.

M. le marquis d'Argence, d'Angoulême, m'a envoyé une lettre que vous lui avez écrite; c'est un homme plein de zèle pour la bonne cause, et qui a pris avec zèle le parti des Calas contre Fréron. J'ai bien de la peine à décider quel est le plus misérable d'Aliboron ou de Jean-Jacques; je crois seulement Jean-Jacques plus fou et non moins coquin. Promettre d'écrire contre Helvétius pour être reçu à la communion est une bassesse incroyable.

Je crois que vous aurez Mlle Clairon au mois d'octobre, mais je ne crois pas qu'elle reparaisse sur le théâtre des Welches. J'aime tous les jours de plus en plus mon philosophe Damilaville; Tronchin lui a donné la fièvre pour le guérir. Je souhaite qu'il soit longtemps entre ses mains, et je voudrais bien vous tenir avec lui; vous trouveriez Genève bien changée; la raison y a fait des progrès dont on ne se douterait pas. Calvin n'y sera bientôt regardé que comme un cuistre intolérant.

Conservez bien votre santé; jouissez de l'étonnante révolution qui se fait partout dans les esprits, et vivez pour éclairer les hommes.

MMMMCDLXXX. — A M. LE COMTE D'ARGENTAL.

21 septembre.

Mes divins anges, tout le monde croit que j'ai bien du crédit dans votre cour céleste; tout le monde demande la place de Montpéroux; tout le monde s'adresse à moi. Mme de La Chabalerie, sœur de M. de Chabanon, que vous protégez, veut obtenir la résidence de Genève pour son mari, qui est officier, et qui a la croix de Saint-Louis. Elle m'a ordonné de vous en écrire, et j'obéis à ses ordres. Je suis persuadé que M. de Chabanon vous en aura déjà parlé; mais je suis persuadé aussi qu'il lui sera plus aisé de faire une bonne pièce que d'obtenir pour son beau-frère cette place, que vous m'avez dit être destinée à ceux qui ont servi dans les affaires étrangères.

Pour moi, je me borne à obtenir une copie de l'*Adélaïde* que vous avez fait jouer. Je voudrais surtout savoir si le duc de Nemours est reconnu rival de son frère, au troisième ou quatrième acte. Voilà les intérêts politiques qui m'occupent. Je vous écris en sortant de *Mérope*, qu'on a exécutée sur mon petit théâtre de marionnettes, au grand étonnement des Allobroges. Figurez-vous qu'il n'y avait rien chez vous de si brillant; car Mme de Schowalow avait prêté à Mme Denis pour deux cent mille écus de diamants, et à peu près autant à Mme de Florian, pour jouer la baronne dans *Nanine*. Ce qui est encore plus étonnant, c'est que M. de Schowalow jouait Égisthe dans *Mérope*.

Je ne m'attendais pas, quand je fis cette pièce, que je la verrais exécutée par des Russes, près du lac de Genève. Ce monde-ci est une plaisante pièce de théâtre, et messieurs du clergé, qui me mêlent dans leurs caquets [1], sont de plaisants comédiens.

Respect et tendresse.

MMMMCDLXXXI. — A M. THOMAS.

22 septembre.

Je n'ai reçu qu'aujourd'hui, monsieur, le présent dont vous m'avez honoré [2], et la lettre charmante dont vous l'accompagnez. La mort de notre résident, chez qui le paquet est resté longtemps, a retardé mon plaisir, et je me hâte de vous témoigner ma reconnaissance; vous ne savez pas combien je vous suis redevable. Ce n'est point là un discours académique, c'est un excellent ouvrage d'éloquence et de philosophie. Autrefois nous donnions pour sujet du prix des textes faits pour le séminaire de Saint-Sulpice; aujourd'hui les sujets sont dignes de vous. Il est plaisant qu'à la suite d'un écrit si sublime il se trouve une approbation de deux docteurs : elle ne peut nuire pourtant à votre ouvrage; il est admirable malgré leur suffrage.

On ne lit plus Descartes, mais on lira son éloge, qui est en même temps le vôtre. Ah! monsieur, que vous y montrez une belle âme et un esprit éclairé! quel morceau que l'histoire de la persécution du nommé Voët contre Descartes! Vous avez employé et fortifié les crayons de Démosthène pour peindre un coquin absurde qui ose poursuivre un grand homme. Vous m'avez fait un grand plaisir de ne pas oublier le petit conseiller de province, qui méprisait le philosophe son frère. Tout votre ouvrage m'enchante d'un bout à l'autre. Je vais le relire dès que j'aurai dicté ma lettre; car l'état où je suis me permet rarement d'écrire. Vous avez parfaitement séparé le génie de Descartes de ses chimères, et vous avez habilement montré combien l'auteur même des tourbillons était un homme supérieur.

On m'a dit que vous faites un poëme épique sur le czar Pierre. Vous êtes fait pour célébrer les grands hommes; c'est à vous à peindre vos confrères. Je m'imagine qu'il y aura une philosophie sublime dans votre poëme. Le siècle est monté à ce ton-là, et vous n'y avez pas peu contribué.

Vous faites, dans votre *Éloge de Descartes*, un éloge de la solitude qui m'a bien touché. Plût à Dieu que vous voulussiez bien partager la

---

1. Les *Actes de l'assemblée générale du clergé de France*, publiés en septembre 1765, contenaient la condamnation de l'*Essai sur l'histoire générale* (aujourd'hui *Essai sur les mœurs*), etc. (ÉD.)
2. *Éloge de Descartes*. (ÉD.)

mienne, et vivre avec moi comme un frère que l'éloquence, la poésie et la philosophie m'ont donné! J'ai dans ma masure un homme qui est comme moi votre admirateur, et avec qui je voudrais passer le reste de ma vie, c'est M. Damilaville, qu'un malheureux emploi de finance rappelle à Paris. Il vous dira quelle obligation je vous aurai, si vous daignez venir tenir sa place. Il est vrai que dans l'été nous avons un peu de monde, et même des spectacles; mais je n'en suis pas moins solitaire. Vous travailleriez avec le plus grand loisir, vous feriez renaître ces temps que nos petits-maîtres regardent comme des fables, où les talents et la philosophie réunissaient des amis sous le même toit.

J'ai bien peur que ma proposition ne soit aussi une fable; mais enfin il ne tiendra qu'à vous d'en faire la vérité la plus consolante pour votre serviteur, pour votre admirateur, et, permettez-moi de le dire, pour votre ami.

VOLTAIRE.

MMMMCDLXXXII. — A M. LE COMTE D'ARGENTAL.

23 septembre.

Or, mes anges, voilà donc mon ami Fabry agent par intérim de la parvulissime république de Genève. Mais, quand vous voudrez, vous m'enverrez les roués; et, en attendant, permettez que je vous adresse ce petit mot pour le duc de Vendôme.

Je viens de lire le sublime *Éloge de Descartes*, par M. Thomas. J'aime mieux lire, je vous jure, le panégyriste que le héros. C'est un homme d'un rare mérite que ce Thomas; et ni Thomas d'Aquin, ni Thomas Didyme, ni Thomas de Cantorbéry, n'approchent de lui. Il avait bien voulu m'envoyer son ouvrage, et le paquet contre-signé Praslin était resté chez ce pauvre Montpéroux pendant sa dernière maladie.

Vous voyez donc bien que je reçois mes paquets contre-signés, à moins que les résidents ne soient morts, et que c'est pure malice si vous ne m'envoyez pas les roués, et pure malice encore si Lekain ne me fait pas tenir sa vieille *Adélaïde*: car, encore une fois, je suis très en peine de savoir laquelle des trois copies est la passable.

Vous vous souciez fort peu de savoir que l'impératrice de Russie, la bonne amie de l'abbé Bazin, voulait avoir des filles pour enseigner le français aux petites filles de son empire. Plusieurs étaient déjà parties. Le conseil de Genève a trouvé cela fort mauvais; et, sans aucun respect pour l'impératrice, il a fait arrêter ces filles dans l'État de Berne, qui a favorisé leur enlèvement. L'auguste et ferme Catherine sera très-courroucée, et moi je le suis aussi. Cette action me paraît brutale et tyrannique. Je ne prends plus le parti du conseil genevois que pour mes dîmes.

Voici un placet pour Lekain, sur lequel je vous demande votre protection.

MMMMCDLXXXIII. — A M. ÉLIE DE BEAUMONT.

A Ferney, 26 septembre.

Vous entreprenez, monsieur, un ouvrage digne de vous, en essayant de réformer la jurisprudence criminelle. Il est certain qu'on fait trop peu de cas en France de la vie des hommes. On y suppose apparemment que les condamnés, étant dûment confessés, s'en vont droit en paradis. Je ne connais guère que l'Angleterre où les lois semblent plus faites pour épargner les coupables que pour sacrifier l'innocence. Croyez que partout ailleurs la procédure criminelle est fort arbitraire.

Le roi de Prusse a fait un petit code intitulé *le Code selon la raison*, comme si le *Digeste* était selon la folie; mais, dans ce code, le criminel est oublié. Le meilleur usage établi en Prusse, comme dans toute l'Allemagne et en Angleterre, est qu'on n'exécute personne sans la permission expresse du souverain. Cette coutume était établie en France autrefois. On est un peu trop expéditif chez vous : on y roue les gens de broc en bouche, avant que le voisinage même en soit informé; et les cas les plus graciables échappent à l'humanité du souverain.

J'ai écrit en Suisse, selon vos ordres. Je ne peux mieux faire que de vous envoyer la réponse de M. de Correvon, magistrat de Lausanne; mais vous trouverez sûrement plus de lumière en vous que dans les jurisconsultes étrangers.

A l'égard des Sirven, M. de Lavaysse me mande que l'ordonnance du parlement de Toulouse, portant permission à un juge subalterne d'effigier son prochain, n'est point regardée comme une confirmation de sentence. Voilà, je vous l'avoue, une singulière logomachie. Quoi! la permission de déshonorer un homme, et de confisquer son bien, n'est pas un jugement! Le parlement donne donc cette licence au hasard! Ou la sentence lui paraît juste ou inique. Il en ordonne l'exécution, il confirme donc la justice ou l'iniquité. Il ne peut ordonner cette exécution qu'en connaissance de cause. De bonne foi, est-ce une simple affaire de style d'ordonner la ruine et la honte d'une famille? Voilà un beau champ pour votre éloquence.

La rage d'accuser en Languedoc les pères de tuer les enfants subsiste toujours. Un enfant meurt d'une fièvre maligne à Montpellier; le médecin va voyager; pendant son voyage, on accuse le père d'avoir assassiné son fils. On allait le condamner, lorsque le médecin arrive, parle aux juges, les fait rougir, et le père prend actuellement les juges à partie. Cette aventure pourrait bien mériter un épisode dans votre mémoire. Je vais écrire au médecin pour savoir le nom de ce brave père.

Adieu, monsieur; j'ai le malheur de n'avoir vu ni Mme de Beaumont ni vous, mais j'ai le bonheur de vous aimer tous deux de tout mon cœur.

MMMMCDLXXXIV. — A M. HENNIN.

Ferney, 29 septembre.

Je suis outré, monsieur, de m'être défait des Délices, où j'ai eu le bonheur de vous voir; mais heureusement je suis encore votre voisin.

Jugez avec quelle joie j'ai appris que vous allez résider à Genève ! c'est un bénéfice simple tout fait pour un prêtre de la philosophie tel que vous êtes. Je suis devenu bien vieux et bien faible depuis votre voyage en ce pays-là. Mais mon cœur n'a point vieilli; il est pénétré pour vous de la même estime et de la même amitié. Je suis condamné à rester chez moi; mais j'espère être consolé quand je pourrai vous assurer des tendres et respectueux sentiments avec lesquels je serai toute ma vie, monsieur, votre très-humble et très-obéissant serviteur, VOLTAIRE.

MMMMCDLXXXV. — A CATHERINE II, IMPÉRATRICE DE RUSSIE.

L'abeille est utile sans doute,
On la chérit, on la redoute,
Aux mortels elle fait du bien,
Son miel nourrit, sa cire éclaire :
Mais quand elle a le don de plaire,
Ce superflu ne gâte rien.

Minerve, propice à la terre,
Instruisit les grossiers humains,
Planta l'olivier de ses mains,
Et battit le dieu de la guerre.
Cependant elle disputa
La pomme due à la plus belle;
Quelque temps Pâris hésita,
Mais Achille eût été pour elle.

Madame, que Votre Majesté Impériale pardonne à ces mauvais vers; la reconnaissance n'est pas toujours éloquente : si votre devise est une abeille, vous avez une terrible ruche; c'est la plus grande qui soit au monde; vous remplissez la terre de votre nom et de vos bienfaits. Les plus précieux pour moi sont les médailles qui vous représentent. Les traits de Votre Majesté me rappellent ceux de la princesse votre mère[1].

J'ai encore un autre bonheur, c'est que tous ceux qui ont été honorés des bontés de Votre Majesté sont mes amis; je me tiens redevable de ce qu'elle a fait si généreusement pour les Diderot, les Dalembert, et les Calas. Tous les gens de lettres de l'Europe doivent être à vos pieds.

C'est vous, madame, qui faites les miracles; vous avez rendu Abraham Chaumeix tolérant, et s'il approche de Votre Majesté, il aura de l'esprit; mais pour les capucins, Votre Majesté a bien senti qu'il n'était pas en son pouvoir de les changer en hommes, depuis que saint François les a changés en bêtes. Heureusement votre Académie va former des hommes qui n'auront pas affaire à saint François.

Je suis plus vieux, madame, que la ville où vous régnez et que vous embellissez. J'ose même ajouter que je suis plus vieux que votre empire, en datant sa nouvelle fondation du créateur Pierre le Grand.

1. La princesse d'Anhalt-Zerbst. (ÉD.)

dont vous perfectionnez l'ouvrage. Cependant je sens que je prendrais la liberté d'aller faire ma cour à cette étonnante abeille qui gouverne cette vaste ruche, si les maladies qui m'accablent me permettaient, à moi pauvre bourdon, de sortir de ma cellule.

Je me ferais présenter par M. le comte de Schowalow et par madame sa femme, que j'ai eu l'honneur de posséder quelques jours dans mon petit ermitage. Votre Majesté Impériale a été le sujet de nos entretiens, et jamais je n'ai tant éprouvé le chagrin de ne pouvoir voyager.

Oserais-je, madame, dire que je suis un peu fâché que vous vous appeliez Catherine? les héroïnes d'autrefois ne prenaient point de noms de saintes : Homère, Virgile, auraient été bien embarrassés avec ces noms-là; vous n'étiez pas faite pour le calendrier.

Mais, soit Junon, Minerve, ou Vénus, ou Cérès, qui s'ajustent bien mieux à la poésie en tout pays, je me mets aux pieds de Votre Majesté Impériale, avec reconnaissance et avec le plus profond respect.

MMMMCDLXXXVI. — A M. LEKAIN.

Vous avez très-bien fait, mon cher Roscius, de m'envoyer la copie d'*Adélaïde*, et vous auriez beaucoup mieux fait de me l'envoyer dès les premières représentations; vous l'auriez déjà prête à imprimer, avec un discours préliminaire qui peut-être sera assez plaisant, et qui contribuera à votre débit.

La copie que vous m'envoyez est pleine de fautes; je les corrigerai de mon mieux, et je vous renverrai le tout dès que je croirai la pièce moins indigne de vos grands talents et de votre amitié. V.

MMMMCDLXXXVII. — A M. LE COMTE D'ARGENTAL.

2 octobre.

A peine le petit prêtre a-t-il reçu les roués de la part de ses divins anges, qu'il s'est mis sur-le-champ à faire ce que lesdits anges ont prescrit, excepté à la scène d'Octave et de Julie. Le pauvre diable confesse qu'il ne peut réchauffer cette scène, et il dit qu'il lui est impossible de faire d'Octave un amoureux violent. L'impuissance dont il convient lui fait beaucoup de peine; mais il dit que c'est le seul vice dont on ne peut pas se corriger.

Ce malheureux prêtre renverra, le plus tôt qu'il pourra, ses roués, avec l'honnête préface convenable en pareil cas.

......Le temps ne fait rien à l'affaire.

Il compte sur les gens qui aiment l'histoire romaine; mais comme il y en a beaucoup plus qui aiment l'opéra-comique, il n'espère pas un succès prodigieux.

Pour moi, j'attends *Adélaïde*, et je la renverrai aussi avec sa préface, car il me semble qu'elle en mérite une.

Je ne savais point que Clairon eût manqué à mes anges, quand je lui fis, je ne sais comment, des vers hexamètres comme pour une héroïne romaine; mais elle avait si bien joué Électre, elle avait été si fêtée par tout le pays, elle avait été si honnête et si polie, que j'en fus enquinaudé.

On dit qu'il n'est pas bien sûr que l'on donne à Fontainebleau toutes les fêtes qu'on préparait.

J'ai écrit un petit mot de félicitation à M. Hennin. M. le duc de Praslin ne pouvait faire un meilleur choix; ce sera un homme de bonne compagnie de plus dans notre petit canton allobroge. J'adressai ma lettre à M. de Saint-Foix, ne sachant pas si M. Hennin est à Paris.

Le plaisant secrétaire d'ambassade que Jean-Jacques! voilà un étrange original; c'est bien dommage qu'il ait fait *le Vicaire savoyard*. La conversation de ce vicaire méritait d'être écrite par un honnête homme.

J'ai vu, depuis peu, des fatras d'instructions pastorales, d'arrêts contre les instructions, d'arrêts contre les arrêts, et de lettres contre les arrêts, et de lettres sur les miracles de Jean-Jacques, et j'ai conclu qu'une tragédie est plus touchante, et que ce qui plaît aux dames est plus agréable; et j'ai dit dans mon cœur : « Il n'y a de bon que de souper avec ses amis, et de se réjouir dans ses œuvres; » et j'ai surtout ajouté que la consolation de la vie consiste à être un peu aimé de ses divins anges, ces divins anges à qui je n'ai pas l'honneur d'écrire de ma main, attendu que je suis retombé dans mes malingreries, et je ne m'en mets pas moins à l'ombre de leurs ailes.

MMMMCDLXXXVIII. — A M. THIERIOT.

4 octobre.

Mon ancien ami, je commence à être aussi paresseux que vous l'étiez, ou du moins à le paraître. Je comptais vous écrire par M. Damilaville; il a heureusement pour moi différé son retour à Paris de jour en jour. Je lui donne ma lettre; elle vous parviendra comme elle pourra. Deux choses me charment dans ce M. Damilaville, sa raison et sa vertu. Pourquoi faut-il qu'un homme de son mérite languisse dans la perception du vingtième? Voilà un métier bien indigne de lui.

Mlle Clairon va jouer à Fontainebleau, mais y aura-t-il un Fontainebleau? On dit que l'indisposition de Mgr le Dauphin dérange ce voyage. Nous autres, pauvres laboureurs du pied des Alpes, nous savons mal les nouvelles de la cour, et nous nous contentons de dire dans nos chaumières : *Sanitatem regi da, et sanitatem filio regis*.

Je ne connais plus du tout cette *Adélaïde* dont vous me dites tant de bien : il y a trente ans que je l'ai oubliée. Il plut alors au public de la condamner; il plaît au public d'aujourd'hui de l'applaudir, et il me plaît à moi de rire de ces inconstances. J'ai prié qu'on m'envoyât une copie de cette pièce, car je veux juger aussi à mon tour.

J'ai ici un jeune dragon, nommé M. de Pezay, qui fait des vers tout pleins d'esprit et d'images. Il m'en a apporté de son ami M. Dorat, avec qui il loge à Paris; ce M. Dorat en fait aussi de charmants : cela ragaillardit ma vieillesse, que M. Damilaville soutient par sa philosophie. Je me trouve entre la raison et les grâces; vous ne seriez pas de trop assurément dans cette bonne compagnie-là.

Quand il y aura quelque chose qui sera digne que vous en parliez, je vous prie de ne pas m'oublier., et surtout de me dire comment votre santé se trouve des approches de l'hiver.

Avez-vous fait le mariage dont vous me parliez? Je vous embrasse du meilleur de mon cœur.

MMMMCDLXXXIX. — A M. COLINI.

4 octobre.

Mo., cher ami, je suppose toujours que milord Abingdon, qui a eu le bonheur d'aller faire sa cour à Leurs Altesses Electorales, leur a rendu compte du triste état où il m'a vu. Ce n'est pas seulement la vieillesse qui m'accable, car il y a des vieillards qui ont encore de la force; mais je languis sous une complication de maladies qui ne me laissent aucun repos ni jour ni nuit, et qui me mènent au tombeau par un chemin fort vilain : ma seule consolation est de dicter quelquefois des fadaises, et de m'armer d'une philosophie inaltérable contre les maux qui me persécutent.

Je ne sais si Son Altesse Electorale a été informée qu'on fait à Paris une très-belle estampe de la famille des Calas. On a fait une espèce de souscription pour cette estampe : elle est prête. Je ne doute pas que Mgr l'électeur n'ait à Paris un ministre qui pourra souscrire en son nom, et lui faire parvenir le nombre d'estampes qu'il commandera; elle vaut un écu de six livres. Je n'ose prendre la liberté d'écrire à Monseigneur, Je ne me sens pas, dans l'état où je suis, assez d'esprit pour l'amuser, et je suis trop respectueusement attaché à sa personne pour l'ennuyer. Je vous prie instamment de me dire s'il prendra de ces estampes, et surtout de lui présenter les hommages du plus dévoué et du plus fidèle serviteur qu'il aura jamais.

MMMMCDXC. — DE M. DALEMBERT.

Ce 7 octobre.

Vous avez donc cru, mon cher maître, ainsi que frère Damilaville, que j'avais enfin ma pension; détrompez-vous : il est vrai que l'Académie a fait en ma faveur une seconde démarche encore plus authentique et plus marquée, puisqu'elle ne l'a faite que d'après une lettre du ministre qui lui demandait une seconde fois son avis sur ce sujet, imaginant apparemment qu'elle serait assez absurde pour en changer. Elle a répondu comme Cinna :

Le même que j'avais et que j'aurai toujours;
Acte II, scène II.

et depuis le 14 d'auguste, qu'elle a fait cette réponse, le ministre n'a encore rien dit. Il est vrai qu'il a eu le poing coupé[1], et c'est une raison; mais il s'est passé trois semaines et davantage entre la lettre de l'Académie et la coupure de son poing. Ce poing d'ailleurs n'est que le poing gauche, et on dit qu'il recommence à signer du droit. Nous verrons s'il en fera usage à ma satisfaction. Quoi qu'il en soit, je viens d'envoyer au *Journal encyclopédique* une petite lettre fort simple à ce sujet, où je dis simplement les faits sans me plaindre de personne.

En vérité, si vous ne m'assuriez ce que vous m'apprenez de Rousseau, j'aurais peine à le croire. Quoi! il a promis d'écrire contre Helvétius pour être admis à sa communion huguenote! En vérité, cela est incroyable. C'est bien le cas de dire comme Pourceaugnac : « Voilà bien des raisonnements pour manger un morceau. »

J'imagine que vous avez encore frère Damilaville, et je vous en fais mon compliment à l'un et à l'autre. Ma santé serait passable si je dormais mieux; il faut espérer que cela reviendra. Je suis actuellement dans les embarras et les dépenses d'un emménagement qui me donne beaucoup d'ennui et d'impatience; c'est ce qui fait que je ne vous dis que deux mots.

Adélaïde a eu beaucoup de succès, et continue à en avoir. Vous avez très-bien fait de redonner la pièce sous son ancien nom. Adieu, mon cher maître; je vous embrasse mille fois.

MMMMCDXCI. — A M. LE COMTE D'ARGENTAL.

8 octobre.

Mes anges sauront que j'ai reçu aujourd'hui *Adélaïde*. On a remis sur-le-champ les roués en portefeuille, et on va reprendre cette *Adélaïde* en sous-œuvre, non sans faire des Welches le cas qu'ils méritent, non sans être honteux de travailler pour des gens qui approuvent dans un temps ce qu'ils condamnent dans un autre.

Mon philosophe Damilaville, qui avait fait pendant quelques mois la consolation de ma vie, est parti, et a pris son plus long pour aller voir un ami avec lequel il restera quelque temps. Je ne sais pas trop dans quel temps il se présentera devant mes anges.

J'ai envoyé à M. Élie de Beaumont toutes les pièces nécessaires pour entreprendre le procès des Sirven. Je ne crois pas qu'il trouve dans cette affaire la même faveur et le même enthousiasme que dans celle des Calas. Je connais notre public; il se refroidit bien vite; il n'aime pas les répétitions ; il lui faut du nouveau, et c'est ce qui fait la fortune de l'Opéra-Comique. Cependant je me flatte que mes anges voudront bien encourager Élie. Il est nécessaire que le mémoire soit très-bien fait, et qu'il soit dépouillé de toute cette déclamation du barreau, qui est le contraire de la véritable éloquence. Élie peut m'envoyer ce factum sous le premier contre-seing venu, et je répète

---

1. M. de Saint-Florentin, depuis duc de La Vrillière, avait eu le poignet emporté d'un coup de fusil à la chasse. (*Éd. de Kehl.*)

encore que tous les paquets à mon adresse me sont très-fidèlement rendus.

J'ai lu une excellente lettre qui justifie l'arrêt du parlement contre le clergé, en citant le procès de Guillaume Rose, évêque de Senlis, le plus détestable ennemi de Henri IV. Le bon Dieu bénisse l'auteur de cette lettre, quel qu'il soit! Dieu me pardonne, je crois que je suis actuellement parlementaire; mais ce qui est bien plus sûr, c'est que je suis attaché à mes anges avec mon culte de latrie ordinaire.

Permettent-ils que j'insère ici ce petit mot pour Roscius-Lekain?

Et nos dîmes, mes divins anges! et nos dîmes! Ayez pitié de nous.

MMMMCDXCII. — AU MÊME.
11 octobre.

J'ignore si l'un de mes anges est à Fontainebleau. Je ne sais ni quand ni comment je pourrai renvoyer à Lekain son *Adélaïde* avec un bout de préface; tout est prêt, les roués le sont aussi : mais faisons une réflexion. Les roués finissent à peu près comme *Adélaïde*. On cède au cinquième acte sa maîtresse à son rival. Ne pensez-vous pas qu'il faut mettre un intervalle entre les publications de ces deux pièces? n'est-il pas convenable que l'on reprenne *Adélaïde* au retour de Fontainebleau une ou deux fois, pour favoriser le débit de l'édition au profit de Lekain? S'il entend ses intérêts, il fera vendre l'ouvrage à la Comédie même, le jour de la dernière représentation; et, s'il veut me faire plaisir, il ne demandera point de privilège, parce que ces inutiles pancartes ne servent qu'à faire naître des querelles entre ceux qui sont en possession d'imprimer mes sottises.

La nouvelle qu'on me donne pour sûre est-elle vraie? On m'assure que M. le duc de Praslin veut se retirer après le voyage de Fontainebleau. Je conçois bien qu'un homme aussi sage que lui préfère une vie douce, avec ses amis, au tracas fatigant des affaires; mais il me semble qu'il est encore trop jeune pour désirer ce repos, qui doit être la récompense d'un long travail. Je serais très-fâché qu'il prît ce parti, à moins que sa santé ne l'y force.

Je vous demande en grâce de me dire si cette nouvelle est aussi fondée qu'on le dit. Je présume que Tronchin viendra bientôt à Paris prendre soin de la santé de M. le duc d'Orléans, qui ne paraît pas avoir besoin de médecin. Que deviendrai-je, moi chétif, quand je ne serai plus dans le voisinage de Tronchin? On dit que je n'en ai pas pour six mois.

Voici choses d'une autre espèce. Je crois vous avoir déjà mandé que l'impératrice de toutes les Russies, souveraine de deux mille lieues de pays et de trois cent mille automates armés, qui ont battu les Prussiens batteurs des Autrichiens, etc., que ladite impératrice daignait faire venir quelques femmes de Genève, pour montrer à lire et à coudre à de jeunes filles de Pétersbourg; que le conseil de Genève a été assez fou et assez tyrannique pour empêcher des citoyennes libres d'aller où il leur plaît; et enfin assez insolent pour faire sortir de la ville un seigneur envoyé par cette souveraine,

M. le comte de Schuwalow, qui était chez moi, m'avait recommandé ces demoiselles. Je ne balance pas assurément entre Catherine II et les vingt-cinq perruques de Genève.

Cette aventure m'a été fort sensible, elle m'a engagé à faire venir chez moi des citoyens parents de ces voyageuses affligées. Ils m'ont prouvé que le conseil agit en plus d'une occasion contre toutes les lois, et qu'il est bien loin de mériter (comme je l'ai cru longtemps) la protection du ministère de France. Il y a dans ce conseil trois ou quatre coquins, c'est-à-dire trois ou quatre dévots fanatiques qui ne sont bons qu'à jeter dans le lac.

Mes anges, traitez les fanatiques comme le diable le fut par saint Michel.

MMMMCDXCIII. — A M. LEKAIN.

A Ferney, ce 11 octobre.

Mon cher Roscius, je fais partir par cet ordinaire votre *Adélaïde*, dûment corrigée. Il sera très-nécessaire qu'elle soit représentée à Fontainebleau avec les changements essentiels que j'y ai faits.

J'y joins une petite préface qui est assez piquante; je crois que cela se vendra bien.

Les frais auraient été trop considérables si je vous avais dépêché le paquet de Genève; mais le recevant par Lyon, vous aurez peu de frais à supporter, et je me flatte que l'édition vous dédommagera assez amplement.

Je vous prie, quand vous aurez un moment de loisir, de me parler un peu de vos fêtes de Fontainebleau.

Adieu, vous savez combien je vous aime.   V.

P. S. La *Préface* consiste en une lettre de moi. Je laisse à votre amitié le soin de mettre un *Avertissement* tel qu'il vous plaira.

MMMMCDXCIV. — A M. LE MARQUIS D'ARGENCE DE DIRAC.

12 octobre.

Vraiment, monsieur, je croyais vous avoir envoyé la lettre que vous me demandez; la voici, quoiqu'elle n'en vaille pas trop la peine. Je suis toujours très-étonné que le parlement de Toulouse soit demeuré, dans cette affaire, dans une inaction qui ne peut être que honteuse. S'il croit avoir bien jugé les Calas, il doit publier la procédure, pour tâcher de se justifier; s'il sent qu'il se soit trompé, il doit réparer son injustice, ou du moins son erreur; il n'a fait ni l'un ni l'autre, et voilà le cas où c'est le plus infâme des partis de n'en prendre aucun.

On me mande de Languedoc que cette fatale aventure a fait beaucoup de bien à ces pauvres huguenots, et que, depuis ce temps-là, on n'a envoyé personne aux galères pour avoir prié Dieu en pleine campagne, en vers français aussi mauvais que nos psaumes latins.

Adieu, monsieur; vous ne sauriez croire combien je suis sensible au bien que vous faites dans votre province. Mille respects à mademoiselle votre fille, qui sera bientôt madame.

MMMMCDXCV. — A MADAME LA MARQUISE DU DEFFAND.

16 octobre.

J'ai vu, madame, votre Écossais, qui aurait droit d'être fier comme un Écossais, si on pouvait être fier en proportion de ses connaissances et de son mérite. Il m'a dit que, malgré la mélancolie dont vous me parlez, vous conservez une imagination charmante dans la société. Il n'y a point de dédommagement pour les deux yeux, mais il y a de grandes consolations. Voici bientôt le temps où je vais perdre la vue; mes détestables fluxions me reprennent dans l'automne et l'hiver : je suis précisément comme Pollux, qui ne voyait le jour que six mois de l'année.

Nous avons beaucoup parlé de vous et de M. le président Hénault. Vous savez bien que je m'intéresserai tendrement à l'un et à l'autre jusqu'au dernier moment de ma vie. Il me manda, par sa dernière lettre, que tout doit finir. Rien n'est plus vrai : tous les êtres animés ne sont nés qu'à cette condition; mais il faut bien se souvenir que Cicéron, qui était premier président du parlement de Rome, dit souvent dans ses lettres, et quelquefois même au sénat romain, que la mort n'est que la fin des douleurs. César, qui a conquis et gouverné votre pays des Welches, pensait de même, et ces deux messieurs valaient bien le P. Élisée.

En attendant, il faut s'amuser. Mme de Florian, ma nièce, vous fera tenir, avec cette lettre, quelques feuilles imprimées que j'ai trouvées chez un curieux. Il y a une lettre sur Mlle de Lenclos, écrite à un ministre huguenot, qui pourra vous égayer quelques minutes. Il y a quelques chapitres métaphysiques qui pourront vous ennuyer, et d'autres où l'on ne dit que des choses que vous savez, et que vous dites beaucoup mieux.

J'y joins un autre ouvrage qu'on appelle le *Dictionnaire philosophique*. Des méchants me l'ont imputé; c'est une calomnie atroce dont je vous demande justice. Je suis fâché qu'un livre si dangereux soit si commode pour le lecteur; on l'ouvre et on le ferme sans déranger les idées. Les chapitres sont variés comme ceux de Montaigne, et ne sont pas si longs.

On m'assure que cette édition-ci est plus ample et plus insolente que toutes les autres. Je ne l'ai pas vue; vous en jugerez : et je la condamne s'il y a du mal.

Je vous dirai cependant, à ma honte, que j'aime assez en général tous ces petits chapitres qui ne fatiguent point l'esprit.

Je vais faire chercher encore une *Pucelle* pour vous amuser; mais je doute que j'aie le temps de la trouver avant le départ de Mme de Florian. On trouve rarement des pucelles chez ces marauds d'huguenots de Genève.

Je ne sors jamais de chez moi, et je m'en trouve bien : on a tous ses moments à soi; et la vie est si courte, qu'il n'en faut pas perdre un quart d'heure.

Je suis fâché que vous preniez en aversion nos pauvres philosophes.

Si vous croyez qu'ils marchent un peu sur mes traces, je vous prie de ne pas battre ma livrée.

Je sais toute l'histoire de la petite vérole de Mme la duchesse de Boufflers. S'il était vrai qu'elle eût été en effet bien inoculée, et qu'elle eût eu la petite-vérole naturelle après l'artificielle, cela serait triste pour elle; mais ce serait un exemple unique entre vingt mille; et les exceptions rares n'ôtent rien à la force des lois générales.

Je n'étais pas instruit de la maladie de Mme la maréchale de Luxembourg. Elle n'a point répondu à une lettre qui méritait assurément une réponse; mais je m'intéresserai toujours à elle, comme si elle répondait.

Adieu, madame; je vous aimerai toujours sans la plus légère diminution. Je souhaite que vous soyez la moins malheureuse qu'on puisse être sur ce ridicule petit globe.

MMMMCDXCVI. — A M. DALEMBERT.

16 octobre.

Mon cher et vrai et grand philosophe, Mme de Florian, qui retourne à Paris, vous dira combien vous êtes aimé à Ferney, et combien l'injustice qu'on vous fait nous a paru welche; mais, en récompense, on dit qu'on donne une pension à l'auteur du *Siège de Calais*, et à ceux du *Journal chrétien*. Il y a des choses bien humiliantes dans l'espèce humaine; mais il n'y en a point de plus honteuse que de voir continuellement les arts jugés par des Midas.

Votre aventure fait tort à la nation, ou plutôt à ceux qui la gouvernent par leurs premiers commis. Je rougis quand je songe qu'on vous a refusé chez vous la vingtième partie de ce qu'on vous a offert dans les pays étrangers. Le mérite, les talents, la réputation, seront-ils donc regardés comme les ennemis de l'État?

Quoi! vous ne voulez pas croire que Jean-Jacques, pour avoir la sainte communion huguenote, a promis « de s'élever clairement contre l'ouvrage infernal *De l'esprit*, qui, suivant le principe détestable de son auteur, prétend que sentir et juger sont une seule et même chose, ce qui est évidemment établir le matérialisme. » Cela est écrit et signé de la main de Jean-Jacques, et frère Damilaville vous apporte l'exemplaire d'où ces belles paroles sont tirées. En vérité les Welches valent encore mieux que les Génevois. Vous êtes un peu vengé à présent de ces déistes honteux; les prêtres sont dans la boue, et les citoyens dans un orage. Le conseil et les bourgeois sont divisés plus que jamais, et je crois que le conseil a tort, parce que des magistrats veulent toujours étendre leur pouvoir, et que le peuple se borne à ne vouloir pas être opprimé. Au milieu de toutes ces querelles, l'*inf*... est dans le plus profond mépris. On commence de tous côtés à ouvrir les yeux. Il y a certains livres dont on n'aurait pas confié le manuscrit à ses amis il y a quarante ans, dont on fait six éditions en dix-huit mois. Bayle paraît aujourd'hui beaucoup trop timide. Vous sentez bien que le fanatisme écume de rage, à mesure que le jour de la raison commence à luire. J'espère que du moins, cette fois-ci, les parlements combattront pour la philosophie sans le savoir. Ils sont forcés de soutenir les droits du roi contre les usurpations des évêques. On ne s'était pas douté que la cause des rois fût celle des philosophes ; cependant il est évident que des sages, qui n'admettent pas deux puissances, sont les premiers soutiens de l'autorité royale. La raison dit que les prêtres ne sont faits que pour prier Dieu ; les parlements sont en ce point d'accord avec la raison.

> Grâce aux préventions de leur esprit jaloux,
> Nos plus grands ennemis ont combattu pour nous [1].

J'ai passé des jours délicieux avec frère Damilaville, et je voudrais vivre et mourir entre vous et lui. Ne pouvant remplir ce désir, je souhaite au moins que les sages de Paris soient unis entre eux.

Cinq ou six personnes de votre trempe suffiraient pour faire trembler l'*inf*... et pour éclairer le monde. C'est une pitié que vous soyez dispersés sans étendard et sans mot de ralliement. Si jamais vous faites quelque ouvrage en faveur de la bonne cause, frère Damilaville me le fera tenir avec sûreté ; vous ne serez pas compromis par des bavards, comme vous l'avez été.

On mettra le nom de feu M. Boulanger à la tête de l'ouvrage. Vous êtes comptable de votre temps à la raison humaine. Ayez l'*inf*... en exécration, et aimez-moi ; comptez que je le mérite par les sentiments que j'aurai pour vous jusqu'au jour où je rendrai mon corps aux quatre éléments ; ce qui arrivera bientôt, car j'ai une faiblesse continue avec des redoublements.

MMMMCDXCVII. — A M. DAMILAVILLE.

10 octobre.

J'ai passé de beaux jours avec vous, mon cher frère ; il me reste les regrets ; mais il me reste aussi la douceur du souvenir, et l'espérance de vous revoir encore avant que je meure. Qui vous empêcherait, par exemple, de revenir un jour avec M. et Mme de Florian ? Vous savez combien ils vous aiment, car vous avez gagné tous les cœurs. J'ai reçu votre lettre de Dijon, et Mme de Florian ne vous rendra la mienne qu'à Paris. Je me flatte que votre zèle, conduit par votre prudence, va servir la bonne cause avec toute la chaleur que la nature a mise dans votre cœur généreux, sincère, et compatissant. Les indignes ennemis de la raison et de la vertu sentiront bientôt qu'il n'y a de raison et de vertu que chez les vrais philosophes. L'infâme Jean-Jacques est le Judas de la confrérie, mais vous ferez de dignes apôtres.

Vous savez avec quelle impatience j'attends les manuscrits de Fréret [2], que vous m'avez promis. Ceux que vous avez emportés peuvent se multiplier aisément. La lumière ne doit pas demeurer sous le boisseau. Je me flatte que vous m'instruirez des querelles du parlement et du clergé ; nous sommes cette fois-ci parlementaires, et de dignes paroissiens de M. l'archevêque de Novogorod [3].

1. *Britannicus*, acte V, scène 1. (ÉD.)
2. La *Lettre de Thrasybule à Leucippe*, qui circulait en manuscrit. (ÉD.)
3. Voyez le *Mandement du révérendissime Père en Dieu*. (ÉD.)

Les divisions de Genève éclateront bientôt. Il est absolument nécessaire que vous et vos amis vous répandiez dans le public que les citoyens ont raison contre les magistrats; car il est certain que le peuple ne veut que la liberté, et que la magistrature ambitionne une puissance absolue. Y a-t-il rien de plus tyrannique, par exemple, que d'ôter la liberté de la presse? et comment un peuple peut-il se dire libre, quand il ne lui est pas permis de penser par écrit? Quiconque a le pouvoir en main voudrait crever les yeux à tous ceux qui lui sont soumis; tout juge de village voudrait être despotique : la rage de la domination est une maladie incurable.

Je commence à lire aujourd'hui le livre italien *Des délits et des peines*. A vue de pays cela me paraît philosophique; l'auteur est un frère.

Adieu, vous qui serez toujours le mien. Adieu, mon cher ami; périssent les infâmes préjugés, qui déshonorent et qui abrutissent la nature humaine, et vivent la raison et la probité, qui sont les protectrices des hommes contre les fureurs de l'*inf*...! Adieu, encore une fois, au nom de Confucius, de Marc Antonin, d'Épictète, de Cicéron et de Caton.

MMMMCDXCVIII. — A M. DE LA HARPE.

19 octobre.

J'avoue qu'il y a quelque chose de vrai dans ce que vous dites de la belle réception qu'on fit à cette *Adélaïde du Guesclin*, longtemps avant que vous fussiez né. On ne réussit dans ce monde qu'à la pointe de l'épée; le plaisant de l'affaire, c'est qu'il n'y a pas un mot de changé dans la pièce autrefois sifflée et aujourd'hui applaudie. Ces exemples doivent consoler[1] la jeunesse. Songez que si vous travaillez pour des Français, vous travaillez aussi pour des Welches, qui ont approuvé une *Électre*[2] amoureuse d'un Itys, qui ont préféré la *Phèdre* de Pradon à celle de Racine, et qui ont méprisé *Athalie* pendant trente ans. C'est bien pis dans les provinces, où les présidents des élections et les échevins jugent d'un ouvrage par les feuilles de Fréron. Heureusement vous avez autant de courage que de génie. Quelqu'un a dit que la Gloire réside au haut d'une montagne; les aigles y volent, et les reptiles s'y traînent. Vous avez pris un vol d'aigle dans *Warwick*, et vos ailes sont bonnes.

Je vous embrasse de tout mon cœur. Mme Denis vous fait mille compliments.

MMMMCDXCIX. — A M. LE COMTE D'ARGENTAL.

26 octobre.

Je vous obéis toujours ponctuellement, mon divin ange; mais c'est quand je le peux. Votre dernière lettre du 19 octobre, qui, par parenthèse, est charmante, me remontre mon devoir sur deux ou trois points

---

1. La tragédie de *Pharamond*, par La Harpe, n'avait point eu de succès. (ÉD.)
2. Dans l'*Électre* de Crébillon. (ÉD.)

d'*Adélaïde*. Vous verrez, par la feuille suivante [1], que mon devoir est rempli, bien ou mal.

Les quatre vers que vous regrettez, et qui commencent :

Il faut à son ami montrer son injustice,

sont déjà restitués, et je les ai envoyés à Lekain, à qui je vous prie de faire tenir ce nouveau brimborion.

Comme *il faut à son ami montrer son injustice*, vous croyez donc me montrer la mienne en prenant partie contre les filles, et vous trouvez bon qu'on les empêche d'aller où vous savez, c'est-à-dire en Russie ? Je conçois bien qu'il n'est pas permis d'enrôler des soldats et de débaucher des manufacturiers; mais je vous assure que les filles majeures ont le droit de voyager, et que la manière dont on en a usé avec un seigneur envoyé par Catherine est directement contre les lois divines, humaines, et même genevoises. J'en ai été d'autant plus piqué, que M. le comte de Schowalow, très-intéressé dans cette affaire, était alors chez moi.

Je vous assure de plus que je n'ai jamais vécu avec les membres du conseil de la parvulissime république de Genève ; car, excepté les Tronchin et deux ou trois autres, ce tripot est composé de pédants du XVIe siècle. Il y a beaucoup plus d'esprit et de raison dans les autres citoyens. Au reste, vient chez moi qui veut, je ne prie personne; Mme Denis fait les honneurs, et moi je reste dans ma chambre, condamné à souffrir ou à barbouiller du papier ; les visites me feraient perdre mon temps ; je n'en rends aucune, Dieu merci. Les belles et grandes dames, les pairs, les intendants même, se sont accoutumés à ma grossièreté. Il n'est pas en moi de vivre autrement, grâce à ma vieillesse et à mes maladies.

Mme la comtesse d'Harcourt se fera porter dans un lit à la suite de Tronchin. Elle pouvait se remuer quand elle vint ici, elle ne se remue plus ; on déposera son lit sous des hangars ou des remises, de cabaret en cabaret, jusqu'à Paris. Je voudrais bien en faire autant qu'elle, uniquement pour vous faire ma cour, et pour jouir de la consolation de vous revoir. Mon cœur vous l'a dit cent fois, et il est dur de mourir sans avoir causé avec vous. Mais j'ai avec moi un parent [2] qui, quoique jeune, est réduit à un état pire, sans comparaison, que celui de Mme d'Harcourt. Il a besoin de nos secours journaliers. Comment l'abandonner ? comment laisser ma petite Corneille grosse de six mois ? Je me dis, pour m'étourdir : « Ce sera pour l'année qui vient; » belle chimère ! l'année qui vient je serai mort, et les dévots riront bien quand je serai damné.

Je soupçonne que si M. le duc de Praslin se dégoûte d'un tracas qui n'est qu'un fagot d'épines, s'il est assez philosophe pour rester ministre avec la liberté de vivre avec ses amis et de jouir de ses belles possessions, M. de Chauvelin vous consolera. Il est parti bien brusquement

---

1. Un feuillet contenant des corrections, et joint à la lettre. (ÉD.)
2. Daumart. (ÉD.)

de Turin, comme vous savez, et comme vous saviez sans doute avant qu'il partît. J'ai été confondu qu'il n'ait pas pris son chemin par mes mesures; mais il m'a mandé qu'il était très-pressé, et moi j'ai été très-fâché de ne pouvoir lui rendre mes hommages à son passage.

Vos Welches gâtent tout, ils détériorent jusqu'à l'inoculation. Ces choses-là n'arrivent point en Angleterre. Je suis bon Français, *quoi qu'on die*[1]; je suis affligé des sottises que font certains corps; ils se mettent évidemment dans le cas d'avoir tort quand ils auront raison.

Adieu, mon divin ange: Mme Denis vous fait mille tendres compliments, et vous savez combien je vous idolâtre.

Que devient Mme d'Argental pendant votre absence?

MMMMD. — A M. L'ABBÉ DE VOISENON.

A Ferney, le 28 octobre.

J'avais un arbuste inutile
Qui languissait dans mon canton;
Un bon jardinier de la ville
Vient de greffer mon sauvageon.
Je ne recueillais de ma vigne
Qu'un peu de vin grossier et plat;
Mais un gourmet l'a rendu digne
Du palais le plus délicat.
Ma bague était fort peu de chose;
On la taille en beau diamant:
Honneur à l'enchanteur charmant
Qui fit cette métamorphose!

Vous sentez bien, monsieur l'évêque de Montrouge, à qui sont adressés ces mauvais vers. Je vous prie de présenter mes compliments à M. Favart, qui est un des deux conservateurs des grâces et de la gaieté françaises. Comme il y a environ dix ans que vous ne m'avez écrit, je n'ose vous dire : *O mon ami! écrivez-moi*; mais je vous dis : *Ah! mon ami, vous m'avez oublié net*.

MMMMDI. — A M. LE PRINCE DE GALITZIN.

Octobre.

Monsieur, j'ai trop d'obligations à Sa Majesté Impériale, je lui suis trop respectueusement attaché pour ne l'avoir pas servie, autant qu'il a dépendu de moi, dans le dessein qu'elle a eu de faire venir dans son empire quelques femmes de Genève et du pays de Vaud, pour enseigner la langue française à des jeunes filles de qualité à Moscou et à Pétersbourg. C'est d'ailleurs un si grand honneur pour notre langue, que j'aurais secondé cette entreprise, quand même la reconnaissance ne m'en aurait pas imposé le devoir.

[1] *Femmes savantes*, acte III, scène II. (ÉD.)

M. le comte de Schowalow a déjà rendu compte à Votre Excellence de toute cette affaire, et de la manière dont le petit conseil de Genève a fait sortir de la ville M. le comte de Bulau, chargé des ordres de l'impératrice. Je peux assurer à Votre Excellence que jamais il n'a été défendu à aucun Génevois ni à aucune Génevoise d'aller s'établir où bon leur semble. Ce droit naturel est une partie essentielle des droits de cette petite nation, dont le gouvernement est démocratique. Il est vrai qu'elle ne prétend pas qu'on fasse des recrues chez elle, et M. le duc de Choiseul même a eu la bonté de souffrir que les capitaines génevois au service de France ne fissent point de recrues à Genève, quoiqu'il fût très en droit de l'exiger; mais il y a une grande différence entre battre la caisse pour enrôler des soldats, et accepter les conditions que demandent des femmes, maîtresses d'elles-mêmes, pour aller enseigner la jeunesse.

Le petit conseil de Genève semble, je l'avoue, ne s'être conduit ni avec raison, ni avec justice, ni avec le profond respect que doivent des bourgeois de Genève à votre auguste impératrice; mais Votre Excellence sait bien que, dans les compagnies, ce ne sont pas toujours les plus vertueux et les plus sensés qui prédominent. Il y a quelques magistrats que l'esprit de parti a rendus ridiculement ennemis de la France et de la Russie, et qui faisaient des feux de joie à leurs maisons de campagne lorsque nos armes avaient été malheureuses dans le cours de la dernière guerre.

Ce sont ces conseillers de ville qui ont forcé les autres à faire à M. de Bulau l'affront intolérable dont M. le comte de Schowalow se plaint si justement. Je ne me mêle en aucune manière des continuelles tracasseries qui divisent cette petite ville; et, sans avoir la moindre discussion avec personne, je me suis borné, dans cet éclat, à témoigner à M. le comte de Schowalow et à d'autres mon respect, ma reconnaissance, et mon attachement pour Sa Majesté l'impératrice. Ces sentiments, gravés dans mon cœur, seront toujours la règle de ma conduite. C'est ce que j'ai écrit en dernier lieu à un ami de M. le duc de Praslin, et c'est une protestation que je renouvelle entre vos mains.

J'ai l'honneur d'être avec respect, etc.

MMMMDII. — A M. LEKAIN.

A Ferney, le 1ᵉʳ novembre.

J'ai reçu, mon cher ami, votre lettre du 24 octobre, et vous devez avoir reçu à présent, par M. d'Argental, tout ce que j'ai pu faire pour votre bretonne *Adélaïde*. Je ne l'ai pas actuellement sous les yeux : les maçons et les charpentiers se sont emparés de ma maison, et mes vers m'ennuient.

Je vous prie de me mander si vous êtes actuellement bien employé à Fontainebleau, si Mlle Clairon y a paru, et si elle y paraîtra; si on a joué *Gertrude*, et *Ce qui plaît aux dames*[1].

1. *La Fée Urgèle*, ou *Ce qui plaît aux dames*, comédie (de Favart et Voisenon) tirée du conte de Voltaire intitulé : *Ce qui plaît aux dames*, avait été repré-

Je ne peux m'imaginer que Mgr le Dauphin soit en danger[1], puisqu'on donne continuellement des fêtes. Sa santé peut être altérée, mais ne doit point donner d'alarmes. Mandez-moi, je vous prie, s'il assiste au spectacle, et s'il a vu votre *Adélaïde*; je dis la vôtre, car c'est vous seul qui l'avez ressuscitée.

Adieu, je vous embrasse, et je vous prie de me dire des nouvelles, si vous avez le temps d'écrire.

Ce 2 novembre.

Comme on allait porter ma lettre à Genève, j'ai retrouvé quelques lambeaux de cette *Adélaïde*, que j'ai si longtemps négligée.

1° Je suppose qu'on a rayé dans votre copie ces quatre vers du troisième acte :

Mais bientôt abusant de ma reconnaissance,
Et de ses vœux hardis écoutant l'espérance,
Il regarda mes jours, ma liberté, ma foi,
Comme un bien de conquête, et qui n'est plus à moi.

Ces quatre vers sont bons à être oubliés.

2° Je trouve, dans ce même troisième acte, à la dernière scène, ces vers dans un couplet de Coucy :

Faites au bien public servir votre disgrâce.
Eh bien! rapprochez-les, unissez-vous à moi.

Je suppose qu'à la scène v et dernière du quatrième acte, vous tombez dans un fauteuil lorsque Coucy dit :

Il ne se connaît plus, il succombe à sa rage;

mais je ne crois pas que ce jeu de l'acteur doive être indiqué dans la pièce.

Voilà, mon cher ami, tout ce que je puis vous dire sur une pièce qui ne méritait pas l'honneur que vous lui avait fait.

Nous avons des pluies continuelles; si la saison n'est pas plus belle à Fontainebleau, vos fêtes doivent être assez tristes.

MMMMDIII. — A M. LE MARQUIS DE FLORIAN, A PARIS.

A Ferney, 1ᵉʳ novembre.

Je suis très-fâché, monsieur, que vous soyez arrivé sitôt à Paris; j'aurais bien voulu tenir encore chez moi longtemps M. et Mme de Florian, et M. de Florianet[2].

Je ne sais si les spectacles ont cessé à Paris, dans la crise dangereuse où se trouve M. le Dauphin; ils doivent du moins être déserts, et le clergé doit suspendre ses querelles, pour ne s'occuper qu'à prier Dieu. Il vaut beaucoup mieux qu'il fasse des prières que des mande-

---
sentée à Fontainebleau le 26 octobre 1765, et le fut à Paris, le 4 décembre. (ÉD.)

1. Il mourut le 20 décembre. (ÉD.) — 2. L'auteur d'*Estelle*. (ÉD.)

ments; les unes seront très-bien reçues de Dieu, et les autres fort mal du public. M. Tronchin est parti pour Paris; nous verrons si on le consultera. Mme d'Harcourt le suit dans un lit dont elle ne sortira point sur la route. Elle est, ainsi que Daumart, un terrible exemple du pouvoir de la médecine.

Je crois que vous ne vous intéressez guère aux affaires de messieurs de Genève. Une grande partie des citoyens est toujours fort aigrie contre les grandes perruques. On s'est assemblé aujourd'hui pour faire des élections; je n'en sais point encore le résultat. Mon devoir et mon goût sont, ce me semble, de jouer un rôle directement contraire à celui de Jean-Jacques. Jean-Jacques voulait tout brouiller; et moi, comme bon voisin, je voudrais, s'il était possible, tout concilier. Il y a de part et d'autre des gens de mérite, mais ce sont des mérites incompatibles. Je reçois les uns et les autres de mon mieux; c'est à quoi je me borne. Il faut tâcher de ne pas ressembler au voisin Robert, qui se trouvait fort mal d'avoir voulu raccommoder Sganarelle et sa femme.

Je me flatte que Mme de Florian est en bonne santé. J'ai beau faire des allées et des étoiles pour sa sœur, elle ne s'y promène point; elle a le malheur d'être à la campagne, et de n'en pas jouir; je fais continuellement avec elle le repas du renard et de la cigogne.

Mes compliments, je vous prie, à votre beau-frère [1] et à votre beau-fils [2]. Si vous rencontrez quelque évêque, dites-lui qu'il ne m'excommunie point; si vous rencontrez quelque conseiller du parlement, dites-lui qu'il ne me brûle point au pied du grand escalier (comme la lettre circulaire de l'évêque de Reims), en présence de maître Dagobert Ysabeau.

Adieu, monsieur; je vous embrasse vous et madame votre femme, sans cérémonie, et de tout mon cœur.

MMMMDIV. — A M. DE LA BORDE, PREMIER VALET DE CHAMBRE DU ROI.

A Ferney, 4 novembre.

Savez-vous, monsieur, combien votre lettre me fait d'honneur et de plaisir? Voici donc le temps où les morts ressuscitent. On vient de rendre la vie à je ne sais quelle *Adélaïde*, enterrée depuis plus de trente ans; vous voulez en faire autant à *Pandore* [3]; il ne me manque plus que de me rajeunir: mais M. Tronchin ne fera pas ce miracle, et vous viendrez à bout du vôtre. *Pandore* n'est pas un bon ouvrage, mais il peut produire un beau spectacle, et une musique variée : il est plein de duos, de trios, et de chœurs; c'est d'ailleurs un opéra philosophique qui devrait être joué devant Bayle et Diderot; il s'agit de l'origine du mal moral et du mal physique. Jupiter y joue d'ailleurs un assez indigne rôle; il ne lui manque que deux tonneaux. Un assez médiocre musicien, nommé Royer, avait fait presque toute la musique de cette pièce bizarre, lorsqu'il s'avisa de mourir. Vous ne ressusciterez pas ce Royer, vous êtes plutôt homme à l'enterrer.

1. L'abbé Mignot. (ÉD.)—2. Hornoy. (ÉD.)
3. La Borde mit en musique cet opéra de Voltaire. (ÉD.)

J'avoue, monsieur, qu'on commence à se lasser du récitatif de Lulli, parce qu'on se lasse de tout, parce qu'on sait par cœur cette belle déclamation notée, parce qu'il y a peu d'acteurs qui sachent y mettre de l'âme; mais cela n'empêche pas que cette déclamation ne soit le ton de la nature et la plus belle expression de notre langue. Ces récits m'ont toujours paru fort supérieurs à la psalmodie italienne; et je suis comme le sénateur Pococurante [1], qui ne pouvait souffrir un châtré faisant, d'un air gauche, le rôle de César ou de Caton.

L'opéra italien ne vit que d'ariettes et de fredons; c'est le mérite des Romains d'aujourd'hui; la grand'messe et les opéras font leur gloire. Ils ont des faiseurs de doubles croches, au lieu de Cicérons et de Virgiles; leurs voix charmantes ravissent tout un auditoire en *a*, en *e*, en *i*, et en *u*.

Je suis persuadé, monsieur, qu'en unissant ensemble le mérite français et le mérite italien, autant que le génie de la langue le comporte, et en ne vous bornant pas au vain plaisir de la difficulté surmontée, vous pourrez faire un excellent ouvrage sur un très-médiocre canevas. Il y a heureusement peu de récitatif dans les premiers actes; il paraît même se prêter aisément à être mesuré et coupé par des ariettes.

Au reste, si vous voulez vous amuser à mettre le péché originel [2] en musique, vous sentez bien, monsieur, que vous serez le maître d'arranger le jardin d'Éden tout comme il vous plaira; coupez, taillez mes bosquets à votre fantaisie, ne vous gênez sur rien. Je ne sais plus quelle dame de la cour, en écrivant en vers au duc d'Orléans régent, mit à la fin de sa lettre

Allongez les trop courts, et rognez les trop longs,
Vous les trouverez tous fort bons.

Vous écourterez donc, monsieur, tout ce qui vous plaira; vous disposerez de tout. Le poète d'opéra doit être très-humblement soumis au musicien; vous n'aurez qu'à me donner vos ordres, et je les exécuterai comme je pourrai. Il est vrai que je suis vieux et malade, mais je ferai des efforts pour vous plaire, et pour vous mettre bien à votre aise.

Vous me faites un grand plaisir de me dire que vous aimez M. Thomas; un homme de votre mérite doit sentir le sien. Il a une bien belle imagination guidée par la philosophie; il pense fortement, il écrit de même. S'il ne voyageait pas actuellement avec Pierre le Grand [3], je le prierais d'animer Pandore de ce feu de Prométhée dont il a une si bonne provision; mais la vôtre vous suffira; le peu que j'en avais n'est plus que cendres; soufflez dessus, et vous en ferez peut-être sortir encore quelques étincelles. Si j'avais autant de génie que j'ai de reconnaissance de vos bontés, je ressemblerais à l'auteur d'*Armide* [4] ou à celui de *Castor et Pollux* [5].

1. Personnage de *Candide*. (ÉD.)
2. L'opéra de *Pandore*. (ÉD.)
3. Thomas composait son poème intitulé *Le Czar Pierre Ier*. (ÉD.)
4. Quinault. (ÉD.) — 5. Bernard. (ÉD.)

J'ai l'honneur d'être avec les sentiments les plus respectueux, monsieur, etc.

MMMMDV. — A M. DAMILAVILLE.

4 novembre.

Mon cher frère, je ne suis pas étonné que les petits-maîtres de Paris choquent un peu le bon sens d'un philosophe tel que vous. Vous n'aviez pas besoin de Ferney pour détester les faux airs, la légèreté, la vanité, le mauvais goût. Votre Platon est sans doute revenu avec vous, et vous vous consolerez ensemble de l'importunité des gens frivoles. Le petit nombre des élus sera toujours celui des penseurs.

Je suis trop vieux, et je ne me porte pas assez bien pour aller faire un tour chez les Shavanais; mais je les respecte et je les aime. Je connaissais déjà la belle harangue de ce peuple vraiment policé aux Anglais de la Nouvelle-Angleterre, qui se disent policés. J'ai déjà même écrit quelque chose à ce sujet qui m'a paru en valoir la peine. Les vrais sauvages sont les ennemis des beaux-arts et de la philosophie; les vrais sauvages sont ceux qui veulent établir deux puissances; les vrais sauvages sont les calomniateurs des gens de lettres. La calomnie mérite bien le nom d'*infâme* que nous lui avons donné.

Avouez que vous l'avez trouvée bien infâme quand vous avez été témoin de ma vie philosophique et retirée, quand vous avez vu mon église, que je tiens pour aussi jolie, aussi bien recrépie, et aussi bien desservie que celle de Pompignan. Son frère, l'évêque du Puy, m'appelle impie, et voudrait me faire brûler, parce que j'ai trouvé les psaumes de Pompignan mauvais; cela n'est pas juste, mais la vertu sera toujours persécutée.

Je crois que vous allez donner une nouvelle chaleur à la souscription en faveur des Calas. Les belles actions sont votre véritable emploi. Celui que la fortune vous a donné n'était pas fait pour votre belle âme.

J'ai pris la liberté de supplier l'électeur palatin d'ordonner à son ministre à Paris de souscrire pour plusieurs exemplaires; je vous supplie de vous informer si ses ordres sont exécutés. Il doit y avoir pour environ mille écus de souscriptions à Genève. J'en ai pour ma part quarante-neuf qui ont payé, et cinq qui n'ont pas payé. Vous pourrez faire prendre l'argent chez M. de Laleu quand il vous plaira.

M. le comte de Latour du Pin m'écrivit sur-le-champ une lettre digne d'un brave militaire: Il m'ordonna de ne point rendre l'homme en question, sous quelque prétexte que ce pût être. Voilà comme il en faudrait user avec les persécuteurs de l'abominable espèce que vous connaissez.

On dit que *Ce qui plaît aux dames* a eu un grand succès à Fontainebleau. Il ne m'appartient pas, à mon âge, de me rengorger d'avoir fourni le canevas des divertissements de la cour; mais je suis fort aise qu'elle se réjouisse, cela me prouve évidemment que M. le Dauphin n'est point en danger comme on le dit.

J'ai peur qu'à la Saint-Martin le parlement et le clergé ne donnent leurs opéras-comiques, dont la musique sera probablement fort aigre; mais la sagesse du roi a déjà calmé tant de querelles de ce genre, que j'espère qu'il dissipera cet orage.

On m'a mandé qu'il paraissait un mandement d'un évêque grec[1]; je ne sais si c'est une plaisanterie ou une vérité. Il me semble que les Grecs ne sont plus à la mode. Cela était bon du temps de M. et de Mme Dacier. Je fais plus de cas des confitures sèches que vous m'avez promis de m'envoyer par la diligence de Lyon; je crois que les meilleures se trouvent chez Fréret[2], rue des Lombards. Pardon des petites libertés que je prends avec vous, mais vous savez que les dévots aiment les sucreries.

Je peux donc espérer que j'aurai, au mois de janvier, le gros ballot qu'on m'a promis. Il me fera passer un hiver bien agréable; mais cet hiver ne vaudra pourtant pas le mois d'été que vous m'avez donné. Il me semble qu'avec cette pacotille je pourrai avoir de quoi vivre sans recourir aux autres marchands, qui ne débitent que des drogues assez inutiles. Je sais fort bien aussi qu'il y a des drogues dans le gros magasin que j'attends, et que tout n'est pas des bons faiseurs; mais le bon l'emportera tellement sur le mauvais, qu'il faudra bien que les plus difficiles soient contents.

Tronchin m'a demandé aujourd'hui des nouvelles de votre gorge; je me flatte que vous m'en apprendrez de bonnes. Ma santé est toujours bien faible, et les pluies dont nous sommes inondés ne la fortifient pas.

Adieu, mon vertueux ami; soutenez la vertu, confondez la calomnie, et écrasez cette infâme.

MMMMDVI. — A MADAME LA MARQUISE DE FLORIAN.

7 novembre.

Ma chère nièce, voici un gros paquet que Mme la duchesse d'Enville a bien voulu vous faire parvenir. Vous y trouverez d'abord une lettre de M. le comte de Schowalow pour M. de Florian, et un paquet pour Mme du Deffand, que je vous supplie de lui faire tenir comme vous pourrez, et le plus tôt que vous pourrez.

Je ne sais pas trop quand vous recevrez tout cela, car nous sommes inondés; les ponts sont emportés, les coches de Lyon se noient dans la rivière d'Inn; nous voilà séparés du reste du monde, mais je m'aperçois seulement que je suis séparé de vous. Vous m'aviez accoutumé à une vie fort douce.

On ne sait point encore quand M. Tronchin ira s'établir à Paris, il semble qu'il redoute d'y être consulté sur la maladie de M. le Dauphin. Les nouvelles de cette maladie varient tous les jours; mais je

---

1. *Mandement du révérendissime père en Dieu Alexis, archevêque de Novgorod la Grande.* (ÉD.)
2. Les confitures de Fréret dont parle ici Voltaire sont la *Lettre de Thrasybule à Leucippe.* (ÉD.)

m'imagine toujours que le péril n'est pas pressant, puisque les spectacles continuent à Fontainebleau.

Je n'ai point vu Mlle Clairon sur la liste des plaisirs; il semble qu'on ait voulu lui faire croire qu'on pouvait se passer d'elle. Vous allez avoir, à la Saint-Martin, l'opéra-comique, le parlement, et le clergé. Tout cela sera fort amusant; mais si vous êtes un peu philosophe, vous vous plairez davantage à la conversation de MM. Diderot et Damilaville.

Je ne sais si vous savez que Jean-Jacques Rousseau a été lapidé[1] comme saint Étienne, par des prêtres et des petits garçons de Motiers-Travers. Il me semble qu'on en parlait déjà quand vous étiez dans l'enceinte de nos montagnes; mais le bruit de ce martyre n'est pas encore confirmé. Heureusement les pierres n'ont pas porté sur lui. Il s'est enfui comme les apôtres, et a secoué la poussière de ses pieds[2].

Nous verrons si le clergé de France fera lapider les parlements. Il me semble que celui de Paris a perdu son procès au sujet des nonnes de Saint-Cloud. Cela est bien juste; l'archevêque est due de Saint-Cloud, et il faut que le charbonnier soit maître chez lui, surtout quand il a la foi du charbonnier.

Je vous prie, quand il y aura quelque chose de nouveau, de donner au grand-écuyer de Cyrus la charge de votre secrétaire des commandements. Vous ferez une bonne action, dont je vous saurai beaucoup de gré, si vous donnez à dîner à M. Beaumont, non pas à Beaumont l'archevêque, mais à Beaumont le philosophe, le protecteur de l'innocence, et le défenseur des Calas et des Sirven. L'affaire des Sirven me tient au cœur; elle n'aura pas l'éclat de celle des Calas : il n'y a eu malheureusement personne de roué; ainsi nous avons besoin que Beaumont répare par son éloquence ce qui manque à la catastrophe. Il faut qu'il fasse un mémoire excellent. Je voudrais bien le voir avant qu'il fût imprimé, et je voudrais surtout que les avocats se défissent un peu du style des avocats.

Adieu, ma chère nièce; vous devez recevoir ou avoir reçu une lettre de votre sœur. Nous faisons mille compliments à tout ce qui vous entoure, mari, fils et frère, et nous vous souhaitons autant de plaisir qu'on peut en goûter quand on est détrompé des illusions de Paris.

MMMMDVII. — A LA MÊME.

Ferney, 8 novembre.

Vous croiriez peut-être, ma chère nièce, que je ne vous ai point écrit, et vous auriez tort, avec toute l'apparence d'avoir raison, attendu qu'il y a depuis quelques jours un gros paquet pour vous chez Mme la duchesse d'Enville, qui a la bonté de s'en charger. Elle devait partir demain; mais toutes les rivières sont débordées, toutes les montagnes sont éboulées, tous les carrosses sont noyés, et personne ne part. Il

---

1. Le 1ᵉʳ septembre, et dans la nuit du 5 au 6 septembre. (Éd.)
2. Matthieu, x, 14. (Éd.)

est même fort douteux que M. Tronchin aille à Paris cet hiver. Je vous mandais que Mme la comtesse d'Harcourt se faisait transporter dans un tiroir, mais il n'en est plus rien.

On disait aussi dans votre grande ville qu'on avait envoyé un courrier à M. Tronchin, et qu'il allait à Fontainebleau ; il n'y a pas un mot de vrai. Il se pourrait bien aussi qu'il ne fût pas vrai que M. de Castilhon, avocat général au parlement d'Aix, eût prononcé le discours qu'on débite sous son nom à Paris. Le mieux qu'on puisse faire, en plus d'un genre, est d'attendre le Boiteux[1], et de ne rien croire du tout; croyez cependant très-fermement que je vous aime de tout mon cœur, vous, le grand écuyer de Cyrus, et vos deux conseillers.

MMMMDVIII. — A M. DALEMBERT.

A Ferney, 9 novembre.

Vous avez dû recevoir la lettre où je vous parlais de la souscription des Calas ; on m'a envoyé de plusieurs endroits le discours prétendu de M. de Castilhon. Je ne peux croire qu'un magistrat ait prononcé un discours si peu mesuré. Il y a des choses vraies : on aura sans doute brodé le fond. Trop de véhémence nuit quelquefois à la meilleure cause; et comme dit fort bien Arlequin, le lavement trop chaud rejaillit au nez de celui qui le donne.

M. Tronchin n'a point reçu de courrier de Fontainebleau, comme on le disait, et je vois toujours qu'on fait M. le Dauphin plus malade qu'il ne l'est. Le public est exagérateur, et ne voit jamais en aucun genre les choses comme elles sont. Il est vrai que les médecins en usent de même, ainsi que les théologiens. La plupart de ces messieurs ne voient la vérité ni ne la disent.

Si vous voyez M. Thomas, je vous prie de l'assurer que je lui ai dit la vérité quand je lui ai écrit. Mme la duchesse d'Enville m'a fait l'honneur de me parler de la lettre d'un évêque grec[2] ; je ne l'ai point encore vue; c'est apparemment quelque plaisanterie, car tout est à la grecque à présent. L'impératrice de Russie m'a envoyé une belle boîte d'or tout à la grecque.

Adieu, mon cher ami : je suis accablé de lettres cette poste.

MMMMDIX. — DE M. L'ABBÉ DE VOISENON.

Vos jolis vers à mon adresse
Immortaliseront Favart ;
C'est Apollon qui le caresse
Quand vous lui jetez un regard.
Ce dieu l'a placé dans la classe
De ceux qui parent ses jardins :
Sa délicatesse ramasse
Les fleurs qui tombent de vos mains.

1. Le Temps. (ÉD.)
2. *Mandement du révérendissime père en Dieu Alexis, archevêque de Novogorod la Grande.* (ÉD.)

Il vous a choisi pour son maître ;
Vos richesses lui font honneur.
Il vous fait respirer l'odeur
Des bouquets que vous faites naître.

Il n'aurait pas manqué de vous offrir sa comédie de *Gertrude*, mais il a la timidité d'un homme qui a vraiment du talent ; il a craint que l'hommage ne fût pas digne de vous. Vous ne croiriez pas que, malgré les preuves multipliées qu'il a données des grâces de son esprit, on a l'injustice de lui ôter ses ouvrages, et de me les attribuer. Je suis bien sûr que vous ne tomberez pas dans cette erreur. Quand il se sert de vos étoffes pour faire ses habits de fête, vous n'avez garde de l'en dépouiller.

Il vous enverra incessamment *la Fée Urgèle* : il m'a paru qu'elle avait réussi à Fontainebleau, d'où j'arrive. Ce n'est pas une raison pour qu'elle ait du succès ici : la cour est le Châtelet du Parnasse ; et le public casse souvent ses arrêts. Mais vous avez fourni le fond de l'ouvrage ; voilà sa caution la plus sûre.

Adieu, mon plus ancien ami ; je ne cesserai de l'être que lorsque le parlement rappellera les jésuites, et je ne vous oublierai que lorsque j'aurai oublié à lire.

MMMMDX. — A M. DE CHABANON.

Au château de Ferney, 13 novembre.

Je fais passer ma réponse, monsieur, par madame votre sœur[1], que j'ai eu l'honneur de voir quelquefois dans mes masures helvétiques. Vous m'avez envoyé l'épître de M. Delille[2], mais souvenez-vous que c'est en attendant votre *Virginie*.

Nardi parvus onyx eliciet cadum.
Hor., lib. IV, od. XII, v. 17.

On fait de beaux vers à présent, on a de l'esprit et des connaissances, mais il est bien rare de faire des vers qui se retiennent et qui restent dans la mémoire, malgré qu'on en ait. Il règne, dans presque tous les ouvrages de ce temps-ci, une abondance d'idées incohérentes qui étouffent le sujet ; et quand on les a lus, il semble qu'on ait fait un rêve : on se souvient seulement que l'auteur a de l'esprit, et on oublie son ouvrage.

M. Delille n'est pas dans ce cas ; il pense d'ailleurs en philosophe, et il écrit en poëte ; je vous prie de le remercier de la double bonté qu'il a eue de m'envoyer son ouvrage, et de me l'envoyer par vous. Je lui sais bon gré d'avoir loué Catherine. Elle m'a fait l'honneur de me mander qu'elle venait de chasser tous les capucins de la Russie ; elle dit qu'Abraham Chaumeix est devenu tolérant, mais qu'il ne deviendra

---

1. Mme de La Chabalerie. (Éd.)
2. *Épître sur les Voyages*, qui a remporté le prix de l'Académie de Marseille. (Éd.)

jamais un homme d'esprit. Elle en a beaucoup, et elle perfectionne tout ce que cet illustre barbare Pierre Ier a créé. Je suis persuadé que dans six mois on ira des bouts de l'Europe voir son carrousel : les arts et les plaisirs nobles sont bien étonnés de se trouver à l'embouchure du lac Ladoga.

Adieu, monsieur, vivez gaiement sur les bords de la Seine, et faites-y applaudir *Virginie*. Je soupçonne son histoire d'être fort romanesque : elle n'en sera pas moins intéressante. Personne ne prendra plus de part à vos succès que votre très-humble, très-obéissant serviteur et confrère.

MMMMDXI. — A M. Tronchin-Calendrin,
CONSEILLER D'ÉTAT DE LA RÉPUBLIQUE DE GENÈVE.

13 novembre.

Immédiatement après avoir lu, monsieur, le nouveau livre en faveur des représentants, la première chose que je fais est de vous en parler. Vous savez que M. Keate, gentilhomme anglais plein de mérite, me fit l'honneur de me dédier, il y a quelques années, son ouvrage sur Genève[1]; celui qu'on me dédie aujourd'hui est d'une espèce différente, c'est un recueil de plaintes amères. L'auteur n'ignore pas combien je suis tolérant, impartial, et ami de la paix; mais il doit savoir aussi combien je vous suis attaché à vous, à vos parents, à vos amis, et à la constitution du gouvernement.

Genève, d'ailleurs, n'a point de plus proche voisin que moi. L'auteur a senti peut-être que cet honneur d'être votre voisin, et mes sentiments, qui sont assez publics, pourraient me mettre en état de marquer mon zèle pour l'union et pour la félicité d'une ville que j'honore, que j'aime et que je respecte. S'il a cru que je me déclarerais pour le parti mécontent, et que j'envenimerais les plaies, il ne m'a pas connu.

Vous savez, monsieur, combien votre ancien citoyen Rousseau se trompa quand il crut que j'avais sollicité le conseil d'État contre lui. On ne se tromperait pas moins si l'on pensait que je veux animer les citoyens contre le conseil.

J'ai eu l'honneur de recevoir chez moi quelques magistrats et quelques principaux citoyens qu'on dit du parti opposé. Je leur ai toujours tenu à tous le même langage; je leur ai parlé comme j'ai écrit à Paris. Je leur ai dit que je regardais Genève comme une grande famille dont les magistrats sont les pères, et qu'après quelques dissensions cette famille doit se réunir.

Je n'ai point caché aux principaux citoyens que, s'ils étaient regardés en France comme les organes et les partisans d'un homme dont le ministère n'a pas une opinion avantageuse, ils indisposeraient certainement nos illustres médiateurs, et ils pourraient rendre leur cause odieuse. Je puis vous protester qu'ils m'ont tous assuré qu'ils avaient pris

---

1. L'ouvrage de G. Keate avait paru en 1761. La traduction française est intitulée *Abrégé de l'histoire de Genève et de son gouvernement ancien et moderne*, traduit de l'anglais par A. Lorowich, avec quelques notes du traducteur; Londres (Genève), 1775, in-8°. (ÉD.)

leur parti sans lui, et qu'il était plutôt de leur avis qu'ils ne s'étaient rangés du sien. Je vous dirai plus, ils n'ont vu les *Lettres de la montagne* qu'après qu'elles ont été imprimées : cela peut vous surprendre, mais cela est vrai.

J'ai dit les mêmes choses à M. Lullin, secrétaire d'État, quand il m'a fait l'honneur de venir à ma campagne. Je vois avec douleur les jalousies, les divisions, les inquiétudes s'accroître ; non que je craigne que ces petites émotions aillent jusqu'au trouble et au tumulte ; mais il est triste de voir une ville remplie d'hommes vertueux et instruits, et qui a tout ce qu'il faut pour être heureuse, ne pas jouir de sa prospérité.

Je suis bien loin de croire que je puisse être utile ; mais j'entrevois (en me trompant peut-être) qu'il n'est pas impossible de rapprocher les esprits. Il est venu chez moi des citoyens qui m'ont paru joindre de la modération et des lumières. Je ne vois pas que, dans les circonstances présentes, il fût mal à propos que deux de vos magistrats des plus conciliants me fissent l'honneur de venir dîner à Ferney, et qu'ils trouvassent bon que deux des plus sages citoyens s'y rencontrassent. On pourrait, sous votre bon plaisir, inviter un avocat en qui les deux partis auraient confiance.

Quand cette entrevue ne servirait qu'à adoucir les aigreurs, et à faire souhaiter une conciliation nécessaire, ce serait beaucoup, et il n'en pourrait résulter que du bien. Il ne m'appartient pas d'être conciliateur ; je me borne seulement à prendre la liberté d'offrir un repas où l'on pourrait s'entendre. Ce dîner n'aurait point l'air prémédité, personne ne serait compromis, et j'aurais l'avantage de vous prouver mes tendres et respectueux sentiments pour vous, monsieur, pour toute votre famille, et pour les magistrats qui m'honorent de leurs bontés.

MMMMDXII. — A M. LE COMTE D'ARGENTAL.

13 novembre.

Le petit ex-jésuite, mes anges, est toujours très-docile ; mais il se défie de ses forces, il ne voit pas jour à donner une passion bien tendre et bien vive à un triumvir ; il dit que cela est aussi difficile que de faire parler un lieutenant criminel en madrigaux.

Permettez-moi de ne point me rendre encore sur l'article des filles de Genève. Non-seulement la loi du couvent n'est pas que les filles seront cloîtrées dans la ville, mais la loi est toute contraire. Les choses sont rarement comme elles paraissent de loin. Le cardinal de Fleury regardait les derniers troubles de Genève comme une sédition des halles. M. de Lautrec arriva plein de cette idée ; il fut bien étonné quand il apprit que le pouvoir souverain réside dans l'assemblée des citoyens ; que le petit conseil avait excédé son pouvoir, et que le peuple avait marqué une modération inouïe jusqu'au milieu même d'un combat où il y avait eu du sang de répandu.

Les mécontentements réciproques entre les citoyens et le conseil subsistent toujours. Il ne convient ni à ma qualité d'étranger, ni à ma situation, ni à mon goût, d'entrer dans ces querelles. Je dois, comme bon voisin, les exhorter tous à la paix quand ils viennent chez moi; c'est à quoi je me borne.

On vient malheureusement de m'adresser une fort mauvaise ode [1], suivie d'une histoire des troubles de Genève jusqu'au temps présent. Cette histoire vaut bien mieux que l'ode; et plus elle est bien faite, plus je parais compromis par un parti qui veut s'attacher à moi. Cet ouvrage doit d'autant plus alarmer le petit conseil, que nous sommes précisément dans le temps des élections. J'ai sur-le-champ écrit la lettre ci-jointe à l'un des Tronchin qui est conseiller d'État. Je veux qu'au moins cette lettre me lave de tout soupçon d'esprit de parti; je veux paraître impartial comme je le suis.

Je vous supplie, mes divins anges, de bien garder ma lettre, et de vouloir bien même la montrer à M. le duc de Praslin en cas de besoin, afin que je ne perde pas tout le fruit de ma sagesse. Si je tiens la balance égale entre les citoyens et le conseil de Genève, il n'en est pas ainsi des querelles de votre parlement et de votre clergé. Je me déclare net pour le parlement, mais sans conséquence pour l'avenir; car je trouve fort mauvais qu'il fatigue le roi et le ministère pour des affaires de bibus, et je veux qu'il réserve toutes ses forces contre les usurpations ecclésiastiques, surtout contre les romaines. Il m'a fallu, en ressassant l'histoire, relire *la Constitution*; je ne crois pas qu'on ait jamais forgé une pièce plus impertinente et plus absurde. Il faut être bien prêtre, bien welche, pour faire de cette arlequinade jésuitique et romaine une loi de l'Église et de l'État. O Welches! ô Welches! vous n'avez pas le sens d'une oie.

Monsieur l'abbé le coadjuteur [2] m'a envoyé son portrait; je lui ai envoyé quelques rogatons qui me sont tombés sous la main. Je me flatte qu'on entendra parler de lui dans l'affaire des deux puissances, et que ce Bellérophon écrasera la Chimère du pouvoir sacerdotal, qui n'est qu'un blasphème contre la raison, et même contre l'Évangile.

J'ai chez moi un jésuite et un capucin, mais, par tous les dieux immortels, ils ne sont pas les maîtres.

Respect et tendresse.

Nota bene. Ou que M. de Praslin garde sa place, ou qu'il la donne à M. de Chauvelin; voilà mon dernier mot.

MMMMDXIII. — A M. DAMILAVILLE.

13 novembre.

Mon cher ami, plus je réfléchis sur la honteuse injustice qu'on fait à M. Dalembert, plus je crois que le coup part des ennemis de la raison : c'est cette raison qu'on craint et qu'on hait, et non pas sa personne. Je sais bien qu'un homme puissant [a] a cru, l'année passée, avoir lieu de se plaindre de lui; mais cet homme puissant est noble et gé-

---

1. *La Vérité.* (ÉD.) — 2. L'abbé de Chauvelin. (ÉD.)
a. Le duc de Choiseul. (ÉD.)

néreux, et serait beaucoup plus capable de servir un homme de mérite que de lui nuire. Il a fait du bien à des gens qui ne le méritaient guère. Je m'imagine qu'il expierait son péché en procurant à un homme comme M. Dalembert, non-seulement l'étroite justice qui lui est due, mais les récompenses dont il est si digne.

Je ne connais point d'exemple de pension accordée aux académiciens de Pétersbourg qui ne résident pas, mais il mérite d'être le premier exemple, et assurément cela ne tirerait pas à conséquence. Il faudrait que je fusse sûr qu'il n'ira point présider à l'Académie de Berlin, pour que j'osasse en écrire en Russie. Rousseau doit être actuellement à Potsdam; il reste à savoir si M. Dalembert doit fuir ou rechercher sa société, et s'il est bien déterminé dans le parti qu'il aura pris. J'agirai sur les instructions et les assurances positives que vous me donnerez.

L'impératrice de Russie m'a écrit une lettre à la Sévigné : elle dit qu'elle a fait deux miracles; elle a chassé de son empire tous les capucins, et elle a rendu Abraham Chaumeix tolérant. Elle ajoute qu'il y a un troisième miracle qu'elle ne peut faire, c'est de donner de l'esprit à Abraham Chaumeix.

Auriez-vous trouvé Bigex à Paris? Pour moi, j'ai toujours mon capucin. Je fais mieux que l'impératrice; elle les chasse, et je les défroque.

Il paraît à Genève un livre qui m'est en quelque façon dédié : c'est une histoire courte, vive, et nette des troubles passés et des présents. Les citoyens y exposent de très-bonnes raisons; il semble que l'auteur veuille me forcer par des louanges, et même par d'assez mauvais vers, à prendre le parti des citoyens contre le petit conseil; mais c'est de quoi je me garderai bien. Il serait ridicule à un étranger, et surtout à moi, de prendre un parti. Je dois être neutre, tranquille, impartial, bien recevoir tous ceux qui me font l'honneur de venir chez moi, ne leur parler que de concorde : c'est ainsi que j'en use; et s'il était possible que je leur fusse de quelque utilité, je ne pourrais y parvenir que par l'impartialité la plus exacte.

Je vais faire rassembler ce que je pourrai des anguilles de M. Needham pour vous les faire parvenir; ce ne sont que des plaisanteries[1]. Les choses auxquelles Bigex peut travailler sont plus dignes de l'attention des sages.

On m'a dit qu'on allait faire une nouvelle édition de l'ouvrage attribué à Saint-Évremont[2], et de quelques autres pièces relatives au même objet. J'ai cherché en vain à Genève une lettre d'un évêque grec[3]; il n'y en a qu'un seul exemplaire, qui est, je crois, entre les mains de Mme la duchesse d'Enville. On prétend que c'est un morceau assez instructif sur l'abus des deux puissances. L'auteur prouve, dit-on, que la seule véritable puissance est celle du souverain, et que l'Église n'a d'autre pouvoir que les prérogatives accordées par les rois et par les

1. Les *Questions* ou *Lettres sur les miracles*. (ÉD.)
2. *Analyse de la religion chrétienne*. (ÉD.)
3. *Le Mandement de l'archevêque de Novogorod*. (ÉD.)

lois. Si cela est, l'ouvrage est très-raisonnable. J'espère l'avoir incessamment.

Adieu, mon cher ami ; tout notre ermitage vous fait les plus tendres compliments.

MMMMDXIV. — A M. DUPONT.

A Ferney, 15 novembre.

Mon cher Cicéron d'Alsace, que ne puis-je être utile à votre famille ! Si le pays que vous habitez eût pu me convenir, j'aurais acheté le château d'Horbourg au lieu de celui de Ferney, et j'aurais bien trouvé le moyen de placer quelques-uns de vos enfants. Me voici depuis onze ans au pied des Alpes. La mort m'a privé de presque tous mes amis, les autres m'ont oublié; il ne me reste que le regret de n'avoir pu servir un homme de votre mérite. Je me console par l'espérance que plusieurs princes d'Allemagne, dont vous serez le conseil, prendront soin de votre fortune.

Je suis actuellement un peu embarrassé. J'ai entrepris des bâtiments et des jardins, sur la parole positive que M. Jean Maire m'avait donnée qu'il me payerait avec la plus grande exactitude. Les rentes viagères exigent qu'on ne manque jamais l'échéance; il me fait un peu languir, et je suis obligé de renvoyer mes ouvriers, au hasard de voir l'hiver, qui est bien rude dans nos quartiers, détruire les ouvrages commencés pendant l'été. Je vous prie d'écrire un petit mot à M. Jean Maire pour l'engager à ne pas m'oublier. Je suppose qu'il n'a pas d'argent actuellement, mais il peut me fournir des lettres de change, en me faisant bon de l'escompte. Je lui ai proposé tous les tempéraments possibles: ayez la bonté de le faire souvenir sérieusement de ses engagements, et de lui faire sentir que l'accumulation des arrérages deviendrait pour lui aussi désagréable que l'est pour moi la privation de ce qui m'est dû.

Adieu, mon cher ami, on ne peut vous être attaché plus tendrement que je le suis.

VOLTAIRE.

MMMMDXV. — A M. DAMILAVILLE.

19 novembre.

Mon cher frère, voici des guenilles[1] qui ne sont pas miraculeuses, mais dans lesquelles un honnête impie se moque prodigieusement des miracles. Le prophète Grimm en demande quelques exemplaires ; je vous en envoie cinq. Ce ne sont là que des troupes légères qui escarmouchent; vous m'avez promis un corps d'armée considérable. J'attends ce livre de Fréret[2], qui doit être rempli de recherches savantes et curieuses; envoyez-moi une bonne provision; la victoire se déclare pour nous de tous côtés. Je vous assure que dans peu il n'y aura que la canaille sous les étendards de nos ennemis, et nous ne voulons de cette canaille ni pour partisans ni pour adversaires. Nous sommes un

1. *Les Lettres* ou *Questions sur les miracles*. (ÉD.).
2. La *Lettre de Thrasybule à Leucippe*. (ÉD.)

corps de braves chevaliers défenseurs de la vérité, qui n'admettons parmi nous que des gens bien élevés. Allons, brave Diderot, intrépide Dalembert, joignez-vous à mon cher Damilaville, courez sus aux fanatiques et aux fripons; plaignez Blaise Pascal, méprisez Houteville et Abbadie autant que s'ils étaient Pères de l'Église; détruisez les plates déclamations, les misérables sophismes, les faussetés historiques, les contradictions, les absurdités sans nombre ; empêchez que les gens de bon sens ne soient les esclaves de ceux qui n'en ont point : la génération naissante vous devra sa raison et sa liberté.

Je vous ai toujours dit que M. le duc de Choiseul a une âme noble et sensible; c'est un grand malheur qu'il soit mécontent de Protagoras.

Est-il possible qu'un homme d'un esprit si supérieur que Saurin fasse toujours des pièces qui ne réussissent guère¹? à quoi tient donc le succès? Des gens médiocres font des pièces qu'on joue pendant vingt ans; on représente encore la *Didon* de Pompignan. Grâce au ciel, je n'ai point fait *le Siége de Paris* ; il y a pourtant là un certain évêque Goslin qui faisait une belle figure ; il n'exigeait point de billets de confession, mais il se battait comme un diable sur la brèche, et tuait des Normands tant qu'il pouvait. Si jamais on met des évêques sur le théâtre, comme je l'espère, je retiens place pour celui-là.

N'oubliez pas de presser Briasson de tenir sa promesse. Je peux mourir cet hiver, et je ne veux point mourir sans avoir eu entre mes mains tout le *Dictionnaire encyclopédique*. Je commencerai par lire l'article *Vingtième*.

Nous vous embrassons tous.

MMMMDXVI. — A MADAME LA MARQUISE DU DEFFAND.

A Ferney, 20 novembre.

Il faut que vous sachiez, madame, qu'il y a près d'un mois que Mme la duchesse d'Enville voulut bien se charger d'un assez gros paquet pour vous. Ce paquet, qui en contenait d'autres, est adressé à Mme Florian, qui doit prendre ce qui est pour elle, et vous faire tenir ce qui est pour vous. Le départ de Mme la duchesse d'Enville a été retardé de jour en jour; mais enfin elle ne sera pas toujours à Genève.

Je ne sais si ce que je vous envoie vous amusera; mais vous verrez, dans la lettre qui est jointe à ce paquet, que je vous ouvre entièrement mon cœur. Je m'y suis livré au plaisir de causer avec vous comme si j'étais au coin de votre feu. Je ne peux vous rien dire de plus que ce que je vous ai dit. Je pense sur le présent et sur l'avenir comme j'ai parlé dans ma lettre. Plus on vieillit, dit-on, plus on a le cœur dur : cela peut être vrai pour des ministres d'État, pour des évêques, et pour des moines; mais cela est bien faux pour ceux qui ont mis leur bonheur dans les douceurs de la société et dans les devoirs de la vie.

---

1. On avait joué, le 6 novembre 1765, *l'Orpheline léguée*, comédie en trois actes et en vers libres de Saurin. (ÉD.)

Je trouve que la vieillesse rend l'amitié bien nécessaire; elle est la consolation de nos misères et l'appui de notre faiblesse, encore plus que la philosophie. Heureux vos amis, madame, qui vous consolent, et que vous consolez! Je vous ai toujours dit que vous vivriez fort longtemps, et je me flatte que M. le président Hénault poussera encore loin sa carrière. Le chagrin, qui use l'âme et le corps, n'approche point de lui.

On m'a mandé qu'on avait découvert un bâtard de Moncrif qui a soixante et quatorze ans. Si cela est, Moncrif est le doyen des beaux esprits de Paris; mais il veut toujours paraître jeune, et dit qu'il n'a que soixante-dix-huit ans; c'est avoir un grand fonds de coquetterie.

Je m'occupe à bâtir et à planter comme si j'étais jeune; chacun a ses illusions. Je vous ai mandé que je commençais mon quartier de quinze-vingts, qui arrive tous les ans avec les neiges.

Voilà la saison, madame, où nous devons nous aimer tous deux à la folie; c'est dans mon cœur un sentiment de toute l'année.

Je ne sais s'il est vrai que M. le Dauphin ait vomi un abcès de la poitrine, et si cette crise pourra le rendre aux vœux de la France. Je voudrais que les mauvaises humeurs, qu'on dit être dans les parlements et dans les évêques, eussent aussi une évacuation favorable; mais l'esprit de parti est plus envenimé qu'un ulcère aux poumons.

Portez-vous bien, madame, et agréez mon tendre respect. Daignez ne me pas oublier auprès de votre ancien ami.

MMMMDXVII. — A M. LE DUC DE PRASLIN.

Ferney, 20 octobre au soir.

En écrivant et en riant aux anges, je supplie Mgr le duc de Praslin de jeter un coup d'œil sur le contenu; mais, s'il n'en a pas le temps, vite le paquet aux anges. Il s'agit de grandes affaires.

Je le supplie d'agréer l'attachement extrême et le respect de ce vieux Suisse qui ne vit que pour lui. V.

MMMMDXVIII. — DE M. DALEMBERT.

A Paris, ce 22 novembre.

On a enfin accordé, mon cher maître, non à mes sollicitations, car je n'en ai fait aucune, mais aux démarches réitérées de l'Académie, aux cris du public, et à l'indignation de tous les gens de lettres de l'Europe, la magnifique pension de trois à quatre cents livres (car elle ne sera pas plus forte pour moi) qu'on jugeait à propos de me faire attendre depuis six mois. Vous croyez bien que je n'oublierai de ma vie cet outrage atroce et absurde : je dis cet outrage, car le délai m'a plus offensé que n'aurait fait un prompt refus qui m'aurait vengé en déshonorant ceux qui me l'auraient fait. Vous avez pu voir dans le *Journal encyclopédique* la petite lettre que j'y ai fait insérer; elle fait un contraste bien ridicule (et bien avilissant pour ceux qui en sont l'objet) avec l'article du même journal mis en note au bas de cette lettre.

Si jamais j'ai été tenté de prendre mon parti, je puis vous dire que je l'ai été vivement dans cette occasion. Le roi de Prusse me mettait bien à mon aise par les propositions qu'il me faisait; mais j'ai résolu de ne me mettre jamais au service de personne, et de mourir libre comme j'ai vécu. On dit que Rousseau va à Potsdam : je ne s..) si la société du roi de Prusse sera de son goût; j'en doute, d'autant plus qu'il s'en faut de beaucoup que ce prince soit enthousiaste de ses ouvrages. Quant à moi, tout ce que je désirerais, ce serait d'être assez riche pour pouvoir me retirer dans une campagne, où je me livrerais en liberté à mon goût pour l'étude, qui est plus grand que jamais. L'affaiblissement de ma santé, les visites à rendre et à recevoir, la sujétion des académies auxquelles malheureusement ma subsistance est attachée, me rendent la vie de Paris insupportable. Ce qu'il y a de fâcheux, c'est que je ne vois nul moyen de parvenir à cet heureux état; il mettrait le comble à mon indépendance, pour laquelle j'ai plus de fureur que jamais. J'ai fait un supplément à la *Destruction des jésuites*, où les jansénistes, les seuls ennemis qui nous restent, sont traités comme ils le méritent : mais je ne sais ni quand, ni où, ni comment je dois le donner. Je voudrais bien servir la raison, mais je désire encore plus d'être tranquille. Les hommes ne valent pas la peine qu'on prend pour les éclairer; et ceux même qui pensent comme nous nous persécutent. Adieu, mon cher maître; je vous embrasse de tout mon cœur.

MMMMDXIX. — A M. DAMILAVILLE.

25 novembre.

Votre mal de gorge et votre amaigrissement me déplaisent beaucoup; vous savez si je m'intéresse à votre bien-être et à votre longêtre. Notre Esculape-Tronchin ne guérit pas tout le monde : Mme la duchesse d'Enville pourra bien rester tout l'hiver à Genève. Quoi qu'il fasse, mon cher ami, la nature en saura toujours plus que la médecine. La philosophie apprend à se soumettre à l'une, et à se passer de l'autre; c'est le parti que j'ai pris.

Cette philosophie, contre laquelle on se révolte si injustement, peut faire beaucoup de bien, et ne fait aucun mal. Si elle avait été écoutée, les parlements n'auraient pas tant harcelé le roi et tant outragé les ministres. L'esprit de corps et la philosophie ne vont guère ensemble. Je crains que l'archevêque de Novogorod[1], dont vous me parlez, ne puisse les soutenir dans la seule chose où ils paraissent avoir raison, et qu'après avoir combattu mal à propos l'autorité royale sur des affaires de finance et de forme, ils ne finissent par succomber quand ils soutiennent cette même autorité contre les entreprises du clergé.

Mais la santé de M. le Dauphin est un objet si intéressant, qu'il doit anéantir toutes ces querelles. La bulle *Unigenitus*, et toutes les bulles du monde, ne valent pas assurément la poitrine et le foie d'un fils unique du roi de France.

Mme Denis ne se porte pas trop bien; elle me charge de vous dire

---

1. Pseudonyme de Voltaire. (ÉD.)

combien elle vous aime et vous estime. Elle attend les boîtes de confitures que vous voulez bien nous envoyer; il n'y a qu'à les mettre au coche de Lyon.

Embrassez pour moi MM. Diderot et Dalembert, quand vous les verrez. Toute mon ambition est que la cour puisse les connaître, et rendre justice à leur mérite, qui fait honneur à la France.

Qu'est devenu le très-paresseux Thieriot? Il m'écrit une ou deux fois l'an par boutade. Vous savez probablement que Jean-Jacques est à Strasbourg, où il fait jouer *le Devin du village;* cela vaut mieux que de chercher à mettre le trouble dans Genève, et d'être lapidé à Motiers-Travers. Les magistrats et les citoyens sont toujours divisés; je ne les vois les uns et les autres que pour leur inspirer la concorde : c'est la boussole invariable de ma conduite.

Je vous demande en grâce de presser M. de Beaumont sur l'affaire des Sirven; elle me paraît toute prête; le temps est favorable; je ne crois pas qu'il y ait un instant à perdre.

Je vous embrasse du meilleur de mon cœur.

MMMMDXX. — A M. LEKAIN.

Ce 25 novembre.

Je présume que M. Lekain aura attendu un temps plus favorable pour faire débiter la tragédie qu'il imprime; je viens de découvrir encore des vers répétés au troisième acte.

Il y a dans la scène deuxième de ce troisième acte :

Vous acceptiez la main qui vous perça le flanc.

C'est Nemours qui parle; et Adélaïde lui dit, quelques vers après :

Enflé de sa victoire, et teint de votre sang,
Il m'ose offrir la main qui me perça le flanc.

Je retrouve dans une vieille copie :

Tout doit, si je l'en crois, céder à son pouvoir;
Lui plaire est ma grandeur, l'aimer est un devoir.

Cette version est sans doute la meilleure; des cartons ne sont pas une chose bien difficile, et il faut les préférer à des négligences insupportables.

Je fais mille remercîments à M. Lekain.

Je ne crois pas qu'il y ait eu des spectacles à Paris pendant les prières de quarante heures. S'il y a quelque chose de nouveau, je le supplie de vouloir bien en faire part à son ami V.

MMMMDXXI. — A M. DAMILAVILLE.

27 novembre.

Je ne manquai pas, mon cher ami, de faire chercher, il y a quelques jours, à Genève, chez le sieur Boursier, les deux petites facéties de Neuchâtel [1]. Je les adressai sous l'enveloppe de M. de Courteilles, comme vous me l'aviez prescrit. Je serais fâché qu'elles fussent perdues; il serait difficile de les retrouver. Ce sont des bagatelles qui n'ont qu'un temps, après quoi elles périssent comme les feuilles de Fréron.

Les divisions de Genève continuent toujours, mais sans aucun trouble. Ce fut, ces jours passés, une chose assez curieuse de voir huit cent cinquante citoyens refuser leurs suffrages aux magistrats avec beaucoup plus d'ordre et de décence que les moines n'élisent un prieur dans un chapitre. Plusieurs magistrats et plusieurs citoyens m'ont prié de leur donner un plan de pacification. Je n'ai pas voulu prendre cette liberté sans consulter M. d'Argental. Je crois d'ailleurs qu'il faut attendre que les esprits un peu échauffés soient refroidis. M. Hennin, nommé à la résidence de Genève, viendra bientôt; c'est un homme de mérite très-instruit; il est plus capable que personne de porter les Génevois à la concorde. Jean-Jacques a un peu embrouillé les affaires; on découvre tous les jours de nouvelles folies de ce Jean-Jacques. Vous connaissez, je crois, Cabanis, qui est un chirurgien de grande réputation. Ce Cabanis a mis longtemps des bougies en sa vilaine petite vergu; il l'a soigné, il l'a nourri longtemps. Jean-Jacques a fini par se brouiller avec lui comme avec M. Tronchin. Il paraît que l'ingratitude entre pour beaucoup dans la philosophie de Jean-Jacques.

Notre enfant, Mme Dupuits, vient d'accoucher, à sept mois, d'un garçon qui est mort au bout de deux heures. Il a été heureusement baptisé; c'est une grande consolation. Il est triste que père Adam n'ait pas fait cette fonction salutaire, dont il se serait acquitté avec une extrême dignité.

Adieu, mon très-cher écr. de l'inf....

P. S. Je recommande toujours à vos bontés l'affaire de Sirven. Un homme de loi de son pays m'a mandé qu'il lui avait conseillé lui-même de fuir; et que, dans le fanatisme qui aliénait alors tous les esprits, il aurait été infailliblement sacrifié comme Calas. Cette seconde affaire fera autant d'honneur à M. de Beaumont que la première, sans avoir le même éclat. On verra que l'amour de l'humanité l'anime plutôt que celui de la célébrité.

MMMMDXXII. — A M. LE COMTE D'ARGENTAL.

27 novembre.

Il y a deux choses, mes divins anges, à considérer en ce paquet. La plus importante est celle de deux vers à restituer dans *Adélaïde*; et ces deux vers se trouvent dans une lettre ci-jointe à Lekain, laquelle je soumets à la protection de mes anges.

La seconde est une billevesée d'une autre espèce qui fera voir à mes anges combien je suis impartial, ami de la paix, exempt de ressentiment, équitable, et peut-être ridicule.

[1]. Deux exemplaires de la *Collection des lettres sur les miracles*. (ÉD.)

Plusieurs membres du conseil de Genève et plusieurs citoyens sont venus tour à tour chez moi, et m'ont exposé les sujets de leurs divisions. J'ai pris la liberté de leur proposer des accommodements. Il y a quelques articles sur lesquels on transigerait dans un quart d'heure; il y en a d'autres qui demanderaient du temps, et surtout plus de lumières que je n'en ai. Mon seul mérite, si c'en est un, est de jouer un rôle diamétralement opposé à celui de Jean-Jacques, et de chercher à éteindre le feu qu'il a soufflé de toutes les forces de ses petits poumons. J'ai mis par écrit un petit plan de pacification qui me paraît clair et très-aisé à entendre par ceux qui ne sont pas au fait des lois de la parvulissime république de Genève; donnez-vous, je vous en prie, le plaisir ou l'ennui de lire ma petite chimère; je ne veux pas la présenter aux intéressés avant que vous m'ayez dit si elle est raisonnable. Je crois qu'il faudrait préalablement la montrer à deux avocats de Paris, afin de savoir si elle ne répugne en rien au droit public et au droit des gens. Ensuite je vous prierai de la faire lire à M. de Saint-Foix, à M. le marquis de Chauvelin, à M. Hennin, et enfin à M. le duc de Praslin; mais non pas à M. Cromelin, parce qu'il est partie intéressée, et que, malgré tout son esprit et toute sa raison, il peut être préoccupé.

Si M. le duc de Praslin approuvait ce plan, je le proposerais alors au conseil de Genève, et ce serait un préliminaire de la paix que M. Hennin ferait à son arrivée. Je ne me mêlerai plus de rien, dès que M. Hennin sera ici; je ne fais que préparer les voies du Seigneur.

Je sais bien, mes divins anges, que M. le duc de Praslin a maintenant des affaires plus importantes. Je vois avec douleur que les parlements, à force d'avoir demandé des choses qui ont paru injustes, succomberont peut-être dans une chose juste, et que la France ne sera pas du diocèse de Novogorod la Grande[1].

La maladie de M. le Dauphin cause encore de plus grandes inquiétudes, et ce n'est pas trop le temps de parler des tracasseries de Genève; mais aussi les tracasseries étrangères peuvent servir de délassement, et amuser un moment.

Amusez-vous donc et donnez-moi vos avis et vos ordres.

Quand vous serez dans un temps plus heureux et plus fait pour les plaisirs, le petit ex-jésuite vous enverra ses roués. Il a profité, autant qu'il a pu, de vos très-bons conseils; il ne parviendra jamais à faire une pièce attendrissante : ce n'était pas son dessein; mais elle pourra être vigoureuse et attachante.

Toute ma petite famille baise très-humblement le bout de vos ailes.

MMMMDXXIII. — AU MÊME.

28 novembre.

Je dois dire ou répéter à mes anges que quand je leur ai envoyé un plan, qui n'est pas un plan de tragédie, je n'ai pris cette liberté que

1. Allusion aux principes exposés dans son *Mandement du révérendissime père en Dieu Alexis, archevêque de Novogorod la Grande*. (ÉD.)

parce que plusieurs personnes des deux partis m'en avaient prié. J'ajoute encore que je n'ai mis par écrit mes idées que pour donner à M. Hennin des notions préliminaires de l'état des choses. M. Fabry, dont j'ai déjà eu l'honneur de vous parler, et qui est à peu près chargé des affaires par intérim, m'a paru être de mon avis dans les conversations que j'ai eues. Ce qui pourrait me faire croire que j'ai rencontré assez juste, c'est qu'ayant proposé en général le nombre de sept cents citoyens pour exiger une assemblée du corps entier de la république, ce nombre a paru trop fort aux citoyens, et trop petit aux magistrats; par conséquent il ne s'écarte pas beaucoup du juste milieu que j'ai proposé, puisque l'assemblée générale n'est presque jamais composée que de treize cents tout au plus, et qu'il n'y a qu'un seul exemple où elle ait été de quatorze cents.

Mes remontrances à Lekain deviennent inutiles après l'édition faite d'*Adélaïde;* ainsi n'en parlons plus. Un temps viendra où les tracasseries de la Comédie seront finies comme celles de Bretagne, et où le petit ex-jésuite pourra revenir à ses roués; mais, pour moi, je serai toujours à mes anges avec respect et tendresse.

MMMMDXXIV. — DE CATHERINE II.

A Pétersbourg, 17-28 novembre.

Monsieur, ma tête est aussi dure que mon nom est peu harmonieux; je répondrai par de la mauvaise prose à vos jolis vers. Je n'en ai jamais fait, mais je n'en admire pas moins pour cela les vôtres. Ils m'ont si bien gâtée, que je ne puis presque plus en souffrir d'autres. Je me renferme dans ma grande ruche; on ne saurait faire différents métiers à la fois.

Jamais je n'aurais cru que l'achat d'une bibliothèque m'attirerait tant de compliments : tout le monde m'en fait sur celle de M. Diderot. Mais avouez, vous à qui l'humanité en doit pour le soutien que vous avez donné à l'innocence et à la vertu dans la personne des Calas, qu'il aurait été cruel et injuste de séparer un savant d'avec ses livres.

Démétri, métropolite[1] de Novogorod, n'est ni persécuteur ni fanatique. Il n'y a pas un principe dans le *Mandement d'Alexis* qu'il n'avouât, ne prêchât, ne publiât, si cela était utile ou nécessaire : il abhorre la proposition des *deux puissances*. Plus d'une fois il m'a donné des exemples que je pourrais vous citer. Si je ne craignais de vous ennuyer, je les mettrais sur une feuille séparée, afin de la brûler si vous ne vouliez pas la lire.

La tolérance est établie chez nous : elle fait loi de l'État, et il est défendu de persécuter. Nous avons, il est vrai, des fanatiques qui, faute de persécution, se brûlent eux-mêmes; mais si ceux des autres pays en faisaient autant, il n'y aurait pas grand mal; le monde n'en serait que plus tranquille, et Calas n'aurait pas été roué. Voilà, mon-

---

1. Les métropolites ne diffèrent des autres évêques et archevêques que par une cape blanche; celui-ci l'a reçue pour m'avoir couronnée. (Cette apostille est de Catherine.) (ÉD.)

sieur, les sentiments que nous devons au fondateur de cette ville, que nous admirons tous deux.

Je suis bien fâchée que votre santé ne soit pas aussi brillante que votre esprit : celui-ci en donne aux autres. Ne vous plaignez point de votre âge, et vivez les années de Mathusalem, dussiez-vous tenir dans le calendrier la place que vous trouvez à propos de me refuser. Comme je ne me crois point en droit d'être chantée, je ne changerai point mon nom contre celui de l'envieuse et jalouse Junon ; je n'ai pas assez de présomption pour prendre celui de Minerve ; je ne veux point du nom de Vénus, il y en a trop sur le compte de cette belle dame. Je ne suis pas Cérès non plus; la récolte a été très-mauvaise en Russie cette année : le mien au moins me fait espérer l'intercession de ma patronne là où elle est; et à tout prendre, je le crois le meilleur pour moi. Mais en vous assurant de la part que je prends à ce qui vous regarde, je vous en éviterai l'inutile répétition. CATERINE.

MMMMDXXV. — A M. LEKAIN.

A Ferney, 29 novembre.

Mon cher grand acteur, j'ai reçu votre *Adélaïde*. Je m'imagine que la maladie de M. le Dauphin et les tracasseries de Bretagne ne permettent pas qu'on donne une grande attention aux vers bons ou mauvais. J'ai peur que cette année-ci ne soit pas l'année de votre plus grosse recette; mais si Mlle Clairon ne donne pas sa démission, vous pourrez encore vous tirer d'affaire. M. de La Harpe me mande que vous avez donné la préférence à Stockholm sur Tolède [1]. Je ne doute pas qu'il n'y ait dans sa pièce autant d'intérêt que dans celle de Piron [2], avec de plus beaux vers.

Quant à la pauvre *Adélaïde*, elle ne me paraît pas si heureuse à la lecture qu'à la représentation. Je vois bien que vos talents l'avaient embellie. L'édition a beaucoup de fautes qui ne sont point corrigées dans l'*errata*. Il me tombe sous la main un vers que je n'entends point du tout, c'est à la page 30 :

Gardez d'être réduit au hasard dangereux
Que les chefs de l'État ne trahissent leurs vœux.

Cela n'est ni français pour la construction, ni intelligible pour le sens. J'ai fait beaucoup de mauvais vers en ma vie; mais, Dieu merci, je n'ai pas à me reprocher celui-là; il est plat et barbare. Voilà où mène la malheureuse coutume de couper et d'étriquer des tirades. Quoique je sois bien vieux, je ne laisse pas d'avoir un peu de goût et même un peu d'amour-propre, et je suis fâché d'être si ridicule. Je vois bien qu'il n'y a plus de remède. Je vous prie, pour me consoler, de me mander comment vont les spectacles, les plaisirs ou l'ennui de Paris, et de ne

1. Dans le *Gustave* de La Harpe, la scène était à Stockholm; dans le *Don Pèdre* de Voltaire, elle est à Tolède. (ED.)
2. *Gustave*, tragédie de Piron. (ED.)

plus mettre *Comédie française* en contre-seing sur vos lettres ; il est fort indifférent pour la poste que vos lettres viennent de la Comédie française ou de la Comédie italienne ; ce qui n'est pas indifférent, c'est votre amitié.

Je vous embrasse de tout mon cœur.

Je reçois votre lettre du 23. Je ne crains pas que *le Temple* [1] vous fasse grand tort, si *Gustave Wasa* est beau et bien joué.

MMMMDXXVI. — A M. LE COMTE D'ARGENTAL.

29 novembre.

Je commencerai par dire que celui de mes anges qui m'a béatifié de ses réflexions sur Octave a la plus grande raison du monde ; et que, si le génie du jeune homme égale la sagesse de ces conseils, l'ouvrage ne sera pas indigne du public, tout dégoûté et tout difficile qu'il est.

Je suis, comme vous savez, le serviteur de M. Chabanon ; je m'intéresse à ses succès ; il doit savoir avec quel plaisir je recevrai sa *Virginie*. J'ai reçu *le Tuteur dupé* de M. de Lestandoux : je l'en remercierai incessamment. Je prends la liberté de mettre dans ce paquet une lettre pour Lekain : voilà pour tout ce qui regarde le *tripot*.

Comme mes anges daignent s'intéresser à la nièce de Corneille, il est juste que je leur dise que notre enfant en a fait un autre gros comme mon poing, que nous avons mis dans une boîte à tabac doublée de coton, et qui n'a pas vécu trois heures. L'enfant-mère se porte bien, et toute la famille est aux pieds et aux ailes de mes anges.

Venons à présent aux tracasseries de Genève.

Le secrétaire d'État est venu me remercier, de la part du conseil, de la manière impartiale et du zèle désintéressé avec lequel je me suis conduit. J'ai eu le bonheur jusqu'à présent d'avoir obtenu quelque confiance des deux partis, et de leur avoir fait approuver ma franchise ; mais je me suis aperçu que ce procès me fait perdre tout mon temps, et qu'il faudrait que je fusse à Genève, où je le perdrais encore davantage. Ni ma santé, ni mon goût, ni mes travaux, ne me permettent de quitter ma douce retraite. Vous savez, mes divins anges, que je vous ai parlé une fois d'un M. Fabry, syndic des petits États de mon pays de Gex, maire de la ville de Gex, qui a été longtemps employé au règlement des limites avec la Suisse et Genève ; il est chargé des affaires en attendant l'arrivée de M. Hennin. Il m'a paru n'être pas mécontent des moyens de pacification que j'ai imaginés, et de ceux que j'ai ajoutés depuis ; il m'a paru désirer de travailler sur ces principes, et de préparer l'ouvrage que M. Hennin doit consommer ; il a cru que ce service lui mériterait les récompenses qu'il attend d'ailleurs de M. le duc de Praslin.

J'ai pensé, mes divins anges, que je devais lui faire le sacrifice de cette petite négociation, sans pourtant abandonner le rôle que je joue,

---

1. La mauvaise édition d'*Adélaïde Du Guesclin* donnée par Duchesne, qui avait pour enseigne au *Temple du Goût*. (ÉD.)

et ce rôle est de jeter de l'eau sur les charbons ardents allumés par Jean-Jacques; cela me suffit, je n'en veux pas davantage. Je me flatte que M. le duc de Praslin agréera ma conduite, et que M. Hennin n'en sera pas mécontent.

Si vous voyez M. le coadjuteur, je vous supplie de lui dire que je suis aussi fâché que lui du train qu'ont pris les choses. On a, ce me semble, trop fatigué le roi et le ministère par des expressions pleines d'aigreur. On a hasardé de perdre jusqu'aux libertés de l'Église gallicane, dont tous les parlements ont toujours été si justement et si invariablement les défenseurs. Cela fait de la peine à un pauvre historien qui aime sa patrie, et qui est entièrement de l'avis de l'archevêque de Novogorod la Grande[1]. La raison commençait à pénétrer chez les hommes, le fanatisme ecclésiastique peut l'écraser. J'en gémis jusqu'au fond de mon cœur; mais je compte toujours sur la sagesse du roi et de ses ministres, qui empêcheront que ces étincelles ne deviennent un embrasement.

Pardonnez à la bavarderie du vieux Suisse, qui aura toute sa vie pour vous la tendresse la plus respectueuse.

MMMMDXXVII. — A M. CAILHAVA[1].

Au château de Ferney, 30 novembre.

Je ne puis trop vous remercier, monsieur, de la bonté que vous avez eue de me faire partager le plaisir que vous avez donné à tout Paris. Je n'ai point été étonné du succès de votre pièce; non-seulement elle fournit beaucoup de jeu de théâtre, mais le dialogue m'en a paru naturel et rapide; elle est aussi bien écrite que bien intriguée. Il est à croire que vous ne vous bornerez pas à cet essai, et que le Théâtre-Français s'enrichira de vos talents. Ma plus grande consolation, dans ma vieillesse languissante, est de voir que les beaux-arts, que j'aime, sont soutenus par des hommes de votre mérite.

J'ai l'honneur d'être avec toute l'estime qui vous est due, monsieur, etc.

MMMMDXXVIII. — A M. DAMILAVILLE.

30 novembre.

J'ai lu *Thrasybule*[2], mon cher ami : il y a de très-bonnes choses et des raisonnements très-forts. Ce n'est pas là le style de Fréret; mais n'importe d'où vient la lumière, pourvu qu'elle éclaire. Il eût été plus commode pour le lecteur que cet ouvrage eût été partagé en plusieurs lettres. On divise les pièces de théâtre en cinq actes, pour donner du relâche à l'esprit.

Jean-Jacques se conduit toujours comme un écervelé; cet homme-là n'a pas en lui de quoi être heureux.

1. Cailhava d'Estandoux, auteur du *Tuteur dupé* et du *Présomptueux à la mode*. (ÉD.)
2. Par Fréret. (ÉD.)

J'ignore toujours si le petit paquet que le sieur Boursier m'a dit vous avoir envoyé de Genève par M. de Courteilles vous est parvenu.

Comment va votre mal de gorge? Ma santé est actuellement fort mauvaise; je suis accoutumé à tous ces dérangements; ils n'affaiblissent pas assurément les tendres sentiments que j'ai pour mon cher ami. Je recommande toujours les pauvres Sirven à votre humanité bienfaisante.

MMMMDXXIX. — A M. CHRISTIN, FILS, AVOCAT A SAINT-CLAUDE.

2 décembre.

Il est si juste, monsieur, de pendre un homme pour avoir mangé du mouton le vendredi [1], que je vous prie instamment de me chercher des exemples de cette pieuse pratique dans votre province. La perte de la liberté et des biens pour avoir fourni de la viande aux hérétiques en carême n'est qu'une bagatelle. Je voudrais bien savoir de quelle date est la défense de traduire la *Bible* en langue vulgaire. Cette défense d'ailleurs était très-raisonnable de la part de gens qui sentaient leur cas véreux.

Quand vous feuilletterez vos archives d'horreur et de démence, voulez-vous bien vous donner la peine de choisir tout ce que vous trouverez de plus curieux et de plus propre à rendre la superstition exécrable?

On ne peut être plus touché que je le suis, monsieur, de votre façon de penser et de votre amitié; vous êtes véritablement chéri dans notre maison.

MMMMDXXX. — A M. LE COMTE D'ARGENTAL.

A Ferney, 2 décembre.

Mes anges, je vous confirme que je me suis lassé de perdre mon temps à vouloir pacifier les Génevois. J'ai donné de longs dîners aux deux partis; j'ai abouché M. Fabry avec eux. Cette noise, dont on fait du bruit, est très-peu de chose : elle se réduit à l'explication de quelques articles de la médiation. Il n'y a pas eu la moindre ombre de tumulte. C'est un procès de famille qui se plaide avec décence. Il n'est point vrai que le parti des citoyens *ait mis opposition à l'élection des magistrats*, comme l'a mandé M. Fabry, qui était alors peu instruit, et qui l'est mieux aujourd'hui. Les citoyens qui élisent ont seulement demandé de nouveaux candidats.

M. Hennin trouvera peut-être le procès fini, ou le terminera aisément. Mon seul partage, comme je vous l'ai déjà dit, a été de jeter de l'eau sur les charbons de Jean-Jacques Rousseau.

Ce qui m'a le plus déterminé encore à renvoyer les citoyens à M. Fabry, c'est un énorme soufffet donné en pleine rue à M. le président du Tillet, l'un des malades de M. Tronchin. C'est un homme lan-

---

1. Claude Guillon, gentilhomme franc-comtois, eut, en juillet 1629, la tête tranchée, pour avoir mangé du cheval un samedi. (ÉD.)

guissant depuis trois ans, et dans l'état le plus triste. Un citoyen, qui apparemment était ivre, lui a fait cet affront. Le conseil, occupé de ses différends, n'a point pris connaissance de cet excès si punissable. Le docteur Tronchin, pour ne pas effaroucher les malades qui viennent de France, a traité le soufflet de maladie légère, et a voulu tout assoupir. Les soufflets dégoûteraient les voyageurs. Voilà pourtant la seconde insulte faite dans Genève à des Français. Le conseil en pouvait faire justice d'autant plus aisément, qu'il a mis aux fers un citoyen pour s'être rendu caution du droit de cité qu'un habitant réclamait sans montrer ses titres.

Il n'y a pas longtemps que M. le prince Camille fut condamné dans Genève à dix louis d'une espèce d'amende, pour avoir voulu séparer un de ses laquais qui se battait avec un citoyen. M. Hennin, encouragé par la protection de M. le duc de Praslin, mettra ordre à toutes ces étranges irrégularités. Pour moi, que mon âge et mes maladies retiennent dans la retraite, je fais de loin des vœux pour la concorde publique. J'aime tant la paix, et je l'inspire quelquefois avec tant de bonheur, que mon curé m'a donné un plein désistement du procès pour les dîmes. Ce désistement n'empêchera pas M. le duc de Praslin de persister dans ses bontés, et de faire rendre un arrêt du conseil qui confirmera les droits du pays de Gex et de Genève ; mais à présent des objets plus importants et plus intéressants doivent attirer son attention.

Je vous supplie, mes divins anges, de vouloir bien, quand vous le verrez, l'assurer de ma respectueuse reconnaissance. Le même sentiment m'anime pour vous avec l'amitié la plus tendre.

MMMMDXXXI. — A M. LE MARQUIS D'ARGENCE DE DIRAC.

4 décembre.

Je vous crois actuellement, monsieur, en train d'être grand-père ; car je m'imagine qu'on ne perd pas son temps dans votre beau climat. Notre petite Dupuits a perdu le sien : elle s'est avisée d'accoucher avant sept mois d'un petit drôle gros comme le pouce, qui a vécu environ deux heures. On était fort en peine de savoir s'il avait l'honneur de posséder une âme : père Adam, qui doit s'y connaître, et qui ne s'y connaît guère, n'était pas là pour décider la question ; une fille l'a baptisé à tout hasard, après quoi il est allé tout droit en paradis, où votre archevêque d'Auch[1] prétend que je n'irai jamais. Mais il devrait savoir que ce sont les calomniateurs qui en sont exclus, et que la porte est ouverte aux calomniés qui pardonnent et qui font du bien.

Permettez-moi de présenter mes respects à toute votre famille présente et à venir. Tout Ferney vous fait les plus sincères compliments.

1. Dans un *Mandement* de 1764. (ÉD.)

MMMMDXXXII. — A M. SAURIN.

4 décembre.

Je soupçonne, monsieur, qu'il en est à peu près aujourd'hui comme de mon temps. Il y avait tout au plus aux premières représentations une centaine de gens raisonnables; c'est pour ceux-là que vous avez écrit. Votre pièce est remplie de traits qui valent mieux à mon gré que bien des pièces nouvelles qui ont eu de grands succès. On y voit à tout moment l'empreinte d'un esprit supérieur, et vous ne ferez jamais rien qui ne vous fasse beaucoup d'honneur auprès des sages.

Il me paraît que madame votre femme est de ce nombre, puisqu'elle sent votre mérite et vous rend heureux; c'est une preuve qu'elle l'est aussi. Je vous en fais à tous deux mes très-tendres compliments.

Quant aux Anglais, je ne peux vous savoir mauvais gré de vous être un peu moqué de Gilles Shakspeare[1]. C'était un sauvage qui avait de l'imagination. Il a fait beaucoup de vers heureux, mais ses pièces ne peuvent plaire qu'à Londres et au Canada. Ce n'est pas bon signe pour le goût d'une nation, quand ce qu'elle admire ne réussit que chez elle.

Rendez toujours service, mon cher confrère, à la raison humaine. On dit qu'elle a de plats ennemis qui osent lever la tête. C'est un bien sot projet de vouloir aveugler les esprits, quand une fois ils ont connu la lumière.

Conservez-moi votre amitié, elle me fera oublier les sots dont votre grande ville est encore remplie.

MMMMDXXXIII. — A M. DAMILAVILLE.

4 décembre.

Mon confrère Saurin, mon cher frère, m'a envoyé son *Orpheline léguée*, et je lui en fais mes remercîments par cette lettre que je vous adresse. Je ne crois pas que ce legs ait valu beaucoup d'argent à l'auteur. Il y a beaucoup d'esprit dans son ouvrage, bien de la finesse, une grande profondeur de raison dans les détails; les vers sont bien faits, le style est aisé et agréable; et avec tout cela une pièce de théâtre peut très-bien n'avoir aucun succès. Il faut *vis comica* pour la comédie, et *vis tragica* pour la tragédie; sans cela, toutes les beautés sont perdues. Ayez la bonté de lui faire parvenir ma lettre.

Je viens d'être bien attrapé par un livre[2] que j'avais fait venir en hâte de Paris. L'annonce me faisait espérer que je connaîtrais tous les peuples qui ont habité les bords du Danube et du Pont-Euxin, et que j'entendrais fort bien l'ancienne langue slavone. L'auteur, M. Peyssonnel, qui a été consul en Tartarie, promettait beaucoup, et n'a rien tenu. Je mettrai son livre à côté de l'*Histoire des Huns*, par Guignes, et je ne les lirai de ma vie. J'attends, pour me consoler, le ballot que

---

1. Dans la préface de son *Orpheline léguée*, Saurin parlait des *monstrueuses absurdités* des pièces de Shakspeare. (ÉD.)
2. *Observations historiques et géographiques sur les peuples barbares qui ont habité les bords du Danube et du Pont-Euxin.* (ÉD.)

ANNÉE 1765. 315

Briasson doit m'envoyer¹. Il ne songe pas qu'en le faisant partir au mois de janvier par les rouliers, il m'arrivera au mois de mars ou d'avril.

Je ne sais de qui est une analyse qui court en manuscrit, et qui est très-bien faite. Les erreurs grossières d'une chronologie assez intéressante y sont développées par colonnes. On y voit évidemment que si Dieu est l'auteur de la morale des Hébreux, comme nous n'en pouvons douter, il ne l'est pas de leur chronologie. Mais ces discussions ne sont faites que pour les savants ; et pourvu que les autres aiment Jésus-Christ en esprit et en vérité, il n'est pas nécessaire qu'ils en sachent autant que Newton et Marsham.

Bonsoir, mon cher frère. *Écr. l'inf....*

MMMMDXXXIV. — A M. DE CHABANON.

A Ferney, 4 décembre.

Voulez-vous savoir, monsieur, l'effet que fera *Virginie?* envoyez-la-nous. S'il y a deux rôles de femme, je vous avertis que j'ai chez moi deux bonnes actrices : l'une est ma nièce Denis, l'autre ma fille Corneille ; j'ai deux ou trois acteurs sous la main qui ne gâteront point votre ouvrage ; nous serons cinq ou six spectateurs, tous gens discrets. Soyez sûr que la pièce ne sortira pas de mes mains, et que les rôles me seront rendus à la fin de la représentation.

C'est, à mon sens, la seule manière de juger d'une pièce de théâtre. J'ai toujours ouï dire que Despréaux, qui était le confident de Racine et de Molière, se trompait toujours sur les scènes qu'il croyait devoir réussir le plus, et sur celles dont il se défiait : or jugez, si Despréaux se trompait toujours dans Auteuil près de Paris, ce qui m'arriverait à Ferney au pied du mont Jura. Je crois qu'il faut voir les choses en place pour en bien juger.

Je me flatte qu'en effet, monsieur, vous pourrez nous donner les violons dans notre enceinte de montagnes. On nous assure que madame votre sœur doit acheter une belle terre dans mon voisinage ; vous y viendrez sans doute. Le plaisir de vous entretenir augmentera, s'il se peut, encore l'estime que vos lettres m'ont inspirée ; mais dépêchez-vous, car ma mauvaise santé m'avertit que je ne serai pas doyen de l'Académie française. Je vous donne ma voix pour être mon successeur, à moins que vous n'aimiez mieux choisir selon l'ordre du tableau.

Vous me parlez de la meilleure édition de mes sottises, il n'y en a point de bonne ; mais j'aurai l'honneur de vous envoyer la moins détestable que je pourrai trouver.

Permettez-moi de vous embrasser tout comme si j'avais déjà eu l'honneur de vous voir.

1. Les volumes de l'*Encyclopédie*. (Éd.)

MMMMDXXXV. — A M. LE MARQUIS DE VILLEVIEILLE.

A Ferney, 4 décembre.

Mes maladies, qui me persécutent, monsieur, quand l'hiver commence, et mes yeux, qui se couvrent d'écailles quand la neige arrive, ne m'ont pas permis de répondre aussitôt que je l'aurais souhaité à votre obligeante lettre. Mme Denis et Mme Dupuits sont aussi sensibles que moi à l'honneur de votre souvenir. Mme Dupuits s'est avisée d'accoucher à sept mois d'un petit garçon qui n'a vécu que deux heures; j'en ai été fâché, en qualité de grand-père honoraire; mais ce qui me console, c'est qu'il a été baptisé. Il est vrai qu'il l'a été par une garde huguenote; cela lui ôtera dans le paradis quelques degrés de gloire que père Adam lui aurait procurés.

Je ne suis point étonné, monsieur, que vous ayez de mauvais comédiens à Nancy; on dit que ceux de Paris ne sont pas trop bons. Il est difficile de faire naître des talents, quand on les excommunie. Les Grecs, qui ont inventé l'art, avaient plus de politesse et de raison que nous.

Il me paraît que vous n'êtes pas plus content de la société des femmes que du jeu des comédiens; le bon est rare partout en tout genre. Vous trouverez dans votre philosophie des ressources que le monde ne vous fournira guère. Si jamais le hasard vous ramène vers l'enceinte de nos montagnes, n'oubliez pas l'ermitage où l'on vous regrette.

Agréez les respects de V.

MMMMDXXXVI. — DU P. PAULIAN.

A Avignon, ce 4 décembre.

Monsieur, il est bien flatteur pour moi que le plus beau génie de ce siècle veuille bien jeter les yeux sur quelqu'un de mes ouvrages. Je suis fâché que la troisième édition du *Dictionnaire*[2] que vous me demandez ne soit pas encore finie. Dès que ce *Dictionnaire*, augmenté d'un volume, paraîtra, j'aurai l'honneur de vous en faire hommage. En attendant, je vous prie d'accepter un exemplaire de mon *Traité de paix entre Descartes et Newton*. S'il mérite votre approbation, je suis assuré qu'il mérite par cela même l'immortalité.

J'ai l'honneur d'être avec respect, etc. PAULIAN,
*Ancien professeur de physique au collège d'Avignon,
de la compagnie de Jésus.*

---

1. Le marquis de Villevieille est mort à Paris le 11 mai 1825, dans un âge très-avancé. Le *Journal de Paris* des 10 et 14 juillet 1778 contient deux lettres sur la *Zulime* de Voltaire qui portent la signature de Villevieille, mais qui passaient pour être de Condorcet. (*Note de M. Beuchot.*)
2. *Dictionnaire de physique.* (ÉD.)

ANNÉE 1765.

MMMMDXXXVII. — A M. LEKAIN.

7 décembre.

Mon cher ami, vous aurez sans doute le crédit de faire mettre deux cartons à cette pauvre *Adélaïde*: le libraire ne pourra refuser de prendre cette peine, que j'ai offert de payer.

Les deux fautes dont je me plains sont capitales, et peuvent faire très-grand tort à un ouvrage que vous avez fait valoir.

Le premier carton doit être à la page 30.

> Non, c'est pour obtenir une paix nécessaire;
> Gardez d'être réduit au hasard dangereux
> Que les chefs de l'État ne trahissent leurs vœux.

Il faut mettre à la place :

> Non, c'est pour obtenir une paix nécessaire ;
> On la veut, on en traite, et dans tous les partis
> Vous serez prévenu, je vous en avertis.
> Passez-les en prudence, etc.

Le second carton doit être à la page 39, où il se trouve deux vers répétés dans la même scène :

> Enflé de sa victoire, et teint de votre sang,
> Il m'ose offrir la main qui vous perça le flanc.

Il faut mettre à la place :

> Tout doit, si je l'en crois, céder à son pouvoir;
> Lui plaire est ma grandeur, l'aimer est mon devoir.

Je vous demande en grâce d'exiger ces deux cartons. Si le libraire les refuse, exigez du moins qu'on fasse un *errata*, dans lequel ces deux corrections se trouvent. Vous sentez à quel point ma demande est juste. Celui qui a glissé dans ma pièce ce détestable vers inintelligible :

> Que les chefs de l'État ne trahissent leurs vœux,

ne m'a pas rendu un bon service.

Mandez-moi, je vous prie, quand vous jouez *Gustave*[1].

On m'a écrit que si Mgr le Dauphin se porte mieux, il y aura encore des spectacles à Fontainebleau; mais j'en doute beaucoup.

Je crois M. d'Argental à la cour; c'est pourquoi je vous adresse cette lettre en droiture.

Adieu; vous savez combien je vous suis tendrement dévoué.   V.

MMMMDXXXVIII. — A M. LE MARQUIS D'ARGENCE DE DIRAC.

8 décembre.

Béni soit Dieu, monsieur! vous et votre chanoine vous faites de bien belles actions; couronnez-les en faisant de J. *Meslier* ce que vous avez

---

1. *Gustave Wasa*, tragédie de La Harpe. (ÉD.)

fait de la *Lettre sur Calas*. Il faut que les choses utiles soient publiques; vous en pouvez venir très-aisément à bout. Vous rendrez un service essentiel à tous les honnêtes gens. Ayez cette bonne œuvre à cœur. Il n'y a pas un homme de bien, dans le pays que j'habite, qui ne pense comme vous, et je me flatte qu'il en sera bientôt de même dans le vôtre.

Le docteur Tronchin craint pour les jours de M. le Dauphin; on dit que les médecins de la cour ne sont pas d'accord; tout le monde est dans les plus vives alarmes; mais on a toujours des espérances dans sa jeunesse et dans la force de son tempérament. Dieu veuille nous conserver longtemps le fils et le père! Adieu, monsieur; nous faisons les mêmes vœux pour toute votre famille.

MMMMDXXXIX. — A M. DAMILAVILLE.

A Ferney, 9 décembre.

Mon cher ami, ma lettre doit commencer d'une façon toute contraire aux *Épîtres familières* de Cicéron; et je dois vous dire : « Si vous vous portez mal, j'en suis très-affligé; pour moi, je me porte mal. » La différence entre nous, c'est que vous êtes un jeune chêne qui essuyez une tempête, et que moi je suis un vieux arbre qui n'a plus de racines. Tronchin ne guérira ni vous ni moi. Vous vous guérirez tout seul par votre régime : c'est là la vraie médecine dans tous les cas ordinaires. Il se peut pourtant que votre grosseur à la gorge n'ayant pas suppuré, l'humeur ait reflué dans le sang : en ce cas, vous seriez obligé de joindre à votre régime quelques détersifs légers. Peut-être que la petite sauge avec un peu de lait vous ferait beaucoup de bien. Les aliments et les boissons qui servent de remèdes ont seuls prolongé ma vie, et je ne connais point de médecin supérieur à l'expérience.

Je fais bien des vœux pour que notre cher Beaumont trouve l'exemple qu'il cherche. Il fera sûrement triompher l'innocence des Sirven comme celle des Calas.

On dit qu'il s'est déjà présenté soixante personnes pour remplir le nouveau parlement de Bretagne; en ce cas, c'est une affaire finie, et la paix ne sera plus troublée dans cette partie du royaume. Je me flatte qu'elle régnera aussi dans notre voisinage : il n'y a pas eu la moindre ombre de tumulte, et il n'y en aura point. Vous pouvez être sûr que tout ce qu'on vous dit est sans fondement.

Rien n'est plus ridicule que l'idée que vous dites qu'on s'est faite de ce pauvre P. Adam; il me dit la messe et joue aux échecs : voilà, en vérité, les deux seules choses dont il se mêle. Il ne connaît pas un seul Génevois, il ne va jamais à la ville. J'ai eu le bonheur de plaire aux magistrats et aux citoyens, en tâchant de les rapprocher, en leur donnant de bons dîners, en leur faisant l'éloge de la concorde et de leur ville.

M. Hennin, qui arrive incessamment, trouvera les voies de la pacification préparées, et achèvera l'ouvrage. J'ai joué le seul rôle qui me convînt, sans faire aucune démarche, recevant tout le monde chez moi avec politesse, et ne donnant sur moi aucune prise. M. d'Argental sait bien que telle a été ma conduite; M. le duc de Praslin en est instruit; je laisse parler les gens qui ne le sont point. Je sais bien qu'il faut que dans Paris on dise des sottises. Il y a cinquante ans que je suis en butte à la calomnie, et elle ne finira qu'avec moi. Je m'y suis accoutumé comme aux indigestions.

Digérez, mon cher ami, et mandez-moi, je vous en conjure, des nouvelles de votre santé.

MMMMDXL. — A M. LE MARQUIS DE VILLETTE.
SUR UN PORTRAIT DE L'AUTEUR, QU'IL AVAIT FAIT GRAVER.

A Ferney, le 11 décembre.

J'ouvre une caisse, monsieur; j'y vois, quoi? moi-même en personne, dessiné d'une belle main. Je me souviens très-bien que

> Ce Danzel, beau comme le jour,
> Soutien de l'amoureux empire,
> A, dans mon champêtre séjour,
> Dessiné le maigre contour
> D'un vieux visage à faire rire.
> En vérité c'était l'Amour
> S'amusant à peindre un satyre
> Avec les crayons de La Tour.

Il est vrai que dans l'estampe on me fait terriblement montrer les dents. Cela fera soupçonner que j'en ai encore. Je dois au moins en avoir une contre vous de ce que vous avez passé tant de temps sans m'écrire.

Bérénice disait à Titus :

> Voyez-moi plus souvent, et ne me donnez rien.
> Acte II, scène IV.

Je pourrais vous dire :

> Écrivez-moi souvent, et ne me peignez point.

Mais je suis si flatté de votre galanterie, que je ne peux me plaindre du burin. Je remercie le peintre, et je pardonne au graveur.

On prétend que vous avez des affaires et des procès; qui terre n'a pas souvent a guerre, à plus forte raison qui terre a.

> .....*Di tibi formam*,
> *Di tibi divitias dederunt, artemque fruendi.*
> Hor., lib. I, ep. IV.

Ajoutez-y surtout la santé, et ayez la bonté de m'en dire des nouvelles quand vous n'aurez rien à faire. L'absence ne m'empêchera jamais de m'intéresser à votre bien-être et à vos plaisirs. Si vous êtes dans le tourbillon, vous me négligerez; si vous en êtes dehors, vous

vous souviendrez, monsieur, d'un des plus vrais amis que vous ayez. Vous l'avez dit dans vos vers[1], et je ne vous démentirai jamais.

MMMMDXLI. — A M. LE COMTE D'ARGENTAL.

14 décembre.

Mes anges, vous n'allez point à Fontainebleau, vous êtes fort sages; ce séjour doit être fort malsain, et vous y seriez trop mal à votre aise. J'ai peur que la cour n'y reste tout l'hiver. J'ai peur aussi que vous n'ayez pas de grands plaisirs à Paris; la maladie de M. le Dauphin doit porter partout la tristesse. Cependant voilà une comédie de Sedaine[2] qui réussit et qui vous amuse; celle de Genève ne finira pas sitôt. Je crois, entre nous, que le conseil s'est trop flatté que M. le duc de Praslin lui donnerait raison en tout. Cette espérance l'a rendu plus difficile, et les citoyens en sont plus obstinés. J'ai préparé quelques voies d'accommodement sur deux articles; mais le dernier surtout sera très-épineux, et demandera toute la sagacité de M. Hennin. Je lui remettrai mon mémoire et la consultation de votre avocat : cet avocat me paraît un homme d'un grand sens et d'un esprit plein de ressources. Si vous jugez à propos, mes divins anges, de me faire connaître à lui, et de lui dire combien je l'estime, vous me rendrez une exacte justice.

Je ne chercherai point à faire valoir mes petits services ni auprès des magistrats ni auprès des citoyens; c'est assez pour moi de les avoir fait dîner ensemble à deux lieues de Genève; il faut que M. Hennin fasse le reste, et qu'il en ait tout l'honneur. Tout ce que je désire, c'est que M. le duc de Praslin me regarde comme un petit anti-Jean-Jacques, et comme un homme qui n'est *pas venu apporter le glaive, mais la paix*[3]. Cela est un peu contre la maxime de l'Évangile; cependant cela est fort chrétien.

Vous ne sauriez croire, mes divins anges, à quel point je suis pénétré de toutes vos bontés. Vous me permettez de vous faire part de toutes mes idées, vous avez daigné vous intéresser à mon petit mémoire sur Genève, vous me ménagez la bienveillance de M. le duc de Praslin, vous avez la patience d'attendre que le petit ex-jésuite travaille à son ouvrage; enfin votre indulgence me transporte. Je souhaite passionnément que les parlements puissent avoir le crédit de soutenir dans ce moment-ci les lois, la nation, et la vérité contre les prêtres; ils ont eu des torts sans doute, mais il ne faut pas punir la France entière de

---

1. Voici les vers de Villette au bas du portrait de Voltaire.

Ses talents l'ont déifié,
L'Europe moderne l'honore;
Jadis à ses autels elle eût sacrifié.
Ce qui flatte mon cœur, et m'est plus cher encore,
Il eut pour moi de l'amitié. (Éd.)

2. *Le Philosophe sans le savoir*, comédie en cinq actes et en prose, jouée le 2 décembre 1765. (Éd.)
3. C'est l'inverse de ce qu'on lit dans Matthieu, x, 34 : *Non veni pacem mittere, sed gladium*. (Éd.)

leurs fautes. Vive l'impératrice de Russie! vive Catherine, qui a réduit tout son clergé à ne vivre que de ses gages, et à ne pouvoir nuire!

Toute ma petite famille baise les ailes de mes anges comme moi-même.

MMMMDXLII. — A M. FAVART.

Ferney, par Genève, 14 décembre.

Je croyais, monsieur, être guéri de la vanité à mon âge; mais je sens que j'en ai beaucoup avec vous. Non-seulement vous avez flatté mon amour-propre en parlant de la bonne *Gertrude*, mais j'en ai encore davantage en lisant votre *Fée Urgèle*, car je crois avoir deviné tous les endroits qui sont de vous. Tout ce que vous faites me semble aisé à reconnaître; et lorsque je vois à la fois finesse, gaieté, naturel, grâces, et légèreté, je dis que c'est vous, et je ne me trompe point. Vous êtes inventeur d'un genre infiniment agréable; l'opéra aura en vous son Molière, comme il a eu son Racine dans Quinault. Si quelque chose pouvait me faire regretter Paris, ce serait de ne pas voir vos jolis spectacles, qui ragaillardiraient ma vieillesse; mais j'ai renoncé au monde et à ses pompes. Vous n'avez pas besoin du suffrage d'un Allobroge enterré dans les neiges du mont Jura. Quand il y aura quelque chose de votre façon, ayez pitié de moi.

J'ai l'honneur d'être, avec tous les sentiments que je vous dois, etc.

MMMMDXLIII. — A M. HENNIN.

Au château de Ferney, 17 décembre.

Si je pouvais sortir, monsieur, je serais venu me mêler dans la foule de ceux qui vous ont vu arriver, le rameau d'olivier à la main. Mon âge et mes maladies me retiennent chez moi en prison. J'ai bu aujourd'hui à votre santé dans ma masure de Ferney avec M. Roger. Quand vous serez las des cérémonies et des indigestions de Genève, vous serez bien aimable de venir chercher la sobriété et la tranquillité à Ferney. Je vous remettrai un *mémoire*[1] de deux avocats de Paris sur les tracasseries de Genève, et vous verrez que l'ordre des avocats en sait moins que vous. M. d'Argental devait le remettre à M. de Saint-Foix pour vous le donner, mais vous êtes parti précipitamment. Je vais le faire copier, et je serais très-flatté d'avoir l'honneur de vous entretenir en vous remettant l'original.

Quand vous aurez quelques ordres à me donner, vous pouvez les envoyer aux Rues-Basses, chez M. Souchai, marchand drapier, près du *Lion d'or*.

Mme Denis vous fait mille compliments. Nous ne pouvons vous exprimer à quel point nous sommes enchantés de nous trouver dans votre voisinage.

J'ai l'honneur d'être avec le plus tendre et le plus respectueux attachement.

VOLTAIRE

1. De Voltaire. (ÉD.)

MMMMDXLIV. — A M. DAMILAVILLE.

Genève, 20 décembre.

J'obéis à vos ordres, monsieur; je vous envoie les deux lettres de M. Covelle, que j'ai trouvées avec beaucoup de peine. Si je trouve les deux autres que vous demandez, je ne manquerai pas de vous les faire parvenir, supposé que vous ayez reçu les premières.

M. Évrard m'a dit que vous aviez été malade; j'y prends la part la plus sensible, ainsi que tous ceux qui ont eu l'honneur de vous voir à Genève. On nous a dit aujourd'hui que M. de Voltaire ne se portait pas trop bien : il s'est donné beaucoup de peine pour accommoder nos petits différends avant que nous eussions M. Hennin. Les magistrats et les citoyens lui en ont témoigné la plus grande satisfaction.

J'ai l'honneur d'être, monsieur, votre très-humble et très-obéissant serviteur,

J. L. BOURSIER.

MMMMDXLV — A M. LE COMTE D'ARGENTAL.

21 décembre.

Mes anges de paix, j'ai remis à M. Hennin les rameaux d'olivier que vous avez bien voulu m'envoyer. La consultation de vos avocats m'a paru, comme je vous l'ai mandé, pleine de raison et d'équité. Ils se sont trompés sur quelques usages de Genève, qu'ils ne peuvent connaître; ils ont dit ce qui leur a paru juste; et M. Hennin conciliera la justice et les convenances. Je crois surtout qu'il ne souffrira pas qu'on donne des soufflets impunément à nos présidents, et qu'il soutiendra la dignité de résident de France mieux que ne faisait ce pauvre petit Montpéroux.

Berne et Zurich sont près d'envoyer des médiateurs à cette pauvre république qui ne sait pas se gouverner elle-même. On dit, dans Genève, que M. le duc de Praslin enverra M. le marquis de Castries. Si c'est un bruit faux, comme je le crois, je ne vois pas pourquoi le résident de France ne serait pas nommé médiateur. Il me semble que les lois en seraient plus respectées et la paix mieux affermie, quand le médiateur, restant résident, serait en état de faire aller la machine qu'il aurait montée lui-même.

De plus, M. Hennin, étant déjà très au fait du sujet des dissensions, serait plus capable que personne de concilier les esprits. Enfin c'est une idée qui me vient; il ne me l'a point du tout suggérée, et je vous la soumets; voyez si vous voulez en parler à M. le duc de Praslin.

Il y a quelques têtes mal faites dans Genève qui trouvent mauvais, dit-on, qu'on ait consulté des avocats de la petite ville de Paris sur les affaires de la puissante ville de Genève; on prétend même qu'elles veulent engager Cromelin à s'en plaindre. Je ne crois pas qu'elles veuillent pousser le ridicule jusque-là. Je n'ai d'ailleurs rien fait que sur les prières des meilleurs citoyens, je n'ai agi que dans des vues d'impartialité et de justice; et cela est si vrai, que je me suis adressé à vous.

En voilà assez pour Genève; venons à l'autre tripot. Il se peut faire qu'en lisant rapidement la copie d'*Adélaïde du Guesclin*, que Lekain m'avait envoyée, et la voyant en général assez conforme à un exemplaire que j'avais, je n'aie pas fait assez d'attention à ces deux malheureux vers qui feraient tomber Phèdre et *Athalie* :

> Gardez d'être réduit au hasard dangereux
> Que les chefs de l'État ne trahissent leurs vœux.

Je n'aurais pas fait de pareils vers à l'âge de quatorze ans; on a fait une coupure en cet endroit. Il se peut que cette coupure ait été faite autrefois pour une seconde représentation, et qu'on ait cousu ces deux vers diaboliques pour attraper la rime.

Quand je les ai vus imprimés, j'ai été sur le point de m'évanouir, comme vous croyez bien. Si vous voyez Lekain, je vous prie de lui peindre le juste excès de ma douleur. Je suis bien loin de l'accuser de ce sanglant affront, j'en rejette l'opprobre sur Quinault[1], et sur qui on voudra; mais je prie Lekain instamment de faire mettre à la fin de l'édition, en *errata*, ce que je lui ai envoyé. Comptez que ces deux vers-là, et ceux qu'on m'envoie de Paris, contribueront à abréger ma vie.

On m'a mandé que *le Philosophe sans le savoir* n'avait ni nœud, ni intrigue, ni dénoûment, ni esprit, ni comique, ni intérêt, ni vraisemblance, ni peinture des mœurs; mais il faut bien pourtant qu'il y ait quelque chose de très-bon, puisque vous l'approuvez. Après tout, ce n'est qu'à la longue, comme vous savez, que les ouvrages en tous genres peuvent être appréciés.

Je vous souhaite les bonnes fêtes, comme on dit à Parme; et puisse le temps des bonnes fêtes ne vous pas faire le même mal qu'il a fait à ma poitrine et à mes yeux!

Vous serez bien aimable de faire valoir un peu auprès de M. le duc de Praslin la manière franche et désintéressée dont je me suis conduit avec mes voisins, avant l'arrivée de M. Hennin.

Respect et tendresse.

MMMMDXLVI. — A M. HENNIN.

A Ferney, 21 décembre.

J'écris à M. d'Argental, monsieur. Je lui dis que je vous ai remis le *mémoire* de ses avocats. Ils n'ont consulté que l'étiquette. Ils se trompent sur quelques usages de Genève. Vous accorderez la justice avec les convenances.

Comme je dis à M. d'Argental tout ce qui me passe par la tête, je propose que vous soyez nommé médiateur. Je ne trouve rien de plus

---

1. Quinault-Dufresne était retiré du théâtre depuis 1741; mais c'était lui qui avait en 1734, créé le rôle de Vendôme, et il pouvait avoir fait ou fait faire des corrections dans la pièce. Les deux vers que Voltaire blâme dans cette lettre étaien, acte II, scène VII, où les interlocuteurs sont Vendôme et Coucy. (*Note de M. Beuchot.*)

à sa place. Vous êtes sur les lieux; vous êtes au fait; on a confiance en vous. Vous monterez la machine comme médiateur, vous la ferez aller ensuite comme résident. Vous serez l'arbitre du petit État où vous êtes ministre, jusqu'à ce qu'on vous donne des emplois plus importants. Je ne vois nulle difficulté à cette nomination. Un résident de France vaut bien un ministre de Berne. Vous croyez bien qu'en écrivant dans cette vue à M. d'Argental, je suis loin de vous compromettre; que je donne cette idée comme une de mes imaginations que notre ancienne amitié me met en droit de lui confier. Enfin c'est une niche que je vous ai faite, et dont je vous avertis, afin que vous puissiez parer les coups que je vous porte, s'il vous en prend envie.

Si quelque jour vous faites l'honneur au vieux solitaire de venir dîner dans sa retraite, je vous promets moins de monde. Vous verrez des cœurs français aussi enchantés de vous pour le moins que les cœurs génevois, et beaucoup plus sensibles.

Mille respects. V.

MMMMDXLVII. — AU MÊME.

Ferney, 22 décembre.

Eh bien! je vous disais donc, monsieur, que je suis dans mon lit, environné de neige; que je voudrais de tout mon cœur pouvoir venir vous demander à dîner, et que Mme Denis voudrait pouvoir venir arranger vos meubles; que je vous crois cent fois plus propre à concilier tout qu'aucun lieutenant général des armées du roi; que vous êtes très-aimable; que je persiste dans mes souhaits plutôt que dans mon avis; que Jean-Jacques Rousseau n'est ni le plus habile ni le plus heureux des hommes; que les deux partis pourraient bien avoir un peu tort; que la meilleure médiation est de les faire boire ensemble; que la paix est rare chez les hommes; qu'après avoir essayé bien des choses, on trouve que la retraite est ce qu'il y a de mieux; et que dans ma retraite ce qu'il y aura de mieux pour moi, ce sera que vous vouliez bien l'honorer quelquefois de votre présence, quand vos affaires, ou plutôt les affaires d'autrui, vous le permettront; qu'enfin je suis entièrement à vos ordres tant que je végéterai au pied du mont Jura.

MMMMDXLVIII. — A M. DAMILAVILLE.

A Ferney, 25 décembre.

Mon cher frère, connaissez-vous ce proverbe espagnol : *De las cosas mas seguras, la mas segura es dudar ;* « Des choses les plus sûres, la plus sûre est de douter. » Comment voulez-vous que Mme du Deffand ait ces *Mélanges* dont vous me parlez, puisqu'ils ne sont pas encore achevés d'imprimer? Il est vrai que Mme du Deffand a une lettre sur Mlle de Lenclos; c'est une épreuve du troisième volume, dont j'ai cru pouvoir la régaler, parce qu'elle me demandait avec la dernière instance de quoi l'amuser dans le triste état où elle est.

On ne vous a pas dit plus vrai sur les affaires de Genève. Les deux partis n'ont point promis de prendre les armes : il n'a jamais été question de pareilles extrémités. Tout s'est passé, se passe, et se passera avec la plus grande tranquillité ; et, si j'avais quelque vanité, je pourrais dire que je n'ai pas peu contribué à la bienséance que les citoyens ont gardée dans toutes leurs démarches.

On exagère tout, on falsifie tout, on m'attribue tous les jours des ouvrages que je n'ai jamais vus, et que je ne lirai point. Je me suis résigné à la destinée des gens de lettres un peu célèbres, qui est d'être calomniés toute leur vie.

Adieu, mon cher frère ; conservez votre santé. M. Boursier m'a mandé qu'il vous avait écrit.

Je crois qu'Helvétius a dû être bien étonné du prix que Jean-Jacques a mis à sa communion huguenote.

MMMMDXLIX. — A M. Hennin.

A Ferney, 27 décembre.

Je suis très-persuadé, monsieur, qu'il y a plusieurs dames à Genève qui aimeraient mieux partager votre lit jonquille que de vous le disputer. Nous ne sommes pas trop dignes actuellement de vous coucher ; mais si quelque vieille emporte votre lit, daignez venir dormir chez nous.

Vous êtes trop heureux d'avoir vu Covelle le fornicateur[1], cela est d'un très-bon augure ; c'est le premier des hommes, car il fait des enfants à tout ce qu'il y a de plus laid dans Genève, et boit du plus mauvais vin, comme si c'était du chambertin ; d'ailleurs grand politique et n'ayant pas le sens commun.

Comment voulez-vous, monsieur, que les citoyens élisent des magistrats ? on vend des échaudés à la nouvelle élection, et des biscuits au pouvoir négatif. Ces deux branches de commerce doivent être respectées. Vous vous amuserez doucement et gaiement à arranger cette petite fourmilière où l'on se dispute un fétu, et je m'imagine encore que vous en viendrez à bout.

Si vous avez envie, monsieur, d'avoir une maison de campagne, il y en a une auprès de Ferney, qu'un architecte a bâtie, et qu'il doit peindre à fresque ; tous les plafonds sont en voûtes plates de briques ; il y a du terrain pour entourer toute la maison de jardins ; on a déjà bâti une petite écurie, on peut faire vis-à-vis de ces écuries un logement pour des domestiques. Je crois que tout cela serait à bon marché, et sûrement à meilleur marché qu'auprès de Genève.

Vous voyez, monsieur, que je cherche mon intérêt. Vous sentez combien il me serait doux de vous avoir l'été dans notre voisinage. Ajoutez à ces raisons que, dans tout le territoire de la parvulissime république, on est épié de la tête aux pieds, et qu'on est l'éternel objet de la curiosité publique.

Recevez mes tendres respects.   V.

1. Il est le principal personnage de la *Guerre civile de Genève*, (Éd.)

Quand vous aurez, monsieur, quelques ordres à me donner, ayez la bonté de me les envoyer le soir, ou avant les dix heures du matin, chez M. Souchai, marchand, aux Rues-Basses, près du *Lion d'or*. Je les recevrai toujours.

MMMMDL. — A M. Thiebiot.

28 décembre.

Mon ancien ami, vous allez donc être physiquement grand-père; je ne le suis que moralement, nous élevons tout doucement la marmotte que Mme Dupuits nous a faite. Je n'aime que les anciennes lois romaines qui favorisent la liberté de l'adoption. J'ai été heureux bien tard dans ce monde; mais enfin je l'ai été, et peu de gens en diront autant d'eux.

Voici ma réponse à votre belle dame qui s'amuse à faire des romans. Je ne la cachète point avec un petit pain, parce qu'on dit que cela n'est pas honnête pour la première fois; je ne la cachète point avec de la cire, parce qu'un cachet sous l'enveloppe de frère Damilaville serait tâté par les doigts de messieurs de la poste, inconvénient qu'il faut toujours éviter. Ayez donc la bonté de cacheter la lettre à Mme de La Martinière Benoist, et de la faire rendre.

Il faut que le chocolat soit une bonne chose, s'il vous a rendu des yeux, des oreilles, et un estomac; moi, qui n'ai plus rien de tout cela, je vais donc prendre du chocolat aussi; mais comme je suis plus vieux de quatre ans que vous, je doute que le chocolat me fasse le même bien. Achevons doucement notre carrière, en foulant aux pieds les préjugés, en riant des sots, et en fuyant les fanatiques.

MMMMDLI. — A M. Damilaville.

28 décembre.

Mon cher frère, je me flatte que le triste événement de la mort de M. le Dauphin[1] arrêtera pour quelque temps la guerre des rochets et des robes noires; qu'on ne parlera plus de bulle, quand il ne s'agit que de malheureux *De profundis*. Les hommes rentrent en eux-mêmes dans les grands événements qui font la douleur publique, et laissent pour quelques jours leurs vains débats et leurs folles querelles.

Jean-Jacques Rousseau n'est bon qu'à être oublié; il sera comme Rampônneau, qui a eu un moment de vogue à la Courtille, à cela près que Rampônneau a eu cent fois moins de vanité et d'orgueil que le petit polisson de Genève.

Vous aurez incessamment M. Tronchin à Paris, ainsi vous n'aurez plus de mal de gorge; pour moi, je serai réduit à être mon médecin moi-même, ma sobriété me tiendra lieu de Tronchin.

Il y a un *Traité des superstitions*[2] qui paraît depuis peu : s'il en vaut la peine, je vous supplie de me l'envoyer. J'espère recevoir dans un

---

1. Il était mort le 20 décembre. (Éd.)
2. *Essai sur les erreurs et les superstitions anciennes et modernes*, par J. L. Castillon. (Éd.)

mois le gros ballot que Briasson a déjà fait partir; j'en commencerai la lecture comme celle des livres hébreux, par la fin, et vous savez pourquoi.

J'attends aussi des étrennes de vous et de M. Fréron, et de Bigex. M. Boursier prétend toujours qu'il vous a écrit.

N. B. A propos, voici ce que j'ai toujours oublié de vous dire pour l'affaire des Sirven. Il me paraît nécessaire que M. de Beaumont rappelle, dans son exorde, la dernière aventure d'un citoyen de Montpellier qui, dans le temps qu'il pleurait la mort de son fils, fut accusé de l'avoir tué, vit descendre chez lui la justice avec le plus terrible appareil, s'évanouit et fut sur le point de mourir.

Ce dernier exemple, joint à l'aventure éternellement mémorable des Calas, fera voir quels horribles préjugés règnent dans les esprits des Visigoths. Cela peut non-seulement fournir de beaux traits d'éloquence, mais encore disposer favorablement le conseil.

MMMMDLII. — A M. ***, OFFICIER DE MARINE [1].

Il est vrai que j'ai hasardé un *Essai sur l'histoire générale*, qui n'est qu'un tableau des malheurs que les rois, les ministres, les peuples de tous les pays, s'attirent par leurs fautes. Il y a peu de détails dans cet ouvrage. Si dans ce tableau général on plaçait tous les portraits, cela formerait une galerie de peintures qui régnerait d'un bout de l'univers à l'autre. Je me suis contenté de toucher en deux mots les faits principaux. Le peu que j'ai dit du combat du Finistère est tiré mot à mot des papiers anglais. Notre nation n'est jamais bien informée de rien dans la première chaleur des événements, et la nation anglaise se trompe très-souvent. Je sais au moins qu'elle ne s'est pas trompée sur la justice qu'elle a rendue à tous les officiers français qui combattirent à cette journée; et comme vous étiez, monsieur, un des principaux, cette justice vous regarde particulièrement. Il se peut très-bien faire qu'alors on ignorât à Londres si vous alliez au Canada, ou si vous reveniez de la Martinique. Il est encore très-naturel que les Anglais aient qualifié les six vaisseaux de guerre français de gros vaisseaux de roi, pour les distinguer des autres. L'amiral anglais était à la tête de dix-sept vaisseaux de guerre, et quoique vous n'eussiez affaire qu'à quatorze, votre résistance n'est pas moins glorieuse. Je suis encore très-persuadé que les Anglais outrèrent, dans les premiers moments de leur joie, leurs avantages, et qu'ils se trompèrent de plus de moitié en prétendant avoir pris la valeur de vingt millions. Vous savez qu'à ce triste jeu les joueurs augmentent toujours le gain et la perte.

Mon seul but avait été de faire voir la prodigieuse supériorité qu'on avait laissé prendre alors sur mer aux Anglais, puisque de trente-quatre vaisseaux de guerre il n'en resta qu'un au roi à la fin de la guerre; c'est une faute dont il paraît qu'on s'est fort corrigé.

Quant aux espèces frappées avec la légende *Finistère*, il y en eut peu,

1. On croit que c'est M. de Vaudreuil. (*Ed. de Kehl.*)

et j'en ai vu une. Je verrais sans doute avec plus de plaisir, monsieur, un monument qui célébrerait votre admirable conduite dans cette malheureuse journée. On commencera bientôt une nouvelle édition de cet *Essai sur l'histoire générale*. Je ne manquerai pas de profiter des instructions que vous avez eu la bonté de me donner. Je rectifierai avec soin toutes les méprises des Anglais, et surtout je vous rendrai la justice qui vous est due. Je n'ai point de plus grand plaisir que celui de m'occuper des belles actions de mes compatriotes. Les rois, tout puissants qu'ils sont, ne le sont point assez pour récompenser tous les hommes de courage qui ont servi la patrie avec distinction. La voix d'un historien est bien peu de chose; elle se fait à peine entendre, surtout dans les cours, où le présent efface toujours le souvenir du passé. Mais ce sera pour moi une très-grande consolation, si vous voyez, monsieur, votre nom avec quelque plaisir dans un ouvrage historique qui contient très-peu de noms et de détails particuliers. Il s'en faut de beaucoup que cet *essai historique* soit un temple de la Gloire; mais s'il l'était, ce serait avec plaisir que j'y bâtirais une chapelle pour vous.

J'ai l'honneur d'être avec tous les sentiments qui vous sont dus, monsieur, votre, etc.

MMMMDLIII. — A MADAME DE TRÉVÉNEGAT.

Madame de Trévénegat s'est adressée à un malade pour savoir des nouvelles de ce que vaut une mort subite. L'homme à qui elle s'est adressé se connaît en maladies de langueur depuis environ cinquante ans; mais en morts subites, point du tout. Il faut demander cela à César, qui disait que cette façon de quitter le monde était la meilleure. A l'égard des justes et des réprouvés, dont madame de Trévénegat parle, l'avocat consultant répond qu'il connaît force honnêtes gens, et qu'il ne connaît ni réprouvés ni justes; que ce n'est pas là son affaire; qu'il n'a jamais envoyé personne ni en paradis ni en enfer, et qu'il souhaite à madame de Trévénegat une mort subite pour le plus tard que faire se pourra. En attendant, il lui conseille de s'amuser, de jouer, de faire bonne chère, de bien dormir, de bien se porter, et lui présente ses respects.

MMMMDLIV. — A MADEMOISELLE CLAIRON.

Il est vrai, mademoiselle, que la belle Oldfield, la première comédienne d'Angleterre, jouit d'un beau mausolée dans l'église de Westminster, ainsi que les rois et les héros du pays, et même le grand Newton. Il est vrai aussi que Mlle Lecouvreur, la première actrice de France en son temps, fut portée, dans un fiacre, au coin de la rue de Bourgogne, non encore pavée; qu'elle y fut enterrée par un crocheteur, et qu'elle n'a point de mausolée. Il y a dans ce monde des exemples de tout. Les Anglais ont établi une fête annuelle en l'honneur du fameux comédien-poëte Shakspeare. Nous n'avons pas encore parmi nous la fête de Molière. Louis XIV, au comble de la grandeur, dansa avec les danseurs de l'Opéra devant tout Paris, en revenant de la fameuse campagne de 1672. Si l'archevêque de Paris en avait voulu faire autant, il n'aurait pas été si bien accueilli, quand même il eût été le premier homme de l'Europe pour le menuet.

L'Italie, au commencement de notre XVIᵉ siècle, vit renaître la tragédie et la comédie, grâce au goût du pape Léon X et au génie des prélats Bibiena, La Casa, Trissino. Le cardinal de Richelieu fit bâtir la salle du Palais-Royal pour y jouer ses pièces et celles de ses cinq garçons poètes [1]. Deux évêques faisaient, par ses ordres, les honneurs de la salle, et présentaient des rafraîchissements aux dames dans les entr'actes.

Nous devons l'opéra au cardinal Mazarin; mais voyez comme tout change : les cardinaux Dubois et Fleury, tous deux premiers ministres, ne nous ont pas valu seulement une farce de la foire. Nous sommes devenus plus réguliers; nos mœurs sont sans doute plus sévères. On a soupçonné les jansénistes d'avoir armé les bras de l'Église contre les spectacles, pour se donner le plaisir de tomber sur les jésuites, qui faisaient jouer des tragédies et des comédies par leurs écoliers, et qui mettaient ces exercices parmi les premiers devoirs d'une bonne éducation. On prétend même que les jésuites intimidés cessèrent leurs spectacles quelque temps avant que leur société fût abolie en France.

Vous avez sans doute entendu dire, mademoiselle, aux grands savants qui viennent chez vous, que le contraire était arrivé chez les Grecs et chez les Romains nos maîtres. L'argent destiné pour les frais du théâtre d'Athènes était un argent sacré; il n'était pas permis d'y toucher dans les plus pressantes nécessités, et dans les plus grands dangers de la guerre.

On fit encore mieux dans l'ancienne Rome. Elle était désolée par la peste, vers l'an 390 de sa fondation; il fallait apaiser les dieux par les cérémonies les plus saintes : que fit le sénat? il ordonna qu'on jouât la comédie, et la peste cessa [2]. Tout bon médecin n'en doit pas être surpris; il sait qu'un plaisir honnête est fort bon pour la santé.

Malheureusement nous ne ressemblons ni aux Grecs ni aux anciens Romains; il est vrai qu'en France il y a beaucoup d'aimables Français, mais il y a aussi des Welches, et ceux-ci ne regarderaient pas la comédie comme un spécifique, s'ils étaient attaqués de la peste. Pour moi, mademoiselle, je voudrais passer ma vie à vous entendre, ou la peste m'étouffe. J'avoue que les contradictions qui divisent les esprits au sujet de votre art sont sans nombre; mais vous savez que la société subsiste de contradictions; il n'y en a point parmi ceux qui vivent avec vous; ils se réunissent tous dans les sentiments d'estime et d'amitié qu'ils vous doivent.

1. L'Estoile, Boisrobert, Colletet, Rotrou, P. Corneille. (Éd.)
2. Voyez *Tite-Live*, livre VII, chapitre II. (Éd.)

MMMMDLV. — A M. D'ALBERTAS.

Monsieur le premier président des comptes, vous comptez mal; *car* vous avez compté quarante-cinq louis à un homme pour les compter à madame votre femme, et il les a comptés à une autre, et ce n'est pas là le compte. Quand Mme la présidente saura cela, elle se fâchera; *car* les femmes aiment à se fâcher contre leurs maris; et elle dira : « Si mon mari fait voyager de petits Suisses, j'en ferai voyager de grands; » et cela ruinera la maison, *car* les Suisses sont chers.

Envoyez-lui donc bien vite beaucoup d'argent, *car* elle n'en a point; et il ne faut pas qu'une femme soit sans argent, *car* on ne sait point ce qui peut arriver.

Ne croyez plus, parce que vous êtes couleur de rose et blanc, et le plus honnête homme du monde, qu'un Suisse couleur de rose et blanc soit aussi honnête homme; *car* il y a des fripons de toutes les couleurs. Ne confiez plus votre cher argent à ceux qui vivent aux dépens d'autrui; *car*, pour ces gens-là, rien n'est plus prochain que l'argent.

Croyez qu'il est presque nécessaire de connaître les hommes pour connaître les Suisses; *car* aujourd'hui rien ne ressemble plus à un homme qu'un Suisse. Il en est même, comme vous voyez, qui commencent à se former, *car* ils prennent les mœurs des nations polies.

Réparez vite vos torts, *car* c'est le moyen de faire qu'on vous les pardonne, et surtout qu'on vous garde le secret.

Consolez-vous aussi le plus tôt que vous pourrez, *car* rien n'est plus triste que d'avoir du chagrin; et, pour vous consoler, croyez que vous n'êtes ni le seul ni le premier qui ait été attrapé par le petit Suisse, *car* malheureusement le malheur d'autrui console.

MMMMDLVI. — A M. LE COMTE D'ARGENTAL.

Décembre.

Mon cher ange, il y a plus d'un d'Éon et plus d'un Vergy : lisez et jugez. Voyez s'il n'est pas de l'intérêt du ministère et du bien public d'imposer silence à ces malheureux, qui vivent de calomnies, et qui osent se dire gens de lettres. Je m'en rapporte à la bonté, à la prudence et au zèle éclairé de M. le duc de Praslin.

Dites-moi donc comment vous vous portez, mes divins anges. Votre thermomètre est-il à dix degrés au-dessous de la glace, comme le nôtre? Je perds les yeux, les oreilles, la poitrine, les pieds, les mains, et la tête; mais il me reste toujours un cœur fait pour vous adorer.

Au nom de Dieu, quand le doux temps viendra, comme dit Pluche, venez avec lui pour être le médiateur de Genève. Vous savez que cette fourmilière importune le roi, et demande un ministre qui règle le pas des fourmis. Tout cela, en vérité, est le comble du ridicule. Il y a deux mois que ces pauvres gens pouvaient s'accorder très-aisément, deux ou trois sottises, à la tête desquelles est l'orgueil, les ont brouillés plus que jamais. Il serait difficile de dire bien précisément pourquoi; et je crois que les médiateurs seraient bien étonnés qu'on les eût fait venir pour de semblables bagatelles. Mais enfin venez, vous qui êtes le plus aimable et le plus conciliant de tous les hommes, comme le plus juste. Que cette aventure me produise le bonheur de ma vie; vous verrez madame votre tante, en chemin, et cette visite ne sera peut-être pas inutile.

Quand vous serez à Genève, vous recevrez vos paquets de Parme plus tôt qu'à Paris. Vous ferez aussi bien les affaires avec M. le duc de Praslin par lettres que de bouche. Vous êtes, d'ailleurs, déjà au fait des tracasseries génevoises; enfin, je ne vois point d'homme plus propre que vous pour ce ministère. Je suis convaincu qu'il ne tient qu'à vous d'être nommé; et si vous ne l'êtes pas, je ne vous le pardonnerai de ma vie. Berne et Zurich enverront des magistrats; il faut que la France en fasse autant.

J'ajoute à toutes ces raisons un point bien important, c'est qu'on aura la comédie à Genève pendant la médiation, pour préparer les esprits à la concorde et à la gaieté. Enfin voilà probablement la seule occasion que j'aurai d'embrasser mon ange avant ma mort.

Voici une lettre[1] d'un mauvais plaisant de Neuchâtel, que je vous envoie pour vous tenir en joie. On m'assure dans le moment que le roi de Prusse est très-malade; cela pourrait bien être; il m'écrivit, il y a un mois, que je l'enterrerais, tout cacochyme et tout vieux que je suis; mais je n'en crois rien, ni lui non plus.

Je pense que l'affaire des dîmes est accrochée, comme on dit en style de dépêches; il n'y a pas grand mal. Je suis rempli de la plus tendre et de la plus respectueuse reconnaissance pour toutes les bontés de M. le duc de Praslin, et confus des peines qu'il a daigné prendre. Lorsque j'ai vu que les Génevois n'étaient plus occupés sérieusement que de la prééminence de leurs rues hautes sur leurs rues basses, et qu'ils étaient résolus de fatiguer le ministère de France pour savoir si le conseil des vingt-cinq a le pouvoir négatif ou non dans tous les cas, j'ai jugé à propos de faire avec mon curé ce que le conseil génevois aurait dû faire avec les citoyens : j'ai fait un très-bon accommodement avec le curé; il m'a rendu maître de tout, et, Dieu merci, je n'ai plus de procès qu'avec Fréron.

J'étais curieux, avec juste raison, de savoir ce que contenait cette vieille demi-page. Le mot d'infâme a toujours signifié le jansénisme, secte dure, cruelle et barbare, plus ennemie de l'autorité royale que le presbytérianisme, et ce n'est pas peu dire, et plus dangereuse encore que les jésuites, ce qui devient incroyable; mais cependant c'est ce qui est. Si le roi sait mon grimoire, il sait que je n'écris jamais qu'en loyal sujet à des sujets très-loyaux.

L'idée de faire imprimer le tout par Cramer m'était venue par deux raisons : la première, que j'évitais le honteux désagrément de passer par les mains de la police, qui peut-être se serait rendue difficile sur l'histoire des proscriptions[2], depuis les vingt-trois mille Juifs égorgés

1. Une des *Lettres sur les miracles*. (Éd.)
2. Il s'agit du petit écrit *Des conspirations contre les peuples, ou des proscriptions*. (Éd.)

pour un veau, jusqu'aux massacres commis par les camisards des Cévennes. La seconde raison est que sur l'inspection d'une feuille imprimée, je corrige toujours vers et prose. Les caractères imprimés parlent aux yeux bien plus fortement qu'un manuscrit. On voit le péril bien plus clairement; on y court, on fait de nouveaux efforts, on corrige, et c'est ma méthode.

Je renonce cependant à ma méthode favorite pour satisfaire un libraire de Paris, qui est un véritable homme de lettres, fort au-dessus de sa profession, et dont je veux me faire un ami.

M. le duc de Praslin vous aura sans doute envoyé tout le manuscrit avant que vous receviez ma lettre, et vous serez en état de juger en dernier ressort. Je vous supplie très-instamment de passer au petit ex-jésuite ces vers de Fulvie:

> Après m'avoir offert un criminel amour,
> Ce protée à ma chaîne échappa sans retour.
> Acte I, scène I.

J'ai eu dessein d'exprimer les débauches qui régnaient à Rome dans ces temps illustres et détestables; c'est le fondement des principales remarques. Je veux couler à fond la réputation d'Auguste; j'ai une dent contre lui depuis longtemps pour avoir eu l'insolence d'exiler Ovide, qui valait mieux que lui. Quoi! l'aimable Ovide exilé en Scythie! ah, le barbare! Brutus, où étais-tu?

Où êtes-vous, mes divins anges? Il fait froid: que je me fourre sous vos ailes.

MMMMDLVII. — A M. HENNIN.

1er janvier 1766.

Toute la masure de Ferney souhaite les plus heureuses et les plus brillantes années à M. Hennin. On dit qu'il reçut le tableau des *Trois Grâces*[1] le jour qu'il prononça son discours. C'est être payé dans la monnaie qu'on a frappée. Il couche dans le lit de Mme de Montpéroux. Toutes les dames de Genève se l'arrachent. Nous le félicitons de tous ses triomphes.

A Ferney, premier jour de l'an, jour où il fait un froid de diable.

MMMMDLVIII. — A M. LE COMTE D'ARGENTAL.

A Ferney, 3 janvier.

Eh mon Dieu! mon ange tutélaire, pourquoi ne serait-ce pas vous qu'on nommerait médiateur[2]? Votre ministère parmesan y mettrait-il obstacle? Il me semble que non. Ce ministère ne vous empêche pas d'être conseiller d'honneur au parlement, et je vous avertis que nos Génevois désirent passionnément un magistrat.

1. Le tableau des *Trois Grâces*, par Carle Vanloo, le chef-d'œuvre de ce peintre, dont M. Hennin avait fait l'acquisition. (ÉD.)
2. Médiateur pour la France dans les affaires de Genève. (ÉD.)

Vous verrez, par l'imprimé ci-joint¹, qui m'est tombé entre les mains, que les perruques de Genève ne doivent point être ébouriffées de la façon dont on parle des affaires et des miracles de Jean-Jacques : je sais que quelques personnes m'ont attribué plusieurs de ces brimborions; mais, Dieu merci, on ne me convaincra jamais d'y avoir eu la moindre part. J'en suis aussi innocent que du *Dictionnaire philosophique*, qu'on m'a si indignement imputé. Il y a dans Neuchâtel, à Lausanne, et dans Genève, des gens de beaucoup d'esprit qui se plaisent à écrire sur ces matières. On en avait un très-grand besoin. Ces cantons et une grande partie de l'Allemagne étaient plongés dans la plus horrible superstition : on sort à présent de cette fange; mais, croyez-moi, il y a encore en France bien des gens embourbés, qui, tout couverts d'ordures, ne veulent pas qu'on les nettoie. L'opinion gouverne les hommes, et les philosophes font petit à petit changer l'opinion universelle.

Voici des vers², mes divins anges, que j'ai faits tout d'une tire sur un sujet qui m'a paru en valoir la peine; voyez si les vers ne sont pas trop indignes du sujet.

Ah! si vous pouviez être plénipotentiaire à Genève!

Je vous supplie de vouloir bien engager M. Marin à empêcher les libraires d'imprimer les tristes vers que j'ai faits sur un événement fort triste. J'ai assez parlé de Henri IV en ma vie, sans ennuyer encore ses mânes.

Puis-je présenter par vous mes respects à M. le duc de Praslin et à M. le marquis de Chauvelin? Je me mets sous vos ailes.

MMMMDLIX. — A M. DAMILAVILLE.

Ferney, 3 janvier.

M. le duc de Choiseul m'a écrit, mon cher frère, qu'il avait parlé pour la pension de M. Dalembert, qu'il n'y avait nul mérite, et qu'il n'avait été qu'un enfonceur de portes ouvertes. Voilà ses propres paroles; je vous prie instamment de les rapporter à notre cher philosophe.

Avouons donc que M. le duc de Choiseul a une belle âme. Ce qu'il a fait pour les Calas le prouve assez : rendons-lui justice. Il y a eu du malentendu dans la protection qu'il a donnée à l'infâme pièce de Palissot³. Il lui avait fait entendre que les philosophes décrieraient le ministère. Nous ne devons point avoir de meilleur protecteur que ce ministre généreux, qui a de l'esprit comme s'il n'était point grand seigneur; qui a fait de très-beaux vers⁴, même étant ministre; qui a sauvé bien des chagrins à de pauvres philosophes; qui l'est lui-même

---

1. La *Collection des lettres sur les miracles*. (ÉD.)
2. *Épître à Henri IV*, sur ce qu'on avait écrit à l'auteur que plusieurs citoyens de Paris s'étaient mis à genoux devant la statue équestre de ce prince, pendant la maladie du Dauphin. (ÉD.)
3. *Les Philosophes*, comédie jouée en 1760. (ÉD.)
4. Le duc de Choiseul s'était donné pour l'auteur de l'ode contre le roi de Prusse. (ÉD.)

autant que nous; qui le paraîtrait davantage si sa place le lui permettait.

Mon cher frère, tout est tracasserie, et personne ne s'entend. On m'a rendu un compte très-fidèle de la lettre à Mme du Deffand, dont quelques fragments ont couru sous mon nom. Elle n'en a point donné de copies, quelques indiscrets en ont retenu des bribes. Il s'agissait d'une mauvaise plaisanterie que je reprochais à Mme du Deffand : vous savez en pareil cas combien on augmente, combien on altère le texte.

Lisez ces vers [1] avec vos amis, mais n'en laissez point prendre de copie. Je ne veux pas me brouiller avec les moines de Sainte-Geneviève; Soufflot [2] trouverait mes vers mauvais. Je vous embrasse tendrement.

MMMMDLX. — A M. LE MARQUIS DE VILLETTE.

A Ferney, 4 janvier.

C'est vous, mon cher enfant, qui m'avez appris que de bons et braves citoyens de Paris avaient porté des chandelles à la statue de Henri IV, pour lui demander la guérison du Dauphin. Je vous dois la réponse que je fais à ces bonnes gens [3]. Si j'avais été à Paris, je les aurais accompagnés; mais, comme je ne veux point me brouiller avec les moines de Sainte-Geneviève, je vous demande en grâce, avec les instances les plus vives, de ne laisser prendre aucune copie de ces vers. Il est vrai que de la poésie allobroge, venant du pied du mont Jura, et du fond des glaces affreuses qui nous environnent, ne mérite guère la curiosité des gens de Paris; mais le sujet est si intéressant qu'il peut tenter les moins curieux.

De plus, il m'est important de savoir ce qu'on pense de ces vers avant qu'on les publie. Je dois peut-être adoucir la préférence trop marquée que je donne à l'adorable Henri IV sur sainte Geneviève; ma passion pour ce grand homme m'a peut-être emporté trop loin : je n'ai songé qu'aux bons Français en composant cet ouvrage tout d'une haleine, et je n'ai pas assez songé aux dévots qui peuvent trop songer à moi.

Recueillez les voix, je vous en prie, et instruisez-moi de ce qu'on dit, afin que je sache ce que je dois faire.

Vous m'appelez plaisamment votre protecteur, et moi je vous appelle sérieusement le mien dans cette occasion.

Mon saint à moi, c'est Vincent de Paul, c'est le patron des fondateurs. Il a mérité l'apothéose de la part des philosophes comme des chrétiens. Il a laissé plus de monuments utiles que son souverain Louis XIII. Au milieu des guerres de la Fronde, il fut également respecté des deux partis. Lui seul eût été capable d'empêcher la Saint-Barthélemy. Il voulait que l'on cassât la cloche infernale de Saint-Germain l'Auxerrois qui a sonné le tocsin du massacre. Il était si humble de cœur, qu'il refusait aux jours solennels de porter les superbes or-

1. L'Épître à Henri IV. (ÉD.) — 2. Architecte du Panthéon. (ÉD.)
3. L'Épître à Henri IV. (ÉD.)

nements qu'avait donnés Médicis, bien différent de François de Sales, qui écrivait à Mme de Chantal : « Ma chère sœur, j'ai dit ce matin la messe avec la belle chasuble que vous m'avez brodée. »

MMMMDLXI. — A M. DAMILAVILLE.

6 janvier.

Je prie instamment mon cher frère de faire mettre ces trois vers-ci[1] :

A vu sans s'alarmer qu'on t'adressât des vœux,
Elle-même avec nous t'eût rendu cet hommage.
Tu l'as trop mérité : c'est toi, c'est ton courage

à la place des trois qui commencent ainsi :

N'entend point nos regrets, n'exauce point nos vœux, etc.

Je lui aurai une très-grande obligation. Je ne veux me brouiller ni avec sainte Geneviève ni avec ses moines.

MMMMDLXII. — A MADAME LA MARQUISE DE FLORIAN.

6 janvier.

J'ai lu presque toute l'histoire de l'usurpatrice Isabelle, du fripon de Ferdinand, de l'insolent Ximenès, et du grand Christophe Colomb. J'en suis extrêmement content, et j'en fais mon compliment à M. l'abbé.

Comme je ne veux pas me brouiller entièrement avec un autre abbé, qui est celui de Sainte-Geneviève, j'ai adouci quelques vers qui regardaient sa sainte. Cette leçon-ci me paraît plus honnête que l'autre, et c'est celle à laquelle je me tiens.

MMMMDLXIII. — A M. DAMILAVILLE.

6 janvier.

Vous m'avez recommandé, monsieur, de vous envoyer les petites brochures innocentes qui paraissent à Neuchâtel et à Genève : en voici une que je vous dépêche. Il serait à souhaiter que nous ne nous occupassions que de ces gaietés amusantes; mais nos tracasseries, toutes frivoles qu'elles sont, nous attristent. M. de Voltaire, votre ami, a fait longtemps ce qu'il a pu pour les apaiser; mais il nous a dit qu'il ne lui convenait plus de s'en mêler, quand nous avions un président qui est un homme aussi sage qu'aimable. Nous aurons bientôt la médiation et la comédie; ce qui raccommodera tout.

Le petit chapitre intitulé *du Czar Pierre et de J. J. Rousseau* est fait à l'occasion d'une impertinence de Jean-Jacques, qui a dit dans son *Contrat insocial*[2], que Pierre Ier n'avait point de génie, et que l'empire russe serait bientôt conquis infailliblement.

Le *Dialogue sur les anciens et les modernes* est une visite de Tullia, fille de Cicéron, à une marquise française. Tullia sort de la tragédie

1. Dans l'*Épître à Henri IV*. (ÉD.) — 2. Livre II, chapitre VIII. (ÉD.)

de *Catilina*, et est tout étonnée du rôle qu'on y fait jouer à son père. Elle est d'ailleurs fort contente de notre musique, de nos danses, et de tous les arts de nouvelle invention; et elle trouve que les Français ont beaucoup d'esprit, quoiqu'ils n'aient pas de Cicéron.

J'ai écrit à M. Fauche[1]. Voilà, monsieur, les seules choses dont je puisse vous rendre compte pour le présent.

J'ai l'honneur d'être, monsieur, votre très-humble et très-obéissant serviteur, BOURSIER[2].

MMMMDLXIV. — A M. HENNIN.

A Ferney, 7 janvier.

S'il y a, monsieur, des tracasseries de prose dans la parvulissime, il y a aussi des tracasseries de vers. Père Adam, qui dit la messe fort proprement, mais qui, pour avoir régenté vingt ans la rhétorique, n'en est peut-être pas un meilleur gourmet en vers français, vous a lu une copie de vers (très-informe); il en a laissé prendre dans Genève des copies plus informes encore[3]; les Génevois, qui se connaissent en vers moins que lui, ont imprimé ce rogaton; mes entrailles paternelles se sont émues. Je vous demande en grâce, monsieur, de ne point envoyer à Paris cet enfant bâtard; je compte envoyer mon fils légitime, mais il est encore en nourrice.

J'ai lu le petit écrit intitulé *le Droit négatif*[4]; il paraît mériter attention. Il me semble que la seule chose dans laquelle on s'accorde au pays où vous êtes, c'est le denier dix.

Vous me pardonnerez de ne point écrire de ma main; les neiges me rendent presque aveugle.

Mille tendres respects. V.

MMMMDLXV. — DE FRÉDÉRIC II, ROI DE PRUSSE.

Berlin, 8 janvier.

Non, il n'est point de plus plaisant vieillard que vous. Vous avez conservé toute la gaieté et l'aménité de votre jeunesse. Votre lettre sur les miracles m'a fait pouffer de rire. Je ne m'attendais pas à m'y trouver, et je fus surpris de m'y voir placé entre les Autrichiens et les cochons[5]. Votre esprit est encore jeune; et tant qu'il restera tel, il n'y a rien à craindre pour le corps. L'abondance de cette liqueur qui circule dans les nerfs et qui anime le cerveau prouve que vous avez encore des ressources pour vivre.

1. Libraire de Neuchâtel, en Suisse. (ÉD.) — 2. C'est-à-dire Voltaire. (ÉD.)
3. L'*Épître à Henri IV*. (ÉD.)
4. Le droit négatif était le droit qu'avait le petit conseil de rejeter les représentations des citoyens tendantes à faire assembler le conseil général, soit pour interpréter les lois obscures, soit pour maintenir les lois enfreintes. (ÉD.)
5. C'est dans la quatorzième de ses *Lettres sur les miracles* que Voltaire parle du roi de Prusse sous le titre de comte de Neuchâtel, et de la métamorphose des compagnons d'Ulysse. (ÉD.)

Si vous m'aviez dit, il y a dix ans, ce que vous dites en finissant votre lettre, vous seriez encore ici. Sans doute que les hommes ont leurs faiblesses, sans doute que la perfection n'est point leur partage : je le ressens moi-même, et je suis convaincu de l'injustice qu'il y a d'exiger des autres ce qu'on ne saurait accomplir, et à quoi soi-même on ne saurait atteindre. Vous deviez commencer par là, tout était dit; et je vous aurais aimé avec vos défauts, parce que vous avez assez de grands talents pour couvrir quelques faiblesses.

Il n'y a que les talents qui distinguent les grands hommes du vulgaire. On peut s'empêcher de commettre des crimes; mais on ne peut corriger un tempérament qui produit de certains défauts, comme la terre la plus fertile, en même temps qu'elle porte le froment, fait éclore l'ivraie. L'*inf*... ne donne que des herbes venimeuses : il vous est réservé de l'écraser avec votre redoutable massue, avec le ridicule que vous répandez sur elle, et qui porte plus de coups que tous les arguments. Peu d'hommes savent raisonner, tous craignent le ridicule.

Il est certain que ce que l'on appelle honnêtes gens en tout pays commence à penser. Dans la superstitieuse Bohême en Autriche, ancien siège du fanatisme, les personnes de mise commencent à ouvrir les yeux. Les images des saints n'ont plus ce culte dont elles avaient joui autrefois. Quelques barrières que la cour oppose à l'entrée des bons ouvrages, la vérité perce nonobstant toutes ces sévérités. Quoique les progrès ne soient pas rapides, c'est toutefois un grand point que de voir un certain monde qui déchire le bandeau de la superstition.

Dans nos pays protestants on va plus vite; et peut-être ne faudrait-il plus qu'un siècle pour que les animosités qui naquirent des parties *sub utraque et sub una*, et la Sorbonne, soient entièrement éteintes. De ce vaste domaine du fanatisme il ne reste guère que la Pologne, le Portugal, l'Espagne, et la Bavière, où la crasse ignorance et l'engourdissement des esprits maintiennent encore la superstition.

Pour vos Génevois, depuis que vous y êtes, ils sont non-seulement mécroyants, ils sont encore devenus tous de beaux esprits. Ils font des conversations entières en antithèses et en épigrammes. C'est un miracle par vous opéré. Qu'est-ce que ressusciter un mort, en comparaison de donner de l'imagination à qui la nature en a refusé? En France, aucun conte de balourdise qui ne roule sur un Suisse; en Allemagne, quoique nous ne passions pas pour les plus découplés, nous plaisantons cependant la nation helvétique. Vous avez tout changé. Vous créez des êtres où vous résidez : vous êtes le Prométhée de Genève. Si vous étiez demeuré ici, nous serions à présent quelque chose. Une fatalité qui préside aux choses de la vie n'a pas voulu que nous jouissions de tant d'avantages.

A peine eûtes-vous quitté votre patrie, que la belle littérature y tomba en langueur; et je crains que la géométrie n'étouffe en ce pays le peu de germe qui pouvait reproduire les beaux-arts. Le bon goût fut enterré à Rome dans les tombeaux de Virgile, d'Ovide, et d'Horace : je crains que la France, en vous perdant, n'éprouve le sort des Romains.

Quoi qu'il arrive, j'ai été votre contemporain. Vous durerez autant que j'ai à vivre, et je m'embarrasse peu du goût, de la stérilité, ou de l'abondance de la postérité.

Adieu; cultivez votre jardin, car voilà ce qu'il y a de plus sage.

FÉDÉRIC.

MMMMDLXVI. — A M. L'ABBÉ CESAROTTI.

A Ferney, 10 janvier.

Monsieur, je fus bien agréablement surpris de recevoir ces jours passés la belle traduction que vous avez daigné faire de *la Mort de César* et de la tragédie de *Mahomet*.

Les maladies qui me tourmentent, et la perte de la vue dont je suis menacé, ont cédé à l'empressement de vous lire. J'ai trouvé dans votre style tant de force et tant de naturel, que j'ai cru n'être que votre faible traducteur, et que je vous ai cru l'auteur de l'original. Mais plus je vous ai lu, plus j'ai senti que, si vous aviez fait ces pièces, vous les auriez faites bien mieux que moi, et vous auriez bien plus mérité d'être traduit. Je vois, en vous lisant, la supériorité que la langue italienne a sur la nôtre. Elle dit tout ce qu'elle veut, et la langue française ne dit que ce qu'elle peut. Votre discours sur la tragédie, monsieur, est digne de vos beaux vers; il est aussi judicieux que votre poésie est séduisante. Il me paraît que vous découvrez d'une main bien habile tous les ressorts du cœur humain; et je ne doute pas que, si vous avez fait des tragédies, elles ne doivent servir d'exemples comme vos raisonnements servent de préceptes. Quand on a si bien montré les chemins, on y marche sans s'égarer. Je suis persuadé que les Italiens seraient nos maîtres dans l'art du théâtre comme ils l'ont été dans tant de genres, si le beau monstre de l'opéra n'avait forcé la vraie tragédie à se cacher. C'est bien dommage, en vérité, qu'on abandonne l'art des Sophocle et des Euripide pour une douzaine d'ariettes fredonnées par des eunuques. Je vous en dirais davantage si le triste état où je suis me le permettait. Je suis obligé même de me servir d'une main étrangère pour vous témoigner ma reconnaissance, et pour vous dire une petite partie de ce que je pense. Sans cela, j'aurais peut-être osé vous écrire dans cette belle langue italienne qui devient encore plus belle sous vos mains.

Je ne puis finir, monsieur, sans vous parler de vos ïambes latins; et, si je n'y étais pas tant loué, je vous dirais que j'ai cru y retrouver le style de Térence.

Agréez, monsieur, tous les sentiments de mon estime, mes sincères remerciments, et mes regrets de n'avoir point vu cette Italie à qui vous faites tant d'honneur.

MMMMDLXVII. — A M. CHRISTIN.

10 janvier.

Je vous demande bien pardon, mon cher ami, de répondre si tard à votre lettre. Vous ne doutez pas combien j'ai été sensible à la perte que nous avons faite tous deux du plus digne ami que vous eussiez. Je le regretterai toute ma vie. Vous êtes le seul, dans le pays où vous êtes, qui puissiez me consoler. Je vous plains de vivre avec des personnes si éloignées du caractère de celui dont nous pleurons la mort. Nous désirons infiniment à Ferney de pouvoir arranger les choses de façon que vous vécussiez avec nous. La vie n'est supportable qu'avec d'honnêtes gens dont les sentiments sont conformes aux nôtres.

Je me tiendrai très-heureux quand vous pourrez laisser des bœufs ruminer avec des bœufs, et venir penser avec vos amis.

Je tiens l'histoire de l'homme pendu[1] pour avoir mangé gras très-véritable. Cet arrêt d'ailleurs me semble fort juste, car les hommes qui se laissent traiter ainsi n'ont que ce qu'ils méritent.

Nous vous faisons tous les plus sincères compliments.

MMMMDLXVIII. — A M. LE COMTE D'ARGENTAL.

11 janvier.

Mes divins anges, j'aurais pu faire une sottise si j'avais mis ma dernière lettre d'hier sous l'enveloppe d'un autre ministre que M. le duc de Praslin ou M. le duc de Choiseul, qui sont également vos amis. Quoi qu'il en soit, vous me pardonnerez de n'avoir pu résister à la passion qui est devenue chez moi dominante de vous voir médiateurs à Genève. Je crois bien que cette nomination ne sera pas sitôt faite. Le conseil de Genève n'a écrit au roi et au conseil de Berne et de Zurich que pour réclamer la garantie, et il est probable que ce ne sera qu'après beaucoup de préliminaires que le roi daignera envoyer un médiateur.

Je vous répète que si les petites passions ne s'étaient pas opposées à la raison, dont elles sont les ennemies mortelles, les petites querelles qui divisent Genève se seraient apaisées aisément. Je crus devoir faire lire un précis de la décision judicieuse des avocats de Paris à quelques-uns des plus modérés des deux partis. Ils tombèrent d'accord que rien n'était plus sagement pensé. Ils commençaient à agir de concert pour faire accepter des propositions si raisonnables, lorsque M. Hennin arriva. Je sentis qu'il était de la bienséance que je lui remisse toute la négociation, et que mon amour-propre ne devait pas balancer un moment mon devoir. Les choses se sont fort aigries depuis ce temps-là, comme je vous l'ai mandé, sans qu'on puisse reprocher à M. Hennin d'avoir négligé de porter les esprits à la concorde.

M. Hennin paraît penser, comme moi, qu'il y a un peu de ridicule à fatiguer un roi de France pour savoir en quels cas le conseil des vingt-cinq de Genève doit assembler le conseil général des quinze-cents. C'était une question de jurisprudence qu'on devait décider à l'amiable par des arbitres; et, encore une fois, les avocats de Paris avaient saisi le nœud de la difficulté, et en avaient présenté le dénoûment.

Plusieurs citoyens, y ayant plus mûrement pensé, sont venus chez

1. Claude Guillon, Franc-Comtois, décapité en 1629. (ÉD.)

moi aujourd'hui ; ils m'ont prié de leur communiquer la consultation, ou du moins le précis de cette pièce, me disant qu'ils espéraient qu'on pourrait s'y conformer. Je leur ai répondu que je ne pouvais le faire sans votre permission. Je me suis contenté de leur en lire le résultat tel que je l'avais lu il y a plus d'un mois à quelques magistrats et à quelques citoyens.

Je vous demande donc aujourd'hui cette permission, mes divins anges; je crois qu'elle ne fera qu'un très-bon effet. Cette démarche me sera utile, en persuadant de plus en plus mes voisins de mon extrême impartialité, et de mon amour pour la paix.

Il faut que Jean-Jacques Rousseau soit un grand extravagant d'avoir imaginé que c'était moi qui l'avais fait chasser de l'État de Genève et de celui de Berne; j'aimerais autant qu'on m'eût accusé d'avoir fait rouer Calas que de m'imputer d'avoir persécuté un homme de lettres. Si Rousseau l'a cru, il est bien fou; s'il l'a dit sans le croire, c'est un bien malhonnête homme. Il en a persuadé Mme la maréchale de Luxembourg, et peut-être M. le prince de Conti ; et ce qu'il y a de souverainement ridicule, c'est que cette belle idée est la cause unique de la dissension qui règne aujourd'hui dans Genève.

On dit que c'est un petit prédicant, originaire des Cévennes, qui a semé le premier tous ces faux bruits : un prêtre en est bien capable. Il faudra tâcher que la paix de Genève se fasse, comme celle de Vestphalie, aux dépens de l'Église. Je suis comme le vieux Caton, qui disait toujours au sénat : « Tel est mon avis, et *qu'on ruine Carthage.* »

Respect et tendresse.

MMMMDLXIX. — A M. DE CHABANON.

A Ferney, 13 janvier.

Plus vos lettres, monsieur, m'ont inspiré d'estime et d'amitié pour vous, plus je sens qu'il est de mon devoir de répondre à la confiance dont vous m'honorez, en vous disant librement ma pensée.

Il m'est arrivé avec vous ce qui arrive presque toujours avec les gens du métier que l'on consulte; ils voient le sujet sous un point de vue, et l'auteur l'a envisagé sous un autre.

Je m'intéresse véritablement à vous; le sujet[1] m'a paru d'une difficulté presque insurmontable. Ne m'en croyez pas; consultez ceux de vos amis qui ont le plus d'usage du théâtre, et le goût le plus sûr : laissez reposer quelque temps votre ouvrage, vous le reverrez ensuite avec des yeux frais, et vous en serez meilleur juge que personne. Ce pas-ci est glissant : il ne faudrait vous compromettre à donner une pièce au théâtre qu'en cas que tous vos amis vous eussent répondu du succès, et que vous-même, en revoyant votre pièce après l'avoir oubliée, vous vous sentissiez intérieurement entraîné par l'intérêt de l'intrigue. C'est de cette intrigue qu'il s'agit principalement; vous jugerez si elle est assez vraisemblable et assez attachante; c'est là ce qui fait

1. *Virginie.* (ÉD.)

réussir les pièces au théâtre. La diction, la beauté continue des vers, sont pour la lecture. *Esther* est divinement écrite, et ne peut être jouée : le style de *Rhadamiste* est quelquefois barbare, mais il y a un très-grand intérêt, et la pièce réussira toujours. Je ne sais si je me trompe, mais j'aurais souhaité que Virginie n'eût point eu trois amants; j'aurais voulu que l'état d'esclave dont elle est menacée eût été annoncé plus tôt, et que cet avilissement eût fait un beau contraste avec les sentiments romains de cette digne fille; qu'elle eût traité son tyran en esclave, et que son père l'eût reconnue pour légitime à la noblesse de ses sentiments. Je voudrais que le doute sur sa naissance fût fondé sur des preuves plus fortes qu'une simple lettre de sa mère.

La conspiration contre Appius ne me paraît point faire un assez grand effet, elle empêche seulement que l'amour n'en fasse. Les intérêts partagés s'affaiblissent mutuellement.

J'aurais aimé encore, je vous l'avoue, à voir dans Virginius un simple citoyen, pauvre, et fier de cette pauvreté même. J'aurais aimé à voir le contraste de la tyrannie insolente et du noble orgueil de l'indigence vertueuse.

Mais je ne vous confie toutes ces idées qu'avec la juste défiance que je dois en avoir. Pardonnez-les, monsieur, au vif intérêt que je prends à votre gloire; un mot, quoique jeté au hasard et mal à propos, fait souvent germer des beautés nouvelles dans la tête d'un homme de génie. Vous êtes plus en état de juger mes pensées que je ne le suis de juger votre ouvrage. Agréez l'estime infinie que je vous dois, et les sentiments d'amitié que vous faites naître dans mon cœur. Je supprime les compliments inutiles.

MMMMDLXX. — A M. LE COMTE D'ARGENTAL.

13 janvier.

Cet ordinaire-ci, mes divins anges, sera consacré au vrai *tripot*, non celui de Genève, mais celui de la Comédie.

Nous avons lu *Virginie* à tous nos acteurs; aucun n'a voulu accepter un rôle. Je ne sais pas si la troupe de Paris est moins difficile que celle de Ferney; mais on a trouvé l'intrigue froide, la pièce mal construite, sans aucun intérêt, sans vraisemblance, sans beauté; on ne peut être plus mécontent.

Il se pourrait qu'après notre jugement rendu au pied du mont Jura, en Sibérie, la pièce réussît à Paris, puisque *le Siège de Calais* a réussi; mais je me sens de l'amitié pour M. de Chabanon, et je ne peux lui déguiser mes sentiments. Je voudrais bien ne lui pas déplaire en lui disant la vérité, et je ne peux mieux m'y prendre qu'en la faisant passer par vos mains. Vous êtes fait pour rendre la vérité aimable, lors même qu'elle condamne son monde.

M. Hennin, qui est actuellement chez moi, trouve la pièce des Génevois bien plus ridicule. Il est étonné qu'on fasse tant de bruit pour si peu de chose. Il faudra pourtant absolument un médiateur pour juger le procès de la belette et du lapin, et pour apprendre à ces animaux-là à se supporter les uns les autres. Je tremble que vous ne vouliez pas venir; mes anges n'aiment point à courir. Cependant il me semble qu'il ne serait pas mal que vous vissiez Mme de Groslée; vous attendriez les beaux jours. Dans cet intervalle, M. Hennin vous enverrait le résultat des mesures qu'il aurait prises d'avance avec les députés de Berne et de Zurich : vous les dirigeriez; vous vous en amuseriez avec M. le duc de Praslin ; vous pourriez même consulter vos avocats sur ce qui concerne la législature, si vous ne vouliez pas vous en rapporter à vous-même, et vous arriveriez pour signer à Genève ce que vous auriez arrêté à Paris dans votre cabinet. Les passions aveuglent les hommes, je l'avoue; la mienne est de mourir comme le bon vieillard Siméon, après vous avoir vu. Pardonnez-moi donc si je me tourne de tous les sens pour vous engager à faire un voyage qui sera le seul bonheur dont je suis susceptible. En un mot, je ne sais rien de plus à sa place, rien de plus raisonnable, et je ne vois pas la plus petite raison de me refuser. Songez que vous n'aurez d'autre peine que celle d'aller et revenir pour jouer le plus beau rôle du monde, celui de pacificateur.

MMMMDLXXI. — A M. DAMILAVILLE.

13 janvier.

Mon cher ami, j'ai reçu vos deux lettres du 6 et du 9 de ce mois. Je réponds d'abord à l'article de Merlin. Son correspondant, pressé d'argent, est venu trouver mon ami Wagnière, qui lui a prêté cinq cents francs, moyennant quoi ledit correspondant a donné un billet de cinq cents livres de Merlin, payable à l'ordre dudit Wagnière. Cela s'arrangera vers les échéances. Je compte que, tout philosophe que vous êtes, vous avez de l'ordre, étant employé dans les finances.

Ce monstre de vanité et de contradictions, d'orgueil et de bassesses, Jean-Jacques Rousseau, ne réussira certainement pas à mettre le trouble dans la fourmilière de Genève, comme il l'avait projeté. Je ne sais si on l'a chassé de Paris, comme le bruit en court ici, et s'il s'en est allé à quatre pattes ou avec sa robe d'Arménien. Figurez-vous qu'il m'avait imputé son bannissement de l'État de Berne, pour me rendre odieux au peuple de Genève. J'ai heureusement découvert et hautement confondu cette sourde imposture. Je sais bien que tout homme public, à moins qu'il ne soit homme puissant, est obligé de passer sa vie à réfuter la calomnie. Les Fréron et les Pompignan, qui m'ont accusé d'être l'auteur du *Dictionnaire philosophique*, n'ont pas réussi, puisque les noms de ceux qui ont fait la plupart des articles sont aujourd'hui publiquement connus.

Il en est de même des *Lettres* des sieurs Covelle, Baudinet, Montmolin, etc., à l'occasion des miracles de Jean-Jacques, et je ne sais quel cuistre de prédicant. On m'impute plusieurs de ces *lettres*; mais, Dieu merci, M. Covelle m'a signé un bon billet par lequel il détruit cette accusation pitoyable. Il m'a fallu prévenir la rage des hypocrites qui me persécutent encore à Versailles, et qui veulent m'opprimer à l'âge de soixante-douze ans, sur le bord de mon tombeau. On en parlait, il y a quelques mois, devant les syndics de nos États de Gex. Les curés de mes terres y étaient avec quelques notables : ils me connaissent, ils savent que j'ai fait un peu de bien dans la province, et que je ne me suis pas borné à remplir tous les devoirs de chrétien et d'honnête homme ; ils signèrent un acte authentique, et ils me l'apportèrent, à mon grand étonnement. Il est trop flatteur pour que je vous le communique ; mais enfin il est trop vrai pour je n'en fasse pas usage dans l'occasion, et que je ne l'opposa, comme une égide, aux coups que la calomnie, couverte du masque de la dévotion, voudra me porter.

J'attends tous les jours le ballot de Fauche. Je n'entends point parler des boîtes que vous m'aviez promises par le carrosse de Lyon, à l'adresse de MM. Lavergne, père et fils, banquiers à Lyon. Je ne sais plus ce que fait Bigex.

Tronchin part le 24 ; je me flatte, mon cher ami, qu'il raccommodera votre estomac, lequel n'a pas soixante-douze ans comme le mien.

Je ne vous parle point de M. de Villette ; je ne réponds pas de sa conduite : il m'a paru aimable, il m'a gravé, il a fait des vers pour moi. Je ne l'ai point gravé, j'ai répondu à ses vers : il faut être poli. Je ne suis point poli avec vous, mon cher ami ; mais je vous aimerai tendrement jusqu'à mon dernier soupir.

MMMMDLXXII. — A M. LE COMTE D'ARGENTAL.

15 janvier.

Oui, mes divins anges, il faut absolument que vous veniez, sans quoi je prends tout net le parti de mourir.

M. Hennin vous logera très-bien à la ville, et nous aurons le bonheur de vous posséder à la campagne. Je vous avertis que tout le tripot de Genève, et les députés de Zurich et de Berne, désirent un homme de votre caractère. Il y avait eu bien des coups de fusils tirés, et quelques hommes de tués, en 1737, lorsqu'on envoya un lieutenant général des armées du roi ; mais aujourd'hui il ne s'agit que d'expliquer quelques lois, et de ramener la confiance. Personne assurément n'y est plus propre que vous.

Je sens combien il vous en coûterait de vous séparer longtemps de M. le duc de Praslin ; mais vous viendrez dans les beaux jours, et pour un mois ou six semaines tout au plus. M. Hennin vous enverra tout le procès à juger, avec son avis et celui des médiateurs suisses. Ce sera encore un grand avantage de pouvoir consulter, à Paris, les avocats en qui vous avez confiance, quoique vous n'ayez pas besoin de les consulter. Lorsque enfin M. le duc de Praslin aura approuvé les lois proposées, vous viendrez nous apporter la paix et le plaisir.

M. Hennin signera après vous, non-seulement le traité, mais l'établissement de la Comédie. Ce qui reste dans Genève de pédants et de cuistres du XVI° siècle perdra ses mœurs sauvages : ils deviendront tous Français. Ils ont déjà notre argent, ils auront nos mœurs ; ils dépendront de la France, en conservant leur liberté.

M. Hennin est l'homme du monde le plus capable de vous seconder dans cette belle entreprise ; il est plein d'esprit et de grâces, très-instruit, conciliant, laborieux, et fait pour plaire aux gens aimables et aux barbares.

Au reste, le jeune ex-jésuite [1] vous attend après Pâques. Je vous répète qu'on est très-content de sa conduite dans la province. Il n'a nulle part ni au *Dictionnaire philosophique*, ni aux *Lettres* des sieurs Covelle et Baudinet ; il a toujours preuve en main. Il dit qu'il est accoutumé à être calomnié par les Fréron, mais que l'innocence ne craint rien ; que non-seulement on ne peut lui reprocher aucun écrit équivoque, mais que s'il en avait fait dans sa jeunesse, il les désavouerait comme saint Augustin s'est rétracté. Il ne se départira pas plus de ces principes que du culte de latrie qu'il vous a voué.

MMMMDLXXIII. — AU MÊME.

17 janvier.

Je vous envoie, mes divins anges, le consentement plein de respect et de reconnaissance que les citoyens de Genève, au nombre de mille, ont donné à la réquisition que le petit conseil a faite de la médiation. Je leur ai conseillé cette démarche qui m'a paru sage et honnête, et vous verrez que je les ai engagés encore à faire sentir qu'ils sont prêts à écouter les tempéraments que le conseil pourrait leur proposer; mais j'aurais voulu qu'ils eussent proposé eux-mêmes des voies de conciliation. Quoi qu'il en soit, on a bien trompé la cour, quand on lui a dit que tout était en feu dans Genève. Je vous répète encore qu'il n'y a jamais eu de division plus tranquille. C'est même moins une division qu'une différence paisible de sentiments dans l'explication des lois. Quoique j'aie remis à M. Hennin la consultation de vos avocats, quoiqu'il ne m'appartienne en aucune manière de vouloir entrer le moins du monde dans les fonctions de son ministère, cependant, comme depuis plus de trois mois je me suis appliqué à jouer un rôle tout contraire à celui de Jean-Jacques, j'ai continué à donner mes avis à ceux qui sont venus me les demander. Ces avis ont toujours eu pour but la concorde. Je n'ai caché au conseil aucune de mes démarches, et le conseil même m'en remercia par la bouche d'un conseiller du nom de Tronchin, la veille de l'arrivée de M. Hennin.

En un mot, tout est et sera tranquille, je vous en réponds. Je vous prie de l'assurer à M. le duc de Praslin. La médiation ne servira qu'à expliquer les lois.

Je redouble mes vœux de jour en jour pour que vous soyez le médiateur ; M. Hennin le désire comme moi, et vous n'en doutez pas. Je sais que M. le comte d'Harcourt est sur les lieux, je sais qu'il a un mérite digne de sa naissance ; mais M. le duc de Praslin sait aussi que ce n'est pas le mérite qu'il faut pour concilier des lois qui semblent se contredire, pour en changer d'autres qui paraissent peu convenables,

---

1. Voltaire voulait donner, comme étant d'un jésuite, sa tragédie du *Triumvirat*. (ÉD.)

et pour assurer la liberté des citoyens, sans offenser en rien l'autorité des magistrats.

Je ne cesserai de vous dire que ce doit être là votre ouvrage; et je me livre dans cette espérance à des idées si flatteuses, que je ne sais pas comment je pourrais supporter le refus. Venez, mes chers anges, je vous en conjure.

Il faut vous dire encore un petit mot de ces lettres[1] qui ont amusé tous les honnêtes gens, et jusqu'à des prêtres. Elles ne sont ni ne seront jamais de moi, elles n'en peuvent être. Je vous renvoie à la lettre que je vous ai écrite sous l'enveloppe de M. le duc de Praslin. Je ne puis pas répondre que la fréronnaille ne me calomnie quelquefois, mais je vous réponds bien que j'aurai toujours un bouclier contre ses armes; l'imposture peut m'accuser, mais jamais me confondre. Je ferais beau bruit si on s'avisait de s'en prendre à un homme de soixante-douze ans, à qui toute sa petite province rend témoignage de sa conduite chrétienne, de ses bons sentiments, et de ses bonnes œuvres, et qui, de plus, est sous les ailes de ses anges. En vérité, je fais trop de bien pour qu'on me fasse du mal.

Respect et tendresse.

MMMMDLXXIV. — AU MÊME.

20 janvier.

Voilà donc qui est fait; j'aurai la douleur de mourir sans vous avoir vus; vous me privez, mes cruels anges, de la plus grande consolation que j'aurais pu recevoir. Je ne vous alléguerai plus de raisons, vous n'entendrez de moi que des regrets et des gémissements. Quel que soit le ministre médiateur que M. le duc de Praslin nous envoie, il sera reçu avec respect, et il dictera les lois. Si je pouvais espérer quelques années de vie, je m'intéresserais beaucoup au sort de Genève. Une partie de mon bien est dans cette ville, les terres que je possède touchent son territoire, et j'ai des vassaux sur son territoire même.

Il est d'ailleurs bien à désirer qu'un arrangement projeté avec les fermes générales réussisse; qu'on transporte ailleurs les barrières et les commis qui rendent ce petit pays de Genève ennemi du nôtre; qu'on favorise les Génevois dans notre province, autant que le roi de Sardaigne les a vexés en Savoie; qu'ils puissent acquérir chez nous des domaines, en payant un droit annuel équivalent à la taille, ou même plus fort, sans avoir le nom humiliant de la taille. Le roi y gagnerait des sujets; le prodigieux argent que les Génevois ont gagné sur nous refluerait en France en partie; nos terres vaudraient le double de ce qu'elles valent. Je me flatte que M. le duc de Praslin voudra bien concourir à un dessein si avantageux. Je ne me repentirais pas alors de m'être presque ruiné à bâtir un château dans ces déserts.

Je ne saurais finir sans vous dire encore que je n'ai aucune part aux

---

1. Les *Lettres sur les miracles*. (ÉD.)

plaisanteries de M. Baudinet et de M. Montmolin. Soyez sûr d'ailleurs que, s'il y a encore des cuistres du xvi° siècle dans ce pays-ci, il y a beaucoup de gens du siècle présent; ils ont l'esprit juste, profond, et quelquefois très-délicat.

Il n'y a point à présent de pays où l'on se moque plus ouvertement de Calvin que chez les calvinistes, et où l'esprit philosophique ait fait des progrès plus prompts; jugez-en par ce qui vient de se passer à Genève. Un peuple tout entier s'est élevé contre ses magistrats, parce qu'ils avaient condamné *le Vicaire savoyard*; il n'y a point de pareil exemple dans l'histoire depuis mille sept cents soixante-six ans.

Ceux qui ont eu part au *Dictionnaire philosophique* sont publiquement connus. Je sais bien qu'on a inséré dans ce livre plusieurs passages qu'on a pris dans mes œuvres; mais je ne dois pas être plus responsable de cette compilation, dont on a fait cinq éditions, que de tout autre livre où je serais cité quelquefois. Si on avait l'injustice barbare de me persécuter pour des livres que je n'ai point faits, et que je désavoue hautement, vous savez que je partirais demain, et que j'abandonnerais une terre dont j'ai banni la pauvreté, et une famille qui ne subsiste que par moi seul. Vous savez qu'il m'importe bien peu que les vers du pays de Gex ou d'un autre fassent de mauvais repas de ma maigre figure. Les dévots sont bien méchants; mais j'espère qu'ils ne seront pas assez heureux pour m'arracher à la protection de M. le duc de Praslin, et pour insulter à ma vieillesse.

Les tracasseries de Genève sont devenues extrêmement plaisantes M. Hennin, qui en rit comme un homme de bonne compagnie qu'il est, en aura fait rire sans doute M. le duc de Praslin; on se fait des niches de part et d'autre avec toute la circonspection et toute la politesse possible. Ce n'est pas comme en Pologne, où l'on tire un sabre rouillé à chaque argument de l'adverse partie; ce n'est pas comme dans le canton de Schwitz, où l'on se donne cent coups de bâton pour donner plus de poids à son avis. On commence à plaisanter à Genève; on dit que les syndics usent du droit négatif avec leurs femmes, attendu qu'ils n'en ont point d'autre. Le monde se déniaise furieusement, et les cuistres du xvi° siècle n'ont pas beau jeu.

L'ex-jésuite vous enverra ses guenillons à Pâques; il est malade par le froid horrible qu'il fait en Sibérie. Nous nous mettons lui et moi sous les ailes de nos anges.

MMMMDLXXV. — A M. DALEMBERT.
20 janvier.

Mon grand philosophe, mon frère et mon maître, vous êtes un sage, et Jean-Jacques est un fou; il a été fou à Genève, à Paris, à Motiers-Travers, à Neuchâtel; il sera fou en Angleterre, à Port-Mahon, en Corse, et mourra fou. Or la folie fait grand tort à la philosophie, et c'est de quoi j'ai le cœur navré.

Je vous envoie les plats vers dont vous me parlez[1]; ils sont encore

1. *L'Épître à Henri IV.* (Éd.)

moins plats que tous ceux qu'on a faits et fera sur ce sujet. Mon maudit aumônier, ex-jésuite imbécile, les avait portés à Genève, et on les a imprimés. J'ai retiré les exemplaires que j'ai pu trouver, parce que je ne veux pas qu'on me reproche d'avoir préféré Henri IV à sainte Geneviève. Henri IV n'a fait que sauver le royaume; il n'a été que l'exemple des rois ; et sainte Geneviève, qui servait un boulanger, le vola à bonne intention. J'avoue donc mon extrême faute d'avoir donné la préférence à mon Henri sur ma Geneviève. Brûlez mes vers, et qu'il n'en soit plus parlé.

Quoi donc ! est-ce que frère Damilaville ne vous a pas dit qu'un certain duc[1], ministre, avait sollicité votre pension, ne sachant pas si elle était forte ou faible ? Il faut pourtant que vous le sachiez; il faut que vous sachiez encore que, tout duc et tout ministre qu'il est, il a fait de très-belles et très-généreuses actions. Il a eu le malheur de protéger Palissot, j'en conviens; mais Palissot était le fils d'un homme qui avait fait les affaires de sa maison en Lorraine.

Le grand point, c'est que les sages ne soient pas persécutés, et certainement ce ministre ne sera jamais persécuteur. Dieu nous préserve des bigots! ce sont ces monstres-là qui sont à craindre.

Vous ne me mandez point ce que vous faites, où vous êtes, comment va votre santé, si vous êtes content, si vous resterez à Paris, si vous travaillez à quelque ouvrage ; je m'intéresse pourtant très-vivement à tout cela.

Les tracasseries de Genève m'amusent ; mais je suis si malade qu'elles ne m'amusent guère. Je m'en vais mon grand chemin de l'autre monde, ce pays dont jamais aucun voyageur n'est revenu, comme dit Gilles Shakspeare. Faut-il que je meure sans savoir au juste si Poissonnier a dessalé l'eau de la mer ? cela serait bien cruel. Adieu ; je ne sais qui avait plus raison de Démocrite ou d'Héraclite dans le meilleur des mondes possibles. Je vous embrasse du meilleur de mon cœur.

MMMMDLXXVI. — A M. DAMILAVILLE.
20 janvier.

Mon cher frère, je souhaite la bonne année à Mme Calas, par le petit billet que je vous adresse, et vous la lui donnerez par l'estampe que vous lui destinez.

Je peux donc me flatter de voir le mémoire de Sirven ! Le véritable Élie n'obtiendra peut-être pas un arrêt d'attribution, mais il obtiendra un arrêt d'approbation au tribunal du public. Il sera regardé comme le protecteur de l'innocence ; et, tant qu'il sera au barreau, il sera le refuge des opprimés.

Je voudrais bien savoir ce qu'a dit Protagoras en voyant ce petit extrait auquel il ne s'attendait point du tout[2].

Platon[3] était peut-être le seul homme capable de faire l'*Histoire de*

---

1. Le duc de Choiseul. (ÉD.)
2. Sans doute l'extrait d'inscription au livre des pensions, délivré alors à Dalembert après la mort de Clairaut. (ÉD.)
3. Diderot. (ÉD.)

la philosophie. Quant il sera aux deux premiers siècles de notre ère vulgaire, un autre serait embarrassé, et c'est où il triomphera.

Quelle horreur de persécuter les philosophes! Les Romains, plus sages que nous, n'ont pas persécuté Lucrèce. Jamais personne n'a parlé plus hardiment que Cicéron, et il a été consul; mais il n'avait pas affaire à des Welches. Il convient à des Welches que Fréron s'enivre à Paris, et que je meure au pied des Alpes.

Les tracasseries de Genève continuent, mais elles sont à pouffer de rire. Les deux partis se jouent tous les tours imaginables, avec toute la discrétion possible. Les médiateurs seront bien étonnés quand ils verront qu'on les fait venir pour une querelle de ménage dont il est difficile de trouver le fondement; c'est faire descendre Jupiter du ciel pour arranger une fourmilière. Le plaisant de l'affaire, c'est que l'origine de toute cette belle querelle est que la ville de Calvin, où l'on brûla autrefois Servet, a trouvé mauvais qu'on ait brûlé *le Vicaire savoyard*. Il me semble que les Parisiens n'ont rien dit quand on a brûlé le poëme de *la Loi naturelle.*

Les comédiens ont-ils donné quelque chose de nouveau à la rentrée? Comment vous portez-vous? Je n'en peux plus; je me résigne, et je vous aime. *Écr. l'inf....*

MMMMDLXXVII. — A MADAME LA MARQUISE DE FLORIAN.

22 janvier.

J'ai fini avec regret l'*Histoire de Ferdinand et d'Isabelle*[1]. Elle m'a fait un très-grand plaisir, et je ne doute pas qu'elle n'ait beaucoup de succès auprès de tous ceux qui préfèrent les choses utiles et vraies aux romanesques. Je fais mon compliment à l'auteur, et je m'enorgueillis de lui appartenir de si près. Si Isabelle revenait au monde, elle lui donnerait au moins un canonicat de Tolède; mais si la petite Geneviève de Nanterre revenait, elle me traiterait fort mal. Dès que j'eus fait ces maudits vers, M. Dupuits et père Adam les portèrent à Genève sans m'en rien dire; ils furent imprimés sur-le-champ dans la ville de Calvin; ils l'ont été dans le quartier de Geneviève à Paris, et me voilà brouillé avec la sainte, avec tous les génovéfains, avec M. Soufflot, et peut-être avec les dévots; mais c'est ma destinée. J'avais pourtant bonne intention. Je me suis laissé trop entraîner à mon zèle pour Henri IV. Il n'y a d'autre remède à cela que de faire pénitence, et de réciter l'oraison de sainte Geneviève pendant neuf jours.

Je ne me mêle en aucune façon du recueil qu'on fait à Lausanne des pièces concernant les Calas. Je n'aime point le titre d'*Assassinat juridique,* parce qu'un titre doit être simple, et non pas un bon mot. Il est très-vrai que la mort de Calas est un assassinat affreux, commis en cérémonie; mais il faut se contenter de le faire sentir sans le dire.

Le père Corneille est venu voir sa fille. Je ne crois pas qu'à eux deux

---

1. *Histoire des rois catholiques Ferdinand et Isabelle,* par Mignot, frère de Mme Florian et neveu de Voltaire. (ÉD.)

ils viennent à bout de faire une tragédie; mais le père est un bon homme, et la fille une bonne enfant.

Il n'y a point de trouble à Genève, comme on se tue de le dire : il n'y a que des tracasseries, des misères, des pauvretés auxquelles les médiateurs mettront ordre dans quatre jours.

Le docteur Tronchin doit être parti aujourd'hui, suivi de quelques-uns de ses malades, qui le mènent en triomphe. J'espère que M. et Mme de Florian le verront dans sa gloire, et qu'ils me maintiendront dans son amitié.

J'embrasse tendrement nièce, neveu, et petits-neveux.

MMMMDLXXVIII. — A CATHERINE II.

24 janvier.

Madame, la lettre dont Votre Majesté Impériale m'honore m'a tourné la tête; elle m'a donné des patentes de prophète; je ne me doutais pas que l'archevêque de Novogorod se fût en effet déclaré contre le système absurde des *deux puissances*. J'avais raison sans le savoir, ce qui est encore un caractère de prophétie. Les incrédules pourront m'objecter que cet archevêque ne s'appelle pas Alexis[1], mais Démétri. Je pourrai répondre avec tous les commentateurs qu'il faut de l'obscurité dans les prophéties, et que cette obscurité rend toujours la vérité plus claire. J'ajouterai qu'il n'y a qu'à changer *Alex* en *Démé*, et *is* en *tri*, pour avoir le véritable nom de l'archevêque. Il n'y aura certainement que les impies qui puissent ne se pas rendre à des preuves si évidentes.

Je suis si bon prophète que je prédis hardiment à Votre Majesté la plus grande gloire et le plus grand bonheur. Ou les hommes deviendront entièrement fous, ou ils admireront tout ce que vous faites de grand et d'utile. Cette prédiction même vient un peu, comme les autres, après l'événement.

Il me semble que si cet autre grand homme, Pierre I⁰ʳ, s'était établi dans un climat plus doux que sur le lac Ladoga, s'il avait choisi Kiovie, ou quelque autre terrain plus méridional, je serais actuellement à vos pieds, en dépit de mon âge. Il est triste de mourir sans avoir admiré de près celle qui préfère le nom de Catherine aux noms des divinités de l'ancien temps, et qui le rendra préférable. Je n'ai jamais voulu aller à Rome; j'ai senti toujours de la répugnance à voir des moines dans le Capitole, et les tombeaux des Scipions foulés aux pieds des prêtres; mais je meurs de regret de ne point voir des déserts changés en villes superbes, et deux mille lieues de pays civilisés par des héroïnes. L'histoire du monde entier n'a rien de semblable; c'est la plus belle et la plus grande des révolutions : mon cœur est comme l'aimant, il se tourne vers le nord.

D'alembert a bien tort de n'avoir pas fait le voyage, lui qui est en-

1. Voltaire avait publié, en octobre 1765, un *Mandement* supposé de l'archevêque de Novogorod la Grande, dans lequel il donnait à cet archevêque le nom d'Alexis. (ÉD.)

core jeune. Il a été piqué de la petite injustice qu'on lui faisait; mais l'objet, qui est fort mince, ne troublait point sa philosophie. Tout cela est réparé aujourd'hui. Je crois que l'*Encyclopédie* est en chemin pour aller demander une place dans la bibliothèque de votre palais.

Que Votre Majesté Impériale daigne recevoir avec bonté ma reconnaissance, mon admiration, mon profond respect. *Feu l'abbé Bazin.*

MMMMDLXXIX. — A M. LE COMTE D'ARGENTAL.

24 janvier.

Je vous avoue, mon divin ange, et à vous aussi, ma divine ange, que je trouve vos raisons, pour ne pas venir à Genève, extrêmement mauvaises. Je penserai toujours qu'un conseiller d'honneur du parlement de Paris peut très-bien figurer avec un grand trésorier du pays de Vaud. Je penserai qu'un ministre plénipotentiaire d'un petit-fils du roi de France est fort au-dessus de tous les plénipotentiaires de Zurich et de Berne. Je penserai que l'incompatibilité du ministère de Parme avec celui de France est nulle, et qu'on a donné des lettres de compatibilité en mille occasions moins importantes. Enfin, je croirai toujours que ce voyage ne serait pas inutile auprès de Mme de Groslée; mais vous ne voulez point venir, il ne me reste que de vous aimer en gémissant.

On me mande de Paris que, le jour de sainte Geneviève, jour auquel sa chapelle autrefois ne désemplissait pas, il ne se trouva personne qui daignât lui rendre visite, et que celle qui donne la pluie et le beau temps gela de froid le jour de sa fête. Je ne me souviens plus si je vous ai mandé que M. Dupuits, et mon jésuite, qui nous dit la messe, s'en allèrent malheureusement à Genève donner des copies de cette guenille; on l'imprima sur-le-champ, le tout sans que j'en susse rien. On l'a imprimée à Paris. Fréron dira que je suis un impie et un mauvais poëte; les honnêtes gens diront que je suis un bon citoyen.

Vous souvenez-vous d'un certain mandement d'un archevêque de Novogorod contre la chimère aussi dangereuse qu'absurde des *deux puissances?* L'auteur ne croyait pas si bien dire. Il se trouve en effet que non-seulement cet archevêque, à la tête du synode grec, a réprouvé ce système des *deux puissances*, mais encore qu'il a destitué l'évêque de Rostou, qui osait le soutenir. L'impératrice de Russie m'a écrit huit grandes pages de sa main, pour me détailler toute cette aventure. J'ai été prophète sans le savoir, comme l'étaient tous les anciens prophètes. Voici d'ailleurs deux lignes bien remarquables de sa lettre : « La tolérance est établie chez nous; elle fait loi de l'État, et il est défendu de persécuter. »

Pourquoi faut-il que ma Catherine ne règne pas dans des climats plus doux, et que la vérité et la raison nous viennent de la mer Glaciale! Il me semble que, dans mon dépit de ne vous point voir arriver à Genève, je m'en irais à Kiovie finir mes jours, si Catherine y était; mais malheureusement je ne peux sortir de chez moi; il y a deux ans que je n'ai fait le voyage de Genève.

Vous me demandez qui sera mon médecin quand je n'aurai plus le grand Tronchin; je vous répondrai : « Personne, ou le premier venu; » cela est absolument égal à mon âge; mon mal n'est que la faiblesse avec laquelle je suis né, et que les ans ont augmentée. Esculape ne guérirait pas ce mal-là; il faut savoir se résigner aux ordres de la nature.

Rousseau est un grand fou, et un bien méchant fou, d'avoir voulu faire accroire que j'avais assez de crédit pour le persécuter, et que j'avais abusé de ce prétendu crédit. Il s'est imaginé que je devais lui faire du mal, parce qu'il avait voulu m'en faire, et peut-être parce qu'il lui était revenu que je trouvais son *Héloïse* pitoyable, son *Contrat social* très-insocial, et que je n'estimais que son *Vicaire savoyard* dans son *Émile*; il n'en faut pas davantage dans un auteur pour être attaqué d'un violent accès de rage. Le singulier de toute cette affaire-ci, c'est que les petits troubles de Genève n'ont commencé que par l'opinion inspirée par Jean-Jacques au peuple de Genève, que j'avais engagé le conseil de Genève à donner un décret de prise de corps contre Jean-Jacques, et que la résolution en avait été prise chez moi, aux Délices. Parlez, je vous prie, de cette extravagance à Tronchin, il vous mettra au fait; il vous fera voir que Rousseau est non-seulement le plus orgueilleux de tous les écrivains médiocres, mais qu'il est le plus malhonnête homme.

J'ai été tenté quelquefois d'écrire au conseil de Genève pour démentir solennellement toutes ces horreurs, et peut-être je succomberai à cette tentation; mais j'aime bien mieux la déclaration que me donnèrent, il y a quelque temps, les syndics de la noblesse et du tiers état de notre province, les curés et les prêtres de mes terres, lorsqu'ils surent qu'il y avait, je ne sais où, des gens assez malins pour m'accuser de n'être pas bon chrétien. Je conserve précieusement cette pièce authentique, et je m'en servirai, si jamais la tolérance n'est pas établie en France comme en Russie.

Adieu, anges cruels, qui ne voulez voir ni les Alpes ni le mont Jura; je ne m'en mets pas moins à l'ombre de vos ailes.

MMMMDLXXX. — A M. DAMILAVILLE.

25 janvier.

Mon cher frère, vous souvenez-vous d'un certain mandement de l'archevêque de Novogorod, que je reçus de Paris la veille de votre départ? J'en ignore l'auteur, mais sûrement c'est un prophète.

Figurez-vous que la lettre de M. le prince de Galitzin en renfermait une de l'impératrice qui daigne m'apprendre qu'en effet l'archevêque de Novogorod a soutenu hautement le vrai système de la puissance des rois [1] contre la chimère absurde des *deux puissances*. Elle me dit qu'un évêque de Rostou, qui avait prêché les *deux puissances*, a été con-

---

1. Voici le passage de la lettre de Catherine. M. Beuchot l'a publié pour la première fois dans son édition.
« Les sujets de l'Église souffrant des vexations souvent tyranniques, auxquelles les fréquents changements de maîtres contribuaient encore beaucoup, se révoltèrent vers la fin du règne de l'impératrice Élisabeth, et ils étaient à mon

damné par le synode auquel l'archevêque de Novogorod présidait, qu'on lui a ôté son évêché, et qu'il a été mis dans un couvent. Faites sur cela vos réflexions, et voyez combien la raison s'est perfectionnée dans le Nord.

Notre grand Tronchin ne vous apporte rien, parce que je n'ai rien. Les chiffons dont vous me parlez ont été bien vite épuisés. Boursier jure qu'il vous a envoyé les n°s 18 et 19. Fauche n'envoie point les ballots ; je ne reçois rien, et je meurs d'inanition.

Il pleut tous les jours à Genève de nouvelles brochures ; ce sont des pièces du procès qui ne peuvent être lues que par les plaideurs.

La querelle de Rousseau sur les miracles a produit vingt autres petites querelles, vingt petites feuilles dont la plupart font allusion à des aventures de Genève, dont personne ne se soucie. On m'a fait l'honneur de m'attribuer quelques-unes de ces niaiseries. Je suis accoutumé à la calomnie, comme vous savez.

Je ne saurais finir sans vous parler de sainte Geneviève. Il est bon d'avoir des saints, mais il est encore mieux de se résigner à Dieu. Il est utile même que le peuple soit persuadé que la vie et la mort dépendent du Créateur, et non pas de la sainte de Nanterre. C'est le sentiment de tous les théologiens raisonnables, et de tous les honnêtes gens éclairés. *Écr. l'inf....*

MMMMDLXXXI. — A M. LE COMTE D'ARGENTAL.

27 janvier.

Comme mes anges m'ont paru avoir envie de lire quelques-unes des lettres de MM. Covelle et Baudinet, je vous en envoie une que j'ai retrouvée. Je m'imagine, peut-être mal à propos, qu'elle vous amusera. Je suis un franc provincial qui croit qu'on peut s'occuper à Paris de ce qui se passe dans son village. Vous ne serez point surpris que M. Baudinet, qui demeure à Neuchâtel, ait donné quelques louanges adroites à son souverain. Vous saurez, de plus, que ce souverain lui écrit souvent, et que M. Baudinet, qui peut-être n'est pas trop dans les bonnes grâces de la prêtraille, doit se ménager des retraites et des appuis à tout hasard. Le prince qui lui écrit lui mandait que, depuis quelques années, il s'est fait une prodigieuse révolution dans les esprits en Allemagne, et que l'on commence même à penser en Bohême et en Autriche, ce qui ne s'était jamais vu. Les esprits s'éclairent de jour en jour depuis Moscou jusqu'en Suisse.

avènement plus de cent mille en armes. C'est ce qui fit qu'en 1762 j'exécutai le projet de changer entièrement l'administration des biens du clergé, et de fixer ses revenus. Arsène, évêque de Rostou, s'y opposa, poussé par quelques-uns de ses confrères, qui ne trouvèrent pas à propos de se nommer. Il envoya deux mémoires où il voulait établir le principe des *deux puissances*. Il avait déjà fait cette tentative du temps de l'impératrice Elisabeth. On s'était contenté de lui imposer silence. Mais son insolence et sa folie redoublant, il fut jugé par le métropolitain de Novogorod et par le synode entier, condamné comme fanatique, coupable d'une entreprise contraire à la foi orthodoxe autant qu'au pouvoir souverain, déchu de sa dignité et de la prêtrise, et livré au bras séculier. Je lui fis grâce, et je me contentai de le réduire à la condition de moine. »

Vous voyez que la philosophie n'est pas une chose si dangereuse, puisque tant de souverains la protégent sous main, ou l'accueillent à bras ouverts. Je vous assure qu'on rirait bien, dans l'étendue de deux ou trois mille lieues où notre langue a pénétré, si on savait qu'il n'est pas permis de dire en France que sainte Geneviève ne se mêle pas de nos affaires. On aurait bien raison alors de penser que les Welches arrivent toujours les derniers. Il faudra bien pourtant qu'ils arrivent à la fin, car l'opinion gouverne le monde, et les philosophes, à la longue, gouvernent l'opinion des hommes.

Il est vrai qu'il y a un certain ordre de personnes auxquelles on donne une éducation bien funeste; il est vrai qu'on combattra la raison autant qu'on a combattu les découvertes de Newton, et l'inoculation de la petite vérole; mais tôt ou tard il faut que la raison l'emporte. En attendant, mes divins anges, je vous supplie de m'avertir si jamais il passe quelque idée triste dans la tête de certaines personnes qui peuvent faire du mal. Je connais des gens qui ne manqueraient pas de prendre leur parti sur-le-champ.

J'ai grande impatience que vous entreteniez notre docteur Tronchin. Dites-moi donc, je vous en prie, qui vous enverrez à votre place à Genève. Quel qu'il puisse être, Dieu m'est témoin combien je vous regretterai. On dit que c'est M. le chevalier de Beauteville; on ne pouvait, en ne vous nommant pas, faire un meilleur choix; étant d'ailleurs ambassadeur en Suisse, il est presque sur les lieux, et doit connaître parfaitement le *tripot* de Genève. Respect et tendresse.

MMMMDLXXXII. — A MADAME LA MARQUISE DU DEFFAND.

27 janvier.

Je me jette à vos genoux, madame. Je vois par votre lettre du 6 janvier, qui ne m'est parvenue pourtant que le 18, que je vous avais alarmée. Comptez que je serais désespéré de vous causer la plus légère affliction. Vous sentez bien que, dans la situation où je suis, je ne dois donner aucune prise à la calomnie : vous savez qu'elle saisit les choses les plus innocentes pour les empoisonner.

Il y a des gens qui m'envient une retraite au milieu des rochers, qui n'auraient pitié ni de ma vieillesse, ni des maux qui m'accablent, et qui me persécuteraient au delà du tombeau; mais je suis pleinement rassuré par votre lettre, et vous avez dû voir par ma dernière avec quelle confiance je vous ouvre mon cœur. Ce cœur est plein de vous. il est continuellement sensible à votre état comme à votre mérite, il aime votre imagination et votre candeur, il vous sera atttaché tant qu'il battra dans mon faible corps.

Vous et votre ami, vous pouvez avoir été convaincus par ma dernière lettre combien je suis éloigné de quelques philosophes modernes qui osent nier une intelligence suprême, productrice de tous les mondes. Je ne puis concevoir comment de si habiles mathématiciens nient un mathématicien éternel.

Ce n'était pas ainsi que pensaient Newton et Platon. Je me suis toujours rangé du parti de ces grands hommes. Ils adoraient un Dieu, et détestaient la superstition.

Je n'ai rien de commun avec les philosophes modernes que cette horreur pour le fanatisme intolérant; horreur bien raisonnable, et qu'il est utile d'inspirer au genre humain pour la sûreté des princes, pour la tranquillité des États et pour le bonheur des particuliers.

Voilà ce qui m'a lié avec des personnes de mérite, qui peut-être ont trop d'inflexibilité[1] dans l'esprit, qui se plient peu aux usages du monde, qui aiment mieux instruire que plaire, qui veulent se faire écouter, et qui dédaignent d'écouter; mais ils rachètent ces défauts par de grandes connaissances et par de grandes vertus.

J'ai d'ailleurs des raisons particulières d'être attaché à quelques-uns d'entre eux, et une ancienne amitié est toujours respectable.

Mais soyez bien persuadée, madame, que de toutes les amitiés la vôtre m'est la plus chère. Je n'envisage point sans une extrême amertume la nécessité de mourir sans m'être entretenu quelques jours avec vous; c'eût été ma plus chère consolation. Vos lettres y suppléent : je crois vous entendre quand je vous lis. Jamais personne n'a eu l'esprit plus vrai que vous. Votre âme se peint tout entière dans tout ce qui vous passe par la tête; c'est la nature elle-même avec un esprit supérieur; point d'art, point d'envie de se faire valoir, nul artifice, nul déguisement, nulle contrainte. Tout ce qui n'est pas dans ce caractère me glace et me révolte.

Je vous aime, madame, parce que j'aime le vrai : en un mot, je suis au désespoir de ne point passer quelques jours avec vous, avant de rendre ma chétive machine aux quatre éléments.

Vous ne m'avez point mandé si vous digérez. Tout le reste, en vérité, est bien peu de chose.

Faites-vous lire, madame, le rogaton que je vous envoie, et ne le donnez à personne; car, quelque bon serviteur que je sois de Henri IV, je ne veux pas me brouiller avec sainte Geneviève.

MMMMDLXXXIII. — A M. DAMILAVILLE.

27 janvier.

J'ai vu ce buste d'ivoire[2], mon cher ami : le buste est long, et les bras sont coupés. Il y a une draperie à l'antique sur un justaucorps : on a coiffé le visage d'une perruque à trois marteaux, et par-dessus la perruque, d'un bonnet qui a l'air d'un casque de dragon. Cela est tout à fait dans le grand goût et dans le costume. J'espère que ces pauvres sauvages, étant conduits, feront quelque chose de plus honnête.

Il y a un polisson de libraire à Paris, nommé Guillyn, qui demeure quai des Augustins. Je vous supplie de vouloir bien ordonner à Merlin de fournir un des six exemplaires complets à ce Guillyn, en y fourrant

---

1. Dalembert. (ÉD.)
2. Buste de Voltaire, par un ouvrier de Saint-Claude. (ÉD.)

Jeanne d'Arc, que Panckoucke doit fournir. Voici un petit *memorandum* pour ce Guillyn, que votre protégé Merlin lui donnera.

J'ai une cruelle fluxion de poitrine : je ne peux ni parler, ni dormir, ni dicter, ni voir, ni entendre Voilà un plaisant buste à sculpter! Portez-vous bien, mon cher frère, et, soit que je vive, soit que je meure, *écr. l'inf....*

MMMMDLXXXIV. — A M. DE CHABANON.

A Ferney, 31 janvier.

J'ai tardé bien longtemps à vous répondre, monsieur, mais j'ai dû craindre de ne vous répondre jamais; j'ai eu une fluxion sur la poitrine, sur les yeux, et sur les oreilles; je ne parlais ni ne voyais. Le premier usage que je fais de la voix qui m'est un peu revenue est de dicter mes sentiments. Vous sentez combien je désire d'avoir l'honneur de vous voir dans ma retraite, tout indigne qu'elle est à présent de votre visite. Nous sommes presque à l'air par un froid affreux, mais nous trouverons de quoi vous mettre à couvert et vous chauffer. J'ai peur qu'étant avec M. et Mme de La Chabalerie, vous ne vous empressiez pas trop de les quitter pour nos déserts. Madame votre sœur mérite assurément la préférence sur moi : mais, quand vous voudrez partager vos faveurs, j'en aurai toute la reconnaissance possible. Vous me trouverez peut-être encore bien malade; mais vous trouverez chez moi tout ce qui reste de la famille de Corneille, père, fille et petite-fille; vous trouverez Mme Denis, ma nièce, qui récite des vers comme vous en faites, car je vous avertis qu'il y en a d'extrêmement beaux dans votre *Virginie*. Nous raisonnerons de tout cela quand j'aurai la force de raisonner; il n'en faut pas pour vous aimer, cela ne coûte aucun effort. Je vous attends, et je vous recevrai comme je vous écris, sans cérémonie.

MMMMDLXXXV. — A FRÉDÉRIC II, ROI DE PRUSSE.

1ᵉʳ février.

Sire, je vous fais très-tard mes remerciments; mais c'est que j'ai été sur le point de ne vous en faire jamais aucun. Ce rude hiver m'a presque tué; j'étais tout près d'aller trouver Bayle, et de le féliciter d'avoir eu un éditeur [1] qui a encore plus de réputation que lui dans plus d'un genre; il aurait sûrement plaisanté avec moi de ce que Votre Majesté en a usé avec lui comme Jurieu; elle a tronqué l'article *David*. Je vois bien qu'on a imprimé l'ouvrage sur la seconde édition de Bayle. C'est bien dommage de ne pas rendre à ce David toute la justice qui lui est due; c'était un abominable Juif, lui et ses psaumes. Je connais un roi plus puissant que lui et plus généreux, qui, à mon gré, fait de

---

1. Il venait de paraître un *Extrait du dictionnaire de Bayle, avec une préface*, Berne (Berlin), 1766, deux volumes, in-8. C'est un choix des *articles les plus philosophiques* dans lesquels M. Bayle a supérieurement réussi. Ce choix avait été fait par Frédéric, auteur de la préface intitulée *Avant-propos*, et qui est le panégyrique de Bayle. (*Note de M. Beuchot*.)

meilleurs vers. Celui-là ne fait point danser les collines comme des béliers, et les béliers comme des collines [1]. Il ne dit point qu'il faut écraser les petits enfants contre la muraille [2], au nom du Seigneur; il ne parle point éternellement d'aspics et de basilics. Ce qui me plaît surtout de lui, c'est que, dans toutes ses épîtres il n'y a pas une seule pensée qui ne soit vraie; son imagination ne s'égare point. La justesse est le fonds de son esprit; et en effet, sans justesse il n'y a ni esprit ni talent.

Je prends la liberté de lui envoyer [3] un caillou du Rhin pour un boisseau de diamants. Voilà les seuls marchés que je puisse faire avec lui.

Les dévotes de Versailles n'ont pas été trop contentes du peu de confiance que j'ai en sainte Geneviève; mais le monarque philosophe prendra mon parti.

Puisque les aventures de Neuchâtel l'ont fait rire, en voici d'autres [4] que je souhaite qui l'amusent. Comme ce sont des affaires graves qui se passent dans ses États, il est juste qu'elles soient portées au tribunal de sa raison.

Il y a en France un nouveau procès tout semblable à celui des Calas [5]; et il paraîtra dans quelque temps un mémoire signé de plusieurs avocats, qui pourra exciter la curiosité et la sensibilité. On verra que nos papistes sont toujours persuadés que les protestants égorgent leurs enfants pour plaire à Dieu. Si Sa Majesté veut avoir ce mémoire, je la supplie de me faire dire par quelle voie je dois l'adresser. J'ignore s'il faut le mettre à la poste, ou le faire partir par les chariots d'Allemagne.

MMMMDLXXXVI. — A M. ÉLIE DE BEAUMONT.

Ferney, 1er février.

Je vous assure, monsieur, qu'un des beaux jours de ma vie a été celui où j'ai reçu le mémoire que vous avez daigné faire pour les Sirven. J'étais accablé de maux; ils ont tous été suspendus. J'ai envoyé chercher le bon Sirven, je lui ai remis ces belles armes avec lesquelles vous défendez son innocence; il les a baisées avec transport. J'ai peur qu'il n'en efface quelques lignes avec les larmes de douleur et de joie que cet événement lui fait répandre. Je lui ai confié votre mémoire et vos questions; il signera, et fera signer par ses filles, la consultation; il parafera toutes les pages, ses filles les paraferont aussi; il rappellera sa mémoire, autant qu'il pourra, pour répondre aux questions que vous daignez lui faire; vous serez obéi en tout comme vous devez l'être. Il cherche actuellement des certificats; j'ai écrit à Berne pour lui en procurer.

Permettez, monsieur, que je paye tous les avocats qui voudront rece-

---

1. Psaume CXIII, verset 4. (ÉD.) — 2. Ps. CXXXVI, v. 9. (ÉD.)
3. L'Épître à Henri IV. (ÉD.)
4. On venait de brûler l'*Abrégé de l'histoire ecclésiastique de Fleury*, dont l'avant-propos est de Frédéric. (ÉD.)
5. L'affaire de Sirven. (ÉD.)

voir les honoraires de la consultation. Je n'épargnerai ni dépenses ni soins pour vous seconder de loin dans les combats que vous livrez avec tant de courage en faveur de l'innocence. C'est rendre en effet service à la patrie que de détruire les soupçons de tant de parricides. Les huguenots de France sont à la vérité bien sots et bien fous, mais ce ne sont pas des monstres.

J'enverrai votre factum à tous les princes d'Allemagne qui ne sont pas bigots; je vous demande en grâce de me laisser le soin de le faire tenir aux puissances du Nord; j'ai l'ambition de vouloir être la première trompette de votre gloire à Pétersbourg et à Moscou.

Vous m'avez ordonné de vous dire mon avis sur quelques petits détails qui appartiennent plus à un académicien qu'à un orateur; j'ai usé et peut-être abusé de cette liberté; vous serez, comme de raison, le juge de ces remarques. J'aurai l'honneur de vous les envoyer avec votre original; mais, en attendant, il faut que je me livre au plaisir de vous dire combien votre ouvrage m'a paru excellent pour le fond et pour la forme. Cette consultation était bien plus difficile à faire que celle des Calas; le sujet était moins tragique, l'objet de la requête moins favorable, les détails moins intéressants. Vous vous êtes tiré de toutes ces difficultés par un coup de l'art, vous avez su rendre cette cause celle de la nation et du roi même. Vos mémoires sur les Calas sont de beaux morceaux d'éloquence; celui-ci est un effort du génie.

Je vois que vous avez envie de rejeter dans les notes quelques preuves et quelques réflexions de jurisprudence qui peuvent couper le fil historique et ralentir l'intérêt. Je vous exhorte à suivre cette idée; votre ouvrage sera une belle oraison de Cicéron, avec des notes de la main de l'auteur.

J'attends Sirven avec grande impatience pour relire votre chef-d'œuvre, et ce ne sera pas sans enthousiasme. Si j'avais votre éloquence, je vous exprimerais tout ce que vous m'avez fait sentir.

MMMMDLXXXVII. — A M. DAMILAVILLE.

2 février.

Mon cher ami, me voilà bien embarrassé. Je n'ai point Wagnière. Il est allé voir à Lausanne son père, qui se meurt d'une maladie contagieuse qui désole notre pauvre pays. Il risque beaucoup dans ce voyage. J'en suis très-inquiet, mais je ne puis empêcher un fils d'aller prendre soin de la vie de son père. Voici des papiers très-importants sur l'affaire de Sirven, pour le généreux M. de Beaumont. Je n'ai actuellement ni le temps ni la force de lui écrire. Je vous supplie de lui dire à quel point va mon enthousiasme pour lui; c'est précisément le même que je me sens pour vous.

MMMMDLXXXVIII. — AU MÊME.

2 février.

Mon cher frère, il y a deux hommes attendris et hors d'eux-mêmes: c'est Sirven et moi. Vous trouverez ici mes remerciments au généreux M. de Beaumont : je vous prie de les lui faire passer. Je renverrai incessamment son mémoire. Je commence à espérer beaucoup. Il me paraît bien difficile qu'on résiste à des faits si avérés, à de si bons raisonnements, et à tant d'éloquence.

M. Bastard, premier président du parlement de Toulouse, que sa compagnie tient toujours exilé à Paris, pourra nous servir bien utilement. Je ne vous dis rien du factum; vous verrez exactement ce que j'en pense dans la lettre que j'écris à l'auteur. Je vous enverrai le billet de Merlin dès que je serai sorti de mon lit, où je suis, et que j'aurai fouillé dans mes paperasses.

Mes voisins les Génevois sont toujours très-tranquilles. On n'a pas voulu me croire. J'assurai toujours qu'il n'y aurait pas la moindre ombre de tumulte. Il est plaisant de se donner la peine d'envoyer des ambassadeurs, parce que dans une petite ville fort au-dessous d'Orléans et de Tours, il y a deux avis différents. Depuis les grenouilles et les rats, qui prièrent Jupiter de venir les accommoder, il ne s'est vu rien de semblable.

Je suis toujours très-languissant. J'ai besoin du repos de l'âme. Je voudrais qu'on cessât de prendre garde à moi, et qu'on ne m'imputât point de mauvaises plaisanteries que deux hommes de l'Académie de Berlin ont faites depuis quelques mois sur les miracles de Rousseau. Ce sont des lettres dont en effet quelques-unes sont assez comiques, mais qui pourraient l'être davantage, si on s'était livré à tout ce que le sujet fournissait.

Je n'ai point encore reçu le ballot de Fauche. Tout le monde m'abandonne dans cette rude saison : vous en jugerez par la réponse que je fais à Briasson. Je recommande ce petit billet à vos bontés.

MMMMDLXXXIX. — A M. ÉLIE DE BEAUMONT.

3 février.

Les Sirven arrivent dans le moment, avec réponse à tout. Je crois ne pouvoir mieux faire que de ne pas différer à vous envoyer le paquet; je l'adresse, par la poste, à M. Héron, premier commis de la chancellerie et des finances, et je vous fais parvenir cette lettre par mon cher et vertueux ami M. Damilaville, afin que s'il arrive malheur à l'un de ces paquets, l'autre puisse y remédier.

Je présente mon respect à l'illustre personne digne d'être la femme de M. de Beaumont.

MMMMDXC. — A M. LE MARQUIS DE XIMENÈS.

Ferney, 3 février.

Je n'ai rien à vous mander, monsieur le marquis, et cependant je vous écris. J'ai pensé mourir de froid et de fluxion de poitrine. Je ne suis pas encore tout à fait en vie; mes dernières volontés sont que vous ayez la bonté de faire rendre les deux chiffons ci-joints à vos deux protégés, MM. De La Harpe et de Chamfort. Je vous serai très-obligé de vouloir bien être mon exécuteur testamentaire. Je vous prie par ce codicille de continuer à être inflexible sur les mauvais ouvrages et sur le mauvais goût; de juger des choses malgré les noms, de ne jamais souffrir le galimatias, se trouvât-il dans Pierre Corneille; de trouver le roman de *Julie* détestable au nez des dames qui l'admiraient en bâillant, etc. etc.

Je me fais faire un petit tombeau dans mon cimetière. Pompignan se ferait enterrer sur le maître autel. Vous ferez, s'il vous plaît, mon épitaphe, et vous y direz que je pensais comme vous. Vivez heureux!

MMMMDXCI. — A M. LE COMTE D'ARGENTAL.

4 février.

Je renvoie à mes divins anges le mémoire de M. de La Voute pour les comédiens. Je les supplie très-humblement de trouver que j'ai raison, parce que je crois avoir raison; mais, s'ils me condamnent, je croirai que j'ai tort. La tournure que vous avez prise est très-habile. La déclaration du roi sera un bouclier contre la prêtraille. Elle sera enregistrée; et quand les cuistres refuseront la sépulture à un citoyen pensionnaire du roi, on leur lâchera le parlement. Ne vous ai-je pas mandé que ma Catherine vient de chasser les capucins, pour n'avoir pas voulu enterrer un vicaire français?

Vous êtes donc de très-bons politiques; vous auriez donc arrangé les Génevois en vous jouant? On dit M. le chevalier de Beauteville malade; il peut se donner tout le temps de raffermir sa santé, rien ne presse; il n'y a pas eu une patte de froissée dans la guerre des rats et des grenouilles[1]. M. Cromelin est un peu ardent; on aurait dit que le feu était aux quatre coins de Genève. Comptez que les médiateurs se mettront à pouffer de rire, quand ils verront de quoi il s'agit. On a trompé M. le duc; on l'a engagé à précipiter ses démarches. Les Zurichois, qui n'aiment pas à dépenser leur argent inutilement, commencent à murmurer qu'on les envoie chercher pour une querelle d'auteur; car c'est là l'unique fond de la noise. Si je ne m'occupais pas tout entier de l'affaire des Sirven, qui est plus sérieuse, je ferais un petit *Lutrin* de la querelle de Genève. J'ai vu l'esquisse du mémoire d'Élie de Beaumont. Je me flatte qu'il fera un très-grand effet, et que nous obtiendrons un arrêt d'attribution. Vous nous protégerez, mes chers anges. Il est bon d'écraser deux fois le fanatisme; c'est un monstre qui lève toujours la tête. J'ai dans la mienne de soulever l'Europe pour les Sirven; vous m'aiderez.

Respect et tendresse.

MMMMDXCII. — A M. JABINEAU DE LA VOUTE.

4 février.

Monsieur, vous sentez bien que je suis partie dans la cause que vous défendez si bien; je vous dois autant de remerciments que d'éloges; votre mémoire me parait convaincant.

1. C'est-à-dire dans la querelle des Génevois. (ÉD.)

Oserais-je vous supplier seulement de ne point faire sans correctif le triste aveu qu*e* les comédiens ont été déclarés infâmes à Rome?

Premièrement, je ne vois point de loi expresse, permanente et publiquement reconnue, qui prononce cette infamie. La loi dont les ennemis des arts triomphent est au titre II du livre II du *Digeste*. Cette loi ne fait point partie des lois romaines, ce n'est qu'un édit du préteur, et cet édit changeait tous les ans. C'est Ulpien qui cite cet édit, sans dire à quelle occasion il fut promulgué, et dans quelles bornes il était renfermé. Ulpien est, chez les Romains, ce que sont, chez les Welches, Charondas, Rebuffe, et autres, qu'on n'a jamais pris pour des législateurs.

2° Il n'y a aucun jurisconsulte romain ni aucun auteur qui ait dit qu'on regardât comme infâmes ceux qui déclamèrent des tragédies et qui récitèrent des comédies sur les théâtres construits par les consuls et par les empereurs. Ne doit-on pas interpréter des édits vagues et obscurs par des lois claires et reconnues qui les expliquent? Si l'édit rapporté au livre II du *Digeste* parle de l'infamie attachée à ceux qui *in scenam prodeunt*, la loi de Valentinien, qu'on trouve au titre IV du livre I*er* du Code, donne le sens précis de la loi du préteur, citée au *Digeste*. Elle dit : *Mimæ, et quæ ludibrio corporis sui quæstum faciunt*, etc. Les mimes et celles qui prostituent leurs corps, etc.

Or, certainement, les acteurs qui représentaient les pièces de Térence, de Varus, de Sénèque, n'étaient ni des mimes, ni des danseuses de corde qui recevaient des soufflets sur le théâtre pour de l'argent, comme Théodora, femme de Justinien, qui fit ce beau métier avant que d'être impératrice.

3° La loi du même Code, au titre *De lenonibus* (des maquereaux et maquerelles), défend de forcer une femme libre, et même une servante, à monter sur la scène. Mais sur quelle scène? et puis n'est-il pas également défendu de forcer une femme à se faire religieuse?

4° L'article *Mathematicos* déclare les mathématiciens infâmes, et les chasse de la ville. Cela prouverait-il que l'Académie des sciences est déclarée infâme par les lois romaines? Il est évident que, par le terme *mathematicos*, les Romains n'entendaient pas nos géomètres, et que, par celui de *mimes*, ils n'entendaient pas nos acteurs. La chose est si évidente que, par la loi de Théodose, d'Arcadius, et d'Honorius, *Si quis in publicis porticibus*, etc. (livre II, titre XXXVI), il n'est défendu qu'*aux pantomimes et aux vils histrions d'afficher leurs images dans les lieux* où sont les images des empereurs. La source de la méprise vient donc de ce que nous avons confondu les bateleurs avec ceux qui faisaient profession de l'art aussi utile qu'honnête de représenter les tragédies et les comédies.

5° Loin que cet art, si différent de celui des histrions et des mimes, fût mis au rang des choses déshonnêtes, il fut compté presque toujours parmi les cérémonies sacrées. Plutarque est bien éloigné de rapporter l'origine de la tragédie à la fable vulgaire que Thespis, au temps des vendanges, promenait sur un tombereau des ivrognes barbouillés de lie, qui amusaient les paysans par des quolibets. Si les spectacles avaient commencé ainsi dans la savante Grèce, il est indubitable qu'on aurait eu d'abord des farces avant que d'avoir des poëmes tragiques : ce fut tout le contraire. Les premières pièces de théâtre, chez les Grecs, furent des tragédies dans lesquelles on chantait les louanges des dieux : la moitié de la pièce était composée d'hymnes. Plutarque nous apprend que cette institution vient de Minos; ce fut un législateur, un pontife, un roi qui inventa la tragédie en l'honneur des dieux. Elle fut toujours regardée dans Athènes comme une solennité sainte : l'argent employé à ces cérémonies était aussi sacré que celui des temples. Montesquieu, qui se trompe presque à chaque page, regarde[1] comme une folie, chez les Athéniens, de n'avoir pas détourné, pour la guerre du Péloponèse, l'argent destiné pour le théâtre : mais c'est que ce trésor était consacré aux dieux. On craignait de commettre un sacrilége, et il fallut toute l'éloquence de Démosthène (dans sa seconde Olynthienne) pour éluder une loi qui tenait de si près à la religion. Puisque le théâtre tragique était saint chez les Grecs, on voit bien que la profession d'acteur était honorable. Les auteurs étaient acteurs quand ils en avaient le talent. Eschine, magistrat d'Athènes, fut auteur et acteur; Paulus, acteur, fut envoyé en ambassade.

Ce spectacle était si religieux, que, dans la première guerre punique, les Romains l'établirent pour conjurer les dieux de faire cesser le fléau de la contagion. Jamais il n'y eut à Rome de théâtre qui ne fût consacré aux dieux, et qui ne fût rempli de leurs simulacres.

Il est très-faux que la profession d'acteur fut ensuite abandonnée aux seuls esclaves. Il arriva que les Romains, ayant subjugué tant de nations, employèrent les talents de leurs esclaves. Il n'y eut guère chez eux de mathématiciens, de médecins, d'astronomes, de sculpteurs et de peintres, que des Grecs ou des Africains pris à la guerre. Térence, Épictète, furent esclaves. Mais de ce que les peuples conquis exerçaient leurs talents à Rome, on ne doit pas conclure que les citoyens romains ne pussent signaler les leurs.

Je ne puis comprendre comment M. Huerne a pu dire que « Roscius n'était pas citoyen romain; que Cicéron, son orateur adverse, employa contre lui les lois de la république, sa naissance, et la vénalité des spectacles, et que Roscius n'eut rien de solide à lui opposer. » Comment peut-on dire tant de sottises, en si peu de paroles, *dans l'ordre des lois, dans l'ordre de la société, et dans l'ordre de la religion, par le secours d'une littérature agréable et intéressante?* Ce pauvre homme a trop nui à la cause qu'il voulait défendre. Comment a-t-il pu ignorer que Cicéron plaida pour Roscius, au lieu d'être son avocat adverse? qu'il ne s'agissait point du tout de citoyen romain, mais d'argent? Cicéron dit que Roscius fut toujours très-libéral et très-généreux; qu'il avait pu gagner trois millions de sesterces, et qu'il ne l'avait pas voulu. Est-ce là un esclave? Roscius était un citoyen qui formait une académie d'acteurs. Plusieurs chevaliers romains exercèrent leurs talents sur le théâtre. Nous avons encore le catalogue des prêtres

---

1. *Esprit des lois*, livre III, chapitre III. (ÉD.)

qui desservaient le temple d'Auguste à Lyon; on y trouve un comédien.

Lorsque le christianisme prit le dessus, on s'éleva contre les théâtres consacrés aux dieux. Saint Grégoire de Nazianze leur opposa des tragédies tirées de l'*Ancien* et du *Nouveau Testament*. Cette mode barbare passa en Italie; de là nos mystères; et ce terme de *mystère* devint tellement propre aux pièces de théâtre, que les premières tragédies profanes que l'on fit dans le jargon welche furent aussi appelées *mystères*.

Vous verrez d'un coup d'œil, monsieur, ce qu'il faut adopter ou retrancher de tout ce fatras d'érudition comique.

Mais je vous prie de ne point mettre dans le projet de déclaration: *Voulons et nous plaît que tout gentilhomme et demoiselle puisse représenter sur le théâtre*, etc.; cette clause choquerait la noblesse du royaume. Il semblerait qu'on inviterait les gentilshommes à être comédiens; une telle déclaration serait révoltante. Contentons-nous d'indiquer cette permission, sans l'exprimer, d'autant plus qu'il n'est point du tout prouvé que Floridor fût gentilhomme. Il se vantait de l'être, il ne le prouva jamais; on le favorisa, on ferma les yeux. Ce qui peut d'ailleurs se dire historiquement ne peut se dire quand on fait parler le roi. Il faut tâcher de rendre l'état de comédien honnête et non pas noble.

Je vous demande pardon, monsieur, de tout ce que je viens de dicter à la hâte; vous le rectifierez. J'insiste sur l'infamie prononcée contre les mathématiciens; cet exemple me paraît décisif. Nos mathématiciens, nos comédiens, ne sont pas ceux qui encoururent quelquefois par les lois romaines une note d'infamie; certainement cette infamie qu'on objecte n'est qu'une équivoque, une erreur de nom.

Je finis comme j'ai commencé, par vous remercier, et par vous dire combien je vous estime. Agréez les respectueux sentiments de votre, etc.

MMMMDXCIII. — A M. DAMILAVILLE.

4 février.

Il est arrivé, il est arrivé, le ballot Briasson! On relie jour et nuit. Je grille d'impatience. Mille compliments à Protagoras.

Voici un certificat de ma façon pour les Sirven. Consultez avec Élie s'il est admissible. Je voudrais bien que ce divin Élie m'envoyât un précis de son mémoire, dépouillé entièrement des accessoires qui sont nécessaires pour les juges, et qui ne font que ralentir l'intérêt et refroidir les lecteurs étrangers. J'enverrais ce précis à tous les princes protestants et à l'impératrice de l'Église grecque. Je l'accompagnerais d'un petit discours sur le fanatisme, qui n'est pas d'un bigot, mais qui est, je crois, d'un bon citoyen. Mon cher frère, je veux soulever l'Europe en faveur des Sirven.

Voici une feuille que je détache des *Mélanges*, et que je vous envoie pour en régaler Élie. Je ne sais plus où demeure l'indolent Thieriot.

MMMMDXCIV. — A M. LE COMTE D'ARGENTAL.

10 février.

J'ai reçu hier, de la main d'un de mes anges, une lettre qui commençait par *Monsieur mon cher cousin*. Comme à moi tant d'honneur n'appartient, je regardai au bas, et je vis qu'elle était adressée à M. le président de Baral, à qui je l'envoie.

J'ai soupçonné que, par la même méprise, il aura reçu pour moi une lettre à laquelle il n'aura rien compris, et j'espère qu'il me la renverra.

Je m'imagine que mes anges verront bientôt le mémoire d'Élie pour les Sirven, et qu'ils le protégeront de toute leur puissance. Cette affaire agite toute mon âme; les tragédies, les comédies, le *tripot*, ne me sont plus de rien; j'oublie qu'il y a des tracasseries à Genève; le temps va trop lentement; je voudrais que le mémoire d'Élie fût déjà débité, et que toute l'Europe en retentît. Je l'enverrais au mufti et au Grand Turc, s'ils savaient le français. Les coups que l'on porte au fanatisme devraient pénétrer d'un bout du monde à l'autre.

Il faut pourtant que je m'apaise un peu, et que je revienne au mémoire de M. de La Voute, en faveur du *tripot*. Je crois qu'il réussira; mais voudra-t-il bien faire usage de mes remarques? Je les croirai bien fondées, jusqu'à ce que vous m'ayez fait apercevoir du contraire. Il me paraît bien peu convenable que le roi dise, dans une déclaration: *Voulons et nous plaît que tout gentilhomme puisse être comédien.* Je tiens qu'il faut faire parler le roi plus décemment.

J'ai été bien ébaubi quand j'ai reçu une lettre pastorale du *révérendissime et illustrissime évêque et prince de Genève*, munie d'une lettre de M. de Saint-Florentin, qui demande une collecte pour nos soldats qui sont à Maroc. J'aurais souhaité une autre tournure; mais la chose est faite. On trouvera peu d'argent dans notre petite province. Ce roi de Maroc est un terrible homme; il demande environ huit cent mille francs pour deux cents esclaves, cela est cher.

Nous sommes toujours en Sibérie, cela n'accommode pas les gens de mon âge. Je crois que je serais fort aise d'être à Maroc pendant l'hiver. Nous avons toujours ici Pierre Corneille; mais il ne donnera point de tragédie cette année. Nos montagnes de neige n'ont pas encore permis à M. de Chabanon de venir chercher sa *Virginie*.

Je me mets au bout des ailes de mes anges.

MMMMDXCV. — A M. CONSTANT DORVILLE [1].

A Ferney, 11 février.

Je reçus hier, monsieur, le premier volume du recueil que vous avez bien voulu faire [1]; il était accompagné d'une lettre en date du 24 de décembre dernier. Je me hâte de vous remercier de votre lettre, du recueil, de l'épître dédicatoire à Mme la comtesse de Bouttourlin,

---

1. *Pensées philosophiques de Voltaire.* (ÉD.)

et de l'avis de l'éditeur. Ce sont autant de bienfaits dont je dois sentir tout le prix. Vous m'avez fait voir que j'étais plus ami de la vertu, et même plus théologien, que je ne croyais l'être. Il y a bien des choses que la convenance du sujet et la force de la vérité font dire sans qu'on s'en aperçoive; elles se placent d'elles-mêmes sous la main de l'auteur. Vous avez daigné les rassembler, et je suis tout étonné moi-même de les avoir dites.

Il faut avouer aussi que ceux qui m'ont persécuté ne doivent pas être moins étonnés que moi. Votre recueil est un arsenal d'armes défensives que vous opposez aux traits des Fréron, et des lâches ennemis de la raison et des belles-lettres.

Ma vieillesse et mes maladies m'avaient fait oublier presque tous mes ouvrages; vous m'avez fait renouveler connaissance avec moi-même. Je me suis retrouvé d'abord dans tout ce que j'ai dit de Dieu. Ces idées étaient parties de mon cœur si naturellement, que j'étais bien loin de soupçonner d'y avoir aucun mérite. Croiriez-vous, monsieur, qu'il y a eu des gens qui m'ont appelé athée? c'est appeler Quesnel moliniste. Chaque siècle a ses vices dominants; je crois que la calomnie est celui du nôtre. Cela est si vrai, que jamais on n'a dit tant de mal de Bayle que depuis une trentaine d'années. L'insolence avec laquelle on a calomnié le *Dictionnaire encyclopédique* est sans exemple. Le malheureux[1] qui fournit des mémoires contre cet important ouvrage poussa l'absurdité jusqu'au point de dire que, si on ne découvrait pas le venin dans les articles déjà imprimés, on le trouverait infailliblement dans les articles qui n'étaient pas encore faits. Cela me fait souvenir d'un abbé Desfontaines, écrivain de feuilles périodiques, qui, en rendant compte du *Minute Philosopher* du célèbre Berkeley, évêque de Cloyne, crut, sur le titre, que c'était un livre de plaisanteries contre la religion, et traita le vieil évêque de Cloyne comme un jeune libertin, sans avoir lu son ouvrage.

Ce Desfontaines a eu des successeurs encore plus ignorants et plus méchants que lui, qui n'ont cessé de calomnier les véritables gens de lettres. Jamais la philosophie n'a été plus répandue, et jamais cependant elle n'a essuyé de plus cruelles injustices. Ce sont ces injustices mêmes qui augmentent l'obligation que je vous ai.

Je ne sais, monsieur, si Mme de Bouttourlin, à qui vous me dédiez, est sœur de M. le comte de Voronzof, que j'ai eu l'honneur de voir chez moi, et qui est actuellement ambassadeur à la Haye; je vous supplie de vouloir bien lui présenter mes respects.

J'ai l'honneur d'être avec la plus sincère reconnaissance, monsieur, votre, etc.

MMMMDXCVI. — A M. DAMILAVILLE.

12 février.

Mon cher frère, je n'ai pas encore pu lire *Vingtième*, et j'en suis bien âché; *Vingtième* me tient au cœur : les relieurs sont bien lents. Je

1. Abraham Chaumeix, auteur des *Préjugés légitimes contre l'Encyclopédie*. (ÉD.)

vous envoie une lettre pour un M. Dorville que je n'avais pas l'honneur de connaître, mais à qui j'ai beaucoup d'obligations. C'est une bonne âme à qui Dieu a inspiré de me peindre au public en miniature. Lisez, je vous prie, la réponse que je lui fais : je voudrais que vous en prissiez une copie, et que vous la fissiez lire à Platon.

Ne pourrais-je point, par votre protection, avoir de Merlin une douzaine d'exemplaires de ce recueil? je les lui payerais exactement. Il faut que je joue un tour honnête à ce malheureux archevêque d'Auch. Il n'y aurait qu'à mettre pour lui à la poste le premier tome de ce recueil, et insérer à l'article *Dieu* un gros papier blanc sur lequel il y aurait ces mots : *Que la calomnie rougisse, et qu'elle se repente.* Faites-lui cette petite correction, je vous en supplie; je lui en prépare d'autres, car je n'oublie rien.

J'ai grande impatience de savoir ce que vous pensez du mémoire d'Élie. Je vous réponds que je lui donnerai des ailes pour le faire voler dans l'Europe.

Est-il vrai que l'*Encyclopédie* est débitée dans tout Paris sans que personne murmure? Dieu soit loué! On s'avise bien tard d'être juste.

Vous m'aviez promis de petits paquets par la diligence, adressés à MM. Lévesque et fils, banquiers à Lyon, avec lettre d'avis. Souvenez-vous de vos promesses, et ne laissez point mourir votre frère d'inanition.

MMMMDXCVII. — A M. LE COMTE D'ARGENTAL.

A Ferney, 12 février

Il est vrai, mes anges gardiens, que M. le duc de Praslin ne pouvait faire un meilleur choix que celui de M. le chevalier de Beauteville; la convenance y est tout entière. Vous savez que je suis intéressé plus que personne à tous les arrangements qu'on peut faire à Genève. J'ai quelque bien dans cette ville, mes terres sont à ses portes, beaucoup de Génevois sont dans ma censive; je vous supplie donc d'obtenir de M. le duc de Praslin qu'il ait la bonté de me recommander à M. l'ambassadeur.

Quant à l'objet de la médiation, je puis assurer qu'il n'y a qu'un seul point un peu important; et je crois, avec M. Hennin, que la France en peut tirer un avantage aussi honorable qu'utile. Il s'agit des bornes qu'on doit mettre au droit que les citoyens de Genève réclament de faire assembler le conseil général, soit pour interpréter des lois obscures, soit pour maintenir des lois enfreintes.

Il faut savoir si le petit conseil est en droit de rejeter, quand il lui plaît, toutes les représentations des citoyens sur ces deux objets; c'est ce qu'on appelle le droit négatif.

Vous pensez que ce droit négatif, étant illimité, serait insoutenable; qu'il n'y aurait plus de république; que le petit conseil des vingt-cinq se trouverait revêtu d'un pouvoir despotique, que tous les autres corps en seraient jaloux, et qu'il en naîtrait infailliblement des troubles interminables : mais aussi il serait également dangereux que le peuple eût le droit de faire convoquer le conseil général selon ses caprices.

Il est très-vraisemblable que les médiateurs, éclairés et soutenus par M. le duc de Praslin, fixeront les cas où le conseil général, qui est le véritable souverain de la république, devra s'assembler. J'ose espérer que les médiateurs, étant garants de la paix de Genève, demeureront toujours les juges de la nécessité ou de l'inutilité d'assembler le conseil général. L'ambassadeur de France en Suisse, étant toujours à portée, et devant avoir naturellement une grande influence sur les opinions de Zurich et de Berne, se trouvera le chef perpétuel d'un tribunal suprême qui décidera des petites contestations de Genève.

Il me semble que c'est l'idée de M. Hennin. Lorsque, dans les occasions importantes, la plus nombreuse partie des citoyens qui ont voix délibérative au conseil général demanderont qu'il soit assemblé, le conseil des vingt-cinq, joint au conseil des deux-cents, sera juge de cette réquisition en premier ressort; M. l'ambassadeur de France, l'envoyé de Berne, et le bourgmestre de Zurich, seront juges en dernier ressort; et ils prononceront sur les mémoires que les deux partis leur enverront.

Si ce règlement a lieu, comme il est très-vraisemblable, Genève sera toujours sous la protection immédiate du roi, sans rien perdre de sa liberté et de son indépendance.

On espère que cette protection pourra s'étendre jusqu'à faciliter aux Génevois les moyens d'acquérir des terres dans le pays de Gex. Plus le roi de Sardaigne les moleste vers la frontière de la Savoie, plus nous profiterions, sur nos frontières, des grâces que Sa Majesté daignerait leur faire. Le pays produirait bientôt au roi le double de ce qu'il produit; nos terres tripleraient de prix, les droits de mouvance seraient fréquents et considérables; les Génevois rendraient insensiblement à la France une partie des sommes immenses qu'ils tirent de nous annuellement, et ils seraient sous la main du ministère.

Ce qui empêche jusqu'à présent les Génevois d'acquérir dans notre pays, c'est que non-seulement on les met à la taille, mais on les charge excessivement. M. Hennin et M. Fabry croient qu'il sera très-aisé de lever cet obstacle, en imposant, sur les acquisitions que les Génevois pourront faire, une taxe invariable qui ne les assujettira pas à l'avilissement de la taille, et qui produira davantage au roi.

J'ajoute encore que, par cet arrangement, il sera bien plus aisé d'empêcher la contrebande; mais cet objet regarde les fermes générales.

Il ne m'appartient pas de faire des propositions; je me borne à des souhaits. Vous me direz que je suis un peu intéressé à tout cela, et que Ferney deviendrait une terre considérable : je l'avoue; mais c'est une raison de plus pour que je demande la protection de M. le duc de Praslin, et ce n'est pas une raison pour qu'il me la refuse. Je vous supplie donc instamment, mes divins anges, de lui présenter mes idées, mes requêtes, et mon très-respectueux attachement.

N. B. Je ne sais pourquoi les Génevois disent toujours *le roi de France notre allié.* Addison prétend que, quand il passa par Monaco, le concierge lui dit : « Louis XIV et Mgr mon maître ont toujours vécu en bonne intelligence, quand la guerre était allumée dans toute l'Europe. »

Je me mets à l'ombre de vos ailes.

MMMMDXCVIII. — A M. Hennin.

Ferney, 15 février.

J'ai l'honneur, monsieur, de vous envoyer le petit catafalque de campagne. On ne dira pas de celui-là :

  Et dans ces grands tombeaux où leurs âmes hautaines
    Font encore les vaines,
    Ils sont mangés des vers.
   Malherbe, paraph. du Ps. cxlv.

Il n'y aura ni vers ni âme. M. Racle viendra ajuster cette triste décoration, et sera à vos ordres. Je voudrais bien y être aussi, mon cœur y est ; mais si l'esprit est prompt, la chair est faible, je ne puis quitter le coin du feu.

J'ai entendu votre canon, tandis que vous buviez ; nous avons bu à votre santé au bruit de ce tintamarre. Quand les médiateurs suisses viendront, les Génevois ne tireront pas leur poudre aux moineaux. On dit que ces médiateurs sont d'une taille énorme, et que le syndic L'Agneau leur passera entre les jambes.

Il est venu aujourd'hui au chevet de mon lit deux filles de Genève, jeunes et jolies ; je leur ai demandé ce qu'elles voulaient. Elles m'ont dit qu'elles avaient des besoins ; je n'étais point du tout en état de les satisfaire. Je leur ai fait donner à déjeuner et de l'argent le plus innocemment du monde. Je leur conseille de venir à votre lever, mais l'une après l'autre, afin que vous ayez la liberté de satisfaire à leurs besoins pressants. Nous en avons un très-grand d'avoir l'honneur de vous voir.   V.

MMMMDXCIX. — A madame la marquise du Deffand.

19 février.

Il y a un mois, madame, que j'ai envie de vous écrire tous les jours ; mais je me suis plongé dans la métaphysique la plus triste et la plus épineuse, et j'ai vu que je n'étais pas digne de vous écrire.

Vous me mandâtes, par votre dernière lettre, que nous étions assez d'accord tous deux sur ce qui n'est pas ; je me suis mis à rechercher ce qui est. C'est une terrible besogne ; mais la curiosité est la maladie de l'esprit humain. J'ai du moins la consolation de voir que tous les fabricateurs de systèmes n'en savaient pas plus que moi, mais ils font tous les importants, et je ne veux pas l'être : j'avoue franchement mon ignorance.

Je trouve d'ailleurs dans cette recherche, quelque vaine qu'elle puisse être, un assez grand avantage. L'étude des choses qui sont si fort au-dessus de nous rend les intérêts de ce monde bien petits à nos yeux ;

et, quand on a le plaisir de se perdre dans l'immensité, on ne se soucie guère de ce qui se passe dans les rues de Paris.

L'étude a cela de bon qu'elle nous fait vivre tout doucement avec nous-mêmes, qu'elle nous délivre du fardeau de notre oisiveté, et qu'elle nous empêche de courir hors de chez nous pour aller dire et écouter des riens d'un bout de la ville à l'autre. Aussi, au milieu de quatre-vingts lieues de montagnes de neige, assiégé par un très-rude hiver, et mes yeux me refusant le service, j'ai passé tout mon temps à méditer.

Ne méditez-vous pas aussi, madame? ne vous vient-il pas aussi quelquefois cent idées sur l'éternité du monde, sur la matière, sur la pensée, sur l'espace, sur l'infini? Je suis tenté de croire qu'on pense à tout cela quand on n'a plus de passions, et que tout le monde est comme Matthieu Garo, qui recherche pourquoi les citrouilles ne viennent pas au haut des chênes.

Si vous ne passez pas votre temps à méditer quand vous êtes seule, je vous envoie un petit imprimé sur quelques sottises de ce monde[1], lequel m'est tombé entre les mains. Je ne sais s'il vous amusera beaucoup: cela ne regarde que Jean-Jacques Rousseau, et des polissons de prêtres calvinistes.

L'auteur est un goguenard de Neuchâtel, et les plaisants de Neuchâtel pourront fort bien vous paraître insipides; d'ailleurs on ne rit point du ridicule des gens qu'on ne connaît point. Voilà pourquoi M. de Mazarin disait qu'il ne se moquait jamais que de ses parents et de ses amis. Heureusement ce que je vous envoie n'est pas long; et, s'il vous ennuie, vous pourrez le jeter au feu.

Je vous souhaite, madame, une vie longue, un bon estomac, et toutes les consolations qui peuvent rendre votre état supportable; j'en suis toujours pénétré. Je vous prie de dire à M. le président Hénault que je ne cesserai jamais de l'estimer de tout mon esprit, et de l'aimer de tout mon cœur. Permettez-moi les mêmes sentiments pour vous, qui ne finiront qu'avec ma vie.

P. S. Je vous plains beaucoup d'avoir perdu M. Crawford; je sens bien qu'il était digne de vous entendre. On ne regrette que les gens à qui l'on plaît, excepté en amour, s'entend.

MMMMDC. — A M. DAMILAVILLE.

21 février.

J'ai donc commencé, mon cher ami, par lire *le Vingtième*[2]. C'est l'ouvrage d'un excellent citoyen, et d'un philosophe qui a de grandes vues; je le relirai avec plus d'attention encore. Je suis un peu fâché, à la première lecture, que l'auteur n'aime pas J. B. Colbert. Il me semble qu'il ne pardonne pas assez à un ministre qui fut jeté hors de toutes ses mesures par les guerres de Louis XIV, et par la magnificence de ce monarque. Il fut obligé de faire pour quatre cents millions d'af-

1. La collection des *Lettres sur les miracles*. (ÉD.)
2. Les articles *Vingtième* et *Population*, dans l'*Encyclopédie*, sont de M. Damilaville, qui les attribuait à feu M. Boulanger. (*Éd. de Kehl.*)

faires avec les traitants, immédiatement après avoir signé un arrêt par lequel il était défendu à jamais d'en faire. Il faut songer que le duc de Sulli n'avait point de Louvois qui le contrariait éternellement. Quoi qu'il en soit, je suis pénétré de la plus haute estime pour feu M. Boulanger.

J'ai reçu une lettre charmante de M. de Beaumont. Je ferai tout ce qu'il m'ordonne, et je lui écrirai incessamment.

Le bruit a couru dans notre pays de neige que le roi de Prusse était mort; mais cette nouvelle n'est point confirmée. Si elle l'était, son tombeau pourrait bien être comme celui des anciens princes tartares, sur lequel on immolait des hommes : il ne serait pas hors de vraisemblance que, dans quelque temps, la guerre recommençât en Allemagne.

Il me paraît qu'à Paris on ne songe qu'à son plaisir. Cela prouve qu'on a de l'argent; mais il faudra qu'on en ait beaucoup, si les cinquante millions se remplissent.

Je suis bien aise qu'on ait en France un peu de sévérité sur l'entrée des livres étrangers. On en imprime de si pitoyables et de si ridicules, que c'est très-bien fait d'écarter cette vermine; mais Cramer est la victime d'une méprise singulière, à l'occasion de cette défense. Il envoyait en Hollande un recueil de *Mélanges littéraires*, en trois volumes, dans lequel, sans me consulter, il a fourré quelques ouvrages qu'il a attrapés de moi; et il envoyait en France des suppléments de *Corneille*, et d'autres œuvres permises. On s'est trompé : on a adressé les *Mélanges* en France, et le *Corneille* en Hollande. J'espère que sa bonne foi le tirera de ce mauvais pas.

MMMMDCI. — De Frédéric II, roi de Prusse.

A Potsdam, le 25 février.

J'aurais été fâché de vous savoir sitôt en la compagnie de Bayle. Hâtez-vous lentement à faire ce voyage, et souvenez-vous que vous faites l'ornement de la littérature française dans ce siècle, où les lettres humaines commencent à dépérir. Mais vous vivrez longtemps : votre vieillesse est comme l'enfance d'Hercule. Ce dieu écrasait des serpents dans son berceau; et vous, chargé d'années, vous écrasez l'*inf....*

Vos vers sur la mort du Dauphin sont beaux. Je crois qu'ils ont attaqué sainte Geneviève mal à propos, parce que la reine et la moitié de la cour ont fait des vœux ridicules, au cas que le Dauphin en réchappât. Vous n'ignorez pas sans doute la sainte conversation de l'évêque de Beauvais avec Dieu, qui lui répondit : « Nous verrons ce que nous avons à faire. »

Dans un temps où les évêques parlent à Dieu, et où les reines font des pèlerinages, les ossements des bergères l'emportent sur les statues des héros, et on plante là les philosophes et les poëtes. Les progrès de la raison humaine sont plus lents qu'on ne le croit. En voici la véritable cause : presque tout le monde se contente d'idées vagues des choses; peu ont le temps de les examiner et de les approfondir. Les uns, garrottés par les chaînes de la superstition dès leur enfance, ne veulent ou ne peuvent les briser; d'autres, livrés aux frivolités, n'ont pas un mot de géométrie dans leur tête, et jouissent de la vie sans qu'un moment de réflexion interrompe leurs plaisirs. Ajoutez à cela des âmes timides, des femmes peureuses; et ce total compose la société. S'il se trouve donc un homme sur mille qui pense, c'est beaucoup. Vous et vos semblables écrivez pour lui; le reste se scandalise, et vous damne charitablement. Pour moi, qui ne vous scandalise point, je ferai mon profit honnête du mémoire des avocats, et de toutes les bonnes pièces que vous voudrez m'envoyer.

Je crois qu'il faut que toute la correspondance de la Suisse passe par Francfort-sur-le-Mein pour nous parvenir. Je n'en suis cependant pas informé au juste. Ah! si du moins vous aviez fait quelque séjour à Neuchâtel, vous auriez donné de l'esprit au modérateur et à sa sainte séquelle[1]. A présent ce canton est comme la Béotie, en comparaison de Ferney et des lieux où vous habitez, et nous comme les Lapons. N'oubliez pas ces Lapons; ils aiment vos ouvrages, et s'intéressent à votre conservation.

FÉDÉRIC.

MMMMDCII. — A M. DAMILAVILLE.

26 février

Je viens de lire, mon cher ami, un morceau qui regarde la *Population*; j'en ai été encore plus frappé que des choses excellentes qui sont dans *le Vingtième*. C'est bien dommage qu'il y ait si peu de chose de vous dans une collection si utile au genre humain. Je ne connaissais pas tous vos grands talents; je pensais que vos occupations journalières vous borneraient à aimer la vérité, et je ne savais pas que vous sussiez la dire avec tant de force et d'énergie. Vous n'employez les détails que pour faire sortir le fond, que vous rendez aussi lumineux qu'intéressant. Je veux bien du mal à la fortune, qui vous force d'examiner des comptes, quand vous voudriez donner tout votre temps à la philosophie.

Je vous avoue que je n'ai pu m'empêcher de rire en voyant que vous faites à la Suisse l'honneur de dire qu'elle est la contrée de l'Europe la plus peuplée. Les Suisses, au contraire, se plaignent de la dépopulation; leurs académies donnent, pour sujet de leurs prix, d'en trouver la cause et le remède. Ils disent que c'est la France qui est le pays de l'Europe le plus peuplé à proportion.

Vous voyez que chacun se plaint, et peut-être fort injustement. Le dénombrement du canton de Berne se monte à 375 000 âmes; et quand toute la Suisse fit sa grande émigration, du temps de César, le tout se montait à 365 000. Mais il y a du plaisir à se plaindre, et il y aura toujours des gens riches qui diront que le temps est dur.

Vous ne me dites plus rien de Bigex : vous ne me parlez plus de ce que vous me destiniez pour le carême. Mandez-moi, je vous en prie, pourquoi vous n'avez pas à Paris ce que j'ai à Neuchâtel. J'ose me flatter qu'une telle rigueur ne peut pas durer.

Embrassez pour moi tendrement Platon et Protagoras; dites les

---

1. Le pasteur Petit-Pierre. (ÉD.)

choses les plus tendres à M. de Beaumont. Ma santé est toujours fort chancelante; je n'ai plus d'estomac; il me reste un cœur qui vous aimera jusqu'au dernier moment. *Écr. l'inf*....

MMMMDCIII. — A M. LE DUC DE CHOISEUL.

Mon colonel, mon protecteur Messala, c'est pour le coup que je me jette très-sérieusement à vos pieds; ayez la bonté de lire jusqu'au bout.

Je vous dois tout, car c'est vous qui avez rendu ma petite terre libre; c'est vous qui avez marié Mlle Corneille, et qui avez tiré son père de la misère, par les générosités du roi et les vôtres, et celles de Mme la duchesse de Grammont.

C'est par vous que mon désert horrible a été changé en un séjour riant; que le nombre des habitants est triplé ainsi que celui des charrues, et que la nature est changée dans ce coin, qui était le rebut de la terre. Après ces bienfaits répandus sur moi, vous savez que je ne vous ai rien demandé que pour des Génevois; car que puis-je demander pour moi-même? je n'ai que des grâces à vous rendre.

Jean-Jacques Rousseau seul a troublé la paix de Genève et la mienne; Jean-Jacques, le précepteur des rois et des ministres, qui a imprimé, dans son *Contrat* insocial, « qu'il n'y a, à la cour de France, que de petits fripons qui obtiennent de petites places par de petites intrigues[1] » Jean-Jacques, qui veut que l'héritier du royaume épouse la fille du bourreau[2], si elle est jolie; Jean-Jacques, qui s'imagine follement que j'avais engagé le conseil de Genève à le proscrire; Jean-Jacques, qui s'appuya d'un colonel réformé au service de Savoie et pensionnaire d'Angleterre, nommé M. Pictet, pour commencer, sur cet unique fondement, la guerre ridicule que Genève fait à coups de plume depuis deux années.

Peut-être les Génevois, honteux d'un si impertinent sujet de discorde, n'ont osé avouer cette turpitude à M. le chevalier de Beauteville; et moi, qui ne peux sortir, et qui passe la moitié de ma vie dans mon lit, et l'autre en robe de chambre, je n'ai pu instruire M. l'ambassadeur de ces fadaises, dans le peu de temps qu'il a bien voulu me donner quand il a daigné venir voir ma retraite.

A la mort de M. de Montpéroux, toutes les têtes de Genève étaient dans une fermentation d'autant plus grande qu'il n'y avait en vérité aucun sujet de querelle. Des animosités, des aigreurs réciproques, de l'orgueil, de la vanité, de petits droits contestés, ont brouillé tous les corps de l'État pour jamais. Quelques personnes du conseil, plusieurs principaux citoyens, vinrent me trouver : je leur proposai de venir tous dîner chez moi souvent, et de vider leurs querelles gaiement, le verre à la main. Comme ils disputaient alors sur des questions de loi qui sont survenues, ou plutôt qu'on a fait survenir, j'envoyai un mémoire à des avocats de Paris, et je reçus une consultation fort sage.

M. Hennin arriva; je lui remis la consultation, et je ne me mêlai plus de rien.

1. *Contrat social*, livre III, chap. VI. (ÉD.) — 2. *Émile*, livre V. (ÉD.)

Les natifs de Genève vinrent me trouver, il y a quelques jours, et me prièrent de leur faire un compliment qu'ils devaient présenter à messieurs les médiateurs; je ne pus ni ne dus refuser cette légère complaisance à trente personnes qui me la demandaient en corps : un compliment n'est pas une affaire d'État. Ils revinrent après me communiquer une requête qu'ils voulaient donner à messieurs les plénipotentiaires; je leur recommandai de ne choquer ni leurs supérieurs ni leurs égaux. Je n'ai eu aucune autre part aux divisions qui agitent la petite fourmilière. Je demeure à deux lieues de Genève; j'achève mes jours dans la plus profonde retraite. Il ne m'appartient pas de dire mon avis, quand des plénipotentiaires doivent décider.

Soyez donc très-persuadé, mon protecteur, qu'à mon âge je ne cherche à entrer dans aucune affaire, et surtout dans les tracasseries genevoises.

Mais je dois vous dire que, mes petites terres étant enclavées en partie dans leur petit territoire, ayant continuellement des droits de censive, et de chasse, et de dixième à discuter avec eux, ayant du bien dans la ville, et même un bien inaliénable, j'ai plus d'intérêt que personne à voir la fourmilière tranquille et heureuse. Je suis sûr qu'elle ne le sera jamais que quand vous daignerez être son protecteur principal, et qu'elle recevra des lois de votre médiation permanente. Je vous conjure seulement de vouloir bien avoir la bonté de recommander à M. de Beauteville votre décrépite marmotte, qui vous adorera du culte d'hyperdulie, tant que le peu qu'il a de corps sera conduit par le peu qu'il a d'âme.

Monseigneur sait-il ce que c'est que le culte d'hyperdulie? Pour moi, il y a soixante ans que je cherche ce que c'est qu'une âme, et je n'en sais encore rien.

Ah! si j'osais, je vous supplierais d'engager M. de Beauteville à demeurer, en vertu de la garantie, le maître de juger toutes les contestations qui s'élèveront toujours à Genève. Vous seriez en droit d'envoyer un jour, à l'amiable, une bonne garnison pour maintenir la paix, et de faire de Genève, à l'amiable, une bonne place d'armes quand vous aurez la guerre en Italie. Genève dépendrait de vous à l'amiable; mais....

MMMMDCIV. — A M. Hennin.

A Ferney, 27 février.

Il faut d'abord, monsieur, vous avouer que j'ai communiqué à M. le duc de Praslin l'idée de faciliter aux Génevois les moyens d'acquérir des terres au pays de Gex. Je lui ai mandé que j'avais le bonheur de penser comme vous, et vous pensez bien que je me suis un peu rengorgé en faisant valoir votre approbation. Je ne me mêle point des affaires d'autrui; mais c'est ici la mienne. La terre de Ferney deviendrait très-considérable, si la proposition réussissait. M. le duc de Praslin l'approuve; il est fait pour penser comme vous. Il serait très-important, et je vous aurais beaucoup d'obligation, aussi bien que Mme Denis, si vous aviez la bonté de venir dîner à Ferney quelqu'un de ces jours avec M. Jaco Tronchin, et M. Lullin le secrétaire d'État. M. Lullin est celui qui doit être chargé de dresser les instructions que M. Cromelin suivra dans cette affaire, car il faudra que ce soit la république qui demande la faveur que le ministère lui destine; et il y a encore une petite difficulté très-légère à aplanir. Cette négociation est votre ouvrage; vous rendrez service au pays de Gex et à Genève. Je ne doute pas que le conseil ne sente toute l'obligation qu'il vous aura. Il y a peut-être un peu de froideur entre M. Lullin et moi pour un petit malentendu; mais ces légers nuages doivent être dissipés, et tout doit céder au véritable intérêt de la république, et à celui de ma province. Il vous sera bien aisé de faire sentir d'un mot à M. Lullin que je suis véritablement attaché à sa personne et au conseil. Un simple exposé même de la chose dont il s'agit écartera tout ombrage. Qui peut mieux que vous, monsieur, concilier et ramener les esprits? En un mot, le bonheur de notre petit pays et de Genève est entre vos mains. Cela vaut bien le *Droit négatif*. Mais je vous avertis que si vous réussissez, comme je n'en doute pas, je ne vous en aimerai pas davantage; cela m'est impossible. V.

Pouvez-vous venir dimanche?

MMMMDCV. — A M. JABINEAU DE LA VOUTE.

A Ferney, 1er mars.

Je vous conjure, monsieur, de n'avoir pas tant raison; je vous demande en grâce de ne point fournir des armes à nos adversaires. Songeons d'abord qu'il est très-certain que la comédie fut instituée comme un acte de religion à Rome; que ce fut une fête pour apaiser les dieux dans une contagion; que ni Roscius ni Æsopus ne furent infâmes. La profession d'un acteur n'était pas celle d'un chevalier romain; mais la différence est grande entre l'infamie et l'indécence.

Permettez-moi de distinguer encore entre les comédiens et les mimes. Ces *mimes* étaient des bateleurs, des *arlequins*. Apulée, dans son *Apologie*, distingue l'acteur comique, l'acteur tragique, et le mime; ce dernier n'avait ni brodequin ni cothurne; il se barbouillait le visage, *fuligine faciem obductus*; il paraissait pieds nus, *planipes*. Ce métier était méprisable et méprisé : *corpore ridetur ipso* (dit Cicéron, *de Oratore*).

Ne pourriez-vous donc pas abandonner aux mimes l'infamie, en donnant aux autres acteurs une place honnête? Ne pouvez-vous pas tirer un grand parti, monsieur, du titre *Mathematicos*? On déclare les mathématiciens infâmes sous les empereurs romains; mais on n'entend pas les mathématiciens véritables; on n'entend que les astrologues et les devins. Ainsi, par ceux qui montaient sur le théâtre, et qu'on diffame, tâchons d'entendre les mimes, et non pas ceux qui représentaient la *Médée* d'Ovide. Enfin nous sommes accusés, ne nous accusons pas nous-mêmes.

Pourriez-vous, monsieur, faire quelque usage des honneurs que reçut à Lyon la célèbre Andreini, qui fut enterrée avec beaucoup de pompe? Pardonnez, monsieur, à un pauvre plaideur dont vous êtes le patron, sa délicatesse sur la cause que vous daignez défendre; il est bien juste que je prenne vivement le parti de ceux qui ont fait valoir mes faibles ouvrages.

J'ajoute encore qu'aujourd'hui, en Italie, il y a beaucoup plus d'académiciens que de comédiens qui représentent des pièces de théâtre; les tragédies surtout ne sont jouées que par des académiciens. Enfin je soumets toutes mes idées aux vôtres, et je vous réitère mes remercîments ainsi que les sentiments de la plus vive estime. Vous allez devenir le vrai protecteur de l'art que je regarde comme le premier des beaux-arts, et auquel j'ai consacré une partie de ma vie. Soyez bien persuadé, monsieur, de la tendre et respectueuse reconnaissance de votre, etc., etc.

MMMMDCVI. — A M. LE COMTE D'ARGENTAL.

2 mars.

Je fais aussi des quiproquo, mes anges. J'ai écrit une seconde lettre à M. Jabineau, pour le conjurer de ne point tant révéler la turpitude des empereurs chrétiens, qui attachèrent de l'infamie à des choses estimables. J'ai tâché de faire voir qu'il y a une grande différence entre les mimes et les acteurs honnêtes; et si cette différence n'est pas assez marquée, j'ai prié M. Jabineau de ne pas inviter lui-même le conseil à s'en apercevoir. Je lui ai dit que ce n'était pas à nous de montrer le faible de notre cause. Je comptais vous envoyer cette lettre pour vous prier de l'appuyer; mais il est arrivé qu'on a adressé cette lettre à M. Gaillard, auteur de l'*Histoire de François I*ᵉʳ*. Il sera bien étonné qu'au lieu de le remercier de son histoire, je lui cite le *Code* et le *Digeste*.

Me permettrez-vous, mes généreux anges, de vous adresser ma lettre pour M. Gaillard, qui demeure rue du Cimetière Saint-André des Arcs? Je tâche, dans cette lettre, de réparer la méprise, et je le prie de renvoyer à M. Jabineau de La Voûte celle qui appartient à ce patron de l'académie dramatique.

Vous m'avez fait bien du plaisir en m'apprenant que M. le duc de Praslin ne désapprouvait pas mes petits projets. J'ai le bonheur de me trouver en tout du même sentiment que M. Hennin.

La différence des religions ne mettra jamais d'obstacles aux acquisitions des Génevois en France, et n'y en a jamais mis; c'est ce que je vous prie instamment de dire à M. le duc de Praslin. Les Génevois ne sont point aubains en France; ils jouissent de tous les priviléges des Suisses. Il n'y a pas longtemps même qu'un parent des Cramer voulait acheter la terre de Tournay, et était près de s'accommoder avec moi. D'autres ont marchandé des domaines roturiers; et s'ils n'ont pas conclu le marché, c'est uniquement parce qu'ils craignent l'humiliation de la taille, et surtout la rigueur de la taille arbitraire.

En général les Génevois n'aiment point la France; et le moyen de les ramener, ce serait de leur procurer des établissements en France, supposé que le ministère juge que la chose en vaille la peine.

J'espère que bientôt M. Cromelin sera chargé de solliciter la protection de M. le duc de Praslin pour le succès de ce projet, qui sera aussi utile à Genève qu'à mon petit pays. Quant à ce droit négatif, qui est assez obscur, et que vous entendez si bien, je pense toujours qu'il faut que ce droit appartienne à M. le duc de Praslin, qui par là deviendra le protecteur et le véritable maître de Genève; car les Génevois, dans leurs petites disputes éternelles, seront obligés de s'en rapporter aux médiateurs, qui seront leurs juges à perpétuité, et qui ne décideront que suivant les vues du ministère de France.

Après avoir fait le petit jurisconsulte et le petit politique, il faut parler du *tripot*. Le jeune ex-jésuite a toujours de grands remords d'avoir choisi un sujet qui ne déchire pas le cœur, et qui ne prête pas assez à la pantomime. Plus ce jeune homme se forme, plus il voit combien les choses sont changées. Il s'aperçoit que la politique n'est pas faite pour le théâtre, que le raisonnement ennuie, que le public veut de grands mouvements, de belles postures, des coups de théâtre incroyables, de grands mots, et du fracas. M. de Chabanon m'a fait lire *Virginie* et *Éponine*; il est au-dessus de ses ouvrages. Il en veut faire un troisième, mais il faut un sujet heureux, comme il fallait au cardinal Mazarin un général *houroux*; sans cela on ne tient rien.

Respect et tendresse.

MMMMDCVII. — DE M. DALEMBERT.

A Paris, ce 3 mars.

Il y a un siècle, mon cher et illustre maître, que je ne vous ai demandé de vos nouvelles et donné des miennes. Vous voulez savoir comment je me porte? médiocrement, avec un estomac qui a bien de la peine à digérer : ce que je fais? bien des choses à la fois, géométrie, philosophie, et littérature; je travaille à la dioptrique (non pas à celle de l'abbé de Molières, qui prouvait par la dioptrique la vérité de la religion chrétienne); à différents éclaircissements que je prépare sur mes éléments de philosophie, et dans lesquels je touche délicatement à des matières délicates; à un supplément assez intéressant pour l'ouvrage *Sur la destruction des jésuites*; enfin à quelques autres broutilles : voilà mes occupations. Vous voulez savoir si j'irai m'établir en Prusse? non, assurément; ni ma santé, ni mon amour pour l'indépendance, ni mon attachement pour mes amis, ne me le permettront : si je resterai à Paris? oui, tant que j'y serai forcé par mon peu de fortune, qui me rend nécessaire l'assiduité aux Académies. Mais, si je devenais plus à mon aise, j'irais m'enfermer dans quelque campagne, où je vivrais seul, heureux, et affranchi de toute espèce de contrainte. Vous devez juger par cette manière de penser que je suis bien éloigné du mariage, quoique les gazettes m'aient marié. Eh! mon Dieu! que deviendrais-je avec une femme et des enfants? la personne à laquelle on me marie (dans les gazettes) est à la vérité une personne respectable par son caractère[1], et faite, par la douceur et l'agrément de sa société, pour ren-

1. Mlle de Lespinasse. (ÉD.)

dre heureux un mari; mais elle est digne d'un établissement meilleur que le mien; et il n'y a entre nous ni mariage ni amour, mais de l'estime réciproque, et toute la douceur de l'amitié. Je demeure actuellement dans la même maison qu'elle, où il y a d'ailleurs dix autres locataires; voilà ce qui a occasionné le bruit qui a couru. Je ne doute pas d'ailleurs qu'il n'ait été appuyé par Mme du Deffand, à laquelle on dit que vous écrivez de belles lettres (je ne sais pas pourquoi). Elle sait bien qu'il n'en est rien de mon mariage; mais elle voudrait faire croire qu'il y a autre chose. Une vieille et infâme catin comme elle ne croit pas aux femmes honnêtes; heureusement elle est bien connue, et crue comme elle le mérite.

Je ne sais pas si le ministre dont vous parlez est tel que vous dites; ce que je sais, c'est qu'à la mort de Clairaut il a mieux aimé partager entre deux ou trois polissons une pension que Clairaut avait sur la marine que de me la donner, quoique je fusse seul en état de remplacer Clairaut. Il est vrai que je ne l'ai pas demandée; j'étais trop sûr d'être refusé, et je ne me plains ni ne m'étonne qu'on ne soit pas venu me chercher; mais je suis sûr qu'on lui a parlé pour moi, et qu'il a donné à d'autres; ce qui prouve, comme on dit, *la bonne amitié des gens*. Adieu, mon cher maître; je vous embrasse de tout mon cœur. On dit que le professeur Euler quitte Berlin : j'en serais fâché; c'est un homme fort maussade, mais un très-grand géomètre. Nous sommes accablés d'oraisons funèbres faites par des évêques et des abbés. Dieu veuille que l'Europe, la philosophie, et les lettres ne fassent la vôtre de longtemps!

MMMMDCVIII. — A M. DAMILAVILLE.

5 mars.

La diligence de Lyon, mon cher ami, ne m'apportera donc rien de votre part; je n'aurai point de consolation. Le petit livre que vous m'avez envoyé ne me suffit pas; il méritait d'être mieux fait, et pouvait être très-plaisant. Il fallait commencer par dire qu'Adam avait prêché Ève, et qu'au sortir du sermon Ève le fit cocu avec le diable; il fallait continuer sur ce ton, et on serait mort de rire.

Je crois que vous avez été à la première représentation du *Gustave* de La Harpe. Vous savez que je m'intéresse à ce jeune homme : il n'a que son talent pour ressource; s'il ne réussit pas, il est perdu.

Est-il vrai que Protagoras se marie à Mlle de Lespinasse? Voilà tous les philosophes en ménage, il ne manque plus que vous. Faites-nous des sages, ou faites-nous des livres. Quel dommage que Platon n'ait qu'une fille! S'il avait eu des garçons, ils auraient coupé toutes les têtes de l'hydre, dont on n'a rogné que les ongles.

On me dit qu'on a imprimé à Paris la petite comédie de *Henri IV*, par Collé. Quoique je n'aime point à voir Henri IV en comédie, cependant, mon cher ami, envoyez-moi cette bagatelle; mais surtout *ècr. l'inf...*

MMMMDCIX. — De M. D'Alembert.

A Paris, ce 11 mars.

Ce n'est point un jésuite, mon cher et illustre ami, qui vous remettra cette lettre de ma part; quelque aguerri que vous deviez être à voir cette robe, puisque vous en nourrissez un depuis dix ans, je ferais scrupule de vous surcharger de pareille marchandise. Ce n'est donc point un jésuite, mais beaucoup mieux à tous égards, que je vous prie de recevoir et d'accueillir; c'est un barnabite italien, nommé le P. Frisi, mon ami depuis longtemps, et digne d'être le vôtre, grand géomètre qui a remporté plusieurs prix dans les plus célèbres académies de l'Europe, excellent philosophe, malgré sa robe, et dont je vous annonce d'avance que vous serez très-content. Il s'en retourne à Milan, où il est professeur de mathématiques, après avoir passé près d'un an à Paris, aimé et estimé de tous nos amis communs. Avant que de rentrer dans le séjour de la superstition autrichienne et espagnole, il a désiré d'en voir le fléau, qui n'est pas pour faire peur à mon barnabite. Il a voulu voir mieux encore, l'ornement et la gloire de la littérature française, ou plutôt européenne; car un homme tel que vous n'appartient pas au pays des Welches, où il est persécuté, tandis qu'on l'admire ailleurs. Le P. Frisi a pour compagnon de voyage un jeune seigneur milanais de beaucoup d'esprit, que je vous recommande ainsi que lui. Je me flatte, mon cher philosophe, que vous voudrez bien les recevoir l'un et l'autre comme deux personnes de beaucoup de mérite, et pour lesquelles j'ai beaucoup d'amitié et d'estime. Adieu, mon cher maître, je vous embrasse de tout mon cœur. Si vous avez besoin d'indulgences, mes deux voyageurs pourront vous en ménager, car ils ont quelque crédit à la cour du saint-père, qui, par parenthèse, pourrait bientôt faire banqueroute; ainsi ceux qui veulent des absolutions doivent se dépêcher. *Iterum vale, et me ama.*

MMMMDCX. — A M. D'Alembert.

12 mars.

Mon très-cher philosophe, si vous vous étiez marié, vous auriez très-bien fait; et, en ne vous mariant pas, vous ne faites pas mal: mais, de façon ou d'autre, faites-nous des Dalembert. C'est une chose infâme que les Frérons pullulent, et que les aigles n'aient point de petits. Je me doute bien que votre dioptrique ne ressemble pas à celle de l'abbé Molières; vous n'êtes pas fait pour voir les choses comme lui.

Si vous avez quelque air d'un Molière, c'est de Jean-Baptiste Poquelin; vous en avez la bonne plaisanterie, et je crois qu'il y paraîtra dans le petit supplément que vous préparez pour ces renards de jésuites, et pour ces loups de jansénistes.

C'est assurément un grand malentendu qu'un ministre qui a beaucoup d'esprit n'ait pas été au-devant de votre mérite, et qu'il ait laissé cet honneur aux étrangers. Je crois qu'il avait grande envie de se raccommoder avec vous; mais vous n'êtes pas homme à faire les avances.

Je sers actuellement mon quartier de Tirésie. Mes fluxions sur les yeux me mettent hors d'état d'écrire, et je pourrais bien être aveugle encore quelques semaines. Nous avons ici M. de Chabanon : il est musicien, poëte, philosophe, et homme d'esprit; il fait de vous le cas qu'il en doit faire. Nous avons tous été fort contents de la réponse de notre protecteur[1] à messieurs du parlement; cette pièce nous a paru noblement pensée et noblement écrite; et si l'auteur n'était pas notre protecteur, je le voudrais pour mon confrère.

Je me flatte que votre ami M. de La Chalotais sortira brillant comme un cygne de la bourbe où on l'a fourré; il a trop d'esprit pour être coupable.

Vous savez que le parlement d'Angleterre a révoqué son timbre; je ne pense pas qu'il raccommode celui de Jean-Jacques. Adieu, mon très-cher philosophe : je me flatte que la personne avec qui vous vivez est philosophe aussi, et je fais des vœux pour que le nombre s'en augmente. Ne m'oubliez pas auprès de M. Turgot, s'il est à Paris. Je me sens beaucoup de tendresse pour les penseurs.

MMMMDCXI. — A M. DAMILAVILLE.

12 mars.

Je viens de relire le *Vingtième* de M. Boulanger, mon cher ami, et c'est avec un plaisir nouveau. Il est bien triste qu'un si bon philosophe et un si parfait citoyen nous ait été ravi à la fleur de son âge.

Je ne suis pas assez bon financier pour savoir si l'impôt sur les terres suffirait; je vois seulement qu'il n'y a aujourd'hui aucun pays dans le monde où les marchandises, et même les commodités de la vie, ne soient taxées. Cela est d'une discussion trop longue pour une lettre, et trop embarrassant pour mes faibles connaissances. L'article *Unitaire*[2] est terrible. J'ai bien peur qu'on ne rende pas justice à l'auteur de cet article, et qu'on ne lui impute d'être trop favorable aux sociniens : ce serait assurément une extrême injustice, et c'est pour cela que je le crains.

Vous m'avez fait un très-beau présent en m'envoyant la réponse du roi au parlement. Il y a longtemps que je n'ai rien lu de si sage, de si noble, et de si bien écrit. Les remontrances n'approchent pas assurément de la réponse. Si le roi n'était pas protecteur de l'Académie, il faudrait l'en mettre pour cet ouvrage.

M. Marin m'a fait l'amitié de m'écrire au sujet de ces lettres que Changuion a imprimées. Il me mande qu'il se conduira, à son ordinaire, comme mon ami, et comme un homme qui veut de la décence dans la littérature.

Voulez-vous bien m'adresser, par Lyon, six exemplaires de ce petit *Voltaire portatif?* c'est un bouclier contre les flèches des méchants.

Protagoras n'est point marié. Tant mieux s'il l'était, parce qu'il fe-

---

1. Le roi, protecteur de l'Académie. (ÉD.)
2. Cet article est de Naigeon. (ÉD.)

rait des Dalembert, et tant mieux s'il ne l'est pas, attendu qu'il n'a pas une fortune selon son mérite.

Je vous embrasse bien tendrement, mon cher frère. Écr. l'inf...

Le petit discours qu'on prétend mettre à la suite du mémoire pour les Sirven n'est qu'une sortie contre le fanatisme, et une exhortation à faire du bien à cette malheureuse famille. Cela n'est bon que pour l'étranger.

MMMMDCXII. — A M. LE MARQUIS DE FLORIAN.

A Ferney, 12 mars.

Quatre personnes, monsieur, se sont empressées de m'envoyer la réponse du roi au parlement. Je vous dirai ce que je leur ai mandé : c'est que le roi est le meilleur écrivain de son royaume; que je n'ai rien vu de plus noblement pensé ni de plus noblement écrit, et que s'il n'était pas protecteur de l'Académie, je lui donnerais ma voix pour être l'un des quarante.

Vous ne me dites point quand vous allez à la campagne; vous ne me parlez point de la tonsure sacerdotale de votre ami, qui veut apparemment passer du conseil au collége des cardinaux. Il n'y a pas d'apparence qu'il ne prétende qu'à être canonisé; c'est une envie qui ne prend guère à ceux qui ont tâté des affaires de ce monde : ils font semblant de s'intéresser fort à l'autre ; mais, dans le fond, ils se moquent de nous, et on le leur rend bien.

Il me paraît qu'il y a un peu de différence entre Esculape-Tronchin et Harpagon-Astruc; mais ce qui me fâche le plus, c'est qu'un homme d'esprit, tel que votre ami, dont vous me parlez, soit devenu un énergumène. Cela me prouve évidemment qu'il est trop loin d'avoir l'esprit juste; et je crois qu'il a très-mal calculé quand il calculait, comme il raisonne aujourd'hui très-mal. Vous savez sans doute que le livre *de la Prédication*, ou contre la prédication, est de l'abbé Coyer. Toute la partie du livre où il se moque des sermonneurs est fort bonne, et la partie où il veut établir des censeurs lui en attirera.

Vous allez donc à la Pentecôte à Hornoy. Il est bon que vous sachiez ce que c'est que la Pentecôte, suivant saint Augustin, dans son sermon 125 : « Quarante jours figurent évidemment la vie présente; dix jours la vie éternelle. Dix et quarante font cinquante, ce qui fait l'accomplissement de la loi. » Je ne doute pas que de pareilles prédications, qui sont en très-grand nombre dans Augustin, n'augmentent beaucoup la dévotion de votre ami.

Embrassez pour moi ma nièce, qui doit bien plaindre ce pauvre homme.

MMMMDCXIII. — A MADAME LA MARQUISE DU DEFFAND.

12 mars.

Je suis enchanté, madame, de me rencontrer avec vous ; ce n'est pas seulement par vanité, c'est parce qu'à mon avis, lorsque deux personnes, qui ont le sens commun et qui sont de bonne foi, pensent de même sans s'être rien communiqué, il y a à parier qu'elles ont raison. Je m'occupais de votre idée lorsque j'ai reçu votre lettre : je me prouvais à moi-même que les notions sur lesquelles les hommes diffèrent si prodigieusement ne sont point nécessaires aux hommes, et qu'il est même impossible qu'elles nous soient nécessaires, par cette seule raison qu'elles nous sont cachées. Il a été indispensable que tous les pères et mères aimassent leurs enfants : aussi les aiment-ils ; il était nécessaire qu'il y eût quelques principes généraux de morale pour que la société pût subsister : aussi ces principes sont-ils les mêmes chez toutes les nations policées. Tout ce qui est un éternel sujet de dispute est d'une inutilité éternelle. Ai-je bien pris votre idée, madame ? Il me semble qu'elle est consolante; elle détruit toute superstition, elle rend l'âme tranquille; ce n'est pas la tranquillité stupide d'un esprit qui n'a jamais pensé, c'est le repos philosophique d'une âme éclairée.

Je ne suis point du tout étonné que vous aimiez la vie, toute malheureuse qu'elle est, et que vous n'aimiez point la mort. Presque tout le monde en est réduit là ; c'est un instinct qui était nécessaire au genre humain. Je suis persuadé que les animaux sont comme nous.

J'avoue donc avec vous, madame, que les connaissances auxquelles nous ne pouvons atteindre nous sont inutiles ; mais avouez aussi qu'il y a des recherches qui sont agréables; elles exercent l'esprit. Les philosophes n'ont pas tant de tort d'examiner si, par leur seule raison, ils peuvent concevoir la création, si l'univers est éternel, si la pensée peut être jointe à la matière, comment il y a du mal dans le monde, et vingt autres petites bagatelles de cette espèce.

Nous sommes tous curieux ; il n'y a personne qui ne voulût sonder un peu ces profondeurs, si on ne craignait pas la fatigue de l'application, et si on n'était pas distrait par les amusements et les affaires.

Vous êtes précisément dans l'état où l'on fait des réflexions ; la perte des yeux sert au moins au recueillement de l'âme. Il me vient très-souvent entre mes rideaux des idées qui s'enfuient au grand jour. Je mets à profit les temps où mes fluxions sur les yeux m'empêchent de lire; je voudrais surtout passer ces temps avec vous.

J'ai lu la réponse du roi au parlement. Je m'imagine que je pense encore comme vous sur cette pièce; elle m'a paru noblement pensée et noblement écrite ; et s'il ne s'agissait que du style, je dirais qu'il est fort au-dessus de celui des représentations, et surtout de celui de la plupart de nos auteurs.

Adieu, madame; conservez au moins votre santé; c'est là une chose nécessaire à tout âge et à tout état; la mienne n'est pas trop bonne, mais il est nécessaire d'avoir patience. De toutes les vérités que je cherche, celle qui me paraît la plus sûre, c'est que vous avez une âme selon mon cœur, à laquelle je serai très-tendrement attaché pour le peu de temps qui me reste.

MMMMDCXIV. — A M. LE COMTE D'ARGENTAL.

19 mars.

Il faut, pour réjouir mes anges, que je leur conte que le petit ex-jésuite vint hier chez moi le visage tout enflammé,

Et tout rempli du dieu qui l'agitait sans doute

Il m'apporta son drame; je ne le reconnus pas. Tout était changé, tout était mieux annoncé, chaque chose me parut à sa place, et ce qui me paraissait froid auparavant me faisait une très-grande impression. Le style m'en parut plus animé, plus pur, et plus vigoureux, les tableaux plus vrais; enfin je crus voir un plus grand intérêt dans tout l'ouvrage. Sa pièce était un peu griffonnée, et faisait beaucoup de peine à mes faibles yeux; je le priai de m'en lire deux actes. Ce pauvre garçon n'a pas de dents, et moi je suis un peu aveugle; nous nous aidions comme nous pouvions. Le pauvre ex-jésuite n'a point de dents, mais il a de l'âme; et, ayant le cœur sur les lèvres, il arrive que ses lèvres font à peu près l'effet des dents, et qu'il prononce assez bien. Mme Denis fut très-émue. Si on ne l'avait pas avertie, elle aurait cru entendre une pièce nouvelle. « Prenez bien garde, disait-elle à ce petit drôle, que tous vos vers soient coulants. — Ah! madame! — Qu'ils soient forts sans être durs. — Eh mais! est-ce que vous en avez trouvé de raboteux ? — Je ne dis pas cela; mais je vous dis que je ne peux souffrir ni un vers disloqué, ni un vers faible, ni une pensée inutile, ni rien qui m'arrête à la lecture: il faut vite transcrire votre ouvrage, afin que j'en juge à tête reposée. — On le transcrira, madame; mais le copiste est actuellement malade, il faudra attendre quelque temps. — Tant mieux, monsieur; car, dans cet intervalle, il vient toujours quelque idée. Je vous répète qu'il faut que la diction soit parfaite, sans quoi on ne plaît jamais aux connaisseurs. Quand votre pièce sera bien finie et bien copiée, vous l'enverrez à vos anges, qui l'éplucheront encore. — Je vous assure, madame, que je n'y manquerai pas. »

Pendant cette conversation, M. de Chabanon, de son côté, mettait son plan au net; et M. de La Harpe viendra bientôt faire aussi son plan. Nous attendons aujourd'ui M. de Beauteville avec un autre plan; c'est celui de rendre sages les Génevois. Ce qui est bien sûr, c'est que la pièce finira comme M. le duc de Praslin voudra.

Vous ne me dites rien, mes divins anges, de la pièce [2] que le roi a jouée au parlement: elle réussit beaucoup dans l'Europe. Je baise le bout de vos ailes plus que jamais.

MMMMDCXV. — A M. DAMILAVILLE.

19 mars.

M. de Laleu, mon cher ami, vous donnera tout ce que vous prescrirez. J'attends avec mon impatience ordinaire cette estampe et le

---

1. Racine, *Iphigénie*, acte V, scène VI. (ÉD.)
2. Le discours du roi au parlement, du 3 mars 1766. (ÉD.)

mémoire de notre prophète Élie: il est sans doute signé de plusieurs avocats, dont il faut payer la consultation. Vous êtes le seul qui vouliez bien rendre ces services essentiels à la philosophie. Daignez donc donner à M. de Beaumont ce qu'il faudra : vous ferez prendre ce qui sera nécessaire chez M. de Laleu.

Oh! que j'aime votre philosophie agissante et bienfaisante! Il y a dans le discours de M. de Castillon un bel éloge de cette vraie philosophie qu'il rend compatible avec la religion, ainsi qu'il le devait faire dans un discours public. Le roi de Prusse mande que, sur mille hommes, on ne trouve qu'un philosophe; mais il excepte l'Angleterre. A ce compte, il n'y aurait guère que deux mille sages en France; mais ces deux mille, en dix ans, en produiraient quarante mille, et c'est à peu près tout ce qu'il faut; car il est à propos que le peuple soit guidé, et non pas qu'il soit instruit: il n'est pas digne de l'être.

J'ai lu *Henri IV*[1]; je pense comme vous : mais je crois que, si on permettait la représentation de ce petit ouvrage, il serait joué trois mois de suite, tant on aime mon cher Henri IV! et je ne vois pas pourquoi on prive le public d'un ouvrage fait pour des Français.

Pourriez-vous, mon cher ami, m'envoyer *le Philosophe sans le savoir*[2]? J'ai bien de la peine à écrire de ma main. Wagnière est malade, et un autre copiste est occupé.

Voici une petite lettre pour Laleu, et une autre pour Briasson, qui me néglige. Mais parlez-moi donc du *Dictionnaire*; les souscripteurs l'ont-ils? maître Baudet s'oppose-t-il à la publication? Les Baudets ne passeront pas les trois petits volumes de *Mélanges*. Il faudra du temps, il faudra attendre qu'il y ait quarante mille sages.

MMMMDCXVI. — A M. LE CHEVALIER DE TAULÈS,
SECRÉTAIRE D'AMBASSADE A GENÈVE.

A Ferney, 19 mars, par la commodité de M. Souchai, marchand de drap au *Lion d'or*, à Genève.

Quand je n'avais que soixante ans, monsieur, vous m'auriez vu venir à cheval au-devant de M. l'ambassadeur; mais j'en ai soixante-douze passés, et il y a plus d'un an que je ne suis pas en état de sortir de ma chambre; je m'adresse à vous hardiment pour faire agréer mes excuses et mon respect. Je prends cette liberté avec vous, parce que je vous ai obligation. On m'a dit, monsieur, que c'est à vous que je dois quelques anecdotes tirées du dépôt des affaires étrangères : de plus, M. de Chabanon, qui est très-véridique, m'assure que vous m'honorez de quelque bonté; je vous supplie de me la conserver, et de me procurer celle de Son Excellence. Si j'avais de la santé, je viendrais vous présenter cette double requête, et vous assurer des sentiments respectueux avec lesquels j'ai l'honneur d'être, monsieur, votre très-humble et très-obéissant serviteur.

VOLTAIRE, *gentilhomme ordinaire du roi*.

1. *La Partie de chasse de Henri IV*, par Collé. (ÉD.)
2. Comédie de Sedaine. (ÉD.)

M. de Chabanon dit encore que vous daignerez venir dans ma cabane, quand vous serez las de vous crever à Genève. Gardez-vous bien de me faire cet honneur avant deux heures. Demandez à M. Hennin.

MMMMDCXVII. — A M. LE COMTE D'ARGENTAL.

24 mars.

Je crois, mes anges, que voici le dernier effort du pauvre petit diable d'ex-jésuite. Vous serez peut-être étonnés de trouver des numéros en marge, comme s'il s'agissait d'une reddition de comptes; mais ces numéros indiquent des notes qu'on prétend mettre à la fin de la pièce. Ces notes sont, pour la plupart, purement historiques, et serviront à faire connaître les héros ou les monstres de ce temps-là. Il y a une préface curieuse : on vous enverra le tout avec les noms des personnages, si vous êtes contents de la pièce; nous attendrons vos ordres.

Vous ne daignez pas me mander des nouvelles du *tripot;* vous ne me dites rien de l'ordonnance qui doit déclarer ma livrée honnête; pas un mot de la clôture du *tripot*, ni de la rentrée, ni de l'imposante Clairon. Je ne vous dirai rien non plus de M. de Chabanon; je ne vous dirai pas que je lui ai donné un sujet que je crois très-intéressant et très-tragique.

Je me mets sous l'ombre de vos ailes du fond de mes déserts et du milieu de mes neiges.

MMMMDCXVIII. — A M. DAMILAVILLE.

24 mars.

Je n'ai, mon cher ami, que l'esquisse du petit *Discours contre le fanatisme*, qu'on prétend envoyer à quelques princes et à quelques philosophes d'Allemagne et des autres pays étrangers; mais il faudra le faire cadrer, si cela se peut, avec le mémoire du prophète Élie. Ce mémoire m'a paru susceptible d'être un chef-d'œuvre d'éloquence. Je vous remercie de m'avoir fait connaître l'éloquence des capucins. Je ne sais pas qui a fait l'article *Unitaire*[1], mais je sais que je l'aime de tout mon cœur.

MMMMDCXIX. — A M. MARIOTT, A LONDRES.

A Ferney, 28 mars.

Votre lettre, monsieur, est comme vos ouvrages, pleine d'esprit et d'imagination. Je ne crois pas que je parvienne jamais à faire établir de mon vivant une tolérance entière en France; mais j'en aurai du moins jeté les premiers fondements, et il est certain que, depuis quelques années, les esprits sont plus heureusement disposés qu'ils n'étaient. La philosophie humaine commence à l'emporter beaucoup sur la superstition barbare.

1. Il est de Naigeon. (ÉD.)

A l'égard des princes dont vous me parlez, qui souhaitent tant la population, et qui la détruisent par leurs guerres, je voudrais qu'ils fussent condamnés, eux et tous leurs soldats, à engrosser trente ou quarante mille filles avant d'entrer en campagne, et qu'il ne fût jamais permis de tuer personne sans avoir auparavant donné la vie à quelqu'un. Je ne sais rien de plus naturel et de plus juste.

A l'égard de la polygamie, c'est une autre affaire. Votre marchand de volaille était très-estimable d'avoir deux femmes, il devait même en avoir davantage, à l'exemple des coqs de sa basse-cour; mais il n'en est pas de même des autres professions. Votre marchand pondait apparemment sur ses œufs, et tout le monde n'a pas le moyen d'entretenir deux femmes dans sa maison : cela est bon pour le Grand-Turc, les rois d'Israël, et les patriarches; il n'appartient pas aux citoyens chrétiens d'en faire autant. Je voudrais seulement que chacun de nos prêtres en eût une, et surtout chacun de nos moines, qui passent pour être très-capables de rendre à l'État de grands services. Il est plaisant qu'on ait fait une vertu du vice de chasteté; et voilà encore une drôle de chasteté, que celle qui mène tout droit les hommes au péché d'Onan et les filles aux pâles couleurs!

Si vous voyez milord Chesterfield et milord Littleton, je vous prie, monsieur, de vouloir bien leur présenter mes respects. J'aurais bien voulu vous écrire quelques mots dans votre langue, que j'aimerai toute ma vie, et pour laquelle vous redoublez mon goût; mais je perds la vue, et je suis obligé de dicter que je suis, avec l'estime la plus respectueuse, monsieur, votre, etc.

MMMMDCXX. — A M. LE COMTE D'ARGENTAL.

29 mars.

Mes divins anges, ce n'est pas des roués, mais des fous, que je vous entretiendrai aujourd'hui. De quels fous? m'allez-vous dire. D'un vieux fou qui est Pierre Corneille, petit-neveu, à la mode de Bretagne, de Pierre Corneille, et non pas de Pierre Corneille auteur de *Cinna*, mais sûrement de l'auteur de *Pertharite*, qui n'a pas le sens commun.

Nous avions toujours craint, Mme Denis et moi, sur des notions assez sûres, qu'il ne sût pas gouverner la petite fortune qu'on lui a faite avec assez de peine. Figurez-vous, mes anges, qu'il mande à sa fille qu'elle doit lui envoyer incessamment cinq mille cinq cents livres pour payer ses dettes. M. Dupuits est assurément hors d'état de payer cette somme; il liquide les affaires de sa famille; il paye toutes les dettes de son père et de sa mère; il se conduit en homme très-sage, lui qui est à peine majeur; et notre bonhomme Corneille se conduit comme un mineur. Nous vous demandons bien pardon, mes chers anges, Mme Denis, M. Dupuits, et moi, de vous importuner d'une pareille affaire; mais à qui nous adresserons-nous, si ce n'est à vous, qui êtes les protecteurs de toute la Corneillerie? Non-seulement Pierre a dépensé en superfluité tout l'argent qu'il a retiré des exemplaires du roi, mais il a acheté une maison à Évreux, dont il s'est dégoûté sur-le champ, et qu'il a revendue à perte. Il m'a paru fort grand seigneur dans le temps qu'il a passé à Ferney; il ne parlait que de vivre conformément à sa naissance, et de faire enregistrer sa noblesse, sans savoir qu'il descend d'une branche qui n'a jamais été anoblie, et qu'il n'y a plus même de parenté entre sa fille et le grand Corneille. Il n'avait précisément rien quand je mariai sa fille : il a aujourd'hui quatorze cents livres de rente, et les voici bien comptées :

Sur M. Tronchin................	600 liv.	
Pension des fermiers généraux...	400 liv.	1400 liv.
Sa place à Évreux.............	160 liv.	
Sur M. Dupuits................	240 liv.	

S'il avait su profiter du produit des exemplaires du roi, il se serait fait encore cinq cents livres de rente. Il aurait donc été très à son aise, eu égard au triste état dont il sortait.

Comment a-t-il pu faire pour cinq mille cinq cents livres de dettes sans avoir la moindre ressource pour les payer? Il a acheté, dit-il, une nouvelle maison à Évreux : qui la payera? Il faudra bien qu'il la revende à perte, comme il a revendu la première. Il doit à son boulanger deux ou trois années. Vous voyez bien que le bonhomme est un jeune étourdi qui ne sait pas ce que c'est que l'argent, et qui devrait être entièrement gouverné par sa femme, dont l'économie est estimable. On pourra l'aider dans quelques mois; mais pour les cinq mille cinq cents livres qu'il demande, il faut qu'il renonce absolument à cette idée, plus chimérique encore que celle de sa noblesse.

Mes anges ne pourraient-ils pas avoir la bonté de l'envoyer chercher, et de lui proposer de se mettre en curatelle sous sa petite femme? Il se fait payer ses rentes d'avance, dépense tout sans savoir comment, mange à crédit, se vêtit à crédit, et cependant il n'est point interdit encore. Pardon, encore une fois, de ma complainte : notre petite Dupuits est désespérée; sa conduite est aussi prudente que celle de son père est insensée. *Agésilas*, *Attila*, et *Suréna*, ne sont pas des pièces plus mal faites que la tête du jeune Pierre.

Respect et tendresse.

MMMMDCXXI. — A MADEMOISELLE CLAIRON.

Ferney, 30 mars.

Vous allez être un peu surprise, mademoiselle; je vous demande une cure. Vous allez croire que c'est la cure de quelque malade pour qui je vous prierais de parler à M. Tronchin, ou la cure de quelque esprit faible que je recommanderais à votre philosophie, ou la cure de quelque pauvre amant à qui vos talents et vos grâces auraient tourné la tête : rien de tout cela; c'est une cure de paroisse. Un drôle de corps de prêtre du pays de Henri IV, nommé Doleac, demeurant à Paris, sur la paroisse Sainte-Marguerite, meurt d'envie d'être curé du village de Cazeaux. M. de Villepinte donne ce bénéfice. Le prêtre a cru que j'avais du crédit auprès de vous, et que vous en aviez bien davantage auprès de M. de Villepinte; si tout cela est vrai, donnez-vous le plaisir de nommer un curé au pied des Pyrénées, à la requête d'un homme qui vous en prie du pied des Alpes. Souvenez-vous que Molière, l'ennemi des médecins, obtint de Louis XIV un canonicat pour le fils d'un médecin.

Les curés qui ont pris la liberté de vous excommunier nous canoniseront quand ils sauront que c'est vous qui donnez des cures. Je voudrais que vous disposassiez de celle de Saint-Sulpice.

Je ne sais pas quand vous remonterez sur le jubé de votre paroisse. Vous devriez choisir, pour votre premier rôle, celui de lire au public la déclaration du roi en faveur des beaux-arts contre les sots; c'est à vous qu'il appartient de la lire [1].

Adieu, mademoiselle; je vous supplie de vouloir faire souvenir de moi vos amis, et surtout d'être bien persuadée qu'il n'y en a aucun de plus sensible que moi à tous vos différents mérites. Je vous serai attaché toute ma vie, soit que vous donniez des bénéfices à des prêtres, soit que vous les corrigiez de leur impertinence, soit que vous les méprisiez.

MMMMDCXXII. — A M. LE COMTE D'ARGENTAL.

1er avril.

Je crois, mes anges, que le petit ex-jésuite me fera tourner la tête. Il est au désespoir d'avoir choisi un sujet qui n'est pas dans les mœurs présentes; il dit que ce n'est pas assez de bien faire, et qu'il faut faire au goût du monde. Presque tous ses vers me paraissaient assez bons, mais il n'est pas encore satisfait. Il a donné depuis peu quelques coups de pinceau à son tableau du Caravage : il vous supplie de le lui renvoyer; il jure qu'il vous le rendra bientôt avec une préface d'un de ses amis, et des notes historiques d'un pédant assez instruit de l'histoire romaine. Cela fera un petit volume qui pourra plaire à quelques gens de lettres. Tout cela sera prêt pour le retour de Roscius-Lekain.

Gabriel Cramer avait commencé, sans m'en rien dire, ce recueil en trois volumes, ce qui n'est pas trop bien à lui. Et pourquoi charger encore le public de ces trois boisseaux d'inutilités? Il m'avoua enfin ce mystère. Il était tout prêt à imprimer une infinité de rogatons qui ne sont pas de moi; il a fallu, pour l'en empêcher, lui donner les sottises que j'ai pu trouver sous ma main. Voilà l'histoire de cette plate édition, à laquelle je ne m'intéresse en aucune manière.

J'ai eu l'honneur de recevoir dans mon ermitage celui qui occupe la place que je vous destinais. Je vois bien que cette place devait être remplie par un homme aimable. Il y a deux ans que je ne suis sorti de chez moi; il y est venu sans façon avec M. de Taulès et M. Hennin; il s'est accoutumé à moi tout d'un coup; il a dîné avec autant d'appétit que si ses cuisiniers avaient fait le repas. C'est, ce me semble, un homme très-simple et très-accommodant; mais je doute qu'il veuille

1. M. de Voltaire sollicitait vivement une déclaration du roi qui rendît aux comédiens l'état de citoyen, et qui les affranchît de cette excommunication lancée autrefois contre de vils baladins. Il n'eût pas fallu moins sans doute pour engager Mlle Clairon à remonter sur le théâtre. (*Éd. de Kehl.*)

se charger du droit négatif, qui est le fondement de toutes les querelles de Genève. Au reste, il s'occupe à écouter les deux partis avec l'air de l'impartialité; ses collègues en font autant, et tous trois sont résolus, si je ne me trompe, à brider un peu le peuple; mais qui ne faudrait-il pas brider?

La nouvelle milice excite de grands mécontentements dans toutes les provinces du royaume. Beaucoup d'artistes et d'ouvriers, des fils de marchands, d'avocats, de procureurs, s'enfuient de tous côtés; ils vont par bandes dans les pays étrangers. J'ai perdu des artisans qui m'étaient extrêmement nécessaires, et j'en suis fort affligé.

Vous voyez que je réponds, mes divins anges, à tous vos articles; et, afin de ne laisser rien en arrière, j'ai lu les critiques de mon aîné d'Olivet sur Racine. Mon aîné est un peu vétillard; mais il faut qu'il y ait de ces gens-là dans notre république des lettres. Mon ex-jésuite est à vos pieds, et moi aussi; nous attendons tous deux la plus voyageuse des tragédies.

MMMMDCXXIII. — A M. DAMILAVILLE.

1er avril.

Le Philosophe sans le savoir, mon cher ami, n'est pas à la vérité une pièce faite pour être relue, mais bien pour être rejouée. Jamais pièce, à mon gré, n'a dû favoriser davantage le jeu des acteurs; et il faut que l'auteur ait une parfaite connaissance de ce qui doit plaire sur le théâtre. Mais on ne relit que les ouvrages remplis de belles tirades, de sentences ingénieuses et vraies, en un mot des choses éloquentes et intéressantes.

Je crois que nous ne nous entendons pas sur l'article du peuple, que vous croyez digne d'être instruit. J'entends par peuple la populace, qui n'a que ses bras pour vivre. Je doute que cet ordre de citoyens ait jamais le temps ni la capacité de s'instruire; ils mourraient de faim avant de devenir philosophes. Il me paraît essentiel qu'il y ait des gueux ignorants. Si vous faisiez valoir comme moi une terre, et si vous aviez des charrues, vous seriez bien de mon avis. Ce n'est pas le manœuvre qu'il faut instruire, c'est le bon bourgeois, c'est l'habitant des villes; cette entreprise est assez forte et assez grande.

Il est vrai que Confucius a dit qu'il avait connu des gens incapables de science, mais aucun incapable de vertu. Aussi doit-on prêcher la vertu au plus bas peuple; mais il ne doit pas perdre son temps à examiner qui avait raison de Nestorius ou de Cyrille, d'Eusèbe ou d'Athanase, de Jansénius ou de Molina, de Zuingle ou d'Œcolampade. Et plût à Dieu qu'il n'y eût jamais eu de bon bourgeois infatué de ces disputes! nous n'aurions jamais eu de guerres de religion, nous n'aurions jamais eu de Saint-Barthélemy. Toutes les querelles de cette espèce ont commencé par des gens oisifs et qui étaient à leur aise. Quand la populace se mêle de raisonner, tout est perdu.

Je suis de l'avis de ceux qui veulent faire de bons laboureurs des enfants trouvés, au lieu d'en faire des théologiens. Au reste, il faudrait un livre pour approfondir cette question, et j'ai à peine le temps, mon cher ami, de vous écrire une petite lettre.

Je vous prie de vouloir bien me faire un plaisir, c'est d'envoyer l'édition complète de Cramer à M. de La Harpe. Ce n'est pas qu'assurément je prétende lui donner des modèles de tragédies; mais je suis bien aise de lui montrer quelques petites attentions dans son malheur[1].

Je n'ai point reçu le panégyrique[2] fait par M. Thomas. Sûrement on fait examiner secrètement le *Dictionnaire des sciences*, puisqu'il n'est pas encore délivré aux souscripteurs. Mais qui sont les examinateurs en état d'en rendre un compte fidèle? faudrait-il qu'un scrupule mal fondé, ou la malignité d'un pédant, fît perdre aux souscripteurs leur argent, et aux libraires leurs avances? J'aimerais autant refuser le payement d'une lettre de change, sous prétexte qu'on en pourrait abuser.

Voici trois exemplaires[3] que M. Boursier m'a remis pour vous être envoyés. Il dit que vous ne ferez pas mal d'en adresser un au prêtre de Novempopulanie[4]. Vous voyez que la justice de Dieu est lente, mais elle arrive :

Sequitur *pede Pœna claudo*.

Hor., lib. III, od. II.

Il y a des gens auxquels il faut apprendre à vivre, et il est bon de venger quelquefois la raison des injures des maroufles.

Nous avons ici la médiation, et je crois que vous ne vous en souciez guère. J'attends toujours quelque chose de Fréret[5]. On dit que ma nièce de Florian passera son temps agréablement à Hornoy; vous irez la voir; elle est bien heureuse.

Adieu, mon très-cher ami, je vous embrasse bien tendrement. *Écr. l'inf....*

MMMMDCXXIV. — AU MÊME.

4 avril.

Mon cher ami, il n'y a qu'une pauvre petite lettre à la poste d'Italie pour M. Dalembert. Je la lui ai envoyée dans un paquet adressé à M. d'Argental, qui demeure dans son quartier.

Je saurai demain si vous avez reçu une *lettre* adressée à *M. d'Auch*, ou plutôt à frère Patouillet, auquel il n'avait fait que prêter son nom.

M. Thomas m'a envoyé l'*Éloge de M. le Dauphin*. Il y a de l'éloquence et de la philosophie. Il n'est pas vraisemblable qu'il ait attribué à ce prince des qualités et des connaissances qu'il n'aurait pas eues; il se serait décrédité auprès des honnêtes gens. Enfin de tout ce que j'ai lu sur ce triste événement il est le seul qui m'ait instruit et qui m'ait fait plaisir. Il y a quelques défauts dans son ouvrage : mais, en général, c'est un homme qui pense beaucoup, et qui peint avec la parole.

En lisant le *Dictionnaire*, je m'aperçois que le chevalier de Jaucourt

---

1. Sa tragédie de *Gustave* venait de tomber. (ÉD.)
2. *Éloge de Louis, Dauphin*, 1766, in-12. (ÉD.)
3. De la *Lettre pastorale à M. l'archevêque d'Auch, J. F. Montillet*. (ÉD.)
4. J. F. Montillet, archevêque d'Auch. (ÉD.)
5. *L'Examen des apologistes de la religion chrétienne*. Ce livre, publié sous le nom de Fréret, est de Lévesque de Burigny. (ÉD.)

on a fait les trois quarts. Votre ami[1] était donc occupé ailleurs? Mais, par charité, dites-moi pourquoi ce livre, qui, à mon gré, est nécessaire au monde, n'est pas encore entre les mains des souscripteurs? au nom de qui l'examine-t-on? qui sont les examinateurs? quelles mesures prend-on?

Vous m'aviez bien dit que la comédie[2] que vous m'aviez envoyée était meilleure à voir qu'à lire. Bonsoir, mon très-cher philosophe.

MMMMDCXXV. — A M. LE COMTE D'ARGENTAL.

5 avril.

Jusques à quand abuserai-je des bontés de mes anges? Voilà l'historien[3] de François Ier qui, de secrétaire d'un grand monarque, veut se faire secrétaire des pairs, et je ne sais où il demeure, et je crains de faire encore une méprise. Je prends donc la liberté de leur adresser ma lettre, et de les supplier de vouloir bien faire mettre l'adresse.

Mes anges connaissent plus de pairs que moi : je puis à peine le servir : ils pourront le protéger fortement, en cas qu'ils n'aient pas une autre personne à favoriser.

Je ne sais si je me trompe, mais je prévois que les citoyens de Genève pourront perdre leur cause au tribunal de la médiation. Il est bien difficile, de quelque manière qu'on s'y prenne, qu'il ne reste quelque aigreur dans les esprits. Je suis donc toujours pour ce que j'en ai dit. Je voudrais que la médiation se réservât le droit de juger les différends qui pourront survenir entre les corps de la république. J'ai peur que les médiateurs ne veuillent pas se charger de ce fardeau, fardeau pourtant bien léger et bien honorable. Ce serait, ce me semble, une manière assez sûre d'attacher les Génevois à la France, sans leur ôter leur liberté et leur indépendance. Je sais bien qu'on n'a pas affaire des Génevois ; mais les temps peuvent changer ; on peut avoir des guerres vers l'Italie. Je serais fâché de penser autrement que M. l'ambassadeur, et je croirais avoir tort ; mais j'aime ma chimère, et je voudrais que M. le duc de Praslin l'aimât un peu aussi.

Dites-moi, je vous prie, mes divins anges, comment réussit l'*Éloge de M. le Dauphin*, par M. Thomas. Il me paraît que de tous les ouvrages qu'on a faits sur ce triste sujet, le sien est celui qui inspire le plus de regrets sur la perte de ce prince.

Me sera-t-il encore permis de recourir à vos bontés, non-seulement pour une lettre de remercîments que je dois à M. Thomas, mais pour un petit paquet que M. Dalembert attend? Figurez-vous mon embarras ; je ne sais l'adresse d'aucun de ces messieurs : il faut pourtant leur écrire. Pardonnez donc mon importunité : je prendrai dorénavant si bien mes mesures, que je ne tomberai plus dans le même inconvénient.

Le petit ex-jésuite attend sa toile de Pénélope, qu'il défait et qu'il refait toujours ; mais songez que c'est pour vous plaire qu'il se plaît si peu à lui-même.

1. Diderot. (ÉD.) — 2. *Le Philosophe sans le savoir*, de Sedaine. (ÉD.)
3. Gaillard. (ÉD.)

N. B. M. Dalembert ne demeure plus rue Michel-le-Comte, comme on l'avait mis sur la lettre : c'est, je crois, près de Bellechasse. Encore une fois, pardon.

MMMMDCXXVI. — A M. LE CHEVALIER DE TAULÈS.

A Ferney, 5 avril.

Je n'oublierai jamais, monsieur, le discours de M. Thomas ; mais j'ai oublié sa demeure, et d'ailleurs je ne peux m'adresser qu'à vous pour le remercier. De tous ceux qui ont fait l'éloge du Dauphin, il est le seul qui m'ait fait connaître ce prince. Je n'ai vu que des mots dans tout ce que j'ai reçu de Paris, en prose et en vers, sur ce triste événement. La première chose qu'il faut faire quand on veut écrire, c'est de penser; M. Thomas ne s'exprime éloquemment que parce qu'il pense profondément.

A propos de penser, puis-je vous supplier, monsieur, de présenter mes respects à Son Excellence ? Elle donne des indigestions à tout Genève avant de lui donner une paix inaltérable; j'ose me flatter que quand nous aurons des feuilles, et que vous aurez le temps de prendre l'air, vous voudrez bien donner la préférence à l'air de Ferney; ce n'est pas assez de faire du bien à des hérétiques, il faut encore consoler les vieux catholiques malades. Je compte hardiment sur vos bontés et sur celles de M. Hennin.

Daignez, monsieur, être sans cérémonie avec votre très-humble et très-obéissant serviteur, VOLTAIRE.

MMMMDCXXVII. — A M. LE COMTE D'ARGENTAL.

6 avril.

J'ai montré au petit apostat la lettre de mes anges, et leurs judicieuses observations. En vérité ce pauvre jeune homme est à plaindre. « Vos anges voient clair, m'a-t-il dit ; je pourrais disputer avec eux sur un ou deux points; mais je ne veux pas songer à des coups d'épingle, lorsque je me meurs de la consomption. Je peux bien promettre à vos anges une cinquantaine de vers bien placés et vigoureux; je pourrai limer, polir, embellir; mais comment intéresser dans les deux derniers actes? Les gens outragés qui se vengent n'arrachent point le cœur; c'est quand on se venge de ce qu'on adore qu'on fait des impressions profondes, et qu'on enlève les suffrages ; deux personnes qui manquent à la fois leur coup font encore un mauvais effet : cette dernière réflexion me tue. Ma maison est tellement construite que je ne peux en ôter ce triste fondement. Tout ce que je puis faire, c'est de dorer et de vernir les appartements, et de les dorer si bien qu'on pardonne les défauts de l'édifice. Écrivez donc à vos anges qu'ils aient la bonté de me renvoyer mes cinq chambres[1], afin que je les dore à fond. »

Ayez donc pitié de ce pauvre diable, je vous en prie. Gloire vous soit rendue à jamais, pour avoir réhabilité un art charmant et néces-

---

1. Les cinq actes de la tragédie du *Triumvirat*. (ÉD.)

saire! On a bien de la peine avec les Welches, mais à la fin on vient à bout d'eux

Il y a deux exemplaires à Genève d'un maudit livre intitulé *la France détruite par M. le duc de*[1]... Je n'ai pu parvenir à le voir, et je ne crois pas qu'il se vende à Paris avec privilége. Je me mets au bout des ailes de mes anges avec mon culte ordinaire.

MMMMDCXXVIII. — A M. DAMILAVILLE

A Genève, 13 avril.

Nous avons reçu, monsieur, votre lettre du 6 avril. Nous avons été très-affligés d'apprendre que vous avez été malade. Nous attendons avec impatience le paquet que vous nous annoncez par la diligence de Lyon : cela sera très-important pour nos affaires, auxquelles vous daignez vous intéresser.

Nous avons vu à la campagne M. de Voltaire, qui vous aime bien tendrement, et qui nous a chargés de vous assurer qu'il vous serait attaché toute sa vie. Il nous a paru en assez mauvaise santé, et un peu vieilli.

Nous ne manquerons pas de faire venir de Suisse le recueil des *Lettres* des sieurs Covelle, Baudinet, et Montmolin[2]. En attendant, voici une pièce assez singulière, et qui est très-authentique. Nous en avons reçu quelques exemplaires de Neuchâtel, et ils ont été débités sur-le-champ.

Tous les souscripteurs pour l'*Encyclopédie* ont reçu leurs volumes dans ce pays. Nous ne concevons pas comment vous n'avez pas les vôtres à Paris. On trouve en général l'ouvrage très-sagement écrit et fort instructif. Il est à croire que, sous un gouvernement aussi éclairé que le vôtre, la calomnie et le fanatisme ne priveront pas le public d'un livre si nécessaire, et qui fait honneur à la France.

On nous mande qu'il y a un arrangement pris entre M. le chancelier et M. de Fresne, et que celui-ci sera nommé chancelier. Pour nous autres Génevois, soit que M. le duc de Choiseul reprenne les affaires étrangères, ou que M. le duc de Praslin les garde, nous sommes également reconnaissants envers le roi, qui daigne vouloir pacifier nos petits différends. C'est un procès qui se plaide avec la plus grande tranquillité et la plus grande décence. Tous les citoyens sont également contents des médiateurs, et surtout de M. le chevalier de Beauteville, qui nous écoute tous avec la plus grande affabilité, et avec une patience qui nous fait rougir de nos importunités.

Nous avons pour résident un homme de lettres[3] très-instruit qui aime les arts : il est dans l'intention de se fixer parmi nous, car il a fait venir une bibliothèque de plus de six mille volumes. C'est un homme qui pense en vrai philosophe, ami de la paix et de la tolérance, et ennemi de la superstition. Le nombre de ceux qui pensent ainsi augmente prodigieu-

1. C'est un pamphlet contre le duc de Choiseul. (Éd.)
2. La *Collection des lettres sur les miracles*. (Éd.) — 3. Hennin. (Éd.)

sement tous les jours, et dans la Suisse comme ailleurs. Nous eûmes, il y a quelque temps, un avocat général de Grenoble[1] qui vint voir notre ville; c'est un jeune homme très-éclairé, et qui a de l'horreur pour la persécution.

Dans mon dernier voyage à Montpellier nous trouvâmes, mon frère et moi, beaucoup de gens qui pensent aussi sensément que vous; et nous bénissons Dieu des progrès que fait cette sage philosophie véritablement religieuse, qui ne peut avoir pour ennemis que ceux du genre humain. Le bas peuple en vaudra certainement mieux, quand les principaux citoyens cultiveront la sagesse et la vertu : il sera contenu par l'exemple, qui est la plus belle et la plus forte des leçons.

Il est bien certain que les pèlerinages, les prétendus miracles, les cérémonies superstitieuses, ne feront jamais un honnête homme; l'exemple seul en fait, et c'est la seule manière d'instruire l'ignorance des villageois. Ce sont donc les principaux citoyens qu'il faut d'abord éclairer.

Il est certain, par exemple, que si à Naples les seigneurs donnaient à Dieu la préférence qu'ils donnent à saint Janvier, le peuple, au bout de quelques années, se soucierait fort peu de la liquéfaction dont il est aujourd'hui si avide; mais si quelqu'un s'avisait à présent de vouloir instruire ce peuple napolitain, il se ferait lapider. Il faut que la lumière descende par degrés; celle du bas peuple sera toujours fort confuse. Ceux qui sont occupés à gagner leur vie ne peuvent l'être d'éclairer leur esprit : il leur suffit de l'exemple de leurs supérieurs.

Adieu, monsieur; toute notre famille s'intéresse bien vivement à votre santé et à votre bien-être. Nous désirerions pouvoir imprimer quelques-uns de ces beaux ouvrages qu'on fait quelquefois dans votre patrie pour la perfection des mœurs et de la raison.

Nous sommes avec les sentiments les plus inaltérables, monsieur, vos très-humbles et très-obéissants serviteurs, les frères BOURSIER.

MMMMDCXXIX. — A M. LE CHEVALIER DE TAULÈS.

A Ferney, 15 avril.

Je retrouve dans mes paperasses, monsieur, une lettre qui vous appartient et que je croyais vous avoir rendue; j'ai l'honneur de vous la renvoyer, en vous faisant mon compliment de condoléance de la perte que vous faites de M. le duc de Praslin[2], et en vous félicitant sur le retour de M. le duc de Choiseul. Il faut avoir une tête d'or et une santé de fer pour entrer à la fois dans les départements de la guerre et des affaires étrangères: s'il ne tombe pas malade, il m'étonnera beaucoup. Je vous supplie de me mettre aux pieds de M. le gouverneur de Saint-Omer; je suis bien languissant, mais je serais fâché de mourir sans

---

1. Servan. (ÉD.)
2. Le duc de Praslin venait de quitter le ministère des affaires étrangères pour prendre celui de la marine, et le duc de Choiseul, ministre de la guerre, venait d'être chargé, en outre, des affaires étrangères. (ÉD.)

vous avoir vus encore une fois l'un et l'autre oublier sous mes rustiques toits vos crevailles et vos affaires.
Mille tendres respects.

MMMMDCXXX. — A MADEMOISELLE CLAIRON.

A Ferney, 15 avril.

Quand on ne peut parvenir, mademoiselle, à faire cesser l'opprobre jeté sur un état que l'on honore, il n'y a certainement d'autre parti à prendre que de quitter cet état. Vous avez une grande réputation par vos talents, mais vous aurez de la gloire par votre conduite. Je voudrais que cette gloire ne fût point unique, et que vos camarades eussent assez de courage pour vous imiter; mais c'est de quoi je désespère. Je vois qu'après avoir disposé des empires sur la scène, vous n'allez à présent donner que des cures. Mon protégé, dont j'ai oublié le nom, m'a paru, par sa lettre, un drôle de prêtre : c'est tout ce que j'en sais.

La petite tracasserie avec M. Dupuits doit être entièrement finie : je ne la connaissais pas. Vous savez que je passe ma vie dans mon cabinet pendant qu'on médit dans le salon. M. Dupuits est en Franche-Comté : il en reviendra bientôt. Mon premier soin sera de l'instruire de vos bontés; et comme il sait mieux l'orthographe que madame sa femme, il ne manquera pas de vous écrire dès qu'il sera de retour.

Au reste, mademoiselle, je crois que, dans le siècle où nous vivons, il n'y a rien de mieux à faire que de se tenir chez soi, et de cultiver les arts pour sa propre satisfaction, sans se compromettre avec le public. Il n'y a plus de cour, et le public de Paris est devenu bien étrange. Le siècle de Louis XIV est passé; mais il n'y a point de siècle que vous n'eussiez honoré.

Mme Denis vous fait mille tendres compliments. Je ne vous parle pas de mes sentiments pour vous; je n'ai pas assez d'éloquence.

MMMMDCXXXI. — A MADAME LA COMTESSE D'ARGENTAL.

18 avril.

Je remercie bien l'une de mes anges de son aimable lettre. Je conviens avec elle que la première maxime de la politique est de se bien porter. Il est certain que le travail forcé abrége les jours; mais vous conviendrez aussi, mes anges, que la correspondance avec les cabinets de tous les princes de l'Europe est plus agréable qu'une relation suivie avec des charpentiers de vaisseaux, et avec des entrepreneurs vous faisant le détail de leur équipement et de tous leurs agrès; c'est une langue toute nouvelle, et que je soupçonne d'être fort rebutante. Il me semble qu'un bénéfice simple de chef du conseil des finances, avec cinquante mille livres de rente, est beaucoup plus plaisant. Je tiens d'ailleurs qu'il n'est beau d'être à la tête d'une marine que quand on a cent vaisseaux de ligne, sans compter les frégates.

A propos de marine, le Sextus Pompée[1] de mon petit ex-jésuite

1. Personnage de la tragédie du *Triumvirat*. (ÉD.)

était un très-grand marin; il désola quelque temps ces marauds de triumvirs sur mer. L'auteur a bien retravaillé, il a radoubé son vaisseau tant qu'il a pu; mais il dit que sa barque n'arrivera jamais à Tendre. Ce qui lui plaît actuellement de cet ouvrage, c'est qu'il a fourni des remarques assez curieuses sur l'histoire romaine, et sur les temps de barbarie et d'horreur que chaque nation a éprouvés. Le tout pourra faire un volume qui amusera quelques penseurs; c'est à quoi il faut se réduire.

Mlle Claïron me mande qu'elle ne rentrera point. On veut s'en tenir à la déclaration de Louis XIII. On ne songe pas, ce me semble, que du temps de Louis XIII les comédiens n'étaient pas pensionnaires du roi, et qu'il est contradictoire d'attacher quelque honte à ses domestiques. Je ne puis blâmer une actrice qui aime mieux renoncer à son art que de l'exercer avec honte. De mille absurdités qui m'ont révolté depuis cinquante ans, une des plus monstrueuses, à mon avis, est de déclarer infâmes ceux qui récitent de beaux vers par ordre du roi. Pauvre nation, qui n'existe actuellement dans l'Europe que par les beaux-arts, et qui cherche à les déshonorer !

Je vois rarement M. le chevalier de Beauteville, tout grand partisan qu'il est de la comédie; il y a deux ans que je ne sors point de chez moi, et je n'en sortirai que pour aller où est Pradon. Pour le peu que j'ai vu M. de Beauteville, il m'a paru beaucoup plus instruit que ne l'est d'ordinaire un chevalier de Malte et un militaire. Il a de la fécondité dans la conversation, simple, naturel, mettant les gens à leur aise; en un mot, il m'a paru fort aimable. M. Hennin est fort fâché de la retraite de M. le duc de Praslin et de celle de M. de Saint Foix. M. de Taulès, qui a aussi beaucoup d'esprit, ne me paraît fâché de rien.

Vous reverrez bientôt M. de Chabanon avec un plan, et ce plan me paraît prodigieusement intéressant. L'ex-jésuite dit que, s'il y avait songé, il lui aurait donné la préférence sur ce maudit *Triumvirat*, qui ne peut être joué que sur le théâtre de l'abbé de Caveyrac, le jour de la Saint-Barthélemy. Je lui ai proposé de donner les *Vêpres siciliennes* pour petite pièce.

Je viens de lire une seconde édition des *Nouveaux mélanges* de Cramer. Je me suis mis à rire à ces mots : « L'âme immortelle a donc son berceau entre ces deux trous! Vous me dites, madame, que cette description n'est ni dans le goût de Tibulle, ni dans celui de Quinault; d'accord, ma bonne; mais je ne suis pas en humeur de te dire ici des galanteries. »

J'ai demandé à Cramer quel était l'original qui avait écrit tout cela. Il m'a répondu que c'était un vieux philosophe fort bizarre, qui tantôt avait la nature humaine en horreur, et tantôt badinait avec elle.

Je me mets sous les ailes de mes anges pour le reste de mes jours. Mme Denis et moi nous vous remercions d'avoir lavé la tête à Pierre [1]. M. Dupuits n'en sait encore rien, parce qu'il est en Franche-Comté

---

[1] Pierre Corneille, père de Mme Dupuits. (Éd.)

sa petite femme, qui en sait quelque chose, est à vos pieds; elle est très-avisée.

MMMMDCXXXII. — A M. MARMONTEL.

23 avril.

Mon cher confrère, j'attends votre *Lucain* [1], et j'attendrai votre *Bélisaire* avec plus d'impatience encore, parce qu'il sera entièrement de vous. C'est un sujet digne de votre plume; il est intéressant, moral, politique; il présente les plus grands tableaux. Si nous étions raisonnables, je vous conseillerais d'en faire une tragédie. Je soutiendrai toujours que vous étiez destiné à en faire d'excellentes, et que ceux qui vous ont dégoûté sont coupables envers la nation.

Vous n'irez donc point en Pologne avec Mme Geoffrin? Cependant, quand la reine de Saba alla voir Salomon, elle avait assurément un écuyer; vous feriez un voyage charmant, mais je voudrais que vous passassiez par chez nous.

Il est très-vrai que la raison perce, même en Italie, et que le Nord commence à corriger le Midi. Les progrès sont lents, mais enfin les nuages se dissipent insensiblement de tous côtés; les rois et les peuples s'en trouveront mieux; les prêtres même y gagneront plus qu'ils ne pensent, car étant forcés d'être moins fripons et moins fanatiques, ils seront moins haïs et moins méprisés.

Je viens de lire l'article *Langue hébraïque*, suivant votre bon conseil; il est savant et philosophique. L'auteur n'a pas osé tout dire. Il est incontestable que l'hébreu était anciennement un dialecte de la langue phénicienne. Les Hébreux appelaient la Phénicie le pays des savants; et une grande preuve qu'ils n'ont jamais habité en Égypte, c'est qu'ils n'ont jamais eu un seul mot égyptien dans leur langue, ou plutôt dans leur misérable jargon.

J'ai lu quelque chose d'une *Antiquité dévoilée* [2], ou plutôt très-voilée. L'auteur commence par le déluge, et finit toujours par le chaos. J'aime mieux, mon cher confrère, un seul de vos *Contes* que tous ces fatras.

Mme Denis vous fait mille compliments. Je suis bien malade; je m'affaiblis tous les jours; je vous aimerai jusqu'au dernier moment de ma vie.

MMMMDCXXXIII. — A M. DAMILAVILLE.

23 avril.

Le printemps, qui rend la vie aux animaux et aux plantes, nous est donc funeste à l'un et à l'autre, mon cher ami. Nous sommes tous deux malades; consolons-nous tous deux. Voilà déjà du baume mis dans votre sang, par la liberté qu'on donne à l'*Encyclopédie*. Je crois que je renaîtrai quand je recevrai le petit ballot que vous m'annoncez par la diligence de Lyon.

---

1. Marmontel a publié presque en même temps son *Bélisaire* et sa traduction de la *Pharsale*. (ÉD.)
2. Ouvrage posthume de Boulanger, refait sur le manuscrit original par le baron d'Holbach, avec un précis de la vie de l'auteur, par Diderot. (ÉD.)

Mlle Clairon ne remontera donc point sur le théâtre; mais qui la remplacera? Tout manque ou tout tombe.

Il faut avoir le diable au corps pour accuser d'irréligion l'éloquent auteur de l'*Éloge du Dauphin*; mais c'est un grand bonheur, à mon gré, qu'on voie évidemment que, dès qu'un homme d'esprit n'est pas fanatique, les bigots l'accusent d'être athée. Plus la calomnie est absurde, plus elle se décrédite. On doit toujours se souvenir que Descartes et Gassendi ont essuyé les mêmes reproches. Le monstre du fanatisme, si fatal aux rois et aux peuples, commence à être bien décrié chez tous les honnêtes gens.

La retraite profonde où je vis ne me permet pas de vous mander des nouvelles de la littérature. Je crois que vous en avez reçu de M. Boursier, qui s'est chargé, ce me semble, de vous envoyer quelques pièces curieuses qu'il attend de Francfort. Ce M. Boursier vous aime de tout son cœur; il est malade comme moi, et il ne cesse de travailler. Il dit qu'il veut mourir la plume à la main. Il suit toujours les mêmes objets dont vous l'avez vu occupé; il regrette comme moi le temps heureux et trop court qu'il a passé avec vous.

Adieu, mon très-cher ami; ma faiblesse ne me permet pas d'écrire de longues lettres. *Écr. l'inf....*

MMMMDCXXXIV. — A M. Hennin.

25 avril.

Je me doutais bien, monsieur, que la santé de M. le duc de Praslin ne tiendrait pas longtemps à la nécessité de parler d'affaires, quand il fallait prendre un lavement; il faut qu'un malade soit le maître de son temps. Mais comment M. le duc de Choiseul pourra-t-il suffire aux détails des deux ministères les plus assujettissants? Il faudra que ses journées soient aussi longues que la nuit d'Alcmène [1]. Je suis effrayé de la seule idée de ce travail. Quand aurons-nous des feuilles? quand aurai-je le bonheur de vous revoir?

MMMMDCXXXV. — A M. Damilaville.

28 avril.

J'étais donc bien mal informé, mon cher ami, et je n'ai eu qu'une joie courte. On m'avait assuré que le grand livre paraissait, et vous m'apprenez qu'on m'a trompé. Par quelle fatalité faut-il que les étrangers fassent bonne chère, et que les Français meurent de faim? pourquoi ce livre ferait-il plus de mal en France qu'en Allemagne? est-ce que les livres font du mal? est-ce que le gouvernement se conduit par des livres? Ils amusent et ils instruisent un millier de gens de cabinet, répandus sur vingt millions de personnes; c'est à quoi tout se réduit. Voudrait-on frustrer les souscripteurs de ce qui leur est dû, et ruiner les libraires?

On me fait espérer l'ouvrage de Fréret, qui est, dit-on, achevé d'im-

---

[1] Jupiter prolongea la durée de la nuit qu'il passa chez Alcmène. (ÉD.)

primer. Ceux qui l'ont vu me disent qu'il est très-bien raisonné. C'est un grand service rendu aux gens qui veulent être instruits; les autres ne méritent pas qu'on les éclaire. Il est certain, mon ami, que la raison fait de grands progrès, mais ce n'est jamais que chez un petit nombre de sages. Pensez-vous, de bonne foi, que les maîtres des comptes de Paris, les conseillers au Châtelet, les procureurs et les notaires, soient bien au fait de la gravitation et de l'aberration de la lumière? Ce sont des vérités reconnues, mais le secret n'est que dans les mains des adeptes.

Il en est de même de toutes les vérités qui demandent un peu d'attention. Il n'y aura jamais que le petit nombre d'éclairé et de sage. Consolons-nous en voyant que le nombre augmente tous les jours, et qu'il est composé partout des plus honnêtes gens d'une nation.

J'ai dans la tête que la prochaine assemblée du clergé fait suspendre le débit de l'*Encyclopédie*. On craint peut-être que quelques têtes chaudes n'attaquent quelques articles auxquels il est si aisé de donner un mauvais sens. On pourrait fatiguer M. le vice-chancelier par des clameurs injustes : ainsi il me paraît prudent de ne pas s'exposer à cet orage. Si c'est là en effet la cause du retardement, on n'aura point à se plaindre.

J'attends, avec mon impatience ordinaire, cette estampe des Calas et le mémoire de notre prophète Élie pour Sirven. Il est sans doute signé de plusieurs avocats dont il faut payer la consultation; M. de Laleu vous donnera tout ce que vous prescrirez. Ce sont actuellement les Sirven seuls qui m'occupent, parce qu'ils sont les seuls malheureux. Ma santé s'affaiblit de jour en jour, et il faut se passer de faire du bien.

Je vous embrasse tendrement.

MMMMDCXXXVI. — A M. LE CHEVALIER DE TAULÈS.

A Ferney, 28 avril.

Je vois, monsieur, que le derrière de Son Excellence n'est pas si bon que sa tête; j'apprends qu'on lui a fait une opération qu'il a soutenue avec son courage ordinaire; je m'adresse toujours à vous pour lui faire parvenir les témoignages de mon respect et de ma sensibilité. Il doit savoir combien tout le monde s'intéresse à sa santé : il goûte le plaisir d'être aimé; c'est un bonheur que vous partagez avec lui. Continuez-moi, monsieur, des bontés qui me sont bien chères, et daignez vous souvenir quelquefois d'un pauvre vieillard cacochyme qui vous aime comme s'il avait eu l'honneur de vivre longtemps avec vous

MMMMDCXXXVII. — A M. SERVAN, AVOCAT GÉNÉRAL DU PARLEMENT DE GRENOBLE.

Avril.

La lettre dont vous m'honorez, monsieur, m'est précieuse par plus d'une raison; je vois les progrès que l'esprit, l'éloquence, et la philosophie, ont faits dans ce siècle. On n'écrivait point ainsi autrefois; et à présent les avocats généraux des provinces laissent bien loin derrière eux ceux de la capitale. J'ai remarqué que, dans l'affaire des jésuites, ce n'est qu'en province qu'on a écrit éloquemment. C'est aussi en se formant le goût qu'on s'est défait des préjugés; je ne parle pas de Toulouse, où le fanatisme règne encore, et où le bon goût est inconnu, malgré les Jeux floraux; mais l'esprit de la jeunesse commence à s'ouvrir à Toulouse même; la France arrive tard, mais elle arrive; elle combat d'abord la circulation du sang, la gravitation, la réfrangibilité de la lumière, l'inoculation; elle finit par les admettre. Nous ne sommes d'ordinaire ni assez profonds ni assez hardis. Notre magistrature a bien osé combattre quelques prétentions des papes, mais elle n'a jamais eu le courage de les attaquer dans leur source. Elle s'oppose à quelques irrégularités, mais elle souffre qu'on paye quatre-vingt mille francs à un prêtre italien pour épouser sa nièce; elle tolère les annates; elle voit, sans réclamer, que des sujets du roi s'intitulent évêques par la permission du saint-siége; enfin, elle a accepté une bulle qui n'est qu'un monument d'insolence et d'absurdité. Elle a été assez courageuse et assez heureuse pour saisir l'occasion de chasser les jésuites; elle ne l'est pas assez pour empêcher les moines de recevoir des novices avant l'âge de trente ans. Elle souffre que les capucins et les récollets dépeuplent les campagnes, et enrôlent nos jeunes laboureurs.

Nous sommes bien au-dessous des Anglais, sur terre comme sur mer; mais il faut avouer que nous nous formons. La philosophie fait luire un jour nouveau. Il paraît, monsieur, qu'elle vous a rempli de sa lumière. Comptez qu'elle fait beaucoup de bien aux hommes. Orphée, dites-vous, n'amollissait pas les pierres qu'il faisait danser; non, mais il adoucissait les tigres :

Mulcentem tigres, et agentem carmine quercus.
Virg., *Georg.*, lib. IV, v. 510.

La philosophie fait aimer la vertu, en faisant détester le fanatisme; et, si je l'ose dire, elle venge Dieu des insultes que lui fait la superstition.

J'attends avec impatience votre *Moïse*, dont je vous fais mes très-humbles remercîments. Je soupçonne que c'est un petit plagiat, un vol fait au livre de Gaulmin, imprimé en Allemagne il y a cent ans; mais il y aura sûrement des choses utiles. Plus on fouille dans l'antiquité, plus on y retrouve les matériaux avec lesquels on a bâti un étrange édifice. Depuis le bouc émissaire et la vache rousse, jusqu'à la confession et l'eau bénite, vous savez que tout est païen. *Sursum corda, ite missa est*, sont les formules des mystères de Cérès. Toute l'histoire de Moïse est prise, mot pour mot, de celle de Bacchus. Nous n'avons été que des fripiers qui avons retourné les habits des anciens.

Le petit livre *de la Prédication* est de l'abbé Coyer, qui voulait [1] mettre dans des boutiques les Montmorenci et les Châtillon, et qui

---

1. Dans *la Noblesse commerçante*. (Éd.)

veut à présent que nous ayons des censeurs au lieu de prédicateurs, ou plutôt qui ne veut que s'amuser.

Je vous envoie, monsieur, un petit mot du roi de Prusse qui ne plaira pas à la juridiction ecclésiastique. Si vous n'avez pas *la Philosophie de l'histoire*, j'aurai l'honneur de vous la faire tenir, ainsi que tous les petits ouvrages qui pourront paraître. Je suis pénétré de votre souvenir autant que je le suis de votre mérite. J'ignore si vous resterez sur le théâtre de Grenoble, mais vous rendrez toujours grand celui où vous paraîtrez. Je vous demande la continuation de vos bontés.

J'ai l'honneur d'être avec respect, etc.

MMMMDCXXXVIII. — A M. LE CHEVALIER DE TAULÈS.

30 avril.

Mon cher monsieur, le frère d'Auzières et le sieur Bourlier, natifs, viennent à moi, ainsi que syndics à qui j'ai prêté de l'argent, conseillers qui ont fait de bons marchés avec moi, citoyens à tête chaude et autres, y sont venus. J'ai prêché la paix à tous, et je suis toujours resté en paix chez moi ; tout ceci est une comédie dont vous venez faire le dénoûment. D'Auzières[1] est en prison, et vous protégez les malheureux ; je ne connais point les rubriques de la ville de Calvin, et je ne veux point les connaître. Une vingtaine de natifs est venue me trouver, comme les poissardes de Paris, qui me firent autrefois le même honneur ; je leur forgeai un petit compliment pour le roi, qui fut très-bien reçu. J'en ai fait un pour les natifs, qui n'a pas été reçu de même ; c'est apparemment que messieurs des vingt-cinq sont plus grands seigneurs que le roi ; j'ignore si les poissardes ont plus de privilèges que les natifs. Mais je vous demande votre protection pour de pauvres diables qui ne savent ce qu'ils font. Ce n'est pas des perruques carrées que je parle, c'est des natifs. Tout en riant, honorez ces bonnes gens de vos bontés compatissantes, et conservez-moi les vôtres.

MMMMDCXXXIX. — AU MÊME.

Ferney, 1ᵉʳ mai.

Je suis un pauvre diable de laboureur et de jardinier, possesseur de soixante-douze ans et demi, malade, ne pouvant sortir, et m'amusant à me faire bâtir un petit tombeau fort propre dans mon cimetière, mais sans aucun luxe. Je suis mort au monde. Il ne me faut qu'un *De profundis*.

Voilà mon état, mon cher monsieur ; ce n'est pas ma faute *si Jean-Jacques Rousseau s'imagina que le docteur Tronchin* et moi nous ne trouvions pas son roman d'*Héloïse* assez bon. Souvenez-vous bien que voilà l'unique origine des petits troubles de Genève. Souvenez-vous bien, quand vous voudrez rire, que Jean-Jacques s'étant imaginé en-

[1]. Georges d'Auzières, sorti de prison, vint chercher un asile à Ferney, et obtint une des maisons que Voltaire avait fait construire et vendait en rentes viagères à cinq, six, ou sept pour cent. (*Note de M. Beuchot*.)

core que nous avions ri des *baisers dorés*, et du *faux germe*, et de la proposition de marier l'héritier du royaume à la fille du bourreau, *s'imagina* de plus que tous les Tronchin et quelques conseillers s'étaient assemblés chez moi pour faire condamner Jean-Jacques, qui ne devait être condamné qu'au ridicule et à l'oubli. Souvenez-vous bien, je vous en prie, que le colonel Pictet écrivit une belle lettre qui n'avait pas le sens commun, dans laquelle il accusait le conseil d'avoir transgressé toutes les lois, de concert avec moi; que le conseil fit emprisonner le colonel, qui depuis a reconnu son erreur; que les citoyens alors se plaignirent de la violation de la loi, et que tous les esprits s'aigrirent. Quand je vis toutes ces querelles, je quittai prudemment les Délices, en vertu du marché que j'avais fait avec le conseiller Mallet, qui m'avait vendu cette maison quatre-vingt-sept mille livres, à condition qu'on m'en rendrait trente-huit mille quand je la quitterais.

Ayez la bonté de remarquer que pendant tout le temps que j'ai occupé les Délices, je n'ai cessé de rendre service aux Génevois. J'ai prêté de l'argent à leurs syndics; j'ai tiré des galères un de leurs bourgeois; j'ai fait modérer l'amende d'un de leurs contrebandiers; j'ai fait la fortune d'une de leurs familles; j'ai même obtenu de M. le duc de Choiseul qu'il daignât permettre que les capitaines génevois au service de la France ne fissent point de recrues à Genève, et j'ai fait cette démarche à la prière de deux conseillers qui me furent députés. Voilà les faits, et les lettres de M. le duc de Choiseul en sont la preuve. Je ne lui ai jamais demandé de grâces que pour les Génevois. Ils sont bien reconnaissants.

A la mort de M. de Montpéroux, trente citoyens vinrent me trouver pour me demander pardon d'avoir cru que j'avais *engagé le conseil à persécuter Rousseau*, et pour me prier de contribuer à mettre la paix dans la république. Je les exhortai à être tranquilles. Quelques conseillers vinrent chez moi, je leur offris de dîner avec les principaux citoyens et de s'arranger gaiement. J'envoyai un *mémoire* à M. d'Argental pour le faire consulter par des avocats. Le *mémoire* fut assez sagement répondu, à mon gré. M. Hennin arriva; je lui remis la minute de la consultation des avocats, et je ne me mêlai plus de rien. Ces jours passés, les natifs vinrent me prier de raccourcir un compliment ennuyeux qu'ils voulaient faire, disaient-ils, à MM. les médiateurs; je pris mes ciseaux d'académicien, et je taillai leur compliment. Ils me montrèrent ensuite un mémoire qu'ils voulaient présenter; je leur dis qu'il ne valait rien, et qu'il fallait s'adresser au conseil.

J'ignore qui a le plus de tort, ou le conseil, ou les bourgeois, ou les natifs. Je n'entre en aucune manière dans leurs démarches, et depuis l'arrivée de M. Hennin je n'ai pas écrit un seul mot à M. le duc de Praslin sur Genève.

A l'égard de M. Ouspourguer, j'ai tort de n'avoir pas envoyé chez lui. Mais j'ai supplié M. Sinner Daubigny de lui présenter mes respects. Je suis un vieux pédant dispensé de cérémonies; mais j'en ferai tant qu'on voudra. Je vous supplie, mon cher monsieur, d'ajouter à toutes vos bontés celle de m'excuser auprès de MM. les médiateurs suisses, et de me continuer vos bons offices auprès de M. l'ambassadeur. Pardonnez-moi ma longue lettre, et aimez le vieux bonhomme

VOLTAIRE.

MMMMDCXL. — A M. LE MARQUIS DE FLORIAN.

Ferney, 2 mai.

Vous faites très-bien, monsieur, de n'aller qu'à la mi-mai à Hornoy. La nature est retardée partout, après le long et terrible hiver que nous avons essuyé. Les trois quarts de mes arbres sont sans feuilles, et je ne vois encore que de vastes déserts.

La grande place de l'homme qui juge, sur le *Panégyrique du Dauphin*, que l'abbé Coyer est un athée, est apparemment une place aux Petites-Maisons, et je présume que votre ami le calculateur doit être de son conseil. Je réduis tout net ce calculateur à zéro. M. de Beauteville me paraît d'une autre pâte. Je ne sais s'il connaît bien encore les Génevois; ils ne sont bons Français qu'à dix pour cent. Nous verrons comment la médiation finira le procès, et si on condamnera le conseil à être fouetté avec des lanières tirées du cul des citoyens.

Il n'y a pas longtemps que messieurs du conseil me présentèrent leur terrier, par lequel ils me demandent un hommage lige pour un pré. Je leur ferai certainement manger tout le foin du pré, avant de leur faire hommage lige. Ces gens-là me paraissent avoir plus de perruques que de cervelle.

Avant que vous partiez pour Hornoy, mon cher monsieur, permettez que je vous fasse souvenir du factum de M. de Lally, que vous avez eu la bonté de me promettre. Je suis bien curieux de lire ce procès; je connais beaucoup l'accusé, et je m'intéresse à tout ce qui se passe dans l'Inde, à cause des brahmes mes bons amis, qui sont les prêtres de la plus ancienne religion qui soit au monde, mais non pas de la plus raisonnable. Si je pouvais, par votre crédit, avoir le mémoire de Lally et celui des Sirven, vous feriez ma consolation.

Comme je suis extrêmement curieux, je voudrais bien aussi savoir quelque chose de M. de La Chalotais. Vous me paraissez toujours bien informé. J'ai recours à vous dans les derniers jours où vous serez à Paris. Je suis plus Languedochien que jamais; mais mon affection ne va pas jusqu'au parlement de Toulouse. Il se forme bien des philosophes dans vos provinces méridionales; il y en a moins pourtant que de pénitents blancs, bleus, et gris. Le nombre des sots et des fous est toujours le plus grand.

Notre Ferney est devenu charmant tout d'un coup. Tous les alentours se sont embellis; nous avons, comme dans toutes les églogues, des fleurs, de la verdure, et de l'ombrage; le château est devenu un bâtiment régulier de cent douze pieds de face; nous avons acquis des bois; nous nageons dans l'utile et dans l'agréable; il ne manque rien à cette terre que d'être en Picardie.

Allez donc à Hornoy, messieurs; jouissez en paix d'une heureuse tranquillité, buvez quelquefois à ma santé, et puissé-je vous embrasser tous avant de mourir!

MMMMDCXLI. — A M. HENNIN.

A Ferney, 4 mai.

Vous aimez, monsieur, à citer juste; et moi qui suis barbouilleur d'histoire, j'aime à citer juste aussi. Vous avez raison quand vous dites qu'il y a un article dans le mémoire à consulter donné aux avocats de Paris[1], lequel qualifie les citoyens de Genève souverains législateurs. Mais aussi je n'ai pas tort quand je dis que, dans le même mémoire, on trouve ces paroles : « On peut considérer que les citoyens et bourgeois sont souverains conjointement avec tous les conseils quand ils sont assemblés en corps de république. »

Ce que vous me dites à notre dernière entrevue me laissa, comme vous le croyez bien, le poignard dans le cœur. Je me voyais accusé cruellement par-devant le grand juge des anecdotes, M. le chevalier de Taulès; toute ma réputation d'amateur de la vérité était perdue. Ma douleur m'a fait relire ce vieux *mémoire à consulter* que j'avais entièrement oublié.

Vous voyez évidemment qu'un des articles s'explique par l'autre, et qu'il n'y a que des théologiens qui puissent tronquer un passage d'un auteur pour le condamner. Je vous demande donc justice et réparation d'honneur. Je crois que ce mémoire était si mal griffonné, que ni vous, ni M. le chevalier de Taulès, n'avez lu l'article où je m'explique catégoriquement.

Voilà comme on juge les pauvres auteurs; voilà comme on a dit à la cour que M. Thomas était athée, parce qu'il a loué M. le Dauphin de n'être pas persécuteur; on n'a ni la justice ni le temps de confronter les passages. Confrontez-moi donc avec moi-même, et vous verrez combien mon cœur est à vous.

MMMMDCXLII. — A MADAME LA DUCHESSE DE GRAMMONT.

A Ferney, près de Genève, 5 mai.

Madame, votre département dans le ministère est toujours de faire du bien. Je ne puis vous séparer de M. le duc, votre frère.

Souffrez donc que je vous supplie, madame, de lire cette lettre, qui n'est point une lettre du bureau des affaires étrangères, mais du bureau des bienfaits. J'ose vous prier de la lui faire lire quand il ne travaille point, supposé qu'il y ait de tels moments.

Soyez toujours ma protectrice auprès de mon protecteur.

Nous sommes à vos pieds, Marie Corneille et moi, son vieux père adoptif.

Agréez, madame, le profond respect et la reconnaissance de votre très-humble, très-obéissant, et très-obligé serviteur, VOLTAIRE.

1. Ce *mémoire* était de Voltaire. (ÉD.)

MMMMDCXLIII. — A M. SERVAN.

9 mai.

Enfin, monsieur, on a retrouvé Moïse sous un tas de fumier, et il s'est sauvé des mains des muletiers, comme de celles de Pharaon. Les *Conjectures sur la Genèse*[1] sont actuellement dans ma bibliothèque; mais je vous assure que je fais plus de cas du discours que vous avez la bonté de m'envoyer. L'auteur a dû se complaire dans son œuvre, *et voir que cela était bon*; mais il est trop modeste pour le dire, et moi je suis trop véridique pour lui cacher ce que j'en pense.

Je vous demande en grâce, monsieur, de vouloir bien honorer mon petit cabinet de livres de tout ce qui partira de votre plume; j'ai des recueils qui assurément ne vaudront pas celui-là. Je vous avouerai franchement que je ne connais, parmi les discours prononcés au parlement de Paris, rien qui mérite d'être lu, excepté deux ou trois discours de M. Daguesseau: tout ce qu'on a fait depuis lui est sec et mal écrit; tout ce qu'on a fait auparavant est de l'éloquence de Thomas Diafoirus. J'ai déjà eu l'honneur de vous dire qu'en qualité de provincial, j'aimais fort à voir le bon goût renaître en province. Vous et moi nous sommes Allobroges : je m'intéresse à vos succès comme compatriote; et, en cette qualité, je vous demande la continuation de vos bontés. Autrefois la cour donnait le ton à Paris, et Paris aux provinces; il me paraît que c'est à présent tout le contraire, à cela près qu'il n'y a plus de ton à Versailles : je ne suis pas, au reste, comme les autres vieillards qui vantent toujours ce qu'ils ont vu dans leur jeunesse; je vous jure que je n'ai vu que des sottises; le bon temps était le siècle de Louis XIV, dont je n'ai vu que la lie. Cependant il faut être juste : j'avoue qu'il n'y a en France aujourd'hui aucun grand talent, dans quelque genre que ce puisse être, pas même à l'Opéra-Comique, qui est devenu le spectacle de la nation; mais, en récompense, il y a beaucoup de philosophie, et voilà ce qui me console.

Soyez toujours, monsieur, ma plus grande consolation, et comptez sur la tendre et respectueuse estime de, etc. VOLTAIRE.

MMMMDCXLIV. — A M. DAMILAVILLE.

12 mai.

Mon cher frère, j'ai mis l'estampe des Calas au chevet de mon lit, et je l'ai baisé, à travers la glace, Mme Calas et ses deux filles. Je leur en rends compte dans la petite lettre que je leur envoie. On se plaint beaucoup de la gravure; on trouve que les doigts ressemblent à des griffes d'oiseaux mal faites, et les bras à des cotrets; mais pour moi, je suis si content d'avoir cette famille sous mes yeux, que je pardonne tout, et que je trouve tout bien.

Je console, autant que je puis, les Sirven; je leur fais espérer qu'ils auront incessamment le mémoire qui les justifie. Vous voyez sans doute quelquefois M. Élie, et vous avez eu la bonté de lui dire combien

---

1. C'est le titre d'un ouvrage d'Astruc. (ÉD.)

je m'intéresse à sa santé. J'ai peine à croire qu'il ne réussisse pas dans cette affaire. Je pense toujours que le conseil lui sera favorable. On n'est pas, ce me semble, assez content des parlements, pour craindre celui de Toulouse; et je ne crois pas qu'une compagnie qui n'a voulu recevoir de la main du roi ni son commandant[1] ni son premier président[2], doive avoir à la cour un crédit immense.

Je trouve que le sieur Le Breton a fait une haute sottise d'aller porter à Versailles des *Encyclopédies* lorsque le clergé s'assemblait. Le ministère a fait très-prudemment de s'emparer des exemplaires, et de prévenir par là des clameurs qui eussent été aussi dangereuses qu'injustes. On a mis dans les gazettes que l'article *Peuple*[3] avait indisposé beaucoup le ministère; je ne le crois pas; il me semble que tout ministre sage devrait signer cet article.

Je suis bien fâché que l'auteur de *Population* et de *Vingtième*[4] n'en ait pas fait davantage. Je voudrais raccommoder ce bon citoyen avec le grand Colbert. Il lui reproche d'avoir fait baisser le prix des blés; mais il baissa de même en Angleterre et ailleurs dans le même temps. Le grand malheur de Colbert est d'avoir vu ses mesures toujours traversées par les entreprises de Louis XIV. La guerre injuste et ridicule de 1762 obligea le ministre le plus grand que nous ayons jamais eu à se comporter d'une manière directement opposée à ses sentiments; et cependant il ne laissa, en mourant, aucune dette de l'État qui fût exigible. Il créa la marine, il établit toutes les manufactures qui servent à la construction et à l'équipement des vaisseaux. On lui doit l'utile et l'agréable.

Si vous connaissez l'auteur de l'article où on le traite un peu mal, je vous prie de demander la grâce de Colbert à cet auteur. Nous en parlerons, si jamais vous êtes assez bon pour revenir à Ferney. Mon petit château sera enfin entièrement bâti; mes paysans augmentent leurs cabanes, à mon exemple; leurs terres et les miennes sont bien cultivées; tout cet affreux désert s'est changé en paradis terrestre.

J'ai eu la consolation de trouver un petit bailli qui pense tout aussi sensément que nous. Vous m'avouerez que c'est trouver une perle dans du fumier, car il est d'un pays où l'on ne pense point du tout.

Vous ne me parlez point de Bigex; vous ne me consolez point dans ce temps de disette de bons ouvrages. Ne pourriez-vous point me faire avoir le mémoire de M. de Lally? M. de Florian ne vous en a-t-il pas donné un? Songez à moi, je vous en prie, et croyez que je ne m'oublie pas, et que je ne perds pas mon temps.

Je viens de recevoir une lettre charmante du philosophe Dalembert. Bonsoir, mon cher frère; buvez à ma santé avec Platon.

N. B. Je compte vous envoyer mardi prochain, par la diligence de Lyon, le buste d'un de vos amis. Il est dans le goût antique, et assurément mieux fait que l'estampe des Calas. Ayez la bonté, je vous en supplie, de ne point écrire aux sculpteurs, et de n'avoir aucun com-

---

1. Le duc de Fitz-James. (ÉD.) — 2. Bastard. (ÉD.) — 3. Par Jaucourt. (ÉD.) 4. Ces articles sont de Damilaville. (ÉD.)

merce avec eux. Laissez-moi faire mon devoir, sans quoi je me brouille avec vous.

MMMMDCXLV. — A M. LE COMTE D'ARGENTAL.

12 mai.

L'un de mes anges m'a écrit une lettre toute remplie de raison, d'esprit, de bonté, et de choses charmantes; cela n'empêche pas que je ne trouve toujours l'âme immortelle placée entre les deux trous prodigieusement ridicule.

Il s'en faut beaucoup que le petit ex-jésuite ait négligé ses marauds du *Triumvirat*; mais il pense que vos belles dames, qui font dans Paris toutes les réputations, ne seront nullement touchées de ces gens de sac et de corde. Il a cru se tirer d'affaire par des notes historiques, et par une histoire de toutes les proscriptions de ce monde, qui fait dresser les cheveux à la tête. Il prétend, dans ses notes, que la conspiration de Cinna n'a jamais existé, que cette aventure est supposée par Sénèque, et qu'il l'inventa pour en faire un sujet de déclamation. C'est un objet de critique pour quelques pédants, mais dont le public ne se soucie guère. Il reste donc persuadé qu'il ne trouvera point de libraire qui veuille donner cent écus de cette guenille, attendu que La Harpe n'en a pas pu trouver cinquante de son beau *Gustave Vasa*. L'ex-jésuite vous enverra bientôt ses roués et ses notes pédantesques. Il souhaite d'ailleurs passionnément que Mlle Dubois se forme, et que M. de Chabanon lui donne un beau rôle; mais il ne sait pas où est M. de Chabanon; il devait retourner à Paris au commencement du mois; nous lui avons souhaité un bon voyage, et depuis ce temps nous n'avons plus de ses nouvelles.

A l'égard de la comédie de Genève, c'est une pièce compliquée et froide qui commence à m'ennuyer beaucoup. J'ai été pendant quelque temps avocat consultant; j'ai toujours conseillé aux Génevois d'être plus gais qu'ils ne sont, d'avoir chez eux la comédie, et de savoir être heureux avec quatre millions de revenu qu'ils ont sur la France. L'esprit de contumace est dans cette famille. Les natifs disent que je prends le parti des bourgeois; les bourgeois craignent que je ne prenne le parti des natifs. Les natifs et les bourgeois prétendent que j'ai eu trop de déférence pour le conseil. Le conseil dit que j'ai eu trop d'amitié pour les natifs et les bourgeois. Les bourgeois, les natifs, et le conseil ne savent ni ce qu'ils veulent, ni ce qu'ils font, ni ce qu'ils disent. Les médiateurs ne savent encore où ils en sont; mais j'ai cru m'apercevoir qu'ils étaient fâchés qu'on fût venu me demander mon avis à la campagne. J'ai donc déclaré aux conseil, bourgeois, et natifs, que n'étant point marguillier de leur paroisse, il ne me convenait pas de me mêler de leurs affaires, et que j'avais assez des miennes. Je leur ai donné un bel exemple de pacification, en m'accommodant pour mes dîmes avec mon curé, et finissant d'un trait de plume, à l'aide de quelques louis d'or, des chicanes de cent années.

Peut-être que M. le duc de Praslin parle quelquefois avec M. le duc de Choiseul des tracasseries génevoises. En ce cas, je le supplie de vouloir bien me recommander ou me faire recommander à M. le chevalier de Beauteville. J'attends cette grâce de vous, mes divins anges; car non-seulement plusieurs morceaux de mes petites terres sont enclavés dans le petit territoire de la parvulissime république, mais j'ai tous les jours de petits droits à discuter avec elle; car vous noterez qu'elle n'a guère plus de terrain en France que je n'en ai. Chose étonnante que la liberté! il y a vingt villes en France beaucoup plus peuplées que Genève; qu'il y ait un peu de dissension dans une de ces vingt villes, on envoie des archers; qu'il y ait une petite discussion à Genève, on y envoie des ambassadeurs.

Vous ferez, mes anges, une très-belle et bonne action, non-seulement de faire recommander mes petits intérêts à M. de Beauteville, mais surtout de l'engager à garder pour lui ce droit négatif dont nous avons tant parlé. C'est une manière si naturelle et si honnête d'être maître de Genève sans le paraître; ce tempérament est si convenable; il sera si utile de disposer de Genève dans les guerres qu'on peut avoir en Italie, qu'il ne faut pas assurément manquer cette précaution; vous y êtes même intéressé comme Parmesan[1]; vous êtes puissance d'Italie. Henri IV vous a ôté le marquisat de Saluces, que vous auriez bien par la suite perdu sans lui; ne manquez pas l'occasion de vous assurer un jour de Genève. La Corse, dont vous vous êtes mêlés, vous était bien moins nécessaire. Il me semble que M. le duc de Fraslin approuvait cette idée; il la fera goûter sans doute à M. le duc de Choiseul. C'est une négociation dont il faut que vous ayez tout l'honneur; la maison de Parme en aura peut-être un jour tout l'avantage.

L'*Encyclopédie* me paraît un peu vexée à Paris; je crois que c'est une sage précaution du ministère, qui ne veut pas donner de prise à messieurs du clergé. Il y a dans ce livre d'excellents articles qu'il serait bien triste de perdre. L'ouvrage est en général un coup de massue porté au fanatisme. L'ex-jésuite lui porte quelquefois des coups de stylet; il faut attaquer ce monstre de tous les côtés et avec toutes les armes. Ne craignons point de répéter ce qu'il est nécessaire de savoir; il y a des choses qu'il faut river, dans la tête des hommes, à coups redoublés. Je ne m'en mêle pas, comme vous le croyez bien, mais j'apprends, avec une grande consolation, que plusieurs avocats travaillent à ce procès; vous n'en serez pas fâché, vous qui êtes au rang des meilleurs juges.

Je me mets au bout de vos ailes avec mon culte ordinaire.

MMMMDCXLVI. — A M. LE COMTE DE LA TOURAILLE.

A Ferney, 12 mai.

Je suis, monsieur, comme les vieux philosophes grecs, qui se consolaient dans leur vieillesse par l'idée d'être remplacés, et qui voyaient avec plaisir s'élever des jeunes gens qui devaient aller plus loin qu'eux.

1. D'Argental était ministre plénipotentiaire de Parme près la cour de France. (ED.)

C'est une satisfaction que vous me faites goûter. Vous rendrez plus de service que personne à cette pauvre raison humaine qui commence à faire des progrès. Elle a été obscurcie en France pendant des siècles. Elle fut agréable et frivole dans le beau siècle de Louis XIV, elle commence à être solide dans le nôtre. C'est peut-être aux dépens des talents; mais, à tout prendre, je crois que nous avons gagné beaucoup. Nous n'avons aujourd'hui ni des Racine, ni des Molière, ni des La Fontaine, ni des Boileau, et je crois même que nous n'en aurons jamais; mais j'aime mieux un siècle éclairé qu'un siècle ignorant qui a produit sept ou huit hommes de génie. Et remarquez que ces écrivains, qui étaient si grands dans leur genre, étaient des hommes très-petits en fait de philosophie. Racine et Boileau étaient des jansénistes ridicules, Pascal est mort fou, et La Fontaine est mort comme un sot. Il y a bien loin du grand talent au bon esprit.

Je vous suis très-obligé de votre souvenir, et je me souviens toujours avec douleur que vous avez été à Dijon, qui est ma province, et que je n'ai pu avoir l'honneur de m'entretenir avec vous; mais vos lettres m'attachent à vous, monsieur, autant que si j'avais eu le bonheur de vous voir.

MMMMDCXLVII. — A M. Hennin.

17 mai.

Vous m'avez envoyé, monsieur, une drôle de lettre de M. le duc de Choiseul. Il me mande qu'il est comme le cocher de l'*Avare*, qui met tantôt sa souquenille, et tantôt son tablier. Comment peut-on avoir le temps d'avoir de l'esprit et de badiner, quand on a de si lourds fardeaux à porter? mais, vous autres ministres, vous êtes supérieurs aux affaires. C'est ce qui fait que je me mets plus que jamais aux pieds de Son Excellence, que je supplie M. de Taulès de ne me pas oublier, et que je compte que vous n'abandonnerez pas Ferney.

MMMMDCXLVIII. — A M. le maréchal duc de Richelieu.

A Ferney, 17 mai.

Je reçois la lettre du 1er de mai, dont mon héros m'honore. M. le chevalier de Beauteville m'a dit qu'avant de partir pour votre royaume de Bordeaux vous lui aviez dit que vous le chargeriez de vos ordres pour moi; mais la lettre dont vous me parlez ne m'est jamais parvenue, et il faut qu'on l'ait oubliée dans votre déménagement.

Que vous êtes heureux, monseigneur, de pouvoir toujours courir! et que je suis à plaindre de ne pouvoir au moins me trouver sur votre route!

Je suis bien fâché pour le public, et pour les beaux-arts que vous protégez, de voir le théâtre privé de Mlle Clairon, lorsqu'elle est dans la force de son talent. J'y perds plus qu'un autre, puisqu'elle faisait valoir mes sottises; mais elle m'a mandé que, puisqu'on ne voulait pas confirmer la déclaration de Louis XIII en faveur de vos spectacles, et encore moins la fortifier par quelques nouvelles grâces, elle ne pouvait plus cultiver un art trop avili. Elle a renoncé à l'excommunication, et moi aussi, car j'ai pris mon congé. Il n'y a que vous qui restez excommunié, puisque vous restez toujours premier gentilhomme de la chambre, disposant souverainement des œuvres de Satan. Il est clair que celui qui les ordonne est bien plus maudit que les pauvres diables qui les exécutent. Il est plaisant qu'un comédien soit mis en prison s'il refuse de jouer, et soit damné s'il joue; mais vous devez être accoutumé aux contradictions de ce monde.

Je n'ai encore vu aucun mémoire pour et contre ce pauvre Lally. Je le connaissais pour un Irlandais un peu absurde, très-violent, et assez intéressé; mais je serais extrêmement étonné s'il avait été un traître, comme on le lui reproche. Je suis persuadé qu'il ne s'est jamais cru coupable; s'il l'avait été, serait-il revenu en France? Il y a des destinées bien singulières. Ce globe est couvert de folies et de malheurs de toute espèce.

De toutes les folies, la plus ennuyeuse est celle des Génevois; cette folie n'était certainement pas dangereuse : ce n'est qu'une dispute de gens qui argumentent les uns contre les autres, et il faut que trois puissances envoyent des ambassadeurs pour interpréter trois ou quatre passages de leurs lois. On leur a fait bien de l'honneur. Ils ressemblent à cet homme des fables d'Ésope qui priait Hercule de lui prêter sa massue pour écraser ses puces.

Continuez, mon héros, à vous moquer du genre humain; il le mérite bien. Moquez-vous aussi de moi quelquefois; mais conservez-moi des bontés qui adoucissent la fin de ma carrière, et qui me rendent heureux dans ma retraite. Je finirai mes jours comme il y a plus de quarante ans que je les passe, pénétré pour vous de respect et du plus tendre attachement.

MMMMDCXLIX. — A M. DAMILAVILLE.

17 mai.

Vous verrez, mon cher frère, par la lettre ci-jointe, que tous les souscripteurs ne pensent pas aussi noblement que vous, et qu'il y a quelquefois plus de générosité chez les Français que chez les Anglais.

Je n'entends plus parler de *Fréret*, qu'on disait imprimé en Hollande : vous me l'aviez promis, vous me l'aviez annoncé : je suis abandonné de tous les côtés. La maladie de M. de Beaumont et ses affaires retardent le mémoire de Sirven, et j'ai bien peur que tant de délais ne soient funestes à cette famille infortunée. Cette affaire ranimait ma langueur dans les maladies qui accablent ma vieillesse. Je trouve que le plaisir de secourir les hommes est la seule ressource d'un vieillard.

Je viens de lire une *Histoire de Henri IV*, qui m'ennuie et qui m'indigne. Qui est donc ce M. de Bury qui compare Henri IV à ce fripon de Philippe de Macédoine, et qui ose dire que notre illustre de Thou n'est qu'un pédant satirique? est-ce qu'on ne fera point justice de cet impertinent? Mais il y a tant d'autres mauvais livres dont il faudrait faire justice!

Portez-vous mieux que moi, mon cher ami. *Écr. l'inf....*

ANNÉE 1766.

MMMMDCL. — A M. HENNIN.

A Ferney, 18 mai.

Venez, monsieur, reconnaître au plus tôt les lieux que vous voulez embellir. Voilà le premier moment où le pays de Gex a des feuilles et des fleurs. L'air qu'on y respire est plus doux que celui de Genève.

Mettez-moi, je vous en supplie, aux pieds de M. l'ambassadeur; je m'informe tous les jours de sa santé; et puisque la nature, qui me persécute, ne veut pas que je lui fasse ma cour à Genève, j'espère qu'il ne partira pas sans daigner venir encore prendre l'air dans nos hameaux, et les honorer de sa présence.

Gardez-vous bien (si vous m'aimez) de m'oublier auprès de M. le chevalier de Taulès.

J'ai déjà fait usage de la singulière anecdote que je lui dois touchant l'étonnant traité de Léopold avec Louis XIV, que j'aurais toujours ignoré sans lui[1]. Si sa belle mémoire veut encore m'aider, le *Siècle de Louis XIV* ne s'en trouvera pas plus mal. Je ne me mêle, Dieu merci, que des affaires du temps passé, et je laisse là le siècle présent pour ce qu'il vaut. Je ne prends point la liberté d'écrire à monsieur l'ambassadeur sur sa santé, je m'adresse à vous pour en savoir des nouvelles. Ma nièce, qui alla ces jours passés lui présenter ses hommages et les miens, m'assure qu'il sera bientôt en état de sortir.

Adieu, monsieur; toute ma petite famille vous embrasse bien tendrement, et soupire comme moi après le bonheur de vous voir. V.

MMMMDCLI. — A M. DAMILAVILLE.

21 mai.

En réponse à votre lettre du 15, mon cher ami, je vous dirai que je viens de lire l'article dont vous m'avez parlé. Tout mon petit troupeau et moi, nous en sommes transportés. J'ai fait l'acquisition, dans mon bercail, d'un jeune avocat qui est notre bailli, et qui est homme à plaider vigoureusement contre les intolérants.

Le buste en ivoire d'un homme très-tolérant partit à votre adresse le 13 de ce mois. Il est vrai que c'est un vieux et triste visage, mais ce morceau de sculpture est excellent.

Je ne sais si vous avez lu une *Vie de Henri IV*, par un M. de Bury, qui s'est avisé, je ne sais pourquoi, de comparer notre héros à Philippe, roi de Macédoine, auquel il ne ressemble pas plus qu'à Pharaon. Je vous ai déjà dit que cet homme s'était déchaîné dans sa préface contre le président de Thou. Nous avons trouvé un vengeur[2] : un de mes amis s'est chargé de la cause de de Thou contre Bury. Il a inséré dans cette défense quelques anecdotes assez curieuses. Je crois que cet ou-

---

1. Il s'agit ici d'un traité de partage de la monarchie espagnole, fait en très-grand secret par Louis XIV et l'empereur Léopold dès les premières années du règne de Charles II. Voyez le *Siècle de Louis XIV*, chap. VIII. (ED.)
2. Voltaire lui-même, dans son opuscule intitulé *Le président de Thou justifié*. (ED.)

vrage peut s'imprimer à Paris. Je le ferai transcrire, je vous l'enverrai, et vous en pourrez gratifier l'enchanteur Merlin.

Je n'ai point encore pu parvenir à me procurer un exemplaire du *Philosophe ignorant*. On dit qu'il est imprimé à Londres. Dès que je l'aurai, je ne manquerai pas de vous le faire parvenir.

Les tracasseries de Genève continuent toujours ; je crois qu'on ne s'en soucie guère à Paris, et je commence à ne m'en plus soucier du tout. Genève est une grande famille qui faisait fort mauvais ménage, et à qui le roi a fait beaucoup d'honneur en daignant lui envoyer un plénipotentiaire ; mais il sera aussi difficile d'inspirer la concorde aux Génevois que de remplacer Mlle Clairon à Paris.

Croyez-vous qu'en effet Mme Calas vienne faire un tour à Genève ? Voici un petit mot pour son défenseur et celui de Sirven. Nos pauvres Sirven trouveront la pitié du public bien épuisée ; mais enfin nous serons contents si nous obtenons quelque justice. Ayez encore la bonté de faire tenir cet autre billet à Dumolard.

J'attends les mémoires pour et contre Lally, et le factum pour M. de La Luzerne. J'attends surtout le *Fréret* dont vous m'avez tant parlé.

Votre amitié sert, dans toutes les occasions, à la consolation de ma vie. Vous ne sauriez croire à quel point je vous regrette.

MMMMDCLII. — A M. LE COMTE D'ARGENTAL.

23 mai.

J'aime beaucoup mieux, mes divins anges, vous parler des proscriptions de Rome que des tracasseries de Genève, qui probablement vous ennuient beaucoup. Mon petit ex-jésuite craint qu'il n'en arrive autant aux tracasseries de Fulvie. Il y avait longtemps qu'il était embarrassé de cette Fulvie et de ce petit Pompée, qui manquaient tous deux leur coup au même moment. Nous avions sur cela, l'un et l'autre, beaucoup de scrupule. Enfin nous avons changé cet endroit, et je crois que nous nous sommes tirés d'affaire assez passablement. Nous avons soigné le style autant que nous l'avons pu. Nous sommes assez contents des notes, qui nous paraissent instructives et intéressantes pour ceux qui aiment l'histoire romaine. Nous retouchons la préface, ou plutôt nous l'accourcissons beaucoup. Nous comptons, dans quinze jours, soumettre le tout à votre tribunal ; mais nous sommes persuadés que ce ne sera qu'à la longue que l'ouvrage pourra parvenir, je ne dis pas à être goûté, mais un peu connu du public.

Les affaires de Genève ne fourniront jamais un sujet de tragédie, pas même celui d'une farce. Vous savez que j'ai toujours été extrêmement éloigné de jouer ma partie dans ce tripot ; vous savez que, dès que vous eûtes la bonté de m'envoyer la consultation de votre avocat, je la remis à M. Hennin dès le moment de son arrivée ; je ne voulais que la paix, sans prétendre à l'honneur de la faire. Il est bien ridicule que j'aie eu depuis des tracasseries pour un compliment ; mais quand on a affaire à des esprits effarouchés et inquiets, on s'expose à voir les démarches les plus simples et les plus honnêtes produire les soupçons les plus injustes. Je vous prédis encore que jamais on ne parviendra à la plus légère conciliation entre les esprits génevois. On pourra leur donner des lois, mais on ne leur inspirera jamais la concorde. Je ne change point d'opinion sur la manière dont toute cette affaire doit finir; mais je me garde bien de vous presser d'être de mon avis.

Je compte toujours sur la protection de MM. de Praslin et de Choiseul, dont je vous ai l'obligation, et c'est une obligation assez grande. J'attendrai tranquillement la décision des plénipotentiaires; et quelque intéressé que je sois, par bien des raisons, à l'arrêt qu'ils doivent rendre, je ne chercherai pas même à pressentir leur manière de penser. Je voudrais trouver un moyen de vous envoyer la petite collection qu'on a faite des lettres de M. Baudinet et de M. Covelle; cela me paraît plus amusant que les querelles sur le droit négatif. Je vous jure, avec un ton très-affirmatif, mes chers anges, que vos bontés font la consolation et le charme de ma vie.

MMMMDCLIII. — A M. DAMILAVILLE.

23 mai.

C'est pour vous dire, mon cher ami, que M. Boursier vous a envoyé, sous l'enveloppe de M. de Courteilles, la défense de l'illustre de Thou contre les accusations du sieur Bury. Je soupçonne que le manuscrit est plein de fautes; mais la faiblesse de mes yeux et mon état un peu languissant ne m'ont pas permis de le corriger. Je pense que vous trouverez dans cet écrit des anecdotes curieuses et instructives. Si votre Merlin ne peut l'imprimer, vous pourriez la faire parvenir au *Journal encyclopédique*, en l'envoyant contre-signée à un M. Rousseau, auteur de ce journal, à Bouillon. Ce Bury mérite assurément quelque petite correction pour avoir traité un excellent historien, un digne magistrat, et un très-bon citoyen, de pédant et de médisant satirique.

Vous recevrez probablement la semaine prochaine le buste d'ivoire; il est à la diligence de Lyon, à votre adresse, comme je vous l'ai déjà mandé.

Vous avez sans doute reçu ma petite lettre pour Dumolard, et une autre pour mon cher Beaumont. Est-il vrai que les capucins ont assassiné leur gardien[1] à Paris? Pourquoi, lorsqu'on a chassé les jésuites, conserve-t-on des capucins? pourquoi ne pas les avoir fait tirer à la milice, au lieu des enfants des avocats?

On prétend que l'assemblée du clergé sera longue. J'en suis fâché pour les évêques, qui auront le malheur d'être séparés de leur troupeau, et de ne pouvoir instruire et édifier leurs diocésains. Ils aiment trop leurs devoirs pour ne pas finir leurs affaires le plus tôt qu'ils pourront.

Je n'ai encore nulle nouvelle des factums qui doivent m'arriver, ni de l'ouvrage de Fréret. J'attends de vous toutes mes consolations. Adieu, mon cher frère.

---

1. On voit, par la lettre MMMMDCLXV, que le père gardien s'était tué. (ÉD.)

MMMMDCLIV. — A M. LE CHEVALIER DE TAULÈS.

A Ferney, 23 mai.

Le couvent de Ferney a souvent recours à M. le chevalier de Taulès pour savoir des nouvelles de M. l'ambassadeur, s'il est entièrement guéri, s'il mange, s'il digère, s'il dort, s'il se promène. Nous nous intéressons à sa santé plus que tous les Génevois ensemble, dussent-ils en être jaloux. Mme Denis compte avoir l'honneur de le voir dès qu'elle pourra sortir. Pour moi, monsieur, qui n'ai pas mis d'habit depuis trois mois, je suis privé du plaisir de remplir mes devoirs. Vous savez combien il me serait doux de profiter de vos moments de loisir, et de puiser dans vos conversations des connaissances nouvelles. Ne doutez pas des sentiments respectueux que je conserverai pour vous toute ma vie.

MMMMDCLV. — A M. DAMILAVILLE.

26 mai.

Il faut aujourd'hui, mon cher ami, que je vous parle d'une petite négociation typographique. Vous savez peut-être qu'un homme d'esprit, qui était de l'ordre des avocats, s'est mis de l'ordre des libraires. Il a rassemblé quelques morceaux de moi qu'il a imprimés fort correctement. Je vous supplie de lui donner une marque de ma reconnaissance, en lui envoyant une collection complète de mes œuvres. Le libraire en question s'appelle La Combe. Il est bon d'avoir des philosophes dans tous les états.

MMMMDCLVI. — A M. LE DUC DE PRASLIN.

A Ferney, 26 mai.

Sextus Pompée[1] était secrétaire d'État de la marine; par conséquent il a le droit de s'adresser à monseigneur le duc de Praslin; mais le paquet est bien gros, et probablement bien ennuyeux, et je ne veux pas ennuyer mon protecteur.

Qu'il lise ou qu'il ne lise pas ce fatras, je le supplie de vouloir bien l'envoyer à mes anges. Je lui présente mon très-tendre et très-profond respect.

Ce billet est très-bref; mais à grands seigneurs peu de paroles.

MMMMDCLVII. — A M. LA COMBE, LIBRAIRE A PARIS.

A Ferney, 26 mai.

J'ai été si charmé, monsieur, pour l'honneur des lettres, de voir un homme de votre mérite quitter la profession de Patru pour celle des Estienne; vos attentions pour moi m'ont tant flatté, que je voudrais n'avoir jamais eu que vous pour éditeur. Si jamais cette entreprise pouvait s'accorder avec celle des Cramer, ce serait peut-être rendre

1. Personnage de la tragédie du *Triumvirat*. (ÉD.)

service à la littérature. J'ai corrigé tous mes ouvrages dans ma retraite avec beaucoup de soin, et surtout l'*Essai sur les mœurs et l'esprit des nations*, qui est un fruit de trente ans de travail, conduit à sa maturité autant que mes forces l'ont permis. Je ne sais si vous exécutez le projet dont vous m'avez parlé; je souhaite que vous puissiez en venir à bout sans vous compromettre : en ce cas, on vous enverrait plusieurs chapitres nouveaux et quelques additions assez curieuses. Comptez, monsieur, que je m'intéresse véritablement à vous. Je vous prie de me mander si vous êtes content de votre nouvelle profession : je voudrais être à portée de vous marquer par des services l'estime que vous m'avez inspirée.

Je doute que le petit recueil que vous avez bien voulu faire de tout ce que j'ai dit sur la poésie[1] ait un grand cours; mais du moins ce recueil a le mérite d'être imprimé correctement, mérite qui manque absolument à tout ce qu'on a imprimé de moi. Au reste, vous me feriez plaisir d'ôter, si vous le pouviez, le titre de Genève; il semblerait que j'eusse moi-même présidé à cette édition, et que les éloges que vous daignez me donner dans la préface ne sont qu'un effet de mon amour-propre. Je me connais trop bien pour n'être pas modeste.

Vous n'avez point changé de profession, monsieur ; vous serez l'avocat de la philosophie. Je voudrais vous donner bien des causes à soutenir ; mais je suis si vieux, qu'il ne m'appartient plus d'avoir de procès.

MMMMDCLVIII. — A M. COLINI.

A Ferney, 28 mai.

Voici le temps, mon cher ami, où j'éprouve les regrets les plus vifs. Mon cœur me dit que je devrais être à Schwetzingen, et aller voir tantôt votre belle bibliothèque, tantôt votre cabinet d'histoire naturelle. Mais il y a deux ans que je ne sors plus de ma chambre, et c'est beaucoup que je sorte de mon lit. La fin de ma vie est douloureuse; ma consolation est dans les bontés de Mgr l'électeur, dont je me flatterai jusqu'au dernier moment.

Il y a longtemps que vous ne m'avez écrit. Votre bonheur est apparemment si uniforme, que vous n'avez rien à m'en apprendre de nouveau. Votre cour est gaie et tranquille; il n'en est pas de même à Genève. Votre auguste maître sait rendre ses sujets heureux, et les Génevois ne savent pas l'être. Il est plaisant qu'il faille trois puissances[2] pour les accommoder au sujet d'une querelle d'auteur. Leurs tracasseries m'ont amusé d'abord, et ont fini par m'ennuyer. Adieu, mon ami; portez-vous mieux que moi, et aimez-moi.

1. *Poétique de M. de Voltaire, ou Observations recueillies de ses ouvrages concernant la versification française, les différents genres de poésie et de style poétique.* (ÉD.)
2. La France, le canton de Berne, et celui de Zurich. (ÉD.)

MMMMDCLIX. — A M. DE CHABANON.

A Ferney, 29 mai.

Je reçus hier, mon cher confrère, la nouvelle esquisse que vous voulez bien me confier. Ma malheureuse santé ne m'a pas permis encore de la lire; je ne pourrai vous en rendre compte que dans trois ou quatre jours. J'ai pris, en attendant, la liberté de vous adresser un paquet que j'avais depuis longtemps pour M. Damilaville; vous me ferez un très-grand plaisir de vouloir bien le lui faire rendre dès que vous serez arrivé à Paris.

Je viens de lire le sujet de la tragédie du pauvre Lally; la catastrophe ne me paraît annoncée dans aucun des actes. Je vois bien que ce Lally s'était fait détester de tous les officiers et de tous les habitants de Pondichéri; mais il n'y a dans tous ces mémoires ni apparence de concession, ni apparence de trahison. Il faut qu'il y ait eu contre lui des preuves qui ne sont énoncées en aucune manière dans les factums. La pièce sera bientôt oubliée, comme les gazettes de la semaine passée. Il n'en sera pas de même d'*Eudoxie*[1] ou *Eudocie*: vos talents et les soins que vous prenez m'en assurent.

J'admire votre courage de faire deux plans en prose. Il faut être bien maître de son génie pour s'astreindre à un tel travail, et pour subjuguer ainsi le talent qui demande toujours à parler en vers. Vous me paraissez un bon général d'armée; vous faites de sang-froid votre plan de campagne, et vous vous battrez comme un diable. Je m'intéresse à vos lauriers autant que vous-même. Je vous embrasse du meilleur de mon cœur.

MMMMDCLX. — A M. THIERIOT.

30 mai.

Mon cher et ancien ami, je vous fais mon sincère compliment sur votre nouveau traité avec les puissances du Nord. Tâchez de jouir longtemps des avantages que cette bonne fortune vous procure. Vous avez le département le plus agréable du monde, *levia carmina et faciles versus*. Je souhaite que vos beaux esprits de Paris vous fournissent une ample matière; mais votre santé me donne autant d'inquiétude que votre nouvelle correspondance me fait de plaisir. Prenez garde à votre hydrocèle, imposez-vous un régime qui vous mette en état de courir pour chercher des nouvelles. Lorsque vous ne pourrez point écrire, je vous conseillerais de vous munir d'un homme qui écrirait sous votre dictée, afin que la correspondance ne fût pas interrompue. Je ne pourrai guère vous aider dans votre ministère; nous n'avons à Genève que des sottises ennuyeuses. Il vient de paraître un ouvrage bien plat contre M. Dalembert, M. Hume, et les encyclopédistes[2]; j'y suis aussi pour ma part. Vous pensez bien que le libelle est d'un prêtre. Ce prêtre est un nommé Vernet, théologien huguenot de son métier; c'est un homme à qui on rend toute la justice qu'il mérite, c'est-à-dire qu'il

1. *Eudoxie*, tragédie de Chabanon, en cinq actes et en vers. (ÉD.)
2. *Lettres critiques d'un voyageur anglais*, etc., par Vernet. (ÉD.)

est couvert d'opprobre. Son livre est entièrement ignoré. Il n'est question dans Genève que des tracasseries pour lesquelles on a fait venir trois plénipotentiaires. Je vous embrasse du meilleur de mon cœur.

MMMMDCLXI. — A M. DAMILAVILLE.

30 mai.

Je me console, vendredi au soir, d'un très-vilain temps et des maux que je souffre, par l'espérance de recevoir demain samedi, 31 du mois, des nouvelles de mon cher frère.

Il faut que je lui fasse une petite récapitulation de tous les objets de mes lettres précédentes.

1° Le buste d'ivoire de son frère, parti de Genève probablement le 14 mai, adressé, par la diligence de Lyon, au quai Saint-Bernard à Paris;

2° La défense du président de Thou, dont il est bon de faire retentir tous les journaux, et dont il convient surtout d'envoyer copie au journal de Bouillon;

3° Le recueil complet [1], que je suppose envoyé chez M. Chabanon;

4° Un autre recueil complet, en feuilles, dont je vous supplie instamment de gratifier l'avocat-libraire La Combe, quai de Conti;

5° Un autre, relié, pour M. Thomas.

6° J'accuse enfin la réception du mémoire d'Élie pour M. de La Luzerne, et des mémoires pour et contre ce malheureux Lally. Le factum d'Élie me paraît victorieux; mais je ne sais pas quel est le jugement. Pour les mémoires de Lally, je n'y ai vu que des injures vagues; le corps du délit est apparemment dans les interrogatoires, qui restent toujours secrets. Les arrêts ne sont jamais motivés en France, ainsi le public n'est jamais instruit.

Je suis bien plus en peine du factum en faveur des Sirven; mais je ne prétends pas que M. de Beaumont se presse trop. Je fais céder mon impatience à l'intérêt que je prends à sa santé, et à mon désir extrême de voir dans ce mémoire un ouvrage parfait qui n'ait ni la pesante sécheresse du barreau, ni la fausse éloquence de la plupart de nos orateurs. Quelle que soit l'issue de cette entreprise, elle fera toujours beaucoup d'honneur à M. de Beaumont, et sera utile à la société en augmentant l'horreur du fanatisme, qui a fait tant de mal aux hommes, et qui leur en fait encore.

Je ne sais plus que penser de l'ouvrage de Fréret, je n'en entends plus parler. Vous savez, mon cher ami, combien il excitait ma curiosité. Il ne paraît rien actuellement qui soit marqué au bon coin. J'ai acquis depuis peu des livres très-rares; mais ils ne sont que rares. Je tâcherai de me procurer incessamment le recueil des vingt Lettres [2] de MM. Covelle, Bendinet, et compagnie; on ne les trouve point à Genève, où il n'est question que du procès des citoyens contre les citoyens. Je crois que, par ma dernière lettre, je vous ai prié d'envoyer

1. Un exemplaire de la collection des Œuvres de Voltaire. (ÉD.)
2. La Collection des lettres sur les miracles. (ÉD.)

à La Combe deux petits volumes. Je vous recommande fortement cette bonne œuvre ; l'exemplaire vous sera très-exactement rendu avant qu'il soit peu. Si vous avez quelque nouvelle des capucins, ne m'oubliez pas ; vous savez combien je m'intéresse à l'ordre séraphique. Mes compliments à vos amis. Voici un petit mot pour Thieriot. Aimez-moi.

MMMMDCLXII. — AU MÊME.

2 juin.

En réponse à votre lettre du 23 mai, mon cher frère, il me manque, pour compléter mon *Lally*, la réponse qu'il avait faite aux objections par lesquelles on réfuta son premier mémoire. On dit que cette pièce est très-rare. Vous me feriez un grand plaisir de me la faire chercher et de me l'envoyer.

Je ne sais ce que c'est que la lettre sur Jean-Jacques. Je soupçonne qu'il s'agit d'une lettre que j'écrivis, il y a quelques mois, au conseil de Genève, par laquelle je lui signifiais qu'il aurait dû confondre la calomnie ridicule qui lui imputait d'avoir comploté avec moi la perte de Rousseau. Je disais au conseil que je n'étais point l'ami de cet homme, mais que je haïssais et méprisais trop les persécuteurs, pour souffrir tranquillement qu'on m'accusât d'avoir servi à persécuter un homme de lettres. Je tâcherai de retrouver une copie de cette verte romancine, et de vous l'envoyer. Je pense sur Rousseau comme sur les Juifs : ce sont des fous, mais il ne faut pas les brûler.

Je recommande toujours à vos bontés les exemplaires pour M. Thomas, pour M. le chevalier de Neuville à Angers, et pour La Combe.

On me fait espérer un *Fréret* de Hollande; mais les livres viennent si tard de ce pays-là, que j'ai recours à vous : la diligence de Lyon à Meyrin est très-expéditive.

Les jésuites sont enfin chassés de Lorraine. Je me flatte que les capucins, leurs anciens valets, seront bientôt rendus à la bêche et à la charrue, qu'ils avaient quittées très-mal à propos. Ils n'étaient connus que comme de vils débauchés ; mais puisque l'ordre séraphique se mêle d'assassiner, il est bon d'en purger la terre. *Amen*.

Je suis charmé que vous soyez content du petit buste ; l'original est bien languissant : il y a trois mois qu'il n'a pu s'habiller.

MMMMDCLXIII. — A M. LE MARQUIS DE VILLEVIEILLE.

A Ferney, 2 juin.

Les six prises que vous avez la bonté de m'adresser, monsieur, seront distribuées aux meilleurs apothicaires que je connaisse, et pourront servir à extirper le mal épidémique qui règne encore, quoiqu'il soit sur son déclin. Je ne puis trop vous remercier de votre paquet de pilules. Tout ce que je crains, c'est que, si on a envoyé le paquet par la poste, il n'ait fait le grand tour et passé par Paris ; ce qui retarderait la réception, et qui pourrait même l'empêcher.

On dit que j'ai un compliment à vous faire; les jésuites sont chassés de Lorraine. Il y en avait un pourtant qu'il me semble qu'on peut regreffer; c'était un Écossais, homme de qualité, nommé Lesley. Il est homme de lettres, et a du mérite. Je voudrais qu'on eût conservé tous ceux qui lui ressemblent, et qu'on les eût rendus utiles au public.

On prétend que nous allons être délivrés des capucins, à moins qu'on ne leur pardonne en faveur de frère Élisée, prédicateur du roi. Ceux-là pourraient aussi devenir utiles en les rendant à la charrue.

Adieu, monsieur; je vais écrire au premier secrétaire; mais nous sommes au 2 de juin, et je tremble que les pilules n'aient été avalées par quelques malades de Paris.

MMMMDCLXIV. — A M. DE CHABANON.

2 juin.

Je vous donne avis, mon cher confrère, que je vous renvoie par M. Tabareau votre très-belle esquisse. Vous trouverez peu de remarques : la principale est que cette pièce demande le plus grand soin. C'est une peinture qui exige une infinité de nuances. Vous vous êtes imposé la nécessité de développer tous les sentiments du cœur humain dans le rôle d'Eudoxie; tendresse maternelle, regrets de la mort de son premier époux, devoir qui la lie à son nouveau mari, horreur pour ce meurtrier, désir d'une juste vengeance, amour de la patrie, tout s'y trouve.

Si tant de mouvements tragiques sont bien ménagés, si l'un ne fait pas tort à l'autre, vous aurez certainement le succès le plus grand et le plus durable. Ce n'est pas là une de ces pièces que la singularité des événements multipliés et le prestige des coups de théâtre font réussir; tout dépendra du style et de la chaleur des sentiments. Courage, mon cher confrère; enfermez-vous six mois, vous trouverez au bout de ce temps des lauriers pour toute votre vie. J'y prends l'intérêt le plus tendre.

MMMMDCLXV. — A M. DAMILAVILLE.

13 juin.

Mon cher ami, en vous remerciant de prendre si généreusement le parti du président de Thou. Je crois que vous prendrez aussi le parti du livre attribué à Fréret. Si ce livre est d'un capitaine au régiment du roi, comme on le dit, ce capitaine est assurément le plus savant officier de l'Europe, et en même temps le meilleur raisonneur. Il cite toujours à propos, et il prouve d'une manière invincible. Il est impossible que tant de bons ouvrages qu'on nous donne coup sur coup ne rendent les hommes plus sages et meilleurs.

Vous m'affligez beaucoup de m'apprendre que le gardien des capucins est un Othon et un Caton. Je me flattais que ses moines lui auraient coupé la gorge, et que cette aventure serait fort utile aux pauvres laïques.

Quant à Lally, je suis très-sûr qu'il n'était point traître, et qu'il était impossible qu'il sauvât Pondichéri.

Le parlement n'a pu le condamner à mort que pour concussion. Il serait donc à désirer qu'on eût spécifié de quelle espèce de concussion il était coupable. La France, encore une fois, est le seul pays où les arrêts ne soient point motivés, comme c'est aussi le seul où l'on achète le droit de juger les hommes.

Voici, mon cher ami, une lettre pour Protagoras.

Bonsoir, mon cher frère; ma faiblesse augmente tous les jours, mais mes sentiments ne diminuent point. *Écr. l'inf....*

MMMMDCLXVI. — A M. DALEMBERT.

13 juin.

Vous aurez pu savoir, mon cher philosophe, par la *Lettre de Covelle*, quelle a été l'absurde insolence du nommé Vernet, digne professeur en théologie. Je sais que vous dédaignerez à Paris les coassements des grenouilles du lac de Genève; mais elles se font entendre chez toutes les grenouilles presbytériennes de l'Europe, et il est bon de les écraser en passant.

Je ne sais pas qui sont les auteurs qui travaillent actuellement au *Journal encyclopédique*; ce journal est très-maltraité dans le libelle du professeur. Voyez si vous pouvez lui faire donner quelques coups de fouet dans ce journal. Pour moi, je me dispose à faire une justice exemplaire de la personne dudit huguenot, lorsqu'il viendra sur mes terres catholiques. Je ne souffrirai pas qu'il attaque impunément notre saint-père le pape, et vous, et frère Hume, et frère Marmontel, et même faux frère Rousseau, et la comédie.

Vous avez peut-être vu le livre attribué à Fréret, qu'on dit être d'un capitaine au régiment du roi. Ce capitaine est plus savant que dom Calmet, et a autant de logique que Calmet avait d'imbécillité. Ce livre doit faire un très-grand effet; j'en suis émerveillé, et j'en rends grâces à Dieu. Vous souciez-vous beaucoup du bâillon de Lally, et de son gros cou, que le fils aîné de M. l'exécuteur a coupé fort maladroitement pour son coup d'essai? Je connaissais beaucoup cet Irlandais, et j'avais eu même avec lui des relations fort singulières en 1746. Je sais bien que c'était un homme très-violent, qui trouvait aisément le secret de se faire haïr de tout le monde; mais je parierais mon petit cou qu'il n'était point traître. L'arrêt ne dit point qu'il ait été concussionnaire. Cet arrêt lui reproche vaguement des vexations; et ce mot de vexations est si indéterminé, qu'il ne se trouve chez aucun criminaliste.

La France est le seul pays où les arrêts ne soient point motivés. Les parlements crient contre le despotisme; mais ceux qui font mourir des citoyens, sans dire précisément pourquoi, sont assurément les plus despotiques de tous les hommes.

Savez-vous quand finira l'assemblée du clergé, et quand on débitera l'*Encyclopédie*? j'imagine qu'elle paraîtra quand l'assemblée sera disparue.

Est-il vrai qu'on fait beaucoup de niches à Mlle Clairon[1]? est-il vrai qu'on fait ce qu'on peut pour trouver admirable une nouvelle actrice par qui on prétend qu'elle sera remplacée?

1. Mlle Sainval aînée avait débuté sur le Théâtre-Français le 5 mai 1766, et se retira en 1779. (ÉD.)

Vous avez lu sans doute, en son temps, la *Prédication* de l'abbé Coyer[1]. Ne trouvez-vous pas qu'il prend bien son temps pour louer Genève? La moitié de la ville voudrait écraser l'autre, et les deux moitiés sont bien basses et bien sottes devant les médiateurs. Adieu, mon très-cher et très-aimable philosophe; quand vous aurez un moment de loisir, répondez à mes questions, et aimez-moi.

Croyez-vous que la préface de l'*Abrégé de l'histoire de l'Église* soit de mon ancien disciple?

1. De la Prédication. (ÉD.)

FIN DU QUARANTIÈME VOLUME.

www.ingramcontent.com/pod-product-compliance
Lightning Source LLC
Chambersburg PA
CBHW060548230426
43670CB00011B/1737